MW01277578

ÉTUDES DE LITTÉRATURE DES XXe ET XXIe SIÈCLES
sous la direction de Didier Alexandre et Dominique Rabaté
66

Louis de Gonzague Frick dans tous ses états

Ouvrage publié avec le concours de l'université Simon Fraser, Burnaby,
bureau du doyen de la Faculté des arts et sciences sociales

Stephen Steele
et Anne-Françoise Bourreau-Steele

Louis de Gonzague Frick dans tous ses états

Poète, soldat, courriériste, ami

PARIS
CLASSIQUES GARNIER
2017

Stephen Steele est *Associate Professor* de littérature française à l'université Simon Fraser, Burnaby, où il est membre du département de français, un temps son directeur. Auteur du livre *Nouveaux regards sur Ivan Goll en exil avec un choix de ses lettres des Amériques* (Tübingen, 2010), ses recherches portent principalement sur le surréalisme, la poésie de l'entre-deux-guerres et les correspondances littéraires.

Anne-Françoise Bourreau-Steele est enseignante en immersion française et baccalauréat international au lycée Winston Churchill de Vancouver. Elle a consacré en 2000 son doctorat de littérature comparée, à l'université Paris-Sorbonne, à la réécriture du mythe dans la poésie de la décadence et du surréalisme, et a publié sur Desnos dans *Europe* et *L'Étoile de mer*.

© 2017. Classiques Garnier, Paris.
Reproduction et traduction, même partielles, interdites.
Tous droits réservés pour tous les pays.

ISBN 978-2-406-05821-2 (livre broché)
ISBN 978-2-406-05822-9 (livre relié)
ISSN 2100-3335

Ce livre est dédié à Charlotte et Trevor, en tout amour,
et à notre premier lecteur, René, avec gratitude.

INTRODUCTION

En 1912, dans le *Mercure de France*, lors de l'élection du Prince des Poètes, Apollinaire s'attache à défendre Louis de Gonzague Frick et son œuvre, qui ne compte alors que quelques poèmes publiés hors recueils, dans *Pan* ou *La Phalange* de Jean Royère. Cent ans après, la revue *Histoires littéraires*, qui nourrit régulièrement ses rubriques d'éclairages sur Frick, suggère, ne serait-ce que « par parenthèse », qu'« une bonne monographie sur [lui] serait bienvenue, car son œuvre n'est pas méprisable, et le personnage ne manquait pas de pittoresque[1] ». Les deux tournures négatives sont révélatrices de la réception mi-ironique, mi-dubitative souvent faite à l'élégant héritier de Brummell et à son ensemble poétique, dont la somme demeure incertaine, les volumes de vers contenant une sélection que les poèmes parus dans divers organes, et encore non collationnés, pourraient venir grossir. Des revues, Frick a connu le versant auteur comme le versant critique, fondateur aussi de ses propres *revuettes*, *Les Écrits français* (décembre 1913-mai 1914), *Les Solstices* (juin-août 1917), *Le Lunain* (janvier 1936-juillet 1939).

D'un accord général, Frick est né en 1883, mais les dictionnaires, les index ou les notices le font décéder, de manière fluctuante, entre la date exacte de 1958 et l'année 1961. Une naissance illégitime, comme l'ont été celles d'Apollinaire ou de Marie Laurencin, qui les rapproche tous trois sur ce point dans une lettre de 1954, un nom complexe avec une apparente particule, un rallongement du nom après une première publication sous le nom de Louis Frick en 1906, et une allure altière sur le plan physique ont concouru à délégitimer l'identité de Frick et, par-delà, son œuvre même, qui présente, bien entendu, sa part d'obstacles. Répondant, à une soixantaine d'années de distance, aux attaques de Georges Maurevert dans le *Mercure*, qui visait une supposée « particulomanie » de Frick, Marcel Lobet a

1 Compte rendu d'*Apollinaire 12 – Revue d'études apollinariennes*, *Histoires littéraires*, vol. XIV, n° 54, avril-mai-juin 2013, p. 149-150 (p. 149).

reproduit, en 1975, l'extrait d'acte de naissance et l'acte de baptême de Frick, sans arrêter la perception d'une vanité du nom, qui a, du reste, suscité des variations fictionnelles. Pour compléter les renseignements sur le passage de Frick dans l'armée, comme appelé de la classe 1903 puis comme soldat mobilisé, l'étude puise dans ses états de service militaire. Dorgelès a véritablement établi, pour Frick, un double, « poète sous le pot de fleurs » dont le « nom à la noix[2] » était Jean de Crécy-Gonzalve. Il y a aussi Jean-de-France Floche, dans *La Revue de l'époque* de Marcello-Fabri (1920), Jean-Gonzague de Saint-Chéron chez Georges Anquetil (1925). Sous son véritable nom, Frick apparaît en 1913 dans les « Dialogues anachroniques – Entre Louis de Gonzague et saint Thomas », d'André Godin ; chez Carco et Mac Orlan, dans leurs *Mystères de la Morgue* de 1918 ; chez Picabia, dans « Histoire de voir » en 1922 ; et la même année dans les « Pénalités de l'enfer » de Desnos ; enfin dans *Monsieur de Gambais*, de Robert de La Vaissière (1926). Dernier en liste et d'une autre sorte, le comédien René Loyon incarne Frick en tant que compagnon historique d'Apollinaire dans un téléfilm de 1980, *Les amours du mal-aimé*.

Frick se transforme en personnage à deux reprises comme acteur dans les années trente, quand il joue sous la direction de figures originales du cinéma, Jean Vigo pour *Zéro de conduite*, et Pierre Chenal pour *L'affaire Lafarge*. Alors qu'il a plutôt vécu de ses colonnes dans les journaux, Frick se glisse, à l'écran, dans l'administration, dans le rôle de préfet puis de greffier, sa stature lui conférant la dignité de la fonction. Les portraits dessinés, peints, photographiés ou d'ordre caricatural font tous ressortir le maintien bien droit de Frick. La fréquentation d'Apollinaire vaut à Frick un portrait, vers 1909, par Marie Laurencin, à laquelle est attribué un second, non daté, tracé en aussi peu de lignes, l'air hautain chaque fois. Alicja Halicka l'asseoit dans une pose tranquille. En 1947, Monique Mélin retient, chez Frick, le visage appesanti, sans le côté résolu des deux dessins de 1929, celui qui orne *Poetica* et l'autre par son ami Jean Texcier. Vers 1935, Frick est sur une toile de Louis Cattiaux, à flotter par-dessus les toîts de Paris dont, « citoyen », il est aussi poète, surtout pour le quartier de Belleville.

---

2 Roland Dorgelès, « Le poète sous le pot de fleurs », « Le Cabaret de la belle femme » (1919 et, pour la version définitive, 1928), *D'une guerre à l'autre*, préf. Jean-Pierre Rioux, Paris, Omnibus, 2013, p. 322-338 (p. 323).

Loin de l'image de l'excentrique, Frick a adhéré à diverses organisations professionnelles, membre fondateur de l'Association des Écrivains Combattants, commissaire de l'Association des Courriéristes Littéraires, membre du Syndicat des Échotiers, signataire de pétitions, engagé aux côtés de Clarté, et parmi *Les poètes contre la guerre* de l'anthologie de Romain Rolland. Dès avant 1914, il côtoie la gauche individualiste et anarchiste, La Forge ou Action d'Art, est partie prenante de l'Université Populaire du Faubourg Saint-Antoine, avec autour de lui des noms comme Han Ryner, Gérard de Lacaze-Duthiers, Banville d'Hostel, Georges Pioch. Son statut d'exécuteur testamentaire pour Laurent Tailhade et pour Paul-Napoléon Roinard témoigne de son affinité avec le non-conformisme qui n'est pas celui du dandy mais celui de la combativité. Du très caustique duelliste – Tailhade – et de l'exilé politique – Roinard – demeurent aussi quelques lettres adressées à Frick, qui refuse jusque dans les tranchées d'appeler l'ennemi un « Boche », attention constante au langage, qui n'a pas source dans un pacifisme mais tient plutôt de la politesse, et lui attire une incompréhension et un ridicule persistants.

Frick consacre une grande part de son écriture à la sphère critique, avec des chroniques régulières à *Don Quichotte* et à l'*Eco d'Italia* sous son pseudonyme du Proconsul, à *Comœdia*, à *La Griffe*, et des collaborations épisodiques à des journaux et revues aux publics variés. Les titres auxquels Frick a contribué formeraient, dans leur ensemble encore mal déterminé, un répertoire éclectique où gagne-pain, machine littéraire, amitié et effervescence de petites revues engagent la participation, parfois dès avant le premier numéro. À l'écart des cercles où on le rechercherait, Frick est mêlé, en 1932, au lancement de la revue de mode *Antoine-Document pour la femme moderne*, prévu à la « direction littéraire[3] » de ces pages luxueuses liées au coiffeur Antoine Cierplikowski. La congruence Antoine-Frick, l'alliance de la mode et des lettres, suggère à *L'Homme libre* que la « rubrique littéraire » sera aussi pomponnée que la « tête » des « belles contemporaines[4] ». L'image d'élégant de Frick n'est pas desservie par ce rôle.

En tant que courriériste à travers le temps et les revues, Frick occupe une position de critique poétique qui l'alimente continuellement en

3 Une brève annonce paraît dans « Informations », *Les Nouvelles littéraires*, 11e année, n° 524, 29 octobre 1932, p. 4. Frick a sous les yeux le modèle d'Henriette Charasson et d'André Billy à *La Femme de France*, où les lectrices le connaissent aussi, en 1919 et 1924.

4 Lucien Peyrin, « Coiffure, art et lettres », « Courrier littéraire », rubrique « Les Lettres », *L'Homme libre*, 20e année, n° 5942, 29 octobre 1929, p. 2.

ouvrages, à quoi s'ajoutent les envois personnels. Sa bibliothèque, cédée par sa veuve au milieu des années 1970 à la librairie-galerie parisienne Malombra et dispersée depuis, comportait, sur l'ensemble, « un fonds important d'ouvrages de littérature allant de Guillaume Apollinaire aux surréalistes[5] ». Dès 1933 survient une description de l'état de la « collection », considérée « peut-être unique » pour ses volumes « des grands et des petits poètes depuis 1900 » et « une série quasi-complète des éditions originales d'Apollinaire[6] ». Une première vente de la bibliothèque de Frick, avec « de belles dédicaces[7] », se tient ainsi chez Drouot le 13 février 1934. Les dédicaces inscrites sur les ouvrages, repérables dans les enchères, les librairies, les catalogues privés ou publics, apportent une idée des affections qui subsistent entre Frick et Breton, Éluard, Péret, en plus de quelques lettres, critiques et évocations de visites. En 1952 s'ajoute un poème composé par Frick à la mort d'Éluard, dont la relation à ses débuts est inséparable de celle avec Paulhan. Pour Desnos, Frick a répondu en vers à une quinzaine d'années de distance à un poème, resté inédit, que lui avait adressé Desnos en 1919, à l'intérieur d'une correspondance qui part de l'effort de publication du « Fard des Argonautes » à la réception du *Vin est tiré* en 1943. La disparition de Desnos est évoquée par Frick dans des lettres à Youki mais il reste à savoir quel poème cette perte a pu occasionner chez Frick.

L'un des derniers témoignages d'une rencontre entre Desnos et Frick remonte à 1942 et est livré par leur ami commun Henry Mercadier de Madaillan, sollicité pour ses souvenirs dans les années 1960, lui qui a fui à Sigmaringen quand Desnos était déporté à Terezin. Mercardier participe à l'hommage rendu à Frick suivant sa mort en 1958, sous les auspices de la revue *Flammes vives*, habitée par les regrets de la Collaboration et ses tenants. Le cadre convient bien peu à l'itinéraire de Frick mais indique la direction prise par plusieurs de ses connaissances avant ou pendant la guerre, Pioch, Dyssord, Divoire, Fernand Demeure, Thérive, Roger Allard. Frick a lui-même signé deux articles dans le journal collaborationniste *Panorama* en 1943, où se commet aussi Salmon. Lors du relancement de *La Phalange*, en 1936, aux effusions mussoliniennes puis bientôt franquistes, Frick était demeuré à l'écart, actif dans *Le Lunain*

5 Voir la rubrique « Échos-Librairies », *Bibliographie de la France*, 166e année, 6e série, no 1 (2e partie, chronique), 5 janvier 1977, p. 12.

6 « La retraite du poète », *Aux écoutes*, 17e année, no 766, 21 janvier 1933, p. 28.

7 Les Treize, « Les Lettres », *L'Intransigeant*, 55e année, no 19828, 11 février 1934, p. 6.

et proche de *La Guiterne*, revue fermement opposée aux allégeances de Royère et de son associé Armand Godoy, par la voix implacable de Jacques-Louis Aubrun, comme l'est aussi au *Mercure* Charles-Henry Hirsch. Les anecdotes sur le comportement de Frick durant la guerre sont atténuées par les témoins au motif qu'il aurait souffert d'un degré de folie, de santé fragile depuis l'internement subi, en 1938, à l'Hôpital Broussais.

Par *Le Lunain*, revue, école et adresse, Frick a les moyens d'appuyer plus que jamais de 1936 à 1939 les publications de jeunes poètes, Maurice Fombeure, Gisèle Prassinos, et René de Obaldia, qui s'est exprimé sur Frick pour cette étude dans un entretien reproduit ici, avec une lettre de 1940 d'Obaldia mobilisé, qui se reporte rue du Lunain aux saveurs de la confiture de la Phalérinienne. Ce surnom de Charlotte Lebaubier, épouse de Frick, est dérivé de l'un des pseudonymes par lesquels lui-même s'identifie, Phalère[8]. La Phalérinienne, ou moins usuel la Phalérine, illustre d'un dessin le recueil de 1946, *Quantité discrète*, et est, dans la poésie de Frick, l'anti-Elsa par sa discrétion précisément[9].

Les travaux de Michel Décaudin, auquel Frick avait ouvert ses archives, d'Étienne-Alain Hubert, de Marie-Claire Dumas, d'Anne Egger fournissent des pics de notoriété à Frick. Auprès d'Apollinaire et Desnos, mais aussi avec Laurent Tailhade, Max Jacob, André Salmon, Roland Dorgelès, Pierre Mac Orlan, Jean Paulhan, Paul Léautaud, c'est dans la fidélité à ses amitiés que Frick est le mieux distingué par la critique, outre sa contribution à la question du poème en prose, au sujet duquel il lance une enquête en 1920-1921 dans *Don Quichotte*. Dans leur ensemble, les livres de Frick et les revues qu'il fonde sont d'un accès réduit, imprimés en faible nombre. Ainsi, de son vivant, Frick est souvent dans l'incapacité de satisfaire la curiosité de jeunes correspondants qu'il aide, tel Christian (Georges Herbiet) en 1919 ou bien Robert Valançay désireux, en 1926, de connaître ses volumes. Les poèmes rédigés par Frick durant sa longue mobilisation d'août 1914 à mars 1919, *Trèfles à quatre feuilles* (1915), *Sous le Bélier de Mars* (1916) et *Girandes* (1919), sont les seuls à avoir bénéficié d'une republication, dans le volume *Poetica*

8 Phalère figure sur une carte de changement d'adresse de Frick ainsi que dans le répertoire des pseudonymes de l'*Annuaire général des lettres* de 1932 à 1934, et est une signature des chroniques de Frick pour *Comœdia*.

9 Pour la Phalérine, voir Fernand Lot, « Louis de Gonzague Frick et les préoccupations frickiennes », *Comœdia*, 29e année, n° 8146, 30 mai 1935, p. 3.

en 1929. Pascal Pia, qui a répertorié l'anonyme *Calamiste alizé* de Frick dans l'Enfer de la Bibliothèque nationale, a réuni une mini-collection Frick léguée au Bandy Center de l'Université Vanderbilt, dont Claude Pichois, exécuteur testamentaire de Frick, est longtemps directeur.

Les articles de deux écrivains d'âge avancé, orientés comme Frick vers l'ésotérique, Marcel Lobet en 1975 et Sarane Alexandrian en 2001, ont entrepris d'examiner tout ou partie de la vie et l'œuvre de Frick et ont apporté à l'appui un certain nombre de documents. En plus d'affermir l'état civil de Frick, le travail de Lobet a exposé sa correspondance des années cinquante avec les poétesses belges Berthe Bolsée et Élise Champagne, auprès desquelles Frick se redécouvre, sur le tard, un lectorat. Les informations rassemblées par Alexandrian à côté de lettres inédites et de poèmes permettent une vue d'ensemble mais manquent, à l'occasion, de précision. À la mort de Frick, Charles-André Grouas, correspondant belge de *La Phalange* nouvelle, a versifié les hauts et les bas de la vie de son camarade parisien du lycée Condorcet. L'enfermement de Frick durant trois longs jours de 1938 en service psychiatrique avait suscité soutiens et indignations dans *Le Lunain* et à travers la presse, amplifiés dans le pamphlétaire *Week-end au cabanon* d'Ernest Tisserand, qui redit autrement son amitié pour Frick, en 1957, dans le genre plus personnel et apaisé de l'« épître ». Un autre proche, Julien Deladoès, consacre en 1955 à Frick, à la sortie de son recueil *Abrupta nubes*, une plaquette sous forme de libre compte rendu, incluant une seconde version du poème à Éluard. En des détails minutieux, quelques brefs écrits de Francis Conem, étalés de 1962 à 2010, ont éclairé des points aussi divers chez Frick que ses dédicaces ou sa rencontre avec le sculpteur nazi Arno Breker dans Paris occupé. Enfin, l'entretien de 1978 de Pascal Pia, effectué par Jean-Paul Goujon, offre sur Frick une vue mélangée d'affection et d'analyse.

Les recherches, facilitées par le numérique, ont permis de retracer un pan de la République des lettres, aux marges de laquelle se situerait Frick. Entre le centre et les marges, l'amitié et les capacités à aider rendent non seulement la frontière poreuse mais montrent que le mouvement n'est pas systématiquement centrifuge. La notion de marge opère une distorsion des rapports sur la seule base de la notoriété, empêchant par exemple, de saisir pleinement le rôle d'un Frick ouvrant les portes de *La Caravane* à Max Jacob en 1919. L'application de Frick à procurer des lieux de publication aux poètes débutants montre un appui continu à la relève. C'est, au *Trait d'union*, « Le fard des Argonautes » de Desnos en 1919 ; le recueil *Flot et jusant* de Robert Valançay, une dizaine d'années après, aux éditions de La Guiterne ; et en 1938, une préface à *Humaï* de Obaldia, aux *Feuillets de l'Îlot*. Même quand ses moyens d'intervention ont fortement diminué, au milieu des années cinquante, Frick tente de pousser vers l'avant Élise Champagne par une mise en relation avec Léautaud. Sa vitalité entrepreneuriale dans le secteur des revues va dans ce sens et, quand il ne dirige pas son propre périodique, il lui arrive d'œuvrer auprès des fondateurs, pour *La Revue de l'époque* de Marcello-Fabri, non sans déboires, ou plus positivement avec Aubrun à *La Guiterne*.

Les sources de l'étude sont constituées des chroniques littéraires et comptes rendus des revues et journaux, des poèmes de Frick, des dédicaces, de la correspondance, des livres de souvenirs. De la grande presse aux revues éphémères, ont été diversement consultés les Treize de *L'Intransigeant*, *Les Potins de Paris*, *L'Homme libre*, *Marianne*, le *Bulletin des écrivains*, *Les Hommes du jour*, *La Caravane*, *Sic*, *Paris-Soir* et ses Académisards où siège Desnos. Le *Mercure de France* évalue régulièrement, de son sceau bien-pensant et à travers André Fontainas ou Charles-Henry Hirsch, la carrière de Frick, au-delà des débats initiaux sur son statut et son nom. Les récits des banquets, comme celui de *La Phalange* en 1908 ou quand Saint-Pol Roux est reçu en 1925, permettent de voir Frick s'adonner au genre du discours élogieux et à de violentes colères menant à des bris de glaces, lui dont les portraits soulignent la sérénité. La fréquentation des salons littéraires, essentiellement celui animé par Mme Aurel avant la Première Guerre et jusque dans les années vingt, fait ressortir le côté très sociable de Frick, qui se rend également à la Closerie des Lilas, autour de Paul Fort, et prolonge l'heure de l'apéritif au Calisaya, au Bols, au Napolitain, vestiges d'un monde littéraire plus contemporain d'Oscar Wilde ou d'Ernest La Jeunesse. Il s'associe à la société d'art Tanit, lancée en 1919 par la poétesse et pionnière de l'aviation Berthe de Nyse. En 1934, auprès de Louis Cattiaux, il participe au transhylisme qui mêle poètes et peintres.

Loin de se limiter à un lexique de *struttopodes* et autres *symplégades*, les poèmes de Frick gardent trace des poètes et auteurs qui lui sont liés, comme Sadia Lévy ou Jean Pellerin. Sur le moment, sa poésie remplace aussi les lettres ou les rencontres en personne, ainsi en 1915, avec les *Trèfles*, où chaque strophe peut se lire comme un message à un ami. Quand le recueil est intégré à *Poetica* en 1929, *L'Intransigeant* désigne Frick comme l'assembleur d'une fratrie d'écrivains, attentif aux traits individuels de leur écriture, « frère de tout un groupe bien sympathique d'amis littéraires auxquels il sait parler dans le langage particulier à chacun[10] ». La correspondance avec son entourage, dispersée comme l'a été la bibliothèque de Frick, est conservée à la Bibliothèque Littéraire Jacques Doucet (1919 aux années cinquante), au Texas (1906 à 1957), en Californie et ailleurs. De l'échange Desnos-Frick, la partie destinée à Frick est reproduite ici en intégrale tandis que des extraits seuls ont été retenus des lettres, plus nombreuses, adressées à Desnos. Les envois de Frick à Robert Valançay, de 1926 à 1936, incluant un poème, ont été entièrement transcrits. Figurent encore, dans la dernière section de l'ouvrage, des courriers reçus par Frick de Tailhade, Jean Vigo, Youki, Roger Allard, Paul-Napoléon Roinard, Salmon, Ivan Goll, Obaldia, Péret, Léautaud, Éluard, enfin un ensemble de lettres de Frick à Christian. De brefs extraits du « Cahier noir » de Pierre de Massot ont aussi été utilisés.

La production poétique de Frick s'étend du premier poème repéré, « Ombres », de 1906, redevable au symbolisme, dans *La Phalange* de même obédience, au volume posthume d'*Enif*, paru en 1959 grâce aux deux exécuteurs testamentaires, outre Claude Pichois, l'agrégé de philosophie, Bernard Guillemain[11]. Quelques poèmes du début, comme « Lumières », où « Les lys singultueux mêlent la pureté / De leur nacre fluide à mes vitraux – clarté », régurgitent un Mallarmé pétri autour de Frick par d'autres que lui. De ce liquide qui adhère au lumineux, Frick va privilégier, en 1952, pour la mort d'Éluard, les sanglots du « singultueux[12] ». Arrivé trentenaire, Frick se distancie de l'héritage qui le fait rimer, par une apposition, « pureté » / « – clarté », et qui aboutit, pour l'un des plus fidèles, Royère, au musicisme. Du « lys » et de la phrase-manifeste de Jean Royère, « Ma poésie est obscure comme un lis », Frick explique, en 1924, l'image de cet « être organique » floral, fait de « clarté à l'extérieur, obscurité au-dedans[13] ».

---

10 Les Treize, compte rendu de *Poetica*, rubrique « Les Lettres », *L'Intransigeant*, 50e année, n° 18230, 18 septembre 1929, p. 2.

11 Bernard Guillemain, à ne pas confondre avec son homonyme prolifique, l'historien médiéviste décédé en 2012.

12 Le poème « Paul Éluard et les stymphalides » est discuté plus loin.

13 Frick, cité de son article « Ma poésie est obscure comme un lis », de la revue *Vient de paraître*, par Les Académisards, « À tous échos », *Paris-Soir*, 2e année, n° 234, 26 mai 1924, p. 2.

L'abondance des notes dans cette étude est manifeste et aurait pu dériver du principe d'opposition à la poussée vers la flexibilité des sources médiatiquement argumentée par Alain Minc et perceptible dans la froideur qui accueille, sur ce point, certains travaux des chercheurs. La collecte d'informations sur Frick, à prolonger, prend aussi le contrepied des approximations sur lesquelles s'est construite sa réputation. Pour un auteur évoqué à grands traits en un lot déterminé d'adjectifs, il convenait d'appuyer les faits sur des bases sûres. Certaines rectifications ont été apportées, avec des points d'interrogation persistants. Il est juste aussi d'anticiper que ce travail viendra lui-même faire l'objet de rectifications[14], d'autant que, parmi les acteurs de la vie littéraire sollicités, il en est de plus méconnus que Frick.

---

14 Ainsi, la publication de la *Correspondance générale* d'Apollinaire chez Champion en décembre 2015 est arrivée trop tard pour être prise en compte dans cet ouvrage.

LE DEVENIR DU POÈTE

En 1932, Frick rappelle à Desnos leur rencontre initiale « à la Closerie des Lilas il y a des ans » et revient sur une de ses habitudes vestimentaires « qui avait le don de [...] plaire » à Desnos, le « chapeau haut de forme » qu'il « portai[t] alors[1] ». Ce détail de sa mise élégante est refaçonné par le poème « Italiques » de *Girandes*, en 1919, pour un Frick de poésie qui s'imagine une ressemblance tout entière dans le chapeau et le monocle avec Woodrow Wilson, fait « citoyen de Paris[2] » par le conseil municipal à la mi-décembre 1918. Georges Guy tire parti du rapprochement d'« Italiques » quand il élabore, en 1935, une dédicace à « Frick / de nouveau citoyen de Paris / Comme l'Américain qui préside aux beaux ris[3] ». Une expression du poème, « monoclé sans pose[4] », forme une réponse à la confusion courante entre port du monocle et affectation, Frick étant suivi de manière répétée et un peu automatique par l'étiquette de dandy, purement d'apparence. Tailhade, qui a pu l'observer de près, perçoit, dans son compte rendu de *Sous le Bélier de Mars*, par-derrière le « dandysme » de Frick, une « distinction native », « un patricien[5] » né. Tailhade avait recommandé

1 Lettre de Frick à Robert Desnos, cachet du 25 juin 1932. DSNC 1316, BLJD. La lettre est reproduite, avec une date erronnée, par Sarane Alexandrian, « Un grand seigneur de la poésie moderne – Louis de Gonzague Frick », *Supérieur inconnu*, n° 20, janvier-mars 2001, p. 31-94 (p. 86-87).

2 Frick, « Italiques », *Girandes*, Paris, Édition du Carnet critique, 1919, p. 38-39 (p. 38). Un « conseiller du quartier de Plaisance » aurait proposé, dès le mois d'août, que Wilson devienne « citoyen honoraire de la Ville de Paris ». Grangier, « Le Président Wilson citoyen de Paris », *Le Gaulois*, 53e année, 3e série, n° 44915, 15 août 1918, p. 1.

3 À cet envoi autographe s'ajoute une seconde dédicace, « Au Poëte et à l'ami / En toute sympathie ». Georges Guy, envoi à Frick du 27 juillet 1935 dans *Miniatures*, Hanoï, Impr. d'Extrême-Orient-Paris, La Lucarne, 1934. Collection privée Celerier (Tourouzelle). Chez le même éditeur, en 1934, Georges Guy publie *La Chimère enlisée – Essai sur l'art contemporain*.

4 Frick, « Italiques », *Girandes*, *op. cit.*, p. 38.

5 Laurent Tailhade, « Chronique des livres – *Sous le Bélier de Mars* », *L'Œuvre*, 13e année, n° 424, 19 novembre 1916, p. 3.

l'usage du terme « patricien[6] » à son beau-frère, Fernand Kolney, véritable rédacteur de l'article, que Tailhade est trop faible pour écrire lui-même. Le monocle est, au moment où Tailhade s'exprime, en 1916, l'attribut de l'ennemi et non de l'allié, du « Kronprinz » qui en aurait rendu le port « odieux[7] ». Cependant, l'amalgame avec l'héritier de la couronne prussienne n'atteint pas Frick, lui qui « arbor[e] » le monocle « sans ridicule » ni « impertinen[ce][8] » intentionnelle, celle justement qu'on attendrait d'un monocle et que Tailhade suggérait dans son mot à Kolney[9].

La propriété correctrice du verre est nécessaire à Frick qui, en soldat de son recueil de 1915, « devi[ent] hagard » de la « per[te] » de son « [m]onocle[10] ». Dans les circonstances difficiles de la « guerre », la vision lui est restituée, « rend[ue] plus claire », dans cette strophe comportant un double hommage au « Monocle » et à Henri Strentz, le poète et ami qui lui « offr[e] un nouvel oculaire[11] ». En 1931, Strentz fait du monocle de Frick un indispensable de la personne et du critique. Le travail de courriériste de Frick le met à l'affût du monde littéraire et c'est « à travers le cristal de son oculaire » qu'il « surveille avec amour » la « turbulente famille des poètes français[12] ». Monocle aidant, Frick dans son être et par l'image qu'il projette constituerait, d'après Strentz, son « plus beau poème[13] ». Tailhade et Strentz défendent Frick, comme il le fait lui-même dans son poème de *Girandes*, de la tentation de faire du monocle un objet à fonction unique et factice, l'« insigne littéraire » que ne saurait négliger « l'écrivain à la mode et lancé[14] ». Il y a monocle et monocle et,

---

6 Voir Gilles Picq, *Laurent Tailhade ou De la provocation considérée comme un art de vivre*, Paris, Maisonneuve et Larose, 2001, p. 705-706. Le terme est de nouveau en usage en 1920 pour parler de Frick, « très patricien poète de *Sous le Bélier de Mars* ». Voir « La voix posthume », *Les Potins de Paris*, 4e année, nº 175, 5 août 1920, p. 4.

7 Laurent Tailhade, « Chronique des livres – *Sous le Bélier de Mars* », *L'Œuvre*, *op. cit.*, p. 3.

8 *Idem.*

9 Voir Gilles Picq, *Laurent Tailhade*, *op. cit.*, p. 706.

10 Frick, *Trèfles à quatre feuilles – Campagne 1914-1915*, Paris, La Phalange, 1915, p. 16.

11 *Idem.*

12 Henri Strentz, cité de *L'Alliance littéraire* par André Thérive, rubrique « Littérature » de *La Quinzaine critique des livres et des revues*, vol. 3, nº 31, 10 avril 1931, p. 398.

13 *Idem.* Peu de temps après, le jeune Robert Valançay reformule pour Frick l'équation vie-poésie en la faisant fonctionner dans les deux sens, « Sa vie est toute une poésie et la poésie est toute sa vie ». Ces mots sont repris dans le bulletin de souscription du recueil *Ingrès*, en 1936.

14 Voir Marc Kober, « Breton-Tzara : la quadrature du monocle », *Mélusine*, nº 17, 1997, p. 111-132 (p. 114). Frick fait figure de « dandy à monocle » dans l'article, à l'époque dada. *Idem.*

pour Frick, « le véritable » est « l'oculaire », sous la forme d'un « verre nu », qui représenterait aussi, dans cette période d'avant-guerre, pour les initiés de ce « grand art », « un peu... une arme[15] ».

Mis en parallèle et en contraste avec l'humble Frick, le « haut » personnage monoclé d'« Italiques », Wilson, cet « Américain qui préside[16] », effectue, au lendemain de la guerre, sa visite en France alors que Foch et Erzberger signent, à Trèves, la convention additionnelle portant prolongation de l'armistice. *Le Figaro* du 15 décembre 1918 note une « entrée triomphale » de « M. Wilson à Paris » et le pare, pour l'occasion, « en redingote noire et pantalon rayé », « cravaté de gris » avec « à la main un chapeau haut de forme[17] ». Le poème emprunte aux journaux feuilletés et à leur langage, dans le détail d'un président « coiffé d'un splendide chapeau / Haut-de-forme[18] », couvre-chef de soie dont l'élégance arrive par l'enjambement, avec un certain humour, de cette sorte d'« humour » ou d'« agrément[19] » relevé dans la poésie de Frick, en 1923, par Robert de La Vaissière. Frick et Wilson promènent en effet « bien haut[20] » le fameux chapeau, le poète et le président tous deux de grande taille, Frick, avec 1 m 79, d'un centimètre de moins que Wilson[21].

Dans les premières semaines du séjour de Wilson, qui correspondent à l'époque de la composition d'« Italiques », Frick est encore entre képi et casque, et la perspective de retrouver le couvre-chef qu'il a dû délaisser en 1914 signifie surtout la fin de sa mobilisation et sa réintégration à la vie civile parisienne. Lors de ses retours à Paris en permission, Frick aurait, selon Billy, recouvré son élégance et « chang[é] son accoutrement de poilu contre une jaquette impeccable, un col rigide, une cravate

---

15 Frick, interrogé par Émile Deflin, « Le monocle s'en va... », *L'Intransigeant*, 32e année, no 11767, 2 octobre 1912, p. 1.

16 Frick, « Italiques », *Girandes*, *op. cit.*, p. 38.

17 « M. Wilson à Paris – Une entrée triomphale », *Le Figaro*, 64e année, 3e série, no 349, 15 décembre 1918, p. 1-2 (p. 2).

18 Frick, « Italiques », *Girandes*, *op. cit.*, p. 38.

19 Robert de La Vaissière, « Préface », *Anthologie poétique du XXe siècle*, tome 1, Paris, Crès, 1923, p. V-XL (p. XXXV). Connaissant l'œuvre mais aussi la personne, La Vaissière considère que Frick « n'avouerait pas volontiers » la part d'humour dans ses « poèmes », « de peur d'en altérer la distinction ». *Idem*.

20 Frick, « Italiques », *Girandes*, *op. cit.*, p. 38.

21 À l'armée, le « signalement » de Frick lui donne « 1 m 79 ». Tables des états signalétiques et des services militaires de la Seine (1875-1911). Classe 1903, 6e bureau, Liste principale. Archives de Paris, D3R1 183.

mauve et des bottines à tiges de daim clair[22] ». Dans une flexibilité chronologique, Salmon aperçoit Frick à La Rotonde dès le « soir de l'armistice » en « jaquette de cérémonie » « noire », « monoclé et gibus en tête[23] ». Dans *Girandes* encore, Frick écrit avoir « jeté » l'uniforme, réduit à des « oripeaux sanglants », et qui ne signifie plus pour lui ni « défaite » ni « victoire », vu l'accumulation des « mort[s][24] » de chaque camp. Ce moment des « fallacieuses victoires » a un écho, en 1933, dans sa réponse à une enquête de *Minotaure*, où il explique qu'il a « jet[é] bas [s]es vieux habits, [s]es oripeaux non souillés du reste par le sang[25] », comme si son vécu des combats peinait à se reconnaître dans le récit de la Victoire fait depuis. À la fin du poème « Propemptique », l'expression de « mort iconisée au loin de l'avenue[26] » suggère une distance de Frick à l'égard des tentatives de monumentalisation de la mort. Le recours, dans ces vers, à la statuaire antique par le « marbre » et l'« onyx » ne se limite pas à un décor de classicisme ou au ciselage de l'art pour l'art, mais offre un contraste immédiat avec les déchirures des « oripeaux[27] » du poilu, que préfèrent ne pas voir les discours officiels. Le motif peint sur de la porcelaine « de Sèvres[28] », à la joliesse bucolique, ajoute encore une possibilité à l'image. De part et d'autre de Sèvres, la rime désigne la bergère, « la gardeuse de chèvres », et fait surgir des promesses d'amour par les « lèvres » que le soldat porte au bord de la « tasse[29] » pour boire et savourer. La tasse ornementée et « [f]umante » à l'« arôme agréable[30] » est si évidemment inaccessible au soldat au front avec sa timbale de

22 André Billy, rubrique « Propos du samedi », *Le Figaro littéraire*, 113e année, nº 337, 3 décembre 1938, p. 6.

23 André Salmon, *Montparnasse*, Paris, Éditions André Bonne, 1950, p. 154.

24 Frick, « Propemptique », *Girandes*, *op. cit.*, p. 13. Le mot *peau* dans « oripeaux sanglants » laisse découvrir, sous le vêtement, le corps blessé. *Idem*.

25 Frick, réponse à l'enquête « Quelle a été la rencontre capitale de votre vie », dans *Enquêtes surréalistes – De "Littérature" à "Minotaure", 1919-1933*, éd. Georges Sebbag, Paris, Jean-Michel Place, 2004, p. 126.

26 Frick, « Propemptique », *Girandes*, *op. cit.*, p. 13.

27 *Idem*. Le « Propemptique » du titre, avec le sens de se reporter en avant et d'anticiper sur ce qui sera vu ou visible sur la route, est une manière d'avertir le soldat de l'instrumentalisation de son combat par les acteurs de la mémoire officielle. Dès « août 1914 », le « culte du souvenir » est opératoire, explique Christina Theodosiou, « La mobilisation des morts : culte du souvenir et culture de guerre en France pendant la Grande Guerre », *Revue LISA*, vol. X, nº 1, 2012, sur le site lisa.revues.org. Consulté le 6 août 2013.

28 Frick, « Propemptique », *Girandes*, *op. cit.*, p. 13.

29 *Idem*.

30 *Idem*.

fer blanc, comme le sont aussi la bergère et son cadre, de manufacture artisanale ou littéraire.

L'équipement prescrit du soldat est le quotidien de Frick, qui demeure sous l'uniforme jusqu'au 21 mars 1919[31]. Les mois avant comme après l'Armistice, il est basé à Avord, dans les environs d'un lieu qui prête son charme particulier au poème « Italiques », le « bois joli de Boisgibault[32] ». La promesse d'un renouveau plus naturel que politique est amenée, dans la première strophe, par des formules de mort, par ce qui vient et « fleurit » quand « meur[ent] » « Décembre » et « la chasse[33] » ou, selon le vers d'Armistice de Gaston Picard, quand « la mort elle-même est morte[34] ». Dans la poésie de guerre de Frick, Picard agit en « plus charmant » des « Synadelphes » pour sa double « lutt[e] » en faveur de « la paix » et de « l'art[35] », apportant à cette tâche, selon l'anatomie de ce monstre, la force accrue de ses huit membres. Confrère de Frick en littérature et en espèce tératologique, Picard installe à son tour Frick dans le « rôle de Synadelphe[36] », aux pouvoirs multipliés, un an après *Trèfles*.

Gaston Picard est responsable, avec Fernand Divoire et René Bizet, du *Bulletin des écrivains* lancé par *L'Intransigeant* en novembre 1914 et diffusé pendant toute la guerre auprès des écrivains soldats[37]. L'entreprise sera renouvelée en 1939, sous le titre de *Bulletin des Armées*, par les soins de la Société des Gens de Lettres. Fort de son expérience passée, Billy commente l'initiative alors qu'est déclenchée la Deuxième Guerre et rappelle le caractère d'échange du *Bulletin des écrivains*, dont les

---

31 État signalétique et des services de Louis de Gonzague Frick. Archives de Paris.

32 Frick, « Italiques », *Girandes*, *op. cit.*, p. 38. Frick aura, en 1954, ces mots exacts, « au bois joli de Boisgibault », pour désigner le lieu où se « promener poétiquement » avec Élise Champagne, telle qu'elle lui apparaît dans une photographie. Envoi de Frick à Élise Champagne, août 1954, dans « Louis de Gonzague Frick : Lettres à Élise Champagne », éd. Marcel Lobet, *Annales de l'Université de Toulouse-Le Mirail*, tome II, *Littératures*, 12, 1975, 2, p. 109-110 (p. 110).

33 Frick, « Italiques », *Girandes*, *op. cit.*, p. 38.

34 Le poème « 13 novembre 1918 » de Gaston Picard, paru dans *Sic* en janvier 1919, est cité par Annette Becker, *Guillaume Apollinaire – Une biographie de guerre, 1914-1918-2009*, Paris, Tallandier, 2009, p. 213.

35 Frick, *Trèfles*, *op. cit.*, p. 6.

36 Gaston Picard, rubrique « Carnet de la Semaine », *L'Ambulance*, 2e année, n° 33, 1er octobre 1916, p. 11. Frick est évoqué en connexion avec le poète roumain Alexandre Macedonski.

37 Sur la création du *Bulletin* et, parallèlement, la « légitimation du concept d'écrivain combattant », voir Nicolas Beaupré, *Écrire en guerre, écrire la guerre – France, Allemagne, 1914-1920*, Paris, CNRS Éditions, 2006, p. 48-50.

informations allaient de l'arrière au front « et réciproquement[38] ». À partir de l'automne 1914, le *Bulletin des écrivains* est expédié au front, au cantonnement du poète inventé par Dorgelès sur le modèle de Frick, Jean de Crécy-Gonzalve, dont le nom porte le Crécy du *Réveil des morts* avec ses « [q]uatre années de guerre » « passé[es] sur lui comme des siècles d'abandon[39] ». Crécy-Gonzalve « discut[e] » littérature, « le *Bulletin des Écrivains* à la main », avec quelques compagnons « dans un débit du cantonnement[40] ». Le personnage ramène aussi les sonorités du lieu de bataille de Carency où se croisent sous l'uniforme, en 1915, Frick et Mac Orlan, du même 269e régiment[41]. En 1955, Mac Orlan décrit par deux fois Frick à Carency, « sur la ligne de feu », « couvert de boue et de fatigue[42] » ou bien « couvert de plâtras, courbé sous le poids du sac » sans que le « poète d'infanterie » ait « perdu son élégance[43] ».

Dans le portrait qu'il fait de Frick parisien, montmartrois, en 1934, le journaliste et poète Henry Mercadier offre une image qui s'accorde avec celle de Mac Orlan et tient Frick pour la référence en matière d'« élégance impassible[44] ». En 1929, Mercadier alliait les contraires, la « sobriété brumellesque » et le « raffinement de simplicité[45] », pour cerner une sorte d'équilibre élaboré dans l'apparence de Frick. En guerre, Frick aurait pris l'allure d'un « Brummel des tranchées », addition de

38 André Billy, rubrique « Propos du samedi », *Le Figaro littéraire*, 114e année, no 259, 16 septembre 1939, p. [2]. L'article voisin signale les poètes encore à Paris, Desnos et Breton mobilisés à un jour d'écart, le 2 et le 3, ou Roger Allard, qui passent par Les Deux Magots. André Warnod, « Les poètes sont partis », *Le Figaro Littéraire*, 16 septembre 1939, p. [2].

39 Roland Dorgelès, « Le réveil des morts » (1923), *D'une guerre à l'autre*, *op. cit.*, p. 393-598 (p. 405).

40 Roland Dorgelès, « Le poète sous le pot de fleurs », *D'une guerre à l'autre*, *op. cit.*, p. 329.

41 Dorgelès a failli, lui aussi, appartenir au 269e avec l'intention de « retrouver Pierre Mac Orlan et André Warnod ». Roland Dorgelès, *Bleu horizon – Pages de la Grande Guerre*, Paris, Albin Michel, 1949, p. 10. Mac Orlan dédie à Frick le récit teinté de fantastique d'une initiation à la guerre, tout juste un mois dans le conflit, quand le régiment croise les premiers soldats revenant du feu. Pierre Mac Orlan, « Les Poissons morts », *Les Poissons morts*, Paris, Librairie Payot, 1917, p. 27-33.

42 Pierre Mac Orlan, « Carency » (Préface), dans Frick, *Abrupta nubes*, Paris, Éditions Debresse, 1955, p. 8.

43 Pierre Mac Orlan, *Le Mémorial du petit jour – Mémoires*, Paris, Gallimard, 1955, p. 234. L'extrait du *Mémorial* paraît dans le *Mercure* du 1er novembre 1954.

44 Henry Mercadier, « Pour Louis de Gonzague-Frick », *Cartes postales pour les amis*, Poitiers, L'action intellectuelle, 1934, p. 27-40 (p. 30).

45 Henry Mercadier, cité de *La Bourgogne d'or*, par Les Treize, « La chambre d'amis », rubrique « Les Lettres », *L'Intransigeant*, 50e année, no 18029, 1er mars 1929, p. 2.

« grâce », de « charme », d'« élégance », ne composant pas un « véritable dandysme[46] » pour autant, selon l'étude de Carassus. Au moment du *Bélier*, Frick reste, pour Henri Strentz, « [é]légant », « imperturbable » « parmi les balles, les percutants et les gaz toxiques[47] ». Salmon renouvelle, en 1921, ce Frick combattant et lui fait « incarn[er], jusque sous le feu des Allemands, l'antimilitarisme en gants jaunes[48] ».

En 1940, Frick demeure le modèle du soldat versificateur détaché de la « boue » et du « feu », dans le panorama de Fernand Lot sur « [l]es poètes et le cataclysme[49] » nouvellement déclenché. Frick est plongé dans la lecture du « *Mercure* sous les schrapnells » allemands, tracassé seulement par les « fluctuations de l'esprit » des « petites revues de Montparnasse » et non par les « contingences martiales[50] ». Une centaine d'années après les faits et les premiers récits, Frick continue de vivre, à travers Robert Sabatier, dans une indifférence pour « la tranchée » et une émotion caricaturale qui le fait « pleur[er] » sur « la cessation de parution » de la « revue *Les Marges*[51] » de Montfort, plutôt que sur les meurtrissures de la chair. Les mots circulent et recirculent de la sorte autour de Frick soldat. Les amis et les critiques, souvent confondus d'ailleurs, se lisent, s'écrivent, conversent et se retrouvent sur certaines constantes, modifiées à l'occasion.

Un poème daté de septembre 1917 d'un jeune Georges Gabory nuance le côté flegmatique de Frick à la guerre, « jet[é] dans l'humus de la mort », dans cette « Géhenne », au détriment de « [s]a force tranquille » qu'il a dû « prostitu[er] pour complaire aux magnats[52] », aux

---

46 Émilien Carassus, *Le mythe du dandy*, Paris, Armand Colin, 1971, p. 43.

47 Henri Strentz, compte rendu de *Sous le Bélier de Mars*, *Vivre – Cahier de littérature*, [2e année], no 3, décembre 1916, p. 58-59 (p. 58).

48 André Salmon, « Façons d'être jeune – Politique d'abord ! », *Les Cahiers d'aujourd'hui*, nouv. série, no 2, janvier 1921, p. 73-83 (p. 81).

49 Fernand Lot, « Les poètes et le cataclysme », *Marianne*, 9e année, no 382, 14 février 1940, p. 7.

50 *Idem.*

51 Robert Sabatier, *Je vous quitte en vous embrassant bien fort – Mémoires*, Paris, Albin Michel, 2014, p. 57. Frick est redessiné dans cette indifférence au miroir de Crécy-Gonzalve, par Claude-Catherine Ragache, *Roland Dorgelès, combattant, journaliste, écrivain*, Paris, Economica, 2015, p. 80.

52 Georges Gabory, « Géhenne », *La Caravane*, 5e année, nos 6-7, juin-juillet 1918, p. 11. « Géhenne », dédié à Frick, suit immédiatement sa rubrique des « Scolies » dans *La Caravane* et reprend plusieurs mots des « Six jours » de *Sous le Bélier de Mars*. Par ailleurs, les vers de « Géhenne », où Frick « prostitu[e] » ses jeunes années « pour complaire aux magnats », peuvent rappeler la fréquentation des prostituées par Gabory et Frick. Voir

autorités. L'écrivain multiforme et « véritable autorité[53] » critique, Henri Hertz, peut-être en lecteur de Gabory, remet Frick dans la « Géhenne » en 1919 mais avec des séquelles moins conséquentes que dans le poème de *La Caravane*[54]. La guerre n'aurait été, pour Frick, qu'une « gêne[55] », jeu de mots qui dégonfle « Géhenne » et son enfer. Frick et son idée de l'enfer avant et pendant la guerre sont exposés, avec un effort de sourire, en 1916 par La Vaissière, lui-même dans une strophe de *Trèfles* orientée vers l'amitié, la poésie et l'humour, « Robert de La Vaissière, en lyrisme Claudien[56] ». La Vaissière raconte que Frick évitait de « mettre les pieds dans le Métro » avant-guerre car cela signifiait pour lui une « descen[te] aux Enfers[57] ». Vu des tranchées, « antre de troglodyte », le métro présente son image au soldat pour le transporter vers un ailleurs de plaisir, dans les bras de « la parfaite Schulamite[58] ». Frick pourrait dire avec La Vaissière, pensant plus encore au bloc des écrivains partis combattre qu'à son expérience individuelle : « la guerre nous a tant changés[59] ». Pour Jules Romains dans une lettre de 1919 écrite à la lecture de *Girandes*, Frick a « su traverser la guerre sans y perdre [sa] nature » et cela en contraste avec la somme de « gens frappés de métamorphose, au sens piteux et calamiteux » du terme chez « Ovide[60] ».

Georges Gabory, *Apollinaire, Max Jacob, Gide, Malraux, & Cie*, Paris, Jean-Michel Place, 1988, p. 52-53.

53 Les admirateurs sont Frick et Marc Brésil, « Revues », *La Phalange*, 8e année, n° 82, 20 avril 1913, p. 349-357 (p. 353).

54 Henri Hertz, « Monsieur Louis de Gonzague-Frick est un homme… », rubrique « Les poèmes », *La Revue de l'époque*, 1re année, n° 1, 5 octobre 1919, p. 19-20 (p. 20).

55 *Idem.*

56 Frick, *Trèfles*, *op. cit.*, p. 13. Frick aurait eu une manière moins amicale de traiter, en 1913, le pseudonyme de Claudien dont « s'entête » La Vaissière. L'anecdote est rapportée par Georges Delaine, rubrique « Nouvelles littéraires », *L'Homme libre*, 1re année, n° 100, 12 août 1913, p. 3.

57 Claudien [Robert de La Vaissière], « Un archange en disgrâce », compte rendu de *Sous le Bélier de Mars*, *La Caravane*, 3e année, n°s 11-12, novembre-décembre 1916, p. 9. À l'inverse, chez Guillot de Saix, ami de Frick, « le bon Métro » conduit, durant la guerre, à la « station Paradis » dans un poème à la mémoire de René Rocher, disparu en 1915 dans « un large trou d'obus ». Guillot de Saix, « La correspondance », *L'Intransigeant*, 35e année, n° 12665, 19 mars 1915, p. 2.

58 Frick, « Insomnie », *Sous le Bélier de Mars – Campagne 1916*, Paris, La Phalange, 1916, p. 13.

59 Claudien [La Vaissière], « Un archange en disgrâce », compte rendu de *Sous le Bélier de Mars*, *La Caravane*, *op. cit.*, p. 9.

60 Lettre de Jules Romains à Frick, datée du 28 mars [1919], en vente par Piasa, lot 283, le 23 mars 2009, sur le site auction.fr. Consulté le 2 août 2014.

Autour de *Girandes* également, Jean Pellerin, ami de Frick comme La Vaissière parmi les fantaisistes, décrit un « poète » qui « mène la vie rude des soldats » « mais ne se plaint qu'avec élégance[61] ». Ce compte rendu de Pellerin et la préface de Mac Orlan se rejoignent à travers le temps, avec un surplus de détails sur le comportement du soldat Frick chez Mac Orlan. L'élégance dans l'attitude et le langage ne dément pas le personnage aperçu, fréquenté ou imaginé.

Coincé dans « la boue, le sang, les relents de sueur et de vin », Frick parvient à conserver dans sa poésie « la quasi olympienne immutabilité », qu'on peut « admirer ou regretter[62] », comme le considère Albert-Birot au sujet du *Bélier*. Dans des conditions extrêmes, la délicatesse de Frick garde une constance qui peut indisposer ses lecteurs comme Albert-Birot, ou bien irriter au campement et dans les tranchées, où la parole est relâchée surtout pour désigner l'ennemi. Dorgelès a fait connaître, à travers son personnage, de Crécy-Gonzalve, la persistance du soldat Frick à maintenir un décorum dans l'expression, dont la formule « messieurs les Allemands » est emblématique et « avait le pouvoir de mettre les copains de son escouade dans une fureur abominable[63] ». Pour Paulhan, les ennemis en « Messieurs » « pose[nt] » essentiellement « la question » du « langage[64] » de Frick. Frick aurait été démis de « son poste de cycliste » en raison de son maniement des mots, suspecté d'être « un dangereux défaitiste » puisqu'il « parlait des Allemands » « sans animosité rageuse » et qu'« il ne disait jamais les Boches[65] ». Fidèle à lui-même et à son personnage, celui du roman et celui de la vie, Frick

---

61 Jean Pellerin, compte rendu de *Girandes*, *Le Carnet critique*, 3e année, nos 11-12, 1er mai-1er juin 1919, p. 35-39 (p. 37). La remarque de Pellerin est liée à *Sous le Bélier de Mars*.

62 [Pierre Albert-Birot], compte rendu de *Sous le Bélier de Mars*, rubrique « Etc… », *Sic*, no 11, novembre 1916, p. [5]. Pour mieux rendre le décalage entre la guerre de Frick, où « Le cyclone ne souffle mie », et les combats, Albert-Birot cite, en guise d'exemple du *Bélier*, six vers du « Mignonne, allons voir si la rose » de Ronsard. *Idem*.

63 Roland Dorgelès, « Le poète sous le pot de fleurs », *D'une guerre à l'autre*, *op. cit.*, p. 324.

64 Jean Paulhan, « Louis de Gonzague-Frick », rubrique « Les courriers littéraires », *L'Ère nouvelle – Organe de l'entente des gauches*, no 715, 14 décembre 1921, p. 3.

65 Voir, sous la signature « L. », « Médaillon littéraire : Louis de Gonzague Frick », *Écouen-Nouvelles*, 1re année, no 12, 17 octobre 1920, p. [3]. Le médaillon, sur la base d'un entretien, semble avoir été rédigé par un proche de Frick, un « L. » qui pourrait être Latourrette, lui-même l'objet d'un médaillon le 28 novembre 1920 par Marcel Sauvage. Frédéric Lefèvre contribue aussi à la rubrique, comme un antécédent à sa chronique « Une heure avec… » aux *Nouvelles littéraires*. *Écouen-Nouvelles*, au sous-titre *Gazette hebdomadaire du canton d'Écouen. Politique, économique et littéraire, républicain, libéral*, compte 21 numéros, du 1er août au 19 décembre 1920.

va écrire, en 1954, à Élise Champagne, qu'« au 269e de Ligne, [il n'a] pas prononcé, une seule fois, ces mots affreux de *Boche*... et d'*Italboches*[66] ». Dans cette lettre, Frick se démarque des « mal polis », grands auteurs, « illustres prédécesseurs[67] », qui ont dénigré le pays de sa correspondante, la Belgique.

Durant la guerre, en 1916, Frick explique sa détermination à ne pas prononcer le nom « Boche », pourtant attendu de la part d'un soldat, le « monde combattant[68] » l'ayant répandu. Fait prisonnier, André Warnod lance continuellement le mot et son féminin « Bochesses[69] ». Frick est aussi aux antipodes d'Émile Faguet qui en 1915, comme Warnod, légitime l'usage de « boche » puisque « consacré[70] » par le poilu. À travers des images guerrières, le terme a connu la « plus splendide naturalisation », celle du « baptême du feu » ; il est, en son et en sens, « précis et vigoureux comme une détonation[71] ». Soucieux d'éviter l'inflation belliciste d'un Faguet, Frick n'est pas uniquement préoccupé d'étiquette et de civilité. Une note attachée à son poème éminemment de circonstance du *Bélier de Mars*, « Actualité journalistique », rattache l'habitude de dire « Boche », entérinée par les quotidiens dès les premiers mois de la guerre, aux réflexes de l'« école primaire » et du « journalisme[72] ». Ce refus d'entrer dans la tendance distingue aussi Frick d'Apollinaire, qui visite et revisite le mot et ses partenaires sonores. Dans « Actualité journalistique », un espace blanc entre guillemets remplace *boche*, en une absence parlante. L'expression argotique à la rime, « tourne-broches », c'est-à-dire les baïonnettes (aussi redoutables qu'un autre composé, les « triples-croches » de « [l]a mitrailleuse[73] » d'Apollinaire), réserve à l'ennemi le traitement réclamé par la presse française, sous forme parodique :

---

66 Lettre de Frick à Élise Champagne, cachet du 22 octobre 1954, dans « Louis de Gonzague Frick : Lettres à Élise Champagne », *Annales*, *op. cit.*, p. 116-117 (p. 117).

67 *Idem.*

68 Sur le mot « Boche » dans ses diverses configurations, voir Odile Roynette, *Les mots des tranchées – L'invention d'une langue de guerre, 1914-1919*, Paris, Armand Colin, 2010, p. 20-23 (p. 21).

69 André Warnod, *Prisonnier de guerre – Notes et croquis rapportés d'Allemagne*, Paris, Eugène Fasquelle, 1915, p. 174.

70 L'académicien Émile Faguet est cité de *L'Écho des tranchées* dans « La Boîte aux Lettres », *L'Intransigeant*, 35e année, no 12676, 30 mars 1915, p. 2.

71 *Idem.*

72 Frick, « Actualité journalistique », *Sous le Bélier*, *op. cit.*, p. 58.

73 Apollinaire, « La nuit d'avril 1915 », *Œuvres poétiques*, éd. Marcel Adéma et Michel Décaudin, Paris, Gallimard, 1965, p. 243-244 (p. 243).

Clercs subtils ès-l'art du rôti
De Vintimille[74] et de Paris
Préparez de Sardanapale
Le festin, et qu'on empale
Sur vos terribles tourne-broches
Plus de trois millions de «[75] ».

La dénonciation des « journaux » de la guerre, qui « ont ouvert la bouche à la bêtise[76] », s'amorce dès 1915, dans une strophe de *Trèfles à quatre feuilles*. Le quatrain amplifie la méfiance qui s'est accrue à l'égard de la presse du fait d'un soupçon de mensonge et appelle à la production d'« un riche pamphlet » marqué par le « sang » pour contrer « le vomissement » à la une des journaux, « Et cela faudra bien que l'un de nous le dise[77] ». Le compte rendu de *Trèfles* par *L'Humanité*, qui cite plusieurs quatrains, ne reprend pas les accusations contre les quotidiens ni les traces de la dureté de la guerre et estime plutôt le recueil « gentil et plein de bonne humeur », aux vers « amusants et désinvoltes », avec « un mot aimable » « [p]our tous et pour chacun[78] ». Ce picorage parmi les strophes qui aboutit à une poésie inoffensive convient au climat de censure dans les salles de rédaction, en particulier celles qui font l'objet d'une étroite surveillance. Les vers revendicateurs de *Trèfles* ont bien eu leur effet sur le moment, avec une résonance que Jean Pellerin constate en 1919 quand il enjoint les écrivains combattants au souvenir d'avoir découvert dans le recueil l'expression de leur propre « indignation » : « Vous souvenez-vous, mes frères, des stupidités qu'accumulaient les diurnales et de votre plaisir à trouver ce vœu[79] » de riposte formulé par Frick. Derrière le cri scandalisé de *Trèfles*, existe une impatience à voir proliférer le faux et à assister à un discrédit du langage par les organes d'information.

74 Collée à la frontière française, utile pour la rime interne et évocatrice d'un large nombre, Vintimille appartient, en 1916, à une Italie qui a rejoint depuis un an la Triple Entente et ne légitime plus l'*Italboche* de la Triple Alliance.

75 Frick, « Actualité journalistique », *Sous le Bélier*, *op. cit.*, p. 58. Le poème est cité intégralement.

76 Frick, *Trèfles*, *op. cit.*, p. 13.

77 *Idem.*

78 « Le poète en campagne », compte rendu de *Trèfles*, rubrique « Actualités littéraires », *L'Humanité*, 12e année, n° 4272, 28 décembre 1915, p. 3. Frick, aux « poèmes de guerre émouvants », est en première page de *L'Humanité* en 1922 pour son soutien à la libération du mutiné André Marty. Voir « Notre enquête », *L'Humanité*, 18e année, n° 6838, 15 décembre 1922, p. 1.

79 Jean Pellerin, compte rendu de *Girandes*, *Le Carnet critique*, *op. cit.*, p. 36.

Le souci aigu de la parole chez Frick pendant la guerre, que Tailhade décrit dans sa lecture du *Bélier* comme une « horreur des mots prostitués » et « des formules toutes faites[80] », est indissociable de sa personne. En rapport encore avec la sphère militaire mais en temps de paix, Frick n'emploie qu'avec précaution l'expression « camarade de caserne », pleinement conscient de la transgression, par une exceptionnelle déférence à la couleur locale : « si j'ose ainsi parler le langage du jour[81] ». Cette ligne presque invariablement tenue le rend susceptible à la parodie comme si Frick n'était que ridicule politesse, alors que les manières, excessives ou non, prennent à ce moment valeur d'opposition. *L'Intransigeant* tire cette originalité de Frick vers une direction différente, de nature plus esthétique, où « le contraste » entre la « guerre » et les mots choisis dans le *Bélier*, avec leur effet « transfigurateur[82] », est source de plaisir pour le lecteur. Strentz reprend l'idée de *L'Intransigeant*, citant comme lui le vers de Frick, « Bâtissons un château de mots pour nos grands maux[83] ». Reste qu'avec la recherche de l'expression, l'exigence d'urbanité, l'honneur chevaleresque ou le fair-play, la détermination de Frick de persévérer dans son langage à l'époque des gaz de combat, des tranchées et des cibles civiles, peut apparaître déplacée et constituer un des anachronismes de la Première Guerre.

Trèfles à quatre feuilles n'est pas totalement exempt des écarts de langage que le recueil suivant, *Sous le Bélier de Mars*, met sous la loupe. La remarque de *Trèfles* « Si j'en crois ces Messieurs, qui ne sont pas des Huns[84] » établit un simple contraste entre civilisé et barbare, par le biais duquel elle fait allusion à une brutalité chez l'ennemi d'en face. Frick suit en cela l'usage du moment, dérivé en partie de la manière dont Guillaume II s'est approprié, en 1900, pour le compte de ses soldats envoyés mater la Révolte des Boxers, l'histoire et les méthodes

80 Laurent Tailhade, « Chronique des livres – *Sous le Bélier de Mars* », *L'Œuvre*, *op. cit.*, p. 3.

81 F. R., « Louis de Gonzague-Frick, Désiré Ferry et… Joris-Karl Huysmans », rubrique « Lettres et Arts », *L'Intransigeant*, n° 52022, 25 janvier 1940, p. 2.

82 Compte rendu de *Sous le Bélier de Mars*, rubrique « Les Lettres », *L'Intransigeant*, 37e année, n° 13256, 29 octobre 1916, p. 2. La revue du front *Le Souvenir* accorde quelques lignes à ce recueil qui « tente du nouveau », un mois après l'annonce de la sortie du *Bélier* par le *Bulletin des écrivains*. Voir Pierre Arbeau, compte rendu de *Sous le Bélier de Mars*, rubrique « Les livres pendant la guerre », *Le Souvenir*, 2e série, n° 1, décembre 1916, p. [3].

83 Le vers est tiré du poème du *Bélier*, « Un éventail d'acrostiches », cité par Henri Strentz, compte rendu de *Sous le Bélier de Mars*, *Vivre – Cahier de littérature*, *op. cit.*, p. 59.

84 Frick, *Trèfles*, *op. cit.*, p. 4.

attribuées aux Huns. Dans le poème intitulé « Prose pour nos Armées », placé en fin de recueil après les *Trèfles*, Frick puise sans retenue dans un registre « cocard[ier] », où le même Guillaume II, « Empereur de tous les Germains / F[a]it entendre », de manière stéréotypée, « sa gutturale et colossale voix », avec pour conséquence « le conflit européen[85] ». Cette « Prose » est composée en vers rimés et, de ce point de vue comme par son traitement du sujet, elle aurait une parenté avec les hymnes latines versifiées de la liturgie ; son titre rappelle aussi Mallarmé et sa « Prose (pour des Esseintes) », où « hymne », « Gloire », « Esprit[86] » peuvent tous incliner du côté du religieux ou de son renversement. L'« HYPERBOLE[87] ! », avec ses majuscules et son point d'exclamation chez Mallarmé, vient renforcer, dans « Prose pour nos Armées », ce qui est dit à outrance en temps de guerre. Le poème de Frick, construit en narration, raconte le regroupement des « enfants de Paris » et des « belles provinces » pour une « Croisade » contre le « funèbre corbeau germanique » au « rire méphistophélique » et aux ordres d'un « Kaiser mégalomane[88] ». Cet « hymne guerrier » est le seul écho donné à *Trèfles* par Jean Royère en février 1916, des « strophes fières » qui « exalte[nt] la France, la France éternelle », tandis que Frick, puisant à Athènes, est un nouveau Tyrtée, à « l'inspiration héroïque[89] ». À l'automne 1916, pour *Le Bélier*, Royère atténue son ton d'ardeur patriotique et parle de vers qui « sentent la guerre, mais » « ne l'exaltent pas[90] », la longueur

85 Frick, « Prose pour nos Armées », *Trèfles*, *op. cit.*, p. 23-26 (p. 23). En 1929, pour son recueil compilation *Poetica*, Frick ne retient pas ce poème, dédié dans *Trèfles* au « Docteur Jacques Parisot », en son « Honneur ». Rattaché à la Faculté de Médecine de Nancy au moment du service militaire de Frick, en 1906, le Dr. Parisot soigne, la guerre venue, « les gazés graves de l'armée », chargé de la « direction des grands centres hospitaliers ». Voir le compte rendu de son ouvrage fait en collaboration avec l'infirmière A. Ardisson, *La protection contre le danger aérochimique*, dans la rubrique des « Livres », *Revue du Génie militaire*, 40ᵉ année, tome LXXI, juillet 1932, p. 117. Parisot contribue à l'identification du « pied de tranchée », « une moisissure des pieds ayant comme cause prédisposante le séjour prolongé dans l'humidité froide des tranchées ». Voir l'article « Froidure et gelure des pieds », par le Dr. Galtier-Boissière, *Larousse médical de guerre illustré*, Paris, Larousse, 1917, p. 105-108 (p. 105).

86 Stéphane Mallarmé, « Prose (pour des Esseintes) », « Poésies », *Œuvres complètes*, I, éd. Bertrand Marchal, Paris, Gallimard, 1998, p. 28-30 (p. 28-29).

87 *Ibid.*, p. 28.

88 Frick, « Prose pour nos Armées », *Trèfles*, *op. cit.*, p. 24-26.

89 Jean Royère, « Tyrtée », *L'Est républicain*, 28ᵉ année, nº 10339, 3 février 1916, p. 1.

90 Jean Royère, « Cieux et poésies lorrains », *L'Est républicain*, 28ᵉ année, nº 10608, 29 octobre 1916, p. 3.

et les pertes du conflit jouant peut-être dans la nuance. Pour *L'Est républicain* encore, l'année suivante, Royère passe au vindicatif avec l'image de l'Allemagne ennemi héréditaire et rejette « la culture allemande » comme « une contrefaçon et un vol », à écarter des revues au lendemain de la guerre et probablement « à jamais », pour la préservation du « génie national[91] » français.

Trèfles, exception faite de « Prose pour nos Armées », demeure en 1915 plutôt restreint dans la désignation des adversaires, évoquant leurs ressources en armes, « la germanique lance », « le fer germanique », « les canons allemands », et en culture, les « Reisebilder » et les « lieder », objets d'une appropriation : « récitons-nous les doux Reisebilder / En laissant s'éthérer notre âme en ces lieder[92] ». Si ces récits de voyage et ces chansons font vibrer le lecteur, reporté vers Heine ou Schubert, l'attention est également dirigée, dans une note attachée à ces vers, sur l'étude de ce matériau d'outre-Rhin entreprise par un « [a]mi » de Frick, « germaniste éclairé » et « Lorrain[93] », ce qui a pour effet de remuer les cendres de la vieille querelle des philologies nationales. Le début du recueil instaure, en 1915, un face à face entre Français et Allemands. Les « Trèfles » porte-bonheur du titre sont prévus pour être « épingl[és] » aux « nobles poitrines » des amis de Frick et être en pleine vue des « Allemands[94] », pour les faire se détourner devant la force de l'amitié et de la poésie, sans s'abaisser soi-même ni rabaisser autrui. Si le quatrain « épingle fièrement » les « trèfles », le faible esprit revanchard de Frick fait aussi rimer ce « fièrement » avec « les Allemands[95] ».

L'un des amis à recevoir un trèfle, Carco, écrit le 3 mai 1915 que Frick a « trouvé pour célébrer une époque de désastre des moyens d'une pure et rare expression[96] ». Carco, boulanger à l'armée, a quelques vers à la mesure des rations de pain qu'il pétrit : « La boule du soldat est en vos mains,

91 Jean Royère, « *Le Bandeau sur le front* », *L'Est républicain*, 29e année, no 10825, 3 juin 1917, p. 3.

92 Frick, *Trèfles*, *op. cit.*, p. 4 et 8.

93 *Ibid.*, p. 8. L'ami, identifié en note, est le professeur agrégé d'allemand Maurice Husson, bientôt communiste et plus tard résistant. Frick l'annonce « aussi fervent lorrain que M. Maurice Barrès lui-même ». *Idem.*

94 *Ibid.*, p. 3.

95 *Idem.*

96 Lettre de Francis Carco à Frick, datée du 3 mai 1915, en vente par Alain Briscadieu, à Bordeaux, lot 288, le 5 juillet 2013 (auction.fr). Consulté le 2 août 2014. Frick est alors localisé dans le Secteur postal 128, Train régimentaire du 269e Régiment d'Infanterie.

Francis/Carco ; donnez, donnez ce pain[97] ». De ce rôle attaché à la confection de la nourriture, Frick rend Carco nourricier de son personnage « Jésus-la-Caille », « l'orphelin » auquel il peut faire obtenir « pain », « thé » et de la « paille[98] » où s'allonger. Pour ce quatrain et pour les autres avec leur dimension personnelle, côté vie et côté littérature, Carco revêt Frick d'une « sûreté brillante de louanges », dans des « strophes pleines et délicates[99] ». Si Carco se résoud à écrire, dans sa lettre du 3 mai, un « Vive la guerre » peu convaincu et peu convaincant, c'est pour l'effet que la campagne 1914-1915 a eue sur Frick, « inspir[é] » ainsi « de si nobles et si purs accents[100] ».

Dans l'après 11 novembre 1918 du poème de *Girandes*, « Italiques », la « joi[e][101] » d'avoir survécu aux tirs et à la mort est porteuse d'une conscience de ceux qui n'en sont pas revenus ou n'en reviennent pas intacts. Avec la fermeture de cette « chasse » qu'était la guerre, le « perdreau » s'envole, si toutefois il a « encore ses ailes[102] ». Le *sine qua non* de son vol lié au *perdre* de son nom fait songer aux mutilés et aux gazés, laissés à leur misère et à leur corps perdu. Après un hommage à deux vivants, le couple Gabrielle Réval et « son cousin[103] » Fernand Fleuret, la mémoire commence son travail sur les poètes morts durant la guerre, particulièrement, peut-on penser, Apollinaire, décédé il y a peu, le 9 novembre. Ce « poëte en sa tombe », dont est rappelée « *la lumière* qu'il peignit[104] », a un peu de l'Orphée du *Bestiaire*, qui vient opposer aux ténèbres « la lumière », « la voix » et « la noblesse de la ligne[105] ». Plus haut dans « Italiques », on voyait « se met[tre] en marche » « [u]n cortège », accompagné de la formulation de louanges, ou « los », scène à

97 Frick, *Trèfles*, *op. cit.*, p. 14. L'affectation de Carco à la boulangerie après avoir été « intendant des postes » est mentionnée par Jean-Jacques Bedu, *Francis Carco : au cœur de la bohème*, Monaco, Éditions du Rocher, 2001, p. 166.

98 Frick, *Trèfles*, *op. cit.*, p. 14.

99 Lettre de Francis Carco à Frick, datée du 3 mai 1915, en vente par Alain Briscadieu, à Bordeaux, lot 288, le 5 juillet 2013 (auction.fr). Consulté le 2 août 2014.

100 *Idem.*

101 Frick, « Italiques », *Girandes*, *op. cit.*, p. 38.

102 *Idem.*

103 *Ibid.*, p. 39. L'auteure des *Sévriennes*, Gabrielle Réval, épouse après la guerre Fernand Fleuret, dont l'ouvrage de 1916-1917 hostile à la presse, *Falourdin*, mystiquement édité à Delphes à l'enseigne du Trépied pythien, est mentionné dans la quatrième strophe, supprimée dans *Poetica*.

104 Frick, « Italiques », *Girandes*, *op. cit.*, p. 39.

105 Apollinaire, « Orphée », « Le Bestiaire ou Cortège d'Orphée », *Œuvres poétiques*, *op. cit.*, p. 1-35 (p. 3).

lire, à la fin, avec les éléments empruntés au *Bestiaire ou cortège d'Orphée*, « un poëte [r]éveill[é] en sa tombe » et « la lumière » « pei[nte][106] ». Parmi le cortège poétique, qui renvoie aussi au cortège funéraire du 13 novembre de l'enterrement d'Apollinaire, peuvent être comptés, à travers « Italiques », Jean Pellerin, dédicataire de ces vers de Frick et lui aussi « sans pose[107] », Gabrielle Réval et Fernand Fleuret, plus un proche de ce dernier, Dufy, dont les bois illustrent *Le Bestiaire*, réédité en 1919. Ce groupe peut inclure Jean Royère, arrivé avec le vers final, « Par *la lumière* qu'il peignit[108] », variation sur l'intitulé de son recueil *Par la lumière peints…*, sorti dans la période de *Girandes*. Avec le nom, « Italiques », et la typographie, Frick recourt à l'expérimentation que l'élu de sa dédicace, Pellerin, a pratiquée sur le poème de 1911 « *Vers du mieux* », imprimé entièrement en italiques[109]. La préposition « *Vers* » partage la lecture avec l'unité poétique, et le titre dans son ensemble désigne une poésie à atteindre mais dont les promesses s'effondrent. Pellerin prête à son poème les allures d'une quête amoureuse violemment désenchantée, qui culmine en une parodie de l'espoir, avec Sigurd et Brünhild en décor d'héroïsme et de légendaire wagnériens. L'« Amour [qui] fleurit » d'« Italiques » réalise avec la simplicité des « galantes tourterelles » l'impossible « hymen[110] » recherché dans « *Vers du mieux* », comme une réplique d'un poème à l'autre. Dans le compte rendu de *Girandes* au *Carnet critique*, « Italiques » est parmi les poèmes auxquels Pellerin accorde une « jolie causticité de ton nouveau[111] », omettant par

---

106 Frick, « Italiques », *Girandes*, *op. cit.*, p. 38.

107 Pellerin est, dans le compte rendu de son *Copiste indiscret* par Frick pour *Le Carnet critique* en 1919, « homme d'esprit sans pose et sans fadeur ». Le texte est reproduit par Sarane Alexandrian, « Un grand seigneur de la poésie moderne », *Supérieur inconnu*, *op. cit.*, p. 72-74 (p. 72). Sur l'enterrement, voir Laurence Campa, *Guillaume Apollinaire*, Paris, Gallimard, 2013, p. 767-769.

108 Frick, « Italiques », *Girandes*, *op. cit.*, p. 39. Royère, lecteur de Frick en 1919 pour *Les Trois Roses*, identifie dans la clôture « intime » de ce poème « une allusion exquise à l'œuvre nouvelle d'un ami », mettant de la sorte son propre recueil en valeur. Jean Royère, compte rendu de *Girandes*, *Les Trois Roses*, n°s 9-10, février-mars 1919, p. 153-155 (p. 155). Des extraits de ce compte rendu sont repris dans une autre présentation, amicale, de *Girandes*, signée Cratyle (pseudonyme utilisé dans *Le Journal du Peuple* de Pioch) et conservée en coupure parmi les lettres de Frick à Christian, Fonds Yves Poupard-Lieussou. The Getty Research Institute, Los Angeles (930004).

109 Voir Jean Pellerin, « *Vers du mieux* », *En Allant…*, Paris, Ollendorff, 1911, p. 203-206. Le poème de Frick ne conserve pas les italiques dans *Poetica*.

110 Frick, « Italiques », *Girandes*, *op. cit.*, p. 38-39.

111 Jean Pellerin, compte rendu de *Girandes*, *Le Carnet critique*, *op. cit.*, p. 37.

discrétion la dédicace qui lui est adressée et les lettres penchées très délibérément vers lui.

En poème qui prend acte de la mort d'Apollinaire dans l'avènement de l'armistice, « Italiques » fait surgir la paix, fragile et fraîche, dans une « colombe » au « tendre vol[112] », que *Le Bestiaire* relie à « Marie[113] » Laurencin. À cet oiseau de la dernière strophe d'« Italiques », venu avec les « galantes tourterelles » remplacer « le perdreau » et « la chasse » meurtrière, est dévolue une tâche ancrée dans le monde d'Orphée, de « [r]éveille[r] » de « sa tombe[114] » le mort, un Apollinaire que sa poésie empêchera de disparaître. En cela, « Italiques » se rattache au poème précédent du recueil, où un semblable désir de faire survivre le « fabuleux Guillaume Apollinaire » est émis d'une voix par « tous les poëtes qui pleurent son départ », « Aegenete[115] ! », injonction d'éternel. C'est par ce poème « Aegenete » que Frick contribue au numéro de *Sic* en hommage à Apollinaire, début 1919. Dans la revue *L'Instant*, il a trouvé un autre Orphée dans la figure mythique d'Amphion pour dire le poète que fut Apollinaire, divin et à la lyre charmeuse, « fond[ateur] » d'une « Amphionie » « moderne[116] ». Il ne fait que reprendre les termes de la conférence de 1908 d'Apollinaire, « La Phalange nouvelle », sur « les

---

112 Frick, « Italiques », *Girandes*, *op. cit.*, p. 39.

113 Apollinaire, « La colombe » (planche 26) dans « Le Bestiaire », *Œuvres poétiques*, *op. cit.*, p. 170.

114 Frick, « Italiques », *Girandes*, *op. cit.*, p. 38-39. « [L]es poètes assassinés » dans la guerre, « ressuscit[és] » par « la magie » du « lyrisme » d'Apollinaire, écho au *Poète assassiné* juste publié, constituent l'essentiel de la dédicace que Frick signe pour « [s]on ami » dans la copie qu'il lui offre de *Sous le Bélier de Mars*. Voir le *Catalogue de la bibliothèque de Guillaume Apollinaire*, éd. Gilbert Boudar et Michel Décaudin, Paris, Éditions du CNRS, 1983, p. 73. Le second ouvrage de Frick conservé chez Apollinaire, *Trèfles à quatre feuilles*, sorti en mai, est dédicacé, sans signature, en « juillet 1915 », au poète Jules-Gérard Jordens, décédé l'année suivante et dont la fiancée, Jacqueline Kolb, devient l'épouse d'Apollinaire. *Idem*. Mention est faite, dans la dédicace à Jordens, d'une « rencontre à Mingoval sous le règne de Mars », avec la nostalgie des « neiges d'antan » (*idem*), en cette localité de Mingoval où le soldat de *Trèfles* « arriv[e] sur le front » à l'hiver 1914, sous « la neige ». Frick, *Trèfles*, *op. cit.*, p. 7. Frick aurait mis en contact Jordens avec Apollinaire, selon ce qu'il écrit à Pascal Pia, le 17 mai 1954. Lettre mise en vente par la maison Piasa, le 20 novembre 1913, lot 280, sur le site invaluable.com. Consulté le 31 décembre 2013.

115 Frick, « Aegenete », *Girandes*, *op. cit.*, p. 37.

116 Frick, « En l'honneur de Guillaume Apollinaire », *L'Instant – Revue franco-catalane*, 1re année, n° 6, décembre 1918, p. 4-5 (p. 5). Jacques-Émile Blanche cite une large part du texte de Frick pour « parler » d'Apollinaire « l'esthéticien ». J.-É. Blanche, « Faute de place… », rubrique « Les arts et la vie », *La Revue de Paris*, 26e année, tome 2, 1er avril 1919, p. 633-634 (p. 633). Le 17 avril, Frick récite des poèmes d'Apollinaire au Salon

jeunes poètes », « [n]ouveaux Amphions, nouveaux Orphées », auxquels Frick appartient, avec pour seul trait distinctif énoncé sa « boutonnière toujours fleurie[117] ».

Dans cette facilité à habiller ses amis de mythologie, la réception du *Vin est tiré* de Desnos en mars 1943 fait s'émerveiller Frick de la variété des écrits de ce « nouveau Protée », « connu presque 1er communiant[118] » et qu'il ne voit plus souvent. L'image de Desnos juste passé sa prime jeunesse capte la distance qui peut séparer le débutant dans les lettres, pas encore conscrit mais « déclaré bon pour le service[119] » quand finit la Première Guerre, du combattant de Verdun. Dans un registre plus personnel, l'expression « 1er communiant » laisse entendre que Frick aura suivi Desnos sur la durée de sa vie adulte, puisqu'il lui écrit ces mots en mars 1943, s'adressant à lui comme à un « Maître au beau destin » « qui étonnera ses amis jusqu'à la fin des fins[120] », avec une triste résonance, un an avant l'arrestation puis la déportation de Desnos. Plus tard, en juin 1946, à Youki, Frick évoquera son « ami numéro 1 – quoi ! l'Unique – depuis l'année 1918[121] », sans document ni témoignage pour fournir une date exacte. Le récit, en 1927, de cette rencontre par Desnos, suggère qu'ils auraient fait connaissance fin 1918-début 1919 : « Au début de 1919 LGF que je connaissais depuis quelque temps[122] ». Desnos complique l'arithmétique par son habitude de ne pas dater ses lettres si ce n'est, dans l'une, en réponse à des « louanges » de Frick : « Depuis 17 ans, vous ne manquez jamais une occasion de me prouver votre affection[123] ». Est-on alors en 1935 ou 1936 ? Les rappels ont moins pour effet de cimenter une date exacte dans le passé que d'aider à se retrouver dans le moment fondateur de l'amitié Frick-Desnos.

---

des Jeunes, suite à une conférence de Paul Dermée, comme l'annoncent Les Treize, « Les Lettres », *L'Intransigeant*, 40e année, no 14154, 16 avril 1919, p. 2.

117 Apollinaire, « La Phalange nouvelle », *Œuvres en prose complètes*, II, éd. Pierre Caizergues et Michel Décaudin, Paris, Gallimard, 1991, p. 885-900 (p. 898 et 895).

118 Lettre de Frick à Robert Desnos, cachet du 8 mars 1943. DSNC 1335, BLJD. Frick peut avoir en tête la photographie de communiant que Desnos a fait paraître, avec un bel encadré, dans *La Révolution surréaliste* du 15 avril 1925.

119 Voir Marie-Claire Dumas, *Robert Desnos ou l'exploration des limites*, Paris, Klincksieck, 1980, p. 33.

120 Lettre de Frick à Robert Desnos, cachet du 8 mars 1943. DSNC 1335, BLJD.

121 Lettre de Frick à Youki, cachet du 22 juin 1946. DSNC 1351, BLJD.

122 Robert Desnos, *Nouvelles Hébrides et autres textes – 1922-1930*, éd. Marie-Claire Dumas, Paris, Gallimard, 1978, p. 300.

123 Lettre de Robert Desnos à Frick, non datée, estimée autour de 1936. HRC, Austin.

L'association avec Desnos est postérieure, pour Frick, à sa fréquentation d'autres figures clés du surréalisme. Dès 1914, vraisemblablement autour de *La Phalange*, Frick connaît Breton, qui fait paraître dans le numéro de mars trois poèmes, dont « Rieuse » (aux mots pleins d'avenir chez lui, « rêve » et « aube »), dédicacé à Paul Valéry par son jeune admirateur[124]. Le lien à travers les revues est accru en juillet 1917, quand Breton publie « Hymne » (avec l'« aube » encore et l'« héliotrope[125] ») dans le second et avant-dernier numéro des *Solstices* de Frick, Willy Goudeket et Gui Rosey. En janvier 1918, Frick considère Breton comme « porte[ur] » du « flambeau mallarméen » pour ses quelques vers publiés « dans la crypte du *Nord-Sud* », tandis qu'il soupçonne un peu de « juvénilité[126] » chez Soupault. Au milieu de la guerre, en février 1916, un mot de Breton à René Hilsum laisse voir son appréciation d'un poème de Frick écrit en hommage à Apollinaire, « Phyllorhodomanciennement », qu'il retient « riche en émotions[127] ». Frick fait parvenir à Breton une copie du *Bélier*

124 Frick rappelle à Breton leur contact en 1914, dans une lettre de septembre 1938 que reproduit Sarane Alexandrian, « Un grand seigneur de la poésie moderne », *Supérieur inconnu*, *op. cit.*, p. 91. Pour « Rieuse », voir André Breton, *Œuvres complètes*, I, éd. Marguerite Bonnet, Paris, Gallimard, 1988, p. 6. Dans sa réédition d'*Eurythmies* de 1924, Royère dédie à Breton son poème « Si proches vos regards en l'azur si lointain », initialement paru dans le recueil en 1904. Comme dans « Rieuse », se lisent « l'aube », « l'azur », l'« âme », termes fréquents chez Royère, mais les deux textes d'héritage symboliste se prêtent à d'autres points de convergence, autour de l'être en reflet ou présence, et dans une lumière aux intensités différentes, « murmurée » chez Breton, « flamme » et « luire » chez Royère. Jean Royère, « Si proches vos regards en l'azur si lointain », *Poésies – Eurythmies – Sœur de Narcisse nue – Par la lumière peints... – Quiétude*, Amiens, Librairie Edgar Malfère, 1924, p. 56 ; et André Breton, « Rieuse », *Œuvres complètes*, I, *op. cit.*, p. 6. Un exemplaire de ces *Poésies* porte la dédicace autographe de Royère, avec son « admirat[ion] sincère » « Au poëte André Breton ». En 1923, Royère réitère en tête de *Quiétude*, dans un envoi aux tonalités symbolistes, « une amitié littéraire » avec Breton et « une sympathie d'art demeurées pures », que l'expression d'*Eurythmies*, « Si proches vos regards », peut contenir. Voir, de Royère, *Poésies* et *Quiétude*, vente Breton, lot 495. DVD *André Breton – 42, rue Fontaine*, Paris, CalmelsCohen, 2003. Il a déjà été remarqué qu'Apollinaire avait fait le lien, en 1915, entre la poésie d'alors de Breton et celle de Royère. Voir la lettre d'Apollinaire à André Breton du 21 décembre 1915, dans Apollinaire, *Œuvres complètes*, IV, éd. Michel Décaudin, Paris, André Balland et Jacques Lecat, 1966, p. 873.

125 André Breton, « Hymne » (daté d'août 1914), *Œuvres complètes*, I, *op. cit.*, p. 8. Autour des *Solstices* se serait reconstitué « [l']un des premiers » « cercles littéraires » des « rescapés de la guerre », d'après Jean-Claude Lamy, *Mac Orlan, l'aventurier immobile*, Paris, Albin Michel, 2002, p. 124.

126 Frick verrait mieux Breton que lui-même parler de Soupault, dont il « ferait ressortir ingénieusement les mérites ». Frick, compte rendu d'*Aquarium* de Philippe Soupault, *La Caravane*, 5ᵉ année, nº 1, janvier 1918, p. 13.

127 Carte-lettre d'André Breton à René Hilsum, cachet du 11 février 1916, reproduite par Étienne-Alain Hubert, « Au hasard des rues : Breton, Apollinaire, Louis de Gonzague

contenant le poème d'abord paru dans *L'Ambulance*, avec, dans le recueil, une dédicace non datée mais qu'on peut estimer entre août et octobre 1916, à la formule impersonnelle : « de la part de Louis de Gonzague Frick 269e régt. Hôpital Gama Toul[128] ». Figure aussi l'annonce par les éditions de La Phalange de la parution du *Bélier*, « composé comme [*Trèfles*] dans la tourmente[129] ». *L'Intransigeant*, en 1915, parlait pour *Trèfles* d'un recueil « envoyé » « [d]u front » « à l'imprimerie[130] », pour signaler un ouvrage frais sorti des combats. Après la publication du *Bélier* et « deux ans et demi » passés en première ligne ou à proximité, en Lorraine, en Artois (Carency, Mingoval), à Verdun, Frick était « [m]alade, à bout de forces », selon *Écouen-Nouvelles*, « aux trois quarts claqué[131] ». Passé au dépôt de son régiment dans la Nièvre à l'automne 1916, puis versé dans l'artillerie en janvier 1917, Frick est réformé en juin et entre dans le service auxiliaire en septembre, pour être finalement recruté par la section secrétaires début octobre 1917, mois durant lequel il arrive au corps[132]. Il est alors temporairement affecté à Paris au Ministère du Blocus, « boulevard du Montparnasse », en tant que « planton[133] », ou soldat mis à disposition d'un supérieur. Aragon raconte en 1923 comment, à l'époque du Val-de-Grâce, lui et Breton, qui se sont rencontrés au début de l'automne 1917, aperçoivent souvent

---

Frick », *Revue d'études apollinariennes*, no 12, novembre 2012, p. 71-75 (p. 71). Breton découvre le poème dans *L'Ambulance* du 1er janvier 1916, no 23 (et non no 21). *Ibid.*, p. 72.

128 Le recueil était, avec *Girandes* et *Vibones*, ce dernier dépourvu de dédicace, dans la bibliothèque de Breton jusqu'à la vente de 2003. DVD *André Breton*, *op. cit.* Frick, malade, arrive au dépôt le 16 août 1916. Il est fait référence à l'hospitalisation de Frick à Toul dans une lettre de Roger Allard à Frick, du 18 août 1916. HRC, Austin. En novembre 1916, Frick est proposé pour un changement d'arme et envoyé dans la Nièvre. Le *Bulletin des écrivains* le localise à Saint-Léger-des-Vignes au mois de décembre. Frick est bien suivi puisque *L'Intransigeant* signale son passage à l'infirmerie de La Machine, à quelques kilomètres à peine de Saint-Léger, au début de l'année 1917. « Les Lettres », *L'Intransigeant*, 38e année, no 13322, 3 janvier 1917, p. 2.

129 DVD *André Breton*, *op. cit.*

130 Compte rendu de *Trèfles à quatre feuilles*, « La Boîte aux Lettres », *L'Intransigeant*, 35e année, no 12710, 3 mai 1915, p. 2.

131 L'article tire une partie de ses informations d'Allard. Voir L., « Médaillon littéraire : Louis de Gonzague Frick », *Écouen-Nouvelles*, *op. cit.*, p. [3].

132 Sur ses états de service est inscrit son « [c]lass[ement] » dans le « Service Auxiliaire par la 6e Commission de réforme de la Seine le 12 septembre 1917 pour lésion mitrale compensée, tachycardie ». État signalétique et des services de Louis de Gonzague Frick. Archives de Paris.

133 Frick, « À la plantonnade », *Le Lunain*, 1re année, no 3, mai 1936, p. 13-15 (p. 13). Voir aussi Sarane Alexandrian, « Un grand seigneur de la poésie moderne », *Supérieur inconnu*, *op. cit.*, p. 37 ; et « Pour lire dans les tranchées », *Bulletin des écrivains*, no 36, octobre 1917, p. 2.

Frick, dans la rue ou à l'hôpital, là où Roger Allard est soigné, à compter du 5 novembre 1917, pour un accident survenu à l'école d'aviation[134]. Peu avant, de l'hôpital de Saint-Dizier, Allard communique à Frick le jour prévu pour son transfert au Val-de-Grâce, où il espère sa visite rapide[135]. Que Frick passe par le « lit 18 » « occup[é][136] » à l'hôpital par Allard ou qu'il soit simplement libre à l'heure du déjeuner, sa rencontre avec Aragon et Breton à ces moments semble plutôt le résultat de trajets qui se croisent que de rendez-vous décidés. Les hasards d'un événement artistique, autour de toiles de Chirico, le 3 novembre 1918 au Vieux-Colombier, procurent l'opportunité de quelques mots entre Frick et Breton, qui le mentionne par lettre à Aragon[137]. Cette missive de Breton le 9, dont Georges Sebbag a minutieusement explicité la composition à base de coupures de journaux, multiplie sur la page le nom de Frick avec, collé aussi, un commentaire par Carlos Larronde sur son usage de « [l']épithète », qui suggère que « le style » de Frick « a de la race[138] ». Dans les jours qui précèdent la mort d'Apollinaire, Frick est donc une appellation familière qui circule entre Breton et Aragon.

Les ironies d'Aragon ont libre cours quand il se réfère à Frick dans ses lettres à Breton. Ainsi, le 3 juin 1918, Aragon fait part de l'agacement que lui causent les manières de Frick, qui vient juste de le publier dans *Le Carnet critique*. Son attitude à l'égard des services offerts par Frick contraste avec celle qu'aura bientôt Desnos, plus en besoin du soutien d'un écrivain bien renseigné sur les revues, plus enclin aussi à s'imaginer auprès de proches de Tailhade comme Frick. Aragon peut se permettre de convoiter des lieux de publication ailleurs, dans d'autres mouvances : Frick « s'est mis à ma disposition pour des tas de revues dont je me fous[139] ». La désinvolture perceptible dans cette remarque n'atteint pas, en 1936, le portrait-souvenir que Frick fait, pour *Le Lunain*, d'Aragon

134 Louis Aragon, « Reprise de *Pelléas* », *Projet d'histoire littéraire contemporaine*, éd. Marc Dachy, Paris, Gallimard, 1994, p. 11-14 (p. 11). Les informations données par Sanouillet se rapprochent de la version d'Aragon, mais avec quelques détails différents. Michel Sanouillet, *Dada à Paris*, Paris, CNRS, 2005, p. 74.

135 Lettre de Roger Allard à Frick, du 2 novembre 1917. HRC, Austin.

136 Sur Allard à l'hôpital, se reporter à Léon Deffoux, « Silhouette », *La Caravane*, 5e année, nos 4-5, avril-mai 1918, p. 3-4 (p. 3).

137 Voir Georges Sebbag, *Le point sublime – André Breton, Arthur Rimbaud, Nelly Kaplan*, Paris, Jean-Michel Place, 1997, p. 219 et 221.

138 *Ibid.*, p. 221 et 225.

139 Lettre de Louis Aragon à André Breton, du [3 juin 1918], dans Louis Aragon, *Lettres à André Breton – 1918-1931*, éd. Lionel Follet, Paris, Gallimard, 2011, p. 91-97 (p. 95).

et de ses débuts littéraires. Aragon « nous montrait », dit Frick, « avec une grâce que nous n'avons pas oubliée, l'un de ses premiers articles, “Ainsi parlait Rimbaud”, qu'inséra sans tarder, *Le Carnet critique*[140] ». En 1932, dans sa poésie cette fois, Frick s'allie à Aragon quand celui-ci est en instance de rupture avec le surréalisme. Une strophe du poème « Envois recommandés » est consacrée à la parenté poétique et critique de Frick et Aragon qui travailleraient, contre « la mièvre », au but commun d'« [é]craser sous [leurs] pas un flot de cucupiètres[141] ». Dans un cliché retourné en anti-français, Frick rejoint Aragon pour invoquer « [l]a lourdeur germanique », « ô Louis Aragon, / Vous la revendiquez, nous la revendiquons[142] ». « La lourdeur germanique » pourrait ramener à l'expression martelée, adoptée par Aragon dans « Front rouge », pour les dénonciations à l'Ouest et la ferveur à l'Est, si le débit rapide de certains passages du poème ne venait déjouer cette « lourdeur[143] ».

Le mot « mièvre » d'« Envois recommandés » peut rejaillir sur Frick si l'on songe au compte rendu de ses poèmes de *Girandes* qu'Aragon produit en 1919 dans *Littérature*. Le recueil de cette année-là est donné comme un exemple de « ronds de jambe » à faire sourire, et Frick ravalé au rang d'« horticulteur », faisant « port[er] » aux « arbres » (et portant fatalement lui-même) « des noms doubles ou [...] des prénoms sonores[144] ». Les airs qu'Aragon prête à Frick et à ses « perles[145] » poétiques quand il parle de lui n'interdisent pas à Breton de se montrer courtois envers Frick, du moins à lire les documents accessibles aujourd'hui. De son côté, Breton peut compter sur l'« attention » et la « sympathie »

140 Frick, « À la plantonnade », *Le Lunain*, *op. cit.*, p. 14. L'article évoqué d'Aragon paraît sous le titre « Rimbaud. Puisque son nom fut prononcé » dans *Le Carnet critique* du 15 avril-15 mai 1918.

141 Frick, « Envois recommandés », *Vibones*, Paris, Eugène Figuière, 1932, p. 33-37 (p. 33).

142 *Idem.*

143 Frick a pu aussi bien retenir, d'Aragon, « la lourdeur des Allemands », formule employée pour une note sur Klee dans *La Vie moderne* du 25 février 1923, puis reprise, avec l'ensemble de la note, en préface au catalogue de l'exposition Klee de 1925, à la Galerie Vavin-Raspail. Voir Louis Aragon, « Paul Klee », *Chroniques I – 1918-1932*, éd. Bernard Leuilliot, Paris, Stock, 1998, p. 141.

144 Le compte rendu de *Girandes* par un Aragon qui, selon Sanouillet, a sorti « sa cravache », est reproduit dans Louis Aragon, *Chroniques I*, *op. cit.*, p. 49 ; et voir Michel Sanouillet, *Dada à Paris*, *op. cit.*, p. 100. Frick signe d'une « admirative amitié » la copie de *Girandes* présentée conjointement « à Messieurs André Breton et Louis Aragon » comme à deux inséparables. L'ouvrage est resté dans la bibliothèque de Breton. DVD *André Breton*, *op. cit.*

145 Louis Aragon, *Chroniques I*, *op. cit.*, p. 49.

renouvelées de Frick pour le « surréalisme [bientôt] naissant[146] ». À la mort de Frick, Charles-André Grouas va rappeler combien son ami, connu en classe de 4e et 3e au lycée Condorcet, était « [é]pris de modernisme » et avait « parfois » élevé sa voix pour « défendre les thèses du surréalisme[147] ».

Breton, en 1923, dédie son poème de *Clair de terre* « Météore » à Frick où, en deçà de l'image de « L'usine aux cheveux de trèfle[148] », figure de quoi ramener aux vers entamant *Trèfles*, et à ce qu'ils disent de « l'amitié » en pleine franchise, « l'amitié sans aucun fard », rendue plus aiguë par les conditions de la « guerre[149] » et les morts qui surviennent. Sur l'exemplaire de *Clair de terre* qu'il offre à Frick de son contingent de service de presse, Breton choisit le ton amical mais demeure plutôt neutre dans son minimalisme, en signant : « À Louis de Gonzague Frick, son ami André Breton[150] ». Frick maintient avec Breton des relations d'ordinaire cordiales et reçoit de loin en loin des ouvrages signés de sa main, comme en 1927, l'*Introduction au discours sur le peu de réalité*[151]. Il n'est, par contre, le dédicataire d'aucun autre de ses poèmes après « Météore ». Dans la poésie de Frick, Breton occupe à lui seul la dernière strophe d'un poème de *Vibones*, venant après André Billy et ses « miscellanées » qui amènent Apollinaire, puis Henry Mercadier, Gui Rosey, Georges Polti, tous honorés et tous comptés, y compris dans la mort, « présents[152] ». « L'impromptuaire de l'amitié », du recueil tardif *Oddiaphanies*, de 1956, rattache les « présents » à une exemplaire constance dans l'amitié, avec « les maints présents d'un monde resongé / Dans le

146 Marguerite Bonnet, *André Breton – Naissance de l'aventure surréaliste*, Paris, José Corti, 1975, p. 300.

147 Charles-André Grouas, « Louis de Gonzague Frick », *Le Thyrse : Revue d'art et de littérature*, vol. 60, nº 5, 1958, p. 193-195 (p. 194). Grouas indique le nom du lycée parisien et quelques éléments de la scolarité de Frick, dans son long poème commémoratif de l'été 1958, qu'il qualifie de « biographie », « exégèse » et « plaidoyer », comme s'il fallait intercéder, aussitôt Frick disparu, en faveur de son œuvre. Grouas, « Bout de l'An pour un Ami mort – Rotrouenge », *Synthèses*, nº 155, 1959, p. 294-321 (p. 296 et 294). Le poème est relevé par l'étude de Marcel Lobet, « L'amitié d'Apollinaire et de Louis de Gonzague Frick », *Que vlo-ve ?*, nº 5, 1975, p. 5-26 (p. 11).

148 André Breton, « Météore », *Œuvres complètes*, I, *op. cit.*, p. 185.

149 Frick, *Trèfles*, *op. cit.*, p. 3.

150 Exemplaire, avec envoi autographe, en vente à l'été 2012 à la librairie Le Cabinet d'Amateur, à Neuchâtel.

151 L'ouvrage, répertorié à la librairie parisienne J.-F. Fourcade à l'automne 2012, contient un envoi autographe à Frick.

152 Frick, « Présents », *Vibones*, *op. cit.*, p. 14-16.

tréfonds d'un cœur qui ne prend pas congé[153] », alors que se fait sentir la proximité de la fin.

Dans *Vibones*, Frick fait de Breton le « Grand prospecteur » et privilégie ainsi cette « [re]cherche [de] l'or du temps[154] » qui accompagnera Breton au-delà de sa mort. En écho au « prospecteur », la qualité de « disquisition », ou d'exploration attentive de questions obscures, chez Breton est l'objet d'un « Los[155] », genre de l'éloge que Frick se serait targué « d'avoir restauré[156] » selon André Billy. Le « Je » du poème, assimilable à la voix de Frick, vient se positionner à un point marquant du parcours de Breton : « Quand ton navire a mis en rade / Je t'ai donné la symplégade[157] » ou, plus simplement, donné l'accolade. Le recours au vocable mythologique rajoute le sens lié aux rochers des Symplégades, le détroit du Bosphore, avec sa sonorité en or, où le rôle de Frick aurait pu être d'indiquer à Breton sur « [s]on navire » les écueils du voyage. Le portrait de Breton peut acquérir un sens supplémentaire si le lecteur s'arrête sur le mot « disquisition » et son étrangeté. En une sorte d'agrammaticalité à la Riffaterre, « disquisition » peut mener au terme plus fréquemment entendu apposé au nom de Breton et à tous égards plus familier, « inquisition », que ses adversaires d'*Un cadavre* ont assené à l'encontre de Breton deux ans avant *Vibones*. Frick avait alors, en janvier 1930, diffusé une note de présentation du *cadavre* qui parle des dissidents, avec Desnos second nommé, et des « fidèles[158] » de Breton, auxquels Frick semble se rallier par-delà l'allure informative de ses lignes adressées à la presse.

---

153 Frick, « L'impromtuaire de l'amitié », *Oddiaphanies*, Paris, Nouvelles Éditions Debresse, 1956, p. 40.

154 Frick, « Présents », *Vibones*, *op. cit.*, p. 16. Frick retourne à l'expression « Grand Prospecteur » lorsqu'il écrit à Breton en août 1934. Voir « Lettres inédites », *Supérieur inconnu*, *op. cit.*, p. 90.

155 Frick, « Présents », *Vibones*, *op. cit.*, p. 16.

156 André Billy, « Au temps de la *Closerie* », *Les Œuvres libres*, vol. 244, nº 18, 1947, p. 87-114 (p. 100).

157 Frick, « Présents », *Vibones*, *op. cit.*, p. 16. « Symplégade », au sens d'embrassement, d'accolade, est donné à partir de ces vers par le *TLF*. Un « jeu de mots probable avec [...] les écueils de l'entrée du Pont-Euxin » est suggéré sur cet usage de Frick, par Maurice Rheims, *Dictionnaire des mots sauvages des écrivains des 19ᵉ et 20ᵉ siècles*, Paris, Larousse, 1989, p. 297.

158 Frick, « Un cadavre », repris par Le Lutécien, rubrique « Les Belles-Lettres », *Comœdia*, 24ᵉ année, nº 6218, 25 janvier 1930, p. 3. La note de Frick suit l'annonce du décès de la veuve du destinataire du *cadavre* initial de 1924, Anatole France.

À l'époque des réunions du groupe surréaliste au « Cyrano, place Blanche », Frick, dans sa tournée de 1928 des cafés littéraires parisiens pour *L'Ami du lettré*, croque Breton en « chef protocolaire » d'un « cercle très fermé » auquel appartient seulement celui qui se voue en corps et esprit à « la cause de la révolution surréaliste[159] ». Le ton pris par le promeneur à décrire l'une de ces « école[s] de l'apéritif », selon l'appellation de Laurent Tailhade, n'atténue pas le reproche de vase clos, que seul peut-être Aragon élude par son côté « insaisissable » et « itinérant[160] », à la différence de Breton, Éluard, Péret et Noll, également présents et nommés.

Suscité par la parution de *Nadja*, le « Courrier » de Frick en juillet 1928 dans *La Griffe* offre un portrait en plusieurs dimensions de Breton, constamment élogieux, au point de faire commencer l'article par : « André Breton. Nous ne pouvons écrire ce nom comme un autre[161] ». Frick signale en Breton « ce que la poésie compte d'élevé, de savant, d'original », un « logicien impeccable » avec sa « prose », « d'une élégance suprême » « dans la vie », « prince charmant » « dans l'amitié[162] ». Puis, lecteur de *Nadja*, Frick est partie prenante de l'errance de Breton et Nadja dans Paris, « Que de fois je vous ai aperçus glisser comme des fantômes dans la ville qui rassemblait pour vous son cortège de spectres[163] ». Il finit à la manière dont s'achèverait un de ses poèmes, conjointement ici avec Breton, « quand [Nadja] eût projeté ses feux gyratoires dans le cœur du poète qui en fit un brasier admirable, son frêle cerveau se brisa, sans doute pour se changer en pollen, car tout était suavité dans le délire de Nadja[164] ». Mû à un moindre degré par la tentation de ce qui pourrait s'exprimer en simili-vers, Frick a d'abord mis l'accent, dans son compte rendu, sur la « jeune femme sensitive », « perdue dans ce monde matériel,

159 Frick, « L'école de l'apéritif », *L'Ami du lettré – Année littéraire et artistique pour 1928*, Paris, Bernard Grasset, 1928, p. 203-206 (p. 205). Frick est peut-être d'opinion changeante sur le sujet. Ainsi, dans sa correspondance avec Hugues Fouras, fondateur en 1929 de *La Bouteille à la mer*, il rend une impression plus accueillante du surréalisme réuni Place Blanche, et assure Fouras que le groupe lui sera réceptif, le dirigeant vers le Cyrano, même s'il est prévisible pour Frick que Fouras ne comptera pas parmi les réguliers. Voir le catalogue Kahn-Dumousset de la vente du 14 octobre 2008 à Drouot, n° 88, p. 10.

160 Frick, « L'école de l'apéritif », *L'Ami du lettré*, *op. cit.*, p. 203 et 205.

161 Frick, « Courrier Littéraire & Spectaculaire », *La Griffe*, 9e année, n° 27, 5 juillet 1928, p. 3.

162 *Idem.*

163 *Idem.*

164 *Idem.*

mécanique, fracassant[165] ». Frick est, avec ces remarques, lecteur attentif aux heurts de deux mondes, celui de l'être intérieur de Nadja et celui de l'urbain moderne.

On trouve une indication des bons sentiments qui se maintiennent entre Frick et Breton dans le faire-part de mariage de Breton avec Jacqueline Lamba, adressé à Frick en août 1934, auquel est joint celui du mariage, tenu une semaine plus tard, entre Éluard et Maria Benz[166]. Le même mois, Frick remercie Breton avec « une chaleureuse effusion » et passe par ce « cher Ami » pour « transmettre [s]es vœux » à celui qu'il nomme, de manière un peu formelle, « Paul Éluard[167] ». À l'époque des *Malheurs des immortels*, en 1922, Ernst et Éluard écrivent conjointement sur leur livre une dédicace à Frick, « musicien pour dames seules[168] ». En 1930, l'amitié se fait triple, quand Breton, Éluard et Char signent ensemble un exemplaire de leur ouvrage *Ralentir travaux*, « À Louis de Gonzague-Frick, ses amis[169] ». Char, la même année 1930, envoie « amicalement[170] » à Frick *Le tombeau des secrets*. L'Exposition Coloniale de 1931 met, un moment, Frick en porte-à-faux avec les surréalistes engagés dans la lutte contre les exhibitions à Vincennes. Frick participe à l'ouvrage de luxe *Les Colonies françaises*, conforme à l'esprit officiel du centenaire, avec une quarantaine d'artistes et écrivains, dont Henri Hertz, Strentz, Laboureur, Dufy, chargés à deux de décrire et illustrer un territoire[171]. La sortie de l'ouvrage « en marge de l'Exposition » est accueillie de manière légère au *Figaro* par Jean Fréteval, qui ne voit guère que du « plaisant » et du « pittoresque », outre la « grande dépense d'art », dans cette représentation de « notre empire[172] ». Il revient à Frick et Béla Czóbel de produire texte et image pour la Tunisie.

165 *Idem.*

166 Faire-part des mariages de Breton et d'Éluard. HRC, Austin.

167 Lettre de Frick à André Breton, d'août 1934, dans « Lettres inédites », *Supérieur inconnu*, *op. cit.*, p. 90.

168 Le livre a été mis en vente par Antiquariat Günter Linke, sur le site avantgardebooks.com. Consulté le 19 décembre 2014.

169 La Bibliothèque nationale de France conserve l'ouvrage dédicacé.

170 L'exemplaire dédicacé est répertorié dans une vente à Paris chez Sotheby's, le 25 juin 2015, sur le site sothebys.com. Consulté le 3 juin 2015.

171 *Les Colonies françaises*, Paris, Éditions de la Girafe, 1931.

172 Jean Fréteval, « Le Carnet du Lecteur », *Le Figaro*, 106e année, n° 361, 27 décembre 1931, p. 5. La rubrique place l'ouvrage en conjonction avec le texte de Maurois et les lithographies de Degorce, *Sur le vif, l'Exposition Coloniale 1931*, préfacé par le sceau officiel de Lyautey.

Vibones reprend, sans la contribution de Czóbel, cette « Évocation de la Tunisie » en carton-pâte avec ses jalons occidentaux, que retient le compte rendu de *L'Homme libre* pour sa « prose qui a le rythme et l'éclat d'un poème[173] ». Dans un paternalisme dénué d'ironie, comme à l'Exposition, une strophe vante un « [p]euple industrieux » et ses petits métiers de « parfumeurs », « orfèvres », « tapissiers », « fabricants de chéchias et de babouches[174] ». Si le poème de Frick était censé transporter son lecteur dans un ailleurs, il aura au moins touché la fibre d'un exotique colonialisme de Louis Bonnard, qui trouve en cette « Évocation » la « synthèse magnifique » « des versets des Sourates » et de « l'antique Régence[175] ». La réimpression de ce texte de commande, qui fait entendre une voix approbatrice des manifestations officielles de 1931, voisine mal, malgré ce qu'en dit *L'Homme libre*, qui perçoit la « muse » de Frick comme un vautour, « gypaète géant[176] », planant de Tunis à Paris, avec le reste des poèmes de *Vibones*, et pourrait avoir rendu Frick moins fréquentable pour le surréalisme.

Les échanges ne cessent pas pour autant à ce point avec les surréalistes ou anciens surréalistes. En 1932, Breton signe à Frick sa copie du *Revolver à cheveux blancs* comme il l'avait fait de *Clair de terre*, par un simple et non gratuit « son ami André Breton[177] ». Une dédicace de facture similaire, en 1935, « à mon ami Louis de Gonzague-Frick[178] », porte la double signature d'Éluard et Man Ray, où le « mon » est plus à comprendre comme émanant d'Éluard, du moins de sa main. Lorsqu'on peut lire une nouvelle lettre de Frick à Breton, en 1938, c'est pour voir Frick caractériser leurs « relations » comme ayant été « toujours loyales, hautement animées et d'affection harmonieuse[179] ». Cette lettre de septembre 1938 de Frick à Breton montre que leur lien survit à un

---

173 L[ouis] B[onnard], « *Vibones* », *L'Homme libre*, 20e année, nos 5782-5783, 22-23 mai 1932, p. 2.

174 Frick, « Évocation de la Tunisie », *Vibones*, *op. cit.*, p. 20-22 (p. 22).

175 L[ouis] B[onnard], « *Vibones* », *L'Homme libre*, *op. cit.*, p. 2.

176 *Idem.*

177 Voir l'exemplaire en vente, le 21 mars 2001, lot 320, par Piasa (auction.fr). Consulté le 2 août 2014.

178 Voir la copie numérotée CLI du recueil d'Éluard, avec photographies de Man Ray, *Facile* (Paris, G.L.M., 1935), en vente à la librairie Above Par Books, à Tokyo, sur le site abebooks.co.uk. Consulté le 9 janvier 2014.

179 Lettre de Frick à André Breton, de septembre 1938, dans « Lettres inédites », *Supérieur inconnu*, *op. cit.*, p. 91.

intervalle de quatre années sans rencontre, auquel met fin la visite, rue du Lunain, de Breton, venu certainement prendre des nouvelles de Frick, alors d'une santé ébranlée. Tous deux auront été très proches sur papier, à l'été 1937, leurs noms séparés seulement par celui de Brancusi dans la cinquantaine de signatures apposées au bas de la protestation contre les insuffisances de l'Exposition d'Art International indépendant du Musée du Jeu de Paume, adressée à Camille Chautemps[180]. La collecte de signatures ne les aurait pas réunis en personne. À leurs retrouvailles de 1938, le lendemain du passage de Breton chez lui, Frick écrit à ce « grand chef de notre poésie » avec l'espoir de conférer à leurs rapports un nouvel élan, sur les vieilles bases de l'écriture et de la « dédi[cace] » en ce lieu de sociabilité littéraire qu'est le « café[181] » pour Frick, lieu plus fondamentalement important encore dans le quotidien des groupes surréalistes. L'affabilité de Frick, visible dans ses tournures, « Vous plairait-il de me donner rendez-vous dans un café de votre choix[182] ? » cache mal son désir de renouer avec Breton. Le moyen élu est celui que Frick pratique le mieux, la lecture et la dédicace, « Je voudrais vous lire une page et vous la dédier si elle vous agrée[183] ».

Frick croise ses amitiés individuelles avec ses ralliements, ici ou là, à ce que fait le groupe, dès l'existence de Dada. En 1920, une lettre d'Éluard à l'en-tête du Mouvement Dada l'invite à assister à la « soirée UNIQUE » du 27 mars[184]. Éluard demande à Frick de sonder, parmi ses proches, qui serait intéressé à « prendr[e] des billets[185] » pour l'attraction dada à la Salle Berlioz de la Maison de l'Œuvre. Il fait état d'« une

---

180 « Lettre ouverte à Monsieur Camille Chautemps », du 7 août 1937 dans *Tracts surréalistes et déclarations collectives, 1922-1939*, I, éd. José Pierre, Paris, Le terrain vague, 1980, p. 311-312 (p. 312).

181 Lettre de Frick à André Breton, de septembre 1938, dans « Lettres inédites », *Supérieur inconnu*, *op. cit.*, p. 91.

182 *Idem.*

183 *Idem.*

184 Avec sa promesse très dada de « rembourse[r] les personnes qui s'ennuieront », cette lettre peut être rapprochée de l'envoi simultané à Gonon, « On remboursera ceux qui s'ennuieront ». Lettre de Paul Éluard à Frick, du 23 mars 1920. HRC, Austin ; et lettre d'Éluard et Gala à A.-J. Gonon, du 23 mars 1920, dans Paul Éluard, *Lettres de jeunesse, avec des poèmes inédits*, éd. Jean-Pierre Siméon et Robert D. Vallette, Paris, Seghers, 2011, p. 223 et fac-similé.

185 Lettre de Paul Éluard à Frick, du 23 mars 1920. HRC, Austin. Le programme de ce 27 mars, qu'avait détaillé Michel Sanouillet, est reproduit par Tobia Bezzola, *André Breton – Dossier Dada*, Zürich, Hatje Cantz, 2005, p. 48. *Comœdia* fournit l'un des rares

réclame monstre[186] », dont témoigne le tract conçu pour l'occasion par Tzara avec des dessins de Picabia, outre une publicité pour les voix dada du moment, *Dadaphone*, le numéro 12 de *391* et *Proverbe*. Frick se signale, de temps à autre, dans la périphérie des événements dada puis surréalistes. Il est au nombre des témoins du procès Barrès en 1921 et répond aux enquêtes sur les raisons d'écrire dans *Littérature* en 1919, sur le suicide en 1925, sur l'amour dans *La Révolution surréaliste* en 1929 et sur la rencontre la plus importante dans *Minotaure* en 1933[187]. Dans le sens inverse, Breton envoie une réponse signée collectivement à l'enquête de 1920 de Frick sur le poème en prose dans *Don Quichotte*, qui débute et termine par un « cher ami », auquel s'adjoint le ridicule d'une petite annonce, « demande concession vente de fleurs, bonbons, programmes (s'adresser à Mlle Duglinsoz[188]...) ». L'impatience de Breton pour les trois questions n'occulte pas une civilité envers Frick[189]. La même année, pour *Don Quichotte*, Frick recense « le dadaïsme » en « école littéraire », le faisant entrer, sans l'assentiment de ses participants, dans une chronologie d'écoles, du « symbolisme », à « l'unanimisme » et au « *cubisme*[190] ». Lorsqu'a lieu l'enquête sur l'amour de 1929, Frick se déclare prêt à « Tout – sauf la guerre – pour la certitude d'aimer et d'être aimé[191] ». Avec la guerre encore pour référence, Frick dit, en 1933, de « la rencontre capitale de [sa] vie », énoncée en deux volets, que ce fut d'abord la révolution russe, vécue par le calendrier des combats de la Première Guerre

échos à faire ressortir l'intérêt de la représentation. Voir Michel Sanouillet, *Dada à Paris*, *op. cit.*, p. 145-146.

186 Lettre de Paul Éluard à Frick, du 23 mars 1920. HRC, Austin.

187 Frick compte, dans ses relations dada, l'un des rares acteurs du mouvement en Italie, Julius Evola, qui lui signe une dédicace sur son ouvrage de 1920, *Arte astratta*, « Hommage à Louis de Gonzague-Frick », avec l'ajout de son adresse à Rome. Voir le catalogue de documents dada de la librairie Ars Libri de Boston, 144, mai 2008, n° 54, p. 48-49.

188 La réponse est reproduite dans André Breton, *Œuvres complètes*, I, *op. cit.*, p. 1262.

189 Marguerite Bonnet parle d'un « prodigieu[x] » « aga[cement] » chez Breton dans une période où abondent les discussions sur le poème en prose et rappelle que Breton s'est déjà exprimé sur le sujet dans son compte rendu de *Gaspard de la nuit* pour la *Nouvelle Revue française*. Voir la notice de Bonnet, dans André Breton, *Œuvres complètes*, I, *op. cit.*, p. 1261-1262.

190 Frick, sous sa signature de Proconsul, est cité par L. Méritan, rubrique « Arts et Lettres », *L'Homme libre*, 8e année, n° 1475, 5 août 1920, p. 2.

191 Frick, réponse à l'enquête « Quelle sorte d'espoir mettez-vous dans l'amour ? », dans *Enquêtes surréalistes*, *op. cit.*, p. 73. Sa réaction à l'enquête sur le suicide avait été mentionnée mais non publiée dans *La Révolution surréaliste* en janvier 1925.

« après le Chemin des Dames », « [p]uis le surréalisme qui nous apporta un nouveau *modus vivendi*[192] ». Sur le long terme, Frick est marqué par le surréalisme du Premier manifeste, avec les notions de vie dessinées par Breton, qui ouvrent et ferment son écrit fondateur de l'automne 1924. Frick se rappelle, dans *Minotaure*, qui prend le relais du *Surréalisme au Service de la Révolution*, avoir vu s'esquisser la Révolution de 1917, transformé par son « esprit régénérateur[193] » dont il refait l'expérience à la naissance du surréalisme en 1924. Frick ne va pas jusqu'à prolonger « la rencontre capitale » de 1917 dans l'orientation politique prise par le mouvement, à laquelle il s'associe à l'été 1925 lors de « l'*Appel aux travailleurs intellectuels* contre la guerre du Maroc », publié le 2 juillet par *L'Humanité*, et dans sa réponse, signalée dans *Clarté* le 15 juillet 1925, à l'enquête « Que pensez-vous de la guerre du Maroc ? » Frick avait rejoint Clarté au moment de la création du groupe en 1919, dans sa première et large incarnation, à laquelle souscrit aussi Salmon[194]. Quelques mois avant la signature de l'appel de 1925 et les rapprochements des surréalistes avec *Clarté*, le Bureau central de recherches surréalistes enregistre le passage de Frick, à la date du 17 janvier 1925, signe tangible de son intérêt pour cette voie d'expérimentation du surréalisme en phase de refonte[195].

Pierre de Massot fait partie des jeunes liés de près ou de loin au surréalisme auxquels Frick a pu procurer ses encouragements et qui ont contribué à lui créer des voies d'accès au groupe. Sur son « Cahier noir », aux épisodes équivoques indépendants de Frick, Massot signale, en 1920, sa récente habitude parisienne de se retrouver tôt le dimanche dans la compagnie de « l'altissime[196] » Frick, le très-haut, où la taille

192 Frick, réponse à l'enquête « Quelle a été la rencontre capitale de votre vie », dans *Enquêtes surréalistes*, *op. cit.*, p. 126.

193 *Idem.*

194 Frick est compté parmi les adhérents de Clarté par la revue *L'Art libre*, qui en diffuse les idées en Belgique. Voir « "Clarté" », *L'Art libre*, 1re année, no 7, 15 juin 1919, p. 67-68 (p. 67). Sur l'ampleur du ralliement initial à Clarté, se reporter à Alain Cuenot, *Clarté 1919-1924 – Tome 1, Du pacifisme à l'internationalisme prolétarien – Itinéraire politique et culturel*, Paris, L'Harmattan, 2011, p. 17.

195 *Bureau de recherches surréalistes – Cahier de la permanence, octobre 1924-avril 1925* (Archives du surréalisme I), éd. Paule Thévenin, Paris, Gallimard, 1988, p. 79. Frick passe dans les jours précédant la fermeture au public du Bureau, dont la direction est alors transférée entièrement à Artaud. *Ibid.*, p. 9-10 et 81.

196 Le qualificatif « altissime » est cité par Gérard Pfister, *Étude sur Pierre de Massot (1900-1969)*, Thèse de 3e cycle, Université de Paris IV-Sorbonne, 1975, p. 17. C'est « à l'altissime

n'est pas seule en cause. Pour sa recension des *Champs magnétiques* dans *Écouen-Nouvelles*, Massot reçoit l'« appro[bation] » de Frick, alors que du côté de la rédaction de la revue, Frédéric Lefèvre est « surpr[is][197] » par les préférences de Massot. Le dernier numéro d'*Écouen-Nouvelles*, à reparaître sous le titre *Cri de la banlieue*, annonce que « Massot tiendra » désormais « le sceptre de la critique littéraire et [qu']il fera aussi une gazette rimée sur l'événement sensationnel de la semaine[198] ». Le « Cahier noir » rit du « pompeu[x][199] » de l'expression du « sceptre » employée par Lefèvre pour faire monter en grade Massot. En 1922 puis 1925, Frick soutient, dans ses rubriques critiques, les écrits de Massot, *De Mallarmé à 391*, commenté dans *Les Potins de Paris*, puis *Sans dessous de soie* dans *Comœdia*[200]. Une lettre de la fin 1931 retient un poème plus tardif de Massot, « Mortelle Nausicaa », de 1927, que Frick se « récit[e][201] » comme il est coutumier.

Ce qui a pu rapprocher Massot et Frick en poésie est abordé des années plus tard dans « Collier de la sirène », d'*Oddiaphanies*, où est commune la quête d'une « Rose » poétique aux « pouvoir[s][202] » d'épurement face aux détournements du sacré. Plus « exquise » que toute « autre[203] », d'après le d'Aubigné des *Tragiques*, ou le poème de 1920 d'Allard « Arrière-saison », cette « Rose d'automne » de « Collier de la sirène » a aussi ses liens avec Rrose Sélavy, sur laquelle Massot a publié ses *Reflections* en 1924[204]. La Rrose ne s'arrête pas, pour Frick, à Duchamp ou à Desnos, mais elle

proconsul » que Massot dédicace un exemplaire de son ouvrage *De Mallarmé à 391*, en vente chez Drouot, le 20 mai 2008, lot 453bis. Catalogue Binoche-Renaud-Giquello.

197 Pierre de Massot, « Cahier noir », à partir d'extraits des années 1917-1921 recopiés par Yves Poupard. Getty Research Institute, Los Angeles (930004).

198 « Pierre de Massot… », *Écouen-Nouvelles*, 1re année, no 21, 19 décembre 1920, p. 3. *La Lanterne* informe de la mutation du « combatif hebdomadaire *Écouen-Nouvelles* » en *Cri de la banlieue* censé couvrir la périphérie parisienne, avec la trace d'articles qui plaisent au *Populaire* en février 1921. « Dans la presse », rubrique « Carnet du jour », *La Lanterne*, 44e année, no 15856, 26 décembre 1920, p. 2.

199 Pierre de Massot, « Cahier noir ». Getty, LA (930004).

200 Voir Gérard Pfister, *Étude sur Pierre de Massot*, *op. cit.*, p. 38-39 et 67.

201 *Ibid.*, p. 170.

202 Frick, « Collier de la Sirène », *Oddiaphanies*, *op. cit.*, p. 43.

203 Au moment du départ de l'amie, à la fin de l'été et des vacances, « la plage d'arrière-saison » devient l'espace de l'« abandon » et du désir : « Certes non moins que la rose d'automne chère au poète, "plus qu'une autre exquise" est la plage d'arrière-saison ». Roger Allard, « Arrière-saison », *Gazette du bon ton : art, mode & frivolités*, 3e année, no 7, septembre 1920, p. 196-199 (p. 199).

204 Un exemplaire de *Reflections on Rrose Sélavy [Marcel Duchamp]* est passé en vente le 18 mai 2010, portant la dédicace, en anglais, par Massot, « To M. Louis de Gonzague Frick with

est aussi, dans son seul « r », l'« art de vaticiner par la perlustration des feuilles de roses[205] » qui lui a valu, de la part d'Apollinaire, le surnom de phyllorhodomancien. André Billy, à la mort de Frick, simplifie la phyllorhodomancie en « art de prédire l'avenir en effeuillant des roses[206] ». Frick partagerait volontiers son statut de phyllorhodomancien avec Walter Pater, dont le « bol » systématiquement « rempli de feuilles de roses » a peut-être révélé le perlustrateur « discret[207] ». Ce passage d'un compte rendu de Frick sur Pater fait émerger une lointaine parenté poétique que la suggestion de phyllorhodomancie met en place. Deux vers du *Bélier* réinvestissent l'expression de perlustration des feuilles de roses avec le sens d'un examen assidu de soi devant un miroir, « Perlustre-toi trois fois de face », avec la « chair » de la femme qui s'observe devenue végétale par la « pouss[ée] » d'« [u]n rosier », au moment où le corps est « brûl[é][208] » en son entier. Dans cette extrême violence, qui n'est peut-être pas étrangère à la guerre, meurt un amour prêt à « refleurir[209] » à la fin du poème.

En 1925 a lieu l'incident du coup de canne de Frick sur le miroir au Banquet Saint-Pol Roux qui, lui-même, quand il était en la compagnie des symbolistes, a eu de ces gestes extrêmes. D'après les *Mémoires* de Paul Fort en effet, le 11 décembre 1891, au Théâtre d'Art, pendant la représentation houleuse du *Cantique des Cantiques* de Paul-Napoléon Roinard, Saint-Pol Roux, « pendu par les mains au balcon du premier étage », menace de se « laisse[r] tomber sur [la] tête[210] » du critique

---

my compliments and my gratitude ». En vente chez Audap & Mirabaud (Paris), sur le site auction.fr. Consulté le 2 septembre 2012.

205 La définition est prise chez Frick, par Apollinaire, « M. Louis de Gonzague Frick ou le Phyllorhodomancien », *Œuvres en prose complètes*, III, éd. Pierre Caizergues et Michel Décaudin, Paris, Gallimard, 1993, p. 123-127 (p. 124). La définition rejoint celle de l'antiquité grecque et du *Dictionnaire des sciences occultes* de l'abbé Migne, conjuguant systématiquement « feuilles de roses » et prédictions. Ces sources sont signalées par Étienne-Alain Hubert, « Au hasard des rues : Breton, Apollinaire, Louis de Gonzague Frick », *Revue d'études apollinariennes*, *op. cit.*, p. 72-73.

206 A[ndré] B[illy], « Louis de Gonzague Frick est mort », *Le Figaro littéraire*, 13e année, no 626, 19 avril 1958, p. 3. L'article est partiellement reproduit par Sarane Alexandrian, « Un grand seigneur de la poésie moderne », *Supérieur inconnu*, *op. cit.*, p. 55.

207 Frick, « La Renaissance » (compte rendu d'une traduction de Walter Pater), *Les Cahiers idéalistes français*, no 16, mai 1918, p. 120-122 (p. 121).

208 Frick, « Holocauste », *Sous le Bélier*, *op. cit.*, p. 35-36 (p. 36). Dans le vers « Acère tes trente-deux dents » se fait entendre un peu des « Trente-deux dents » du Verlaine de « Cauchemar ». *Ibid.*, p. 35.

209 *Ibid.*, p. 36.

210 Paul Fort, *Mes mémoires – Toute la vie d'un poète, 1872-1943*, Paris, Flammarion, 1944, p. 36.

Francisque Sarcey, qui laissait trop entendre sa moquerie. C'est une image de Saint-Pol Roux que Paul Fort diffuse déjà lors de sa série de conférences dans les universités en Angleterre[211]. Saint-Pol Roux témoigne, à l'occasion du *Cantique des cantiques*, d'un « athletic heroism[212] » alors qu'il participait à la vaporisation des parfums pour atteindre au plus près de la synesthésie voulue par la mise en scène de Roinard où, comme l'exprime à l'époque *L'Art moderne*, le public avait à contribuer, de manière « simultanée », « pensée, vue, ouïe et odorat[213] ». En 1910, à l'annonce d'une pièce de D'Annunzio où seront « vaporis[és] des parfums », les Treize estiment qu'« [i]l est bon d[e] rappeler », en la matière, le rôle d'« inventeur[214] » de Roinard. L'anecdote de Frick à la Closerie des Lilas en 1925, répétée avec ses éléments invariables, est ce qui demeure à la surface des rapports de Frick avec le mouvement surréaliste. Youki Desnos rappelle un détail important, à savoir que Frick s'était rendu à la Closerie, ce 2 juillet 1925, pour fêter « les cinquante ans du peintre [allemand] Rudolph Lévy[215] », avant d'avoir son attention détournée par l'agitation voisine et d'aller prendre fait et cause pour les surréalistes d'un retentissant coup de canne dans le miroir. Les propos de Rachilde contre une exogamie franco-allemande, rendus publics peu avant le 2 juillet et réaffirmés au banquet, peuvent, au-delà de ce qu'on sait de Max Ernst, être mal reçus aussi par Rudolf Levy et ses amis réunis avec Frick dans une autre des salles de la Closerie, et contribuer à une

211 Voir l'ouvrage de 1934 de Dorothy Knowles, *La réaction idéaliste au théâtre depuis 1890*, Genève, Slatkine Reprints, 1972, p. 160.

212 Kirsten Shepherd-Barr, « "Mise en Scent" : The Théâtre d'Art's *Cantique des cantiques* and the Use of Smell as a Theatrical Device », *Theatre Research International*, vol. 24, n° 2, été 1999, p. 152-159 (p. 155). Il y aurait eu deux représentations du *Cantique des cantiques*, avec la répétition générale le 10 décembre, et la création de la pièce le 11. *Ibid.*, p. 152.

213 Edmond Cousturier, « Première représentation du "Théâtre d'Art" », *L'Art moderne – Revue critique des arts et de la littérature*, 11e année, n° 51, 20 décembre 1891, p. 407. Cousturier place « Saint-Pol Roux, dit le Magnifique » comme l'un des « acteurs » « dans la salle ». *Idem.* Les poètes-acteurs passent au rang de machinistes ou « stagehands » dans l'étude de Frantisek Deak, *Symbolist Theater – The Formation of an Avant-Garde*. Baltimore, The Johns Hopkins University Press, 1993, p. 155.

214 Les Treize, « La Boîte aux Lettres », *L'Intransigeant*, 30e année, n° 10994, 21 août 1910, p. 2.

215 Youki Desnos, *Les confidences de Youki*, Paris, Fayard, 1999, p. 123. Rudolf Levy fréquente Montparnasse dès 1903 et compte parmi les « habitués du Dôme ». Philippe Gombart, « Un cercle germanophone à Paris : le café du Dôme », dans *Migrations et identités : L'exemple de l'Allemagne aux XIXe et XXe siècles*, éd. Jean-Paul Cahn et Bernard Poloni, Villeneuve-d'Ascq, Presses Universitaires du Septentrion, 2009, p. 141-154 (p. 145).

irruption des convives de l'anniversaire dans le banquet Saint-Pol Roux. Il s'agit, pour le *Journal des mutilés et réformés* du 18 juillet 1925, rangé opportunément ce jour-là du côté de Rachilde, « de qui la manière et les tendances peuvent être appréciées diversement », d'« [u]n inqualifiable incident » qui avait pour source le « questionnaire [...] adressé à un certain nombre de personnalités littéraires leur demandant, en somme, s'il leur plairait d'épouser un Allemand ou une Allemande[216] ». Dans cette Closerie où figurent des anciens combattants des deux bords, avec Ernst et Levy du côté allemand, un peu de Frick émerge de l'article à travers le « bris de vaisselles et de glaces accompagnant un jet d'injures et de projectiles variés » par lesquels « Mme Rachilde se vit fermer la bouche[217] ».

Dans le tour extrême que prennent les événements, l'action imputée à Frick ne semble pas avoir transparu dans les journaux, si ce n'est le « bris de [...] glaces » évoqué par Bouteyre, le 18 juillet, et que *La Lanterne* mentionne dès le 4[218]. On a beau chercher Frick et sa canne, ils ne sont pas individualisés dans le « [t]out a été brisé[219] » du *Figaro* le 3 ; dans la « bagarre » qui se joue, pour *Le Petit Parisien* le même jour, au « grand dam de la vaisselle du restaurateur[220] » ; dans les « pugilats, pluie d'assiettes et de bouteilles[221] » regrettés par Camille Mauclair dans *La Semaine littéraire* le 25 juillet ; a fortiori dans le témoignage rapporté le 5 par *L'Humanité*, selon lequel il n'y aurait eu « aucune violence[222] ». La question France-Allemagne pèse lourd dans la vie et les mémoires, six ans après la guerre, et c'est au nom du Syndicat de la Presse des Anciens Combattants que le *Journal des mutilés* fait connaître sa « protestation » contre les « Vive l'Allemagne ! À bas la France ! » entendus le 2 juillet sans que soient repris l'appel au boycott des surréalistes de la « Lettre

216 Joseph Bouteyre, « Un inqualifiable incident à la Closerie des Lilas », *Journal des mutilés et des réformés*, 10e année, n° 442, 18 juillet 1925, p. 2.

217 *Idem.*

218 « Des internationalistes provoquent une bagarre », *La Lanterne*, 51e année, n° 17503, 4 juillet 1925, p. 4.

219 Émile Darby, « Des pacifistes se livrent dans un café littéraire à une manifestation belliqueuse », *Le Figaro*, 72e année, n° 184, 3 juillet 1925, p. 1.

220 « Bagarre au cours d'un banquet littéraire », *Le Petit Parisien*, 50e année, n° 17657, 3 juillet 1925, p. 1.

221 Camille Mauclair, « Au doux pays littéraire », *La Semaine littéraire*, 33e année, n° 1647, 25 juillet 1925, p. 351-353 (p. 351).

222 « Le mariage franco-allemand et les mésaventures d'une ancienne follette », *L'Humanité*, 22e année, n° 7904, 5 juillet 1925, p. 2.

ouverte aux courriéristes » publiée dans *L'Action française* ni la déclaration de l'Association des Écrivains Combattants, dont fait mention *Le Figaro* du 7 juillet[223]. Ressortent du communiqué de l'Association « l'ignoble agression », la « poignée de lâches », l'« injure à la pensée française » et l'« outrage » aux « combatt[ants] » et aux « morts[224] ». Le mot « lâche » est redirigé contre les écrivains anciens combattants, le 18 juillet, lorsque les surréalistes font paraître leur Déclaration à propos du banquet Saint-Pol Roux.

Frick « agress[if] » à la Closerie peut-il se réconcilier avec Frick titulaire de la carte de l'A.E.C. ? Il est alors membre de l'Association comme il le sera encore en 1932, comme il l'est en 1919, partie prenante de sa création[225]. Huitième des quatre-vingts membres fondateurs de l'A.E.C., aux côtés de ses amis Allard, Dorgelès, Mac Orlan, Paulhan, Salmon, Frick occupe le poste de secrétaire général adjoint[226]. Il est mentionné, en juillet 1919, parmi les membres du comité directeur, dont Allard et José Germain, celui-ci instrumental dans l'existence du « groupe d'écrivains combattants » qui continue, en 1924, par sa voix, de réclamer pour les auteurs leur « place » perdue « dans la société[227] ». Germain, qui rappelle l'activité de Frick, dès la première heure, à l'A.E.C., le compte, comme Dorgelès ou Mac Orlan, parmi les « victimes morales et matérielles de la guerre[228] ». Frick fait également partie de la catégorie interpellée par *L'Action française* après le banquet Saint-Pol Roux, celle des courriéristes, dont l'Association comprend Frick dans le rôle de commissaire et Divoire comme président, avec pour adhérents Salmon, Zavie, Billy, Picard[229].

223 Joseph Bouteyre, « Un inqualifiable incident à la Closerie des Lilas », *Journal des mutilés et des réformés*, *op. cit.*, p. 2. Voir aussi « Contre les insulteurs de la France », *Le Figaro*, 72e année, n° 188, 7 juillet 1925, p. 2.

224 *Idem*, pour la reproduction de la « note » de l'A.E.C.

225 Sur Frick membre de l'A.E.C., en plus de ses affiliations professionnelles aux Courriéristes littéraires et au Syndicat des Échotiers, voir l'*Annuaire général des lettres*, éd. Paul Reboux, Paris, 1932, p. 694.

226 Voir Nicolas Beaupré, *Écrire en guerre, écrire la guerre*, *op. cit.*, p. 239 et 245.

227 Robert de Nossan, « Les écrivains combattants » (3 juillet 1919), *La Brise*, 21e année, [1920], p. 106-107 ; et José Germain, « L'organisation de la démocratie – L'Œuvre sociale de la Génération du Feu », *France & Monde*, 10e année, n° 105, nouv. série n° 39, 1er mai 1924, p. 658-666 (p. 660).

228 *Ibid.*, p. 659.

229 L'établissement « léga[l] » de l'Association des Courriéristes Littéraires est annoncé dans *Le Rappel*, n° 18665, 17 janvier 1922, p. 3. Une photographie de ce sous-ensemble des « rubriquards de la grande presse » paraît peu après le « dîner de fondation ». Voir L. H., « Les Courriéristes littéraires des journaux quotidiens », *Comœdia*, 15e année, n° 3236,

En tant que membre de l'A.E.C., Frick figure à l'exposition d'œuvres de mutilés et anciens combattants à Nancy, au printemps 1921, dans l'une de ses grandes sections, consacrée aux écrivains, avec son recueil le plus récent, *Girandes*. Ses vers apparaissent auprès des œuvres de Mac Orlan et Dorgelès, dont *La France mutilée* relève l'« humour apitoyé[230] » du *Cabaret de la belle femme*. La part littéraire de l'exposition est conçue à la manière d'un « [s]alon du livre » où vient se montrer, comme Crès pour Mac Orlan et Dorgelès, « chaque grande firme d'édition[231] » regroupant ses auteurs. En présentant Frick dans son article de *La France mutilée*, René d'Avril privilégie le contemporain, le poète « de *Girandes* et le critique littéraire si averti de *Don Quichotte* – masque et signature de "Proconsul[232]" ». Il ne fait pas mention des deux recueils de la guerre, signalés en effet « épuisés » à la sortie de *Girandes*, et même « épuisés

25 octobre 1921, p. 2. L'Association, composée d'écrivains, sera vue comme garante d'une critique de meilleure tenue que celle faite par la catégorie professionnelle des journalistes. Pour un aperçu de l'Association par l'un de ses proches, également familier de Frick, nommé dans l'article, voir Sylvain Bonmariage, « Le statut des écrivains », *La Pensée française*, 4e année, nº 113, 8 février 1926, p. 7-8 (p. 8). Déjà, avant-guerre, Gaston Picard avait « réag[i] contre "la critique-publicité" des quotidiens » avec un « Courrier littéraire » à *L'Intransigeant*, la rubrique de « La Boîte aux Lettres » des Treize. Voir la note d'Ernest Florian-Parmentier, *La littérature et l'époque – Histoire contemporaine des lettres françaises de 1885 à 1914*, Paris, Eugène Figuière, [juin 1914], p. 563.

230 R[ené] d'Avril, « Les Mutilés au Travail – L'exposition nationale de Nancy », *La France mutilée – Bulletin de l'Union Fédérale des Associations françaises de Blessés, Mutilés, Réformés, Anciens Combattants de la Grande Guerre et de leurs Veuves, Orphelins et Ascendants*, 2e année, nº 34, 5 juin 1921, p. 3.

231 *Idem*. Le Salon du livre partage l'exposition avec le « Salon des beaux-arts » et, plus particulièrement liés aux ravages de la guerre, les « Écoles de rééducation des mutilés », les « Travaux des aveugles de guerre » et les « Travaux des mutilés et anciens combattants ». C'est ce que « rappelle » Marcel Lehmann, commissaire général de cette exposition, au lendemain de sa tenue, qui a permis d'exprimer à l'égard des « anciens combattants » et de leurs familles une « solidarité économique » que Lehmann, auteur de plusieurs ouvrages revendiquant les droits de ceux qui ont fait la guerre, souhaiterait voir se renouveler. Marcel Lehmann, « Exposition de Nancy – Notes du commissaire général », *La France mutilée*, 2e année, nº 38, 3 juillet 1921, p. 1.

232 R[ené] d'Avril, « Les Mutilés au Travail », *La France mutilée*, *op. cit.*, p. 3. La collaboration de Frick à *Don Quichotte* se poursuit dans son successeur de la fin 1921, l'*Eco d'Italia*, également à Paris. Voir *Annuaire international des lettres et des arts*, éd. Jean Azaïs, Paris, Courrier de la Presse, 1922, p. 444. À ses débuts, la rubrique est annoncée avec « un excellent écrivain » derrière « Le Proconsul », par Les Treize, « Les Lettres », *L'Intransigeant*, 41e année, nº 14464, 11 mars 1920, p. 2. Ungaretti aurait aussi utilisé la signature du « Proconsul » à *Don Quichotte*, comme l'indique, sans mention de Frick, Isabel Violante Picon, « *Une œuvre capitale de poésie* » : *Giuseppe Ungaretti traducteur*, Paris, Presses de l'Université de Paris IV-Sorbonne, 1998, p. 120. En 1918, Frick pensait à Apollinaire

en naissant », selon le témoignage de Royère, qui perçoit aussi une « demand[e] » du côté des « libraires[233] » pour ces ouvrages de 1915-1916 dont il a été l'éditeur. Le 18 février 1919, Frick oriente Christian vers la librairie de Camille Bloch pour le dernier exemplaire du *Bélier* qui y reste à vendre, révélateur des obstacles pour Frick à mettre ses œuvres entre les mains de ses amis ou, comme dans ce cas, des amis de ses amis[234]. *Écouen-Nouvelles*, à l'automne 1920, note que les « trois plaquettes » sont « introuvables[235] ». L'expression est identique, en 1929, imprimée en tête de *Poetica*, pour expliquer la sortie du « présent volume » : « trois plaquettes, devenues introuvables[236] ». De son côté, Derème poétise le problème inverse, peu de vente et, du nombre de ses « [l]ivres vendus », deux déjà chez les bouquinistes des « quais », et un autre servant à « [c]ouvr[ir] des pots de confiture » ou à « fai[re] des cornets » chez « l'épicier », où « [l]e sucre » « poisse [s]es distiques[237] », qui n'étaient pas à la recherche d'un édulcorant. Chez Frick, la difficulté d'avoir accès à sa poésie est chronique et affecte en particulier ses amis de fraîche date, outre Christian en 1919, Robert Valançay en 1926, pour lequel Frick est incapable de localiser des copies de ses « quatre » « recueils », de *Trèfles à quatre feuilles* au *Calamiste alizé*, « tous » « épuisés[238] ». À la sortie d'*Ingrès*, en 1935, seul *Vibones* est encore disponible, *Poetica* ayant rejoint la liste des volumes impossibles à se procurer.

Le fil de la violence chez Frick, délaissé ci-dessus un moment, n'a pas pour seul cadre la Closerie de 1925, où le délinquant n'en était pas à son premier essai. Apollinaire le montre en habitué de la chose, à une date qu'il évalue « en 1907 ou en 1908 », en fait le 25 janvier 1908, où Frick aurait « brisé à coups de pied une grande glace » au restaurant Cardinal,

---

comme à un « proconsul raffiné ». Frick, compte rendu de *Vitam Impendere Amori*, *Sic*, 3e année, n° 26, février 1918, p. [5].

233 Jean Royère, compte rendu de *Girandes*, *Les Trois Roses*, *op. cit.*, p. 154.

234 Lettre de Frick à Christian, du 18 février 1919, Fonds Yves Poupard-Lieussou. Getty Research Institute, Los Angeles (930004).

235 L., « Médaillon littéraire : Louis de Gonzague Frick », *Écouen-Nouvelles*, *op. cit.*, p. [3].

236 Frick, *Poetica*, Paris, Édition de l'Épi, 1929, p. [3].

237 Tristan Derème, « Mes trompettes adolescentes… », *Le poème des chimères étranglées*, Paris, Émile-Paul Frères, 1921, p. 29. L'avenir de ces « plaquette[s] » mène déjà au « bouquiniste » ou même au « cornet à bonbons » chez Derème, dans son poème « À quoi bon te chercher, gloire, pauvre étiquette ! », *Petits poèmes*, Paris, Société française d'imprimerie et de librairie, 1910, p. [35].

238 Lettre de Frick à Robert Valançay, du « jeudi 14 janvier » [1926]. The Getty Research Institute, Los Angeles (950057).

lors d'un banquet de *La Phalange* « en l'honneur de M. Paul Adam[239] ». Celui-ci devait présider l'événement mais, « retenu à Nice[240] », est remplacé par Vielé-Griffin. Dans une lettre de 1941 à André Rouveyre, Matisse raconte la scène de violence avec Frick lors de cette soirée organisée « en l'honneur de *La Phalange* et de son créateur-directeur Jean Royère[241] ». Matisse a pu remarquer le préambule au « vigoureux coup de pied [qui] bris[e] la porte de la salle, toute en miroirs, style Versailles[242] ». Frick est décrit en « éphèbe » devenu « encombrant » au moment de l'intervention animée de Roinard, et qui s'entend « ordonn[er] » par Royère « de s'asseoir et de se taire[243] », suite à quoi le miroir est en morceaux. Dans l'atmosphère du banquet, Roinard arrose de « champagne » « le crâne du poète [Jean] Francis-Bœuf[244] ». Cette fois-ci comme en d'autres temps, la combinaison Roinard-banquet est promesse d'animation, l'alcool jouant son rôle. Gaston Picard rappelle le souvenir de Rosny aîné, qui voyait dans ces « banquets » « tout vals[er] », « la vaisselle, les Muses, les mets, les discours[245] ». Salmon imagine pareillement le « banquet » en poème à travers « la Folie » et « la chair », des festivités bien arrosées où la « coupe » rime avec « croupe[246] », alors que se distribuent par dérision les titres princiers. Roinard, se souvient Salmon, « affectionnait fort » « ces banquets littéraires à cent sous » et les prolongeait dans la rue en « tapage nocturne[247] ». En juin 1912, le banquet offert à Royère se déroule dans un climat dit « cordial » par *L'Intransigeant*, comme pour insister

239 Apollinaire, « M. Louis de Gonzague Frick ou le Phyllorhodomancien », *Œuvres en prose complètes*, III, *op. cit.*, p. 126-127. L'article paraît le 16 septembre 1912 dans la rubrique « La Vie anecdotique » du *Mercure de France*, et est repris en partie (sans l'anecdote du miroir) par *La Phalange* du mois d'octobre.

240 Louis Cochard, « Le Banquet de la *Phalange* », *La Phalange*, 3e année, no 20, 15 février 1908, p. 775-777 (p. 775).

241 Lettre de Matisse à Rouveyre, du 20 décembre 1941, dans Henri Matisse et André Rouveyre, *Correspondance*, éd. Hanne Finsen, Paris, Flammarion, 2001, p. 135.

242 *Idem.*

243 *Idem.* Frick ressaisit la jeunesse dans le mot « éphèbe » quand il signe, à l'âge de 63 ans, une lettre à Youki par « l'Éphèbe sexagénaire ». Lettre de Frick à Youki, datée du « Solstice d'été 1946 ». DSNC 1351, BLJD.

244 Louis Cochard, « Le Banquet de la *Phalange* », *La Phalange*, *op. cit.*, p. 777.

245 Rosny aîné est résumé de son article de *La Dépêche* de Toulouse par Gaston Picard, « Les Journaux », rubrique « Revue de la Quinzaine », *Mercure de France*, 49e année, no 970, 15 novembre 1938, p. 213.

246 André Salmon, « Le banquet », *Poèmes – Âmes en peine et corps sans âme – Les clefs ardentes – Le douloureux trésor*, Paris, Vers et Prose, 1905, p. 24-26 (p. 24 et 26).

247 André Salmon, *Souvenirs sans fin, 1903-1940*, Paris, Gallimard, 2004, p. 367.

sur la bonne conduite d'une compagnie qui compte Roinard et Frick prenant chacun la parole à l'heure du « dessert[248] », quand d'ordinaire le risque d'éruption monte. Ce soir-là, « [i]l n'y eut même pas une dispute[249] ». Seul le langage de Frick compte une note d'agression, avec une Harpie, Ocypète (orthographiée par le journal « ossipéter »), pour parler des victuailles consommées et des restes infectés par la créature mythique, à moins qu'il ne s'agisse de dévorer admirativement Royère, de « l'ossipéter[250] ». Le dîner a lieu au Repos de Béthanie et se poursuit au Lapin Agile. *Gil Blas* relate du banquet, par le biais de *La Phalange*, la « coupe ambrosiaque[251] » bue par Frick pour saluer Royère et sa revue. Quand Frick et Roinard commémorent, en 1922, la disparition d'un des leurs, le poète Gaston Couté, mort en 1911 « à l'hôpital », ils discourent en pleine rue à Montmartre, un dimanche de fête dans le quartier, fournisseurs pour une fois de l'« indispensable pointe de mélancolie[252] » dans la liesse générale.

En 1908 au Cardinal, Frick s'engage dans une démesure qui rivalise alors avec celle de Roinard. Présent au banquet sur l'insistance de Vielé-Griffin, Gide consigne son témoignage le lendemain, dans l'entrée du 26 janvier 1908 de son *Journal*, où Frick apparaît comme « un jeune sot[253] » anonyme. Sur le point de « réciter des vers de Royère », Frick est empêché de s'exprimer et « s'en va dans la coulisse briser une glace de cabinet particulier[254] ». Gide s'en remet aux propos de son compagnon de la soirée, Jacques Copeau, qui caractérise l'action de « [t]rès Dostoïevsky[255] » et abandonne de la sorte le personnage de Frick

248 Les Treize, « La Boîte aux Lettres », *L'Intransigeant*, 32e année, no 11666, 23 juin 1912, p. 2.

249 *Idem.*

250 *Idem.*

251 Les Uns, « Discours », rubrique « Les Lettres », *Gil Blas*, 34e année, no 12972, 21 août 1912, p. 4.

252 Georges Martin, « Dimanche sur la Butte », *Le Petit journal*, no 21746, 31 juillet 1922, p. 1-2 (p. 2).

253 André Gide, *Journal 1887-1925*, I, éd. Éric Marty, Paris, Gallimard, 1996, p. 588. Voir aussi Gide, toujours mécontent du banquet, dans sa lettre à Jammes du 1er février 1908, dans André Gide et Francis Jammes, *Correspondance*, tome II (1900-1938), éd. Pierre Lachasse et Pierre Masson, Paris, Gallimard, 2015, p. 275-276 (p. 275).

254 André Gide, *Journal 1887-1925*, *op. cit.*, p. 588.

255 *Idem.* Un sizain d'*Oddiaphanies* apporte à Gide des fleurs sur sa « tombe » et rend hommage à un pan de sa géographie avec le « sérasquier » et le « cavalier numide ». Frick, « L'âme sextuple », *Oddiaphanies*, *op. cit.*, p. 40.

à ses démons. Copeau, dans son *Journal* ce 26 janvier, repense comme à des comédiens aux « deux cabots » qui ont « récit[é] » de manière « assez grotesqu[e] de[s] poèmes[256] » d'auteurs liés à la revue de Royère. Contrairement à Gide sur le moment et Matisse à distance, *La Phalange* rapporte que Frick a pu, en fait, prendre la parole[257]. Il a dit d'abord « un conte bref », suivi d'un poème de Royère, à la fin duquel, « dans son exaltation, [Frick] a, comme autrefois Beaumarchais, "doublement cassé les vitres[258]" ». L'allusion à une représentation du *Mariage de Figaro* fait de Beaumarchais un précurseur de Frick dans le maniement de la canne au détriment du verre.

Frick reconnaît les faits publiquement, dans *La Lanterne*, un mois après, en février 1908, de manière codée pour les lecteurs avertis. Dans son récit du « Don sacré », pince-sans-rire et détaché des contingences, lui-même, Royère et le banquet sont transposés sur un plan mythologique, qui doit ses personnages au recueil de 1907 de Royère, *Sœur de Narcisse nue*. Les événements reconstruits par Frick pour *La Lanterne* font parler, comme s'il s'agissait de Royère, une « *Sœur de Narcisse* » aux « yeux » « plus purs que les cieux de Provence » et Frick est en Narcisse « bris[eur] » de « Miroirs[259] ». Le fracas causé au « Banquet » laisse Narcisse avec « [u]ne addition » qu'il est incapable de payer, « riche » seulement de sa « beauté[260] ». La charge revient à Royère, Sœur de Narcisse, qui s'en acquitte du « don sacré de [s]es yeux », « pour racheter la faute » du « divin éphèbe[261] ». Frick conclut par la promesse d'un comportement exemplaire, à l'écart des vulgaires glaces des salles de banquets, auprès de « sources » plus « dignes » où puiser son « image[262] ». Mais une pratique qu'il n'est pas prêt à délaisser, ni aux banquets ni ailleurs, est sa propension à réciter des vers à leurs auteurs, comme le « jeune homme » de la fresque satirique de Divoire qui a compris à l'excès la « stratégie littéraire » pour réussir et passe un banquet à « réciter des

256 Jacques Copeau, *Journal 1901-1948 – Première partie : 1901-1915*, éd. Claude Sicard, Paris, Éditions Claire Paulhan, 1999, p. 395.

257 Voir Louis Cochard, « Le Banquet de la *Phalange* », *La Phalange*, *op. cit.*, p. 777.

258 *Idem.*

259 Frick, « Le don sacré », « Le Supplément » à *La Lanterne*, 25e année, n° 2898, 29 février 1908, p. 1.

260 *Idem.*

261 *Idem.* L'« éphèbe » est aussi celui, hors du cadre « divin », de Matisse en 1941.

262 Frick, « Le don sacré », *La Lanterne*, *op. cit.*, p. 1.

vers de tous les assistants[263] ». Il n'est pas sûr que Divoire déguiserait ce « jeune homme » en Frick, qui récite par côtoiement de la poésie et l'habitude du vers.

La Closerie des Lilas est le cadre d'un autre scandale public, à la mi-janvier 1924, lorsqu'a lieu le banquet en l'honneur de l'écrivain Georges Polti, « sous la présidence de M. Louis de Gonzague-Frick[264] », comme l'annoncent aussi bien *Le Figaro* que *L'Intransigeant*. La date précise du banquet va, dans *Le Figaro*, du 12 janvier au 14, tandis que *L'Intransigeant* annonce le 15, pour le soir même, le dîner[265]. Cette date est encore confondue, au moins depuis l'*Histoire du surréalisme* de Nadeau, avec celle du 8 février, jour où est publiée la lettre de Desnos à Mme Aurel, dans *Paris-Journal*[266]. Le banquet Polti est aussi quelquefois désigné « banquet Louis de Gonzague-Frick[267] », comme le fait Aragon en référence au maître de cérémonie. Un banquet en l'honneur de Frick est effectivement tenu à la Closerie en 1924, mais près de l'été, avec des interventions, en plus de Royère, par Rosny aîné, Gaston Leroux et Benjamin Crémieux, qui célèbrent triplement Frick, « poète », « critique » et « érudit[268] ». Début 1924, deux revues aux tons bien opposés s'inaugurent, ou presque, par la publication des discours de Frick et Desnos destinés au banquet Polti, le second numéro de *L'Auvergne*

---

263 Fernand Divoire, *Introduction à l'étude de la stratégie littéraire*, 3e éd., Paris, Sansot, [1912], p. 92. L'essentiel de l'ouvrage, réédité en 1922 puis en 2005, est saisi en bref par Marie Carbonnel, « Profession : critique ? Les défis de l'Association syndicale professionnelle de la critique littéraire de la Belle Époque à la fin des années trente », *Le Mouvement social*, no 214, janvier-mars 2006, p. 93-111 (p. 108-109).

264 Les Alguazils, « Petites nouvelles », *Le Figaro*, 70e année, 3e série, no 10, 10 janvier 1924, p. 2 ; et Les Treize, « Les Lettres », *L'Intransigeant*, 45e année, no 15868, 15 janvier 1924, p. 2.

265 On peut lire aussi l'indication du 14 janvier chez L. Méritan, « Ce qu'on annonce… », rubrique « Les Lettres », *L'Homme libre*, 12e année, no 2727, 11 janvier 1924, p. 2. Signature de la critique littéraire de *L'Homme libre*, Méritan est le pseudonyme de Paul Lombard, qui tient aussi, sous son vrai nom, le courrier littéraire de ce journal. Lombard est dans *Trèfles* parmi les « sibylles » et « l'incantat[ion] ». Frick, *Trèfles*, *op. cit.*, p. 15. L'antiparlementarisme de Lombard, de son livre de 1928, *À la tribune*, à son roman *Le Sang* en 1944, fournit deux repères d'un parcours qui compte aussi *Gringoire* et aboutit aux poursuites après la Libération.

266 Maurice Nadeau, *Histoire du surréalisme*, Paris, Seuil, 1964, p. 59.

267 Lettre de Louis Aragon à Denise Lévy, non datée, estimée à janvier 1924, avant le 22 du mois, dans Louis Aragon, *Lettres à Denise*, éd. Pierre Daix, Paris, Maurice Nadeau, 1994, p. 27-30 (p. 28).

268 Les Treize, « Les Lettres », *L'Intransigeant*, 45e année, no 16040, 5 juillet 1924, p. 2. Cette mention arrive un mois après le banquet.

littéraire et artistique avec celui de Frick, et le numéro initial de *C.A.P.* avec celui de Desnos. La revue *C.A.P.*, dont le directeur, Marcel Hiver, assiste au banquet, met Desnos et Frick l'un après l'autre dans la prise de parole durant la soirée de janvier, reproduisant le texte de Desnos qui ne reconnaît Polti que dans sa dernière phrase[269].

Assidu des banquets, Frick avait été invité à prononcer un discours sur Polti pour l'occasion par Roinard, Bonnefon et le reste des « Artisans du Verbe », instigateurs de l'événement[270]. Les Artisans du Verbe, en large part confondus avec les Amis de Roinard, sont présentés comme « une association [...] qui poursuit le but généreux de fêter des aînés, de ressusciter des méconnus, des oubliés, pour qui la destinée fut marâtre[271] ». Jean Valmy-Baysse parle de « rend[re] justice aux grands écrivains désintéressés » et à leurs « œuvres méconnues d'hier et d'aujourd'hui[272] ». Après un dîner Ryner en mai 1923, il y a un dîner Mallarmé au mois de juillet[273]. Passée plus inaperçue que le banquet Polti, une soirée est organisée par les Artisans du Verbe pour Divoire, sous l'égide de Paul Fort, le 23 janvier 1924 à la Closerie[274]. Valmy-Baisse, poète et romancier, est célébré à son tour par les Artisans, en février 1924, quand un discours de Frick l'élève « au-dessus de toute rivalité », capable de résoudre « les différends d'autrui[275] ». Le choix par Frick de ces mots, un mois environ

---

269 Le 8 février 1924, *Paris-Journal* identifie la voix de Marcel Hiver parmi les huées du banquet. Le texte de l'article est repris dans Robert Desnos, *Nouvelles Hébrides*, *op. cit.*, p. 512. Pour l'ordre des deux discours, voir ce qu'en dit le premier numéro de *C.A.P.* le 24 avril 1924, cité dans *Nouvelles Hébrides*, *op. cit.*, p. 513.

270 Georges Maurevert relève, pour d'autres raisons en 1917, cette familiarité de Frick avec les banquets et note que son nom se « lisait couramment, avant la guerre, dans des comptes rendus de réunions ou de banquets littéraires ». Georges Maurevert, « De la Particule "de" et de la Particulomanie (Suite) », *Mercure de France*, 28e année, no 445, 1er janvier 1917, p. 35-61 (p. 50).

271 Paul Brulat, « Les équipes littéraires », *Les Maîtres de la Plume*, 1re année, no 7, 15 octobre 1923, p. 3-4 (p. 4). Brulat fait bon accueil aux Artisans du Verbe dans son article par ailleurs hostile à la *Nouvelle Revue française*, ce « groupement de gaillards » clamant : « [l]a littérature française, c'est nous, rien que nous ». *Idem.*

272 Jean Valmy-Baysse, « Lire ou de la beauté pour le peuple », *Floréal*, 4e année, no 9, 3 mars 1923, p. 139.

273 Un bulletin est aussi rattaché aux Artisans. Voir Le Chat, « Société d'amis », rubrique « À travers les lettres », *Le Journal*, no 11159, 7 mai 1923, p. 4. La particularité d'avoir créé une société d'amis du vivant d'un auteur, Roinard, fait repenser la notion du « souvenir », observe Le Chat. *Idem.*

274 Voir « Informations », *Le Journal*, no 11420, 23 janvier 1924, p. 2.

275 Frick, cité par Les Quarante-cinq, « Courrier des Lettres », *Le Gaulois*, 59e année, 3e série, no 16935, 16 février 1924, p. 2.

après la soirée consacrée à Polti, résonne de l'agitation à laquelle celle-ci a donné lieu. Lorsque Frick est reçu à la Closerie, le 6 juin 1924, il entre dans la série des dîners des Artisans, lors d'une soirée présidée par la personnalité du spectacle Max Lyon. Royère épingle Frick en « Don Juan de la poésie d'autrui[276] » pour sa haute fréquentation des vers de ses amis, et la formule réjouit les visages usuels, parmi lesquels Bonmariage et Paulhan. Pour remerciement, Frick confectionne en quatrain un nouveau *trèfle* : « Roinard et Max Lyon, merci pour votre geste : / Hourra, les Artisans du Verbe[277] ! »

La « Lettre de Paris » de *L'Auvergne littéraire* raconte, en février 1924, le banquet Polti et publie l'ensemble de l'« allocutio[n] » de Frick, avec la précision que l'intéressé, « Polti, malade, était absent[278] ». Le discours de Frick, qui prend la forme d'un exercice en apothéose ainsi qu'il est de mise dans ces banquets, d'où le titre « Symposiaque », retrace sans rien inventer la généalogie antique de Polti à son « ancêtre », « Poltys[279] ». Mme Aurel gardera en mémoire que Polti, en effet, « se plut à élire » comme lointain aïeul « le roi Poltys[280] ». Ce roi, poursuit Frick, est celui « que magnifiaient Apollodore et Plutarque » et, en vertu de cette hérédité choisie, l'écriture de Polti est érigée au niveau « céleste » des « anges[281] ». Qu'il soit le « Jupiter » de Frick au banquet ou « héros / Du logos, de l'image » dans « Présents » de *Vibones* en 1932, Polti demeure, pour Frick, dans les environs de « l'Olympe[282] ». Il était

276 « Le dîner des Artisans du verbe », rubrique « Nouvelles littéraires », *Comœdia*, 17e année, n° 4190, 9-10 juin 1924, p. 3.

277 Frick, « Laconisme et gratitude », transcrit dans « Le dîner des Artisans du verbe », *Comœdia*, *op. cit.*, p. 3.

278 Alfreyd Montagne Éné de Piro, « Lettre de Paris », *L'Auvergne littéraire et artistique*, 1re année, n° 2, février 1924, p. 26-28 (p. 26). À cette date, Frick débute sa « Chronica de Paris » destinée au Brésil, intitulée « Comptes et mécomptes littéraires », comme l'annoncent Les Treize, « Les Lettres », *L'Intransigeant*, 44e année, n° 15837, 15 décembre 1923, p. 2.

279 Frick, « Symposiaque », donné par Alfreyd Montagne Éné de Piro, « Lettre de Paris », *L'Auvergne littéraire et artistique*, *op. cit.*, p. 27.

280 Aurel, *Les Poètes et nous*, [Nancy], Édition Pierre Didry, 1953, p. 29.

281 Frick, « Symposiaque », *L'Auvergne littéraire et artistique*, *op. cit.*, p. 27. Frick publie le texte de son discours dans *Poetica*, ajoutant seulement aux œuvres qu'il énumère de Polti le *Manuel de la Volonté*, paru, comme *Poetica*, en 1929. Frick, « Symposiaque », *Poetica*, *op. cit.*, p. 136-138 (p. 138).

282 Frick, « Symposiaque », *L'Auvergne littéraire et artistique*, *op. cit.*, p. 26-27 ; et Frick, « Présents », *Vibones*, *op. cit.*, p. 16.

plus sobrement, et plus savamment, « métaphysicien du théâtre[283] » en 1913, dans la commune rubrique des revues de Frick et Marc Brésil à *La Phalange*. Polti est en compagnie des divinités de l'antiquité, chez Frick, au moins depuis 1915 et le recueil *Trèfles à quatre feuilles*. Outre « l'éphèbe impollu », c'est-à-dire pur et exempt de taches, écho au roman de 1913 de Polti, *L'éphèbe : roman achéen*, une strophe du poème de Frick tient que, de notoriété publique, « Chacun sait que Polti ressuscite l'olympe[284] ». De ce pinacle, Polti est investi du pouvoir « [d']abolir à jamais ce siècle et son horreur[285] », comme une force de destruction supérieure à la guerre, celle de la *Campagne 1914-1915* du sous-titre du recueil. Polti, lui aussi tourné vers l'antiquité pour parler de Frick, s'en tient à Anacréon ou à Épictète, par lesquels il conclut que la taille d'une œuvre se mesure en gloire et non au poids. CQFD, ce qu'il fallait démontrer pour Frick, ce « Phare » « inexpugnable » « sur son roc[286] ». *L'Homme libre* relaie intégralement, le même jour, « ce portrait si sensible[287] » par Polti, avec pour effet une large diffusion. Frick est le familier d'un autre Olympien et, dans une lettre de 1954, il décrit Apollinaire, en des termes absolus, comme « Le Jupiter de l'Olympe poétique[288] ». Sorti du cadre épidictique du banquet ou du poème louangeux qui prescrivent l'excès, Frick s'autorise, dans sa lettre, à considérer comme « hyperbolique[289] » la formule qu'il a choisie pour titre à son article célébrant Apollinaire.

Durant le banquet Polti de 1924, les mots de Desnos et de Frick sont entendus en succession, si l'on en croit *C.A.P.* En premier passe Desnos, avec « le la et le do, Jean qui pleure et Jean qui rit » qui « n'ont [...] rien

283 La formule est relevée par Lucien Maury dans son compte rendu de *L'Ère du Drame* d'Henri-Martin Barzun, *Revue politique et littéraire : Revue bleue*, 51e année, n° 7, 15 février 1913, p. 218-219.

284 Frick, *Trèfles*, *op. cit.*, p. 17. Grâce à *Girandes*, Frick se serait lui aussi « installé sur le Parnasse ». Louis Chadourne, compte rendu de *Girandes*, rubrique « Les poètes », *L'Europe nouvelle*, 2e année, n° 23, 7 juin 1919, p. 1110.

285 Frick, *Trèfles*, *op. cit.*, p. 17.

286 Georges Polti, « Louis-de-Gonzague Frick », rubrique « Visages à la minute... », *L'Intransigeant*, 52e année, n° 18936, 25 août 1931, p. 6.

287 Lucien Peyrin, « Courrier littéraire », rubrique « Les Lettres », *L'Homme libre*, 19e année, n° 5511, 25 août 1931, p. 2.

288 Frick est cité d'une lettre du 9 décembre 1954 à Berthe Bolsée, par Marcel Lobet, « L'amitié d'Apollinaire et de Louis de Gonzague Frick », *Que vlo-ve ?*, *op. cit.*, p. 17.

289 *Idem*. L'article de Frick, « Le Jupiter de l'Olympe poétique », paraît dans *Le Flâneur des deux rives* en décembre 1954.

de commun avec M. Georges Polti[290] ». Le discours de Frick le fait partir dans les astres après le rappel de sa « première rencontre[291] » avec Polti en 1906. La mention de 1906, du temps de sa conscription, amène Frick à une expression d'anti-militarisme qui peut trouver une oreille favorable chez ses auditeurs présents, tant les surréalistes que Georges Pioch : « La froide Lorraine me retenait alors entre ses grilles martiales. Arrière les chaînes[292] ». Mais, à eux deux, Desnos puis Frick, qui mythologise avec Jupiter et ses « régions épacriennes[293] », ils fournissent matière à sourire par leur contraste et agitent plutôt la salle avant l'intervention suivante, celle de Mme Aurel. Le langage a déjà servi en 1912 pour le banquet Royère, « manière de symposе » qui s'est déroulé en de semblables « régions épacriennes[294] ».

Mme Aurel a été célébrée dans l'*Essai sur l'Aurélisme* de Polti en 1914, époque où Frick connaît le salon, comme aussi Breton qui va écouter en juillet 1917 Paul Valéry[295]. Une strophe de *Trèfles* place Mme Aurel à Nice, à agir charitablement, devenue « fileuse » pour le bien des soldats, et lui décerne un titre pour ses bienfaits littéraires, « Notre Minerve-Aurel[296] ». Frick est, en 1928, l'un des « amis » à écrire sur Mme Aurel, en un quatrain où elle est toujours divinité, elle qui « descendit du ciel », embellissant la « terre[297] ». L'illustration accompagnant les vers de Frick montre une déesse puissante accroupie devant un paysage de nature[298]. Mme Aurel n'est-elle pas, selon une dédicace autographe de Frick, « la plus humaine des déesses[299] » ? Dans une lettre déférente de 1922 à Mme Aurel, Jacob lui écrit combien il trouve en elle « seule honnêteté, seul héroïsme, seule méditation humaine, seule *grandeur* » de l'« époque »,

290 Robert Desnos, « Le jeu de colin-maillard et celui de cache-cache... », *Nouvelles Hébrides*, *op. cit.*, p. 192-193 (p. 193).

291 Frick, « Symposiaque », *L'Auvergne littéraire et artistique*, *op. cit.*, p. 26.

292 *Idem.*

293 *Idem.*

294 Les Uns, « Discours », *Gil Blas*, *op. cit.*, p. 4.

295 Pour cette visite de Breton, voir Marguerite Bonnet, *André Breton – Naissance de l'aventure surréaliste*, *op. cit.*, p. 116.

296 Frick, *Trèfles*, *op. cit.*, p. 14.

297 Frick, « De loin, de très haut vint Aurel... », dans *Aurel par ses amis*, Paris, Éditions de la Caravelle-Le livre et l'image, 1928, p. [24].

298 Il s'agit d'un bois original d'André Margat. *Idem.*

299 La dédicace est citée par Francis B. Conem, compte rendu de *Dédicaces* de Maurice Rat, *Revue des Sciences Humaines*, nouv. série, n° 108, octobre-décembre 1962, p. 659-662 (p. 662).

autant dire un être de perfection, et se place à ses « pieds[300] ». Le portrait en Minerve par Frick dans *Trèfles* participe de l'Aurélisme de Polti selon lequel Mme Aurel, avec son œuvre et sa « culture intellectuelle[301] », aurait forgé une expression du rêve féminin. *L'Intransigeant*, en 1910, évoque plutôt une exploration des « méandres du néo-super-inconscient féminin[302] ». La manière dont Polti formule sa défense de l'Aurélisme, dans sa lettre du 16 février 1914 à Vallette, lui vaut une réplique cinglante de Léautaud-Boissard dans le numéro suivant du *Mercure*, renvoyant l'Aurélisme au « *ridiculisme*[303] ». Les piques de Léautaud, d'autant plus vives qu'il les signe de son pseudonyme, atteignent doublement Frick, dans sa révérence à la fois à Polti et à Mme Aurel, sujette à la caricature[304]. La mémoire de ces polémiques ressort encore en 1970 chez un proche de Ryner, Louis Simon, avec Polti restitué défenseur[305].

Apollinaire intercède, vers la fin 1916, auprès de celle qu'il avait autrefois désignée « Cruelle Aurel[306] ! » pour qu'« un de ses jeudis », dont la série a commencé l'année précédente, soit « consacré[307] » à Frick. Par

300 Lettre de Max Jacob à Mme Aurel, de [décembre 1922], dans Max Jacob, *Les propos et les jours : Lettres 1904-1944*, éd. Annie Marcoux et Didier Gompel-Netter, Saint-Léger-Vauban, Zodiaque, 1989, p. 148. Peu après, dans l'enquête de *La Muse française* sur la définition de la poésie, Aurel réserve bonne place à Max Jacob. Mme Aurel, « Comment définir la poésie ? », *La Muse française*, 2ᵉ série, nº 1, 10 janvier 1923, p. 353-357 (p. 354).

301 Lettre de Georges Polti à Alfred Vallette, rubrique « Échos », *Mercure de France*, 25ᵉ année, nº 401, 1ᵉʳ mars 1914, p. 213.

302 Les Treize, « Silhouettes » (Aurel), rubrique « Le Coin du Libraire », *L'Intransigeant*, 30ᵉ année, nº 10789, 28 janvier 1910, p. 2.

303 Maurice Boissard [Léautaud], « Théâtre », *Mercure de France*, 25ᵉ année, nº 402, 16 mars 1914, p. 398-407 (p. 407).

304 La « liberté » que s'accorde Léautaud avec son pseudonyme est abordée par Martine Sagaert, *Paul Léautaud – Biographie*, [Bègles], Le Castor Astral, 2006, p. 73. Les mots de Léautaud contre Aurel sont de véritables « libelles », précise Sagaert. *Ibid.*, p. 75. Aucune forme d'expression n'est négligée par Léautaud pour parler d'Aurel, ou pour s'adresser avec toutes les ressources de la misogynie à une mini-Aurel, cette oie qu'il garde chez lui. *Ibid.*, p. 105. Dans l'énumération des nombreuses « caricatures » d'Aurel, Laure Rièse met Léautaud en première ligne. Laure Rièse, *Les salons littéraires parisiens du second Empire à nos jours*, Toulouse, Privat, 1962, p. 206.

305 Louis Simon, *À la découverte de Han Ryner*, Paris, Le Pavillon-Roger Maria Éditeur, 1970, p. 60.

306 Apollinaire, « La littérature féminine » (janvier 1909), *Œuvres en prose complètes*, II, *op. cit.*, p. 919-922 (p. 922). Apollinaire ironise sur le récent ouvrage de Mme Aurel, *Pour en finir avec l'amant.*

307 Lettre d'Apollinaire à Frick, du [3 décembre 1916], dans Apollinaire, *Œuvres complètes*, IV, *op. cit.*, p. 733. Mme Aurel tient son salon entre 1915 et 1937, est-il indiqué dans l'ouvrage d'Aurel, *Les Poètes et nous*, *op. cit.*, p. 263. Comme Apollinaire essaie, en 1916,

sa formule de « soldat poète », qui place en avant le soldat par rapport au poète, Apollinaire insiste sur le fait que Frick porte l'uniforme, qui plus est « depuis le jour de la mobilisation[308] ». En 1915, un poème épistolaire d'Apollinaire à André Dupont fait état du danger auquel Frick est exposé « sur le front depuis / Le 3 août[309] » 1914, appelé d'ailleurs en même temps que Dupont, d'un an son cadet. Dans la liste de « Ceux qui partent tout de suite », *L'Intransigeant* inclut Frick, « à la prose savamment ouvragée », pour son versant critique, « part[i] pour Nancy[310] ». Les revues de l'arrière considèrent d'un œil particulier le poète des tranchées et peuvent passer outre la « Muse » « souvent obscure » de Frick, car « elle a fait la guerre[311] ». Avec *Poetica* et la distance des années par rapport aux combats, la « Muse » de Frick continue d'être représentée en « déesse qui a vu la guerre » et « en conserv[e] l'horreur[312] ». Vers la fin 1916, Aurel est avertie par Apollinaire que Frick sera retenu « à l'armée[313] » pour son jeudi mais qu'il devrait y avoir une bonne affluence. En parfait entremetteur, Apollinaire recommande à Frick d'« assurer » Mme Aurel qu'il peut « faire aller », rue du Printemps, « beaucoup de monde à cette occasion[314] ». La trace semble se perdre là de ce jeudi, qui

de faire ouvrir la porte de Mme Aurel à Frick, Max Jacob, en 1924, quelques mois après l'affront surréaliste à Mme Aurel, effectue une démarche similaire pour Jouhandeau, qui se considère « si inconnu », pas encore prêt pour son propre jeudi. Lettre de Jouhandeau à Jacob, [fin mai 1924], dans *Lettres de Marcel Jouhandeau à Max Jacob*, éd. Anne S. Kimball, Genève, Droz, 2002, p. 40-41 (p. 40). Jacob et Jouhandeau s'accordent à voir dans ce salon un « milieu » désagréable, « saumâtre » selon Jacob, entouré de « cartomanciennes » d'après Jouhandeau, mais tenu, écrit Jacob, par « cette vertueuse Aurel » pour laquelle Jouhandeau a « le plus profond respect ». Se reporter aux lettres et notes pour les dates allant de la fin mai au 14 juin 1924. *Ibid.*, p. 42-45.

308 Lettre d'Apollinaire à Mme Aurel, non datée, à rapprocher de la lettre à Frick du [3 décembre 1916], dans Apollinaire, *Œuvres complètes*, IV, *op. cit.*, p. 727-728 (p. 727).

309 Apollinaire, « Vos lettres sont Dupont une bonne chronique… » (23 février 1915), *Œuvres poétiques*, *op. cit.*, p. 809 ; et Édouard Mas, « André Dupont (1884-1916) », dans l'*Anthologie des écrivains morts à la guerre, 1914-1918*, I, Association des Écrivains Combattants, Amiens, Edgar Malfère, 1924, p. 238-240 (p. 240).

310 Les Treize, « La Boîte aux Lettres », *L'Intransigeant*, 34e année, no 12439, 5 août 1914, p. 2.

311 Pour ses propos sur le *Bélier*, la *Revue des œuvres nouvelles* de décembre 1916 est citée en exemple d'un adoucissement de la critique en réception aux œuvres des écrivains combattants, par Nicolas Beaupré, *Écrire en guerre, écrire la guerre*, *op. cit.*, p. 66.

312 Lucien Peyrin, compte rendu de *Poetica*, « Courrier littéraire », rubrique « Les Lettres », *L'Homme libre*, 18e année, no 4986, 18 mars 1930, p. 2.

313 Lettre d'Apollinaire à Mme Aurel, non datée, à rapprocher de la lettre à Frick du [3 décembre 1916], dans Apollinaire, *Œuvres complètes*, IV, *op. cit.*, p. 727.

314 Lettre d'Apollinaire à Frick, non datée, estimée au 3 décembre 1916, *ibid.*, p. 733.

n'a sans doute jamais eu lieu, mais la démarche constitue un exemple de ce « dévouement dépensé par Apollinaire » auquel Frick et beaucoup, comme du Fresnois, « doivent leur succès[315] », selon cet autre ami d'enfance d'Apollinaire, Toussaint Luca.

Apollinaire était passé le 23 novembre 1916 chez Aurel, où le discours de la femme de lettres l'avait plutôt indisposé[316]. Avec de la gravité et un humour noir, le 15 mars 1918, Apollinaire va constater, pour les lecteurs des *Arts à Paris*, que le salon de Mme Aurel « continu[e] d'être un hommage hebdomadaire aux morts littéraires de la guerre », et qu'elle pourrait bien accueillir aussi « dans la piété de son salon », « les peintres[317] » tombés dans les combats. L'Armistice entraîne une refonte des jeudis en de courtes « causeries » suivies d'un examen des « mœurs[318] », nouvelle dimension à exploiter par les moqueurs. Dans son état de soldat de fiction, Frick reste fervent d'Aurel, si l'on en croit Dorgelès, dont le personnage à clef, Jean de Crécy-Gonzalve, peut « support[er] toutes les infortunes » de la guerre « [p]ourvu qu'il [ait] quelqu'un à qui parler [...] des jeudis de Mme Aurel[319] ». Frick peut effectivement parler de l'intérieur de chez Aurel où il a, en juillet 1917, lu des vers de Maurice Goudeket, comme le fait aussi Berthe de Nyse[320]. Carco et Mac Orlan, dans leurs *Mystères de la Morgue* de 1918, distinguent Frick parmi ceux que le personnage de Démosthène Robinet, se sentant « de l'ambition », croise au salon de Mme Aurel, suivi d'une réputation qui lui vient d'avoir « fait la guerre avec son monocle[321] ». Frick s'identifie à son personnage du « Poète sous le pot de fleurs », d'après une anecdote de *Comœdia*, où il affirme que son « monocle a fait toute la guerre » et renvoie son interlocuteur au roman plus vrai que vrai : « N'avez-vous pas lu Dorgelès[322] ? » Dans le portrait fictif de soldat-dandy auquel Dorgelès

315 Toussaint Luca, *Guillaume Apollinaire (Souvenirs d'un Ami)*, Paris, La Phalange, 1920, p. 19.

316 Voir Laurence Campa, *Guillaume Apollinaire*, *op. cit.*, p. 663.

317 Apollinaire, « Réunions », *Œuvres en prose complètes*, II, *op. cit.*, p. 1408.

318 L'annonce des Treize est purement factuelle, dans la rubrique des « Lettres », *L'Intransigeant*, 39e année, no 14021, 3 décembre 1918, p. 2.

319 Roland Dorgelès, « Le poète sous le pot de fleurs », *D'une guerre à l'autre*, *op. cit.*, p. 329.

320 « Les Jeudis de Mme Aurel », *Le Carnet de la Semaine*, 3e année, no 111, 22 juillet 1917, p. 20. On peut dater de 1917 également le début d'une correspondance de Frick avec Colette, d'après ce qui est conservé à la Carlton Lake Collection. HRC, Austin.

321 Francis Carco et Pierre Mac Orlan, *Les Mystères de la Morgue – Roman*, Paris, La Renaissance du livre, 1918, p. 47-48.

322 Horatio, « Le monocle de "l'adjudant Flick" », rubrique « Nos échos », *Comœdia*, 24e année, no 6526, 1er décembre 1930, p. 1. Si le monocle a bien survécu à 1914-1918 (avec

apporte une expansion, le Frick des *Mystères* est seul, « chez Aurel », à être nommé d'une liste réduite pour le reste à « des poètes vieux qu'on disait jeunes, d'étonnantes romancières scandinaves, des actrices[323] ». L'établissement Aurel est similairement atteint dans la revue *Z*, de Paul Dermée, en 1920, surtout dans sa réputation, contestable, d'abriter « la "Jeune Littérature Française[324]" ». L'opportunité, cette fois, de s'en prendre à Mme Aurel est due à Wilmotte, qui a prévu de « parle[r] », en Belgique, « des poètes "de chez Aurel" », en les faisant passer pour la « Littérature Française[325] » du moment.

Frick a finalement son jeudi, dans un contexte tumultueux pour Mme Aurel, le 17 janvier 1924, cinq jours après que celle-ci ait été la cible des surréalistes au banquet Polti. En réunissant ensemble, chez elle, Frick et José Germain, qui va s'exprimer sur les « romanciers[326] », Aurel continue de faciliter la parole des écrivains combattants au devant d'un public. Lorsqu'elle reviendra, dans ses souvenirs de 1953, sur ses jeudis, Aurel n'oubliera pas Frick dans la longue liste de « Poètes » dont elle « a parlé, ou fait parler[327] ». À plusieurs reprises, Frick se prête à l'exercice d'initier le public du salon à la poésie des autres. Il s'exprime chez Aurel deux jeudis consécutifs d'avril 1921, notamment pour dire, en compagnie de Royère et Henri Hertz, des poèmes de John-Antoine Nau, décédé dans la dernière année de la guerre[328]. La quinzaine est active. Le 10 avril, en aussi bonne et plus large compagnie, Frick assiste à la pose d'une plaque pour le centenaire de la naissance de Baudelaire[329]. Chez Aurel encore, le 7 mars 1929, il s'exprime sur Royère, ce que fait

le substitut fourni par Strentz), il a failli disparaître au fond d'un « verre de grenadine », parmi « la glace » écrasée, devant Max Jacob, témoin amusé. *Idem.*

323 Francis Carco et Pierre Mac Orlan, *Les Mystères de la Morgue*, *op. cit.*, p. 47-48.

324 T. S. F., « Bruxelles », rubrique « Radios », *Z*, n° 1, mars 1920, p. 2.

325 *Idem.*

326 La « [r]éunion consacrée aux romanciers (causerie de M. José Germain) et au poète Louis de Gonzague Frick » est annoncée dans les « Échos et notes » de *La Muse française*, 3e série, n° 1, 10 janvier 1924, p. 69.

327 Se reporter à Aurel, *Les Poètes et nous*, *op. cit.*, p. 263. Ses pages critiques incluent un mot sur *Girandes* en 1919 dans *La Vie*.

328 Pour le jeudi 14 avril 1921, voir la rubrique « Informations », *La Presse*, 87e année, n° 5657, 10 avril 1921, p. 2 ; et sur Nau, le 21, voir « Les jeudis de Mme Aurel », rubrique « Échos », *Le Rappel*, n° 18391, 18 avril 1921, p. 3. Chez Frick, Nau est sous le signe reconnaissable de l'« épistol[aire] » et de « la mer ». Frick, *Trèfles*, *op. cit.*, p. 7.

329 « Inauguration d'une plaque… », supplément au *Bulletin municipal officiel de la Ville de Paris*, 40e année, tome 2, n° 111, 25 avril 1921, p. 2149-2152 (p. 2149).

aussi durant la soirée Armand Godoy, associé à Royère dans *Le Manuscrit autographe* comme il va l'être au relancement de *La Phalange*[330]. L'arrivée de ce jeudi Royère a sa résonance dans le journal de Léautaud qui se délecte, par anticipation, de savoir ses vieilles cibles réunies, Mme Aurel et « ce pauvre Jean Royère[331] ». La soirée promet d'être « d'un ridicule sans borne », véritable « bouffonnerie », à laquelle Frick est mêlé, dans l'« étal[age] » des « mérites[332] » de Royère.

De son côté, Royère n'accorde pas le même degré d'attention à Frick, qui lui apparaît essentiellement utilitaire, comme le révèlent les échanges Larbaud-Royère lorsqu'ils recherchent un peu de publicité dans *Comœdia*, durant la première moitié des années vingt. Cette voie de diffusion n'existe plus à compter de décembre 1925, au regret de Royère, qui annonce en mars 1926 à Larbaud, « Je n'ai plus malheureusement *Comœdia* à ma disposition, Frick n'y étant plus[333] ». Frick a quitté *Comœdia* et passe aussitôt, avec son courrier littéraire, à *La Griffe*, qui n'a pas le même attrait peut-être pour Royère et Larbaud. Celui-ci a bien su faire fonctionner, en 1924, le ressort Royère-Frick-*Comœdia* pour faire parler d'un de ses projets dans *Comœdia*, sans égards particuliers pour Frick : « c'est bien dans ce journal que L. de Gonzague Frick a ses entrées[334] ? » Dans la conception ambitieuse de son *Manuscrit autographe*, quand il imagine l'énorme liste, de A à Z, des auteurs qu'il commence à publier et qu'il publiera, Royère n'inclut pas Frick[335].

Le 12 janvier 1924, lors du banquet, il revient à Frick d'accorder la parole à Mme Aurel, conspuée comme on sait, dans un ordre des

---

330 Rubrique des « Lettres », *La Semaine à Paris*, 9e année, n° 352, 22 février-1er mars 1929, p. 58.

331 Paul Léautaud, *Journal littéraire – II – Juin 1928-Février 1940*, éd. Marie Dormoy, Paris, Mercure de France, 1986, p. 206.

332 *Ibid.*, p. 206 et 207.

333 Lettre de Jean Royère à Valery Larbaud, du 23 mars 1926 dans « Valery Larbaud-Jean Royère. Correspondance II (1921-1927) », éd. Delphine Viellard, *Cahier Valery Larbaud*, n° 49, 2013, p. 131-133 (p. 131).

334 Lettre de Valery Larbaud à Jean Royère, du 10 février 1924, dans « Valery Larbaud-Jean Royère. Correspondance II », *Cahier Valery Larbaud*, *op. cit.*, p. 58-63 (p. 62). Frick et *Comœdia* sont mentionnés dans la rubrique « Les Spectacles » de *La Lanterne*, 51e année, n° 17668, 18 décembre 1925, p. 3. Pour *La Griffe*, voir « Janvier 1926 », dans « Éphémérides », *L'Ami du lettré – Année littéraire et artistique pour 1927*, Paris, Bernard Grasset, 1927, p. XV. C'est en « critique extrêmement bien informé », « comme tous les bons poètes » d'ailleurs, que Frick va débuter à *La Griffe*, d'après Orion, rubrique « Carnet des lettres », *L'Action française*, 18e année, n° 351, 17 décembre 1925, p. 4.

335 La liste est reproduite en annexe par Delphine Viellard dans « Valery Larbaud-Jean Royère. Correspondance II », *Cahier Valery Larbaud*, *op. cit.*, p. 191-193.

discours noté par *L'Auvergne littéraire*, qui fait suivre Mme Aurel de Pioch[336]. Celui-ci, selon Marcel Hiver, va entreprendre avec succès d'apaiser la salle[337]. Offensé par les cris poussés contre Mme Aurel, l'écrivain et botaniste Montagne Éné de Piro, qui se réclame dans *L'Auvergne littéraire* de son « amitié » et de « son admiration » pour Frick, renverrait ces « énergumènes » de Dada loin des « dîner[s] de littérateurs », jusque parmi les mauvais garçons « en espadrilles » des « fortifications[338] ». *Comœdia* mesure à l'aune de Frick les interruptions du « Groupe Littérature » sur le mode « tumultueux ou ineffabl[e][339] ». *Le Figaro* trouve un seul « mot » à goûter et à citer de ce banquet « à 12 francs par tête » : « Nous avons ici un commissaire de police, qu'il fasse son devoir[340] ! », lancé à l'attention d'Ernest Raynaud. Ce « bon poète commissaire Ernest Raynaud » est assimilé à Frick et renommé « Louis de Gonzague Flic[341] » par *C.A.P.* en introduction au texte du discours de Desnos. Généralisant l'injure de la personne à son œuvre, *C.A.P.* traite l'« allocution » ampoulée de Frick de « parfaitement châtrée comme tout ce qu['il] produit[342] ». Rien, dans *C.A.P.*, ne reconnaît en Frick, ravalé au rang d'« aimable chroniqueur[343] », un poète.

Le rapprochement, par la rime, de « Frick » et « flic » était moins contentieux chez Pellerin, en 1919, où Frick est observateur et commentateur d'un personnage de policier « épileptique » dans un « film[344] ». Pellerin transite par Frick pour caractériser la représentation

---

336 Alfreyd Montagne Éné de Piro, « Lettre de Paris », *L'Auvergne littéraire et artistique*, *op. cit.*, p. 27. Le 31 décembre 1916 déjà, un « tapage » au déjeuner Apollinaire avait empêché Aurel de s'exprimer. Voir Laurence Campa, *Guillaume Apollinaire*, *op. cit.*, p. 667.

337 Marcel Hiver, présentation du discours de Desnos dans *C.A.P.*, cité dans Robert Desnos, *Nouvelles Hébrides*, *op. cit.*, p. 513.

338 Alfreyd Montagne Éné de Piro, « Lettre de Paris », *L'Auvergne littéraire et artistique*, *op. cit.*, p. 26-27. Tout ce qui concerne cet incident est relégué en note à l'article, comme pour minimiser le désordre dada.

339 « Un banquet », rubrique « Nouvelles littéraires », *Comœdia*, 17e année, no 4047, 16 janvier 1924, p. 3.

340 Les Alguazils, « Mais les poètes ne sont pas toujours sages ! », rubrique « Courrier des lettres », *Le Figaro*, 70e année, 3e série, no 18, 18 janvier 1924, p. 2.

341 Marcel Hiver, présentation du discours de Desnos dans *C.A.P.*, cité dans Robert Desnos, *Nouvelles Hébrides*, *op. cit.*, p. 513.

342 *Idem.*

343 *Idem.*

344 Jean Pellerin, « Déplacements et villégiatures », *Le bouquet inutile*, éd. Francis Carco, Paris, Nrf, 1923, p. 77-91 (p. 88). Ces vers de la neuvième section du poème sont cités de *L'Éventail* par *L'Intransigeant* du 31 juillet 1919.

des mouvements rapides du corps : « Image – dirait Monsieur Frick – / Hypercinématique[345] ». Dans la possibilité pour la caméra de saisir des séquences de gestes, d'élancements, de sauts, Pellerin pense à « [l']acrobate », frère du « poète[346] », pour les espaces qu'ils franchissent dans leurs domaines. En 1924, dans la revue animée par Marcel Hiver, le Frick-« Flic », où le commissaire est habillé du nom de Frick, placé juste à côté du discours de Desnos, a pu paraître blessant à Frick, opposé par *C.A.P.* aux surréalistes sur cet épisode du banquet. Sans connaître la pensée de Breton sur ce point, on peut noter que la fin de l'année 1924 contient l'un des rares moments de froissement entre Frick et Breton, comme en témoigne une lettre du 19 novembre 1924 à Frick, accusé par Breton d'avoir commis « un acte d'hostilité » « envers » lui dans un « entrefilet[347] ». La brouille semble mineure et de courte durée, à en juger d'abord par le fait que, début 1924, Soupault pouvait parler, dans *La Revue européenne*, en y associant Breton, de « notre ami Louis de Gonzague Frick[348] » ; à en juger ensuite par la visite de Frick à la Centrale surréaliste le samedi 17 janvier 1925[349]. Une curieuse coïncidence, liée à ce passage de Frick rue de Grenelle, veut que la veille, Breton ait apposé, sur la même page du cahier de la permanence, en date du 16 janvier, le nom de Marcel Hiver, « propos[ant] qu'on [lui] offre [...] de collaborer sans conditions à la *R[évolution] S[urréaliste]*[350] ».

Marcel Hiver est alors en instance de procès pour diffamation, suite à une plainte de Kisling, soutenu par le témoignage de Salmon[351]. Ce dernier aussi est maltraité par *C.A.P.* et recevra, après sa propre poursuite,

---

345 Jean Pellerin, « Déplacements et villégiatures », *Le bouquet inutile*, *op. cit.*, p. 88.

346 *Ibid.*, p. 88-89.

347 La lettre de Breton, figurant au Catalogue de la Librairie de l'Abbaye (n. 255), est citée par Henri Béhar, *André Breton, le grand indésirable*, Paris, Fayard, 2005, p. 194.

348 Philippe Soupault, « Anniversaire et *Littérature* », paru le 1er février 1924 dans *La Revue européenne*, reproduit dans Philippe Soupault, *Littérature et le reste – 1919-1931*, éd. Lydie Lachenal, Paris, Gallimard, 2006, p. 165-168 (p. 167-168).

349 Cette visite est vue comme un signe de la « réconcili[ation] » entre Frick et Breton, par Henri Béhar, *André Breton, le grand indésirable*, *op. cit.*, p. 194. Avec Frick, c'est un peu de « la République des lettres » qui entre à la Centrale, à la manière de Valéry et Fargue, selon Norbert Bandier, « Sur les fonctions de l'amour et de l'humour dans la pratique du groupe surréaliste de 1924 à 1929 », *Mélusine*, n° 10, 1988, p. 87-96 (p. 88).

350 *Bureau de recherches surréalistes – Cahier de la permanence*, *op. cit.*, p. 79.

351 Voir l'article plein de verve de Raymonde Lazard, Avocat à la Cour, « L'art et les tribunaux », *La Revue des beaux-arts*, 4e série, n° 426, 15 février 1925, p. 9.

des dommages-intérêts[352]. L'article qui a fait réagir Kisling provient du même numéro d'avril 1924 où Frick est moqué. La caractérisation de la peinture de Kisling en « acide ragoût pictural », résultat de son « habileté cuisinière », vaut au « pétulant » Marcel Hiver, passé du poète-flic au peintre-cuisinier, une condamnation à « cinq cents francs de dommages-intérêts[353] ». Après la peinture, la sculpture vaut à Marcel Hiver d'avoir quelques démêlés avec Lipschitz et, par voie de conséquence, avec Waldemar George, qui mène l'affaire devant la justice[354]. Les œuvres de Lipschitz sont, dans *La revue Montparnasse*, traitées de « pauvretés idiotes[355] » par Marcel Hiver.

Avant *C.A.P.* et sa prétention à « n'apparten[ir] à aucun éditeur, à aucun marchand de tableaux, à aucune coterie[356] », c'est dans la publication libertaire *Le Pal* que Marcel Hiver travaille cette indépendance. À côté des familiers de Frick, Pascal Pia, dernier secrétaire de Tailhade, et Georges Pioch, Hiver exerce au *Pal* « la critique jusqu'à l'outrage, en passant par l'ironie, l'invective et le sarcasme[357] », que l'hebdomadaire se fixe comme pratique à sa création en 1920. Hiver et Pia font partie de la liste des collaborateurs donnée en couverture de la revue à compter du 1er mars 1921, et au mois d'avril est lancée la rubrique anonyme « Informations

---

352 Gustave Fuss-Amore et Maurice des Ombiaux, « Montparnasse (I) », *Mercure de France*, 35e année, n° 633, 1er novembre 1924, p. 677-712 (p. 703). Et pour l'issue au tribunal, voir Les Treize, « Les Lettres », *L'Intransigeant*, 46e année, n° 16357, 18 mai 1925, p. 2.

353 Les deux expressions sur Kisling sont reprises de *C.A.P.* par Raymonde Lazard, « L'art et les tribunaux », *La Revue des beaux-arts*, *op. cit.*, p. 9. Deux dédicaces autographes de Frick à Kisling figurent dans les recueils encadrant cette période. Frick signe *Girandes*, « à mon cher ami Kisling frais dans son œuvre et sa personne comme l'amour lui-même », et *Poetica*, « au cher Moïse Kisling dont les peintures ont la saveur des matins triomphants ». Ces exemplaires étaient en vente, à l'automne 2012, à la Librairie Fourcade, à Paris.

354 Voir « Mise au point et présentation », *Les Nouvelles littéraires*, 3e année, n° 105, 18 octobre 1924, p. 3 ; et, pour une lettre de Waldemar George et les poursuites engagées, « Les batailles de Montparnasse », *Les Nouvelles littéraires*, 3e année, n° 106, 25 octobre 1924, p. 2. Waldemar George dépose sa plainte « contre M. Winternitz, dit Marcel Hiver » (*idem*), identité ailleurs altérée sous la forme voisine de « Wurtermitz », dans une source à aborder avec réserve, qui le cible comme franc-maçon. « Les francs-maçons dans la presse », *Revue des lectures*, 18e année, n° 12, 15 décembre 1930, p. 1414-1415.

355 Le mot de Marcel Hiver est rappelé par Bernard Colrat, « Jacques Lipschitz », *La Renaissance de l'art français et des industries de luxe*, juin 1930, p. 149-154 (p. 149).

356 Marcel Hiver est cité de *Paris Times* dans « Mise au point et présentation », *Les Nouvelles littéraires*, *op. cit.*, p. 3.

357 Se reporter à Marcel Say, « En manière de préface », *Le Pal*, n° 1, 1er octobre 1920, p. [2]. Pour la précision sur Pia, voir Gilles Picq, *Laurent Tailhade*, *op. cit.*, p. 719.

littéraires et autres », qui vise, sur le mode nécrologique, Aragon dans son association avec « la *Nouvelle Revue française*, à la suite d'une longue et douloureuse maladie[358] ». Aragon a, en effet, publié, dans le numéro du 1er mars de la *Nouvelle Revue française*, son bref compte rendu « Les *Contes* de Perrault ». Viennent alors, dans ces quelques lignes du *Pal*, les regrets exprimés à l'entourage dada : « Toutes nos condoléances à la famille éplorée[359] ». Cette dérision porte-t-elle l'empreinte de Marcel Hiver, puisque *Le Pal* avait, jusque-là, laissé Aragon tranquille, bien qu'*Anicet* ait commencé à paraître dans la *Nouvelle Revue française* le 1er septembre 1920, début, peut-être de cette grave « maladie » ? Après Aragon, *Le Pal* vilipende, dans la même colonne, le « plus grand poète du monde, M. Jean Cocteau », en l'honneur duquel, est-il annoncé, aura lieu un « concours de plagiats », sous le prétexte d'une fête nocturne au « Radis Gai[360] », qu'on peut supposer être le bar Le Gaya, de la rue Duphot, fréquenté en 1921 par Cocteau, *Le Pal* s'amusant avec un double jeu de mots sur Radiguet et Gaya. En 1925, Thibaudet parle d'un directeur de revue « dru et combatif » mais relativise l'ampleur des différends, puisque *C.A.P.* se contenterait d'être « l'organe des guerres intestines » de « Montparnasse[361] ». Du *Pal* à *C.A.P.*, du « Radis Gai » à Frick-« Flic », le ton batailleur demeure et l'ouverture que Breton, début 1925, souhaite faire à Marcel Hiver dans la nouvelle revue surréaliste, juste avant que l'affaire Kisling arrive au tribunal, le 29 janvier, peut résonner comme un soutien à l'art de l'invective. C'est dans cette optique que, sur la page du 16 janvier 1925 du cahier de la permanence, peut se lire, de la main de Breton, la rature qui substitue à une « collabor[ation] » de Marcel Hiver « dans le sens qu'il voudra » l'illimité de la formule « sans conditions[362] ».

Si la fréquentation des banquets, où deux fois il a cassé des miroirs, comporte le risque pour Frick d'être malmené, celle des cafés apparemment aussi, du moins lorsqu'Artaud évolue dans les parages, à en croire

358 « Informations littéraires et autres », *Le Pal*, nº 7, 9 avril 1921, p. [7].

359 *Idem.*

360 *Idem.* Déjà, Cocteau avait été moqué aux Ballets Russes, dans le 3e numéro du *Pal*, le 25 novembre 1920, p. [10].

361 Albert Thibaudet, « Montparnasse », rubrique « Le Courrier de Paris », *L'Europe nouvelle*, 8e année, nº 395, 12 septembre 1925, p. 1214-1215 (p. 1215).

362 Consulter la note 3 à la date du 16 janvier 1925 dans *Bureau de recherches surréalistes – Cahier de la permanence*, *op. cit.*, p. 156.

Maxime Alexandre. Ainsi, les *Mémoires* d'Alexandre placent Artaud et Frick au café Gavarnie, situé au bout de la rue où habite alors Frick, Notre-Dame-de-Lorette, et l'anecdote veut que des insultes aient été lancées par Artaud juste sous le nez de Frick et de la femme avec laquelle il est entré[363]. De ses relations avec Artaud, Frick évoque lui aussi le café Gavarnie, par sa rue Chaptal, où Artaud l'« entretenai[t] » « de nobles projets[364] ». Dans ce poème d'avril 1945, repris dans *Statures lyriques*, Frick est plein de déférence pour Artaud, « mon poète, mon sire », qui souffre de sa « maladie, effroyable à décrire[365] ». La scène d'hostilité au café Gavarnie que propose Maxime Alexandre aurait laissé Frick imperturbable. Cette imperturbabilité attachée à Frick demeure lorsqu'il est montré face à une adversité souvent plus conséquente, et jusque dans les dangers fictifs mais mortels narrés par Dorgelès. Pareille évaluation de Frick est faite, en 1917, par Albert Mockel, à la lecture du *Bélier*, que Frick lui a expédié. Mockel note, dans cette poésie de guerre, la distance qui sépare l'observateur de l'événement, imputable à un « sang froid » et à une « parfaite possession de soi » de la part d'un « Parisien qui regarde comment les choses se passent quand on se bat[366] ». À propos des combats justement, Dorgelès dit, en 1967, de son personnage de Jean de Crécy-Gonzalve au « nom transparent » : « je le conduisais à la guerre où il brilla de bravoure inconsciente[367] ». Au café Gavarnie, Frick se serait comporté « très crânement[368] » devant l'affront subi, selon Maxime Alexandre. Mais c'est bien la seule « conc[ession] » à survenir chez Alexandre, qui traite Frick de « fantoche », sa poésie et sa personne d'« affecté[e]s[369] », et pointe, comme tant d'autres, un nom qui fait crier à la fausse aristocratie.

363 Voir Maxime Alexandre, *Mémoires d'un surréaliste*, Paris, La Jeune Parque, 1968, p. 130.

364 Frick, « Antonin Artaud », *Statures lyriques*, Paris, Caractères, 1955, p. 49.

365 *Idem*. La datation du poème vient d'une lettre de Frick à Francis Guex-Gastambide, cachet du 24 avril 1945, sur le site lekti-ecriture.com.

366 Brouillon d'une lettre d'Albert Mockel à Frick, du 19 janvier 1917, dans Marcel Lobet, « Les amitiés belges de Louis de Gonzague Frick », *Bulletin de l'Académie Royale de Langue et de Littérature Françaises*, Bruxelles, Palais des Académies, tome LII, n°s 3-4, 1974, p. 189-238 (p. 237).

367 Roland Dorgelès, *Lettre ouverte à un milliardaire*, Paris, Albin Michel, 1967, p. 65.

368 Maxime Alexandre, *Mémoires d'un surréaliste*, *op. cit.*, p. 130.

369 *Ibid.*, p. 129-130. Alexandrian déconsidère, à plusieurs reprises, les témoignages sur Frick d'Alexandre, « témoin mesquin ». Sarane Alexandrian, « Un grand seigneur de la poésie moderne », *Supérieur inconnu*, *op. cit.*, p. 42 et 50.

FRICK MAL NÉ, FRICK MALMENÉ

Marcel Lobet a produit le nécessaire, en 1975, pour éliminer le soupçon autour du nom de Frick en publiant un extrait de l'acte de naissance et de l'acte de baptême de Frick, où est documenté que le prénom Louis de Gonzague lui appartient dès ses premiers jours, son patronyme hérité de sa mère[1]. Lorsque Robert Valançay dédie, en 1932, son poème « Acte de naissance » à Frick, il aborde la chose par vases communicants et par l'humour, avec le vers « Il naquit déjà Guillaume Apollinaire[2] ». Frick se dit, en 1946, « né des baisers de l'Amour[3] », expliquant ce qui a présidé à sa venue au monde par un emprunt signalé à Érasme, où l'amour l'emporte sur les conventions. La formule célèbre d'Érasme avait déjà servi à Frick, cette fois pour Apollinaire et sa poésie, qui « naquit des baisers de l'Amour[4] », clin d'œil à la genèse de son compagnon. Fils d'une femme non mariée, Frick partage cet état avec Apollinaire bien sûr, mais aussi avec Marie Laurencin qui, dans une lettre de 1954, les rassemble tous trois dans cette illégitimité socialement marquante[5]. Sans l'identifier par un nom, Frick évoque celui qu'il dit être son père par une tombe au Cimetière du Montparnasse portant l'inscription « Il a passé en faisant le bien[6] ». Autre indice, il le place au rang d'officier

1 Marcel Lobet, « L'amitié d'Apollinaire et de Louis de Gonzague Frick », *Que vlo-ve ?*, *op. cit.*, p. 25-26. Un hommage rendu à Lobet tient un compte curieux de ses travaux pour insister encore en 1992 sur « une particule fraîchement inaugurée » de Frick. Voir Léopold Saint-Brice, « Marcel Lobet, Louis de Gonzague Frick (1883-1958) et l'amitié », dans *Mélanges Marcel Lobet*, éd. Joseph Gélis et Jean Lacroix, Paris, Association À Rebours, 1992, p. 185-187 (p. 186).

2 Robert Valançay, « Acte de naissance », *Flot et jusant*, Paris, La Guiterne, [dépôt légal 21 juin 1932], p. 15-16 (p. 15). Le poème est consacré à Apollinaire.

3 Frick, « Sur la parathrète », *Quantité discrète*, Paris, Aux Éditions du Dauphin, 1946, p. 37.

4 Frick, compte rendu de *Vitam Impendere Amori*, *Sic*, *op. cit.*, p. [5].

5 La lettre de 1954 à Frick est conservée dans le Fonds des Marie Laurencin Letters, 1925-1954, The Getty Research Institute, Los Angeles (850259). La Bibliothèque Doucet détient, de cette période, une lettre estimée au 17 janvier 1955 de Frick à Marie Laurencin.

6 Lettre de Frick à Berthe Bolsée, du 28 octobre 1954, citée par Marcel Lobet, « Les amitiés belges », *Bulletin de l'Académie Royale*, *op. cit.*, p. 190. Sur le cimetière, où il se rend en ce

de marine lors du siège de Sébastopol[7]. En cette date anniversaire du début du siège, octobre 1954, date décidément très familiale, Frick parle de son père à une troisième correspondante, Élise Champagne, et le décrit en « intime » du « grand ministre Maurice Rouvier[8] », comme il le fait bénéficier de l'aura du maréchal de Saint-Arnaud dans sa lettre à Berthe Bolsée.

Quand Frick esquisse cette figure de père, il emprunte les traits à son parrain Louis Marie Gal, témoin aussi sur son acte de naissance, où il est identifié comme « ancien Officier de Marine, Officier de la Légion d'Honneur[9] ». Lobet suggérait déjà, sous la précaution d'un « peut-être », que le parrain pouvait être « le père de l'enfant[10] ». Une notice à l'occasion de la mort de Louis Gal, décédé le 6 août 1893, indique sa présence au « siège de Sébastopol, où il s'était brillamment conduit[11] », avec l'octroi de la Légion d'honneur. Il est, apprend-on de son dossier de Légion d'honneur, nommé Chevalier le 1er décembre 1855, Officier le 6 novembre 1877[12]. Il reçoit aussi les décorations de l'Ordre Impérial Ottoman du Médjidié, le 2 décembre 1855, et de l'Ordre de Charles III d'Espagne, en 1877[13]. Il reprend du service en tant que Colonel d'état-major à la guerre franco-prussienne[14]. Si le soldat Frick n'a pas trouvé d'impulsion militaire sur ce versant de la figure paternelle, la carrière civile de Louis Gal, plus d'une dizaine d'années directeur du journal républicain conservateur lancé par Émile de Girardin, *La Liberté*, a pu créer, chez ce fils qui s'est inventé un père, un lot d'affinités[15].

---

jour du trentième anniversaire de la mort de l'acteur Édouard de Max, se reporter encore à la lettre. *Ibid.*, p. 220.

7 Voir les lettres de Frick à Berthe Bolsée des [24] et 28 octobre 1954, *ibid.*, p. 231 et 190.

8 Lettre de Frick à Élise Champagne, cachet du 22 octobre 1954, dans « Louis de Gonzague Frick : Lettres à Élise Champagne », *Annales*, *op. cit.*, p. 117.

9 Voir les extraits des actes de naissance et de baptême reproduits par Marcel Lobet, « L'amitié d'Apollinaire et de Louis de Gonzague Frick », *Que vlo-ve ?*, *op. cit.*, p. 25-26.

10 Marcel Lobet, « Les amitiés belges », *Bulletin de l'Académie Royale*, *op. cit.*, p. 190.

11 « Mort de Louis Gal », *Le XIXe siècle*, 23e année, n°7876, 8 août 1893, p. [3]. Similarité des ascendances entre amis à l'identité incertaine, Apollinaire fait remonter sa branche maternelle à Sébastopol et à la Crimée. Voir Laurence Campa, *Guillaume Apollinaire*, *op. cit.*, p. 14-15 ; et André Salmon, *Souvenirs sans fin*, *op. cit.*, p. 124.

12 Dossier de Légion d'Honneur, Archives Nationales, LH/1057/7.

13 *Idem.*

14 *Idem.*

15 En mars 1877, divers journaux mentionnent que Louis Gal a perdu son fils unique de dix-neuf ans, Joseph Gal, élève du Conservatoire qui, sous le nom de plume Yousouf,

En 1922, Frick évalue de manière discrète les « origines » d'Apollinaire, estimées « très complexes[16] », sans que soit abordée directement la question du père. Les lieux de sa naissance et de sa jeunesse, les caractéristiques de sa mère auraient ensemble produit un « grand trouble » dans la « vie » et l'« œuvre[17] » d'Apollinaire. Frick, qui s'efface dans les mots de présentation aux *Contes choisis*, fait-il passer un peu de lui-même dans le « grand trouble » qu'il relève chez son ami ? Un portrait de la « mère de Wilhelm », de l'époque du « collège Saint-Charles[18] » à Monaco, survient dans quelques vers d'un poème-souvenir, où la famille idéalisée dont se dote Frick vient faire contraste. Composé pour les vingt-cinq ans de la mort d'Apollinaire, le poème fait bifurquer par l'Occupation. Il paraît en octobre 1943 dans un journal dont le sous-titre expose l'accommodement avec une Europe à domination allemande, *Panorama – Hebdomadaire européen*[19]. À *Panorama*, Frick côtoie Salmon, dont la contribution au *Petit Parisien* se meut dans la Collaboration officielle ou l'accueil au bras levé du Phalangiste Antonio Tovar[20]. Un article de Frick qui se veut une vue générale des idées parle ailleurs, dans *Panorama*, en juin 1943, de « faiblesse » de la « nation » et de « banquiers » cupides sous la Troisième République, rejoignant là, avec aussi « renouveau social » et « confusion de l'esprit[21] », les anathèmes de la presse collaborationniste

---

tenait un moment la rubrique théâtrale de *La Liberté*. Voir, par exemple, la rubrique « Faits divers », *Le Monde artiste*, 17e année, no 13, 31 mars 1877, p. 7.

16 Frick, « Guillaume Apollinaire » (Préface), dans Apollinaire, *Contes choisis*, Paris, Stock, 1922, p. 7-10 (p. 7).

17 *Idem.*

18 Frick, « Guillaume Apollinaire sous les cieux monégasques », *Enif joyau zénithal*, [Gap], Ophrys, 1959, p. 12-13.

19 Le journal *Panorama*, qui démarre le 18 février 1943, s'inscrit dans le droit fil de la Collaboration et celle-ci est « affichée dès l'éditorial d'ouverture comme un programme » ; l'antisémitisme est également diffusé dans ses pages. Voir Lionel Richard, *Le Nazisme et la culture*, Bruxelles, Éditions Complexe, 2006, p. 290-291.

20 Voir André Salmon, « Une émouvante conférence du professeur Antonio Tovar évoque le sacrifice espagnol pour la liberté du monde », *Le Petit Parisien*, 67e année, no 23743, 11 mai 1942, p. 3 ; ou par exemple, « Nos familiers les bêtes », en première page, le 22 janvier 1943.

21 Frick, « La ronde des idées », *Panorama*, 1re année, no 19, 24 juin 1943, p. 1 et 3. Salmon, pour une série de « Souvenirs de l'art vivant », est déjà dans *Panorama*, où Fernand Divoire publie aussi, et tous deux contribuent au numéro d'août quand Frick parle d'Apollinaire. Voir Frick, « Guillaume Apollinaire – Dans l'arche des souvenirs aimantés », *Panorama*, 1re année, no 28, 26 août 1943, p. 3. Frick participe, à la fin 1943, à l'exposition de la Galerie Breteau, *Présence d'Apollinaire*, comme aussi Roch Grey, Billy et Mac Orlan. L'époque de la guerre vaut à Salmon comme à Divoire de figurer sur des listes noires du CNE. Pour

et de Vichy. Dans une préface de 1942 à un recueil de poésie marginal, Frick tient, sur l'ennemi de la Première Guerre, un langage qui peut se lire dans deux directions considérant le moment de « l'occupation » où il écrit, avec l'évocation de « soins diligents et délicats aux prisonniers germaniques qui exprim[ent] leur gratitude », avec une « loyale entente franco-allemande » après 1918 et « l'atroce sottise » du « conflit », en vue d'une « solide reconstitution européenne[22] ».

La version la plus usuelle du poème sur Apollinaire, un peu moins longue, figure dans *Enif joyau zénithal* en 1959, dédiée cette fois par Frick à son camarade de lycée, Grouas[23]. Seul le poème de 1943 fait allusion à l'Occupation, « époque » que Frick désigne par « la nôtre » et qu'il met en contraste avec « la fin du siècle dernier[24] ». Les conditions de 1943 font percevoir le passé vieux de cinquante ans comme un temps « édenique », « laps de tranquillité française[25] ». Mémoire pudibonde du déroulé de l'Affaire Dreyfus, avec les divisions qu'elle a entraînées dans le pays et qui ont pris, à l'heure où écrit Frick, une voie meurtrière. Les années 1890 sont ramenées à « l'hidypathie », le plaisir en chacune des choses, et à la « Fête du gay savoir[26] », ce vieux concours poétique toulousain ou jeux floraux en résurgence avec le Félibrige et, avec Vichy, de nouveau à l'honneur. Nietzsche, par son *Gai savoir*, est aussi appelé, sans que le poème permette de déterminer si c'est pour son œuvre ou pour sa récupération par l'Occupant. Les cinq premiers vers du poème de 1943 qui portent ces équivoques disparaissent à sa publication en recueil, avec une orientation plus loin dans le dix-neuvième siècle. Frick, en 1928, a bien laissé imprimer son nom dans le très à droite *Nouveau Mercure*, sur le retour public, en anti-communiste, de Max Régis, ancien maire d'Alger, où il est emprisonné pour violences anti-juives à la fin

les jugements condamnant Salmon au lendemain de la guerre, en tant que journaliste et en temps qu'écrivain, voir Gisèle Sapiro, *La responsabilité de l'écrivain – Littérature, droit et morale en France (XIXe-XXIe siècle)*, Paris, Seuil, 2011, p. 545 et 560.

22 Frick, « Prologue », pour Clémentine Trébulle-Castagnier, *Dans le clos de l'azur – Poèmes*, Paris, Albert Messein, 1942, p. 7-11 (p. 9-10).

23 Grouas est, ailleurs dans *Enif*, parmi les anonymes « allègres condisciples » « des lycées ». Frick, « Regrets des souvenances », *Enif*, *op. cit.*, p. 25.

24 Frick, « Guillaume Apollinaire, prodige des cieux monégasques », *Panorama*, 1re année, nº 37, 28 octobre 1943, p. 2.

25 *Idem*.

26 *Idem*. Frick compose une « Hidypathie » en 1933, à l'occasion d'une séance de signatures de Carco, qui « signe / Chez la très insigne / Dame Girardot ». Frick, « Hidypathie », *Comœdia*, 27e année, nº 7434, 17 juin 1933, p. 3.

du siècle. Dans l'autre *Mercure*, Hirsch relève cet « éloge » par Frick de l'« agitateur antisémite » en pleine « [r]ésurrection[27] », mot qui vaut aussi pour *Le Nouveau Mercure*.

Si les faits ne sont pas étendus ni positivement avérés, l'irrémédiable courtoisie de Frick le place dans des rencontres de hasard avec l'occupant nazi, observées d'un œil jamais clairement identifié. Francis Conem raconte, en 1991, une retrouvaille impromptue dans la rue entre Frick et Arno Breker, ancienne connaissance de Montparnasse. Ils seraient « tomb[és] dans les bras l'un de l'autre » puis montés ensemble dans la voiture du sculpteur, comme si en Breker ne s'incarnaient pas les forces d'Occupation, que cela ait eu lieu en « juin 1940 » ou à l'époque de l'exposition à l'Orangerie, en « mai 1942[28] ». José Corti rapporte, par tierce personne, que Frick se serait élancé dans un « kiosque » du Jardin du Luxembourg pour aller « tend[re] » la « main » à un « chef d'orchestre[29] » allemand, sous l'Occupation. Maxime Alexandre, lui aussi d'une source annexe mais « garanti[e] authenti[que][30] », fait s'incliner Frick devant les Allemands dans la rue. Dans ces deux derniers cas, les auteurs prennent soin de préciser que Frick est « fou[31] » ou bien encore « gâteux[32] ». Curieusement, dans le récit de Conem, Henry de Madaillan, plus tard dans la cohorte de Sigmaringen, est l'un des personnages prompts à disculper Frick, à la fois « innocen[t] » et « inconscien[t][33] ». Ainsi, les portraits de Frick pour la période de la Deuxième Guerre convergent pour indiquer une part ponctuelle au déroulement quotidien de la Collaboration. Frick se maintient, hors principes et hors affiliations politiques, dans une posture de disponibilité et non de refus envers des représentants de l'Occupation et un organe de presse conçu en « entrepris[e] collaborationnist[e][34] ». Sans appartenir aux écrivains collaborateurs du type de son confrère des rubriques poétiques et de

---

27 Charles-Henry Hirsch, « Les revues », *Mercure de France*, 39e année, n° 723, 1er août 1928, p. 675-682 (p. 680).

28 Francis Conem se cite lui-même dans son article « Pour les mémoires défaillantes…, suite et fin », *L'Homme libre*, n° 184, 2005, p. F-G (p. F).

29 José Corti, *Souvenirs désordonnés*, Paris, José Corti, 2010, p. 156.

30 Maxime Alexandre, *Mémoires d'un surréaliste*, *op. cit.*, p. 130-131.

31 *Ibid.*, p. 130 ; et José Corti, *Souvenirs désordonnés*, *op. cit.*, p. 156.

32 Maxime Alexandre, *Mémoires d'un surréaliste*, *op. cit.*, p. 130.

33 Henry de Madaillan, cité par Francis Conem, « Pour les mémoires défaillantes…, suite et fin », *L'Homme libre*, *op. cit.*, p. F.

34 Gisèle Sapiro, *La responsabilité de l'écrivain*, *op. cit.*, p. 531.

l'A.E.C. André Thérive, Frick aurait le profil de bon nombre d'entre eux, « homme de lettres professionnalisé et socialisé dans les instances représentatives du métier », « plutôt en fin de carrière », hanté par une perception de « déclin[35] », dans le parcours individuel et sur le plan collectif.

Toute mention de l'Occupation disparaît entre la parution du poème à Apollinaire en 1943 dans *Panorama*, et le recueil posthume d'*Enif*. Pour caractériser les années écoulées de son enfance, Frick, dans *Enif*, prend à témoin « Balzac » et « [s]on siècle[36] », qui n'a véritablement vue que sur la première moitié du dix-neuvième. Les réminiscences du poème sont, par ce biais, positionnées dans l'illimité du romanesque, qui se prête à l'affirmation propre à de nombreux narrateurs soucieux de crédibilité, de s'en tenir aux « faits » et à la « vérité[37] ». Dans les deux versions d'un Apollinaire restitué aux « cieux monégasques », Frick, « [e]xterne » du collège, croise les « pensionnaires charliens » durant leur sortie du « dimanch[e][38] ». En 1946, les « cieux » ouverts au « plus magnifique charlien » se sont élargis de Monaco à Paris et au séjour des « héros[39] » antiques, dans le poème « Nihil amicitia praestabilius » du numéro spécial Apollinaire de *Rimes et raisons*. Tandis qu'Apollinaire et son frère réintègrent les murs de l'institution, le jeune Frick est de « retou[r] à la calme maison des [s]iens, / Guidé par leur tendresse sans limite[40] », selon le poème en 1943, plus simplement assis « [a]uprès de [s]es parents » au « Café de Paris[41] », en 1959. Les expressions « les miens » ou « mes parents » sous la plume de Frick n'aident pas vraiment

---

35 *Ibid.*, p. 528-529.

36 Frick, « Guillaume Apollinaire sous les cieux monégasques », *Enif*, *op. cit.*, p. 12.

37 « Je retrace des faits, vérité, ma substance / Et ne laisse parler la légende… ». Frick, « Guillaume Apollinaire, prodige des cieux monégasques », *Panorama*, *op. cit.*, p. 2. Puis, en 1959, « Je retrouve des faits qui forment ma substance ». Frick, « Guillaume Apollinaire sous les cieux monégasques », *Enif*, *op. cit.*, p. 12.

38 Frick, « Guillaume Apollinaire, prodige des cieux monégasques », *Panorama*, *op. cit.*, p. 2. La scène est racontée avec d'autres mots dans *Enif*. Frick était « au collège en même temps » qu'Apollinaire « dans la classe de [s]on frère » Albert. Lettre d'Apollinaire à André Breton, du 5 février 1916, dans Apollinaire, *Œuvres complètes*, IV, *op. cit.*, p. 874. Apollinaire répond à une question de Breton sur l'origine de ses liens avec Frick.

39 Le poème est reproduit par Lobet, qui signale l'origine du titre chez Cicéron. Voir Marcel Lobet, « L'amitié d'Apollinaire et de Louis de Gonzague Frick », *Que vlo-ve ?*, *op. cit.*, p. 13-14.

40 Frick, « Guillaume Apollinaire, prodige des cieux monégasques », *Panorama*, *op. cit.*, p. 2.

41 Frick, « Guillaume Apollinaire sous les cieux monégasques », *Enif*, *op. cit.*, p. 12.

à personnaliser, à préciser le moindre trait du père, ce qui continue à le garder dans le flou. L'existence, dans le poème, d'une vie de famille sereine rend plus sensible le contact distant que la mère maintient avec les jeunes Guillaume et Albert : elle « ne perdait pas de temps à ses visites / Au pensionnat de ses deux fils[42] ». Quelques vers du poème offrent des indications du caractère de la mère, en particulier son penchant pour les « situations dramatiques[43] », loin du paisible environnement que procure à Frick sa famille modèle.

Apollinaire a, dans le Monte-Carlo de son adolescence, le don de s'entretenir de tout, avec tous et devant tous. Parmi les « sujets » abordés, celui qu'il discute avec « une Épirote » conduit, par la rime, aux « probabilités de la roulotte[44] », où se confondent roulette et chiromancie, chacune reliée au hasard. Issue d'Épire dans les Balkans, l'Épirote peut avoir partie liée avec la chance ; elle est l'Épirote sibylle, elle est écho aux actualités rapportant les hostilités turco-grecques des années 1890, elle est associée encore à la richesse du « Soleil de l'Épire[45] », diamant retrouvé par le baron d'Ormesan dans « Un vol à l'Élysée » d'Apollinaire. Lorsque Frick reprend son poème, pour *Enif*, « roulotte » devient pleinement « roulette » et la question, modifiée en « calcul des probabilités[46] », s'ancre plus fermement dans les jeux emblématiques du casino. De la prédiction statistique aux arts divinatoires, le poème de 1943 relaie les paroles d'Apollinaire à Monaco, où l'astrologie complice de la naissance, « l'astrologie généthliaque[47] », ramène comme par en-dessous au point d'interrogation des origines, celles d'Apollinaire ou celles de Frick. Pour les débuts d'Apollinaire en poésie, Frick songe en 1943 au symbolisme des « métaphores » qu'Apollinaire réalisait sur « le paysage mentonesque[48] ». En 1959, au contraire, le côté novateur d'Apollinaire est affirmé, en des termes familiers, puisqu'il est celui qui

---

42 *Ibid.*, p. 13. En 1943, il est simplement dit, entre parenthèses, « elle ne perd pas de temps à ses visites ». Frick, « Guillaume Apollinaire, prodige des cieux monégasques », *Panorama*, *op. cit.*, p. 2.

43 *Idem* ; et Frick, « Guillaume Apollinaire sous les cieux monégasques », *Enif*, *op. cit.*, p. 13.

44 Frick, « Guillaume Apollinaire, prodige des cieux monégasques », *Panorama*, *op. cit.*, p. 2.

45 Le récit d'Apollinaire est cité par Jean-Louis Cornille, *Apollinaire et Cie*, Villeneuve-d'Ascq, Presses Universitaires du Septentrion, 2000, p. 57.

46 Frick, « Guillaume Apollinaire sous les cieux monégasques », *Enif*, *op. cit.*, p. 12.

47 Frick, « Guillaume Apollinaire, prodige des cieux monégasques », *Panorama*, *op. cit.*, p. 2.

48 *Idem.*

« refondit le subtil jeu des vers[49] ». Frick fournit ainsi une résonance aux « Fiançailles » d'*Alcools* et à leur « Pardonnez-moi de ne plus connaître l'ancien jeu des vers[50] », récupéré au vol par la *Prose du Transsibérien* de Cendrars.

En 1934, Frick a une autre raison qu'Apollinaire d'aller « [f]ouill[er] parmi le coffret aux souvenirs[51] » monégasques en la personne du Baron de Lussatz, mêlé à une sombre affaire judiciaire dans le genre sensationnel. Pour le compte du *Petit Parisien*, Salmon s'entretient avec Frick et recueille des détails précis sur l'accusé à l'âge de cinq ans, en même temps que passent quelques informations sur le jeune Frick vers dix-douze ans. Frick a sa cour au « café », où il « trône » parmi des femmes de renom, Liane de Pougy, « la belle Otero », « amus[ées] par [s]on verbiage puéril[52] ». Frick a déjà la langue facile. Chez lui, à l'appartement de la « rue Florentine » qu'il habite avec ses parents, il tient aussi « salon » avec ses petits voisins, dont Gaëtan de Lussatz, quand les adultes sont « au jeu[53] », roulette ou baccara. L'accès grand ouvert à ce salon laisse apparaître un flux de « joueurs malheureux », reçus par « les gamins[54] ». La particularité de cette enfance fait dire à Frick, en cette année 1934, « Curieux pays ! Étrange époque[55] ! »

Tout un poème d'*Enif* est consacré, de manière générale, à une catégorie de « mères », qui engloberaient, dans leurs différences, celles de Frick et Apollinaire, celles de Cendrars ou Marie Laurencin aussi, « Les mères des poètes », bénéficiaires d'un amour « filial » empreint de « pureté[56] ». L'enfant « marqu[é] » du « sceau fatidique » de la « poésie » accomplit en direction de la mère un « rituel » ouvrant à celle-ci « l'Arcadie[57] ». Elles ont, par « les poèmes », une existence baignée de musique, de lumière, et d'eau, « mélopées », « chœur », « lumineux », « auréoles », « nef[58] ». Rien de leur nom, de leur individualité ne démarque les mères

49 Frick, « Guillaume Apollinaire sous les cieux monégasques », *Enif*, *op. cit.*, p. 12.

50 Apollinaire, « Les fiançailles », « Alcools », *Œuvres poétiques*, *op. cit.*, p. 128-136 (p. 132).

51 Voir André Salmon, « Autour de l'affaire Prince – Le Baron L'Herbon de Lussatz », *Le Petit Parisien*, 59e année, no 20858, 8 avril 1934, p. 7.

52 *Idem.*

53 *Idem.*

54 *Idem.*

55 *Idem.*

56 Frick, « Les mères des poètes », *Enif*, *op. cit.*, p. 21.

57 *Idem.*

58 *Idem.*

l'une de l'autre. La seule famille appelée telle, ici comme ailleurs dans le recueil, est d'ordre végétal, « famille de liliacées », tendant à la fois vers le nutritif et vers l'ornemental, mère et poésie confondues dans la fleur derrière « liliacées[59] », le lis et sa lumière.

À qui penser d'abord, sinon à la mère, lorsqu'on lit le titre du poème de *Vibones*, « Mérisme », repris au second vers, « O mère », où s'entend Homère, qui ferme le poème avec une recherche de l'île de Calypso, Ogygie, dans une tentative « de retrouver cette porte ogygique », « Pour toi seule, ô mère[60] » ? Deux vieilles traditions, l'Inde et son roi védique « Sâgara » « aux 60 000 fils », et l'Égypte par « l'ogdoade » aux quatre couples fondateurs, sont convoquées pour leurs mythes de création à côté du plus personnel et plus biologique : « Oogénès m'enfanta dans Paris[61] ». L'ovogenèse, stade préliminaire dans la formation de l'œuf, et durant laquelle, avec la méiose, se produit une division de la cellule, peut être rapprochée du « [m]érisme[62] », par la mère, puis par le sens de ce vieux terme de rhétorique amené par le titre et signifiant la division du sujet en parties distinctes. Sur le plan de la versification, la « stance tétrastique », ou quatrain, évoquée avec « O mère[63] », est indicative d'un type d'organisation et de découpage formel. Il est également dit de la « mère » qu'elle « divis[a] ma vie[64] ». De quoi faire penser à une « vie » scindée en deux, la mère et la poésie en coexistence chez Frick. Une véritable coupure se produit autour de *Vibones*, le 19 mai 1931, date du décès de sa mère, relaté dans plusieurs journaux et revues associés à Frick[65]. Dans « Mérisme », pour insister sur leur proximité, Frick emploie une mesure russe désuète qui laisse entendre l'absence de gêne entre lui et sa mère, « pas même une sagène », et renferme une part de l'héritage parental, la longue taille adulte de Frick, puisque la « sagène », d'environ 2,134 m, n'est qu'« un peu plus que [s]a stature[66] ».

---

59 *Idem*.

60 Frick, « Mérisme », *Vibones*, *op. cit.*, p. 54-56 (p. 54 et 56).

61 *Ibid.*, p. 54-55.

62 *Ibid.*, p. 55. Le sens de mérisme a évolué depuis en linguistique.

63 *Ibid.*, p. 54.

64 *Idem*.

65 Marie-Thérèse Frick est inhumée le 21 mai 1931 au Cimetière des Batignolles, à l'âge de 76 ans. En plus de *Comœdia* le 20 mai, *L'Homme libre* et *L'Intransigeant* du 21, puis *Les Nouvelles littéraires* du 23, voir « Souvenir », rubrique « Opinions et notules », *La Proue*, 3e année, cahier 18, juin 1931, p. 31. Se reporter enfin à l'encadré de juillet 1931 du second numéro de *La Revue de l'ouest*, p. 2.

66 Frick, « Mérisme », *Vibones*, *op. cit.*, p. 55.

Par-delà la mère, un « désir de [s]e rattacher » très loin dans le temps « à [s]es aïeux » produit, dans le poème initial d'*Enif*, « Ascendance », un élargissement cosmique de la famille investissant la planète éponyme, « Frikis[67] », énième variation du nom à l'heure du Spoutnik, mais en usage au moins depuis 1935 et *Ingrès*. Dans « Ascendance », pas de lien familial immédiat mais un saut par la « pens[ée] » jusqu'« au plus éloigné de [s]es ancêtres », qui relève du mythologique avec « son sang titanique[68] ». Ces origines, qui datent des origines Ouranos-Gaïa, installent Frick dans les cycles épiques, voisin de l'Olympe qu'il a peuplée d'amis. Elles viennent se substituer à un véritable arbre généalogique aux filiations avérées et concrètes, sinon le doubler, l'allonger. Dans un poème de 1916, une famille à l'échelle de l'Union Sacrée s'est ouverte à lui, « la patrie », avec un cadre de son enfance, les « villes d'eaux » d'« Auvergne », où il est passé « enfant-dieu », dans la compagnie comptée des « aïeux » du pur ou « impollu Barrès[69] ». Le « Voïvode » du titre renvoie à une autorité civile ou militaire des régions slaves et s'entend plutôt à l'époque pour le Voïvode Putnik, dit le « Joffre » serbe[70]. Il a aussi une résonance chez les lecteurs du *Bélier*, qui peuvent considérer que « [l]e Voïvode, c'est M. Maurice Barrès[71] ». C'est pour ce poème, peut-on croire, que Paulhan, en avril 1916, dit à Frick avoir lu son « merveilleux » « *Barrès*[72] », qui va de l'évocation des ancêtres au « fauteuil » quatre de l'« Académie[73] » passé de Heredia à Barrès. L'âme, le terroir et les immortels sont abandonnés avec leurs bases chancelantes et, à la place, sortent des fouilles le « pithécanthrope » et sa lignée, « Darwin[74] » aux commandes. Le « pithécanthrope » est le dernier des tropes offerts à Barrès, pour mieux ironiser sur son idée de la famille et de l'histoire nationale. À deux égards, le fauteuil transmis à Barrès incarne la construction d'une hérédité, par l'homophonie avec

67 Frick, « Ascendance », *Enif*, *op. cit.*, p. 9. L'*Enif* du titre désigne une étoile de la constellation de Pégase, objet de « contempl[ation] », dans un quatrain placé en couverture, orientant le regard vers l'espace.

68 Frick, « Ascendance », *Enif*, *op. cit.*, p. 9.

69 Frick, « Tropes pour le Voïvode », *Sous le Bélier*, *op. cit.*, p. 59-60 (p. 59).

70 J. Rudel, « Le Maréchal Putnik », *La Grande Guerre*, 1re année, nº 6, juillet 1917, p. 21-23 (p. 21). L'article est repris de *L'Éclair* du 5 février 1915.

71 « Le carnet du liseur », *Le Carnet de la semaine*, 2e année, nº 82, 31 décembre 1916, p. 23.

72 Lettre de Jean Paulhan à Frick, du 12 avril 1916, Catalogue de la librairie Les Autographes, expert Thierry Bodin, printemps 2012, nº 212.

73 Frick, « Tropes pour le Voïvode », *Sous le Bélier*, *op. cit.*, p. 59.

74 *Ibid.*, p. 60.

Heredia et dans l'ordre institutionnel de la succession. Le patriotisme de Barrès est réitéré plus banalement en 1924 par Frick, dans sa lettre parisienne au public brésilien de la revue d'Elysio de Carvalho, *America Brasileira*, dans le son insistant du clairon au service de la patrie, « clarim mais sonoro da patria franceza[75] ».

Chez Frick dans *Enif*, le tracé de l'« [a]scendance », à distance ou pas, effectué « d'un geste héraldique », conduit à la « sign[ature] » d'un « acte récognitif[76] », dont le pendant est peut-être l'absence du père sur l'acte de naissance et l'utilisation du nom de la mère. Le poème « Ascendance » rejoint ici cet exercice fréquent dans la décadence, « la galerie des portraits d'ancêtres[77] », surtout dans l'allusion aristocratique au blason (« geste héraldique[78] »), avec aussi le sens de la fin d'un lignage, mais sans l'épuisement physique, intellectuel et moral que concentre en lui le personnage bien typé du dernier descendant. Le fil que Frick déroule dans son poème à la « [re]cherche » des origines, vers ces « [ê]tres qui [l'ont] engendré », a force de document légal et servirait de « [j]ustifi[catif] » de « [s]a présence sur cette planète de Frikis[79] » à caractère familial. Est « conf[érée] » à la planète, ou peut-être est-ce à l'individu, « sa plus authentique et ferme position[80] ».

Dans le poème de 1935 dont « Ascendance » est l'expansion, au titre « Généalogie » à la fois ascendant et descendant, c'est la « position »

---

75 Frick, « Ganhos e perdas literarios », *America Brasileira*, 3e année, n° 26, février 1924, p. [8]. Carvalho, qui accueille Paul Fort à Rio de Janeiro en juillet 1921, reçoit, cette année-là, la Légion d'honneur et, à sa mort, est retenue son « attenti[on] » aux « choses françaises ». Voir la rubrique « La vie littéraire et artistique en province et à l'étranger », *Les Nouvelles littéraires*, 4e année, n° 167, 26 décembre 1925, p. 6.

76 Frick, « Ascendance », *Enif*, *op. cit.*, p. 9.

77 Voir Jean de Palacio, *La Décadence : le mot et la chose*, Paris, Les Belles Lettres, 2011, p. 233. Plus tôt dans ce dix-neuvième siècle, Nerval, très prisé par Frick, imagine un retour des ancêtres, « nobles d'autrefois », aux « corps charpentés d'ossements gigantesques », dont le « sang titanique » du poème de Frick donne une variation. Ils observeraient « les héritiers de leurs noms immortels » « dégradé[s] » socialement et physiquement, dans cette odelette, par l'alliance des « nobles et valets », déchéance d'un siècle plus égalitaire. Gérard de Nerval, « Nobles et valets » (1832), « Odelettes », *Œuvres complètes*, I, éd. Jean Guillaume et Claude Pichois, Paris, Gallimard, 1989, p. 336. Dans « Préférences », Frick se laisse emporter par les sonorités du nom de Nerval pour dire ce qu'a été la fin du poète, qui « [a]chève au réverbère une errabonde vie ». Frick, « Préférences », *Sous le Bélier*, *op. cit.*, p. 19-20 (p. 20).

78 Frick, « Ascendance », *Enif*, *op. cit.*, p. 9.

79 *Idem.*

80 *Idem.*

personnelle de l'héritier qui se voit directement « [j]ustifi[ée] » en cet « acte récognitif » plus affirmé encore « dans l'absolu de cette parenté ancienne – et future[81] ». Ici, la planète Frikis, jamais nommée, n'est pas envisagée pour domicilier cette « [g]énéalogie », à la différence du poème « Ascendance » et alors qu'ailleurs dans *Ingrès*, « ma planète Frikis » s'offre en chez-soi possible quand la Terre a cessé de l'être : « Il n'y a plus d'adhérence / entre le monde et moi[82] ». Cet état où domine l'absence d'attache s'exprime avec moins de certitude, sous forme de question, dans le vers répété de « Généalogie » à « Ascendance » : « Ai-je réellement mes deux pieds sur cette terre[83] ? » La résurgence, à l'identique, d'une large part de « Généalogie » dans « Ascendance » établit un pont entre ces deux poèmes et montre une attention réitérée à ce qui peut constituer la famille, proche ou lointaine, sur le plan de l'imaginaire.

Dans une veine similaire, restant cette fois sur la génération des parents, le « portrai[t] » d'un « Oncle Arthur » dans *Enif* est « retrac[é] » autant par la mémoire que par l'invention poétique, dans un « souvenir » de famille, au nom, Arthur, qui fait transiter par « Rimbaud », « 1870[84] » et la guerre franco-prussienne. Ce personnage « avunculaire » est décrit à l'aide de détails précis ou prétendus l'être, mais rien dans le poème ne permet de déterminer si l'« Oncle Arthur[85] » est maternel, paternel, voire simple relation amicale. Le « souvenir » de l'oncle « prisonnier en Allemagne » « lis[ant] Rimbaud dans les revues », avec son « euphorie », son « euphonie » et sa « haute stature », contient bien une ressemblance de famille entre l'oncle et son neveu, qui dépasse le plan physique, et tire son existence d'un mélange du « réel entendu » et du « fantastique[86] ». En 1921, Rimbaud le « diopète », « l'envoyé de Jupiter[87] », ou en 1923 « tombé du ciel[88] », est dit en quelques mots rares dans ses dimensions connues, « bouche céraunienne », fulgurante, d'où est « sorti » « [u]n art nouveau » et l'« abdi[cation] » « déprisant

81 Frick, « Généalogie », *Ingrès*, Paris, Debresse, 1935, p. 44.
82 Frick, « Frikis », *Ingrès*, *op. cit.*, p. 55.
83 Frick, « Généalogie », *Ingrès*, *op. cit.*, p. 44 ; et Frick, « Ascendance », *Enif*, *op. cit.*, p. 9. Il s'agit du troisième vers du poème en 1935, du douzième vers en 1959, révélateur du rallongement du poème initial.
84 Frick, « Amet, Ummet », *Enif*, *op. cit.*, p. 27.
85 *Idem.*
86 *Idem.*
87 Frick, « Le Diopète », *Les Cahiers idéalistes*, nouv. série, n° 3, octobre 1921, p. 160.
88 Frick, « Arthur Rimbaud, diopète », *Comœdia*, 17e année, n° 3735, 9 mars 1923, p. 3.

tout sceptre[89] », a fortiori les adoubements littéraires bien vécus par Frick. Dans le poème qui ouvre le recueil de *Vibones*, « Nome », c'est peut-être encore Rimbaud par retour de mots. « Son vers ne chante pas dans la nue : il trompette », avec « des robes de feu [qui] fulgurent dans le ciel » et le voilà « [a]u loin », ce « diopète[90] ». Le poème d'*Enif* avec l'« Oncle Arthur » pose la question d'une identité propre, amorcée par le titre latin, « Amet, Ummet », qui représente un couple grammatical féminin-masculin. Comme dans « Généalogie » et « Ascendance », le poème dit le désir de communion au-delà de la mort avec la famille, cette fois réduite à l'oncle et étendue à la famille poétique. Est proposé, par la suite, un recours à l'occulte « psychurgie[91] » comme moyen de contact entre le vivant et le mort. L'ésotérisme de longue date de Frick n'est pas nécessaire pour constater que la famille peut être à l'image d'une coquille vide, diversement remplie[92]. La mère n'entre pas vraiment dans ces calculs, elle pour qui existent des documents, des témoignages et quelques poèmes de Frick marqués par la tendresse.

Pour la curiosité du nom que lui a légué sa mère, pour les réflexions faites sur ses variations, littérairement synthétisées par Grouas en « What's in a name[93] ? », Frick a été, très tôt, contraint de s'expliquer dans les revues. C'est ce qu'il fait dans une lettre de 1917 au directeur du *Mercure de France*, où il s'absout de la « particulomanie » dont l'afflige l'écrivain Georges Maurevert et affirme « port[er] » « le prénom de Louis de Gonzague »

89 Frick, « Le Diopète », *Les Cahiers idéalistes*, *op. cit.*, p. 160.

90 Frick, « Nome », *Vibones*, *op. cit.*, p. 5-6.

91 Frick, « Amet, Ummet », *Enif*, *op. cit.*, p. 27. La psychurgie, sous la forme des « psychurgues » montrés à côté des « [p]raépètes », s'insère dans un tableau d'ésotérisme d'*Abrupta nubes*. Voir Frick, « La vingtaine osphalienne », *Abrupta nubes*, *op. cit.*, p. 28. Écrivant à l'époque d'*Abrupta nubes*, Deladoès tire la poésie de Frick du côté du mystère, dont seuls quelques « initiés » de l'avenir, les « Poètes de demain », sauront se nourrir. Julien Deladoès, *Louis de Gonzague Frick – Poète*, Bruxelles, Librairie des Académies-Edmond Macoir, 1955, p. 8. Une dérive vers la parapsychologie voit un certain Arsène, pseudonyme, se référer à Frick comme à « [s]on regretté Maître et poète ». Arsène, *Retour au paradis perdu*, Paris, Éditions Fernand Lanore, 1994, p. 64.

92 En 1916, Tailhade compte « l'occultisme » parmi les explorations de Frick. Laurent Tailhade, « Chronique des livres – *Sous le Bélier de Mars* », *L'Œuvre*, *op. cit.*, p. 3.

93 Le mot de Shakespeare figure en épigraphe à la rotrouenge de Grouas qui, de manière intéressante, ne fait pas autrement état du nom de Frick dans son long poème. Charles-André Grouas, « Bout de l'An pour un Ami mort », *Synthèses*, *op. cit.*, p. 294. Frick, quant à lui, s'est emparé du nom de Grouas et en a fait un vers quasi-« heptasyllab[ique] » dans le troisième de ses poèmes « [o]nomastique[s] ». Frick, « Onomastique – III », *Vibones*, *op. cit.*, p. 40. Dans *Le Thyrse* du 1er mars 1952, Frick va introduire le travail de Grouas sur *Les marginales latines de Ronsard*.

« en vue d'honorer la mémoire d'un parrain ingénieux et jaloux[94] ». Du parrain, Louis Marie Gal, on ne saurait dériver que partiellement Louis de Gonzague[95]. Frick ajoute les tirets à son prénom en signant sa lettre au *Mercure*, comme en réponse à Maurevert, pour bien souligner ici qu'il s'agit d'un tout. De fait, l'usage est très flottant, y compris chez lui, sur le plan des tirets, et Maurevert le rappelle dans la lettre qui fait suite, publiée le 1er mars, proposant en exemple le « trait d'union entre *Gonzague* et *Frick* » sur la couverture de « *Sous le Bélier de Mars*[96] ». Dans les années de la guerre, Allard, bien au fait du prénom dans l'intimité de l'amitié, alterne dans ses lettres entre « Mon cher ami » et « Mon cher Louis de Gonzague », l'un des seuls dans cette pratique. La variabilité du nom de Frick a pu susciter des mises au point qui ont leur part dans la confusion[97]. En 1971, le poète et ami de Frick, Francis Conem, rejette deux graphies du nom, dont celle que Lobet exhumera, et rattache par des tirets Louis-de-Gonzague[98]. Conem fait allusion, ailleurs, à une lettre d'octobre 1955 signée de la sorte par Frick, comme il avait signé pour Vallette en février

94 « Une lettre de M. Louis-de-Gonzague Frick », *Mercure de France*, 28e année, n° 447, 1er février 1917, p. 570-571 (p. 571).

95 Voir Marcel Lobet, « L'amitié d'Apollinaire et de Louis de Gonzague Frick », *Que vlo-ve ?*, *op. cit.*, p. 26. Ailleurs, Lobet laisse entendre que le prénom Louis de Gonzague est strictement tiré de Louis Marie. Lobet, « Les amitiés belges », *Bulletin de l'Académie Royale*, *op. cit.*, p. 190. Quatre ans après Lobet, on lit encore l'idée d'un anoblissement de « Louis Frick » par l'ajout « de Gonzague » : « Louis Frick, che aveva spiritosamente nobilitato il suo nome introducendovi un "de Gonzague" ». Voir Pasquale Aniel Jannini, *Le avanguardie letterarie nell'idea critica di Guillaume Apollinaire*, Rome, Bulzoni, 1979, p. 87.

96 « Une lettre de M. Georges Maurevert », adressée de Nice le 3 février 1917, rubrique « Échos », *Mercure de France*, 28e année, n° 449, 1er mars 1917, p. 185-187 (p. 186).

97 Même le nom attribué à Frick par Dorgelès a été sujet à des retouches, devenu « de Gonzalve-Crécy » au lieu de l'original Crécy-Gonzalve, chez Julien Teppe, « Coruscant », *Vie et langage*, n° 240, mars 1972, p. 163-170 (p. 166).

98 Francis B. Conem, compte rendu d'« *Europe*, n° 489, janvier 1970 : Commémoration de Henri Hertz », *Revue d'histoire littéraire de la France*, 71e année, n° 3, mai-juin 1971, p. 528-529. Dans un poème à ses amis disparus, Conem écrit « Louis, dit de Gonzague », comme si le « Louis-de-Gonzague » demeurait une construction. Francis B. Conem, « De l'autre rive », *De l'autre rive – Nouvelle édition de Signaux vers l'autre rive*, Paris, Le Borée, 1968, p. 21-23 (p. 23). Louis-de-Gonzague, avec les tirets, est encore en usage en 2013, quand Frick est nommé pour son enquête sur le poème en prose par Michel Murat, « L'histoire littéraire et la fiction », dans *L'histoire littéraire des écrivains*, éd. Vincent Debaene *et al.*, Paris, Presses de l'université Paris-Sorbonne, 2013, p. 165-202 (p. 174). Il est orthographié de même en 1988 par Murat, qui le présente « mentor » de Desnos et « vite » relégué « dans l'insignifiance ». M. Murat, *Robert Desnos : Les grands jours du poète*, Paris, José Corti, 1988, p. 17.

1917, et comme l'affiche la couverture du recueil d'*Enif*[99]. Sur l'exemplaire du *Mémorial du petit jour* offert en 1955 à « Louis de Gonzague Frick », Mac Orlan écrit « au poète avec toute ma fidèle amitié (malgré les traits d'union[100]) », pour s'excuser des « traits d'union » à son prénom imprimés dans l'ouvrage, alors qu'ils étaient absents à la prépublication dans le *Mercure*, vitrine à travers le temps du nom de Frick.

Frick ne soulève pas, dans sa lettre de 1917 au *Mercure*, la question du pseudonyme de Maurevert, au civil Georges Leménager. Mais, par une prétérition qui l'absout de « la mauvaise grâce de reprocher à M. Maurevert son goût si marqué et si remarqué des vieux habits », Frick renvoie à son détracteur le « dandysme » de ses « pantalons » et de ses « redingotes » en héritage direct de « Brummell [et] de Barbey d'Aurevilly[101] », en clair son anglomanie. Frick exploite, sans l'évoquer, une pièce de Maurevert jouée en 1899, *La dernière soirée de Brummell*, « comédie tragique en 1 acte » publiée dans la *Revue britannique* l'année suivante. Dans son intérêt continu pour ce « man of fashion », Maurevert représente, en 1911, Brummell comme « type accompli de l'élégance, [...] perle et [...] parangon de tous les dandies[102] ». La chaîne Frick-Maurevert-Brummell gagne un maillon de plus en 1958, quand Grouas montre le jeune Frick en copie conforme « ou presque » de Brummell : « Tu nous semblais ou presque un Brummell à la page / [...], ceint d'un huit reflets sur les Grands Boulevards[103] ». Pour Frick, « la mode » n'est pas concentrée sur son extérieur à lui seul, à l'entendre en 1934 « applaudi[r] » « aux grands chapeaux, aux robes bouffantes... et au retour de la robe longue à ligne pure[104] ». Il est, sur la durée, attentif aux changements de style des vêtements de femmes par son goût de « la vie moderne », pourtant sélectif chez lui et dont « la mode » est le « brillant reflet[105] ».

---

99 Francis Conem, *Du poème d'Henry vivant*, suivi de *Le Lunain*, [Aix-en-Savoie], Société des amis de Francis Conem, 2010, p. 10.

100 Cet exemplaire dédicacé du *Mémorial* est passé en vente en 2011, sur ebay.ca. Consulté le 29 juillet 2011.

101 « Une lettre de M. Louis-de-Gonzague Frick », *Mercure de France*, *op. cit.*, p. 571.

102 Georges Maurevert, « George Brummell "man of fashion" », *L'Art, le Boulevard et la Vie*, Nice-Paris, N. Chini-H. Floury, 1911, p. 299-306 (p. 303).

103 Charles-André Grouas, « Bout de l'An pour un Ami mort », *Synthèses*, *op. cit.*, p. 298.

104 Frick, réponse à l'enquête « Aimez-vous la mode actuelle ? », recueillie par l'enquêtrice Jean Portail, dans *Le Petit Journal*, n° 26098, 30 juin 1934, p. 6.

105 *Idem.* Henriette Charasson participe elle aussi à l'enquête sans se déclarer sur la mode en général mais en répondant un oui plus direct à la question posée.

Frick n'est pas seul, le 1er février 1917, à désavouer le *Mercure* sur la question des origines patronymiques et familiales. Jacques Dyssord, d'extraction noble mais usant d'un « pseudonyme » voulu « plébéien », rectifie la revue pour l'excès d'aristocratie que lui ont conféré les lignes de Louise Faure-Favier sur le banquet Apollinaire, en le faisant « Comte de Belio[106] ». Dyssord fournit à Vallette la description complète de son blason familial, continuité de thème pour le lecteur qui a suivi Maurevert[107]. On peut supposer que, de son côté, Léon Bloy ne reste pas indifférent à l'article de Maurevert, bailleur de fonds de Bloy et son aide-correcteur en 1892, devenu « [in]support[able][108] » en 1893 ; et on peut supposer que l'échange de lettres entre Frick et Maurevert dans le *Mercure* le fait aussi réagir. Dès avril 1917, à l'occasion du passage jugé inopportun de Frick chez lui, Bloy note dans son journal que la signature « Louis de Gonzague-Frick » est un « nom fabriqué[109] », assertion aidée, dans le cas de Bloy, par son dédain renouvelé pour la personne de Frick.

La lettre de Maurevert dans le *Mercure* du 1er mars 1917 concède à Frick quelque chose qu'il n'a pas demandé, toute la noblesse possible, que « l'état civil » la « mentionne[110] » ou pas. *Écouen-Nouvelles*, en 1920, expliquera que Frick « n'a d'aristocratique que la dignité de sa vie et la noblesse de son attitude[111] ». Maurevert, un peu railleur, estime que Frick aurait « mille fois raison d'ennoblir [...] sa "raison sociale" littéraire[112] ». Épuisant jusqu'au bout le jeu, Maurevert offre ses services d'« héraldiste » et imagine un blason qui conviendrait à l'« amène guerrier », « soldat aux armées de la République », portant « la devise » « Utroque

106 « Une lettre de M. Jacques Dyssord », *Mercure de France*, 28e année, no 447, 1er février 1917, p. 570 ; et, pour le titre de « comte », Louise Faure-Favier, « Le Banquet Guillaume Apollinaire », *Mercure de France*, 28e année, no 446, 16 janvier 1917, p. 378-379 (p. 379). Louise Faure-Favier appelle les ancêtres de Dyssord à témoigner de sa qualité de « Français de pure race » devant les cris « Judéo ! Judéo » d'un convive, dans un antisémitisme passe-partout. *Idem.*

107 « Une lettre de M. Jacques Dyssord », *Mercure de France*, *op. cit.*, p. 570.

108 Léon Bloy, entrée du 27 janvier 1893, *Journal inédit – I, 1892-1895*, éd. Marianne Malicet, Marie Tichy..., Lausanne, L'Âge d'Homme, 1996, p. 298.

109 Léon Bloy, entrée du 12 avril 1917, *La porte des humbles*, pour faire suite *Au seuil de l'Apocalypse 1915-1917*, Paris, Mercure de France, 1920, p. 253. Pour Corti, le fait de « sign[er] pompeusement Louis de Gonzague-Frick » était parmi ce qui le « gênait » dans le personnage. José Corti, *Souvenirs désordonnés*, *op. cit.*, p. 155-156.

110 « Une lettre de M. Georges Maurevert », *Mercure de France*, *op. cit.*, p. 186.

111 L., « Médaillon littéraire : Louis de Gonzague Frick », *Écouen-Nouvelles*, *op. cit.*, p. [3].

112 « Une lettre de M. Georges Maurevert », *Mercure de France*, *op. cit.*, p. 186.

paratus[113] », *prêt dans les deux cas*, ce dont Roinard va informer Frick le 2 mars. Roinard a été chargé de surveiller les pages du *Mercure* par Frick, éloigné de Paris, au 62e régiment d'artillerie de campagne depuis le 12 janvier 1917[114]. Ayant juste « re[çu] » la revue, Roinard s'empresse de « signale[r] » à Frick « une réponse de Maurevert », dont il minimise la « morsure[115] » et le mal que l'affaire peut avoir causé.

En poète et ami, Roinard, héraldiste à son tour, confectionne pour Frick un blason qui lui paraît mieux adapté que celui décrit par Maurevert. Calqué sur les titres des deux recueils de Frick, le blason, en langage héraldique, comprend « bélier et taureau d'argent, l'un à dextre, l'autre à senestre et, en abîme, un trèfle de sinople quadrifolié[116] ». Maurevert, préoccupé par la dualité du nom de Frick, avait pensé à un serpent ailé à deux têtes, sur l'avant et l'arrière, « l'amphisbène[117] ». La devise de Maurevert, *prêt dans les deux cas*, est revue par Roinard, qui la transforme en « Uter, Utercumque[118] », *quel que soit celui des deux*, en riposte à l'attaque sur le nom Louis de Gonzague Frick que s'est autorisée Maurevert. Cet arrêt sur le blason, qui peut sembler un tantinet vieille France, a connu son renouveau chez Cendrars en 1914 par le transfert de l'héraldisme dans la sphère économique, où : « Héraldiste industriel / J'ai étudié les marques de fabrique enregistrées à l'Office international des Patentes internationales[119] ». Cet « [h]éraldiste » cendrarsien, que sa profession rattache à une science ancienne et qui fait du moderne sa matière, rejette Maurevert et Roinard, penchés sur le cas de Frick, dans une archaïsante pratique.

Apollinaire, dans sa remarque de 1912 selon laquelle Frick aurait connu deux noms à deux époques de sa vie, a alimenté les spéculations sur la particule « de » et sur « Gonzague », en-deçà et au-delà de Maurevert et Bloy. D'après la chronologie d'Apollinaire, jusqu'à leurs retrouvailles

---

113 *Idem.*

114 État signalétique et des services de Louis de Gonzague Frick. Archives de Paris.

115 Lettre de Paul-Napoléon Roinard à Frick, du 2 mars 1917. HRC, Austin.

116 *Idem.*

117 « Une lettre de M. Georges Maurevert », *Mercure de France*, *op. cit.*, p. 186.

118 Lettre de Paul-Napoléon Roinard à Frick, du 2 mars 1917. HRC, Austin. Sur le mode plaisant, Roinard admet que l'héraldisme n'est pas dans ses aptitudes et que sa « composition », conçue en amateur, prêterait à la « critique ou [au] rire ». *Idem.*

119 Blaise Cendrars, « Fantômas », « Dix-Neuf poèmes élastiques », *Du monde entier au cœur du monde*, Paris, Denoël, 1987, p. 99-100 (p. 100). Le poème est dans *Les Soirées de Paris* du 15 juin 1914.

en 1907, son ami « s'appelait encore Louis Frick[120] ». Un poème porte effectivement la signature Louis Frick, « Ombres », publié par *La Phalange* du 15 septembre 1906[121]. Cette appellation abrégée reste en mémoire chez ceux qui ont connu l'homme de lettres naissant. Un retour sur le passé amène par exemple Léautaud, en 1947, à ressortir le nom des débuts littéraires de « Louis de Gonzague Frick, tout bonnement Louis Frick[122] ». Apollinaire, fort de son expérience de nom inventé, retient, en 1912, l'hypothèse esthétique pour Frick, qui « eut bientôt trouvé ce beau nom auquel le calendrier lui donnait un droit incontestable[123] », celui du saint Louis de Gonzague. Cette possible connexion religieuse a généré l'expression, chez les Treize en 1911, d'un « nom d'image de première communion[124] ». Le phyllorhodomancien a son écho, l'année

120 Apollinaire, « M. Louis de Gonzague Frick ou le Phyllorhodomancien », *Œuvres en prose complètes*, III, *op. cit.*, p. 126.

121 Venu, après Lobet, rectifier le prénom de Frick, Pia précise aussi que ses « premiers poèmes » dans *La Phalange* ont pour auteur Louis Frick. Voir l'entretien de Pia réalisé par Jean-Paul Goujon, reproduit sous le titre « Pascal Pia (1978) » dans Jean-Jacques Lefrère et Michel Pierssens, *Aventures littéraires (Entretiens)*, Paris, Buchet-Chastel, 2012, p. 579-599 (p. 585). Gabory et Sabatier ont insisté sur le vrai prénom de Frick. Georges Gabory, *Apollinaire, Max Jacob, Gide, Malraux, & Cie*, *op. cit.*, p. 52 ; Robert Sabatier, « Louis de Gonzague Frick, dandy, burlesque et mystificateur », *Histoire de la poésie française – La poésie du vingtième siècle, 1- Tradition et évolution*, Paris, Albin Michel, 1982, p. 111-112 (p. 111) ; et encore de Sabatier, *Je vous quitte*, *op. cit.*, p. 57. *Oddiaphanies* joue du nom de « Robert Sabatier » pour faire sortir de cette harpe, ou de ce « psaltérion », des « sabbatines », dans une strophe forestière et musicale. Frick, « Collier de la Sirène », *Oddiaphanies*, *op. cit.*, p. 42-43 (p. 43). Ce quatrain est cité par Sabatier, « Louis de Gonzague Frick, dandy, burlesque et mystificateur », *Histoire de la poésie française*, *op. cit.*, p. 112. « [C]orrespondant » de Sabatier, Frick épistolier se serait distingué comme « inventif » et « pittoresque ». Robert Sabatier, *Je vous quitte*, *op. cit.*, p. 57.

122 Paul Léautaud, entrée du 20 décembre 1947, *Journal littéraire – III – Février 1940-Février 1956*, éd. Marie Dormoy, Paris, Mercure de France, 1986, p. 1654. Un jeu de mots de Frick l'avait initialement fait entrer dans le journal de Léautaud au mois de juin 1913, à l'occasion des obsèques du poète Léon Deubel. Le dernier poème du dernier recueil de Frick précipite Deubel, suicidé, dans « l'Hadès ». Frick, « Damnation du poète », *Enif*, *op. cit.*, p. 34. Deubel est un des visiteurs chez Frick, rue Notre-Dame-de-Lorette, où il rencontre d'ailleurs Jacob. Voir Hubert Fabureau, *Max Jacob, son œuvre, portrait et autographe*, Paris, Nouvelle revue critique, 1935, p. 43. Frick est membre, dès sa création, de la société des amis et admirateurs de Léon Deubel, créée en 1927 avec Georges Duhamel à sa tête pour s'occuper de l'œuvre de Deubel. « À travers les lettres », *Le Journal*, n° 12681, 7 juillet 1927, p. 4. En 1920, Frick se plaint dans *Don Quichotte* du retard à publier des « inédits » de Deubel conservés « outre-Rhin », nouvel affront germanique que relaie Orion, dans « À travers les revues », rubrique « Carnet des lettres », *L'Action française*, 13e année, n° 78, 18 mars 1920, p. 4.

123 Apollinaire, « M. Louis de Gonzague Frick ou le Phyllorhodomancien », *Œuvres en prose complètes*, III, *op. cit.*, p. 126.

124 Les Treize, « Silhouettes » (Louis de Gonzague-Frick), rubrique « La Boîte aux Lettres », *L'Intransigeant*, 31e année, n° 11238, 22 avril 1911, p. 2.

d'après, dans la rose du manifeste de *L'Antitradition futuriste* offerte par Apollinaire à Frick, dans la section des préférés, « ROSE aux », qui suit les rejetés, « MER… DE… aux[125] ». La reconnaissance que procure la rose n'empêche pas que le nom de Frick ressorte un peu changé dans l'impression du tract, « De Gonzagues-Friek[126] ». Une distorsion catastrophique pour l'oreille et pour l'œil est faite en 1914, dans l'encart publicitaire des *Écrits français* paru dans *Les Soirées de Paris*, avec « Louis de Gouzozvetrick », tandis qu'on lit aussi « Morti de Rezé[127] ».

Dans ses souvenirs, Jules Romains, alias Louis Farigoule, qui a fait partie des premiers lecteurs de Frick dans *La Phalange* et a pu constater le glissement de Louis Frick en septembre 1906 à Louis de Gonzague Frick en octobre, ressort la version circulée par Apollinaire d'une extension du nom. Romains soutient que l'auteur d'« Ombres » et de « Refuge » « s'avisa un jour que rien ne l'empêchait de réclamer […] saint Louis de Gonzague[128] ». C'est à cette année 1906 et à « l'unanimisme » que Frick fait « remonte[r] », en 1922, « la dernière École sérieuse[129] », dans sa réponse au *Figaro* sur les tendances de la jeune poésie, suivant l'une des directions suggérées par le préambule de l'enquête, qui indiquait aussi les fantaisistes. Dans les pages du *Mercure*, en 1917, Maurevert recourt à une explication similaire à celle d'Apollinaire puis de Romains. L'entreprise de Maurevert de classifier « la particule » et « la particulomanie » introduit Frick dans la « noblesse prénominale[130] ». La « Légende Dorée ou simplement un bon almanach » auraient fourni à l'intéressé, de leur inventaire des saints, « Louis de Gonzague[131] ». Maurevert n'avait

125 La présence de Frick sur cette troisième et dernière page du manifeste est signalée par Laurence Campa, *Apollinaire – Critique littéraire*, Paris, Champion, 2002, p. 82.

126 Des « quelques coquilles dans les noms propres » revues par l'édition de la Pléiade, celle sur Frick demeure. Voir Apollinaire, « L'Antitradition futuriste », *Œuvres en prose complètes*, II, *op. cit.*, p. 937-939 (p. 939) et « Note sur le texte », *ibid.*, p. 1673-1674 (p. 1674).

127 « Les revues à lire sont… », *Les Soirées de Paris*, 3e année, no 20, 15 janvier 191[4], p. [73]. La couverture de ce numéro affiche la date de 1913 au lieu de 1914.

128 Jules Romains, *Amitiés et rencontres*, Paris, Flammarion, 1970, p. 76.

129 Frick, réponse d'enquête, dans Gilbert Charles, « Une enquête littéraire – Les tendances de la jeune poésie », *Le Figaro – Supplément littéraire du dimanche*, nouv. série, no 161, 7 mai 1922, p. 2. Les réponses s'étendent du 9 avril au 11 juin, à commencer par Montfort et ses mots sur les « absurdes » mais influents « dadas », qui eux-mêmes écrivent au journal. Pour la réponse de Montfort, voir *Le Figaro – Supplément littéraire du dimanche*, nouv. série, no 157, 9 avril 1922, p. 1.

130 Georges Maurevert, « De la Particule "de" et de la Particulomanie (Suite) », *Mercure de France*, *op. cit.*, p. 50.

131 *Idem.*

pas à renvoyer vers le commun de l'almanach puisque l'avide lecteur qu'est Frick aurait pu aussi bien, s'il avait été Louis Frick, puiser dans le « Louis de Gonzague » de Péguy, paru le 31 décembre 1905 dans les *Cahiers de la Quinzaine*.

En 1906, Maurevert ne laisse pas passer le changement de signature de Frick survenu en l'espace d'un mois dans *La Phalange*. Il le taquine, « ô M. Frick (Louis de Gonzague) » et estime « puéril[e]s » les « rime[s] » du « gentil petit Frick », puis ironise sur une poésie « farci[e] de néologismes biscornus » et dont la lecture exige « un plein panier de lexiques[132] ». Maurevert précède d'un an Hirsch, qui choisit dans les vers de « Déréliction » de Frick quelques mots pour les dresser contre le poème, dit « perflabile, nugace et plagoncule », dans les limites de « la décence[133] ». Hirsch et, de manière plus incisive, Maurevert ont inauguré la chasse au mot bizarre chez Frick. En 1908, pour ses vers parus dans *Isis*, Frick est agrégé à un lot de « regrettables rimeurs[134] ». L'article de Maurevert dans *L'Éclaireur de Nice* du 24 octobre 1906 provoque une réponse de Frick le 29, où il remercie le « brumellesque » Maurevert, habitué des « bars britanniques », de son « spirituel éreintement[135] ». Frick promet, dans l'avenir, de « translater » ses « carminographies[136] » en langage clair, petite pique finale à l'anglomane Maurevert en qui résonnera aussi le verbe *to translate*. Le poème sur lequel s'acharne Maurevert est « Refuge », parmi ces « vers » de 1906 de Frick « dans *La Phalange* », que Jules Romains estime d'« une laine serrée d'harmonies[137] ». Ces critiques de Maurevert coïncident avec la période du service militaire à

132 L'article de Maurevert publié dans *L'Éclaireur de Nice* du 24 octobre 1906 est reproduit dans Georges Maurevert, « Les enfants s'amusent », « Des vivants et des ombres », *L'Art, le Boulevard et la Vie*, *op. cit.*, p. 39-41 (p. 40-41).

133 Charles-Henry Hirsch, « Les Revues », *Mercure de France*, 18e année, nº 252, 16 décembre 1907, p. 711. Le *Mercure* reproduit le poème « Déréliction », dédié à Apollinaire, du numéro de novembre de *La Phalange*.

134 Le Lecteur assidu, « *Isis* », rubrique « Lettres et arts », *La Critique indépendante*, 3e année, nº 19, 7 mai 1908, p. [3].

135 Lettre de Frick à Maurevert, du 29 octobre 1906, dans Georges Maurevert, *L'Art, le Boulevard et la Vie*, *op. cit.*, p. 42.

136 *Idem.* Néologisme pour néologisme, « carminographies » est là comme un mot souligné en rouge dans un texte pour cause d'incompréhension.

137 Lettre de Jules Romains à Frick, datée « samedi » [1906], en vente par Piasa, lot 283, le 23 mars 2009 (auction.fr). Consulté le 2 août 2014. Frick est sollicité, par la même occasion, à se rallier au Manifeste de la Ligue des Arts Indépendants, circulé par Romains et ses amis de l'Abbaye, « Ligue toute morale » destinée à « contre[r] les excréments officiels de l'art ». *Idem.*

Nancy, où Frick acquiert, selon les termes de ses souvenirs de 1940, la réputation « d'auteur difficile, trop raffiné, recherchant les idées et les syntaxes les plus rares[138] ». « Refuge », comme « Ombres », comporte des lieux-dits de la poésie romantique, outre la recherche symboliste relevée par Romains dans « [l]es sonorités[139] ». Du « miroir des sources » à « l'horreur des bois », le poème « Ombres », qui s'intitule à sa republication en 1919 « Solitude[140] », touche à Hugo.

À la suite du poème « Ombres », « Refuge » ouvre l'espace de la grotte, ou « spélonque », dans laquelle se retire loin d'une « foule » hostile « le poète[141] ». Celui-ci peut être figuré en Musset, près des muses, par le « Lys, mussez vos pâleurs[142] », avec un peu du Vigny en fuite vers « La maison du berger » et un usage, redistribué sur le poème, des quelques mots suivant les « lys » de Vigny, « voilé » / « se cache » (le « mussez » de Frick), « pâles », « crépuscule » et « or[143] ». Aussi bien « Refuge » fait entendre, en flagrant mélange, Rimbaud et Baudelaire, dans l'évocation du poète au contact du monde : « Sous ces lambeaux de ciel que le poëte foule », « dans le décor idéal de l'ennui[144] ». Ce « décor » signale aussi que ne sont plus audibles « hélas ! les hommes d'aujourd'hui[145] », foule ou poètes. Ces derniers sont regroupés par l'appellation *Les hommes d'aujourd'hui*, du titre de la revue où ont défilé, depuis Hugo en 1878 et jusqu'en 1899, les personnalités du moment, appartenant au panthéon poétique de Frick et de sa génération. Le cri « hélas ! », accentué par le résolument affectif « ma détresse », dramatise la situation d'un poète à ses débuts, aux prises avec la poésie en legs et avec le monde contemporain, « les rumeurs de la foule / Exitiale et qui méchamment se pavane[146] ».

---

138 F. R., « Louis de Gonzague-Frick, Désiré Ferry et… Joris-Karl Huysmans », *L'Intransigeant*, *op. cit.*, p. 2.

139 Lettre de Jules Romains à Frick, datée « samedi » [1906], en vente par Piasa, lot 283, le 23 mars 2009 (auction.fr). Consulté le 2 août 2014.

140 Frick, « Solitude », *Girandes*, *op. cit.*, p. 9. Le changement de titre est accompagné de la modification de deux vers, l'un en 1919, l'autre en 1929 avec *Poetica*.

141 Frick, « Refuge », *Girandes*, *op. cit.*, p. 8. Les neuf premiers poèmes du recueil sont d'abord parus, avant la guerre, en revue, comme le note Jean Royère, compte rendu de *Girandes*, *Les Trois Roses*, *op. cit.*, p. 153.

142 Frick, « Refuge », *Girandes*, *op. cit.*, p. 8.

143 Alfred de Vigny, « La maison du berger » (1844), *Poèmes complets – Poèmes antiques et modernes – Les destinées*, éd. S. de Sacy, Paris, Livre de Poche, 1967, p. 189-201 (p. 190).

144 Frick, « Refuge », *Girandes*, *op. cit.*, p. 8.

145 *Idem.*

146 *Idem.*

Le caractère « exitia[l] » de la sphère publique signale son pouvoir de destruction et de mise à mort, et suggère aussi certains facteurs du départ et de l'exil du poète, de Hugo à Roinard, des « [r]efuge[s][147] » d'un ordre différent.

Une attaque, succédané d'exitial, est dirigée contre Frick dès la publication de son poème par l'article moqueur d'octobre 1906 de Maurevert mais, au lieu d'assister au recul du poète, Frick renaît polémiste pour l'occasion et se régale d'ailleurs à répliquer par sa lettre à la « nicerie[148] » de Maurevert en multipliant les mots obscurs et en contre-attaquant. En employant le mot « nicerie », Frick renvoie d'abord Maurevert à sa ville, Nice, où il est solidement implanté, et pour laquelle il a composé une « Ballade à la gloire du ciel de Nice », au refrain d'exclusivité « Il n'est qu'un ciel : le ciel de Nice[149] ». Frick poursuit, dans « nicerie », le jeu du vocable, puisant dans les langues, avec le terme d'ancien français « nice », signifiant niais ou sot, et l'anglais *nicety*, subtilité, qui fait défaut à l'article de *L'Éclaireur de Nice*[150]. La coïncidence veut que Bloy ait caractérisé similairement Maurevert en 1892, « bon garçon, mais niais[151] », rassemblant de la sorte les sens anglais et français de *nice*. Et, dans l'humour de sa lettre à Maurevert, Frick peut garder par-devers lui Niceroles, la patrie des sots de Rutebeuf.

L'affaire du nom de Frick, ancienne chez Maurevert, est beaucoup plus connue grâce aux dignes sonorités de Jean de Crécy-Gonzalve. Dorgelès s'attarde, pour son personnage du « poète sous le pot de fleurs », sur

147 *Idem.* Van Bever et Léautaud considèrent que le départ de Roinard « pour Bruxelles » fut celui d'un « exilé volontaire, comme autrefois Victor Hugo ». A. D. Van Bever et Paul Léautaud, *Poètes d'Aujourd'hui – Morceaux choisis*, vol. 2, Paris, Mercure de France, 1918, p. 181.

148 Lettre de Frick à Maurevert, du 29 octobre 1906, dans Georges Maurevert, *L'Art, le Boulevard et la Vie*, *op. cit.*, p. 42. Frick pratique de la sorte quand il remercie, à l'époque du Lunain, Fernand Marc, « Sardar de la logogénie », de lui avoir communiqué un « opuscule » qui est, en des termes rabelaisiens, « sans redondance latinicorne » et plein des sous-entendus de l'« oarystys », entretien tendre ou amoureux. Voir la lettre de Frick à Fernand Marc, figurant au catalogue de janvier 2014 de la Librairie William Théry, sur le site rousseaustudies.free.fr. Consulté le 17 septembre 2014.

149 Georges Maurevert, « Ballade à la gloire du Ciel de Nice », « Au soleil de la Riviera », *L'Art, le Boulevard et la Vie*, *op. cit.*, p. 116.

150 Dans quelques vers consacrés aux sources et directions de la poésie de Frick, Grouas va s'arrêter sur « nice » et ses variantes : « Tu voulus rechampir Astrée et Arthénice, / Nicette et jocabond, escampative et nice ». Charles-André Grouas, « Bout de l'An pour un Ami mort », *Synthèses*, *op. cit.*, p. 308-309.

151 Léon Bloy, entrée du 10 juin 1892, *Journal inédit – I*, *op. cit.*, p. 96.

les doutes et la surprise que suscite le nom, d'allure plus noble encore que le véritable, dans le cadre de l'armée, quand « le caporal fourrier » s'exclame, à l'intitulé du « livret » militaire, « Tu parles d'un nom à la noix[152] ». C'est « la mention infamante » du métier de « poète » inscrite sur le document officiel du personnage qui va, par-dessus tout, le désigner à sa « compagnie d'infanterie[153] ». Dans son propre cas, Dorgelès raconte ne pas avoir « indiqu[é] » de « profession » sur son « livret militaire » et, à l'amusement des « copains » de son régiment, il se disait « [a]ncien poète » ou s'inventait d'autres occupations liées à l'écriture, sachant « [l]e discrédit[154] » où cela allait le jeter, notamment auprès des sous-officiers. Au moment de sa conscription, Frick a fait inscrire, sur le registre, la profession de « secrétaire ingénieur », barrée par la suite et remplacée par « homme de lettres[155] », sans l'ironie que véhicule le « poète sous le pot de fleurs » de Dorgelès. Pour ce qui est du nom de Frick en usage à l'armée, on retrouve le prénom Louis de Gonzague inscrit sur les registres des conscrits de la classe 1903, au 6e bureau du Département de la Seine, et pareillement sur le registre matricule[156].

Durant l'époque du service militaire, Frick a eu son lot de relations difficiles avec des aînés incrustés dans leur réputation acquise et sans patience pour les sollicitations des jeunes auteurs. En 1907, Frick a connu le rejet total lorsqu'il a dû apprendre de Royère qu'il était « invit[é] » « à ne plus foutre les pieds chez[157] » Léon Bloy, alors à Montmartre. À la première visite de Frick, amené le 4 juin 1906 par Louis Latourrette, familier du lieu depuis l'année précédente, Bloy avait noté dans son

152 Roland Dorgelès, « Le poète sous le pot de fleurs », *D'une guerre à l'autre*, *op. cit.*, p. 323. Louis Léon-Martin, en 1924, crée son personnage de Jacques de Compostel Durhan, qui explique avoir « heureusement trouvé » ce nom, avec « un prénom inédit », structuré comme l'est Louis de Gonzague, et « un patronyme facile ». Louis Léon-Martin, *Angèle, dame de coquetterie – Roman*, Paris, Arthème Fayard, 1924, p. 194. Ce personnage, « assez démuni d'argent », « convenablement nippé » et qui rédige quelques « écho[s] » pour les journaux (*Ibid.*, p. 195), a ainsi quelques traits communs avec Frick, « caricatur[e] » relevée par Marcel Lobet, dans « Louis de Gonzague Frick : Lettres à Élise Champagne », *Annales*, *op. cit.*, p. 100.

153 Roland Dorgelès, « Le poète sous le pot de fleurs », *D'une guerre à l'autre*, *op. cit.*, p. 323.

154 Roland Dorgelès, *Bleu horizon*, *op. cit.*, p. 97.

155 État signalétique et des services de Louis de Gonzague Frick. Archives de Paris.

156 *Idem.*

157 Léon Bloy, entrée du 21 mai 1907, *Journal inédit – III, 1903-1907*, éd. Marianne Malicet, Marie Tichy…, Lausanne, L'Âge d'Homme, 2007, p. 1223. Bloy copie de sa lettre à Royère dans son entrée du 21 mai.

journal que ce « très jeune homme », « passionné pour [s]a littérature[158] », le laissait indifférent. Ce jour-là, Frick contrastait défavorablement avec Sadia Lévy, que Bloy voyait aussi pour la première fois et considérait « extrêmement intéressant[159] », appréciation qui pourrait le rapprocher de Frick, adepte infatigable des vers de Sadia Lévy. Une dizaine de jours plus tard, Bloy reçoit une lettre du « jeune Louis Frick, adolescent », suivie d'« une caisse de friandises de Nancy[160] », où Frick est stationné pour son service militaire. Généreux et gourmand, Frick est un régulier, « solda[t] dand[y] » de ses années nancéiennes, du « grand pâtissier Schminger[161] ». Peu touché de l'envoi, Bloy est surtout « irrit[é] » par l'« écriture presque illisible et [l]a phraséologie tarabiscotée » de la « lettre » « en somme, affectueuse[162] » de Frick. Le lendemain, il est dans l'« embarras pour [...] répondre » à Frick, vu « l'énorme difficulté de déchiffrer son écriture » et « sachant » donc « à peine ce qu'il [lui] a dit[163] ». Frick n'a certainement pas su sélectionner les mots pour gagner la faveur de Bloy, qui le réprimande sur l'expression de « merveilleux artisan du Verbe[164] », voulue déférente par Frick. Bloy, en écrivain féroce catholique, ne digère pas la majuscule au « Verbe », strictement réservée à « la Seconde Personne divine », et estime que cet usage relève d'une « sottise [...] insupportable[165] », dont il est trop heureux de faire la leçon à Frick. Si tôt dans le siècle, l'expression « artisan du Verbe », avec la majuscule ou non, semble désigner au premier chef le poète et, à un moindre degré, l'écrivain, ce qui justifierait son usage par Frick. Vielé-Griffin l'emploie ainsi au sens de poète en 1900, dans la forme qui fait frémir Bloy, quand il rédige une lettre « rectificat[rice][166] » au *Mercure* visant les *Poètes d'aujourd'hui* de Léautaud et Van Bever.

Quelques jours après l'incident du « Verbe », à la réception d'une nouvelle lettre « du jeune Frick », Bloy traite son vocable d'incompréhensible,

158 Léon Bloy, entrée du 4 juin 1906, *ibid.*, p. 949.

159 *Idem.*

160 Léon Bloy, entrée du 16 juin 1906, *ibid.*, p. 955-956.

161 F. R., « Louis de Gonzague-Frick, Désiré Ferry et... Joris-Karl Huysmans », *L'Intransigeant*, *op. cit.*, p. 2.

162 Léon Bloy, entrée du 16 juin 1906, *Journal inédit – III*, *op. cit.*, p. 956.

163 Léon Bloy, entrée du 17 juin 1906, *ibid.*, p. 956.

164 *Idem.*

165 *Idem.*

166 « Une lettre de M. Francis Vielé-Griffin à propos des *Poètes d'aujourd'hui* », *Mercure de France*, 11e année, no 129, septembre 1900, p. 845-847 (p. 846).

à la façon de Maurevert quand il décortique « Refuge », et attribue « la manie [...] d'employer des mots inintelligibles » à un comportement « juvénile[167] » auquel les années devraient mettre fin. Bloy saisit dans le lexique de Frick une « affectation » propre à le « dégoûte[r][168] » et une raison de garder à distance ce correspondant. Une visite non sollicitée réintroduit Frick dans le journal de Bloy un an après, en mai 1907. Frick est soupçonné d'arriver en qualité d'« espio[n][169] » de Latourrette, qu'une histoire de mœurs sépare assez brutalement de Bloy à cette période. Durant sa « 1/2 heure » passée chez Bloy le 19 mai, Frick « ennuie affreusement » son hôte réticent, qui « profite » du moment pour « décourager[170] » Frick de revenir cogner à sa porte. Le 21, lorsqu'il écrit à Royère pour rompre avec *La Phalange*, mécontent de la revue, Bloy lance en direction de Frick qu'il est désormais *persona non grata*[171].

Frick va retenter sa chance une nouvelle fois, en 1917, auprès de Bloy, qui ne paraît pas le reconnaître de leurs contacts antérieurs. Dans tous les cas, Bloy agit envers ce « jeune poète imbécile », ce « drôle », « ce crétin[172] », avec une hostilité encore accrue par rapport à 1907. Frick avait préparé son passage par l'« envo[i] » à Bloy d'« une plaquette de ses poésies[173] », probablement *Sous le Bélier de Mars*. À son arrivée à Bourg-la-Reine, Frick est congédié par l'épouse de Bloy, Jeanne, et a juste le temps d'apprendre, au sujet de son recueil, que Bloy ne lit plus « les productions modernes, ayant assez de l'Écriture[174] », écho du Verbe de 1906. Bloy imagine la réponse, « plus brutal[e] et plus exact[e] » qu'il aurait faite à Frick s'il lui avait parlé directement, à savoir qu'il « lui aurai[t] conseillé de chercher ses vers » « dans la boîte à ordures[175] ». Dur destin de la plaquette, sachant le faible tirage des premiers recueils de Frick à La Phalange, et la rapidité avec laquelle ils ont été épuisés. Frick a pu découvrir cette version des faits racontés par Bloy à la publication

167 Léon Bloy, entrée du 19 juin 1906, *Journal inédit – III*, *op. cit.*, p. 957.

168 *Idem.*

169 Léon Bloy, entrée du 19 mai 1907, *ibid.*, p. 1222. Dans *La Phalange* de l'été 1906, Latourrette a publié sur Bloy un article noté de façon mitigée dans l'entrée de journal du 14 juin, puis « avec satisfaction » le 16 juillet 1906. Léon Bloy, *ibid.*, p. 955 et p. 979.

170 Léon Bloy, entrée du 19 mai 1907, *ibid.*, p. 1222.

171 Léon Bloy, entrée du 21 mai 1907, *ibid.*, p. 1223.

172 Léon Bloy, entrée du 12 avril 1917, *La porte des humbles*, *op. cit.*, p. 253.

173 *Idem.*

174 *Idem.*

175 *Idem.*

de *La porte des humbles* en 1920. Le mauvais traitement subi, de vive voix puis en imprimé, n'empêche pas Frick d'user avec humour du nom de Bloy, à côté de celui de Huysmans d'ailleurs, quand il se défend de pencher vers la religion, ayant « promis à un ami » de l'accompagner, un 29 mars 1931, à l'une des « conférence[s] de carême à Notre-Dame[176] » que le Jésuite Henry Pinard de La Boullaye prononce plusieurs années de suite, entre 1929 et 1934. Frick est ainsi dans l'impossibilité de fixer rendez-vous à Robert Valançay ce dimanche-là : « Vous allez me croire un fervent de l'homilétique. Rassurez-vous, je ne suis pas encore mûr pour les Oblats qui avaient séduit les défunts Huysmans et Bloy[177] », ce dernier nommé sans ajout de commentaire.

Sensible à l'accueil aux jeunes poètes, Frick agit en contre-exemple de Bloy, qui l'a tant maltraité. La propension de Bloy à l'irritation dépasse, du reste, amplement son cas personnel et fait gloser la Boîte aux Lettres de *L'Intransigeant*, en 1911, sur la visite d'un « jeune écrivain » admiratif comme a pu l'être Frick et dont le « vieux maître » menace de « casse[r] » « la g[178]... ». Pour sa part, Frick se serait tôt « acquis une réputation » dans son abord de la « saine et bonne poésie » et, devant un « recueil valable », un « poète véritable », il « s'empresse[rait] d'offrir l'hommage de sa louange et de son admiration[179] ». *L'œil de Paris* accorde à Frick, en 1928, une énergie inlassable consacrée à « la découverte des

176 Lettre de Frick à Robert Valançay, non datée, estimée à fin mars 1931, sur papier à en-tête de *La Forêt*. Getty, LA (950057). Une curiosité de cette lettre est l'annonce de l'ouverture prochaine du « Cabaret de [Gui] Rosey », sous le nom d'*Ubu*, dont il semble difficile de découvrir la trace. En 1934, au célèbre bal Ubu, où s'amplifie d'heure en heure « le crépitement furieux des pieds », « Louis de Gonzague-Frick lui-même », selon le satirique Carlo Rim, « se sent soulevé de terre par ce délire sacré ». Carlo Rim [pseud. de Jean Marius Richard], « Le bal Ubu », *Marianne*, 2e année, nº 90, 11 juillet 1934, p. 9.

177 Lettre de Frick à Robert Valançay, non datée, estimée à fin mars 1931, sur papier à en-tête de *La Forêt*. Getty, LA (950057).

178 Les Treize, « La Boîte aux Lettres », *L'Intransigeant*, 31e année, nº 11460, 30 novembre 1911, p. 3.

179 André Fontainas, compte rendu de *Poetica*, rubrique « Les poèmes », *Mercure de France*, 41e année, nº 758, 15 janvier 1930, p. 402-404 (p. 403). D'un avis contraire à Fontainas et après la mort de Frick, ses exécuteurs testamentaires vont « déplor[er] » le nombre de « préface[s] » qu'il aura accordées à des « œuvre[s] de médiocrité insigne ». Bernard Guillemain et Claude Pichois, « Salut », dans Berthe Bolsée, *Luminaire pour Louis de Gonzague Frick*, Dinant (Belgique), Bourdeaux-Capelle, 1959, p. 4. Le reproche atteint Frick de son vivant par le biais d'Henry Charpentier, qui affirme ou confirme que Frick aura « été "le lanceur" responsable de tant de fausses gloires », au sujet desquelles il rectifie le tir, « vous [les] remettez maintenant à leur place ». Lettre d'Henry Charpentier à Frick, du 29 août 1952, dans « Henry Charpentier », rubrique « La poésie », *Quo Vadis*,

poètes » et à leur publication dans les « revuettes du Quartier latin[180] ». Avant la Première Guerre, le rêve de Frick de fédérer « les deux rives » de la Seine est révélateur de l'effort, ancien chez lui, de « [c]oncilier[181] » différents profils littéraires. Sylvain Bonmariage se remémore leur tentative, avec Apollinaire, Roinard et Michelet, de fonder une revue qui rapprocherait « les écrivains[182] » les plus obscurs des plus célébrés, projet apparemment sans suite, malgré l'assurance d'un commanditaire déjà trouvé pour la revue, avec l'aide du génie financier de Latourrette. Sur l'échelle des prédécesseurs, Bonmariage remarque l'« admiration militante[183] » reportée par le jeune Frick sur Roinard et Michelet, goût qu'Apollinaire exprime lui aussi pour ces devanciers avec lesquels il prononce la triade de conférences de 1908, réunies en livre dans *La poésie symboliste*.

L'aide aux jeunes s'illustre particulièrement chez Frick en conjonction avec Roinard. Les liens entre Frick et Robert Valançay se développent effectivement, au milieu des années vingt, sur le terrain littéraire constitué par la personne, la poésie et l'héritage de Roinard. Une lettre de janvier 1926 de Frick évoque sa rencontre relativement récente avec Valançay, « sous la merveilleuse égide » de Roinard lors d'un « Salon des Indépendants[184] ». Ce salon daterait du printemps 1925, à un moment où se prépare une ouverture réconciliatrice envers les peintres allemands, en particulier la Sécession Berlinoise, qui cadre bien avec les intérêts de Valançay, germaniste[185]. Pour Roinard, son amitié avec Valançay est d'ordre générationnel, comme il l'exprime en dédicace sur un exemplaire de son recueil de 1920, *Donneur d'illusions*, offert à Valançay, on ne sait à quelle date, « d'un vieux à un jeune[186] ». À la mort de Roinard, en octobre 1930, Frick et Valançay, ses exécuteurs testamentaires avec Henri Strentz et Victor-Émile Michelet,

---

n° 50-52, octobre-décembre 1952, p. 53-55 (p. 54). Quelques strophes, de Charpentier puis de Frick sur ce poète qui était à *La Connaissance* de Doyon, complètent le document.

180 « L'écolier limousin », rubrique « Les Lettres », *L'œil de Paris*, 1re année, n° 8, 29 décembre 1928, p. 7.

181 Sylvain Bonmariage, *Catherine et ses amis*, Gap, Ophrys, [1949], p. 66.

182 *Ibid.*, p. 65-67.

183 *Ibid.*, p. 64-65. Voir, sur ces conférences, Laurence Campa, *Guillaume Apollinaire*, *op. cit.*, p. 239-243.

184 Lettre de Frick à Robert Valançay, du « jeudi 14 janvier » [1926]. Getty, LA (950057).

185 *Idem.*

186 Cette copie dédicacée de l'ouvrage de Roinard était en vente à la librairie Le Galet, à Paris, en 2013, sur le site abebooks.fr.

poursuivent leur travail commun de maintenir Roinard dans le souvenir[187]. Frick a, lui aussi, recours à une idée de filiation Roinard-Valançay dans son intervention au banquet de 1930 organisé en partie par Valançay, secrétaire des Amis de Roinard, pour les soixante-quatorze ans du poète et pour la publication récente de son livre *Chercheurs d'Impossible*[188]. Dans la vision de Frick, Roinard est « noblement suivi » par Valançay, qui tiendrait aussi d'Apollinaire sur le plan des affinités poétiques, en « pur débellateur des jeux apollinaires[189] ». En février 1926, Frick et Valançay s'associent déjà pour « célébrer la *septantième* année » de Roinard, leur « dilectissime Poëte qui », souligne Frick, « fit un séjour mémorable à Bruxelles[190] », en 1894, ceint d'éternels lauriers anarchistes. La carte de *La Griffe* sur laquelle Frick rappelle l'anniversaire de Roinard comporte, au dos, deux dessins qui représentent le directeur et le rédacteur en chef de *La Griffe*, respectivement Jean Laffray et l'écrivain Jean-Michel Renaitour, dont Frick a barré les noms pour les remplacer par le sien et celui de Valançay, ajoutant à chacun des visages un monocle, comme pour s'accorder une proximité avec son correspondant[191].

187 L. M., « Échos – Mort de P.-N. Roinard », *Mercure de France*, 41e année, n° 778, 15 nov. 1930, p. 246-250 (p. 248). Les quatre exécuteurs testamentaires sont nommés, à l'occasion de la publication d'un *Choix de poèmes* de Roinard, avec une préface de [Paul] Pourot, dans la rubrique « Les Arts et le Monde » de *L'Esprit français*, 5e année, nouv. série, n° 78, 10 janvier 1933, p. 254. Frick et Strentz auraient, ensemble, « veillé sur les derniers moments » de Roinard, selon Gaston Picard, « Le poète Roinard chanté par ses pairs », *Le Figaro*, 105e année, n° 303, 30 octobre 1930, p. 5. Frick et Strentz reviennent sur Roinard dans *La Guiterne* en octobre 1933.

188 Un exemplaire de *Chercheurs d'Impossible*, sorti en 1929, est triplement signé par Roinard à Frick, « Poète luminariste », à sa femme, Mme Frick, et à sa mère, Mme Moré. Voir le livre mis en vente par la Librairie Patrick Fréchet (Saint-André de Najac, Aveyron), sur le site livre-rare-book.com. Consulté le 17 février 2014. La mère de Frick épouse Charles Moré durant la guerre, et Frick note « Moré » parmi ses pseudonymes sur la carte notifiant de son changement d'adresse rue du Lunain. *Comœdia* reproduit le « libell[é] » de ces « cartes », où participe aussi au déménagement « la "vieille chronique" », reprise d'un organe financier auquel a anciennement contribué Frick. Voir Le Parisien, rubrique « Petit Courrier littéraire », *Comœdia*, 28e année, n° 7824, 12 juillet 1934, p. 3.

189 Frick, discours, dans la plaquette *En souvenir du 15 février 1930 et du Banquet Anniversaire offert à Paul Napoléon Roinard*, Paris, Les « Amis de P. N. Roinard », 1930, p. 10-11 (p. 10). Apollinaire, invoqué par Valançay dans *Flot et jusant*, est l'un des noms utilisés pour caractériser le recueil. Quelques lignes du *Mercure* placent ce recueil de Valançay sous l'égide d'Apollinaire, Salmon et Frick. Voir André Fontainas, compte rendu de *Flot et jusant*, rubrique « Revue de la quinzaine », *Mercure de France*, 44e année, n° 838, 15 mai 1933, p. 161.

190 Carte postale de Frick à Robert Valançay, datée « Samedi », estimée du début 1926. Getty, LA (950057).

191 *Idem*. Frick fait un envoi du même type à Desnos, pour reporter un rendez-vous. Carte postale de Frick à Desnos, datée « Samedi ». DSNC 1348, BLJD. Sur la carte

Dans sa relation à Valançay, fin 1926, Frick est d'une claire générosité dans l'attention qu'il prête au jeune poète ponctuellement inquiet de sa réception par les surréalistes. En des mots réconfortants, Frick fait entendre à Valançay que son amitié résonne bien partout, « surréalisme mis à part[192] ». Ses lettres à Valançay, présenté par son entremise aux surréalistes aux environs de 1925, montrent Frick prendre son parti de l'indifférence dans laquelle il est souvent tenu par le groupe[193]. Si au début de l'année 1931 par exemple, à l'époque de *L'Immaculée Conception*, Frick « reçoi[t] », en tant que critique essentiellement, « les ouvrages d'André Breton et de Paul Éluard », il dit avoir « pris pour principe de ne jamais rien leur demander parce que, tout de même que M. Picasso, ils ne répondent pas aux lettres[194] ». Dans sa lettre du 14 janvier 1931, Frick entend « montre[r][195] » son exemplaire de *L'Immaculée Conception* à Valançay et l'invite pour cela à passer par son domicile, rue Notre-Dame-de-Lorette. À l'égard de Valançay, Frick est d'une disponibilité totale, dans son recours à une formule qui signifie la disponibilité même : « Fixez-moi votre jour, ce sera le mien quoi qu'il arrive[196] ! » On sent, dans une lettre antérieure, un ton de connivence avec Valançay sur les rapports avec les surréalistes, source de frustration pour Frick plus que pour Valançay, dirait-on : « Je n'ai pas revu André Breton. Il m'a promis de vous écrire mais il ne faut guère compter sur les surréalistes qui ne se dérangent jamais – sauf dans les grandes occasions[197] ! »

Breton exige pourtant de son entourage, à l'égard de Frick, le respect. Il est forcé, selon Maxime Alexandre, probablement avant l'exclusion

pour Desnos, Frick est le directeur alors qu'il se substitue au rédacteur en chef pour Valançay.

192 Lettre de Frick à Robert Valançay, datée « mercredi soir », estimée à novembre 1926. Getty, LA (950057).

193 Un entretien de Valançay en 1984 confirme le rôle de Frick dans sa prise de contact avec les surréalistes. Voir Peter Webb, avec Robert Short, *Death, Desire and the Doll – The Life and Art of Hans Bellmer* (1985), Washington, DC, Solar Books, 2004, p. 44.

194 Lettre de Frick à Robert Valançay, du « 14 janvier » [1931]. Getty, LA (950057). Seize envois de Frick à Picasso, allant de 1918 aux années 1950, sont conservés au Musée Picasso, à Paris.

195 Lettre de Frick à Robert Valançay, du « 14 janvier » [1931]. Getty, LA (950057). Frick est depuis l'avant-guerre au 44, rue Notre-Dame-de-Lorette, à Montparnasse, et déménage en 1934 rue du Lunain, son adresse jusqu'à sa mort en 1958.

196 *Idem.*

197 Lettre de Frick à Robert Valançay, datée « mercredi soir », estimée à novembre 1926. Getty, LA (950057). Le fonds contient six lettres de Breton à Valançay, allant de février 1923 à avril 1947.

de 1926 d'Artaud, d'imposer au groupe surréaliste un minimum de retenue vis-à-vis de Frick, au prétexte des rapports que celui-ci a eus avec Apollinaire[198]. Mais bénéficier de l'aura d'Apollinaire est peu de chose, comme Alexandre se plaît à le dire, faisant répéter à Breton qu'Apollinaire admettait « tout Paris[199] » dans son amitié. Breton a l'occasion de voir quelques plaisanteries se faire aux dépens de Frick, et l'une d'elles pourrait se lire en apostille au Congrès de Kharkov, autour d'Aragon et Sadoul. La lettre pesante du 20 novembre 1930, où Aragon cherche à s'expliquer sur la teneur des décisions du Congrès et rassure Breton d'un « Nous nous en sommes sortis[200] », contient le nom de Louis de Gonzague Frick en signature au paragraphe ajouté par Sadoul. Ce nom curieusement emprunté a, pour Sadoul, l'avantage de le laisser dans l'incognito si jamais la police française mettait la main sur la lettre, lui qui a été condamné et « tente » alors « de se soustraire à la justice[201] ». On peut concevoir qu'il ait été aiguillonné, dans ce jeu de signatures, par son compagnon de voyage, Aragon, prompt à s'amuser de Frick. Sans rancune, dans les nombreux remous du Congrès, et de l'Affaire Aragon, Frick joint son nom, en 1932, à *Misère de la poésie*[202].

Si Valançay est rebuté par l'accueil surréaliste, c'est momentanément, et les surréalistes n'apparaissent, en fait, que peu dans les lettres de Frick à Valançay, dont la poésie montre une relation avec le surréalisme en dehors de l'intervention de Frick. L'envoi que Valançay rédige sur *Flot et jusant* à Breton, en 1932, est offert : « en témoignage d'admiration pour son œuvre et de reconnaissance pour l'amitié qu'il me marque[203] ». « Quadrature », l'un des poèmes du recueil, est dédié à Breton, et comporte une image sortie de « Fusée-signal » d'Apollinaire, susceptible de trouver une résonance chez Breton : « Un réverbère mal allumé / comme un bocal de poissons rouges[204] ». Le « réverbère » dit

198 Maxime Alexandre, *Mémoires d'un surréaliste*, *op. cit.*, p. 129.

199 *Ibid.*, p. 130.

200 Lettre de Louis Aragon à André Breton, du [20 novembre 1930], dans Louis Aragon, *Lettres à André Breton*, *op. cit.*, p. 412-416 (p. 413 et 416).

201 Lionel Follet dans Louis Aragon, *Lettres à André Breton*, *op. cit.*, p. 386.

202 Cet engagement de Frick est rappelé par Sarane Alexandrian, « Un grand seigneur de la poésie moderne », *Supérieur inconnu*, *op. cit.*, p. 41. Aragon signe à Frick une copie de son *Hourra l'Oural* de 1934. Il lui avait inscrit une dédicace sur *Le libertinage* en 1924. Voir le catalogue *Surréalisme – Poésie et art contemporains*, Paris, Matarasso, 1949, p. 26.

203 L'exemplaire de *Flot et jusant* appartenait à la bibliothèque de Breton. DVD *André Breton*, *op. cit.*

204 Robert Valançay, « Quadrature », *Flot et jusant*, *op. cit.*, p. 13-14 (p. 13).

un peu Reverdy et fait le lien, pour l'image poétique, entre Apollinaire et Reverdy, et au-delà, par « [q]uadrature[205] », avec Breton et Valançay. Picasso réalise un frontispice, daté du 3 décembre 1931, pour *Flot et jusant*, dont Frick, en aide-poète, arrange la publication aux éditions de la Guiterne[206]. Le dessin de Picasso forme deux visages d'inégale précision. Un profil tracé de blanc sur fond semi-noir oblitère les traits à peine suggérés d'un autre visage, vu de face, sur des obliques blancs. Le chevauchement du sombre et du clair et la géométrie du tracé peuvent entretenir un rapport avec les alternances de la marée, le flot et le jusant. Par cette image parlante, Picasso montre une attention à la poésie de Valançay, qui relègue l'attitude d'indifférence dans le domaine de la correspondance. Benjamin Péret signe un exemplaire de son recueil de 1925, *Il était une boulangère*, à Valançay, « En attendant qu'il broute sur le boulevard Magenta, cordialement[207] ». Un peu du couvre-chef de Frick perce dans une autre dédicace de Péret à Valançay, « qui s'enroule sur son doigt comme un chapeau haut de forme mou et transparent[208] », pour *De derrière les fagots*, de 1934.

Au début du recueil de 1972 de Valançay, *Mots desserre-freins*, rassemblant nombre de ses vers, il est fait rappel des poèmes originellement dédiés aux surréalistes et anciens surréalistes qui ont sollicité en lui le germaniste et le poète. Parmi eux, on peut relever Hans Bellmer, dont Valançay traduit *Les poupées* en 1936, Hans Arp avec lequel il met en français *Wegweiser* en 1951, Max Ernst avec le concours duquel il traduit de l'allemand *Paramythes* en 1967 et avec qui, l'année suivante, il collabore à la traduction des poèmes allemands de Christian Morgenstern[209]. En 1930, à l'occasion de la lecture d'un compte rendu de son *Sodome et Berlin*, Ivan Goll, juge et partie, disait « découvr[ir] » en Valançay « un fin connaisseur des choses et de la littérature allemandes » et, pour « ceci, unique en France[210] ».

205 *Idem.*

206 Voir, pour le détail, la lettre de Frick à Robert Valançay, datée « Lundi », estimée à début octobre 1931. Getty, LA (950057).

207 L'ouvrage est passé en vente à la librairie Ars Libri de Boston, sur le site abebooks.com. Consulté le 20 juin 2013.

208 Voir le catalogue de la vente consacrée au surréalisme le 27 mars 2009 à Drouot, par Binoche, Renaud et Giquello, lot 242, p. 81.

209 Cette dernière traduction est publiée dans le numéro 66 des *Cahiers de la Compagnie Madeleine Renaud-Jean-Louis Barrault*, en mars-avril 1968.

210 Lettre d'Ivan Goll à Robert Valançay, du 14 juillet 1930. Getty, LA (950057).

Sur l'exemplaire de *Mots desserre-freins* ayant appartenu à Max Ernst, Valançay signe sa dédicace mi-française, mi-allemande de l'expression « L'oiseau délyrant[211] », reprise du titre du poème précisément dédié à Ernst. Dans ce poème pictural de Valançay, « L'oiseau délyrant », situé dans le cadre d'« une cage dorée / mais sans barreaux », se déroule la vie agitée d'un « oiseau-poisson[212] », cousin peut-être de celui, montré dans son anatomie, que Max Ernst place en l'air dans son collage de 1920 « Ici, tout est suspendu ». Les vers construisent un monde irréel, « sans ciel ni eau[213] », une eau également absente du collage de Max Ernst. La dédicace offerte à Ernst dans *Mots desserre-freins* mentionne un « défi à M. de Buffon », présent dans l'« Exocaetus[214] » du poème, lui qui a décrit l'exocet volant et sa vulnérabilité dans son *Histoire naturelle*. Le poème fait mourir le « poisson volant », dont le « destin » est relié à sa « per[te] » de « goût pour les mots et pour l'herbe », pour le langage et pour l'« herbage[215] ». En même temps, à l'oreille, « mots » peut dire *maux*, comme les maux des « hirondelles / fripées par le mauvais temps », ou encore *eau*, et « l'herbe » peut dire *l'air*, à la manière de « chair et peau[216] », à quelques vers de là. La disparition, chez Valançay, des deux éléments dans lesquels survit normalement le « poisson-volant » réaffirme, de manière extrême, qu'il n'appartient ni complètement à l'air, ni complètement à l'eau, son domaine premier, ce qui explique les sons en « eau » du poème, à commencer par « [l']oiseau[217] », qui mélange l'eau à l'air. Un terme en particulier, « hydrolo[218] », concentre sur lui seul l'eau du point de vue du poète et du naturaliste, « hydro » pour la science, « lo » pour le son et le ludique. Dans le titre et dans les vers, la lyre de « délyrant », la « cueill[ette] » inlassable des « simples de la sémantique »

211 La copie de *Mots desserre-freins* dédicacée à Max Ernst se trouve à la Beineke, à Yale.

212 Robert Valançay, « L'oiseau-délyrant », *Mots desserre-freins*, avec six eaux-fortes originales de Matta, Paris, Georges Visat, 1972, n. p.

213 *Idem.*

214 Le poème nomme son personnage de « poisson volant » un peu à la manière d'un conte : « Exocaetus était son nom ». *Idem.* Sur l'exocet, passé, depuis, du poisson victime au missile destructeur, voir Lacepède, *Histoire naturelle des poissons (Suite et complément des œuvres de Buffon)*, tome 5, Paris, Rapet, 1819, p. 97.

215 Robert Valançay, « L'oiseau-délyrant », *Mots desserre-freins*, *op. cit.*, n. p.

216 *Idem.* L'exocet volant est aussi connu sous le nom d'hirondelle de mer.

217 *Idem.* « L'oiseau délyrant » se décharge de ce qui fait de lui un poisson quand il est oiseau, et un oiseau quand il est poisson : « il vendit [...] / ses nageoires d'oiseau / ses ailes de poisson ». *Idem.*

218 *Idem.*

et le « goût pour les mots[219] », quels qu'ils soient, ramènent au travail du poète, en particulier Frick, ramasseur de spécimens du lexique.

Frick réagit à un autre oiseau imaginé par Valançay, le 27 mai 1934, *L'oiseau-nitre*, sans avoir vu ce bref ensemble de poèmes publié cette année-là en une large feuille pliée formant huit pages. Se basant sur le titre seul, Frick déclare *L'oiseau-nitre*, par son nom, analogue au salpêtre et ses particularités explosives, « d'une extrême violence[220] ». Dans ses lettres à Valançay et dans les poèmes qu'il lui consacre, avec parfois une identité entre les deux, Frick multiplie ses « [l]ouanges[221] » sur Valançay. Sa lettre-poème de 1931, datée de la Saint-Louis, et significativement intitulée « Dizain ludovicien », est publiée en 1932 dans *Vibones* sous le titre « Onomastique – II », où Frick voit chez Valançay des « vers français et allemands » qui « viennent du cœur et de l'âme[222] ». Frick avait débuté l'année 1931 par un plus long poème envoyé à Valançay, et déjà, dans ces « vœux » du 1er janvier, Valançay est hissé « [b]ien haut », « Plus qu'un vrai mage de Syrie / Plus qu'un clerc de Poméranie[223] », de manière moins superlative dans *Vibones* mais reconduit grand prêtre et lettré par une alliance de deux terres, « Autant qu'un mage d'Arabie, / Que trois clercs de Poméranie[224] ».

Dans sa lettre de 1934 agitée de l'enthousiasme du titre *L'oiseau-nitre*, Frick admet Valançay de plein droit dans l'enclave des poètes pour être devenu « le chercheur qui trouve juste et beau[225] », arrivé au point où Frick situe son propre labeur sur le langage et les vers. Entraîné par Valançay, Frick le conduit à son tour dans les arcanes du lexique, par un recours aux « grammairiens » et à leurs « dispute[s] sur le genre du mot nitre[226] ». De l'usage, Frick note l'expression « Faire parler le nitre », qu'il explique en « faire la guerre[227] », plus directement pour lui, celle où il a porté les armes. Le souvenir tire de Frick un conseil d'aîné à lire aussi en aveu, et certainement pas unique dans sa génération partie

219 *Idem.*
220 Lettre de Frick à Robert Valançay, du 27 mai 1934. Getty, LA (950057).
221 Frick, « Onomastique – II », *Vibones*, *op. cit.*, p. 39.
222 Lettre de Frick à Robert Valançay, du [25 août] 1931, Getty, LA (950057) ; et Frick, « Onomastique – II », *Vibones*, *op. cit.*, p. 39.
223 Lettre de Frick à Robert Valançay, du 1er janvier 1931, Getty, LA (950057).
224 Frick, « Onomastique – II », *Vibones*, *op. cit.*, p. 39.
225 Lettre de Frick à Robert Valançay, du 27 mai 1934. Getty, LA (950057).
226 *Idem.*
227 *Idem.*

dans la guerre : « je l'ai faite et vous ne désirez pas la faire[228] ». Cette leçon sommaire sur la guerre resurgit dans le poème « For extérieur », d'*Ingrès*, qui correspond à des pensées du for intérieur et est redevable à ce dialogue avec Valançay. Le poème va du « glaive » à la « colombe » et déclare le « dange[r] de faire parler le nitre[229] ». Le « glaive » est plus évidemment encore celui que tient la justice, dans ce poème où figurent « la toge » et « l'hermine », « la plante *justicia* », et ce « for[230] », d'ordinaire for intérieur, tribunal de la conscience, extériorisé dans le titre. Une parenthèse physiologique prépare la mention du nitre, avec « le nitrate de potasse » et ses vertus de « diurétique » déchlorurant, « le plus flamboyant[231] » en l'occurrence, évocateur de l'éclat, de la flamme, de ce qui éclate. « For extérieur » représente un cas souvent insaisissable, car lié à l'accès au document, où la poésie s'écrit au carrefour de l'amitié, de la correspondance, avec en perspective l'écriture poétique de l'autre.

Une dernière remarque sur « l'oiseau-nitre », dans sa lettre du 27 mai 1934, amène Frick à « proclame[r] » Valançay « notre grand lyrique nitrificateur[232] », avec la puissance poétique explosive que cela suppose. La résonance de violence dans la lettre, qu'il s'agisse de la Première Guerre, du vocabulaire guerrier ou de cette anticipation d'une nouvelle guerre au milieu des années trente, aboutit à une position politique de Valançay du côté du trotskisme, auprès de Gui Rosey, dédicataire de *Poetica* qui a signé avec Valançay le tract surréaliste *La Planète sans visa* en faveur de Trotski, en avril 1934. Frick mélange avec beaucoup de facilité poésie, amitié et politique dans cette lettre sur papier à en-tête de l'association des Amis de 1914, transformée pour ce jour-là, et à effet d'y inclure Valançay, en « Amis de 1934[233] ». Il invite Valançay à recevoir

---

228 *Idem.*

229 Frick, « For extérieur », *Ingrès*, *op. cit.*, p. 46.

230 *Idem.*

231 *Idem.*

232 Lettre de Frick à Robert Valançay, du 27 mai 1934. Getty, LA (950057).

233 *Idem.* Les premiers pas des Amis de 1914 datent de la fin 1932 avec André Salmon et l'idée lancée de « reconstruire une élite intellectuelle » décimée par la guerre. Frick participe à la rencontre initiale du groupe encore en gestation le 27 janvier 1933, où Paul Fort prend la parole sur le ton de l'heure est grave. Se reporter à Antoine-Orliac, « Les Amis de 1914 », rubrique « Les Échos », *Mercure de France*, 45ᵉ année, nº 855, 1ᵉʳ février 1934, p. 763. Pour un autre récit de ces débuts, voir le typographe François Bernouard et Jean Le Louët, « Dialogue sur les Amis de 1914 et le Théâtre impossible » (texte transcrit), radio-diffusion (P. T. T.), 1ᵉʳ août 1934, sur le site miscellanees.com/b/bernou01.htm. Consulté le 27 janvier 2013. Le rôle de Bernouard dans « la mobilisation générale des

de Gui Rosey, régulièrement mentionné dans les lettres, « le sacre » de « grand lyrique nitrificateur », « pos[é] » « de ses mains trotskystes en chantant la Quatrième Internationale[234] ». Et Frick, pour terminer, rejoint Valançay sur le terrain de la poésie et de la guerre, en signant « Tout vôtre en nitrification[235] ».

C'est aussi à travers *L'oiseau-nitre* que sont repérables Gui Rosey et un peu de sa ferveur politique, celle entendue dans sa plaquette *La Guerre de 34 ans*, où la « Révolution future [est] enfin éclatée[236] ». Le début du poème de Valançay « Identités », dédicacé à Rosey, contient de ce souffle et de ce nitre que Frick développe au long de sa lettre et sur deux vers de « For extérieur », et qui ne ressortent pas du reste des poèmes constituant l'in-quarto de Valançay. « Identités » développe un vocabulaire de la révolution descendue dans la rue mais déjà au passé, avec les « briques », les « écarts de langage », les « murs des édifices qu'il [...] aurait tant plu » au je « de détruire », les « belles colères oubliées[237] ». Viennent aussi « les statues », qui peuvent être renversées, dans un geste iconoclaste dérivé du vers-slogan « L'espace entre les statues est la seule statue désirable[238] ». Frick, tout aussi mécontent dans *Ingrès* « des statues / Menaçantes et saugrenues », propose de les « enfouir [...] au musée[239] », sans le degré de violence de Valançay-Rosey à cette époque. L'ébranlement, chez Valançay, est suivi de « métamorphoses », déployées dans le personnel et le poétique, à partir de la déclaration transformatrice « je suis tour à tour[240] ». La succession d'images produites inclut « la rose » aux « mauvais rêves », en réapparition peut-être du dédicataire Rosey, et aboutit sans aboutissement à ce « moi-même », sujet changeant, « qu'on ne doit

---

poètes [et] des peintres » « sous l'emblématique carafe des "Amis de 1914" » est rappelé lors du bal Ubu de juillet 1934, par Carlo Rim, « Le bal Ubu », *Marianne*, *op. cit.*, p. 9. Organisé par les Amis de 1914, le bal compte, parmi les peintres décorateurs de la salle, Marie Laurencin. Voir, par exemple, « Le Bal "Ubu Roi" », *Le Figaro*, 109e année, no 185, 4 juillet 1934, p. 2.

234 Lettre de Frick à Robert Valançay, du 27 mai 1934. Getty, LA (950057).

235 *Idem.*

236 Ce poème « Or-Sol » de Rosey est cité par J. H. Matthews, « Gui Rosey », *Surrealist Poetry in France*, Syracuse, Syracuse University Press, 1969, p. 125-137 (p. 131). Frick a rendu compte de *La Guerre de 34 ans* à l'été 1932, dans le numéro 6 de *Demain*.

237 Robert Valançay, « Identités », *L'oiseau-nitre*, Paris, Éditions Sagesse – Aux nourritures terrestres, [1934], n. p. L'édition consultée, l'une des rares, est l'exemplaire ayant appartenu à Marcel Duchamp, aujourd'hui détenu par l'Art Institute of Chicago. Valançay a dédié *L'oiseau-nitre* à André Breton.

238 *Idem.*

239 Frick, « Subvertissement », *Ingrès*, *op. cit.*, p. 11.

240 Robert Valançay, « Identités », *L'oiseau-nitre*, *op. cit.*, n. p.

connaître[241] ». Le poème après « Identités », « Terral », dédié à Éluard, est lié autant à l'eau qu'à la terre, où se côtoient « [d]es sirènes » et la « forêt », où l'on « feuillet[te] l'aquarium », où l'on trouve des « pierres noyées », « des esquifs » sur « des sillons », enfin « havre », « sous-sol » et « flottaison[242] ». Dans cette mixité eau-terre se déroule une scène d'amitié, occupée par le « tr[i] » de « quelques gouttelettes de paresse », alors que « le rêve[243] » est au travail avec ses flammes, plus bas sous la terre. Dans *Mots desserre-freins*, Valançay dédie à Paul Éluard son poème « À rebrousse-nuage », avec ses reconnaissables « feuilles de lèvres », ses « yeux de tour de cou », ses « épaules de clameur[244] ». Chacune de ces parties du visage et du corps sont accessibles par les « bosquets » dont, pourtant, il est faussement dit qu'il n'y a « [R]ien à attendre[245] ». Ces « bosquets » sont le lieu de poésie, le point de rencontre avec la poésie d'Éluard et son vers de *Capitale de la douleur*, « La courbe de tes yeux fait le tour de mon cœur[246] ». Les mots d'Éluard peuvent s'entendre dans le condensé des « yeux de tour de cou » de Valançay, « cou » travaillant en réduction à la fois la « courbe » et le « cœur ».

Dès le premier vers d'« À rebrousse-nuage » avec « la chair et la peau », le poème de Valançay esquisse un corps de désir et le corps de la domesticité, du marché (« Soldent le filet à provisions ») au « fourneau de cuisine[247] ». Le chemin parcouru avec les « petits souliers de femme » passe de l'espace infiniment grand des « distances interstellaires » à l'espace infiniment petit des « atomes », et à la taille modeste de ce que peut contenir un filet à provisions, les « pépins », ceux « de la fatigue[248] ». Ce corps, dans ses états de la vie amoureuse et de la vie quotidienne, sort du poème par le « corset platane », laissé dans une dernière pose, celle de « l'insomnie[249] ». Par ces éléments, « À rebrousse-nuage » rejoint un domaine quelque peu surréaliste dans l'intérêt non étranger à Frick

241 *Idem.*

242 Robert Valançay, « Terral », *L'oiseau-nitre*, *op. cit.*, n. p. L'eau est un peu programmée par Éluard et ses trois voyelles.

243 *Idem.*

244 Robert Valançay, « À rebrousse-nuage », *Mots desserre-freins*, *op. cit.*, n. p.

245 *Idem.*

246 Paul Éluard, « La courbe de tes yeux fait le tour de mon cœur », « Capitale de la douleur », *Œuvres complètes*, I, éd. Marcelle Dumas et Lucien Scheler, Paris, Gallimard, 1968, p. 196.

247 Robert Valançay, « À rebrousse-nuage », *Mots desserre-freins*, *op. cit.*, n. p.

248 *Idem.*

249 *Idem.* Pour un poème dédié à celui qui connaît le sanatorium, la chaîne créée par les mots « crises », « fatigue », « pulmonaire », « corset », « insomnie » et les « sel[s] » d'or esquisse un rappel de la tuberculose, à partir de quelques-uns de ses symptômes et soins. *Idem.*

pour l'alchimie, qui verrait « le fourneau » servir, avec le « sel », « le mercure », aux tentatives d'un Paracelse, dont le microcosme du corps et son miroir, le macrocosme du monde, se profilent ensemble ici, sous le signe « des hautes œuvres[250] ». C'est peut-être l'un des sens à déceler dans l'« À rebrousse-nuage » du titre de Valançay, mais, dans le monde du poème, où « les maisons prennent jour par leurs nageoires », « la vie » n'a nul besoin d'être « invers[ée][251] ».

Une idée similaire d'un monde déjà enchanté, sans nécessité d'inversion, s'exprime dans le poème « Identités », où une incarnation du « je » en « une bouteille caressée à rebrousse-poil[252] » laisse supposer que le toucher et sa sensation seraient invariables dans le va-et-vient des doigts sur le verre. Plus loin de « rebrousse-poil » et plus près de « rebrousse-nuage », Sartre offre l'expression « à rebrousse-soleil » en exemple d'une « combinaison des mots » « cré[ée] » « par l'imagination » comme par l'effet de la « magie » ou, pour l'époque évoquée, en phase avec « les surréalistes » et « *L'Immaculée Conception*, Éluard, Breton[253] ». Le « rebrousse-nuage » de Valançay peut mener ailleurs dans l'œuvre d'Éluard, à son poème de la fin des années vingt, « Je te l'ai dit pour les nuages », où, contenant-contenu, « l'œil » prend la dimension du « visage ou paysage[254] », des cadres qui l'englobent à différentes échelles. L'écriture de Valançay dans « À rebrousse-nuage » peut ainsi, pour étendre l'hommage au-delà de la dédicace et du personnel, se laisser poser sur certaines des images les plus répandues d'Éluard. Valançay a autrement de commun avec Éluard d'avoir reçu de Frick un soutien à son début de carrière, dans l'impulsion à la publication de *Flot et jusant*, alors qu'au commencement de l'année 1919, Frick mettait son effort à faire connaître l'œuvre encore naissante d'Éluard.

---

250 *Idem*. Du vers « L'eau se dessoude », au début du poème, « -soude » peut, en dépit de l'étymologie, être ramené, par le sodium, au « sel », pour les ingrédients de l'alchimie. *Idem*.

251 *Idem*.

252 Robert Valançay, « Identités », *L'oiseau-nitre*, *op. cit.*, n. p.

253 Sartre, de ses « Entretiens » avec Simone de Beauvoir, *La Cérémonie des adieux*, suivi de *Entretiens avec Jean-Paul Sartre (Août-Septembre 1974)*, Paris, Gallimard, 1981, p. 179-180.

254 Paul Éluard, « Je te l'ai dit pour les nuages », « L'amour la poésie », *Œuvres complètes*, I, *op. cit.*, p. 230-231 (p. 230).

CAMARADERIES

L'aviation, la critique, la dédicace

Les liens noués par Frick avec Éluard autour de la diffusion de son recueil de 1917 *Le Devoir et l'Inquiétude* prennent une dimension particulière due à la rencontre, facilitée par Amédée Ozenfant ou bien peut-être par Frick, que fait dans cette période Éluard avec Paulhan[1]. Individuellement ou dans le triangle Paulhan-Éluard-Frick, les rapports se développent avec Frick tenant le rôle de critique, tantôt pour Éluard, dans la note sollicitée pour *Le Devoir et l'Inquiétude* ; tantôt pour Paulhan, avec *Le Pont traversé* dont les épreuves lui passent entre les mains[2]. Frick est également associé au *Pont traversé* comme dédicataire des textes de rêves de la « Troisième Nuit », pour l'édition originale de 1921[3]. Dès avant la guerre, Paulhan est familier de Frick, dont la revue *Les Écrits français* le publie à son second numéro, en janvier 1914. C'est sur du papier à en-tête des *Écrits français*, mentionne Baillaud, que Frick va demander à Paulhan d'« être son exécuteur testamentaire[4] », requête précipitée sans doute par la guerre. Pour motif de péril aussi, Roger Allard, en 1916, désigne Frick dans son testament comme légataire de

1 Le contact Paulhan-Éluard est généralement mis au crédit d'Amédée Ozenfant, sur la base de ses *Mémoires* ; ainsi dans Paul Éluard et Jean Paulhan, *Correspondance 1919-1944*, éd. Odile Felgine et Claude-Pierre Pérez, Paris, Éditions Claire Paulhan, 2003, p. 28. L'édition ne retient pas l'hypothèse, formulée sans mention de source par J.-C. Gateau, que Frick a pu être ici l'entremetteur. Jean-Charles Gateau, *Paul Éluard ou Le frère voyant*, Paris, Robert Laffont, 1988, p. 73.

2 La note sur le recueil d'Éluard est mentionnée dans la lettre de Paulhan à Éluard, datée « avant le 27 février 1919 », dans Paul Éluard et Jean Paulhan, *Correspondance 1919-1944*, *op. cit.*, p. 33-35 (p. 33). Pour *Le Pont traversé*, c'est Éluard qui précise à Paulhan, le 17 novembre 1920, avoir vu Frick avec les épreuves. *Ibid.*, p. 90.

3 La dédicace, qui disparaît par la suite, est signalée dans la *Correspondance* Éluard-Paulhan. *Idem.*

4 Voir la notice de Baillaud sur le texte de Paulhan « L'Innocence utile », dans Jean Paulhan, *Œuvres complètes – II – L'Art de la contradiction*, éd. Bernard Baillaud, Paris, Gallimard, 2006, p. 735. Le rôle est dévolu, quarante ans plus tard, à Bernard Guillemain et Claude Pichois.

« [s]a bibliothèque et [s]es papiers », et le « laisse seul juge de ce qui pourrait être publié[5] ». Un souci de l'œuvre, en particulier de celle qui est écrite mais non encore parue, est perceptible chez Allard et chez Frick, tous deux exposés aux combats, le choix par Frick de Paulhan semblant mieux prendre en considération les dangers.

Paulhan et Frick vont avoir une riche correspondance, dont la quasi-totalité reste inédite, allant au moins de 1916 aux dernières années de Frick. De ces lettres ressort une longue amitié littéraire où entre aussi de l'émotion, démultipliée par l'épistolaire, à se lire mutuellement en livre ou en revue, y compris ce que l'autre écrit sur son compte[6]. Alors qu'il ne figure pas lui-même dans *Trèfles*, Paulhan va estimer qu'avec ce recueil, Frick aura été « le premier » à savoir « marier » « le lyrisme à l'amitié[7] ». La lecture relève de l'intime et de l'amical avec *Sous le Bélier de Mars*, offert par Frick à « [s]on bien cher ami Jean Paulhan qui assemble dans son œuvre et sa personne ces vertus cardinales : sagesse, séduction et style[8] ». Paulhan semble apprécier l'envoi, puisqu'au printemps 1918, convalescent à Villefranche, il écrit à son correspondant parisien avoir « récit[é] » ses vers et l'avoir senti à ses côtés, éprouvant, dans les pages du *Bélier*, « bien des raisons nouvelles d[']aimer[9] » Frick. Quelques mois auparavant, en janvier 1918, c'est Frick qui a lu *Le Guerrier appliqué* pour

5 Lettre de Roger Allard à Frick, du 28 septembre 1916. HRC, Austin.

6 Ce sont aussi des commentaires sobres et explicatifs qui émaillent leur correspondance, comme lorsque Paulhan répond, le 15 juillet 1917, à des remarques de Frick sur les Malgaches amenés en France pour la guerre, sur lesquels Paulhan a écrit, au mois de janvier, dans *La Vie*. Se reporter à la notice de Baillaud sur les travailleurs malgaches dans Jean Paulhan, *Œuvres complètes – II*, *op. cit.*, p. 727-728 (p. 728). Aujourd'hui, l'essentiel des lettres de Paulhan à Frick, sur la période de 1918 à 1954, sont conservées au Ransom Center ; celles de Frick à Paulhan, au nombre de 69, allant de 1918 à 1957, sont au Fonds Paulhan de l'IMEC. Des lettres de Paulhan à Frick continuent de transiter par les catalogues de vente, ainsi une lettre du 18 avril 1918, vendue insérée dans l'ouvrage de 1913 de Paulhan, *Les Hain-Tenys Merinas* (Catalogue 61 de la Librairie Henri Vignes, printemps 2008, n° 586) ; ou encore cette lettre, plus ancienne que celles du Ransom Center ou de l'IMEC, datée du 12 avril 1916, où Paulhan se dit « touché et heureux de [sa] visite » (Catalogue de la librairie Les Autographes, expert Thierry Bodin, printemps 2012, n° 212).

7 Jean Paulhan, cité dans André Berne-Jouffroy, *Jean Paulhan à travers ses peintres*, Exposition au Grand Palais, 1er février-15 avril 1974, Paris, Éditions des Musées nationaux, 1974, p. 181.

8 Dédicace sur l'exemplaire de la bibliothèque de Paulhan, *Sous le Bélier de Mars*, aujourd'hui conservé à la Beinecke Rare Book and Manuscript Library.

9 Cette lettre, du 29 et du 30 mars [1918], est publiée avec une autre du mois de janvier, dans Jean Paulhan, *Choix de lettres, I – 1917-1936, La littérature est une fête*, éd. Dominique

La Caravane, dont il rend compte en des termes choisis, d'une « finesse équitable » selon Paulhan qui, le 4 février, prend les « remarques » de Frick comme un « signe éclatant de l'amitié où [celui-ci a] voulu [l]e recevoir[10] ». Frick est toujours « [c]ritique de qualité » en 1921 pour Paulhan qui, dans *L'Ère nouvelle*, se rappelant peut-être le « bagage fort encombrant de culture et de civilisation » que Frick lui trouvait en 1918, observe que « Frick sait comme personne tenir [...] des propos où la flatterie n'est de mise que tempérée par d'indicibles nuances[11] ». Sa longue expérience de critique, « depuis 1912 » précise Frick dans une lettre des années cinquante à Élise Champagne, s'auréole d'un superlatif de Paulhan, qui aurait dépeint Frick comme le critique « le plus terrible[12] ». Strentz émet un avis voisin en 1931, quand il fait de Frick un juge impitoyable, « le critique au foudroyant décret[13] ».

Quand Frick traite, en critique, Éluard dans les années 1918-1919, où, avec Paulhan, tous les trois sont attentifs à leurs intérêts réciproques, Frick n'est pas sans heurter Paulhan, sensible au profil que les revues font à Éluard. En février 1919, Frick rend compte du *Devoir et l'Inquiétude* dans *Le Carnet critique* après avoir reçu la « plaquette » d'Éluard, qui s'est adressé à lui « sur recommandation d'[Édouard] Dujardin[14] ». Pour avoir « une bonne réclame » faite à son recueil, Éluard table aussi sur des encarts des *Poèmes pour la paix* dans *Le Carnet critique*, la publicité de ses nouveaux poèmes pouvant rejaillir sur l'édition du *Devoir et l'Inquiétude* préparée avec Gonon[15]. La note de Frick suffirait, à elle seule, à placer

Aury, Jean-Claude Zylberstein et Bernard Leuilliot, Paris, Gallimard, 1986, p. 23-24 (p. 23). Trois poèmes du *Bélier* sont cités dans la lettre de mars.

10 La lettre à Frick est citée par Bernard Baillaud, du Catalogue 121 de la librairie Les Autographes, n° 234, dans son « Essai d'une bibliographie chronologique des écrits mentionnant Jean Paulhan de 1889 à 1968 », version juin 2011, atelierpdf.com, p. 20. Voir aussi les analyses effectuées par Baillaud à partir du compte rendu de Frick, dans Jean Paulhan, *Œuvres complètes – I – Récits*, éd. Bernard Baillaud, Paris, Gallimard, 2006, p. 490-492. *Le Guerrier appliqué* est l'objet d'un jeudi d'Aurel, le 22 janvier 1920, avec Frick comme présentateur. J[ean] V[almy]-B[aysse], rubrique « Le Carnet des lettres et des arts », *Comœdia*, 14e année, n° 2589, 18 janvier 1920, p. 2.

11 Jean Paulhan, « Louis de Gonzague-Frick », *L'Ère nouvelle*, *op. cit.*, p. 3.

12 Lettre de Frick à Élise Champagne, cachet du 22 octobre 1954, dans « Louis de Gonzague Frick : Lettres à Élise Champagne », *Annales*, *op. cit.*, p. 116.

13 Henri Strentz, cité de *L'Alliance littéraire* par André Thérive, *La Quinzaine critique des livres et des revues*, *op. cit.*, p. 398.

14 Lettre d'Éluard à son ami, et éditeur du recueil, A.-J. Gonon, le 17 janvier 1919, dans Paul Éluard, *Lettres de jeunesse*, *op. cit.*, p. 203-212 (p. 206).

15 Lettre d'Éluard à A.-J. Gonon, du 6 janvier 1919, *ibid.*, p. 201-202 (p. 201).

dans une belle lumière les vers du *Devoir et l'Inquiétude*, où « M. Paul Éluard a su parler de la guerre sans une fausse note », ce qui, dit par un vétéran du 269e régiment d'infanterie sur un « fantassin[16] » du 95e régiment, vaut son poids. Avec un recours aux « hoplocrates », à un pouvoir manié particulièrement par les fantassins, Frick met en avant sa propre langue autant que le recueil d'Éluard, dont l'« esprit » « perce » comme « la lance[17] » des hoplites. Les encouragements du compte rendu rendent un peu obscure une remarque de Paulhan, datée seulement d'un « Dimanche » mais de cette période, qui paraît reprocher à Frick une « note sur Éluard » dont la lecture le laisse « troubl[é] » même s'il concède pouvoir « peut-être [...] finir par[18] » se ranger à son avis. Dans la manière diplomate qu'il a souvent avec ses amis, Paulhan remet la discussion à plus tard : « Nous en reparlerons[19] ». Si la « note » est celle sur *Le Devoir et l'Inquiétude*, peut-on penser que Paulhan aura laissé son empreinte sur la version finale du compte rendu de Frick ? Cette hypothèse irait évidemment dans le sens d'une circulation d'écrits et de lectures, où entrent poèmes, lettres, articles et, moins saisissables, les conversations impliquant ensemble Frick, Paulhan et Éluard vers la fin de la guerre ; avec pour axe central Éluard-Paulhan.

À trois reprises dans son œuvre, Frick rend hommage à Paulhan, et il aura aussi un poème pour Éluard. Paulhan voit son nom encadré par la guerre dans les recueils de 1919 et 1932, où il est dédicataire d'un poème et se lit en figure centrale de deux autres. Suivant la mort d'Éluard à la fin de l'année 1952, Frick compose un véritable poème de douleur, dans le registre lyrique de la tristesse. La Grande Guerre est brièvement donnée en décor au travail de la mémoire, « ouragan [qui] se poursuivait[20] », tel « l'ouragan » qui environne Gautier quand il

---

16 Le compte rendu par Frick du *Devoir et l'Inquiétude*, paru dans *Le Carnet critique* du 15 février 1919, est cité et relié aux lettres à Gonon dans Paul Éluard, *Œuvres complètes*, I, *op. cit.*, p. 1307.

17 *Idem.*

18 Cette lettre de Paulhan à Frick, estimée à 1918, est citée par Bernard Baillaud, d'après le Catalogue de la librairie Les Autographes de septembre 2009, dans son étude en cours, « Vers une bibliographie des correspondances de Jean Paulhan », version juin 2011, atelierpdf.com, p. 21.

19 *Idem.*

20 Frick, « Paul Éluard et les stymphalides », dans Julien Deladoès, *Louis de Gonzague Frick*, *op. cit.*, p. 18. Un large extrait du poème à Éluard, avec quelques variantes, dont celle du titre, « Sur la mort de Paul Éluard », est cité par Sarane Alexandrian, « Un grand

compose *Émaux et camées* pendant les journées de 1848 et que Strentz cite en exergue à son compte rendu du *Bélier*[21]. La guerre est présente sous des formes différentes encore, contemporaines et mythologiques, dans les oiseaux dressés par Mars, les stymphalides, dans la menace d'une destruction nucléaire puis dans une vue d'ensemble de l'œuvre d'Éluard. Celle-ci est condensée sur un vers allant des *Poèmes pour la paix* au recueil de 1951, *Le visage de la paix*. Le vers cerne d'une expression les poèmes d'amour d'Éluard ainsi que la géographie frontalière et instable des deux géants communistes, la Chine et l'URSS : « O lyrique de la Paix et de l'immense fleuve d'Amour[22] ». Les éléments de « Paul Éluard et les stymphalides » qui intéressent la relation Frick-Éluard, nombreux dans ces vers, auront avantage à être traités après les trois poèmes rattachés à Paulhan, pour les intégrer à leur plus large contexte.

Paulhan est d'abord, dans *Girandes*, en exergue au poème « Méridienne », « À M. Jean Paulhan », mais, absent des vers, sa vie de soldat se devine par la « [m]éridienne » et le « midi[23] » entendus comme lieux, puisqu'il est basé à Tarbes à partir de l'automne 1917. Les lieux désignés du poème ne sauraient se réduire à la carte de l'amitié. Ils se gonflent des zones de guerre connues par Frick et d'un espace plus vaste, terrestre et céleste, de l'extrême nord de l'« hyperborée[n] » au « tropical », des « point[s] cardina[ux] » aux « enfers » où est rejetée la « déesse[24] » de la guerre, Bellone. En contrepartie, est demandé le retour de la musique et de la poésie d'« Orphée » : « Que la déesse descende aux enfers et

---

seigneur de la poésie moderne », *Supérieur inconnu*, *op. cit.*, p. 54. La source du poème n'est pas indiquée par Alexandrian.

21 Voir Henri Strentz, compte rendu de *Sous le Bélier de Mars*, *Vivre – Cahier de littérature*, *op. cit.*, p. 58. Strentz fait de Frick « un élève » de Théophile Gautier, pour l'« élégante et savoureuse plasticité » du « vers ». *Ibid.*, p. 59. Un autre « ouragan » dans *Vibones* désigne plutôt les lendemains du krach boursier, « souffl[ant] sur l'an 1930 » avec, en particulier, la « chu[te] » de « la rente ». Frick, « Envois recommandés », *Vibones*, *op. cit.*, p. 34.

22 Frick, « Paul Éluard et les stymphalides », dans Julien Deladoès, *Louis de Gonzague Frick*, *op. cit.*, p. 18.

23 Frick, « Méridienne », *Girandes*, *op. cit.*, p. 33-34 (p. 33). Alexandrian mentionne la dédicace à Paulhan dans « Un grand seigneur de la poésie moderne », *Supérieur inconnu*, *op. cit.*, p. 39. La dédicace est absente à la reparution du poème, en 1929, dans *Poetica*, qui, en plus des recueils de 1915, 1916 et 1919, regroupe quelques poèmes épars. Outre des dédicaces enlevées, *Poetica* change l'ordre de certains poèmes (pour tenir compte, indique Frick, de « la chronologie » et du « genre ») et ne respecte pas systématiquement la typographie originale. Voir la note en tête d'ouvrage par Frick, « On a rassemblé ici… », *Poetica*, *op. cit.*, p. [3].

24 Frick, « Méridienne », *Girandes*, *op. cit.*, p. 33-34.

qu'on nous rende Orphée dont le souffle musical chassera les remugles du charnier[25] ». L'artifice du poème met en avant un *je* qui se raconte à la deuxième personne, jusqu'à son « cœur asystolique[26] », lui qui a changé d'arme en raison d'un « bruit systolique éclatant à la base du cœur[27] ». Sur le registre militaire de Frick a été consigné qu'il souffre également d'une « arthrite sèche du poignet gauche[28] ». En 1915 puis 1916, Frick fait de sa condition deux alexandrins, d'abord hospitalisé à « Autun », « J'y fus durant la guerre, – et pour un cas d'arthrite[29] » ; victime de nouveau dans *Sous le Bélier de Mars*, « Certaine arthrite ou goutte, et tel prurit nerveux[30] ». Frick figure, au mois d'octobre 1914, dans une liste de blessés à l'Hôpital mixte à Troyes[31]. Un écho de sa condition le fait entrer, en novembre 1914, dans le premier numéro du *Bulletin des écrivains*, pour avoir « supporté un moment des rhumatismes[32] », dont il est « guéri[33] » le mois suivant, envoyé, précise *Trèfles*, « dans les tranchées du Pas-de-Calais[34] », lieu évocateur pour lui de Latourrette, qui s'y trouve durant les élections législatives de 1906[35]. Frick, dans une note à un vers de son recueil, explique que le « bouclier parfait » contre son « hydrarthrose » lui est arrivé sous forme de « genouillères » « tricoté[es][36] » par Henriette Charasson, soutien des femmes de lettres aux hommes de lettres. La vision d'un féminin secondant le masculin ressort d'une réponse de Frick à une enquête de 1927 de *Paris-Soir*, où il incomberait à la femme en milieu aisé, « épouse », « sœur » ou « gouvernante », de

25 *Ibid.*, p. 34.

26 *Ibid.*, p. 33.

27 État signalétique et des services de Louis de Gonzague Frick. Archives de Paris.

28 *Idem.*

29 Frick, *Trèfles*, *op. cit.*, p. 4.

30 Frick, « Tropes pour le Voïvode », *Sous le Bélier*, *op. cit.*, p. 59. À l'automne 1916, un bref article de Frick rédigé en prose rapporte l'« hémistiche » que « forme » la pratique récemment introduite dans les armées de « la signalisation », et relève les « [a]phorismes, apophtègmes, maximes, boutades » que se distraient à inventer ceux qui s'entraînent à ce nouveau « service » des communications militaires. Frick, « De la signalisation », *L'Ambulance*, 2e année, no 33, 1er octobre 1916, p. 5.

31 Voir, au nom « Frick Louis, 269e d'infanterie », « Listes de blessés », *L'Intransigeant*, 34e année, no 12511, 16 octobre 1914, p. 2.

32 « Pour lire dans les tranchées », *Bulletin des écrivains*, no 1, novembre 1914, p. 3.

33 « Pour lire dans les tranchées », *Bulletin des écrivains*, no 2, décembre 1914, p. 3.

34 Frick, *Trèfles*, *op. cit.*, p. 16.

35 Pour un séjour de Latourrette « au Pas-de-Calais », voir Léon Bloy, entrée du 22 mai 1906, *Journal inédit – III*, *op. cit.*, p. 940.

36 Frick, *Trèfles*, *op. cit.*, p. 13.

manier le « coupe-papier[37] » pour les ouvrages non coupés envoyés par les éditeurs aux critiques. Par un mot qui se veut d'esprit, le livre est aussi la femme-objet, où les pages intactes, non découpées, s'assimilent à une « virginité », dans l'expression d'un dû : « J'aime que les femmes – et plus encore les livres – me soient présentées dans leur virginité[38] ». De l'ensemble de la poésie composée dans la guerre, Henriette Charasson va faire un choix partisan pour retenir principalement Maurras et, du cercle de l'Action française, Joachim Gasquet[39]. Frick est absent de cette liste d'élus où perce à peine Apollinaire.

Il est, par contre, bien représenté dans le magazine *La Femme de France*, au titre alternatif des *Modes de la Femme de France*, où Henriette Charasson tient un peu plus tard « La semaine littéraire » et où le courrier des lectrices, « La Ruche », semble bien proche de Frick, nommant, en 1919, « Les pivoines incarnadines » du *Bélier* parmi les « poèmes de guerre préférés[40] ». À suivre les proto-tweets de « La Ruche » en 1919-1920, une question sur « le dernier-né » de Frick fournit ce mot énigmatique : « J'ai lu *Girandes*. Je crois même que Louis de Gonzague Frick ne m'en sait aucun gré[41] ». Au passage s'exprime l'adhésion complète aux « vers » de Frick, « de la plus savoureuse originalité[42] ». Enfin, la correspondante dévouée à Frick signant « KY » récidive en 1921 pour signaler l'enquête de *Don Quichotte* consacrée au poème en prose par le « bon poète[43] » Frick.

---

37 Frick, réponse d'enquête (« Voulez-vous que les exemplaires de service de presse aient leurs pages coupées ? », lancée le 1er février), dans « Faut-il envoyer aux critiques des livres coupés ? », rubrique des Académisards, « Petit Mémorial des Lettres », *Paris-Soir*, 5e année, no 1218, 5 février 1927, p. 2.

38 *Idem.*

39 Voir Henriette Charasson, « Les meilleurs poètes de la guerre », rubrique « La vie littéraire », *Le Rappel*, 127e année, no 17630, 24 février 1919, p. [2].

40 « NE FURORI », courrier de « La Ruche », *La Femme de France*, 10e année, no 477, 29 juin 1924, p. 8. Le poème choisi fait « parle[r] » les « pivoines » des « cimetières » sur les « corps » des « sacrifi[és] » comme des « pleur[euses] » qui s'excusent de leurs « couleurs » « incarnadines », réminiscentes du ton rose de la chair et du « pourpre » du sang : « Si tu nous vois penchées / Vers l'humus dolent des tranchées »... Frick, « Les pivoines incarnadines », *Sous le Bélier*, *op. cit.*, p. 17-18.

41 « ALCYONE à KY », courrier de « La Ruche », *La Femme de France*, 5e année, no 237, 23 novembre 1919, p. 8 ; et « KY », courrier de « La Ruche », *La Femme de France*, 6e année, no 250, 22 février 1920, p. 11.

42 « LA TZIGANE à KY », courrier de « La Ruche », *La Femme de France*, 5e année, no 237, 23 novembre 1919, p. 14.

43 « KY », courrier de « La Ruche », *La Femme de France*, 7e année, no 299, 30 janvier 1921, p. 5.

Le courrier « insinue » une connivence de « KY » avec Frick, qu'elle « connaîtr[ait] un peu, beaucoup[44] » ; et pourquoi pas à la manière d'une Berthe de Nyse, que « KY » évoque non loin de Frick en 1919 : « Que pensez-vous de mesdames Aurel, Henriette Charasson, Berthe de Nyse » et, pour les « messieurs », « Louis de Gonzague Frick[45] » ? Une lectrice s'interrogera en 1936 sur le sort de « [n]otre savante KY[46] », disparue ainsi que Frick, à une époque où le nom de Billy, chroniqueur à la revue, figure souvent dans ces courts messages.

Dans le poème de *Girandes*, « Méridienne », le « tu », derrière lequel se masque le je, est assigné à une nouvelle mission analogue à l'itinéraire militaire de Frick. L'armée ayant pris acte de ses problèmes de santé, Frick est réaffecté durant son « troisième hiver » de combat, l'hiver 1916-1917, dans l'artillerie à tirer sur les avions, là où, dit un vers : « Ton objectif a l'altitude de ton idéal[47] ». C'est bien du côté des airs que Frick termine sa période de mobilisation, à l'École d'aviation du Camp d'Avord, dans le Cher, suivant les pas de Dorgelès qui, dès la seconde année de guerre, rejoint l'arme aérienne, avec l'appui du journaliste Jacques Mortane[48]. Jean Pellerin, lui aussi, était, tôt en 1915, « passé aux services de l'aéronautique[49] ». Dans le poème « Phases », « les hauteurs accueillantes de Montmartre », lieu rêvé, et, dans le ciel, les tournoiements de « [l']aviation » succèdent aux tranchées, « dédale souterrain de la guerre », comme « spectacle[50] » à contempler de leur

---

44 « ALCYONE à KY », courrier de « La Ruche », *La Femme de France*, *op. cit.*, p. 8.

45 « KY », courrier de « La Ruche », *La Femme de France*, 5e année, n° 231, 12 octobre 1919, p. 13.

46 « PASTORA », courrier de « La Ruche », *La Femme de France*, n° 1125, 29 novembre 1936, p. 4.

47 Frick, « Méridienne », *Girandes*, *op. cit.*, p. 33-34.

48 État signalétique et des services de Louis de Gonzague Frick. Archives de Paris. Pour Dorgelès, voir Micheline Dupray, *Roland Dorgelès, un siècle de vie littéraire française*, Paris, Albin Michel, 2000, p. 165-166 ; et Claude-Catherine Ragache, *Roland Dorgelès*, *op. cit.*, p. 69-71.

49 « La Boîte aux lettres », *L'Intransigeant*, 35e année, n° 12724, 17 mai 1915, p. 2.

50 Frick, « Phases », *Sous le Bélier*, *op. cit.*, p. 72-74 (p. 72 et 74). Dans « Dualisme », un duel « aérien » oppose « [d]eux attitudes et deux altitudes » et se décide d'un « coup de dé » sous le regard et les « acclam[ations] » d'un groupe de soldats. Frick, « Dualisme », *Sous le Bélier*, *op. cit.*, p. 15-16 (p. 16). Le poème, dédié à Tailhade et repris dans l'anthologie des *Poètes contre la guerre* de 1920, montre un désir, un besoin de lecture interrompu par les bruits incessants de la guerre. Marcel Raymond reporte ce poème dans une avant-vie, en exemple de l'« art trop habile » de *La Phalange*. Marcel Raymond, *De Baudelaire au surréalisme*, Paris, José Corti, 1969, p. 120.

propre position par les soldats. Edmond Rostand, dans son « Cantique de l'aile » de 1911, avait accordé des proportions mythiques (Psyché) et bibliques (Ézéchiel) à ce regard du bas vers le haut concentré sur le vol de l'avion hors situation de combat : « Vous par qui nous voyons, au-dessus de nos boues, / Une hélice, en plein ciel[51] ». Les « boues », qui signifient en 1911 la terre et les champs, acquièrent un sens plus grave après 1914 avec les tranchées, les galeries et la dégradation des sols. Lorsque Frick parvient aux dernières « [p]hases » de son poème, la perspective d'entrer dans un autre corps, l'armée de l'air, est envisageable par l'action des « tables tournantes[52] ». Le répit amené par la pensée ou par la poésie (« lyrisme ») ne dure pas et l'esprit réintègre la réalité du moment, « l'épouvante des charniers septentrionaux », criblés des tirs ennemis sous « la neige[53] » de l'hiver, où la boue s'est durcie.

Frick est assigné, fin 1917, à l'armée de l'air après avoir combattu dans les tranchées, sans particulièrement adhérer aux idées que lui expose Allard en 1916 dans un état d'expectative, réformé de l'infanterie, « jugé » « apte » à l'artillerie mais désireux plutôt d'aller dans l'aviation : elle « seule » « offr[irait] » « au poète » une « possibilité de mort héroïque[54] ». Allard rejoint « Le Cantique de l'aile », où Rostand faisait « m[ourir] pour l'azur comme on meurt pour la Grèce » et rendait « [g]loire à celui qui vient s'écraser sur la plaine, / Ou sombre au flot hagard » ou « meurt brûlé comme un phalène[55] ». L'aviation ainsi conçue chez Rostand pour ses pionniers français tient d'une mystique du vol humain, de la machine et de ses exploits. La même année que Rostand, Jouve place le

---

51 Edmond Rostand, « Le Cantique de l'aile », *Le Cantique de l'aile*, Paris, Librairie Charpentier et Fasquelle, 1922, p. 1-17 (p. 15).

52 Frick, « Phases », *Sous le Bélier*, *op. cit.*, p. 74.

53 *Idem.* À leur reparution dans *Poetica*, « les poèmes de guerre » font lire la « miraculeuse élégance d'annihiler par la magie verbale » les « hideurs » du conflit. Théo Varlet, cité de sa revue des livres du *Mercure de Flandre* d'avril 1930, dans la rubrique « Revues et journaux », *La Proue*, 2e année, cahier 8, juin 1930, p. 45. *Comœdia* reproduit la critique versifiée que Marcel Chabot, responsable de *La Proue*, compose sur *Poetica* et ses « mots » de tous ordres. Voir Le Lutécien, rubrique « Petit Courrier littéraire », *Comœdia*, 23e année, no 7080, 17 décembre 1929, p. 3.

54 Lettre de Roger Allard à Frick, du 19 mai 1916. HRC, Austin.

55 Edmond Rostand, « Le Cantique de l'aile », *Le Cantique de l'aile*, *op. cit.*, p. 5 et 10. Le poème prend acte des nombreux décès de jeunes aviateurs dans la période de l'exploit de Blériot au-dessus de la Manche. Voir Robert Wohl, « The Bards of Aviation : Flight and French Culture, 1909-1939 », *Michigan Quarterly Review*, vol. 29, no 3, juin 1990, p. 303-327 (p. 305).

témoin du vol en communion avec l'appareil et son pilote, la machine greffée sur l'homme dans les airs, « êtres qui s'étaient augmentés / De membres nouveaux en acier / Et en toile[56] ». En bas, le spectateur a, lui aussi, les particularités d'une mécanique, avec des « forces » qui « pass[ent] sur la poulie de [s]on cœur[57] ». L'effet d'ensemble, avec le spectacle et le public autour, est celui d'« un corps si multiplié » qu'il se sent une « for[ce][58] » égale à l'homme en plein vol, petit scénario unanimiste à tendances futuristes. Durant la guerre, la lettre d'Allard à Frick emprunte à l'avion-spectacle le ciel comme espace de grandeur et puise à la représentation des as de l'aviation pour choisir quelle mort convient le mieux au poète-soldat.

Ébloui lui aussi par l'aérien, qui peut venir contraster avec le « trou boueux où » il est mobilisé, à distance du front, rattaché à une boulangerie de l'armée, Carco dit en décembre 1915 à sa correspondante Jeanne Landre avoir très envie d'« écrire un livre sur l'aviation[59] ». Il reparle ailleurs de cette « idé[e][60] » qu'il a pour un ouvrage et montre dans l'aérien une formule à succès, une assurance de vente. Le « sujet » éviterait le risque « d'insulter à trop de douleurs héroïques après la guerre » : « Il vaut mieux », explique Carco, « que je me réserve pour un livre sur l'aviation. Beau sujet… Héroïsme jeune et simple[61]… » La perspective d'un tel « livre » lui semble encore « épatant[e][62] » quand il est muté, en mars 1916, à l'école d'aviation d'Avord. C'est avec la « cert[itude] de faire un bath pilote, un "as[63]" » qu'il commence son entraînement pour le brevet.

---

56 Pierre Jean Jouve, « Les aéroplanes » (1911), *Œuvre*, I, éd. Jean Starobinski, Paris, Mercure de France, 1987, p. 1399-1425 (p. 1423). Jouve ne reste pas sur cette idée des merveilles aériennes. Au nombre de ses écrits contre les ravages des combats de la guerre, déjà présents dans son recueil *Vous êtes des hommes* de 1915, le poème « Il n'y a pas de victoire », publié en 1919, sous-entend l'avion, parmi les appareils meurtriers manipulés par les « Rois du bétail et de l'acier », où le « bétail » désigne autant ces soldats devenus « chairs au fond de la terre » que les civils dociles. Pierre Jean Jouve, « Il n'y a pas de victoire », *Œuvre*, I, *op. cit.*, p. 1611. Le poème entre dans *Les poètes contre la guerre*.

57 Pierre Jean Jouve, « Les aéroplanes », *Œuvre*, I, *op. cit.*, p. 1422.

58 *Ibid.*, p. 1423.

59 Lettre de Francis Carco à Jeanne Landre, du 3 décembre 1915, en vente chez Ader-Nordmann le 13 décembre 2012, lot n° 113, sur le site ader-paris.fr. Consulté le 2 octobre 2013.

60 Lettre de Francis Carco à Léopold Marchand, du 20 décembre 1915, dans Jean-Jacques Bedu, *Francis Carco*, *op. cit.*, p. 371.

61 *Idem.*

62 Lettre de Francis Carco à Léopold Marchand, du 21 mars 1916, *ibid.*, p. 381-382 (p. 381).

63 Lettre de Francis Carco à Léopold Marchand, du 15 mars 1916, *ibid.*, p. 182.

Il est, comme Allard, poète-soldat passant de l'armée de terre à l'armée de l'air, de la boue et son ennui au ciel et à la « vitesse[64] », avec le désir de traiter les airs comme cadre pour l'héroïsme. À la fin de l'année 1916, Carco est blessé dans un accident d'avion, lui qui avait perdu son jeune frère au mois de juin dans les combats près de Verdun[65]. L'avion ne lui apparaît plus désormais sous la forme d'« un sport » ou de l'exploit, mais d'« une arme[66] » similaire à n'importe quel arsenal, de nature létale.

Les rêves du ciel vont comporter leur part de comique dans le roman *Badigeon, aviateur*, que Carco finit par publier en 1917 en collaboration avec sa correspondante Jeanne Landre. Le personnage de l'« élève-pilote » Badigeon exprime que « l'aviation n'[est] pas une arme, mais un sport[67] », ce que Carco dans son propre parcours de guerre a fini par inverser. Quand il s'envole pour sa dernière épreuve du brevet, le sport demeure à l'esprit de Badigeon, qui discourt en lui-même comme pour un auditoire féminin : « Voilà l'bonheur, Mesdames, le vrai, le seul… celui que procure à un homme libre un sport plein d'imprévu[68]. » Son vol termine prématurément en atterrissage forcé dans un « champ », heureusement « dans l'sens des sillons », retour peut-être à la réalité de la « boue », avec aussi une parodie d'accueil héroïque de « monsieur l'aviateur » par un public campagnard fait de « femmes » et d'« enfants[69] ». Dans le poème « Les aéroplanes » de Jouve, en temps de paix, la descente de l'aviateur en parachute est reçue par d'inquiets spectateurs, soulagés de le trouver indemne. La foule est possédée alors d'une émotion, d'un désir, « cent cœurs voudraient / […] contenir » le pilote rescapé, « cent lèvres sèches / Voudraient aux lèvres le baiser[70] ». Ce don de soi à l'aviateur dans une effusion collective a déjà

64 Allard et Carco (même si celui-ci est moins près des tranchées) se conformeraient à la distinction entre écrits de fantassins et d'aviateurs, les uns concentrés sur l'enlisement et la « puanteur », les autres sur la « vitesse » et la « puissance », selon les termes de l'analyse de Laurence Goldstein, *The Flying Machine and Modern Literature*, London, Macmillan, 1986, p. 78-79.

65 Sur ces événements, se reporter à Jean-Jacques Bedu, *Francis Carco*, *op. cit.*, p. 184 et p. 180-181. La « mis[e] en réforme temporaire » de Carco, en juin 1917, coïncide avec celle de Frick. Voir « Pour lire dans les tranchées », *Bulletin des écrivains*, n° 32, juin 1917, p. 2.

66 Lettre de Francis Carco à Léopold Marchand, du 3 novembre 1916, dans Jean-Jacques Bedu, *Francis Carco*, *op. cit.*, p. 385-387 (p. 386).

67 Jeanne Landre et Lieutenant G*** Pilote [Francis Carco], *Badigeon, aviateur*, Paris, L'Édition, 1917, p. 8 et 11.

68 *Ibid.*, p. 252.

69 *Ibid.*, p. 255.

70 Pierre Jean Jouve, « Les aéroplanes », *Œuvre*, I, *op. cit.*, p. 1421.

un soupçon, mais juste un soupçon, du ridicule que Carco, avec Jeanne Landre, va apporter à la tombée du ciel de Badigeon.

Bien que Frick soit passé par Avord après Carco, dont le récit de *Badigeon* pourrait lui servir au jour le jour, il ne songe pas à ce héros farfelu ou au contraste avec le traitement exaltant de l'avion chez Allard en 1919. Frick contourne la question de l'héroïsme pour ne retenir que le « prestige », qui lui permet de caractériser la manière dont Allard « écrit » « sur l'aviation[71] », sans mettre en cause la vision de son ami. Allard n'est pas atteint et est bien plutôt rehaussé comme l'un des rares « poètes[72] » à s'être distingué de cette façon dans l'écriture aéronautique. Frick a pu suivre de lettre en lettre l'expérience d'Allard dans l'aviation. Au début de l'année 1917, Allard est à Chartres « apprenti aviateur », « nouveau métier » « très passionnant et plus fatigant qu'on ne le croit généralement[73] », intrusion de la réalité dans l'image courante de l'aviation. *L'Intransigeant* annonce en juin que, devenu « pilote aviateur », il « va être entraîné pour la "chasse[74]" », ce qui aiguise sa perspective lyrique sur l'avion. La lettre qu'Allard envoie en octobre à Frick fait état d'un « accident insensé dont » il s'est « tiré par miracle[75] ». L'étendue de ses blessures était détaillée dans *L'Intransigeant*, le corps partout atteint, avec une « jambe fracturée en deux endroits », la perte d'un doigt et « la mâchoire brisée[76] ». C'est le dernier de la petite série des accidents de l'air parmi les proches de Frick, commencée avec la chute d'avion de Dorgelès en juin 1916, puis la blessure de Carco[77]. La correspondance du moment entre deux de ses illustrateurs, Dufy et Jean-Émile Laboureur, évoque Allard immobilisé par des blessures et brûlures[78]. Allard a reçu sa première blessure de guerre en 1914, accompagnée d'une « cit[ation] à l'ordre du jour[79] ».

71 Frick, compte rendu du *Cap de Bonne-Espérance* de Cocteau, « Scolies », *La Politique et les lettres* (successeur de *La Caravane*), 6e année, n° 1, mars 1919, p. 10.

72 *Idem.*

73 Lettre de Roger Allard à Frick, du 13 mars 1917. HRC, Austin.

74 « Les Lettres », *L'Intransigeant*, 38e année, n° 13477, 7 juin 1917, p. 2.

75 Lettre de Roger Allard à Frick, du 23 octobre 1917. HRC, Austin.

76 « Les Lettres », *L'Intransigeant*, 38e année, n° 13598, 6 octobre 1917, p. 2.

77 Sa convalescence terminée, Dorgelès devient instructeur à Longvic. Il sera affecté, en 1918, à Avord, avant d'occuper un poste d'inspecteur des écoles d'aviation. Voir Micheline Dupray, *Roland Dorgelès*, *op. cit.*, p. 175 et 188.

78 Lettre de Raoul Dufy à Jean-Émile Laboureur, du 5 octobre 1917, en vente chez Ader, lot n° 245, le 13 décembre 2011, sur le site ader-paris.fr. Consulté le 2 octobre 2013.

79 « Pour lire dans les tranchées », *Bulletin des écrivains*, n° 2, décembre 1914, p. 3.

Suivant une tournure plus chevaleresque dans *Trèfles*, Frick fait « combattre » Allard « ainsi qu'un authentique preux », avec derrière lui, pour compléter la scène, le décor du « bocage amoureux[80] », du titre choisi par Allard en 1911 pour son recueil. Léon Deffoux, journaliste à l'Agence Havas, remarque au printemps 1918, dans *La Caravane*, une « cicatrice au visage » et la « double fracture de la cuisse [qui] n'est pas encore réduite[81] ». *L'Intransigeant*, éternel informé et informateur, rapporte en novembre 1918 qu'Allard, de « retou[r] au front » dans l'aviation, a été victime d'un accident supplémentaire, atteint « aux yeux » et soigné « à l'hôpital Gama, à Toul[82] », là où Frick était en 1916. Dans son poème des *Élégies*, « Adieux à l'infanterie », Allard parle de sa blessure où la « cuisse » « fleuri[t] » de l'atteinte par des « shrapnells[83] » qui, en image baudelairienne, ornent sa chair meurtrie. Jamais publié, le projet d'*Avionneries*, qu'Allard annonce en 1917 et encore en 1918 à paraître, est décrit dans une note aux *Élégies martiales* comme une série de poèmes dédiés « aux fastes aériens[84] », qu'éloignent un peu les séquelles subies

---

80 Frick, *Trèfles*, *op. cit.*, p. 10.

81 Léon Deffoux, « Silhouette », *La Caravane*, *op. cit.*, p. 3. Dans *Trèfles*, Frick fait vérifier les faits les plus extravagants à Deffoux et à son bureau d'information, « votre Havas », à savoir si « [l]e Kronprinz » n'a pas « aval[é] sa jument ». Frick, *Trèfles*, *op. cit.*, p. 19. À l'issue de la guerre suivante, la condamnation de Deffoux, pour s'être maintenu à l'Agence Havas sous Pétain, occasionnant son suicide, est déplorée par Sylvain Bonmariage en des termes troublants. Bonmariage présente le sort de Deffoux, jugé par « les gens de la Résistance », comme l'« assassinat d'un naïf » et avertit que « les fusilleurs finissent fusillés ». Sylvain Bonmariage, *Catherine et ses amis*, *op. cit.*, p. 219-220. Dans ces mémoires de 1949, Bonmariage, persistant dans l'antisémitisme, de pair chez lui avec l'homophobie, regrette une mainmise des « juifs et [d]es pédérastes de la *Nouvelle Revue française* » sur l'« œuvre » d'Apollinaire. *Ibid.*, p. 96. L'ouvrage de 1935 de Bonmariage est semé d'allusions variables à l'appartenance juive de personnalités littéraires ou politiques, tandis que sont exprimées des affinités poétiques avec les « poètes » de l'école romane, « sensibles et français », et une « admiration littéraire », une « dilection », pour Maurras, qui se repose brièvement sur « le bras » de Bonmariage à l'enterrement de Maurice du Plessys. Sylvain Bonmariage, *L'automne des feuilles de vigne*, Paris, L'Édition Littéraire Internationale, 1935, p. 108-109, 117, et 135. Bonmariage a une longue pratique dans la diatribe antisémite, ainsi dans l'état qu'il entend faire du théâtre contemporain, en 1911. Voir Sylvain Bonmariage, « La crise du théâtre contemporain », *Pan*, 4e année, no 8-10, juillet-octobre 1911, p. 516-525.

82 Les Treize, « Les Lettres », *L'Intransigeant*, 39e année, no 14009, 21 novembre 1918, p. 2.

83 Roger Allard, « Adieux à l'infanterie », *Les élégies martiales*, avec un portrait gravé sur bois par Raoul Dufy, Paris, Nrf, 1928, p. 29-33.

84 Roger Allard, « Note de l'édition de 1918 », *Les élégies martiales*, *op. cit.*, p. 81-82 (p. 82). Il s'agit des pages de « Notes à l'usage du lecteur curieux, ou d'improbables scoliastes » de l'édition de 1917 (*Les élégies martiales*, frontispice et 29 bois par Raoul Dufy, Paris, Camille Bloch, 1917). Toutes les références aux *Élégies* sont à l'édition de 1928, à moins d'indication contraire.

par Allard. Autre moteur, autre temps, un « taxi » va renverser Allard à un « carrefour » parisien en 1936, mais ce n'est plus le poète que le journal identifie, plutôt l'« écrivain et publiciste[85] » qu'il est devenu.

La nouvelle édition de 1928 des *Élégies* inclut une note de mise à jour qui explique que sa décharge de l'aviation, alors qu'il « quitt[e] l'uniforme de pilote militaire », lui a fait « abandonner[86] » la préparation d'*Avionneries*. Allard a également délaissé son *Ode à la Paix*, dont quelques fragments datant de la guerre sont imprimés en 1928, en raison de l'écart entre son espoir de paix et le visage qu'elle a pris pour lui « comme [pour] beaucoup d'autres[87] ». Quand Frick, au titre d'ancien combattant, est interrogé sur ce qu'il pense du Traité de Versailles, alors vieux de trois ans, il s'arrête au langage du document pour le montrer source de difficultés sans fin, « [u]n maquis verbal[88] ». La réponse de Dorgelès à l'enquête du *Matin* est d'un genre plus attendu : « Une base excellente pour de futures guerres ; d'ailleurs, ceux qui font les traités et lancent les ultimatums ne se battent jamais[89] ». Chez Allard, deux vers de l'*Ode à la Paix* peuvent, en 1922, être étendus des morts aux vivants, aucun, resté ou revenu, n'étant « sû[r] que fut conquise / La Paix dont ils avaient rêvé[90] ».

Lorsqu'il est à la rédaction des *Élégies martiales*, Allard envisage peu la fin de la guerre et ses après. Il compose son élégie « M.S. 26-120 H.P. » de la perspective du pilote enthousiasmé, et signe de son rang de brigadier pilote un exemplaire de son recueil à Victor-Émile Michelet[91]. Une « féérie[92] » qui tourne à l'épique laisse entrevoir ce qu'auraient pu

85 « En quelques lignes », *Le Figaro*, 111e année, no 294, 20 octobre 1936, p. 3.

86 Roger Allard, « Note sur la présente édition », *Les élégies martiales*, *op. cit.*, p. 83-84 (p. 84). Allard distingue l'édition de 1928 de celle de 1917 par « quelques corrections de détail » et l'ajout de trois poèmes. *Ibid.*, p. 83. Des bois réalisés par Dufy, seul le portrait d'Allard demeure en 1928, placé en frontispice, avec un visage aux traits tordus sur d'étroites épaules, couvertes d'une veste de tweed, et un petit nœud.

87 *Ibid.*, p. 84.

88 Frick, réponse à une enquête anti-Traité de Maurice d'Hartoy, de l'A.E.C., dans « La Génération du Feu – Le Traité de Versailles jugé par les combattants », *Le Matin*, 39e année, no 14088, 15 octobre 1922, p. 2. D'Hartoy est instrumental dans la création des Croix-de-Feu en 1927.

89 Dorgelès, réponse d'enquête, *ibid.*, p. 2.

90 Roger Allard, « À la paix », *Les élégies martiales*, *op. cit.*, p. 77-80 (p. 78).

91 Voir la copie des *Élégies martiales* mise en vente à la Librairie Hérodote (Paris), sur le site abebooks.fr. Consulté le 19 février 2014.

92 Roger Allard, « M.S. 26-120 H.P. », *Les élégies martiales*, *op. cit.*, p. 71-75 (p. 72).

être les « fastes aériens » du recueil *Avionneries*. Le traitement de l'avion par l'épopée est en termes clairs chez Allard en 1924, lorsque, critique dans la *N.R.F.* du roman de Kessel, *L'Équipage*, il trouve des accents de *Chanson de Roland* au récit de la mort du chef d'escadrille[93]. Dans l'élégie d'Allard au titre à acronyme « M.S. 26-120 H.P. », la machine est harmonieuse puissance, allant « [a]u rythme de son cent-vingt Rhône », que le poème recalcule en matière légendaire dans « dix fois douze chevaux de feu », avec la vision du « déchir[ement] » d'un « calice[94] » et du passage en succession de héros d'antan. Allard explique, dans sa note de 1917, que les initiales « M.S. » correspondent à l'avion « Morane-Saulnier type 26, dit Morane-Parasol[95] », sur lequel il volait.

Le 120 Rhône est, en 1917, une arme pour Allard, convalescent, dans ses menées contre Pierre Albert-Birot et *Sic*, qu'il tient par esprit de rivalité pour « une contrefaçon[96] » de la revue d'Ozenfant, *L'Élan*, où sont mêlés art et guerre depuis le premier numéro d'avril 1915. Dans ses « Lectures d'hôpital » pour *La Caravane*, fin 1917, Allard décrie le poème d'Albert-Birot, « L'Avion », aux sons tirés de l'engin volant et durement qualifié de « Birotechnie », « néo-primitivisme », extrême « passéisme[97] ». Albert-Birot n'aurait pas fait beaucoup plus qu'un « *mécano* » de l'« escadrille » d'Allard qui parlait avec un « 120 Rhône dans le gosier[98] ». Une lettre d'Allard, dans ce numéro de *La Caravane*,

93 Le compte rendu d'Allard est relevé par Robert Wohl, « The Bards of Aviation », *Michigan Quarterly Review*, *op. cit.*, p. 311.

94 Roger Allard, « M.S. 26-120 H.P. », *Les élégies martiales*, *op. cit.*, p. 71.

95 Roger Allard, « Note de l'édition de 1918 », *Les élégies martiales*, *op. cit.*, p. 82.

96 « Quant à la revue *Sic*, elle est sans intérêt, je la connais, c'est une contrefaçon de *L'Élan*. » Lettre de Roger Allard à Frick, du 4 juillet 1916. HRC, Austin.

97 Roger Allard, « Lectures d'hôpital », *La Caravane*, 4e année, no 11-12, nov.-déc. 1917, p. 10. Le terme agencé par Allard est perçu comme une « [a]dmirable trouvaille – involontairement flatteuse », par Max Pons, « Un grand primaire ou la langue en feu », dans Madeleine Renouard, éd., *Pierre Albert-Birot, laboratoire de modernité – Colloque de Cerisy, septembre 1995*, Paris, Jean-Michel Place, 1997, p. 209-216 (p. 210). Et Jacob, en 1933, redit le mot dans ses « [s]ouvenirs » des innovations d'Albert-Birot, face à Allard « indigné ». Max Jacob, « Souvenirs et Critique », *Les Nouvelles littéraires*, 12e année, no 552, 13 mai 1933, p. 1. De fait, Albert-Birot retient la « Birotechnie » que lui a collée Allard lorsqu'il raconte, en 1953, les années de *Sic* pour *Les Lettres nouvelles*. Pierre Albert-Birot, « Naissance et vie de *Sic* », *Autobiographie*, suivie de *Moi et moi*, Troyes, Librairie bleue, 1988, p. 43-62 (p. 60). Frick est nommé dans la phrase suivante pour son « entrée » dans le numéro de décembre 1917 de *Sic*. *Idem*.

98 Roger Allard, « Lectures d'hôpital », *La Caravane*, *op. cit.*, nov.-déc. 1917, p. 10. Quand survient un accrochage de plus, autour de la plaquette d'Allard *Baudelaire et l'esprit*

invoque l'avion M.S. 26-120 H.P., sous son nom Morane-Parasol, dans lequel, en pilote « à 4000 mètres », il « ne [s]e sen[t] pas au-dessus de la mêlée[99] ». Allard concède simplement une impression d'« enivre[ment] », qui ne serait pas le résultat d'une foi inébranlable dans de « faux dieux » mais l'effet « d'un vin loyal[100] » correspondant au véritable état d'esprit du pilote dans l'avion.

La mise au point d'Allard dans *La Caravane* ne saurait effacer le traitement de l'aviation en mythe dans sa poésie, qui lui vaut, pour des images trop étriquées, de se faire apostropher par Aragon, dans une lettre à Breton de septembre 1918, « ô myope Allard[101] ». Lors d'une brève mention, non publiée à l'époque, des *Élégies martiales*, Aragon simplifie à l'extrême la poésie d'Allard, dans les « roses », les « feux d'artifice » et un détour par « les enfants » devenus « grands[102] ». La lettre qu'Aragon envoie du front à Breton réunit Allard et Albert-Birot dans des observations sur la place de l'avion « en art[103] », que ces deux poètes ne seraient pas parvenus à explorer. Aragon s'empare de l'avion et d'acrobaties aériennes pour enchaîner une suite d'images : les bombardements aux « belles » « fusées » scatologiques ; un suivi de la boucle, du « *looping* » de la fête foraine à la « boucle de cheveux » ; et, dans le cockpit, des « Messieurs » aux « pens[ées] » comme il faut de

---

nouveau, celui-ci proteste contre Albert-Birot dans *Sic*, signant sa lettre « Br. pilote, convalescent », qui rappelle aussi « L'avion » et ses sons de 1916. Lettre de Roger Allard à Pierre Albert-Birot, dans « Etc... », *Sic*, 3e année, no 29, mai 1918, p. [6].

99 « Lettre de Roger Allard », *La Caravane*, 4e année, no 11-12, nov.-déc. 1917, p. 20.

100 *Idem*.

101 Lettre de Louis Aragon à André Breton, du 24 [septembre 1918], dans Louis Aragon, *Lettres à André Breton*, *op. cit.*, p. 212-214 (p. 213).

102 Voir Louis Aragon, « Bulletin météorologique », *Œuvres poétiques complètes*, I, éd. Olivier Barbarant *et al.*, Paris, Gallimard, 2007, p. 38. Allard et Aragon ont plusieurs échanges irrités dans les années d'après-guerre, comme l'a montré Bernard Leuilliot, à partir d'une petite note d'Aragon dans *La Révolution surréaliste* en 1924, qui balaie de la main Allard comme « auteur de plusieurs articles imbéciles ». Voir Bernard Leuilliot, dans Louis Aragon, *Chroniques I*, *op. cit.*, p. 210. Au moment où il écrit son compte rendu de *Feu de joie* pour la *Nouvelle Revue française*, alternant piques et compliments, Allard s'en prend à Dada dans *Le Nouveau Spectateur*, où il n'épargne pas Aragon, qui s'en sort tout de même mieux par rapport à certains, « malin » et « doué d'un sens [...] fin de la cocasserie ornée ». La cible est plutôt Tzara, à travers des propos xénophobes auxquels recourent d'autres détracteurs. Des mots cassants atteignent encore Ribemont-Dessaignes et Picabia, « ces deux ratés de la peinture ». Roger Allard, « De divers cubismes », *Le Nouveau Spectateur*, 2e année, 10 mars 1920, no 17-18, p. 105-122 (p. 121).

103 Lettre de Louis Aragon à André Breton, du 24 [septembre 1918], dans Louis Aragon, *Lettres à André Breton*, *op. cit.*, p. 213.

« Patrie », « Devoir » et « Honneur », qu'ils aient la tête ou « les pieds en l'air », dans une nouvelle « boucle[104] ». Sur les grands mots de la nation en guerre, Aragon va évidemment beaucoup plus loin qu'Allard et son allusion aux « faux dieux », même en considérant la différence entre correspondance privée et publication en revue, écrits soumis chacun à un type de censure.

Allard et sa poésie d'aviateur entrent dans l'hebdomadaire grand public de Jacques Mortane, *La Guerre aérienne illustrée*, en décembre 1917, pour le prix qui vient d'être décerné à la totalité de son œuvre, y compris « le manuscrit des *Élégies martiales*[105] », sur le point de paraître. Allard partage son prix de mille francs avec deux pilotes-écrivains, Émile Lesueur, comme lui « grièvement bless[é][106] », et Roger Vincent, mort au front. Le fait que cette « Bourse nationale de voyage » ait été attribuée à un « pilote », « le brigadier[107] » Allard, décide Mortane, contre les habitudes de la revue, ce qu'il se plaît à répéter, à accueillir un poème, le « M.S. 26-120 H.P. ». Il décourage, cependant, l'envoi par les lecteurs de compositions d'inspiration aérienne, faute de place pour les publier dans les pages de son hebdomadaire. Après Allard, une seconde exception est faite, pour des vers d'une « jeune lectrice » écrits en mémoire de Georges Guynemer, abattu quelques mois auparavant au-dessus de la Belgique, et qui avait été affiché en vedette de la revue, comme il l'était aussi ailleurs[108]. « [P]lus de 150 poèmes à la gloire de l'As » auraient été adressés spontanément à *La Guerre aérienne* mais, pour plus d'effet, c'est sur la jeune fille poète en herbe, dont est gardé l'anonymat, que s'arrête le choix des vers destinés à voisiner

---

104 *Ibid.*, p. 213-214.

105 Jacques Mortane, « Parlons d'ailes : notre numéro de Noël », *La Guerre aérienne illustrée*, 2e année, n° 57, 13 décembre 1917, p. 66. Dans *Le Parachute*, mensuel de « propagande aéronautique » créé en décembre 1918, Frick publie un « sonnet aérien » que mentionne, sans l'identifier, Louise Faure-Favier dans « Roger Lallier », rubrique « Aviateurs et Aéronautes Contemporains », *L'Aérophile*, 32e année, n° 5-6, 1er-15 mars 1924, p. 81-82 (p. 82). En 1927, Faure-Favier compte Frick, à côté d'Allard, parmi les « quelques poètes [ayant] célébré la vision aérienne ». Louise Faure-Favier, « Aviation et littérature », *Mercure de France*, 38e année, n° 704, 15 octobre 1927, p. 330-337 (p. 336).

106 Jean de Paris, « La Bourse nationale », rubrique « Informations », *Le Figaro*, 63e année, 3e série, n° 318, 14 novembre 1917, p. 3.

107 Jacques Mortane, « Parlons d'ailes », *La Guerre aérienne illustrée*, *op. cit.*, p. 66.

108 *Idem.* La revue avait accordé une place privilégiée à l'escadrille de Guynemer, les Cigognes, comme le précise l'article de Robert Wohl, « The Bards of Aviation », *Michigan Quarterly Review*, *op. cit.*, p. 307-308.

ceux d'un poète rôdé comme Allard[109]. Mortane n'est pas sans savoir que l'Académie française, pour son concours poétique proposé dans la presse en juin 1909 et décidé en 1911 sur la Conquête de l'air, avait reçu 154 poèmes, soit un nombre comparable à ce que *La Guerre aérienne* dit avoir recueilli dans son courrier du mois de décembre 1917[110]. Le poème retenu de la jeune fille, qui peut incarner, dans l'esprit du lecteur de la revue, le regard d'une France pure et innocente, refait de Guynemer « [l]e chevalier du ciel, le frère de Roland[111] ». Ailleurs, dans un poème de 1919 du *Bouquet inutile* dédié à Allard, le solennel du vol ne résiste pas au *buzz* de Pellerin, qui « [l]aiss[e] se fatiguer les mouches / À faire de l'aviation » pour se consacrer plus complètement aux « voluptés[112] ».

Mortane, de son vrai nom Jacques Romanet, publie en 1937 *Deux archanges de l'air*, ouvrage consacré à Guynemer et Mermoz, où subsiste l'élévation quasi-religieuse de l'aviateur qu'avait intégrée le poème de la jeune fille. Laissant Mortane à sa veine rétrograde, Allard, au même moment dans un organe promotionnel, écarte le « risque » encouru par le pilote de guerre ou de l'aéropostale, puisque l'aviation est arrivée à l'âge du « commerce » et du transport de passagers vers là où ils le « désir[ent][113] ». L'avion peut encore renouveler un « art poétique », non plus celui du vol mais du « voyage[114] ». Intéressé particulièrement à représenter la merveille du vol, Mac Orlan a laissé, en 1926, un souvenir des premiers temps de l'aviation et de son empreinte sur la poésie. Une scène de foire remontant au début du siècle allie « progrès » mécanique et « traditions littéraires » dans le mouvement que permet un « manège de monoplans[115] ». « [L]e pignon » de cette attraction maintient « au sol », avec le passé des lettres, les poètes montés à bord des répliques

109 Jacques Mortane, « Parlons d'ailes », *La Guerre aérienne illustrée*, *op. cit.*, p. 66.

110 Sur ce concours de l'Académie, voir l'article fouillé de Giovanni Lista, « Apollinaire et la conquête de l'air », *La Revue des lettres modernes*, n° 380-384, 1973, p. 115-129 (p. 115-121).

111 « Ce fut dans la blancheur d'un matin de septembre », *La Guerre aérienne illustrée*, *op. cit.*, p. 66.

112 Jean Pellerin, « La romance du retour », *Le bouquet inutile*, *op. cit.*, p. 157-180 (p. 165).

113 Roger Allard, « Aviation d'hiver » [ou « Avion en hiver », selon la table des matières], *Air France Revue*, n° 8, hiver 1936-1937, p. 25-26 (p. 25). Allard parle de son « brevet de pilote » comme d'un « hasar[d] de la guerre », sans revisiter son exaltation d'alors. *Idem.*

114 *Idem.*

115 Pierre Mac Orlan, « Le manège d'aéroplanes », *Poésies documentaires complètes*, Paris, Gallimard, 1982, p. 171.

d'avions qui, à leur mesure, produisent la sensation du vol, mélange du nouveau et de l'ancien qui convient, dans cette sortie de 1906 « [à] la fête de Montmartre[116] », à Mac Orlan et à ses compagnons, Apollinaire, Salmon. Une image similaire du « manège de chevaux de bois ou, plus moderne, d'aéroplanes » est chez Jean Epstein, en 1920, pour signifier le mouvement propre au « cinématographique[117] ». Avec son *Petit manuel du parfait aventurier* sorti l'année précédente dans la même collection de la Sirène, Mac Orlan a produit, selon Epstein, un repoussoir du « cinéma », qui saisit « l'Aventure avec un grand A[118] ».

Lorsque Frick rejoint le 1er Groupe aérostation, il garde une distance avec le rêve aérien, que ce soit celui d'Allard ou celui d'une revue comme *La Guerre aérienne*, relais populaire. Le poème de *Girandes*, « Pingouinx d'Avord », reste auprès des avions rouleurs, avec « le tonnerre » de leurs « moteurs » et leur « pestilence[119] », alliance de grossièreté et de lourdeur que n'ont pas les avions aperçus en vol. L'affectation de Frick à Avord, dans la Division Blériot-Rouleurs, survient après celle dans l'artillerie, que *Girandes* évoque aussi, par « Méridienne », puis après une phase où Frick est temporairement réformé et placé dans le service auxiliaire, en juin 1917[120]. Il lui est alors possible d'assister à la création des *Mamelles de Tirésias*, le 24 juin, au Conservatoire Renée Maubel. Après le spectacle, Frick est signalé rue Lepic avec Latourrette et Royère à « pren[dre] l'apéritif[121] ». Vingt ans plus tard, lors d'une nouvelle représentation, Billy note spécialement l'absence de Frick et celle de Fleuret. Tous les deux sont aux prises avec la psychiatrie, c'est-à-dire, selon les mots de Billy, « mal en point[122] » et pas en mesure de rejoindre les fidèles d'Apollinaire réunis ce jour de 1938.

---

116 *Idem.*

117 Jean Epstein, *Cinéma*, Paris, Éditions de la Sirène, 1921, p. 97.

118 *Ibid.*, p. 42.

119 Frick, « Les Pingouinx d'Avord », *Girandes*, *op. cit.*, p. 35-36 (p. 35). Ces vers de Frick sont repris en 1937 pour expliquer, par le bruit et l'odeur d'un camp d'aviation, la disparition des « cigognes de la Prusse-Rhénane ». Henry Roulleau, « La Rhénanie 37 », *Ouest-Éclair*, 39e année, no 14898, 24 août 1937, p. 1-2 (p. 2).

120 État signalétique et des services de Louis de Gonzague Frick. Archives de Paris.

121 [Guillot de Saix], « Les mamelles de Tirésias », *Le Carnet de la Semaine*, 3e année, no 108, 1er juillet 1917, p. 16-17 (p. 17). Pour l'article et son attribution, voir « Le dossier de presse des *Mamelles de Tirésias* » (suite), *Que vlo-ve ?*, série 1, no 19, janvier 1979, p. 9-24 (p. 15-16).

122 André Billy, rubrique « Propos du samedi », *Le Figaro littéraire*, *op. cit.*, 3 décembre 1938, p. 6.

Le temps semble bien long pour Frick à Avord, lorsqu'il confie à Christian, en octobre 1918, n'être pas trop « heureux depuis [s]on volontaire exil[123] » dans l'aviation. Sous cette absence de bonheur, Frick dit l'interminable guerre et sa fin, avec la perspective « de meilleurs jours », anticipation des « roses d'automne[124] » et d'une floraison de la paix similaire à celle du poème « Italiques ». En direction de Christian, Frick glisse, dans son mot d'espoir, un peu du Verlaine de « quand refleuriront les roses de septembre[125] », partage poétique dans une carte autrement consacrée à l'activité critique et aux revues. Début 1919, Frick prévient Christian de la « note[126] » juste publiée sur son étude de Gide dans *Le Carnet critique*. Cette recension par Frick met en avant le jeune auteur de *Données sur André Gide*, qui « ne manque point d'ascèse » et parvient à allier « le poète » au « critique qui sait bien faire le tour de son modèle[127] ». Frick est l'un des représentants de cette combinaison poète-critique que Christian va expérimenter un moment seulement avec un parcours très atypique.

Dans le poème que Frick lui dédie en 1919, Christian est ramené à l'« unique[128] », mot-idée répété dans ses synonymes. L'unicité s'annonce dès le « [c]élibat[129] » du titre, non-union de l'individu. Au premier vers, le nom de Mallarmé instaure une pureté poétique, transformée rapidement, dans un registre connexe, en « virginité[130] ». Le fragment « [n]ulle odeur virile n'est reçue » et la référence à l'aristocratie du Sénat romain, dont l'un des « sénateur[s] » « fait la cour », créent un espace historique de l'homosexualité renforcé par l'adverbe de l'identique,

---

123 Carte de Frick à Christian, du 12 octobre 1918. Getty, LA (930004).

124 *Idem.*

125 Paul Verlaine, « L'espoir luit… », « Sagesse », *Œuvres poétiques complètes*, éd. Yves-Alain Favre, Paris, Robert Laffont, 2010, p. 131.

126 Lettre de Frick à Christian, du 18 février 1919. Getty, LA (930004).

127 Frick, compte rendu de *Données sur André Gide et l'homme moderne*, *Le Carnet critique*, 3e année, nº 9, 15 février 1919, p. 25. Un exemplaire de l'ouvrage de Christian, paru aux Tablettes, est dédicacé à Tailhade, ce « maître du bien-dire » et « du franc-parler savoureux ». Voir « Chronique des ventes et des catalogues », *Histoire littéraire*, vol. 12, nº 47, juil.-août-sept. 2011, p. 115-135 (p. 130). Grâce à Frick, Christian entre en contact avec Tailhade et rapporte de sa « visite » un mot dit sur Frick, « homme de lettres » à l'exclusion du sentiment « musical ». Georges Herbiet, « Une visite à Laurent Tailhade en juillet 1919 », *Mercure de France*, nº 1179, 1er novembre 1961, p. 468-478 (p. 470). L'article, composé de notes prises sur le moment, est relevé par Gilles Picq, *Laurent Tailhade*, *op. cit.*, p. 735-736.

128 Frick, « "Célibat"… », *Girandes*, *op. cit.*, p. 16-17 (p. 16).

129 *Idem.*

130 *Idem.*

« mêmement[131] », clin d'œil qui n'ignore pas *Données sur André Gide* de Christian. La guerre et son « décombre » fournissent la figure d'un autre « unique », où « l'ivresse du nombre[132] » suscite l'image récente de la masse indifférenciée de soldats et civils morts. Le « [c]élibat », solitaire, au compte limité à un, peut dresser son existence en « pacifique adversaire du nombre[133] » constitutif d'un bloc, et élever sa voix pour la paix. Les termes du poème « décombre » et « nombre » font ressortir pour le lecteur de Christian l'« ombre » de son recueil de 1917, *Le Pérégrin dans l'ombre*, dont Frick retient « la mystérieuse poësie », comme il l'exprime dans son envoi autographe sur *Girandes* : « à mon cher Christian, qui porte la mystérieuse poësie comme une auréole, son affectueux partisan[134] ». Christian lui-même a pris l'habitude de se désigner comme ce « Pérégrin dans l'ombre[135] ». Frick reste dans l'esprit de son compte rendu du *Pérégrin* de l'été 1918 pour *La Caravane*, où il recensait « [l']auteur » comme « un fervent du mystère[136] ». L'homme libre qu'est le pérégrin peut à la fois contraster avec le citoyen qu'est le « sénateur » de *Girandes* dans « sa villa » et être assimilé à ce « célibat[137] » qui le rejette dans une catégorie à part.

Dans l'année 1919, Frick est mêlé au lancement de *La Revue de l'époque* de Marcello-Fabri, à laquelle participe aussi Christian, qui rédige, au premier numéro d'octobre, un compte rendu des poèmes d'Allard, *L'Appartement des jeunes filles*, illustrés par Laboureur[138]. Frick recycle pour *La Revue de l'époque*, en novembre, ses deux comptes rendus du recueil de Royère, *Par la lumière peints*, parus en avril et mai dans *Sic* et *La Politique et les lettres*, pour en créer un troisième. À partir de décembre, Frick n'est plus actif à *La Revue de l'époque*, et la manière dont il a rempli sa rubrique

131 *Ibid.*, p. 16-17.

132 *Idem.*

133 *Idem.*

134 *Ibid.*, p. 17 ; et envoi autographe de Frick à Christian, sur *Girandes*. Getty, LA (930004).

135 Voir Yves Poupard-Lieussou et Jean-José Marchand, « L'auteur du premier livre sur André Gide – Christian... », *Bulletin des Amis d'André Gide*, n° 57, janvier 1983, p. 47-49 (p. 47).

136 Frick, « Scolies », *La Caravane*, 5e année, n° 6-7, juin-juillet 1918, p. 11. Suivant ce fil, en 1920, Christian tient le « consta[t] » « que le mystère est notre grande tentation ». Christian, « Un Donneur d'illusions "Plantin", 1, Du livre, valeur nouvelle », dans *Action – Cahiers de philosophie et d'art*, 1re année, n° 1, février 1920, p. 64-67 (p. 65) ; reproduction Paris, Jean-Michel Place, 1999.

137 Frick, « "Célibat" », *Girandes*, *op. cit.*, p. 16.

138 Frick dit avoir appris de Marcello-Fabri l'implication de Christian à *La Revue de l'époque* naissante. Voir la lettre de Frick à Christian, du 16 septembre [1919]. Getty, LA (930004).

des poèmes y est peut-être pour quelque chose. Somville croit voir, à la suite de Fabri, plusieurs manœuvres et interférences de Frick dans les débuts de la revue qui, ensemble, auraient décidé Fabri à « donn[er] son congé à Frick[139] ». Le portrait de Frick que signe Henri Hertz en octobre aurait été l'objet de tractations, dans un esprit d'auto-promotion, et Frick aurait tenté d'imposer à la revue, avec trop de « disparates[140] », certaines de ses connaissances, dont Desnos et Royère. Lorsque *La Revue de l'époque* succède au titre de *La Revue synchroniste*, les rubriques avaient été distribuées entre Frick pour les poèmes, Royère pour « Esthétique et Littérature », Christian pour l'« Art du livre », et Grouas pour le versant belge, rôle plus tard tenu au *Manuscrit autographe* et à *La Phalange nouvelle*. Pour mieux confirmer l'empreinte de Frick, les collaborateurs réguliers prévus incluent Banville d'Hostel, Hertz, Latourrette. Ce côté rassembleur de Frick est rendu sous un angle plus positif, en mai 1919, par *L'Homme libre*, qui voit « se constituer » autour du « nom » de Frick des « collaborations » visibles « au sommaire » des « revues » comme « *Le Carnet critique* et *La Politique et les lettres*[141] ». Le nombre et l'intensité des activités qui passent par sa personne valent à Frick de faire figure d'entreprise avec sa raison sociale : « [l]a série des manifestations sociales connue sous le nom général de Louis de Gonzague Frick[142] ».

En 1919, l'équipe de *La Revue de l'époque* est identifiée à l'avance par les Treize de *L'Intransigeant*, qui ne vont jamais prendre cette publication trop au sérieux, comme lorsqu'ils répliquent à une enquête de 1921 de Fabri sur la manière de « lancer » un « ouvrage », par un ironique renvoi : « Quel stratagème emploierez-vous pour lancer votre revue[143] ? » À l'inverse, René Ghil sépare *La Revue de l'époque* du reste des périodiques et considère qu'elle a été pionnière en matière « d'avant-garde » sans la propension aux « excentricités » de ses consœurs qui abolissent le lien « nécessair[e] » entre la « génération nouvelle » et ses « Devanciers[144] », dont Ghil se fait, en quelque sorte, le porte-parole. Quand les Treize

139 Léon Somville, *Devanciers du surréalisme – Les groupes d'avant-garde et le mouvement poétique 1912-1925*, Genève, Droz, 1971, p. 153.

140 Ce sont les conclusions auxquelles arrive Somville. *Ibid.*, p. 150-153.

141 L. Méritan, rubrique « Arts et lettres », *L'Homme libre*, 7e année, no 1039, 5 mai 1919, p. 2.

142 *Idem.*

143 Les Treize, « Les Lettres », *L'Intransigeant*, 40e année, no 14315, 24 septembre 1919, p. 2 ; et, pour l'enquête, Les Treize, « Les Lettres », *L'Intransigeant*, 42e année, no 15080, 18 novembre 1921, p. 2.

144 René Ghil, *Les dates et les œuvres – Symbolisme et poésie scientifique*, Paris, Crès, 1923, p. 324.

s'emparent de l'enquête de Fabri, ils ont le souvenir du récit à peine fictif sur les marchandages du monde des lettres paru dans *La Revue de l'époque* entre janvier et juin 1920. Pour ce texte tissé dans le grief, Fabri imagine, sous la signature de Pierre Barniard, un titre d'enseigne commerciale, « Gob, Gob and C° », « firme littéraire[145] » d'invention. Le « C° » vient désigner les agissements intéressés des littérateurs et leurs échanges de bons procédés dans le secteur des revues et de l'édition. Le « Gob », au carrefour du français et de l'anglais, présent d'ailleurs avec « and[146] » et l'abréviation de *Company*, est lié à la bouche et à ce qu'elle peut avaler ou cracher. Sous-titrés « Roman de mœurs littéraires actuelles », les épisodes de « Gob » font évoluer un écrivain aspirant initié aux recettes du succès par un « commis de librairie[147] » en même temps poète sans originalité, à l'écoute de ce qui se fait ailleurs. La première livraison de « Gob », en janvier 1920, se veut un exposé des dessous parisiens de la publication et de la diffusion des livres et des revues. Frick n'est pas vraiment reconnaissable dans les personnages ou les machinations de ce volet initial[148]. La ressemblance se concrétise en février, quand le récit fait apparaître Jean-de-France Floche, bien à l'aise dans ces milieux de la capitale. Il s'est occupé de la « créa[tion] » d'on ne sait plus combien de revues, « onz[e] » ou « treiz[e] », mises sur pied « avec l'aide de nombreux jeunes gens toujours différents, et toujours les mêmes[149] ».

Les traits énumérés de Jean-de-France Floche composent une image noircie et caricaturale de Frick, de sa « vague notoriété », de « sa complaisance », de « son urbanité », de « sa *gentry* que d'aucuns insinuaient grégorienne[150] », allégation retraçable au calendrier brandi par Maurevert dans le *Mercure* de 1917. C'est aussi l'activité critique de Frick-Floche qui est visée, ses « éloges généreux », son « éclectisme

145 Pierre Barniard [Marcello-Fabri], « Gob, Gob and C° », *La Revue de l'époque*, 2e année, n° 4, 5 janvier 1920, p. 160-165 (p. 163).

146 Parmi les sens en anglais que le titre de Fabri exploite, « gob » désigne une pièce ou, au pluriel dans l'addition des deux « gob », une quantité d'argent, ou bien encore, plus près de gober, *mouth*.

147 Pierre Barniard, « Gob, Gob and C° », *La Revue de l'époque*, *op. cit.*, n° 4, p. 160 et 163.

148 Ce mois encore, en date du 24, Frick continue d'utiliser le papier à en-tête de *La Revue de l'époque* pour écrire à Desnos. DSNC 1303, BLJD.

149 Pierre Barniard, « Gob, Gob and C° (suite) », *La Revue de l'époque*, 2e année, n° 5, 5 février 1920, p. 208-213 (p. 210).

150 *Idem*.

singulier chez un esthète », « l'affabilité nuancée de quelque paresse critique[151] », en bref un sérieux manque d'intégrité. Les reproches formulés par Fabri diffèrent peu des recommandations de Frick sur « la critique d'art », qu'il veut débarrasser des « éloges itératifs et excessifs », qui doit s'effectuer dans la « probité » et dans de « justes proportions verbales », valeurs transférables à « la critique littéraire[152] ». Le « Gob » de mars-avril est d'un caractère plus blessant pour Frick, qui voit sa propension à l'amitié mise en cause. Les hauts lieux des rencontres littéraires, « la Rotonde » et « la Closerie », auxquels est mêlé le personnage de Jean-de-France Floche, font s'épanouir « ces monchèramitiés qui ne reposent guère que sur le commun désir de se servir l'un de l'autre[153] ». À la fin de l'épisode, les « moncheramis » sont directement imputés « à la façon [d'être] de Jean-de-France Floche[154] ». Parmi le type de mondanités auxquelles peut penser, par anticipation ou pas, Fabri, « l'inauguration » d'une « salle d'exposition » en décembre 1921 à la Rotonde, « au champagne[155] », asseoit Frick aux premières loges du tout Montparnasse.

La transparence du nom et des traits du personnage aurait fait réagir Frick aux affronts dirigés contre Floche, par la menace d'un « procès en diffamation au directeur de la *Revue de l'Époque*[156] », comme l'indique Fabri en juin, sans jamais livrer l'identité de Frick. Fabri fait également savoir que la moindre notion de poursuite se serait évaporée, puisque « rien ne justifiait pareille mesure [et que] le poète en question [...] n'avait pas lui-même lu *Gob*[157] », renchérissement sur l'inconsistance supposée de Frick. Fabri n'épargne pas l'entourage de Frick, qui aurait été « renseigné » sur « Gob » par leurs « racontars[158] ». Une lettre de Salmon, du 7 mai 1920, laisse entendre que les amis de Frick étaient

151 *Idem.*

152 Frick, réponse d'enquête citée par G.-J. Gros, « La critique d'art et les artistes », rubrique « Les arts », *Le Siècle*, n° 4703, 24 juillet 1923, p. 2.

153 Pierre Barniard, « Gob, Gob and C° (suite) », *La Revue de l'époque*, 2e année, n° 6, mars-avril 1920, p. 265-271 (p. 265).

154 *Ibid.*, p. 271.

155 Marcel Bonhomme, « Le "Vernissage" à la Rotonde de Montparnasse », *Le Populaire*, 6e année, nouv. série, n° 262, 26 décembre 1921, p. 2.

156 Pierre Barniard, « Gob, Gob and C° (suite et fin) », *La Revue de l'époque*, 2e année, n° 8, juin 1920, p. 362-367 (p. 367). Frick est identifié comme le plaignant dans cette affaire par Léon Somville, *Devanciers du surréalisme*, *op. cit.*, p. 153.

157 Pierre Barniard, « Gob, Gob and C° (suite et fin) », *La Revue de l'époque*, *op. cit.*, n° 8, p. 367.

158 *Idem.*

moins informateurs que soutiens devant les attaques de Fabri. Salmon, qui fait probablement allusion au différend avec *La Revue de l'époque*, assure Frick de sa disposition à « témoigner[159] » pour lui si cela s'avérait nécessaire. *L'Homme libre* communique, trois semaines plus tard, la résolution de l'affaire, où chacun est reconnu de bonne foi. Fabri n'aurait pas porté « atteinte » « à l'honneur de » Frick « ni à celui de ses anciens collaborateurs » de *La Revue de l'époque* ; les « rapports » faits à Frick sur « Gob » et les intentions de Fabri n'auraient « pas [été] conformes à la vérité[160] ». En conséquence, et « contrairement à ce qui avait été annoncé, il n'y aura pas de procès[161] » opposant Frick à Fabri.

Il n'y a pas non plus de duel entre Doyon et Fabri, comme le rapporte le 12 mai 1920 *L'Homme libre*, quelques jours après la lettre de Salmon, « [à] la suite de l'incident du *Vieux-Colombier*[162] ». L'article reproduit, en défense à peine voilée de Frick, le « médaillon » paru dans *La Connaissance*, où Doyon rétorque à Fabri par des allusions à l'« exquise camaraderie » de Frick, « un sincère et un sage » qui « incarne l'esprit littéraire[163] ». À la manière d'un épilogue et comme pour laisser voir la stratégie de vente chez celui qui a tant critiqué le système, *La Lanterne* annonce, en juillet 1920, la publication à part, aux éditions de La Revue de l'époque, de *Gob*, qui « n'aura qu'un tirage limité et ne sera jamais réimprim[é][164] ». *La Revue de l'époque* voulue distincte participe encore du marché des périodiques, usant banalement de la formule-réclame en 1921 : « Tout le monde lit *La Revue de l'époque*[165] ». Le lancement de *L'Âge nouveau* par Fabri en 1937 s'accompagne du rappel du « bruit » qu'avait fait *La Revue de l'époque* avec ses « articles » et ses « enquêtes[166] ».

---

159 Lettre d'André Salmon à Frick, du 7 mai 1920. HRC, Austin.

160 L. Méritan, rubrique « Arts et Lettres », *L'Homme libre*, 8e année, n° 1406, 28 mai 1920, p. 2.

161 *Idem.*

162 L. Méritan, rubrique « Arts et Lettres », *L'Homme libre*, 8e année, n° 1390, 12 mai 1920, p. 2.

163 René-Louis Doyon, cité par L. Méritan. *Idem.*

164 V[ictor] S[nell], « Coin des lettres et des arts », *La Lanterne*, 44e année, n° 15687, 10 juillet 1920, p. 3. Victor Snell note également le passage de la revue de 48 à 128 pages avec un changement de format, vers une présentation peaufinée, comme le dit l'encart publicitaire de 1921, « brochure élégante », « beau papier », « dessins originaux et bois gravés ». Publicité parue dans le *Mercure de France*, 32e année, n° 543, 1er février 1921, n. p.

165 Voir, par exemple, le *Mercure* durant l'été 1921.

166 « *L'Âge nouveau* », rubrique « Lettres et Arts », *L'Écho de Paris*, 53e année, n° 21217, 24 octobre 1937, p. 2.

Bien avant que *La Revue de l'époque* fustige « le jeu des camaraderies[167] » dans la vie littéraire, *Les Écrits français* de Frick, en décembre 1913, remettaient en question le « cherconfrérisme » et ses « politesses[168] ». Dans sa rubrique du premier numéro des *Écrits français*, Henri Vandeputte espère que leur nouvelle revue « pass[e] le moins de temps possible à distribuer éloges ou blâmes » pour devenir vraiment un organe « utile », qui soit « défenseu[r] » de « [l']art[169] ». Les « Têtes actuelles » des *Marges* offrent, à point, une tribune où peuvent s'exercer alternativement une critique amicale et des piques en douceur. Dans les derniers mois de *La Phalange* et avant la création des *Écrits français*, Frick et Marc Brésil élaborent ensemble un portrait de Salmon qui le ferait presque rougir de confusion dans *Gil Blas*[170]. En connaisseurs et au milieu des compliments, ils attribuent à Salmon « [u]n dandysme extériorisé[171] ». Une tête « coup[ée][172] » de Jules Romains vient ensuite, où son management du succès au-delà des frontières est un des traits soulignés. Lorsqu'en 1926, dans *La Griffe*, Frick reparle de Romains, il reste fixé sur sa réussite, poésie, théâtre, renommée, notant malicieusement qu'il « a toujours habité les hauteurs », Montmartre, Montsouris, puis devenu « propriétaire » « sur le sommet de Belleville[173] ». Romains répond aussitôt à Frick sans le moindre signe d'agacement et le « [re]merci[ant] » plutôt : « Je reçois à l'instant *La Griffe*. Votre article est plein de tact et de gentillesse[174] ».

---

167 J[acques] Duvaldizier, « Faible contribution à une étude de l'aboulie des littéraires et autres Gens des Arts », *La Revue de l'époque*, 2e année, no 5, 5 février 1920, p. 205-207 (p. 207). Jacques Duvaldizier est le pseudonyme de Geneviève Germain, épouse de Marcello-Fabri.

168 Henri Vandeputte, « Les revues sont-elles utiles ?... », *Les Écrits français*, no 1, 5 décembre 1913, p. 56-57 (p. 56).

169 *Ibid.*, p. 56-57. Somville compte le fondateur d'*Antée*, Henri Vandeputte, parmi les écrivains amenés à *La Revue de l'époque* par Frick sans avoir forcément l'assentiment de Fabri. Léon Somville, *Devanciers du surréalisme*, *op. cit.*, p. 152.

170 Voir Les Uns, « Têtes actuelles », rubrique « Les Lettres », *Gil Blas*, 35e année, no 13342, 1er septembre 1913, p. 4.

171 Frick et Marc Brésil, « M. André Salmon ou le tzigane féérique », *Les Marges*, 10e année, no 42, été 1913, p. 101-104 (p. 103).

172 Les Uns, « Têtes actuelles », rubrique « Les Lettres », *Gil Blas*, 35e année, no 13406, 4 novembre 1913, p. 4.

173 Frick, cité de *La Griffe* par Les Quarante-Cinq, « Courrier des Lettres », *Le Gaulois*, 61e année, no 17626, 7 janvier 1926, p. 2. La veille, *Comœdia* s'intéresse pareillement à l'article de Frick.

174 Lettre de Jules Romains à Frick, datée « jeudi » [7 janvier 1926], en vente le 23 mars 2009, lot 283, par Piasa, sur le site auction.fr. Consulté le 2 août 2014.

Romains se dit lecteur régulier des « chroniques[175] » de Frick et, en bon fan, s'impatiente quand elles tardent à lui arriver, éloigné qu'il est à Nice autour du nouvel an 1919. Dans *Les Marges* d'avant-guerre, la tête actuelle de Romains, en octobre 1913, est la seconde et dernière que réalisent Frick et Brésil[176] malgré l'idée de poursuivre avec Billy, Mme Aurel, Léautaud, Apollinaire, Vildrac, Spire, Carco, Divoire, Duhamel. Leur rubrique était censée continuer sur l'année 1914, comme l'annoncent les publicités des *Marges*. Dans les chaises musicales des revues, Louise Faure-Favier signe une « tête actuelle », à Marie Laurencin, dans *Les Marges* de décembre 1913, alors que l'attention de Frick et Brésil est divertie par le lancement des *Écrits français*, dont Florian-Parmentier rapporte l'ambition de « rassembler » les « deux générations 1875-1885[177] », celle de Royère aussi bien que celle de Brésil-Frick. Derrière l'anecdote, la description faite à un mois de la guerre par Maurice Verne témoigne d'une vie de revue animée et chaleureuse aux *Écrits français*, et d'un avant-guerre qui compte encore le jeune poète Sylvain Royé et André Dupont, tués la même année 1916, d'une proximité de Frick aussi avec les noms de la critique comme Billy, Paul Lombard et Gaston Picard, familier de la langue du « Paris-Gendelettres[178] ». Picard intervient, en février 1914, dans un rassemblement avec une large représentation des « milieux littéraires », Frick compris, sous la bannière du nouveau Cercle des Lettres Vivantes, pour préconiser l'abandon des excès de « louange » ou de « déchirement réciproque », source de « spectacle » où figure en bonne place la « vanité[179] ». Ces comportements irréformables et dénués de graves conséquences, selon le reportage sceptique de Salmon, sont dans l'air au moment où se déroulent les réunions des « petits affamés de gloire » des *Écrits français*, les « vendredis soirs », dans un local sans panache, au-dessus des « stocks de l'éditeur Calmann-Lévy[180] ». Frick, quant à lui, débute dans sa propre revue avec « un dilettantisme et une

175 Lettre de Jules Romains à Frick, cachet de 1918. Beinecke Rare Book and Manuscript Library.

176 L'humour de Romains est pris en défaut dans la rubrique des revues de Frick et Brésil à *La Phalange*, en avril 1913, à rebours des éloges de Rachilde sur *Les copains*.

177 Ernest Florian-Parmentier, *La littérature et l'époque*, *op. cit.*, p. 370.

178 Maurice Verne, « Visages et paysages – L'arc d'argent – De Montmartre à Montparnasse par les bois de lauriers », *L'Intransigeant*, 34e année, no 12408, 5 juillet 1914, p. 1.

179 A[ndré] S[almon], « La parade littéraire », *Gil Blas*, 36e année, no 18514, 20 février 1914, p. 3.

180 Maurice Verne, « Visages et paysages », *L'Intransigeant*, *op. cit.*, p. 1.

politesse délicieux[181] ». Maurice Verne ajoute ainsi au portrait de 1913, où il a dépeint l'aspect travailleur plutôt qu'amateur de Frick, lui et Allard, « bons et jeunes ouvriers des lettres[182] ». Chez l'Allard des *Élégies*, le basculement de l'année « Mil-neuf-cent-treize » dans le « bon-vieux-temps » emporte avec elle « [*L*]*es Écrits français* », jalon comme « Les *Soirées de Paris* » de « notre ancien régime[183] ». La guerre fait surgir, de ce foisonnement d'avant, le kaléidoscope d'une vie artistique peuplée par Frick ou Apollinaire, alors « sans souci du Germain » et libres des « [f]antôme[s][184] » qui vont bientôt les entourer.

Au printemps de l'année 1913, la rubrique sur les revues que tiennent Frick et Brésil à *La Phalange* s'« irrit[e] » des « éloge[s] » à profusion dans *La Flora* de Lucien Rolmer, de ces « encens à en perdre la tête[185] ». La bordée de compliments dans cette « revue des lettres et des arts gracieux » amène *Les Hommes du jour* à questionner l'adage selon lequel « les artistes se déchire[raient] entre eux[186] ». Le souhait exprimé en mars 1913 de voir un frein mis à « ce débordement de louanges[187] » est modifié pour Frick par la guerre, avec les circonstances et les besoins qu'elle crée, parmi lesquels la connexion entre le front et les publications de l'arrière. Dans le cas de Frick et Allard s'engage une solidarité entre amis poètes combattants, qui réduit les hésitations devant ce qui peut être dit de bon par l'un sur l'autre dans les revues. En 1916, quelques lettres d'Allard à Frick documentent cette pratique de complaisance,

---

181 *Idem*. Frick se retire, fin mai 1914, de la direction des *Écrits français*, qui ne reparaît plus. Voir Les Treize, « La Boîte aux Lettres », *L'Intransigeant*, 35e année, no 12373, 31 mai 1914, p. 2.

182 Maurice Verne, « La Fête des Morts pour les Poètes », *L'Intransigeant*, 33e année, no 12149, 19 octobre 1913, p. 1. Frick et Allard sont avec Louis Pergaud dans l'article comme les quelques amis de Deubel, dont la tombe est visitée par Verne en compagnie de Pergaud, qui aura vu la misère de Deubel de très près, ainsi que l'attestent leur correspondance publiée en 1930 ou l'ouvrage de 1939 de Serge Evans, *Une amitié : Deubel et Pergaud*.

183 Roger Allard, « Un Fantôme dans un bar », *Les élégies martiales*, *op. cit.*, p. 57-63 (p. 60 et 62). Aux *Écrits français*, où il commente les arts plastiques, Allard est présenté à Pellerin, comme il le rappelle à la mort de celui-ci, dans « Notes : la poésie », *Nouvelle Revue française*, no 96, septembre 1921, p. 345-348 (p. 346).

184 Roger Allard, « Un Fantôme dans un bar », *Les élégies martiales*, *op. cit.*, p. 61.

185 Frick et Marc Brésil, « Revues », *La Phalange*, 8e année, no 81, 20 mars 1913, p. 260-266 (p. 265). La dérision est totale chez Charles-Henry Hirsch, « Les revues », *Mercure de France*, 24e année, no 378, 16 mars 1913, p. 400-402.

186 Les Treize Huns, rubrique « V'là l'Facteur », *Les Hommes du jour*, 6e année, no 259, 4 janvier 1913, p. [11].

187 Frick et Marc Brésil, « Revues », *La Phalange*, *op. cit.*, 20 mars 1913, p. 265.

qui n'est pas sans liens avec celles qui ennuyaient *Les Écrits français* ou *La Phalange* en 1913 et qui vont déranger le Fabri de « Gob, Gob and C° ». La période de la guerre tend à accentuer l'entraide, dont le besoin semble accru. En ce sens, le sort de Lucien Rolmer ancre plus profondément l'attention que ces jeunes écrivains soldats, qu'ils aient vingt ou trente ans, peuvent prêter à leurs personnes et à leurs travaux respectifs. Porté disparu en avril 1916, Rolmer reçoit, à la fin de l'année, la Bourse nationale de voyage littéraire, selon les désirs exprimés par Frick et Allard dans leur correspondance au mois d'octobre, vœu de soutien à la fois aux proches de Rolmer et à son œuvre[188]. L'attribution à Rolmer est conforme à la décision en usage depuis 1915 et jusqu'en 1918 de réserver la bourse aux « écrivains blessés de guerre » ou aux « familles d'écrivains morts au champ d'honneur[189] ».

Rolmer, sa poésie et *La Flora* avaient leurs vers de *Trèfles*, où les régions de « cantonne[ment] » de l'« Argonne » et de l'« Artois » sont reliées par une « Flora », « jeune fille » lectrice de la revue du même « nom[190] ». Rolmer est dédicataire d'un poème de Frick paru dans *L'Ambulance* au mois de septembre 1915, « Présage », annonciateur d'une fin de guerre dès cette année, « Dix-neuf cent quinze aura les fruits de la victoire[191] ». À la reprise du poème dans le *Bélier*, l'espoir persiste, exprimé en certitude, d'une « victoire[192] », dont la date a été repoussée à un futur non déterminé. Le titre, lu avec sa dédicace, contient un sombre augure, explicité en note par le recueil, où « la disparition » de Rolmer à Verdun est « déplor[ée] » « fraternellement[193] » de la part de l'ami-poète-soldat. La nouvelle d'avril 1916 est relayée dans une lettre d'Allard qui, en congé de convalescence à Paris, dit avoir croisé la mère de Frick, revenue d'une visite à la femme de Rolmer[194], « [l']épouse struttopode[195] », aux petits pieds, du poème de Frick. Avec Rolmer définitivement perdu à Douaumont, Gaston Picard, anticipant sur l'après-guerre durant l'été 1918, regrette *La Flora*, en la

188 Lettre de Roger Allard à Frick, du 12 octobre 1916. HRC, Austin ; et « Les prix », rubrique « Pour lire dans les tranchées », *Bulletin des écrivains*, n° 26, décembre 1916, p. 2.

189 Sur la bourse, instituée en 1906, et ses récipiendaires, voir « Bourse nationale de voyage littéraire », *Annuaire général des lettres*, 1932, *op. cit.*, p. 210-211.

190 Frick, *Trèfles*, *op. cit.*, p. 18.

191 Frick, « Présage », *L'Ambulance*, 1re année, n° 17, 12 septembre 1915, p. 3.

192 Frick, « Présage », *Sous le Bélier*, *op. cit.*, p. 37-38 (p. 37).

193 *Idem.*

194 Lettre de Roger Allard à Frick, du 7 avril 1916. HRC, Austin.

195 Frick, « Présage », *Sous le Bélier*, *op. cit.*, p. 38.

distinguant parmi ces revues sans retour « qui s'éteignirent avec leur directeur[196] ». Dans sa réponse à l'enquête sur le palmarès des auteurs « méconnus », organisée à l'été 1923 par Tristan Derème, Frick élit Rolmer, à côté du récent disparu Maurice de Faramond et de celui qui reste dans l'ombre de Tailhade, Kolney[197]. En 1932, chez Mme Aurel, Frick participe à l'hommage à Rolmer, avec aussi Francis de Miomandre, Royère et Jean-Desthieux, qui vient de préparer pour la collection de La Phalange l'édition des *Chants perdus* de Rolmer marseillais, « demeuré en son tréfonds un massilien accompli[198] », selon Frick. Un Rolmer ressuscité saurait user aussi de sa baguette magique pour masquer « cette vie qui s'effondre et cette humanité qui roule à l'abîme[199] », dans un tableau sombre de la guerre passée et de la guerre à l'horizon.

Le côté personnel et amical d'un poids exagéré dans la critique vexe Fabri, qui, dans les derniers mois de la guerre, a pu être encouragé ou conforté par une remarque incidente faite par Reverdy au long d'une polémique, où *La Caravane* ressort comme un « petit cercle » habitué à s'« enivre[r] de [son] propre encens[200] ». La « réclame » « mutuell[e] » épinglée est réexaminée par Reverdy l'année suivante dans *Self defence*, quand il estime que « [c]ritique et réclame sont deux mots confondus désormais dans les esprits », avec une part de « camaraderie ou [d']amitié[201] ». Frick peut difficilement contester l'existence d'une critique bienveillante pour son bénéfice et celui de ses amis au-delà des années de la guerre[202]. La consigne de Tailhade à Kolney, en 1916, à l'occasion du compte rendu

196 Gaston Picard, « Les Lettres et la Guerre », *The New France – An Illustrated Monthly Magazine of Franco-American Relations*, vol. II, n° 6, août 1918, p. 180.

197 Frick, réponse à l'enquête « À qui le grand prix des méconnus ? », dans Les Treize, « Les Lettres », *L'Intransigeant*, 44ᵉ année, n° 15723, 23 août 1923, p. 2.

198 Voir « Les *Chants perdus* de Lucien Rolmer commentés chez Aurel », *Comœdia*, 26ᵉ année, n° 6999, 19 mars 1932, p. 3.

199 Frick, cité de la soirée chez Aurel par Pierre Tuc, « Lucien Rolmer », rubrique « Revue de la Presse », *L'Action française*, 25ᵉ année, n° 108, 17 avril 1932, p. 5.

200 Pierre Reverdy, « Notes et extraits », « *Nord-Sud* », n° 12, février 1918, *Œuvres complètes*, I, éd. Étienne-Alain Hubert, Paris, Flammarion, 2010, p. 493-494 (p. 494). L'article est aussi une riposte à Allard dans une série de coups échangés entre lui et Reverdy. Voir le détail fourni par É.-A. Hubert, « Notices et notes », *ibid.*, p. 1325.

201 Pierre Reverdy, « Notes et extraits », « *Nord-Sud* », *Œuvres complètes*, I, *op. cit.*, p. 494 ; et Reverdy, « Self defence », *ibid.*, p. 515-531 (p. 526).

202 Cette manière de faire constatée chez Frick l'aurait « brouillé », vers le milieu des années cinquante, avec Étiemble, selon Jeannine Kohn-Étiemble, dans son édition de *226 lettres inédites de Jean Paulhan – Contribution à l'étude du mouvement littéraire en France, 1933-1967*, Paris, Klincksieck, 1975, p. 365.

du *Bélier* pour *L'Œuvre*, « Sois plus qu'aimable, sois amical », assure le ton de l'ami pour l'ami, avec aussi, dans l'ombre, une « lettre » où Frick indique pour Tailhade « les considérations générales[203] » qui serviront à parler de son recueil. En 1931, le courrier littéraire de Frick à *La Griffe* lui vaut ce commentaire de connivence de *L'œil de Paris*, que Frick agite un « aimable encensoir[204] » en direction de ses familiers ou de ceux qu'il peut aider. Frick explique justement, en 1929, avoir « parl[é] » dans *La Griffe* « avec enthousiasme et précision » d'un poème de Valançay, tandis qu'il remercie ce dernier d'un « écho si agréablement tourné[205] » sur *Poetica*, réciprocité qui tient de l'économie de l'amitié. *L'Homme libre* reprend ce que Valançay écrit au sujet du recueil dans sa publication du moment, *Le Nouveau Journal*, où Apollinaire est montré en attente des « vers » de Frick, qui a pris « la place » d'Ernest La Jeunesse « au Cardinal », avec « un monocle plus réfulgent », plus lumineux « que de coutume[206] », dans l'aura du défunt La Jeunesse, lui aussi monoclé. Valançay distingue le critique autant que le poète chez Frick, dont l'« œuvre comprend aussi ses admirables articles » où, par-derrière le compliment, se reconnaît une porosité des écrits de Frick par le fait de cette troisième dimension, sa « chaude amitié[207] ».

Dans l'exemple qu'Allard fournit sur quatre lettres de juillet à octobre 1916, il est possible d'examiner le mécanisme de ce donnant-donnant dans la critique, avec la guerre pour contexte. En juillet, Allard se place aux « ordres » de Frick pour un « article sur le *Bélier* », lui demandant de « [d]ésigne[r] l'organe[208] » où le faire paraître. À la mi-octobre, l'affaire se précise et la mention d'articles d'Allard pour Pioch et *La France* est accompagnée d'une recommandation à Frick de communiquer le *Bélier* au rédacteur en chef du *Populaire du Centre*, « avec un mot le priant de faire bon accueil » au « compte rendu » à venir d'Allard, qui espère beaucoup

---

203 Gilles Picq, *Laurent Tailhade*, *op. cit.*, p. 705-706. Apollinaire attache pareillement une lettre explicative au *Poète assassiné*, recensé par Tailhade-Kolney à côté du livre de Frick.

204 « Le poète au monocle », rubrique « Les lettres », *L'œil de Paris*, 4e année, no 119, 14 février 1931, p. 6.

205 Lettre de Frick à Robert Valançay, du 18 septembre 1929. Getty, LA (950057). En termes d'amitié, Frick a encore pour Valançay une « dédicace » inscrite pour lui « au seuil » de *Poetica*. *Idem.*

206 Le compte rendu de Valançay est cité par Lucien Peyrin, « Courrier littéraire », rubrique « Les Lettres », *L'Homme libre*, 17e année, no 4848, 31 octobre 1929, p. 2.

207 *Idem.*

208 Lettre de Roger Allard à Frick, du 30 juillet 1916. HRC, Austin.

du « gros tirage[209] » du journal. Moins d'une semaine après, Allard redit sa détermination à assurer le succès du recueil et sa confiance dans le soutien du *Populaire*[210]. Quand, à la fin du mois, le courrier lui amène le *Bélier*, Allard réserve sa journée du « Dimanche » à Frick, pour « écrire *les articles promis*[211] ». Il réactive le ressort de la camaraderie dans l'idée de détourner le public des minimes imperfections qui seraient décelables dans le recueil. Au cas où il verrait « quelque défaut dans le cristal » des « beaux vers[212] » de Frick, Allard glisserait ses remarques dans une lettre plutôt que dans l'article. Ce minéral, prêt-à-porter de la poésie, est présent dans *Oddiaphanies*, où est entendue une récitation qu'accompagne un grand luth, le « théorbe », « Vous avez si bien dit mes vers / En leur cristal », mélange de sons entre « souvenir » et « Devenir[213] ». La substance de ces « Quintils » et la correspondance des deux amis poètes se fondent ensemble, pour une lecture que seule permet la survivance des lettres. Enfin, ces envois de guerre d'Allard à Frick indiquent que les services rendus en faveur du *Bélier* ont leur pendant littéraire, familial et financier, au bénéfice d'Allard, avec parfois la complicité de la mère de Frick[214].

À défaut de documents probants, l'isolement d'Allard dans *Le Nouveau Spectateur*, dont il est seul rédacteur, pourrait l'avoir distancié de Frick. Les notes qu'il écrit pour la *Nouvelle Revue française* dans cette période modèrent à peine sa voix, telle sa déconsidération de Soupault en « aimabl[e] Célado[n] » au sein d'une « "avant-garde" » gonflée de « trois mille rhétoriciens » enivrés « d'élixir Rimbaud[215] ». Frick ne saurait avoir trop d'affinités avec le ton polémique et avec le ciblage de personnes pratiqués par *Le Nouveau Spectateur*. Les Treize, dans *L'Intransigeant*, rédigent leur annonce de la sortie du *Nouveau Spectateur* en avertissement et prévoient « un mordant examen de l'actualité littéraire[216] », à se fier aux antécédents

209 Lettre de Roger Allard à Frick, du 12 octobre 1916. HRC, Austin. Pioch publie le compte rendu du *Bélier* qu'Allard intitule « Un poète devant la guerre », dans la rubrique « V'là l'Facteur ! », *Les Hommes du jour*, n° 451, 19 novembre 1916, p. [12].

210 Lettre de Roger Allard à Frick, du 17 octobre 1916. HRC, Austin.

211 Lettre de Roger Allard à Frick, du 27 octobre 1916. HRC, Austin. C'est Allard qui souligne.

212 *Idem*. La lettre suivante date de janvier 1917, avec la lecture du *Bélier* déjà lointaine.

213 Frick, « Quintils », *Oddiaphanies*, *op. cit.*, p. 26.

214 À la demande de Frick, sa mère et son beau-père, le journaliste Charles Moré, viennent en aide à Allard, dont la femme et la fille connaissent des conditions de vie difficiles. Lettre de Roger Allard à Frick, du 28 août 1916. HRC, Austin.

215 Roger Allard, compte rendu de *Rose des vents* de Soupault, *Nouvelle Revue française*, n° 75, décembre 1919, p. 1094.

216 Les Treize, « Les Lettres », *L'Intransigeant*, 40e année, n° 14187, 19 mai 1919, p. 2.

d'Allard. *Le Nouveau Spectateur* paraît de mai 1919 à février 1921, quand s'interrompt la publication de « cette tentative hasardeuse », avec une « nouvelle série[217] » annoncée mais sans suite. En octobre 1921, Allard fait partie des exemples contemporains d'une rédaction à tête unique, comme Marcel Azaïs pour les *Essais critiques* et Pierre Boissie-Roger Valbelle pour *Nos bonnes feuilles*[218]. À la mort d'Azaïs en 1924, « la gageure » de tenir une revue à la Montfort ou à la Louis Nazzi est réaffirmée, avec une liste élargie de ces entrepreneurs[219]. Tant que *Le Nouveau Spectateur* fonctionne, Allard bénéficie d'une tribune où parler en son rôle de « pourfendeur de l'avant-garde[220] » et, plus largement, en anti-ceci, anti-cela.

Un peu de cette hostilité aux avant-gardes conduit Allard, en 1923, à envisager la poésie de Maurras, toute de « justesse » et d'« ordre des rapports », comme un rempart contre « la barbarie[221] », qui fait nécessairement surgir le sens politique. Maurras réitère pour « la poésie », en 1919, la nécessité de « rétablir un peu de justice et de police dans l'histoire d'une spéculation monstrueuse », où les « bouts rimés[222] » se sont multipliés. Cet appel à l'ordre par l'autorité et la force survient dans une enquête de *L'Intransigeant* sur le remplaçant à trouver au siège de Rostand à l'Académie, pour lequel Maurras propose le régionalisme avec Charles Le Goffic[223], quand Frick suggère à contrecœur Claudel[224]. Fin

217 Roger Allard, « Post-Scriptum », *Le Nouveau Spectateur*, 3e année, no 18-19-20, 20 février 1921, p. 158.

218 Voir Les Treize, « Les Lettres », *L'Intransigeant*, 42e année, no 15309, 8 octobre 1921, p. 2.

219 Les Académisards, « Petit Mémorial des Lettres », *Paris-Soir*, 2e année, no 415, 23 novembre 1924, p. 2.

220 L'expression de « pourfendeur » est de Bernard Leuilliot, dans Louis Aragon, *Chroniques I*, *op. cit.*, p. 210.

221 Roger Allard, « La poésie de Charles Maurras », *La Muse française*, 2e série, no 2, 10 février 1923, p. 87-92 (p. 92). En 1923 aussi, Malraux écrit la préface à la réédition de *Mademoiselle Monk* de Maurras, dont il prise « l'ordre », garant de « la beauté » et « la force », en des mots qui ont leur dimension idéologique. Malraux est cité par André Vandegans, *La jeunesse littéraire d'André Malraux – Essai sur l'inspiration farfelue*, Paris, Jean-Jacques Pauvert, 1964, p. 67. Vandegans nuance la lecture à faire de cette préface, dans la mesure où il s'agissait, pour Malraux, d'« un travail de commande ». *Ibid.*, p. 68.

222 Charles Maurras, réponse d'enquête, rubrique « Les Lettres », *L'Intransigeant*, 40e année, no 14072, 23 janvier 1919, p. 2.

223 *Idem.*

224 Frick, réponse d'enquête, rubrique « Les Lettres », *L'Intransigeant*, 40e année, no 14081, 1er février 1919, p. 2. Frick explique : « Je vote pour PAUL CLAUDEL. Je ne l'aime point, mais je me trouve là en présence d'une œuvre ! » *Idem.* Juste avant la Première Guerre dans *Paris-Journal*, des pages claudéliennes cataloguent Frick en compagnie de Bonnefon, Tailhade et Divoire, parmi les auteurs d'« immondes vilenies sur Claudel ».

1922, alors que son étude sur Maurras est annoncée à paraître dans *La Muse française*, Allard est englobé dans le soutien de la revue à la candidature du chef de l'Action française au fauteuil très convoité du défunt Paul Deschanel à l'Académie[225]. Le traitement de Maurras par l'article d'Allard n'échappe pas au journal de *L'Action française*, qui reprend la « Muse vigilante[226] » accordée à Maurras par la bienveillance d'Allard.

Frick entre une seule fois dans les réflexions du *Nouveau Spectateur* d'Allard, de manière annexe, quand sont cités deux vers de *Girandes* consacrés à Banville d'Hostel, qui vient de former un projet d'envergure internationale destiné à rassembler les « travailleurs de l'idéal », au déplaisir d'Allard, plus que sceptique[227]. Il n'en reste pas moins que la guerre, dans la structuration du Comité directeur de l'A.E.C., est un lien continu entre Frick et Allard. Sans se poser dans le cadre de la défense d'intérêts corporatifs à la base du manifeste de l'A.E.C. de juin 1919, Allard, dans *Le Nouveau Spectateur* d'octobre, reconnaît un vécu particulier du conflit chez « l'écrivain soldat[228] ». Celui-ci a pu observer, sur la durée des affrontements, des « tourments innombrables », des « visages où éclataient les fleurs de sentiments inconnus, de passions

Voir Louis-Alphonse Maugendre, *La renaissance catholique au début du XXe siècle*, Paris, Beauchesne, 1963, p. 234.

225 Voir M[aurice] A[llem], « Charles Maurras et l'Académie », *La Muse française*, 1re série, n° 9, 10 novembre 1922, p. 428-429 (p. 429).

226 Orion, « À travers les revues », rubrique « Carnet des lettres », *L'Action française*, 16e année, n° 49, 18 février 1923, p. 4.

227 Voir Roger Allard, « Un Comité d'initiative... », *Le Nouveau Spectateur*, 1re année, n° 2, 25 mai 1919, p. 40. Allard cite une expression de Banville d'Hostel en lien avec la nouvelle Fédération Internationale des Arts, des Lettres et des Sciences. La F.I.A.L.S. naît, comme *Clarté*, dans une optique de dépassement des frontières, mais, avec des adhérents comme Roinard, Ryner ou Strentz, elle est nourrie des cercles de l'action intellectuelle et de l'individualisme anarchiste. Le siège de la Fédération et de sa revue *Ésope*, au 38 bis rue Fontaine, appartement de Banville d'Hostel, aura bientôt comme voisin André Breton, qui emménage en 1922 au numéro 42. Frick, rue Notre-Dame-de-Lorette, se dit « voisin » de Banville, dans une lettre de rendez-vous et visites à Christian, datée « Vendredi matin », estimée à 1918-1919. Getty, LA (930004). Au domicile de Banville d'Hostel s'organisent diverses soirées. C'est là que Roinard, en 1918, fait une de ses lectures de *La Légende Rouge*, fresque révolutionnaire composée sous forme de pièce au siècle précédent. Les Treize, « Les Lettres », *L'Intransigeant*, 39e année, n° 14036, 18 décembre 1918, p. 2. Follain, qui remarque Sylvain Bonmariage chez Banville d'Hostel, précise que ce dernier, « barbu, maigre et doux, valait mieux que toute la chiennerie qu'il recevait ». Jean Follain, entrée estimée à début 1935, *Agendas 1926-1971*, éd. Claire Paulhan, Paris, Seghers, 1993, p. 51.

228 Roger Allard, « L'artiste qui me parlait ainsi... », rubrique « Lectures », *Le Nouveau Spectateur*, 1re année, n° 10, 10 octobre 1919, p. 213-214 (p. 213).

inouïes[229] », devenues autant de ressources en soi pour le meilleur ou pour le pire. Allard tient ainsi à faire la distinction entre artistes ou écrivains qui ont « fait la guerre[230] » et ceux qui ne l'ont pas faite. Il a déjà exprimé, l'année précédente, dans sa nécrologie sur Apollinaire, le gain qu'un « artiste[231] » peut tirer de la guerre. En 1918 comme en 1919, Allard cherche à réfuter l'idée de « quatre années perdues » pour les anciens combattants, expression qu'il reprend de Montfort, soldat passé dans l'armée auxiliaire, pour s'en démarquer[232]. La réflexion de 1919 est reliée, sans qu'Allard l'indique, à la question posée par *L'Intransigeant* au mois d'août, avec des réponses publiées jusqu'au 23 septembre, visant à « savoir si le temps de guerre avait été pour tous les écrivains mobilisés du temps perdu[233] ». Allard réagit à l'enquête, à dix jours d'écart de Montfort, qui n'a pas vraiment eu « le loisir de faire de la littérature[234] », tandis qu'Allard a vécu, dans la « tourment[e] » de la « guerre », « des heures » de « rêverie[235] » utiles à la poésie. Peu après, Montfort réintègre l'enquête, cité des *Marges* par *L'Intransigeant*, pour avoir insisté sur la guerre comme « cinq années perdues[236] » pour l'écrivain et son travail. Comme présenté ironiquement par les Treize, Montfort exhorte à se remettre au « travai[l] » avec un « parti des écrivains » toujours à « fond[er][237] » et à ne pas se laisser emporter dans un nouveau round d'hostilités, qui impliquerait Clarté contre le Parti de l'Intelligence.

Début septembre 1919, Frick dit ses pensées à *L'Intransigeant* sur la poésie propre à combler l'étendue de temps laissée au combattant dans son quotidien, près ou loin du front : « que voulez-vous que l'on fît, sinon des vers[238] ». Frick rappelle avec assentiment « la guerre » aux

229 *Idem.*

230 *Idem.*

231 Roger Allard, « Le destin, lui aussi, a des cruautés… », *Sic*, n° 37-38-39, janvier-15 février 1919, p. 281-282 (p. 281).

232 Roger Allard, « L'artiste qui me parlait ainsi… », *Le Nouveau Spectateur*, *op. cit.*, p. 213-214.

233 Les Treize, « Les Lettres », *L'Intransigeant*, 40e année, n° 14273, 13 août 1919, p. 2.

234 Eugène Montfort, réponse d'enquête, rubrique « Les Lettres », *L'Intransigeant*, 40e année, n° 14275, 15 août 1919, p. 2.

235 Roger Allard, réponse d'enquête, rubrique « Les Lettres », *L'Intransigeant*, 40e année, n° 14286, 26 août 1919, p. 2.

236 Eugène Montfort, cité par Les Treize, « Les Lettres », *L'Intransigeant*, 40e année, n° 14293, 2 septembre 1919, p. 2.

237 *Idem.*

238 Frick, réponse d'enquête, rubrique « Les Lettres », *L'Intransigeant*, 40e année, n° 14301, 10 septembre 1919, p. 2.

« longs loisirs » d'Apollinaire, puis se réfère à l'exemple de Thibaudet pour rendre plus probant le constat d'une période propice au travail du poète[239]. Chez Thibaudet, Frick relève une abondance d'écriture, constituée essentiellement de « vers » fabriqués « [a]ux tranchées, en marche [...] comme au cantonnement[240] ». Dans *L'Intransigeant* du lendemain, André Warnod est à l'opposé de la réponse de Frick, son ancien camarade du 269e régiment, et insiste sur les « ennuis » et les « soucis matériels », qui ont fait obstacle à la réalisation du moindre « travail littéraire » pour le « simple soldat en campagne[241] ». Conduit dans les « marches », « contre-marches », dans les « tranchées » et « au cantonnement », le « simple soldat » espère peu du « [r]epos », dans le récit-souvenir *Prisonnier de guerre* de 1915 de Warnod, puisque le « [r]epos » est « plus pénible encore que la bataille[242] ». En 1919, Thibaudet ne figure pas parmi les répondants à l'enquête de *L'Intransigeant* mais, dans son livre manuscrit « La caverne des ombres », la guerre offre par rapport au temps deux possibilités ou « [d]eux noblesses » proches en sonorités : « celle d'y mourir, celle d'y mûrir, et la seconde à défaut de la première[243] ». Pour le soldat qui échappe à la mort, la transformation qu'il subit lui fait acquérir un peu de sérénité, selon la perspective de Thibaudet assigné cantonnier. « La caverne des ombres », texte composé à partir de notes de 1916, raconte au premier chapitre cette découverte « en pleine guerre » d'un espace « où méditer librement la tête fraîche[244] ». Le calme de Thibaudet contraste avec les états d'Allard. Pour tous les deux cependant, le même « paysage humain » avec ses horreurs fait « mûrir[245] » le soldat.

---

239 *Idem.* Frick cite, de tête, Apollinaire, « Que la guerre est jolie avec ses longs loisirs », qui se lit sur deux vers, « Ah Dieu ! que la guerre est jolie / Avec ses chants ses longs loisirs », dans « L'adieu du cavalier », de « Calligrammes », *Œuvres poétiques*, *op. cit.*, p. 253.

240 Frick, réponse d'enquête, « Les Lettres », *L'Intransigeant*, *op. cit.*, 10 septembre 1919, p. 2.

241 André Warnod, réponse d'enquête, « Les Lettres », *L'Intransigeant*, 40e année, no 14302, 11 septembre 1919, p. 2. Frick n'est pas nommé dans cette réponse. Le mot récapitulatif de l'enquête s'inscrit dans le fil de Warnod, à savoir que « la guerre a vraiment nui au labeur des jeunes écrivains ». Les Treize, « Fin des réponses », rubrique « Les Lettres », *L'Intransigeant*, 40e année, no 14314, 23 septembre 1919, p. 2.

242 André Warnod, *Prisonnier de guerre*, *op. cit.*, p. 13 et 16-17.

243 Albert Thibaudet, « La caverne des ombres », *Bulletin de la Société des amis des arts et des sciences de Tournus*, tome LXXXV, 1986, p. 135-137 (p. 137).

244 *Idem.* Sur ce texte, voir André Talmard, « Les manuscrits de Thibaudet », *Bulletin de la Société des amis des arts et des sciences de Tournus*, tome LXXXV, 1986, p. 132-134 (p. 133).

245 Albert Thibaudet, « La caverne des ombres », *Bulletin de la Société des amis des arts et des sciences de Tournus*, *op. cit.*, p. 137.

Dans l'intervalle de publication entre le *Bélier* et *Girandes*, où Frick correspond avec Allard comme avec Christian ou Thibaudet, Paulhan continue de se faire une place dans la poésie de Frick. Son importance peut se mesurer à la versification d'« Armilles », dernier poème d'un recueil aux formes variées. L'hémistiche du sixième vers du dizain en alexandrins d'« Armilles » réserve au nom de Paulhan ce centre géographique du poème. La référence à Paulhan, avec les « haubans » et le « cèdre du Liban », l'associe au soutien et à la vigueur dans une période d'« espoir[246] » qui accompagne l'Armistice. Par sa sonorité, le titre « Armilles » convoque armée et armistice, tandis que le sens du mot va vers bracelet, anneau ou cercle. Ces éléments sont saisis ensemble au premier vers, qui fait passer de la guerre à la paix dans le constat : « Le cycle est révolu de la boue et du sang[247] ». Désormais aussi, les voix issues de la guerre, au nombre desquelles on peut compter Paulhan avec *Le Guerrier appliqué* et l'auteur, en 1918, de *Nous autres à Vauquois (1915-1916)*, André Pézard, apostrophé par le poème, « O Pézard », peuvent résonner « à requoi[248] », au repos. Il s'agit d'un repos encore empreint des combats, dans lequel le « verbe » du « chroniqueur épique » qui « aujourd'hui peut fuser[249] » trace un parcours poétique de fusées, d'Apollinaire à Baudelaire.

Paulhan refait surface chez Frick dans *Vibones*, en 1932, avec le poème « Compose binaire », dont l'intitulé dit, à sa manière, le dédoublement opéré par Paulhan dans l'adoption du pseudonyme de Jean Guérin. Pour mémoire, Paulhan recourt à ce nom d'emprunt, Guérin, à partir de 1927 dans la *Nouvelle Revue française*, en particulier pour ses « notes de combat[250] » où la guerre à lire dans Guérin redouble l'effet. La force

246 Baillaud cite les deux vers concernés : « Que notre espoir se berce au rythme des haubans / Et qu'on offre à Paulhan un cèdre du Liban », dans son « Essai d'une bibliographie chronologique des écrits », *op. cit.*, p. 30.

247 Frick, « Armilles », *Girandes*, *op. cit.*, p. 40. Pour le Lunanien que sera bientôt Frick, au-delà de Paulhan et des questions d'écriture ou de guerre, « Armilles » et « Méridienne » ont en commun leur sens astronomique, ramenant aux cercles enserrant la terre. Un « armillaire astrolabe », au service de la mesure et la navigation, accompagne, ailleurs chez Frick, un appel à la poésie raffinée du « cavalier Marin ». Frick, « Cultisme », *Ingrès*, *op. cit.*, p. 10.

248 Frick, « Armilles », *Girandes*, *op. cit.*, p. 40. Frick tient l'écrit de Pézard, qui combat aux Éparges et à Vauquois, pour un « document » important mais se démarque de sa « conception du cataclysme ». Frick, « Scolies », *La Caravane*, 5e année, n° 8-9-10, août-septembre-octobre 1918, p. 13.

249 Frick, « Armilles », *Girandes*, *op. cit.*, p. 40.

250 Voir la « Préface » de Bernard Baillaud dans Jean Paulhan, *Œuvres complètes – I – Récits*, *op. cit.*, p. 7-24 (p. 10).

de la « plume » de ce « Maître Guérin » est, pour le poème de Frick, contenue entière dans les rimes de la première strophe où, à « papier » succèdent « acier », « foudroie », « guerroie[251] ». Un extrême lointain voulu humoristique peut « mettre à l'abri [des] coups » que prodiguent les « mots[252] » de Guérin. Le pays des « Topinambous[253] », passé de récits de voyage en poésie ou en roman, est ainsi invoqué comme refuge contre la verve critique du civilisé. Le reste du poème abandonne Guérin pour revenir à « son double [...] plus débonnaire », « Jean Paulhan », même si le « naguère[254] » à la rime insiste sur l'alter ego combatif ou suggère la difficulté à les séparer. Comme dans « Armilles », des offrandes sont faites à Paulhan, le « cèdre » remplacé ici par « un collier de béryl », rapporté de l'« exil » de « chez les Topinambous », « une rose » et, allusion au pays basque, un « makila[255] », bâton de marche qui s'assimile presque à une arme et, aiguisé au bout, ressemble à un stylo. Cet objet voisin de la région de Paulhan, le « makila », réunit en lui, par une élaboration poétique recherchée, Guérin et Paulhan.

Un texte du *Lunain* de février 1939 relève chez Paulhan, dans ses propos sur la « logogénie », l'action continue et conjointe de l'érudit et du « poète télétique[256] », initiateur aux mystères. Cette « particularité si vive[257] » de Paulhan ne lui est pas exclusive dans le panthéon de Frick, où le poète André Godin, chroniqueur de logogénie dans *Pan* et prospecteur d'égyptologie et de l'Orient sacré, l'a précédé. Vers la fin de sa vie, le « Prince du Lunain[258] », comme l'a appelé Paulhan, signe pour celui-ci ses deux recueils de 1955. L'inscription d'*Abrupta nubes* complète la pensée exprimée dans *Le Lunain* en 1939 et s'adresse au savant, « doctus ex disciplina stoïcorum », Paulhan, « envo[yé] » par « le Suprême mandarin » « pour régénérer l'esprit de l'Occident » et, écho aux *Fleurs*

251 Frick, « Compose binaire », *Vibones*, *op. cit.*, p. 44-45 (p. 44).

252 *Idem.*

253 *Idem.*

254 *Ibid.*, p. 44-45.

255 *Idem.*

256 Ce passage de « Linéaments connotatifs » de Frick est cité dans « Un hommage à Jean Paulhan », rubrique « Notes et échos », *Marianne*, 7e année, no 333, 8 mars 1939, p. [7].

257 *Idem.*

258 Parmi les dédicaces qui lui ont été consacrées et qu'il retient dans une lettre du 9 décembre 1954 à Berthe Bolsée, Frick recopie celle de Jean Paulhan faisant de lui ce « Prince », sans identifier l'ouvrage concerné. Voir Marcel Lobet, « Les amitiés belges », *Bulletin de l'Académie Royale*, *op. cit.*, p. 221-222 (p. 222).

de Tarbes, « faire éclore le Bouquet du Langage des Langages[259] ». Paulhan écrit à Étiemble, avec le prospectus de souscription à *Abrupta nubes*, que le recueil « n'est pas du tout indifférent » mais « plutôt exaspérant », et estime Frick à ce moment « un peu fou mais sympathique[260] ». La dédicace dans *Statures lyriques*, plus personnelle, imagine une amitié qui survivrait à la mort et place Frick, optimiste ou un peu ironique sur son destin éternel, « là-haut », où l'espoir est que Paulhan « viendr[ait] » « [l]e rejoindre[261] ». L'année suivante, Frick précise mieux, dans son poème d'*Oddiaphanies*, « Futurition », le lieu où la mort le mènera et où il sera mal entouré, c'est-à-dire en bonne compagnie littéraire : « Préparez mon retour dans les limbes / Où je retrouverai les poètes maudits[262] ». Comme à son habitude, Frick demeure, avec Paulhan, attentif aux dédicaces, malgré ses tentatives de suspendre ce mode d'écriture personnalisé.

À partir de *Vibones*, en 1932, Frick fait coller sur les exemplaires de son recueil un prière d'insérer qui annonce la « suppr[ession] » de « tout envoi autographe », avec un message conçu comme une abdication, celle du « princ[e][263] » de la dédicace qui renonce à son titre et à sa pratique. Il affirme ce changement de cap dans une lettre de l'été 1931 à Valançay, ayant désiré trouver « une formule plus appropriée à [l'] époque[264] » et, peut-on penser, économique en temps, drainant moins les ressources de l'esprit. Pour Valançay encore, deux ans plus tôt avec *Poetica*, la tradition de la dédicace est approchée avec révérence et un soupçon d'ironie, « ô dédicace[265] », et dans ce cas mue par l'amitié. Le prière d'insérer de *Vibones* pourrait marquer, chez Frick, la fin d'une noblesse des lettres, où « les principautés s'effondrent » et où l'« altesse », ce prince de la

259 La dédicace à *Abrupta nubes* figure sur l'exemplaire de la bibliothèque de Paulhan conservé à la Beinecke Rare Book and Manuscript Library.

260 Lettre de Jean Paulhan à René Étiemble, du 7 mai [1955], dans *226 lettres inédites de Jean Paulhan*, *op. cit.*, p. 364-365 (p. 365).

261 Dédicace à *Statures lyriques*, de la bibliothèque de Paulhan, Beinecke Rare Book and Manuscript Library.

262 Frick, « Futurition », *Oddiaphanies*, *op. cit.*, p. 55. Dans un poème de la Première Guerre, Frick énonce, parmi ses « [p]références » poétiques, Verlaine, dont la « musique » s'associe à « la douleur » et ces deux vers pour le « poète maudit » demeurent présents à l'esprit de Frick quand il s'agit d'évoquer Verlaine pour Berthe Bolsée, dans une lettre du 2 août 1954. Voir Frick, « Préférences », *Sous le Bélier*, *op. cit.*, p. 19 ; et sa lettre, reproduite dans Marcel Lobet, « Les amitiés belges », *Bulletin de l'Académie Royale*, *op. cit.*, p. 216-217 (p. 217).

263 Frick, « Prière d'insérer… », *Vibones*, *op. cit.*, page de garde.

264 Lettre de Frick à Robert Valançay, du 25 août [1931]. Getty, LA (950057).

265 Lettre de Frick à Robert Valançay, du 18 septembre 1929. Getty, LA (950057)

dédicace proclamé par « [d]es critiques sérieux[266] », n'a plus lieu d'être. Frick se serait trouvé un successeur avec le poète Jean Le Louët, auquel il aurait dévolu ses pouvoirs et « transm[is] solennellement son titre de Prince de la Dédicace[267] » dans la foulée de *Vibones*.

Le côté social et promotionnel d'une séance de signatures dans une librairie n'est pas pour autant à éviter. Dans un film d'actualités de 1933 à Montparnasse, Frick, légèrement en retrait et de tête seulement, est visible dans une assemblée compacte avec, au premier plan, Jean Cassou, qui parle, et Max Jacob souriant assis près de Gaston Bonheur occupé à dédicacer son livre[268]. Lorsqu'en 1935 paraît *Ingrès*, Frick écrit à la main dans son ouvrage, de manière plus laconique mais aussi plus prosaïque que dans *Vibones*, « Dédicace abolie. Lettre ne suit pas[269] ». Frick est l'étrangleur pour *L'Intransigeant* en juillet, celui qui « a tordu son cou[270] » à la dédicace, comme titre aussi *Comœdia* en juin. L'événement est mis en scène lors d'une soirée poétique chez Debresse, en présence de Royère et d'une large « assistance[271] ». La fille de Marius Richard a été « [re]vêtue d'un papier d'emballage » signé d'« envois d'auteurs[272] », que Frick déchire à grands gestes. Billy est convaincu, la semaine suivante, que « le plus zélé champion » « naguère » de la dédicace retournera à cette forme « avec une ferveur accrue[273] », langage proportionnel aux

---

266 Frick, « Prière d'insérer… », *Vibones*, *op. cit.*, page de garde.

267 Les Treize, « Le nouveau "poulain" de Louis de Gonzague-Frick », rubrique « Les Lettres », *L'Intransigeant*, 56e année, n° 20347, 17 juillet 1935, p. 4. Une préface de Frick à *Mythistoria* de François Drujon vaut à celui-ci d'être qualifié, par Les Treize, de plus récent « poulain » de Frick après Jean Le Louët. *Idem.*

268 Il s'agit d'un film de moins d'une minute, retrouvé par Patricia Sustrac dans les Archives Pathé-Gaumont. Frick est mentionné dans le premier écran, après Bonheur, Jacob et Cassou, sous l'orthographe « Gonzague-Frik », parmi les « éditeurs, libraires, auteurs et clients [qui] fraternisent ». « Paris-Vie littéraire : À Montparnasse… » (1er déc. 1933), « France actualités – Actualités Gaumont », vidéo, sur le site max-jacob.com/2013/max_jacob_vid.html. Consulté le 4 juillet 2013. Georges Gabory note avoir vu Frick « pour la dernière fois » en « 1932 ou 1933 » dans les « *Actualités* (parlantes) ». Georges Gabory, *Apollinaire, Max Jacob, Gide, Malraux, & Cie*, *op. cit.*, p. 53-54.

269 Frick, mention autographe, *Ingrès*, *op. cit.*, page de garde.

270 Les Treize, « La dédicace en acrostiche », rubrique « Les Lettres », *L'Intransigeant*, 56e année, n° 20339, 9 juillet 1935, p. 4.

271 « Louis de Gonzague-Frick a tordu son cou à la Dédicace… », *Comœdia*, 29e année, n° 8153, 6 juin 1935, p. 3.

272 *Idem.*

273 André Billy, « Dédicaces », rubrique « Courrier des Lettres », *Le Figaro*, 110e année, n° 163, 12 juin 1935, p. 5. Billy s'intéresse à la dédicace dans les envois au « service de presse » et la considère alors comme le sceau de qualité apposé par un auteur sur son œuvre. *Idem.*

forces déployées à la librairie de Debresse. Au *Figaro*, Derème précède de quatre ans Billy dans la défense de la dédicace contre l'opinion répandue qu'elle « se meurt », qu'elle « est morte[274] » quand les faits démentent cet enterrement. Pour *Oddiaphanies*, Frick revisite sa posture d'abandon de la dédicace et l'inscrit en vers au début du recueil : « La dédicace est un trop grand art / Pour que j'y prenne la moindre part ». Cet « art » et celui qui le pratique sont évalués au-delà d'une écriture passagère, dans une sorte de prétérition.

La reconsidération de l'usage de la dédicace dans les années trente a lieu pour Frick alors qu'il retranche plutôt qu'il n'ajoute, à juger par une « menace », rapportée par l'hebdomadaire *Aux écoutes* le 21 janvier 1933, aussitôt relayée dans *L'Intransigeant*, « de se retirer du monde[275] » et de se défaire de son incomparable bibliothèque. Effectivement, sa bibliothèque, inventoriée, passe aux enchères au début de l'année suivante. Le phénomène n'est pas unique à Frick puisqu'entre 1933 et 1935 *L'Intransigeant* fait état d'une « épidémie » dans le monde des lettres parisien, qui se réunit désormais régulièrement à Drouot. Carco, Gide, Miomandre comptent parmi ceux qui se délestent d'ouvrages et parfois, comme Frick, de dédicaces personnelles. L'annonce de la vente aux enchères de la bibliothèque de Frick, tenue à l'Hôtel Drouot le 13 février 1934, note les « belles dédicaces[276] » incluses. Frick s'est remis entre les mains d'un connaisseur, boulevard Malesherbes, le libraire et expert Georges Andrieux, qui a déjà vendu les collections de Daragnès ou la bibliothèque de Paul Souday. Frick ne se permet pas les limites adoptées par Tristan Bernard, qui « ne se sépare d'aucun des envois amicaux[277] » reçus. Nulle mention des raisons qui poussent ces divers auteurs à céder une part de leurs collections. Chez Frick, jouent ensemble, probablement, le dégoût de la vie littéraire et les besoins financiers. Il porte également un regard dur sur son œuvre. *Vibones*, en 1932, lui paraît une œuvre de choix, tandis qu'*Ingrès*, lancé pourtant en 1935 avec une exposition de dédicaces et livres reçus, représenterait un échec.

---

274 Tristan Derème, « Dédicaces », *Le Figaro*, 100ᵉ année, nº 127, 7 mai 1931, p. 5.

275 « La retraite du poète », *Aux écoutes*, *op. cit.*, p. 28. Les Treize reprennent presque mot pour mot l'entrefilet d'*Aux écoutes*, dans *L'Intransigeant* du 23 janvier 1933.

276 Les Treize, « Les Lettres », *L'Intransigeant*, *op. cit.*, 11 février 1934, p. 6 ; ou rubrique « La curiosité », *Journal des débats politiques et littéraires*, 146ᵉ année, nº 40, 10 février 1934, p. 4.

277 Les Treize, « Les Lettres », *L'Intransigeant*, 56ᵉ année, nº 20301, 31 mai 1935, p. 4.

Dans les lieux qu'il fréquente, « salles de rédaction » ou « cénacles d'avant-garde », a déjà pu se percevoir un « désenchant[ement] » sur son visage et Frick a répété « solennellement[278] » à qui veut l'entendre son éloignement volontaire de ces préoccupations. Dès avant le prière d'insérer de *Vibones*, la décision de délaisser les envois individualisés semble envisagée dans un mot de Frick à Valançay au sujet d'une dédicace faite à un tiers et pourtant fort bien reçue : « c'est la dernière, je n'en ferai plus[279] ». Il confie à Valançay son manque d'espoir dans le monde en général et pas seulement le monde des lettres, moins resserré qu'avant 1914 et moins princier. De manière posthume dans « Amet Ummet », poème-mémoire d'un temps qui a marqué sa jeunesse déjà aussi par le récit des souvenirs, Frick fait émerger du XIXe siècle une personnalité titrée, peut-être indûment, Jules Janin, qui s'était institué au *Journal des débats* « Prince de la Critique », ainsi « proclamé par lui-même[280] », spécifie le vers.

Familier de cette époque désormais reculée, Ernest Tisserand, en 1957, rassemble toutes les principautés de Frick en une, consensuelle, « Prince du verbe rare[281] ». Une variante de 1929 illustrée d'une historiette parle de « prince hermétique », où « [u]n poète de sous-préfecture », destinataire de « compliments sibyllins » de Frick, tarde à lui répondre avant de s'expliquer « innocemment » : « C'est qu'il m'a d'abord fallu faire traduire votre lettre[282] ». En 1962, Conem rappelle que Frick est devenu prince de la dédicace cinquante ans auparavant, quand s'égrenait la série de princes, Han Ryner pour les conteurs, Charles Mélaye pour les pasticheurs, et le plus estimé, prince des poètes, Paul Fort, houleusement remplacé à son décès, en 1960, par Cocteau[283]. L'affirmation de Frick d'en être à sa « dernière » dédicace n'a, en réalité, pas de portée définitive

278 « La retraite du poète », *Aux écoutes*, *op. cit.*, p. 28.

279 Lettre de Frick à Robert Valançay, non datée, estimée à 1930, sur papier à en-tête de la « Fabrique d'imperméables » Fleury. Getty, LA (950057). Cet ultime envoi aurait été destiné à « M. Gaston Echerbanet » qui, en retour, « félicit[e] » Frick « de la dédicace ». *Idem.*

280 Frick, « Amet, Ummet », *Enif*, *op. cit.*, p. 27.

281 Ernest Tisserand, « L'épître à L. de G. F. », *Nymphées ou Jusqu'au rire*, Dolhain, Éditions Compléments, 1987, p. 9-26 (p. 22).

282 Le Gardien du square, « Le prince hermétique », rubrique « À tous échos », *Paris-Soir*, 7e année, n° 2182, 26 septembre 1929, p. 9-26.

283 Francis B. Conem, compte rendu de *Dédicaces*, *Revue des Sciences Humaines*, *op. cit.*, p. 660.

puisque les dédicaces continuent d'avoir un avenir jusqu'à *Oddiaphanies* et de constituer un chemin parallèle à son œuvre. Conem ressort une lettre d'octobre 1955 où Frick lui écrit se sentir au bout de ses forces, « martyr de la dédicace » « [d]epuis 1907 » après avoir « composé », selon ses calculs, « des milliers[284] » d'inscriptions individualisées. Au moment de *Poetica*, Frick est signalé en pleine activité, à « dédicace[r] à tour de plume », « bien affairé », « fébril[e] » au point de « sue[r][285] » et d'ajouter à la chaleur de la fin de l'été 1929. En 1931, Strentz fournit une image imbattable de ce faiseur de dédicaces en mécanique à haut rendement, « virtuose-vapeur de la dédicace fleurie[286] ». L'exagération suggérée par le qualificatif « fleur[i] » comme par le nombre ne retire pas nécessairement la sincérité de la signature de Frick. Jules Romains lit sur sa copie de *Girandes* en 1919 une « dédicace dont l'hyperbole même [lui] semble venir du cœur[287] », où l'artifice du style s'accorde à la franchise.

Dans l'un de ses exercices de comptabilité, en 1953, Frick précise à Léautaud avoir produit « plus de deux mille[288] » dédicaces, dont plusieurs rédigées sur sa photographie, identifiée par Conem comme un support particulier pour ces hommages de Frick[289]. En 1962, « un recueil de dédicaces frickiennes » serait en « prépar[ation] », resté apparemment sans suite, au stade de l'inventaire de la « démesur[e][290] », selon l'évaluation de Conem. Frick était aussi amateur des dédicaces d'écrivains autour de lui, admiratif de l'une d'entre elles écrite par Ernest La Jeunesse à Mallarmé, qu'il estime « la plus chaleureuse, la plus significative que

284 Frick est cité de sa lettre par Conem. *Ibid.*, p. 661.

285 Les Académisards, « Petit Mémorial des Lettres », *Paris-Soir*, 7e année, no 2173, 17 septembre 1929, p. 2. En lieu du pot de fleurs, Frick est ici « *poète sous le boisseau* ». *Idem.*

286 Henri Strentz, cité de *L'Alliance littéraire* par André Thérive, *La Quinzaine critique des livres et des revues*, *op. cit.*, p. 398.

287 Lettre de Jules Romains à Frick, du 28 mars [1919], en vente par Piasa, lot 283, le 23 mars 2009, sur le site auction.fr. Consulté le 2 août 2014.

288 Lettre de Frick à Paul Léautaud, non datée, estimée à 1953, reproduite par Sarane Alexandrian, « Un grand seigneur de la poésie moderne », *Supérieur inconnu*, *op. cit.*, p. 92-93 (p. 93). Cette lettre répond à celle de Léautaud à Frick, du 27 mai 1953. HRC, Austin.

289 Pour la photographie dédicacée, voir Francis B. Conem, compte rendu de *Dédicaces*, *Revue des Sciences Humaines*, *op. cit.*, p. 661.

290 *Ibid.*, p. 662. La mort de Frick provoque un peu d'activité pour rassembler les éléments de son œuvre, ainsi une « amusante bibliographie », selon l'expression de Thérive, en préparation chez Pia. Lettre d'André Thérive à Pascal Pia, du 6 décembre 1959, en vente par Piasa, le 20 novembre 2013, sur le site piasa.fr. Consulté le 3 avril 2015.

l'on puisse imaginer[291] ». La créativité en la matière est partagée avec Frick par Tristan Derème, qui « passait pour un maître astucieux de la dédicace[292] » d'après l'expression de Pierre Courthion, présent au journal *L'Éclair* avec Frick et Derème.

Dans la valse des dédicaces, Frick offre divers cas de figure de la circulation et la transmission des livres, souvent à faible tirage, auxquels il est chaque fois associé comme signataire, dédicataire ou dédicataire virtuel. Sur un exemplaire de *Girandes*, passé par les enchères en 2010, Frick, Roinard et Valançay sont ensemble réunis à la faveur d'un double envoi signé, à des années de distance, par Frick en « féal[293] » d'abord de Roinard puis de Valançay. Au décès de Roinard, en 1930, Frick et Valançay, exécuteurs testamentaires, sont face à la bibliothèque de leur ami disparu dans laquelle figure *Girandes*, et la nouvelle dédicace que Frick appose sur le recueil les rapproche tous trois dans cette heure du souvenir. Ces dédicaces d'ouvrages fournissent le matériau « d'une histoire littéraire microscopique[294] », et l'ajout d'une nouvelle signature, voire plusieurs, complexifie les réseaux observés. Ainsi, dans la circulation du livre de main en main, pour cause de revente probablement, une copie du recueil de 1925 d'Éluard illustré par Ernst, *Au défaut du silence*, comporte d'abord un mot écrit pour Frick par celle qui est au cœur des poèmes, Gala[295]. Des dédicaces viennent se surajouter au paraphe de Gala lorsque l'exemplaire de Frick d'*Au défaut du silence* est acquis ailleurs. Le livre aboutit, du vivant de Frick, dans la collection du couple Trutat, pour lesquels Éluard, puis Ernst, respectivement en 1947 et 1950, apposent leur signature. Par un autre circuit, un ouvrage adressé à Frick ne lui parvient jamais, en raison des affectations et des soins subis durant l'année 1917, et rejoint un nouveau preneur. La dédicace originale date

---

291 Lettre de Frick à Paul Léautaud, non datée, estimée à 1953, reproduite par Sarane Alexandrian, « Un grand seigneur de la poésie moderne », *Supérieur inconnu*, *op. cit.*, p. 93.

292 Pierre Courthion, *D'une palette à l'autre – Mémoires d'un critique d'art*, Genève, La Baconnière / Arts, 2004, p. 39.

293 Envoi autographe de Frick à Paul-Napoléon Roinard puis à Robert Valançay, non daté, dans *Girandes*. L'exemplaire figure au lot 313 du catalogue 2010 d'Interenchères.com.

294 Pour l'expression, voir Jean-Louis Jeannelle, « Le mémorable des lettres », dans *L'histoire littéraire des écrivains*, *op. cit.*, p. 79-124 (p. 99). Plus généralement, les dédicaces font acquérir aux « livres » « une histoire », d'après Gérard Farasse, « Bref traité des envois… », dans son édition d'*Envois & Dédicaces*, Villeneuve-d'Ascq, Presses Universitaires du Septentrion, 2010, p. 15-33 (p. 32).

295 L'ouvrage, dédicacé par Gala à Frick, ensuite par Éluard à Jacqueline Trutat, enfin par Ernst à Alain Trutat, est conservé à la Bibliothèque nationale de France.

du 1er janvier 1917, adressée à Frick par Cendrars sur un exemplaire de *La guerre au Luxembourg*[296]. Cendrars a expliqué directement sur la page ce qu'il est advenu du livre. Là où il avait écrit quelques mots à Frick, Cendrars note, le 31 mai 1917, avoir repris l'exemplaire au domicile d'Apollinaire, qui était censé le transmettre à Frick[297]. L'exemplaire destiné à ce « [p]auvre et cher Frick[298] » est ressorti des années après, en 1950, cette fois avec un mot de Cendrars pour Pierre Seghers, précédé d'une flèche qui dessine le lien entre 1917 et 1950.

Dans le très personnel « Paul Éluard et les stymphalides », Frick évoque sa « première rencontre signifiante[299] » avec Éluard peu avant l'Armistice, associant Éluard à la guerre. La mort d'Éluard mène le survivant à tenter de « ressaisir[300] » le disparu à travers la correspondance qui lui reste. Celle-ci subsiste en « lettres d'effusion » écrites par Éluard à Frick et constitue une matière « change[ante][301] », malgré les mots fixés sur le papier. Le simple geste tactile de tenir encore ces envois les transformerait « en fleurs singultueuses », fleurs de sanglots, où « singultueu[x][302] » traduit le deuil et, dans le champ pathologique, laisse entendre la respiration convulsive et irrégulière d'un Éluard au sanatorium. Le souvenir mène aussi, plus près dans le temps, à leur dernier échange, qui semble s'être fait de vive voix, dans une « ultime parole » sortie des « lèvres » d'Éluard et « dite [au] cœur attentif[303] » de

296 Voir, avec les précautions d'usage, les informations du blog de Dan Yack, qui reproduit la page dédicacée par Cendrars. « 1917. La guerre au Luxembourg… », 1er mars 2010, sur le site dan.yack.over-blog.com. Consulté le 5 octobre 2012.

297 De son côté, Frick a chargé Apollinaire de donner *Sous le Bélier de Mars* à Cendrars, comme l'indique la carte du 4 avril 1917 d'Apollinaire à Frick, citée par Marcel Lobet, « L'amitié d'Apollinaire et de Louis de Gonzague Frick », *Que vlo-ve ?*, *op. cit.*, p. 20.

298 Cendrars dit ces mots affectueux sur Frick dans les entretiens avec Manoll d'avril 1950. Blaise Cendrars, « Entretien neuvième », *Blaise Cendrars vous parle…*, éd. Claude Leroy, Paris, Denoël, 2006, p. 157-174 (p. 173).

299 Frick, « Paul Éluard et les stymphalides », dans Julien Deladoès, *Louis de Gonzague Frick*, *op. cit.*, p. 18. Suite aux cinq poèmes inédits, dont le dernier sur Éluard, Deladoès relève la pratique chez Frick de mettre dans ses vers les « faits et gestes de la vie quotidienne » reliés à ses amis. Julien Deladoès, *Louis de Gonzague Frick*, *op. cit.*, p. 19.

300 Frick, « Paul Éluard et les stymphalides », dans Julien Deladoès, *Louis de Gonzague Frick*, *op. cit.*, p. 18.

301 *Idem.*

302 *Idem.*

303 *Idem.* Dans la version du poème citée par Alexandrian, au lieu de « lèvres » apparaît le mot « livres », qui fait interpréter l'« ultime parole » un peu moins sur le plan oral. Sarane Alexandrian, « Un grand seigneur de la poésie moderne », *Supérieur inconnu*, *op. cit.*, p. 54.

Frick, guère masqué par le « je » du poème. La « parole » d'Éluard, muée en « feu total », se consume, faisant écho à une image de conflagration nucléaire, le « ravage cosmique[304] ». Le feu-destruction agit aussi en feu-régénération, à travers ce « Cher Phénix de qui naîtra l'insigne humanité[305] », en image du défunt et sa poésie perpétués à la manière de l'oiseau fabuleux, celui qui prend forme chez Éluard dans son poème du « Phénix » de 1950, « Les cendres ont fleuri en joie et en beauté[306] ».

Les stymphalides du mythe sont liés à la destruction, dans leur vie et leur disparition, par cet envol collectif qui les caractérise et qui masque la lumière du soleil. Un poème de 1946 de Frick les montre en fuite, comme les stymphalides survivant aux flèches d'Hercule, « écart[és] bien loin » par un « esprit solaire », et chassés avec leur presque semblable, le monstrueux oiseau-femme, meneuse des « Stryges[307] ». Frick renouvelle la combinaison des stymphalides et stryges visible dans l'une des versions d'« Hercule au lac Stymphale » réalisées par Gustave Moreau, où les oiseaux, munis de têtes de femmes, volent autour du héros, avec des échos variables chez Lorrain et Heredia[308]. Dans le poème à Éluard, les « oiseaux éperdus », « stymphalides » ou « phénix », se lisent une dernière fois dans « l'étoile apoltronnie » du « supplice[309] » qu'est la perte d'Éluard pour Frick. Le verbe *apoltronnir* correspond, en fauconnerie, à la pratique de couper les griffes de l'oiseau de proie, ce qui le rend moins apte à la chasse. Dans leur rapport de forme avec les serres de l'oiseau, les branches de « l'étoile » subissent aussi une diminution de puissance, presque une blessure que le « sang[310] » confirme. Après le flot

---

304 Frick, « Paul Éluard et les stymphalides », dans Julien Deladoès, *Louis de Gonzague Frick*, *op. cit.*, p. 18. Le souci d'un monde nucléaire est dans un poème à caractère encore plus personnel de Frick où sa mère, « bel atome du bien », « serai[t] effarouchée / D'une vie atomique ». Frick, « Animosi oris », *Oddiaphanies*, *op. cit.*, p. 29.

305 Frick, « Paul Éluard et les stymphalides », dans Julien Deladoès, *Louis de Gonzague Frick*, *op. cit.*, p. 18.

306 Paul Éluard, « Le phénix », *Œuvres complètes*, II, éd. Marcelle Dumas et Lucien Scheler, Paris, Gallimard, 1968, p. 421-422 (p. 422).

307 Frick, « Scheda Sciti », *Quantité discrète*, *op. cit.*, p. 40.

308 La « Préface » de *Mademoiselle de Maupin* relie aussi les « stryges stymphalides », qui font agir leur excrément à l'anéantissement des cultures, à la manière des critiques gâchant, selon Gautier, les ouvrages des autres, dans un usage de termes considéré « baroquisme » par Bernard Dupriez, *Gradus – Les procédés littéraires (Dictionnaire)*, Paris, UGE, 1994, p. 90.

309 Frick, « Paul Éluard et les stymphalides », dans Julien Deladoès, *Louis de Gonzague Frick*, *op. cit.*, p. 18.

310 *Idem.*

de « sang » qui accompagne la mort, « [u]ne goutte » vient « se place[r] sur [le] front » du poète défunt et, de cette « goutte » dérive « l'étoile apoltronnie[311] ». Le « sang » remonte aux « lettres d'effusion », dans son voisinage d'expression, « effusion » de « sang[312] » qui marque la violence de la mort, avec un épanchement lié à la parole lyrique. La disparition d'Éluard est source d'une solitude complète que peut atténuer la relecture, à effet déstabilisant, des « lettres[313] ». Cette chance d'un retour sur l'écrit confère une valeur extraordinaire à la correspondance d'un poète ami[314]. Lors de l'énigmatique absence en 1924 d'Éluard, « voyageur solitaire » quelque part dans « son tour du monde[315] », Frick à *Comœdia* se pose comme l'un des rares à pouvoir renseigner sur le « brusquement disparu », et à « appren[dre] », comme le relaie *Paris-Soir*, le « signal[ement] » de « la présence du poète » « aux Nouvelles-Hébrides[316] ». À cette occasion, Frick est courriériste détective et ami en compassion.

La composition des vers aux stymphalides pour Éluard amène à s'interroger sur l'année 1945 et la mort de Desnos. Poème introuvable et pourtant attendu, le poème que Frick ne semble pas avoir écrit entre le 7 août 1945, lorsque lui est révélé par *Paris-Presse* que Desnos ne reviendra pas de déportation, et le 9 avril 1958, date de son propre décès[317]. Pierre Berger les a bien réunis tous les deux en mars 1958, au début de son « Portrait de Max Jacob », où Desnos et Frick sont chacun conçus en guides pour l'adolescent qu'était Berger lors de sa première lecture de Jacob à travers *Le Cornet à dés*. Le « Portrait », dialogue radiodiffusé cinq semaines avant la disparition de Frick, fait écouter des voix données pour celles de Desnos et de Frick, censé, selon l'indication du script, s'exprimer ici « *noblement*[318] ». Si Desnos persiste ainsi auprès de Frick dans le souvenir de Berger, son existence est, par une dramatique ignorance

311 *Idem*.

312 *Idem*.

313 *Idem*.

314 Si on connaît une lettre-invitation d'Éluard à Frick, celle de 1920, aucune lettre de Frick n'est conservée au Fonds Éluard, du Musée d'art et d'histoire de Saint-Denis.

315 Henri Béhar, *Les enfants perdus – Essai sur l'avant-garde*, Lausanne, L'Âge d'Homme, 2002 p. 57.

316 Les Académisards, « À tous échos », *Paris-Soir*, 2e année, no 268, 29 juin 1924, p. 2.

317 Lettre de la Phalérinienne à Youki, datée « Lundi », cachet du 7 août 1945. DSNC 1363, BLJD.

318 Pierre Berger, « Pour un portrait de Max Jacob », *Europe*, 36e année, no 348, avril 1958, p. 56-73 (p. 58).

de Frick, rallongée en 1945 en raison de l'absence d'informations fermes de l'Est de l'Europe. La nouvelle qui, pour tous, tarde à arriver du sort de Desnos, semble plus confuse encore pour Frick, qui fait part, au cours du mois de juillet 1945, dans une lettre à Youki, de leur « joie » à sa femme et à lui d'« avo[ir] appris le retour du Poëte de *La Nuit des Nuits sans Amour* » et ajoute leur « souhait très ardent » que Desnos « se remette à son œuvre[319] ». En janvier 1944, Frick remerciait Desnos de ses souhaits pour la nouvelle année en s'adressant à lui comme au « Maître de l'enchantement poétique[320] », dernière expression d'admiration à un mois de l'arrestation de Desnos. Le 7 août 1945, alors que Frick et sa femme croyaient, jusque-là, Desnos « avec [Youki] en Bretagne » où il aurait « trouv[é] le rétablissement de ses forces », la Phalérinienne s'adresse à Youki pour lui dire combien, rue du Lunain, le « décès » de Desnos leur « fraie le cœur[321] ». Les problèmes de santé de Frick, mentionnés dans la lettre de juillet, l'empêchent ce jour-là d'écrire lui-même et, quand il est indisposé, sa femme copie sous sa dictée ou compose directement le courrier. La Phalérinienne redit, le 7 août, « combien [s]on mari aimait celui qu'il avait connu si jeune et qui était déjà marqué par un talent tout à fait original[322] », puis revient sur *The Night of loveless nights*, qui résonne de l'absence de Desnos pour Youki.

En 1942, Frick et Desnos sont attablés dans un restaurant en compagnie de Léon-Paul Fargue, Lucienne Delforge et Henry Mercadier, auquel Frick avait présenté Desnos en 1920[323]. Mercadier a relu, sur la demande de Desnos, les épreuves de *Fortunes* et les rapporte avant de rassembler ce groupe à dîner[324]. Son récit de la soirée tourne à l'élégiaque avec l'expression de « la dernière fois[325] » d'un bouillonnement de vie de Desnos. Souvent pris en compte, le témoignage de Mercadier sur

319 Lettre de Frick à Youki, datée « Mardi soir », cachet du 24 juillet 1945. DSNC 1350, BLJD.

320 Lettre de Frick à Robert Desnos, cachet du 6 janvier 1944. DSNC 1336, BLJD.

321 Lettre de la Phalérinienne à Youki, datée « Lundi », cachet du 7 août 1945. DSNC 1363, BLJD.

322 *Idem.*

323 Les informations proviennent d'« Images de Robert » de Mercadier, reprises et citées par Anne Egger, *Robert Desnos*, Paris, Fayard, 2007, p. 74 et 864.

324 *Ibid.*, p. 864. Mercadier aurait été fréquent lecteur et correcteur de la poésie des autres, selon Francis Conem, *Henry de Madaillan, 28 février 1904 – 4 octobre 1965, Lucienne Delforge, 1er mars 1909 – 21 avril 1987*, I, [Aix-les-Bains], Société des Amis de Francis Conem, 2010, p. 24.

325 Henry Mercadier, cité par Anne Egger, *Robert Desnos*, *op. cit.*, p. 864-865.

Desnos exige un regard sur ses activités et allégeances de la Deuxième Guerre. Mercadier, membre du P.P.F. de Doriot, se sauve de Paris en 1944 avec Lucienne Delforge, comme Céline, Robert Le Vigan…, pour Sigmaringen, où il est chargé par Jean Luchaire du quotidien *La France*[326]. Il y a peu de mystère autour d'un Mercadier qui « se réclamait volontiers fasciste », plutôt un silence sur ses agissements lorsque sont mis à contribution ses souvenirs littéraires[327]. L'un des collaborateurs en fuite vers l'Allemagne en 1944, Jean Hérold-Paquis, condamné à mort puis exécuté en 1945, retrace le parcours de Mercadier de « l'affaire Stavisky au Brenners Park Hotel », transitoire refuge P.P.F. à Baden-Baden, après avoir été « speaker[328] » à Radio-Paris auprès d'Hérold-Paquis, voix du Radio-Journal. Mercadier évoquera « la fièvre de liberté qui » « habitait » Desnos, « qui le hantait, qui l'emporta[329] ». La phrase paraît en 1963 dans « Images de Robert », reproduite depuis sans rappel de mémoire.

Sous la seconde partie de son patronyme, Henry de Madaillan, dissimulatrice au besoin, Mercadier est en 1958, avec Berthe de Nyse, Guillot de Saix et Bernard Guillemain, de ceux qui prennent la parole à l'occasion d'une soirée en l'honneur de Frick, au Carillon, à Paris[330]. L'événement a lieu environ six mois après l'inhumation de Frick au tombeau de la famille Moré, dans la 23e division du Cimetière des Batignolles. L'hommage au Carillon se déroule « sous le patronage de *Flammes vives*[331] ». La revue consacrait, en 1953, un numéro spécial à Madaillan, avec, au fil

326 Henry Rousso, *Pétain et la fin de la collaboration : Sigmaringen, 1944-1945* (1980), Paris, Éditions Complexe, 1999, p. 153. Lorsqu'en 1929 Mercadier signe son compte rendu de *Poetica* au *Carnet de la semaine*, Luchaire est rédacteur en chef du périodique.

327 Pour la citation, Francis Conem, *Henry de Madaillan…*, I, *op. cit.*, p. 15. Conem préfère retenir Mercadier en « anarchiste de droite », « sincèrement chrétien », et attribue à son fort sentiment de la poésie et de l'amitié ses relations à droite comme à gauche. *Ibid.*, p. 15-16. Conem et Mercadier sont tous deux présents à une « soirée » de juin 1955 pour la sortie d'*Abrupta nubes*, et deviennent proches dans les années soixante. Francis Conem, *Du poème d'Henry vivant*, suivi de *Le Lunain*, *op. cit.*, p. 10.

328 Jean Hérold-Paquis, *Des illusions… Désillusions ! (15 Août 1944 – 15 Août 1945) – Mémoires*, Paris, Bourgoin, 1948, p. 49-50. Voir le raccourci de Céline qui, de 1944 à 1947, fait passer Mercadier de Sigmaringen à « quelques mois de prison », puis en « table ouverte chez Lipp ». Céline, lettre à Gaby Pirazzoli, du 10 décembre [1947], dans *Lettres*, éd. Henri Godard et Jean-Paul Louis, Paris, Gallimard, 2009, p. 990-991 (p. 991). Et, avec un nouveau résumé, dans une lettre à Albert Paraz, du [9 novembre 1948], *ibid.*, p. 1106-1107.

329 Henry Mercadier est cité par Anne Egger, *Robert Desnos*, *op. cit.*, p. 864.

330 La soirée est mentionnée dans « Le souvenir de Louis de Gonzague-Frick », à la rubrique « Informations diverses » du *Monde* du 4 novembre 1958.

331 *Idem.*

des pages, le nom du germaniste et collaborateur Eugène Bestaux, un encart publicitaire annonçant la parution de *Témoignages* par Lucienne Delforge, et des éloges de Madaillan par ce « juge incomparable[332] » de la moralité, Léon Daudet. Précédant de quelques jours les manifestations du 6 février 1934, Léon Daudet n'avait pu s'empêcher de relever les articles liés à l'affaire Stavisky par Mercadier, auquel il décernait « le prix, encore tout moral, du journalisme du mois de janvier 1934[333] ». Lors de son propre décès, le 5 octobre 1965, Henry Mercadier de Madaillan, « intrépidement fidèle aux justes idées[334] », reçoit les louangeux regrets des *Cahiers Charles Maurras*, auxquels il a apporté ses souvenirs sur Lex de Vries. Dans une autre nécrologie, le poète breton Antony Lhéritier réunit certaines des amitiés de Mercadier, où Desnos est laissé au sinistre voisinage d'Eugène Bestaux, Alphonse Séché, Divoire, Dyssord, et où le journalisme de Mercadier est caractérisé par son « intransigeance[335] », terme bien compris des avertis et révélateur d'une persistance dans les espaces de l'extrême-droite.

Dans la dizaine d'années où Frick écrit exclusivement à Youki, rue Mazarine, il réitère souvent son admiration pour son ami, son attention à son œuvre et souhaite continuer à informer sur les activités et publications liées à Desnos. Frick propose, le 21 octobre 1946, de « lir[e] » « des poésies de Robert Desnos » chez Youki, lors d'une soirée où elle réunirait quelques « artistes[336] ». En mai 1949, la création du « cercle "Laurent Tailhade" » offre à son sens une nouvelle arène où « parle[r] du couple mazarinesque[337] ». La fondation du cercle répond en partie, pour Frick, à « l'immense silence » dans lequel il voit maintenu l'autre grand ami et poète disparu, Tailhade, par la France, ce « Pays du Mufle » qui « poursuit » contre lui « sa vilaine besogne[338] ». L'indifférence qui affecte

332 Georges Renoux, « L'homme d'action », dans *Hommage à Henry de Madaillan*, numéro spécial de *Flammes vives*, Paris, janvier 1953, p. 17-19 (p. 18).

333 Léon Daudet, « Les bandes de voleurs et "leurs parlementaires" », *L'Action française*, 27e année, n° 32, 1er février 1934, p. 1.

334 « Henry de Madaillan », *Cahiers Charles Maurras*, n° 17, Paris, SDEDOM, 1966, p. 46.

335 Antony Lhéritier, « Au revoir Henry de Madaillan », *Le Cerf-Volant*, n° 53, 1966, p. 20-21.

336 Lettre de Frick à Youki, cachet du 21 octobre 1946. DSNC 1354, BLJD.

337 Lettre de Frick à Youki, cachet du 6 mai 1949. DSNC 1357, BLJD. Frick, Aubrun et la revue *Quo Vadis* sont derrière l'établissement de ce cercle, selon une note de Guillaume Louet, « *Quo Vadis* (1947-1958) – Un brûlot érudit », *La Revue des revues*, n° 45, printemps 2011, p. 45-69 (p. 49).

338 Frick, « Laurent Tailhade », *Quantité discrète*, *op. cit.*, p. 41. Le poème intègre aussi, en octobre 1945, le numéro 4 du périodique anarchiste *L'Unique*.

le « nom » et les « livres[339] » de Tailhade depuis sa mort renvoie Frick à son propre sentiment d'abandon, selon le moment. Sa lettre du 6 mai 1949 à Youki le montre dans un état de doute profond, sur son œuvre et sur son être, au point que « personne », dit-il, « ne voudrait lire mes vers – voire si je payais fort mon anagnoste[340] », ce lecteur antiquement rémunéré pour lire. Frick dit avoir touché l'inconcevable, arrivé à se croire déserté par un lectorat essentiellement confidentiel devenu introuvable[341]. Le cas d'un poète sans lecteur, tel qu'il se le figurait dans une préface de 1946, était propre à faire « désespérer de tout », mais l'hypothèse d'un poète à la voix solitaire était alors éloignée par la quasi-certitude de pouvoir « trouv[er] sous le ciel de Verlaine, un public sérieux en quête des belles œuvres[342] ».

À la publication de *Girandes*, Chadourne identifiait les lecteurs de Frick comme le petit nombre de « fervents de poésie[343] » ou, selon Fontainas, ceux que ne rebute pas une poésie « hériss[ée] » « de difficultés studieuses[344] ». Le joli tableau peint par Royère en 1919 affirmait l'existence d'un marché pour la poésie de Frick sur la base d'un rapide épuisement des deux premiers recueils qui justifierait leur « réédit[ion][345] ». Demande ou pas, l'époque n'est bientôt plus vraiment aux « livres de guerre[346] », à ceux qui porteraient en sous-titre *Campagne 1914-1915* ou *Campagne 1916*. La réédition attend 1929 et *Poetica*. L'œuvre d'Allard connaît de semblables difficultés de diffusion. Un bref article des *Nouvelles littéraires*, en 1922, constate qu'avec d'autres de ses recueils, *Les élégies martiales* « sont aujourd'hui introuvables » et se demande, en ce 11 novembre, si

339 *Idem*.

340 Lettre de Frick à Youki, cachet du 6 mai 1949. DSNC 1357, BLJD.

341 *Idem*. Berthe Bolsée assure qu'il reste à Frick, en 1959, un auditoire d'« amis » avec « les yeux sur [s]es poèmes ». Berthe Bolsée, « Liminaire », *Luminaire pour Louis de Gonzague Frick*, *op. cit.*, p. 5-8 (p. 8).

342 Frick, « Préface » à Raymond Laure, *L'Éternel poème*, Moret-sur-Loing, Éditions des vieux moulins, 1946, p. [2].

343 Louis Chadourne, compte rendu de *Girandes*, rubrique « Les poètes », *L'Europe nouvelle*, *op. cit.*, p. 1110.

344 André Fontainas, compte rendu de *Girandes*, rubrique « Les poèmes », *Mercure de France*, 31e année, nº 523, 1er avril 1920, p. 171-172 (p. 172).

345 Jean Royère, compte rendu de *Girandes*, *Les Trois Roses*, *op. cit.*, p. 154.

346 C'est l'un des griefs de l'A.E.C. dès le manifeste de 1919, réitéré cinq ans après par José Germain, « L'organisation de la démocratie – L'Œuvre sociale de la Génération du Feu », *France & Monde*, *op. cit.*, p. 660. José Germain va compter parmi la quinzaine de membres de l'A.E.C. à s'adonner à la Collaboration, comme le remarque Gisèle Sapiro, *La responsabilité de l'écrivain*, *op. cit.*, p. 528.

l'auteur « [n]e se décidera [...] pas à les rééditer[347] », ce qui se produit dix ans après l'Armistice. En 1924, Frick s'exprime sur les écrivains de grande notoriété et leurs ventes dans une enquête de Marcel Sauvage pour *Paris-Journal*, qui veut savoir si ces auteurs sont « trop connus », si « leur gloire » et « leur situation » sont justifiées et ne les amèneraient pas à « exercer » « une influence néfaste[348] ». Frick refuse d'incriminer qui que ce soit, en bloc ou individuellement, et sa réponse est reprise par Souday dans *Le Temps* pour la réfuter. L'enquête paraît à Frick pure « fantaisie, et même assez dangereuse[349] », peut-être en raison des rancunes, des rivalités qu'elle pourrait susciter ou révéler alors que Frick a la fibre associative, cherche à rassembler plutôt qu'à diviser ceux qui vivent de leur plume.

Une enquête des *Belles-Lettres*, en 1920, conduit Frick à déplorer la « mode » et la « spéculation » qui entourent les livres, tel « un hollande des *Croix de Bois* [et] un Japon impérial du *Feu* » qui font la joie de leurs possesseurs, « joueur de bonneteau » ou bien « chef d'exploitation alimentaire[350] » à l'argent douteusement accumulé dans et depuis la guerre. De ces profits, l'acquisition d'« un exemplaire du Traité de Paix avec la signature[351] » de Poincaré vient, en point d'orgue, signaler l'impensable. Frick reçoit son édition originale des *Croix de bois* en demi-reliure de maroquin de Dorgelès, qui lui met en dédicace un portrait de soldat-poète individualisé et à la commune mesure : « à Louis de Gonzague

347 Henri Rambaud, « Revue des revues et revue de la presse », *Les Nouvelles littéraires*, 1re année, n° 4, 11 novembre 1922, p. 4.

348 Les termes de l'enquête sont rappelés par P[aul] S[ouday], « Trop connus », *Le Temps*, 64e année, n° 22828, 8 février 1924, p. 1.

349 Frick, repris par Souday, *idem*. L'extrême amertume d'une lettre à Berthe Bolsée, en 1956, qui inclut « un grand doute » éprouvé à l'égard de sa propre poésie et un dédain pour les « littérateurs » arrivistes qu'il a connus, ne l'a pas converti néanmoins en « entrepreneur de démolitions ». Lettre de Frick à Berthe Bolsée, cachet du 11 juillet 1956, dans Marcel Lobet, « Les amitiés belges », *Bulletin de l'Académie Royale*, *op. cit.*, p. 225-226. Frick réitère, dans cette période, son « dégoû[t] » de ceux « auxquels [il a] rendu tant de services et qui [l']ont payé par leurs ignobles crachats ». Lettre de Frick à Fernand Marc, de 1956, citée du catalogue de la Librairie William Théry, par Jean-Paul Goujon et le regretté Jean-Louis Debauve, « Chronique des ventes et des catalogues » dans *Histoires littéraires*, vol. XV, n° 58, avril-mai-juin 2014, p. 113-135 (p. 133). Hors correspondance, Frick a pris à partie certains de ses confrères, les « [l]ittérateurs littératurant, coq-à-l'ânisant », dans « Proxima nocte », *Quantité discrète*, *op. cit.*, p. 33-35 (p. 34).

350 Frick, cité par L. Méritan, rubrique « Arts et Lettres », *L'Homme libre*, 8e année, n° 1480, 10 août 1920, p. 2.

351 *Idem*.

Frick qui fit la guerre en souriant, sans s'étonner, mais indigné et dégoûté comme moi, comme tous, son ami R. Dorgelès[352] ». La copie n'est pas exclue du flux monétaire et passe dans une collection privée, prêtée lors d'une exposition pour bibliophiles à Bruxelles en 1958[353]. Frick fait la promotion d'un libraire-éditeur en 1927 et imagine « heureux auteur » celui « qui connaît les joies d'une sixième édition[354] », en l'occurrence Georges Fourest, dont *La Négresse blonde* est republiée, l'année précédente, par les soins de la Librairie Picart. Frick serait peu sensible à la complainte intitulée « Rêves de gloire », où Fourest, pour son recueil déjà paru de *La Négresse blonde*, est lui-même en train d'envier les tirages « à quatre cent mille » d'un Pierre Benoit ou d'un Géraldy, « de ces littérateurs / qui encaissent de forts droits d'auteurs[355] ». Dans le rôle qu'il aimerait bien voir prendre à ses lecteurs virtuels, Frick est représenté par *L'œil de Paris* en 1930, avec Mercadier, passant à « l'offensive » lors de l'inauguration de la librairie d'Andrée Vanvert, à « s'arrach[er] les "dernières nouveautés[356]" », image qui bouscule un peu la retenue habituelle du personnage. L'invitation, ou « Salut anticipé au visiteur », est rédigée en vers par Frick, en boniment publicitaire, avec l'accent mis sur le gin-groseille prodigué à volonté : « L'on ne servira point des coupes de champagne, / Loin de nous le banal – à tous les coups l'on gagne ! – / Mais l'on nous offrira, pour charmer nos palais, / De plus originaux breuvages, et très frais[357] ». L'amical *Homme libre* assure, en

352 Voir *Le livre savoureux : livres, estampes, autographes exposés à la Bibliothèque Royale, du 8 février au 1er mars 1958*, Bruxelles, A. Hessens impr., [1958], p. 11.

353 *Idem.*

354 Frick, « René Picart », *L'Ami du lettré – Année littéraire et artistique pour 1927*, *op. cit.*, p. 234-235. La série de rééditions n'assure pas une notoriété sans déboires. L'attribution de son recueil de 1909 à un *Louis* Fourest oblige le véritable auteur à une rectification, où il réclame, selon son langage, sa paternité, tandis que le livre transite entre deux nouvelles éditions. Lettre de Georges Fourest à la revue *Aux écoutes*, 17e année, n° 794, 5 août 1933, p. 30.

355 Georges Fourest, *La Négresse blonde*, suivi de *Le géranium ovipare*, Paris, Livre de poche, 1964, p. 105-107 (p. 105-106).

356 « La libraire de la Tour », *L'œil de Paris*, 3e année, n° 81, 24 mai 1930, p. 13.

357 Frick, cité par Lucien Peyrin, « Toiles, disques et coquetels », « Courrier littéraire », rubrique « Les Lettres », *L'Homme libre*, 18e année, n° 5038, 9 mai 1930, p. 2. Ces « vers drôles » attirent aussi l'attention de Rondelet, rubrique « C'est la vie… », *L'Écho de Paris*, 46e année, n° 18461, 4 mai 1930, p. 1 ; et de *Comœdia*, le 5. Un « Gin-Groseille » de Frick, paru dans *La Bourgogne d'or* à l'été 1932, contient des toasts à Maurice Dekobra, Vandérem et Alice Stavri, strophes reproduites par Lucien Peyrin, rubrique « Les Lettres », *L'Homme libre*, 20e année, n° 5882, 30 août 1932, p. 2.

1932, que « [l]a postérité veille » et que les « vibones » offertes par le recueil de ce nom étaient « désirées » et « attendues[358] ». Le compte rendu réunit aussi, en un portrait physique de Frick, sa poésie et sa crainte d'une disparition absolue, « oubli profanateur du grand porte-lyre[359] ».

Familier du succès d'estime plutôt que commercial, Frick désespère un peu, en 1949, de son avenir de poète, au point d'être prêt, écrit-il à Youki, à se reconvertir en « balayeur[360] » dans un parc parisien. Il choisit cet espace public transformé par l'imaginaire d'Aragon, les « Buttes-Chaumont[361] », auxquelles il lègue sa propre topographie dans deux poèmes de *Poetica* et *Vibones*. Frick prévient Youki, dans un humour poétique, qu'elle aura à lui obtenir, « pour l'automne prochain, un poste de balayeur, aux Buttes-Chaumont », garantissant « qu'il ne restera point une seule feuille morte dans les allées de ce parc qu['il a] célébré en *Vibones*[362] ». La « feuille morte » ramène, dans la lettre, à la fois à un poncif de la poésie et à l'écriture elle-même, peut-être déjà du passé. Avec ses ponts, sa grotte, ses ruisseaux créés de main humaine, le parc des Buttes-Chaumont est lieu de promenade dans le « Belleville nord-est » de *Poetica*, de « traversées fougueuses », d'« artifice » aussi et de « jeux des sens[363] ». Il est encore, dans « 19e arrondissement » de *Vibones*, l'aérien, sur le trajet d'une « rêverie[364] » empreinte de remous sociaux et politiques d'un peu partout, porteurs d'espoir, passant aussi devant quelques repères littéraires nommément ou implicitement présents. Paul Hay reprend le titre de ce poème pour instituer Frick « chantre du *19e Arrondissement* », après l'avoir distribué sur le relief de Paris, trois « mont[s] » et une « butte », puis en bas « les quais de la Villette », pour ses « pérégrinations » et ses fins de semaines « champêtres[365] ».

358 L[ouis] B[onnard], « *Vibones* », *L'Homme libre*, *op. cit.*, p. 2.

359 *Idem.*

360 Lettre de Frick à Youki, cachet du 6 mai 1949. DSNC 1357, BLJD.

361 *Idem.*

362 *Idem.*

363 Frick, « Belleville nord-est », *Poetica*, *op. cit.*, p. 139-140 (p. 139).

364 Frick, « 19e arrondissement », *Vibones*, *op. cit.*, p. 47-50 (p. 47). Sauf erreur, le poème paraît d'abord en 1931, dans le numéro 6 des *Feuillets inutiles* consacré à Paris, à côté d'autres arrondissements traités par Follain, Cassou, Salmon, Henri Hertz, Divoire.

365 Paul Hay, « Louis de Gonzague Frick ou le Mélomane inspiré », *Le Bon Plaisir – Cahiers mensuels de littérature*, no 81, janvier 1933, p. 1-6 (p. 6 et 2). Dans cette revue toulousaine, et bien que Frick soit sans « ennemis », protégé « des foudres des plus irritables de parmi ses confrères », Paul Hay entreprend sa défense, celle de son « Verbe », de sa sensibilité. *Ibid.*, p. 1 et 3. Aux environs de Toulouse, dans la régionaliste *Tramontane* en 1930, Frick,

Le Belleville échantillonné chez Frick est peuplé de manière bien différente du « tout Belleville » de *L'équipe* de 1925 de Carco, au traitement excessivement romanesque, comme pour la « place du Danube » quand la « présence », un peu à la Mac Orlan, de Bouve « prenait parfois au dépourvu certains individus qui, aussitôt, échangeaient tout bas quelques mots entre eux et s'empressaient de disparaître », ou quand « [d]es gars comme La Mouchette et Tango [...] vont place du Danube, chez Mignon, le bistrot[366] ». Cette « place du Danube » est restituée à sa totalité de place de Rhin et Danube dans « 19e arrondissement » de Frick et exploitée dans les noms de ses fleuves, aux « grands flots[367] ». Plusieurs poèmes de *Vibones* confondent l'écriture et le Paris littéraire et personnel, ville « natale[368] » qui possède aussi son « verbe[369] ». C'est le lieu qui retient Frick, « pris sans cesse à son aimant[370] », prisonnier volontaire que le « Paris, toujours Paris. Ne puis-je m'évader[371] ? » ne dément pas. Sur le long terme prend ainsi forme le « [s]édentaire citoyen d'Haussmannie[372] ». L'hebdomadaire satirique *Cyrano* voit en ce dernier vers de *Vibones* une « définition du Parisien traditionnel » qui, en la personne de Frick, « raffole » de « Belleville et de ses pucelles[373] ». Apollinaire avait raconté, en laissant entendre à peu près la même chose, dans ses *Vies anecdotiques*, les « vagabond[ages] »

---

déjà contributeur de la revue, est l'objet des louanges ou « los » de son directeur, Charles Bauby. Voir la rubrique « Revues et journaux », *La Proue*, 2e année, cahier 6, mars-avril 1930, p. 49.

366 Francis Carco, *L'équipe – Roman des fortifs* (1925), Paris, Albin Michel, 1967, p. 94, 24 et 49. Le roman a pour dédicataire Dorgelès.

367 Frick, « 19e arrondissement », *Vibones*, *op. cit.*, p. 48.

368 Frick, « Transmutation », *Vibones*, *op. cit.*, p. 7 ; et « Pour les magades », *Vibones*, *op. cit.*, p. 41. Le titre de « Magades », dans un poème de « désirs » entre le « neuf » et l'« ancien » (*idem*) désigne, d'après un autre vers de Frick, de « frissonnantes vierges ». Frick, « Hiératisme », *Enif*, *op. cit.*, p. 15.

369 Frick, « Intaille », *Vibones*, *op. cit.*, p. 9.

370 Frick, « Transmutation », *Vibones*, *op. cit.*, p. 7. « Transmutation » paraît initialement dans *La Revue de l'ouest*, 1re année, no 1, juin 1931, p. 14.

371 Frick, « Pour les magades », *Vibones*, *op. cit.*, p. 41.

372 Frick, « État civil », *Vibones*, *op. cit.*, p. 31. Le poème est, avec « Aimantation » et « Dans le fagutal », repris dans *La Revue de l'ouest*, 3e année, no [22], avril 1933, p. 18. L'adresse de la sage-femme sur l'extrait d'acte de naissance de Frick est le 72, boulevard Haussmann. Voir Marcel Lobet, « L'amitié d'Apollinaire et de Louis de Gonzague Frick », *Que vlo-ve ?*, *op. cit.*, p. [25]. Mercadier retrace jusqu'à ce lieu, en 1929, l'expression « citoyen d'Haussmanie ». Henry Mercadier, cité du *Carnet de la Semaine*, dans « *Poetica* », rubrique « Revue des revues », *Les Nouvelles littéraires*, 8e année, no 363, 28 septembre 1929, p. 7.

373 C[lément] V[autel], compte rendu de *Vibones*, *Cyrano*, 9e année, no 419, 26 juin 1932, p. 31.

de Frick et Carco, « des nuits entières[374] » avant la guerre. Mac Orlan fait d'ailleurs retentir « la voix de Louis de Gonzague Frick avant l'Armistice » sous la « lanterne rouge » « des bas quartiers » du poème « Vénus internationale[375] ». En 1937 encore, le nom de Frick revient dans l'évocation de Belleville, lieu de la prostitution parisienne, avec la rue Monjol[376].

À la lecture de *Poetica*, Cassou saisit en Frick le « Parisien pur » qui « connaît » la ville « comme personne » et « surtout la colline de Belleville[377] » pour les kilomètres qu'il a arpentés. De cette époque, le journaliste et romancier Clément Vautel termine une série de superlatifs sur Frick par « le plus parisien de nos poètes[378] », son quartier d'élection passé sous silence. Zone privilégiée de la poésie de Frick, Belleville, aux classes laborieuses, passe par le filtre aux couleurs unanimistes dans un article de *La Griffe* en 1926, où Frick observe le mouvement des rues du point de vue bien haut de la maison de Jules Romains[379]. À cette distance, les images de la vie en bas s'accumulent parodiquement dans un mélange de fourmis et d'abeilles. C'est le « spectacle populaire » de la sortie, « à midi », d'une « étonnante fourmilière humaine », « ruche de travailleurs » ou, dans un sens moins docile, « explosion de masses ouvrières[380] ». Mais la perspective habituelle de Frick est au pas de l'individu dans un Belleville presque désert, avec néanmoins fantômes ou amis.

Lors d'une enquête de 1927, Frick avait exclu de la faune de Belleville une série de personnalités en vue ou peu de son goût, Joséphine Baker,

---

374 Apollinaire, « Francis Carco » (1er juin 1914), « La Vie anecdotique », *Œuvres en prose complètes*, III, *op. cit.*, p. 205-207 (p. 205).

375 Pierre Mac Orlan, « Vénus internationale », *Poésies documentaires complètes*, *op. cit.*, p. 21-28 (p. 21) et, pour la variante que constitue le vers mentionnant Frick, p. 215.

376 Voir Fernand Després, « Naguère encore, la Monjol était un quartier de prostitution », rubrique « Les villages de Paris », *L'Humanité*, 34e année, no 14032, 19 mai 1937, p. 8. L'article transforme le recueil de 1916 de Frick en « *Sous le bélier de Bellone* ». *Idem.*

377 Jean Cassou, compte rendu de *Poetica*, rubrique « Poésie », *Les Nouvelles littéraires*, 8e année, no 366, 19 octobre 1929, p. 8.

378 Clément Vautel, « Louis de Gonzague Frick, auteur de *Poetica* », rubrique « La Boîte aux Lettres », *Cyrano*, 6e année, no 278, 13 octobre 1929, p. 26. Vautel, lecteur de *Vibones* et habituellement « apôtre du bon sens », serait plus amical que mordant envers Frick, selon L'Araignée du (Paris) soir, « Conversion ? », rubrique « La Ville », *Paris-Soir*, 10e année, no 3197, 7 juillet 1932, p. 2.

379 Frick, cité de *La Griffe* par Les Quarante-Cinq, « Courrier des Lettres », *Le Gaulois*, *op. cit.*, p. 2.

380 *Idem.*

le maréchal Joffre, Pierre Benoit, « le nonce du Pape », Léon Daudet[381]. À distance de ces constellations, le « cœur populaire » de Paris lui procure le « Paradis de [s]on lyrisme », magnifié au son des instruments entendus dans les psaumes, « la guittith et le kinnor[382] », aux résonances hébraïques. La sédentarité de Frick, accroché à Paris, est redite, non sans le rappel de ses moments hors les murs, « Nice, en 1895 », « la guerre en Artois », mais qui pour lui « comptent » à peine, même si le « député[383] » Léon Barèty ou Mac Orlan sont là pour lui remémorer les points de son itinéraire. Dans le cadre de l'enquête, Frick circonscrit son territoire à la rue Notre-Dame-de-Lorette, qui « suffit » à son « esprit » et à son « cœur[384] », en son domicile du numéro 44 et aussi sur sa longueur. Le lieu est fertile en dîners littéraires, au bas de l'appartement de Frick où est situé le restaurant normand *La Pomme d'or*, qui s'« agrandi[t] » en 1928 et rouvre avec un « vernissage » et un repas au cours duquel Frick « pronon[ce] un chaleureux discours[385] » en la présence de Dyssord, Picard, Guillot de Saix, Renée Dunan, et Noël Sabord, de l'enquête du *Siècle* sur Paris. Frick, peu d'heures ou de jours après son discours, « distill[é] avec tendresse » à *La Pomme d'or*, se rend à proximité avec Dyssord, rue Fontaine, dans un « cabaret russe[386] ». La rue Fontaine est le titre et l'espace saisi par un quatrain de Frick en 1930, avec la suggestion d'une prostituée surveillée par le proxénète, dans l'emploi d'un mot à connotation raciste, « Sous l'œil sombre des moricauds », et une complicité baudelairienne du passant avec la femme, « elle » qui « sait combien j'admire / Son attitude et son sourire[387] ». Les quatre vers, repris aussi le lendemain par *Comœdia*, appartiennent à un ensemble de « dédicaces et madrigaux » de Frick « publi[és][388] » dans *La Griffe*.

---

381 Frick, réponse à l'enquête de Noël Sabord, « O mon Paris », rubrique « Les Lettres », *Le Siècle*, 42e année, n° 4720, 10 août 1927, p. 2. *Comœdia* reproduit la réponse de Frick le 24 août.

382 *Idem.*

383 *Idem.*

384 Frick, cité de *La Griffe* par Noël Sabord, « O mon Paris !... », rubrique « Les Lettres », *Le Siècle*, 25e année, n° 4418, 14 septembre 1927, p. 2.

385 Lucien Peyrin, rubrique « Les Lettres », *L'homme libre*, 16e année, n° 4268, 30 mars 1928, p. 2.

386 Voir BLOUNT, rubrique « Échos », *L'Homme libre*, 16e année, n° 4260, 22 mars 1928, p. 2. Les deux occasions, restaurant et cabaret, sont présentées d'un passé récent le 22 mars.

387 Frick, « Rue Fontaine », dans Lucien Peyrin, « Haï-Kaï moderne », rubrique « Les Lettres », *L'Homme libre*, 18e année, n° 4995, 27 mars 1930, p. 2.

388 Le Lutécien, rubrique « Petit Courrier littéraire », *Comœdia*, 24e année, n° 6280, 28 mars 1930, p. 3.

Deux poèmes de *Vibones* éloignent Frick de Paris. Le train Paris-Lyon-Marseille, « P.L.M. », fait « quitt[er] » la capitale « [t]rois fois[389] », voyages répétés qui suggèrent le retour au point de départ. L'harmonieux quatrain d'« Aquatinte » et ses alexandrins chantent le « délire » des « sens » de la ville destination, « Marseille avec ses fleurs, ses femmes et ses fruits[390] ». Ces vers d'eau, de couleurs, de sons, se prêteraient pour légende à une gravure populaire ou « aquatinte[391] ». En 1920, dans *Les Marges*, Frick avait réaffirmé son origine parisienne, « comme Mademoiselle Mistinguett », pour contester fermement la question d'enquête venue suggérer une incompatibilité entre l'écriture poétique en langue française et le Midi de la France, « j'aime trop Marseille pour oser écrire[392]… ».

Du quartier de Belleville et de ses amis, sort pour Frick une nouvelle langue, le « néo-bellevillois[393] », qui sert de base à un poème complet, au bord de l'illisible et dans la veine d'une chanson populaire. En 1929, *L'Écho d'Alger*, une semaine après *L'Intransigeant*, transcrit ces vers « néo-bellevillois » sous le titre synonyme de liberté, « Ayeuves », également au sommaire de *Vibones* et alors refondu pour des lecteurs moins initiés[394]. Les abonnés de *La Revue de l'ouest* découvrent le poème dans sa version *Vibones* en juillet 1932, alors qu'est publié sur la page un second poème du recueil, « Foin de tout Baudelaire », destiné à « Roland » « [e]n [s]a Pétrograd[395] », Roland Dorgelès, qui vit à Paris rue de Petrograd. « Foin de tout Baudelaire », qui se veut carte du nouvel « an » « [d]ix-neuf cent trente », remonte le temps à Paris, par la « grande roue », au moment du Lapin Agile et du départ pour la Première Guerre, « chez les Souabes[396] »,

---

389 Frick, « P.L.M. », *Vibones*, *op. cit.*, p. 11-12 (p. 11).

390 Frick, « Aquatinte », *Vibones*, *op. cit.*, p. 8.

391 *Idem*. « Aquatinte » forme un couple avec le poème en regard, au titre de gravure lui aussi, « Intaille », sur le contact littéraire de Paris avec la Bourgogne. La parution initiale d'« Aquatinte » est dans *La Revue de l'ouest*, 1re année, n° 1, juin 1931, p. 14. *Comœdia* reprend le poème, de *La Revue de l'ouest*, le 2 juin.

392 Frick, réponse d'enquête, *Les Marges*, 17e année, n° 73, 15 mai 1920, p. 279.

393 François Peyrey, « Un nouveau dialecte », rubrique « Chronique littéraire », *L'Écho d'Alger*, 18e année, n° 7364, 6 décembre 1929, p. 4.

394 Article « Ayeuves », *Dictionnaire national ou Dictionnaire universel de la langue française*, 17e éd., 1879.

395 Frick, « Foin de tout Baudelaire », *La Revue de l'ouest*, 2e année, n° [13], juillet 1932, p. 8 ; à l'identique dans *Vibones*, *op. cit.*, p. 28.

396 *Idem*. Le « Bon an / Dix-neuf cent trente / -Voire quarante », s'alourdit, rétrospectivement, du retour en zone de guerre de « Roland-Clairon », cette fois correspondant. *Idem*.

sans vraiment viser jusqu'à Berlin. « Ayeuves », en 1929, est dédié à Dyssord, qui passe au premier vers dans *Vibones*, pour son savoir en langue verte, partagé avec Frick : « Vert-linguiste, Dyssord, hello[397] ». Frick a pu caractériser, ailleurs, la poésie de Dyssord comme un « mélange » du « populaire » et de l'« aristocrate[398] », où l'identité recherchée et l'identité de naissance ont chacune leur résonance.

Du nouvel argot de Belleville, dont *L'Écho d'Alger* rend Frick l'inventeur, *Vibones* a conservé le mot « Chabagnolle », initialement placé en début de poème et désormais associé à « la gabahotte[399] » : « Chabagnolle le Corsico / Qui tournepointe en chicoto[400] ». Une des premières recensions de *Vibones* se plaît à dire de Frick « qu'il chabagnolle la gabahotte » et l'investit de cette constante d'avoir des « mots illécébrants », charmants et ensorcelants, pour « ses confrères[401] ». L'argot qu'est « le jars » est signalé par son homophone dans le couple de basse-cour du recueil avec « l'oie[402] », et l'antécédent qu'offre le chantonnant « Plumet d'oison, plumet d'oison[403] » de *L'Écho d'Alger* suggère le rejeton, ou bien, suivant le sens argotique de « plumet », l'ivresse. « Le gendrouillot littératant », que l'article de François Peyrey déchiffre en « homme de lettres[404] », se retrouve dans le « style », « [l]es auteurs » et le « vers » de *Vibones*, où les « grandes bottes » sont censées « garde[r][405] » à l'écriture de Dyssord l'esprit de Belleville et de ses promenades. Un « [d]istique » inséré dans

397 Frick, « Ayeuves », *Vibones*, *op. cit.*, p. 46. Frick, en 1929, travaille le suffixe « –ouille » dans ses rimes, « manquouille », « cornouille », « anchouille », pour l'humour et le suggestif. Frick, « Ayeuves », version de *L'Écho d'Alger*, *op. cit.*, p. 4. Entre les deux parutions d'« Ayeuves », Frick lit aux Amis de 1914 un poème « composé pour Dyssord ». A. E., « Les Amis de 1914 ont fêté Jacques Dyssord », *Comœdia*, 27e année, n° 7617, 17 décembre 1933, p. 3.

398 Frick, cité par Paul Lombard, « Jacques Dyssord », *L'Homme libre*, 16e année, n° 4218, 9 février 1928, p. 1-2 (p. 1).

399 Frick, « Ayeuves », *Vibones*, *op. cit.*, p. 46.

400 Frick, « Ayeuves », *L'Écho d'Alger*, *op. cit.*, p. 4.

401 Aristide, compte rendu de *Vibones*, rubrique [« Livres et écrivains »], *Aux écoutes*, 16e année, n° 735, 18 juin 1932, p. 24. *Le Figaro* choisit « illécébrant » pour relancer la comparaison avec la langue de Tailhade, autour aussi des « lexiques d'alchimistes ». Jean Fréteval, compte rendu de *Vibones*, rubrique « Le Carnet du lecteur », *Le Figaro*, 107e année, n° 228, 15 août 1932, p. 5.

402 Frick, « Ayeuves », *Vibones*, *op. cit.*, p. 46.

403 Frick, « Ayeuves », *L'Écho d'Alger*, *op. cit.*, p. 4.

404 *Idem.*

405 « Ayeuves » dans *Vibones*, *op. cit.*, p. 46. Des recueils de Frick, seuls *Trèfles* et *Vibones* comportent le nom de Dyssord.

Les épigrammes du siècle, en 1924, fait se rejoindre dans l'excès ironique la complexité du langage de Frick et l'argot, puisque celui qui lit sa poésie est condamné à ne rien comprendre : « À Louis de Gonzague Frick / Le lecteur n'entrave que pouic[406] ». *Paris-Soir*, alerté de cette parution, cite Frick parmi les « égratignés[407] ». Plus tardivement, *Quantité discrète* ouvre sur une prose où le terme d'argot parisien « Chocnosoff[408] », dans le sens de beau ou bon, s'applique à une « couturière » en contraste avec « les marchandes à la toilette montmartroises[409] » qui vont de foyer en foyer vendre des hardes. Mais l'épithète XIXe siècle « Chocnosoff » marque du populaire la « couturière » et réduit la distance entre ses confections et les vêtements usagés. En vieux prince des inscriptions amicales, Frick annonce à Fernand Marc lui avoir rédigé sur un exemplaire d'*Abrupta nubes* « une dédicace chocnosoff[410] », où le terme de la rue, passé en poésie, intègre la dédicace et la correspondance.

Vibones, plus que le *Bélier* à son époque, a bénéficié, tant en prépublication qu'en reprise, d'un conduit externe avec *La Revue de l'ouest*, de son numéro initial de juin 1931 jusqu'à avril 1933, soit un mois avant la cessation du mensuel. Le directeur-fondateur de ce périodique, Robert Herzzkowiza, fait l'objet, dans *Vibones*, d'un poème construit entièrement sur cet « horizon de sonorité » que porte le nom aux « Trois z[411] », Herzzkowiza. Celui-ci se charge en personne du compte rendu du recueil, en juin 1932 dans *La Revue de l'ouest*, où figurent en bonne place les « vers » aux « amis[412] », le couple Robert et Danielle Herzzkowiza. Est imprimée également l'intégrale des poèmes « Mérisme » et « Pour les magades », de sorte que les commentaires sont limités à quelques mots, entre « amour maternel » et « technique toujours renouvelée[413] ». La mort accidentelle de Robert Herzzkowiza, en

406 « Distique », *Les épigrammes du siècle*, éd. Pierre Charron, Paris, Éditions du siècle, 1924, p. 66.

407 Les Académisards, « Petit Mémorial des Lettres », *Paris-Soir*, 2e année, n° 381, 20 octobre 1924, p. 2.

408 Frick, « La belette opinante », *Quantité discrète*, *op. cit.*, p. 7-10 (p. 9).

409 Sur le terme, voir « Vocabulaire de la langue verte », *Le Voleur illustré*, 51e année, n° 1094, 21 juin 1878, p. 394-396 (p. 395).

410 Lettre de Frick à Fernand Marc, non datée, estimée à 1955, figurant au catalogue de mars 2012 de la Librairie William Théry, sur le site rousseaustudies.free.fr. Consulté le 31 janvier 2014.

411 Frick « Onomastique – I », *Vibones*, *op. cit.*, p. 38.

412 Robert Herzzkowiza, « Louis de Gonzague-Frick », *La Revue de l'ouest*, 2e année, n[o] [12], juin 1932, p. 7-8 (p. 8).

413 *Ibid.*, p. 7-8.

septembre 1932, anticipe de quelques mois seulement la fin de cette revue où Frick a eu porte ouverte[414]. Le périodique *Demain*, dont Valancay est brièvement rédacteur en chef et auquel contribue Frick par rubrique et poésie, offre un point de diffusion supplémentaire à *Vibones*[415]. Un titre peut frapper le lecteur qui feuillette à la fois la revue de Valançay et celle d'Herzzkowiza, avec une sensation de déjà vu. Quatre strophes sont réunies dans *Demain*, début 1932, sous le nom « Pour les magades », titre utilisé dans *Vibones* puis *La Revue de l'ouest* pour des vers entièrement différents. Les quatrains de *Demain* appartiennent, en fait, eux aussi au recueil, l'un intégrant le poème « Vues » tandis que les trois autres constituent une partie d'« Envois recommandés ». Au mois d'avril, la reprise par *L'Homme libre* des quatre strophes publiées dans *Demain* mène à l'élaboration d'un adjectif taillé sur mesure pour Frick, reconnaissant dans ce bref ensemble poétique « un poème éminemment Aloïsofrickien[416] », c'est-à-dire très Louis et très Frick. En 1917, Vandeputte avait pensé le *Bélier* « Gonzague-Frickesque[417] », sans être suivi dans son suffixe « -esque ».

Jour et nuit, la poésie est en marche chez Frick, de *Poetica* à *Vibones*, et Léautaud en est témoin dans son journal. Au printemps 1931, il note croiser Frick dans la rue, qui lui annonce aller « prendre l'air sur les collines de Belleville et ensuite visiter un ami rue du Temple[418] ». Belleville va rester, pour Léautaud, un lieu dans lequel figure Frick, selon un échange de 1953[419]. *Vibones* saisit Léautaud dans son havre de Fontenay, en « vrai dieu des chiens » « [q]ui choie aussi les chats et autres animaux[420] ». Avant

414 « Robert Herzzkowiza » (nécrologie), *La Revue de l'ouest*, 2e année, no [16], octobre 1932, p. [1].

415 La nouvelle responsabilité de Valançay à la revue, qui paraît de 1930 à 1934, est signalée par Les Treize, « Les Lettres », *L'Intransigeant*, 52e année, no 18759, 1er mars 1931, p. 2.

416 Lucien Peyrin, « Courrier littéraire », rubrique « Les Lettres », *L'Homme libre*, 20e année, no 5742, 12 avril 1932, p. 2. Peyrin considère *Demain*, à l'instar de *La Guiterne*, comme une « revue qui reflète le mieux la jeune littérature ». *Idem*. Les Treize signalent que « les collaborateurs » de *Demain* « se défendent d'être "élèves d'une école" », affirmation d'indépendance que le Lunain fera à sa manière, bien que s'établissant *schola*. Les Treize, « Les Lettres », *L'Intransigeant*, 51e année, no 18430, 6 avril 1930, p. 4.

417 Henri Vandeputte, rubrique « Les revues », *Les Solstices*, 1re année, no 1, 1er juin 1917, p. 26-28 (p. 26).

418 Paul Léautaud, entrée du 29 mars 1931, *Journal – II*, *op. cit.*, p. 712. À l'issue de leur « conversation » ce jour-là, portant sur « la politique, la guerre, le monde capitaliste », Léautaud suppose Frick « d'opinions très avancées », et même peut-être « communiste ». *Idem*.

419 Lettre de Paul Léautaud à Frick, du 27 mai 1953. HRC, Austin.

420 Frick, « Chien d'aiguail », *Vibones*, *op. cit.*, p. 12. Un groupe de trois vers environne Léautaud d'allitérations en « ch ».

Léautaud, Henri Hertz lance son portrait de 1919 de Frick en faisant de lui un précurseur des errances de Fargue et Aragon, entre *piéton* et *paysan*, comme « un homme qui se promène dans Paris, messager d'un monde merveilleux, dont il sait tous les tours et détours, dont il analyse subtilement les essences[421] ». Pour son poème « Rue » de 1917, Vicente Huidobro a songé à Frick comme dédicataire de ses vers, où « le cercle lumineux » n'est peut-être pas celui du monocle mais une surface de reflet qui montrerait la vie du « trottoir », avec le regard du passant rivé sur « LA FEMME AUX SEINS MÛRS[422] ». Si la femme n'est montrée qu'à travers une partie de son corps, celui qui l'observe est « mains », « tête », « yeux » et « chevelure », assemblage humain bousculé par la rencontre inopinée de l'objet du désir sous le signe du « vide », « Dans la rue / qui finit sur le vide[423] », qui termine abruptement ou se prolonge dans un impalpable. Quel que soit le moment où Huidobro a montré à Frick son poème de l'ensemble *Horizon carré*, le recueil est recensé par Frick dans *Le Carnet critique* en 1918. Une dizaine d'années plus tard, ville et reflet se combinent dans une dédicace à Frick par Cantacuzène, avec la silhouette de Frick qui s'aperçoit par-dessus les « brumes de ce Paris[424] ». Celles-ci forment une « glace », « pour [Frick] un miroir encore[425] », pour lui qui domine la ville de son regard monoclé d'un verre à usage spécifique. Dans une dédicace de Miomandre, proche en temps et en mots de celle de Cantacuzène, la couleur surgit du monocle. L'effet transformateur du « cristal » chez Frick « fait » de la vie ou « de la

421 Henri Hertz, « Monsieur Louis de Gonzague-Frick est un homme… », *La Revue de l'époque*, *op. cit.*, p. 19. Le passage est repris par L. Méritan, rubrique « Arts et Lettres », *L'Homme libre*, 7e année, no 1211, 24 octobre 1919, p. 2.

422 Vicente Huidobro, « Rue », *Obrás poéticas en Francés* (Edición bilingüe), Santiago, Editorial Universitaria, 1998, p. 156. Dans un entretien d'*El Mercurio* paru le 31 août 1919 à Santiago, Huidobro englobe la poésie de Frick et d'Allard dans une absence complète d'estime.

423 Vicente Huidobro, « Rue », *Obrás poéticas en Francés*, *op. cit.*, p. 156.

424 Dédicace à Frick par cet autre, et véritable, prince Charles-Adolphe Cantacuzène sur sa plaquette, qualifiée aussi de brochure, *Glyptiques elliptiques*, de 1927, en vente chez le Libraire Alain Ferraton, les 17-18 février 2012, réf. 0915, sur le site auction-in-Europe.com. Consulté le 8 août 2014.

425 *Idem*. Décaudin a rapproché, sur le plan « du rare et du précieux », Frick de Cantacuzène qui, par ailleurs, avait contribué aux *Solstices*. Michel Décaudin, *La crise des valeurs symbolistes : vingt ans de poésie française, 1895-1914*, Genève, Slatkine, 1981, p. 198. Le Cantacuzène de *L'Apprenti fantôme* voisine aussi bien avec Frick qu'avec Montesquiou ou Max Jacob, d'après André Thérive, « Les livres », *Le Temps*, 79e année, no 28433, 20 juillet 1939, p. 3.

grisâtre substance du monde» « un arc-en-ciel de poésie[426] ». Par cette formule complice, Miomandre s'adresse à un confrère en monocle, dont tous les deux ont l'habitude sur la durée.

Les déambulations dans les rues sont parfois alliées, chez Frick, à l'amitié et à l'étincelle poétique, ainsi en 1932 dans son poème « Rencontre nocturne ». Un mélange de hasard et de délibéré conduit, dans ces vers de *Vibones* qui esquissent un « itinéraire » parisien, à des amis et favorise la production de la poésie de Frick quand le besoin se fait sentir d'« allume[r] le feu des idées[427] ». *Ingrès* pose la question du « Mécanisme de l'inspiration » confinée au « mystère » et sur laquelle il n'est pas d'intervention possible comme ce peut l'être dans *Vibones*[428]. Une enquête sur le sujet en 1938 voit Frick réduire au minimum la part de « la miraculeuse inspiration[429] » et se confier au labeur, variation du parcours de « Rencontre nocturne ». Le poème de *Vibones* réinstaure le moment d'écrire après une « recherche » de visages familiers du côté de « Saint-Germain-des-Prés », et au bout d'un « réseau de rues sans grâce », lorsque sont retrouvés par « instinct[430] » Jean Texcier et Guy Robert du Costal. À travers eux et à travers leur art et leur « alcool », celui qui déambule entend ses muses, Rimbaud et Apollinaire, qui « ouvrent la marche » et lui indiquent le retour à sa propre poésie, à ses « médioximes[431] ». Non pas exactement dans les « haut[eurs] » de ces deux « voix[432] », les vers de Frick se tiendraient dans un espace médian tracé par le mot « médioxime » qui les relierait autant aux divinités poétiques qu'au monde. Le terme comme l'idée adhèrent à la poésie de Frick au point de servir à la désigner, comme le fait Marcel Béalu en 1941

426 Dédicace à Frick par Francis de Miomandre sur un exemplaire de son ouvrage de 1930, *Quelques réflexions sur Armand Godoy, à propos du Drame de la Passion*, dans le catalogue de Drouot, sur le site drouot.com. Consulté le 26 avril 2015.

427 Frick, « Rencontre nocturne », *Vibones*, *op. cit.*, p. 17-19 (p. 17-18).

428 Frick, « Tréfonds », *Ingrès*, *op. cit.*, p. 39.

429 Frick, réponse d'enquête, « L'inspiration poétique et la métrique », *Les Cahiers du Journal des poètes*, n°46, 10 janvier 1938, p. 32-33 (p. 33).

430 Frick, « Rencontre nocturne », *Vibones*, *op. cit.*, p. 17-18. Jean Texcier, peintre portraitiste, participe alors à la revue *Tryptique*, sous le pseudonyme de Jean Cabanel, où il écrit un texte sur Frick en 1931. C'est lui, résistant, qui préfacera les *Poèmes*, parus en 1947, de Guy Robert du Costal, arrêté pour faits de résistance et mort en déportation avec sa femme Yvonne Le Marec.

431 *Ibid.*, p. 18-19.

432 *Ibid.*, p. 19. Frick recourt de nouveau à « médioxime » pour les dessins de la Phalérinienne, dans « Prolection », *Quantité discrète*, *op. cit.*, p. 24.

quand il raconte, avec une dose d'ironie complice, à René Guy Cadou, avoir écouté Frick lire « ses “médioximes” vers[433] ». Le sourire va de pair chez Béalu avec une sympathie pour Frick, « cet excellent homme à qui il sera beaucoup pardonné pour avoir beaucoup aimé la Poésie » et en dehors duquel « Paris [occupé] est sinistre[434] ». En 1950, Frick ne semble plus persuadé que sa poésie soit sous le signe du médioxime, qui lui fixait une place parmi les disparus et les vivants. Il écrit, cette année-là, à son vieil ami et lecteur Dorgelès que, s'il « continue à [s']intéresser de loin à ceux qui firent l'agrément de [s]a jeunesse », en revanche il avoue se sentir « presque entièrement détaché de [ses] écrits d'autrefois, de naguère et d'aujourd'hui[435] », allant au-delà du seul abandon par ses lecteurs qu'il exposait à Youki en 1949.

Avec ses facilitations amicales, le système des prix ne tient pas Frick à l'écart et procure un moment de reconnaissance ainsi qu'un soutien financier modeste. En 1936, Frick reçoit le Prix du Noël du Poète, fondé par George-Day, pseudonyme de l'écrivaine Yvonne Dayres, qui apparaît dans *Le Lunain* et est la dédicataire, dans *Enif*, de « Favones » et ses « altitudes[436] » poétiques. La récompense est remise au cours d'une somptueuse soirée artistique organisée chez la bienfaitrice, avec Frick en « vainqueur » et « héros[437] ». *Le Petit Parisien*, par une provocation à la coïncidence, annonce le récipiendaire du Prix George-Day au-dessous d'un conte où un chien nommé Frick, « barbet » aux « glapissements joyeux[438] », est introduit dans les démêlés d'un couple. Pour la totalité de son œuvre encore, vingt ans plus tard, Frick obtient de l'Académie française le Prix d'Académie, d'une valeur de 10 000 francs. Le résumé préparé sur Frick signale les défis réels ou systématisés de sa poésie, l'« herméti[sme] », les « néologismes parfois trop savants » et les « jeux

433 Lettre de Béalu à Cadou, du 7 ou 8 avril 1941, dans Marcel Béalu et René Guy Cadou, *Correspondance, 1941-1951*, Mortemart, Rougerie, 1979, p. 26-27 (p. 26).

434 *Idem.* Béalu dédicace à Frick un exemplaire de son *Tumulte des amarres*, de 1938.

435 Lettre de Frick à Roland Dorgelès (extrait), de juillet 1950, dans *Roland Dorgelès – De Montmartre à l'Académie Goncourt*, éd. Françoise Bertrand Py *et al.*, Paris, Bibliothèque nationale, 1978, p. 109.

436 Frick, « Favones », *Enif*, *op. cit.*, p. 26. Les sonorités du titre du poème rappellent un peu Yvonne. Une nombreuse correspondance de Frick à George-Day est conservée à la Bibliothèque nationale de France, ainsi que plusieurs poèmes.

437 Max Frantel, « Dans les souliers de M. Louis de Gonzague-Frick… », *Comœdia*, 30e année, n° 8716, 22 décembre 1936, p. 3.

438 Pierre Nezelof, « Un mari énergique », rubrique « Notre conte », *Le Petit Parisien*, 61e année, n° 21851, 26 décembre 1936, p. 7.

de style un peu déroutants », qui forment ensemble, vus d'un autre bout, « un art curieux » à l'« exigeante imagination inventive[439] ». Plus qu'un prix, c'est un siège à l'Académie que Dyssord prévoyait pour l'« homme du monde » et « humaniste[440] » Frick quand viendrait l'année 1940, année où la voix de Dyssord retentit contre Mauriac ou Georges Duhamel dans *La France au travail*[441].

Dans un rapport de 1943 de l'Académie, Duhamel, qui assure un cap honorable en tant que secrétaire perpétuel durant la guerre, notait que l'institution avait « salué et récompensé » cette année-là Frick, rattaché à une « tradition d'obscurité lyrique[442] » française. À son recueil suivant, en 1946, *Quantité discrète*, Frick dédie à Duhamel une section de son poème « La corbeille tyriantine », où une allusion au « *Baron de Fœneste*[443] » renferme un arcane littéraire. Au-delà du rapprochement du « satirique » chez Agrippa d'Aubigné et chez Duhamel, un dictionnaire de 1806 place sur la même page une édition des *Aventures du Baron de Fœneste* et un « M. Duhamel » soupçonné du « plagiat affreux et malhonnête[444] » de l'ouvrage *Art de conserver les grains*. Ce Duhamel du Monceau est dénoncé à Mme d'Épinay en 1770 par l'abbé Galiani, véritable auteur du livre sur les grains ; la faute est diffusée par Diderot dans l'ancien *Mercure* avec un regard ironique sur l'emprunteur académicien, Duhamel, de l'Académie des Sciences[445].

Frick, qui a connu des prix le double côté juge et lauréat, porte un regard dénué de complaisance sur certains de ses recueils. Ainsi, il rabaisse *Ingrès*, « échec à tous égards », écrit-il à Jean de Boschère, à qui

---

439 Georges Lecomte, « Rapport sur les prix littéraires », Académie française, 20 décembre 1956, p. 1-12 (p. 10), sur le site academie-francaise.fr.

440 Jacques Dyssord, réponse d'enquête, Les Treize, « Anticipations – Comment seront composées l'Académie française et l'Académie Goncourt en 1940… », *L'Intransigeant*, 43e année, n° 15201, 19 mars 1922, p. 4.

441 Sur le mois de décembre 1940 de Dyssord à *La France au travail*, voir Gisèle Sapiro, *La guerre des écrivains, 1940-1953*, Paris, Fayard, 1999, p. 189-190.

442 Georges Duhamel, « Rapport sur les concours littéraires », Académie française, 16 décembre 1943, p. 1-8 (p. 7), sur le site academie-francaise.fr. Pour le rôle de Duhamel, voir Gisèle Sapiro, *La guerre des écrivains*, *op. cit.*, p. 309-310.

443 Frick, « La corbeille tyriantine », *Quantité discrète*, *op. cit.*, p. 27-29 (p. 28).

444 Antoine-Alexandre Barbier, *Dictionnaire des ouvrages anonymes et pseudonymes*, vol. 1, Paris, 1806, p. 505-506.

445 Voir, d'une édition consultable par Frick, la lettre du 13 décembre 1770 parmi les *Lettres de l'abbé Galiani à Madame d'Épinay…*, tome 1, éd. Eugène Asse, Paris, Charpentier, 1882, p. 179-184 (p. 181-182).

il propose plutôt « quelque autre ouvrage – *Vibones* – par exemple[446] ». Initialement, Frick ne pense pas tant de mal d'*Ingrès*, dont la publication s'accompagne d'une « exposition platonico-frickienne » du 15 au 22 mai 1935 à la librairie Les Belles Pages, où il invite Desnos, qui en sera, en personne et sur papier, « l'un des plus beaux ornements », étant « poète[447] ». Pour *Vibones*, la sortie est marquée par une « exposition » de moindre ampleur « du livre de poèmes », vedette exclusive, dans la « librairie » parisienne « de Mme Snell[448] ». En 1935, aux Belles Pages, précise la lettre à Desnos, celui-ci « verra de ses yeux astrés la place que [Frick] fai[t] à l'Amitié[449] ». L'événement s'inscrit dans « la Semaine du Livre », avec des « étalages » spéciaux chez « les libraires[450] ». Le céramiste Platon Argyriadès, de son vrai nom Nicolas Platon-Argyriadès, d'où est issu le « platonico » de l'exposition, mêle ses « objets » aux « documents littéraires[451] » de Frick, fréquenté au moins depuis 1917 et *Les Mamelles de Tirésias*. À côté de lettres adressées à Frick, sont exhibés des ouvrages dédicacés par ses amis, dont Tailhade, Apollinaire, Delteil, Jacob, et, pour ajouter à cette liste compilée le 18 mai par *Les Nouvelles littéraires*, Desnos[452].

Dans les suites de la publication d'*Ingrès*, un récit de *La Guiterne* transforme Frick en « prélat » soucieux de prosélytisme, qui charge

446 Lettre de Frick à Jean de Boschère, datée « Lundi », sur papier à en-tête de *L'Intransigeant*. Archives et Musée de la Littérature, Bibliothèque Royale, Bruxelles. Les archives conservent quatre envois de Frick à Jean de Boschère. Frick n'a le choix qu'entre *Poetica* et *Vibones*, ne disposant plus de ses autres recueils au moins depuis 1926. Voir la lettre déjà citée de Frick à Robert Valançay, du « jeudi 14 janvier » [1926]. Getty, LA (950057).

447 Lettre de Frick à Robert Desnos, datée du 10 mai 1935, sur deux feuillets, l'un dactylographié, l'autre manuscrit, chacun sur papier à en-tête de la librairie Les Belles Pages. DSNC 1320, BLJD.

448 Les Treize, « Les Lettres », *L'Intransigeant*, 53e année, nº 19257, 14 juillet 1932, p. 2. Sous l'annonce pour *Vibones* apparaît en gros plan Mme Aurel, dont le roman *L'amour par lettres* est tout juste publié.

449 Lettre de Frick à Robert Desnos, datée du 10 mai 1935. DSNC 1320, BLJD.

450 Les Treize, « La première "Journée du Livre" », rubrique « Les Lettres », *L'Intransigeant*, 56e année, nº 20285, 15 mai 1935, p. 4.

451 « Une exposition platonico-frickienne », *Les Nouvelles littéraires*, *op. cit.*, p. 4. La présence de Frick et de Platon Argyriadès est relevée au sein d'une large foule par Bernard Lecache dans son article pour *La Vache enragée* du 29 juin 1917, reproduit dans « Le dossier de presse des Mamelles de Tirésias » (suite), *Que vlo-ve ?*, *op. cit.*, p. 9.

452 « Une exposition platonico-frickienne », *Les Nouvelles littéraires*, *op. cit.*, p. 4. Voir aussi Les Treize, « De Platon à Louis de Gonzague », rubrique « Les Lettres », *L'Intransigeant*, 56e année, nº 20289, 19 mai 1935, p. 4.

son visiteur, le critique de la revue à la signature de Phileas Fogg, de la diffusion la plus large des vers du recueil[453]. La difficulté de savoir qui se cache derrière ce voyageur de Jules Verne ne permet guère que des hypothèses[454]. Le prénom pourrait faire, à l'abord, incliner vers Philéas Lebesgue, aux nombreux points de contact avec Frick dans les revues, *La Phalange*, *Isis*, *Les Écrits français*, *Les Solstices*, *La Revue doloriste*, en plus d'un druidisme plus persistant que celui de Frick[455]. Co-directeur du *Lunain*, le poète Jean Gacon, censé avoir introduit Phileas Fogg selon *La Guiterne*, pourrait être considéré responsable. Mais la moquerie déversée sur Frick serait plus sûrement le fait de l'esprit incisif du rédacteur en chef de *La Guiterne*, Jacques-Louis Aubrun, encore d'âge, avec ses 42 ans, à jouer le « jeune homme[456] » qui rend visite à Frick dans l'article.

Conçu avec les traits habituels de la caricature, le portrait du « maître » du Lunain tracé par Phileas Fogg ne suggère chez Frick aucune retenue à l'égard de lui-même ou d'*Ingrès* : « le maître était devant moi, me regardant de toute sa hauteur, l'œil hubloté de son monocle, onctueux, poudré et rasé comme un prélat de cour[457] ». Frick invite le « jeune homme » en visite à « écoute[r] ce poème (qui d'ailleurs fulgure au milieu de quelques autres en cet évangile qu['il a] intitulé *Ingrès*[458]) ». Le sens latin derrière le mot « ingrès », entrée, commencement, a une résonance dans cette scène d'introduction à Frick et à la *Schola lunanorum*

453 Phileas Fogg, « *Ingrès*, le Lunain, et l'escholier limousin », *La Guiterne*, 5e année, no 16, janvier 1936, p. 13-17 (p. 13). Philéas Fogg suit *L'œil de Paris* qui, en 1928, avait repris aussi l'expression de « L'écolier limousin ».

454 Un écrivain brésilien, décédé en 1922, a bien utilisé le pseudonyme de Phileas Fogg, Lima Barreto, lié aux milieux anarchistes.

455 Lebesgue figure parmi les contributeurs de *La Guiterne* quelques années auparavant. Le druidisme auquel est associé Lebesgue se développe dans le cadre d'un régionalisme qui le fait bien accueillir par Vichy. Voir Anne-Marie Thiesse, *Écrire la France – Le mouvement littéraire régionaliste de langue française entre la Belle Époque et la Libération*, Paris, PUF, 1991, p. 168. Lebesgue est, avec son druidisme, en 1942 dans la revue bretonne aux vues extrêmes, *Arvor*.

456 Aubrun serait né en 1894, Gacon en 1903, ce qui lui conférerait de facto le rôle du « jeune homme », tandis que Lebesgue, âgé, est de 1869. La date de naissance d'Aubrun, 1894, apparaît telle dans l'*Annuaire général des lettres* de 1933-1934 (8e Partie, p. 654), mais les recherches de Louet le font naître dix ans plus tôt, 1884, décédé en 1980. Guillaume Louet, « *Quo Vadis* », *La Revue des revues*, *op. cit.*, p. 45. Dès avant la Première Guerre, Grouas met Aubrun dans la foule littéraire réunie au Café Brébant, « en face des premiers bureaux de *Comœdia* ». Charles-André Grouas, « Bout de l'An pour un Ami mort », *Synthèses*, *op. cit.*, p. 299.

457 Phileas Fogg, « *Ingrès*, le Lunain, et l'escholier limousin », *La Guiterne*, *op. cit.*, p. 13.

458 *Idem*.

exagérément sacralisée, qui simule une entrée dans son lieu et dans sa poésie[459]. En grand dignitaire dispensateur d'une parole d'« évangile », Frick « donn[e] à baiser sa main où brillait une large topaze » et prie son auditeur de « répandre autour de [lui] ce qu['il a] entendu[460] ». La « topaze » au doigt était « rubis » ou « saphir » en 1916, « rares bijoux » que le soldat Frick en permission pouvait « reporte[r] » pour compléter son « nitide costume[461] », selon le synonyme rimbaldien de resplendissant très tôt manié par Frick, dans son poème « Déréliction » en 1907. L'article de 1936 de *La Guiterne*, revue à laquelle il est étroitement associé et où il a ses amis, entretient Frick dans un air de ridicule qui pourrait le desservir alors qu'en ce mois de février il se réinvente en chef d'école avec le Lunain et tente de garder *Ingrès* dans l'actualité littéraire.

Une visite des années 1940 dans ces hauteurs du Lunain, non pas partagée avec les lecteurs d'une revue mais consignée dans l'un des carnets du poète et dramaturge Jean Berthet, fournit des échos similaires. L'accueil est solennel après « une convocation » par courrier et un conseil affiché à la porte de l'appartement demandant « de frapper fort mais avec précaution » en tapant « un heurtoir » assourdi, « emmailloté[462] ». Sur l'encadrement de la porte est inscrit le nom Phalère, d'après un passage au Lunain de Fernand Lot en 1935[463]. Devant Berthet, Frick se présente, à l'exception du « monocle », dans son accoutrement domestique, plus celui de la chambre que du salon, avec le « bonnet de coton[464] » en remplacement du chapeau. Encore à ses débuts en poésie, avec « deux ou trois

459 André Thérive signale l'origine « ingressus », dans son compte rendu d'*Ingrès*, « Les livres », *Le Temps*, *op. cit.*, p. 3.

460 Phileas Fogg, « *Ingrès*, le Lunain, et l'escholier limousin », *La Guiterne*, *op. cit.*, p. 14.

461 Frick, « Les six jours », *Sous le Bélier*, *op. cit.*, p. 21-25 (p. 23) ; et, pour les « eaux/Nitides » des « nymphes » de « Déréliction », en écho aux « Vierges nitides » des « Mains de Jeanne-Marie » (emploi par Rimbaud relevé dans le *Petit glossaire* Plowert de 1888 et signalé par Anatole France), voir Frick, « Déréliction », dans Charles-Henry Hirsch, « Les Revues », *Mercure de France*, *op. cit.*, 16 décembre 1907, p. 710. Près de Frick, en 1915, Bonnefon a « les pétales du lis nitide » en image des « jeunes filles » ou, trois ans après, « fleur nitide et fraîche » en offrande « sur les tombes de jeunes héros » de la guerre, qui n'ont plus leur avenir avec les jeunes filles. Voir Jean de Bonnefon, « Le mariage, le flirt et la guerre », rubrique « Hier et aujourd'hui », *L'Intransigeant*, 35e année, n° 12796, 28 juillet 1915, p. 1 ; et Bonnefon, « L'almanach de Bruxelles », rubrique « Nos lectures », *Le Siècle*, 83e année, n° 2305, 11 janvier 1918, p. 2.

462 Jean Berthet, « Louis de Gonzague Frick », *Le Cerf-Volant*, n° 192, 2006, p. 59-60 (p. 59).

463 Fernand Lot, « Louis de Gonzague Frick et les préoccupations frickiennes », *Comœdia*, *op. cit.*, p. 3.

464 Jean Berthet, « Louis de Gonzague Frick », *Le Cerf-Volant*, *op. cit.*, p. 59.

plaquettes » à son actif, Berthet est bon à être recruté dans « l'École », à devenir « disciple » du Lunain, à recevoir « conseils et leçons[465] », à trouver plaisir aux séances de lecture du maître, mot soigneusement évité. Comme Phileas Fogg, Berthet est plutôt hérissé de devoir écouter les poèmes de Frick lus par leur auteur « en chemise de nuit[466] », à l'affût d'un public, fût-il captif. En 1990, Berthet arrive à se rapprocher de Frick par la sortie d'un recueil au titre qui leur est commun, *Trèfles à quatre feuilles*.

Dans ses trois années de publication les plus intenses, de 1954 à 1956, où paraissent en succession *Attente de Trasybule*, *Abrupta nubes*, *Statures lyriques* et *Oddiaphanies*, la confiance de Frick en son œuvre semble remonter en conséquence[467]. À la réception d'*Attente de Trasybule*, l'algérianiste Jean Pomier, compagnon de route occasionnel de Marcello-Fabri, rime son poème de remerciement à Frick sur le « -zigue » et le « -zague » en fraternisant dans l'étendue du lexique, vieux français, argot, berbère, ce dernier pour s'identifier « d'extrace mazygue » à côté de Frick « lunanien[468] ». En se penchant sur Thrasybule, grand capitaine de l'antiquité célèbre pour sa patience et sa modération, Frick renoue peut-être avec ses « premières années de collège », où la « lecture » des récits de vies tirés de Cornelius Nepos serait « si attachante », selon Nisard, puis « si substantielle pour ceux qui les relisent dans l'âge mûr[469] ».

Les échanges de Frick avec les poétesses belges Berthe Bolsée et Élise Champagne lui font croire de nouveau à l'existence de ses lecteurs, comme l'illustre la question simple et quelque peu ludique qu'il leur adresse simultanément : « Dites-moi par votre bouche (ou celle de

465 *Idem*.

466 *Idem*. Berthet fait parler Guillot de Saix respectueusement de Frick, et rapporte l'inversion « Louis de Gonzigue-Frack » de la bouche de Gabory. *Ibid.*, p. 60.

467 *Attente de Trasybule* comprend douze poèmes, en un dépliant in-quarto tiré à 50 exemplaires en 1953 par La Presse à Bras de Vincent Monteiro, dédicataire d'un nouvel « Euphuïsme lunanien », à côté de Jean Gacon, en généreux « Poète d'Epiméthée », tandis qu'un quatrain est réservé à George-Day.

468 Jean Pomier, « Au même » (juin 1953), *À cause d'Alger*, Toulouse, Privat, 1966, p. 88-89. En 1930, comme Pomier, Frick contribue au numéro spécial sur « La vigne et le vin » de la *Revue Afrique*, avec une « prose » sur « [l]a purée septembrale ». Voir A[li]-B[ert], rubrique « Revues et documents », *La Proue*, 2e année, cahier 6, mars-avril 1930, p. 49. Dans la dernière année de guerre, Frick rédige un courrier littéraire à l'*Action nord-africaine*, journal édité à Paris avec Auguste Beuscher. Voir « Les Lettres », *L'Intransigeant*, 39e année, no 13692, 8 janvier 1918, p. 2.

469 Désiré Nisard, « Avertissement », dans Cornelius Nepos, Quinte-Curce, Justin, Valère Maxime, Julius Obsequens, *Œuvres complètes*, avec la traduction en français, Paris, Firmin Didot, 1871, p. ii-ij (p. ii).

Berthe Bolsée) si ma poésie vous plaît[470] ». Frick est rapide à classer ses correspondantes parmi ses initiés, « à qui rien n'échappe dans le domaine de la poésie », y compris dans ce recueil qu'il jauge, rehaussant à la fois auteur et lecteur, « le plus difficile[471] » de son œuvre, *Quantité discrète*. Un intérêt neuf lui est marqué par le groupe de *La Tour de Feu*, porté à l'ésotérisme, et qui lui rend « visite[472] » en 1954. Frick suit attentivement l'évolution de cette revue, comme l'attestent ses lettres de la période à son directeur Pierre Boujut, qui insiste sur le côté « gentilhomme » de Frick lorsqu'il lui consacre un article, pour résumer son « raffin[ement] » et son « respect » « affable et hautain envers tous[473] ». Le terme est en harmonie avec ce que Frick aime à rapporter du jugement de Léautaud sur sa personne, « [Léautaud] me tient pour le gentilhomme le plus accompli[474] ». Mercadier le dote également de ce titre, avec le décalage que cela peut supposer, « [g]entilhomme attardé parmi les autocars », ou, issu d'un plus lointain passé, « lion 1830 », voire « grand seigneur musqué très XVIIIe[475] ». Frick est pareillement pris pour « le dernier de nos gentilshommes de lettres[476] », dans l'enquête sur Paris de 1927.

Bien qu'on soit loin d'une correspondance à trois, Frick glisse facilement à l'une un mot destiné à l'autre ou sur l'autre, du fait de leur proximité, en amitié et en écriture[477]. Liée, avec Berthe Bolsée, aux *Cahiers Jean Tousseul* qui paraissent en Belgique, Élise Champagne essaie, par l'intermédiaire de Frick, de communiquer avec Léautaud au nom de la revue. Frick n'est pas en peine d'idées pour conseiller l'approche de « l'Ermite de Fontenay-aux-roses[478] », arguant pour la « pruden[ce] » et le réalisme des attentes : le « petit et juste éloge de votre groupe [par Léautaud] n'amènera pas

---

470 Lettre de Frick à Élise Champagne, non datée, estimée de l'automne 1954, dans « Louis de Gonzague Frick : Lettres à Élise Champagne », *Annales*, *op. cit.*, p. 115.

471 Lettre de Frick à Élise Champagne, cachet du 22 octobre 1954, *ibid.*, p. 117.

472 Lettre de Frick à Berthe Bolsée, du 30 novembre [1954], dans Marcel Lobet, « Les amitiés belges », *Bulletin de l'Académie Royale*, *op. cit.*, p. 221.

473 « Louis de Gonzague Frick – Un gentilhomme à *La Tour de Feu* », éd. Pierre Boujut, *La Tour de Feu – Revue internationaliste de création poétique*, nº 129, 1976, p. 4-16 (p. 5).

474 Lettre de Frick à Élise Champagne, cachet du 15 octobre 1954, dans « Louis de Gonzague Frick : Lettres à Élise Champagne », *Annales*, *op. cit.*, p. 113.

475 Henry Mercadier, « Pour Louis de Gonzague-Frick », *Cartes postales pour les amis*, *op. cit.*, p. 29.

476 Noël Sabord, « O mon Paris », *Le Siècle*, *op. cit.*, p. 2.

477 Une note de Lobet signale le lien existant entre Berthe Bolsée et Élise Champagne, dans « Les amitiés belges », *Bulletin de l'Académie Royale*, *op. cit.*, p. 215-216.

478 Lettre de Frick à Élise Champagne, cachet du [24] octobre 1954, dans Marcel Lobet, « Les amitiés belges », *Bulletin de l'Académie Royale*, *op. cit.*, p. 228-230 (p. 228).

un abonné de plus, ni même un lecteur occasionnel[479] ». Cette « affaire Léautaud » conduit Frick à jouer au faussaire, à rédiger pour sa protégée un brouillon de lettre complet, de « Cher et Grand Ecrivain » à « Votre Élise Champagne[480] ». La lettre qu'Élise Champagne est encouragée à transcrire comme de sa propre main pour l'expédier à Léautaud, met Frick bien en avant, dans le but d'obtenir de Léautaud d'abord une « opinio[n] » sur le recueil précédemment envoyé d'Élise Champagne, *Plût au ciel !*, puis « quelques aphorismes[481] » pour *Les Cahiers Jean Tousseul*. Pour mieux disposer Léautaud à recevoir ces demandes, la lettre invoque son « fidèle et chaleureux ami Louis de Gonzague Frick[482] » et son « affection » pour le « poète d'*Ingrès*[483] », recueil peut-être plus apprécié par Léautaud que par Frick lui-même, d'après ce qu'il écrit à Jean de Boschère. Sans rougir, Frick fait aussi dire à la « plume » d'Élise Champagne qu'il « a commenté avec toute son élégance littéraire » le recueil *Plût au ciel !* pour « une revue lyonnaise[484] ». En définitive, si cela ne donne pas les résultats voulus, Frick s'engage, dans une lettre ultérieure, à se manifester directement auprès de Léautaud, « je lui écrirais moi-même », d'autant qu'un distique à Élise Champagne l'avait assurée : « Paul Léautaud, en galant homme / Vous répondra bientôt, at home[485] ». Frick fait ici des vers de circonstance réminiscents des « Loisirs de la Poste » de Mallarmé, avec aussi un brin d'anglais, mais sans la fonction pratique d'indiquer l'adresse pour le facteur.

Dans une de ses lettres à Youki, non datée mais au plus tôt du printemps 1951 puisqu'à l'en-tête du « Comité L. Tailhade », Frick s'enquiert d'une publication de Desnos et sollicite l'aide de Youki, non plus pour changer de profession comme il le prétendait en 1949

---

479 Lettre de Frick à Élise Champagne, cachet de [novembre 1954], *ibid.*, p. 230-232 (p. 230).

480 Lettre de Frick à Élise Champagne, non datée, estimée de l'automne 1954, dans « Louis de Gonzague Frick : Lettres à Élise Champagne », *Annales*, *op. cit.*, p. 114-115.

481 *Ibid.*, p. 115.

482 *Idem.* Frick a une formule similaire, « votre admirant et chaleureusement fidèle », pour signer une lettre à Léautaud en juin 1953. Lettre de Frick à Paul Léautaud, du 20 juin 1953, dans Louis de Gonzague Frick, « Lettres inédites », *Supérieur inconnu*, *op. cit.*, p. 94. Cette lettre de Frick a retenu l'attention de Léautaud dans son *Journal*, ce que les démarches d'Élise Champagne ne semblent pas avoir réussi. Voir Paul Léautaud, entrée du 22 juin 1953, *Journal littéraire – III*, *op. cit.*, p. 1990-1991.

483 Lettre de Frick à Élise Champagne, non datée, estimée de l'automne 1954, dans « Louis de Gonzague Frick : Lettres à Élise Champagne », *Annales*, *op. cit.*, p. 115.

484 *Ibid.*, p. 114-115.

485 Lettre de Frick à Élise Champagne, cachet du 15 octobre 1954 (inscription au dos de l'enveloppe), *ibid.*, p. 112-114 (p. 112).

mais avec une requête précise[486]. Il cherche à se délester, en raison de ses problèmes financiers chroniques, d'une eau-forte de Dufy et d'un dessin de Marie Laurencin, qui l'a deux fois portraituré[487]. Vente des « services de presse » pour Desnos, vente de « tableaux » ou dessins pour Frick, par ménage ou plus vraisemblablement nécessité d'argent, font partie de leur quotidien au milieu des années trente, quand Frick écrit à Desnos : « Pierre Béarn », « libraire », « achèterait avec un plaisir particulier vos services de presse » ; « "Votre" marchand de tableaux est-il à Paris[488] ? » Les amitiés de Youki dans le monde de l'art et, à compter de 1946, son travail dans une galerie représentent pour Frick l'un des moyens de trouver acheteur pour les eaux-fortes, toiles ou croquis en sa possession[489]. Des dédicaces aident à garder la trace d'œuvres offertes ou acquises, telle une « Nature morte au compotier », dessin au crayon signé en juin 1919 par Juan Gris : « À Louis de Gonzague Frick bien cordialement, son ami Juan Gris[490] ». Les difficultés de revenus sont amplifiées par des plaintes et des ressentiments, où entre aussi, pour Frick correspondant de Youki, la mémoire de Desnos. D'une amertume à peu près totale en 1952, Frick livre à Youki des récriminations contre une France « guerroy[ante] », « pays qui a fait mourir Robert Desnos[491] ». Sous cette forme accusatrice, qui fait abstraction de l'occupant allemand, subsiste ainsi une dernière trace de Desnos dans les envois entre Frick et Youki, qui s'échangent encore un petit nombre de lettres et cartes.

486 Léautaud note avec scepticisme, le 9 mai 1951 à la lecture de *Quo Vadis*, la création du « Club Laurent Tailhade » par Frick et J.-L. Aubrun. Paul Léautaud, *Journal littéraire – III*, *op. cit.*, p. 1923.

487 Lettre de Frick à Youki, non datée. DSNC 1359, BLJD.

488 Lettre de Frick à Desnos, datée « Mardi », estimée autour de 1934, date d'ouverture de la Librairie du Zodiaque par Béarn. DSNC 1326, BLJD. Béarn allie, chez Frick, l'« invraisemblablement poli et burlesque », dans une lettre de 1991 à Francis Conem, que ce dernier cite dans son article « Pour les mémoires défaillantes…, suite et fin », *L'Homme libre*, *op. cit.*, p. F.

489 Voir Youki Desnos, *Les confidences de Youki*, *op. cit.*, p. 338-340.

490 Juan Gris, « Nature morte au compotier, dessin en vente par Wright Auctions, lot 128, le 23 septembre 2014, sur le site wright20.com. Consulté le 3 novembre 2014.

491 Lettre de Frick à Youki, cachet du 1er avril 1952. DSNC 2341, BLJD.

FIG. 1 – Par Jean Texcier
dans *Les Nouvelles littéraires*, 19 octobre 1929.

FIG. 2 – Par André Wuillemin
dans *L'Intransigeant*, 31 juillet 1932.

FIG. 3 – Photographie en pied, portrait
de Louis de Gonzague Frick jeune.

FIG. 4 – *Portrait de Louis de Gonzague Frick*, par Louis Cattiaux, vers 1935.

FIG. 5 – Par Carlo Rim dans *Les Nouvelles littéraires*, 24 mai 1930.

FIG. 6 – Par Henri Guilac dans *Floréal*, 5 mars 1921.

FIG. 7 – Par Tonio Salazar dans *L'Intransigeant*, 25 août 1931.

DOULEUR ET CINÉMA

Frick en vues

L'épisode du Cabanon se déroule sur cinq jours d'avril 1938, avec une mise en « détention » de Frick, « envoyé au cabanon par un jeune interne[1] », comme le note Paulhan dans son « Bulletin » de la *Nouvelle Revue française* signé Jean Guérin. La période d'isolation est brève mais ses répercussions vont bien au-delà du moment. Un enchaînement d'erreurs et de circonstances infortunées, le 21 avril, font qu'une « crise » d'« aérophagie » et une banale « conjonctivite[2] » se transforment en diagnostic de déséquilibré à risque suicidaire, comme le rappelle son vieil ami et défenseur Ernest Tisserand. *La Voix du combattant*, organe de l'U.N.C., parle aussi au bénéfice de Frick, en sa qualité de membre, et invente un dialogue entre un poète rapportant ce qui est arrivé à Frick et un général, avec pour conclusion que le système de soins ne saurait comprendre ceux qui évoluent dans la sphère poétique. Dans le récit comme dans la vie, la camisole attend Frick à mesure qu'il « protest[e] de son bon sens » et « affirm[e] pouvoir rimer un sonnet ou faire en un jour un poème épique en douze chants[3] », sur le modèle de *L'Énéide*.

Cette capacité de composition serait bien le fait « d'un homme qui vit dans la familiarité des dieux », d'après l'observation de 1935 de Bonmariage, et qui « s'exprime », par conséquent, « dans leur langage[4] ». Bonmariage anticipe bien de trois ans sur le Cabanon puisqu'il relie ce

1 Jean Guérin, « Bulletin – Les événements », *Nouvelle Revue française*, n° 297, juin 1938, p. 1047.

2 Voir Ernest Tisserand, *Un week-end au cabanon ou L'enlèvement du poète Louis de Gonzague-Frick*, Paris, Denoël, 1938, p. 9-10. Tisserand signe son texte de la date du 3 juin 1938. *Ibid.*, p. 15. Les rapports de Frick et Tisserand remontent à *La Phalange*, et Billy les place tous deux aux réunions du « groupe des *Marges* ». André Billy, « Les cafés littéraires », dans *Vingt-cinq ans de littérature française – Tableau de la vie littéraire de 1895-1920*, II, éd. Eugène Montfort, Paris, Librairie de France, 1920, p. 183-199 (p. 191).

3 Ratepenade, « Le Poète et le Général (Dialogue) », *La Voix du combattant et de la jeunesse*, 19e année, n° 982, 14 mai 1938, p. 2.

4 Sylvain Bonmariage, *L'automne des feuilles de vigne*, *op. cit.*, p. 151.

voisinage du divin linguistique à une « liberté », chez Frick, que « ne sauraient restreindre » « les lois de notre société[5] », en l'occurrence, les règles normalisant le comportement social. Auprès des médecins en 1938, c'est son langage marqué d'« urbanité » et de « courtoisie[6] » qui a perdu Frick, écrit *Ouest-Éclair*. Si Frick avait pu parler comme tout le monde, « s'app'ler » aussi « comm' tout l'monde[7] », on ne l'aurait pas conduit de force au cabanon. De plus loin encore, de *L'Enchiridion de Jadalbaoth*, peut revenir pour Frick une phrase : « Il vécut six jours parmi les fous dans la plus terrifiante lucidité d'esprit », même si « la folie », pour le personnage de 1911, est choisie et fait de lui le « roi » « des fous[8] ».

La mésaventure de Frick est ressassée dans *Le Lunain* à partir du numéro de mai 1938. Elle est traduite en vers par Maurice Fombeure, qui détaille les excentricités jugées inadmissibles de Frick dans « [l']ordre strict et glacé des villes » qui « [p]ourchasse toute déraison[9] ». Le comique voisine avec le sérieux dans la rime à moitié homérique « monocle » / « Patrocle[10] ». *L'Homme libre* cite ce « poème vengeur » qui hausserait presque « l'indigne aventure[11] » de Frick au rang de la mort de Patrocle, et ferait de Fombeure une sorte d'Achille, l'ami nommé avec Patrocle sur un vers. À la suite du poème de Fombeure sur la page du *Lunain* et en guise de réponse, Frick remercie de leur soutien les voix qui se sont élevées pour lui et rabaisse, en un quatrain au ton vif, l'interne et son travail : « Mis comme un fol au cabanon / Et par quel effarant ânon, / Faut-il qu'elle soit bien assise / La gravéolante bêtise[12] ». Le 7 mai, trop indisposé pour prendre le stylo, Frick fait écrire, par un tiers, à Desnos

5 *Idem.*

6 Cadet Rouxel, « Choses et gens – Le poète au cabanon », *Ouest-Éclair*, 39e année, no 15154, 8 mai 1938, p. 2. Le signataire Cadet Rouxel, qui dit « conna[ître] personnellement [Frick] depuis de longues années » (*idem*), est plusieurs fois dans *Ouest-Éclair* en 1938.

7 *Idem.* Le « tout l'monde » de Cadet Rouxel a son écho peu après chez Tisserand, défenseur de la singularité du langage poétique de Frick, qui « ne fait pas les vers de tout le monde », « et cela agace ». Ernest Tisserand, *Un week-end au cabanon*, *op. cit.*, p. 8.

8 Frick, « Sagesse, amour, folie », de *L'Enchiridion de Jadalbaoth*, reproduit, avec une inversion de lettres au titre, par Sarane Alexandrian, « Un grand seigneur de la poésie moderne », *Supérieur inconnu*, *op. cit.*, p. 64-67 (p. 65).

9 Maurice Fombeure, « Tribulations du Poëte », *Le Lunain*, 3e année, no 13, mai 1938, p. 1-2 (p. 1).

10 *Idem.*

11 « Les revues », rubrique « Les lettres chaque jour », *L'Homme libre*, 26e année, no 7937, 16 juin 1938, p. 2.

12 Frick (signant « Le Récipiendaire »), « Remerciement », *Le Lunain*, 3e année, no 13, mai 1938, p. 2.

son dégoût absolu : « Il compisse et conchie les faux psychiatres et tout leur personnel, qui sont gens de répugnance intégrale[13] ». Une dizaine de jours après, Frick participe, en patient malmené ou en poète, à un débat organisé Salle Wagram sur « Le scandale des fous internés sains d'esprit ? Ou fous en liberté[14] ?... » L'intervention personnelle de Frick, intitulée « Chez les fous ! Comment on m'a enfermé », est amenée sur un plan général par Alexis Danan, qui dénonce « [l]es internements arbitraires[15] ». Danan avait, le 6 mai, défendu Frick dans *Paris-Soir*, allant de son langage et sa politesse à l'« Erreur... de diagnostic » puis aux actions prises par ses amis, dont des démarches pour « demander des comptes à l'Administration des hôpitaux de Paris[16] ». Avec le légendaire retard Paris-Province, à l'automne, un soutien à Frick est exprimé solennellement par les Jeux floraux de Cherbourg, « [d]e leur lointaine province[17] ».

En 1939, Frick continue de faire du *Lunain* la voie du souvenir du cabanon, par l'intermédiaire d'un homonyme de Maurice Fombeure, l'ophtalmologiste Georges Fombeure, « âme forte et clémente[18] », à la différence de ses confrères. Fait aussi exception, à cette époque, le Dr. Henry Walther, « camarade de régiment[19] », qui accompagne Frick avec la Phalérinienne à l'Hôpital Broussais, en amont de l'internement. Domicilié au 5 rue du Lunain, le Dr. Walther, à l'affiche aussi de la soirée de mai 1938, fera poser à cette adresse, à deux pas de chez Frick,

13 Lettre de Frick à Desnos, rédigée par un tiers (Marcel Boullet, non identifié), du 7 mai 1938. DSNC 1327, BLJD. La lettre répond avec reconnaissance à un « billet » de Desnos.

14 La soirée, proposée par le Club du Faubourg, est annoncée à la rubrique des « Conférences » par *Le Matin*, 55ᵉ année, nº 19776, 15 mai 1938, p. 6.

15 « Au Club du Faubourg », rubrique « Nouvelles brèves », *L'Homme libre*, 26ᵉ année, nº 7911-7912, 15-16 mai 1938, p. 3 ; et « Conférences », *Le Matin*, 55ᵉ année, nº 19778, 17 mai 1938, p. 10.

16 Alexis Danan, « Le poète Louis de Gonzague-Frick a été jeté "par erreur" dans un cabanon comme fou dangereux », *Paris-Soir*, 16ᵉ année, nº 5410, 6 mai 1938, p. 7.

17 Le Secrétaire de l'Académie, « Académie poétique de la Manche » (Séance d'octobre), rubrique « Sociétés et syndicats », *Normannia*, 13 novembre 1938, n. p. Durant la séance, il est fait état du livre de Tisserand.

18 Frick, « Épreuve », *Le Lunain*, 4ᵉ année, nº 19, février 1939, p. 1. Lorsque médecine et littérature se croisent en janvier 1923 dans les expériences sur la vision extra-rétinienne par Jules Romains, auxquelles s'intéresse Anatole France, Georges Fombeure, alors assistant en ophtalmologie à l'Hôpital Cochin, est l'un des témoins, avec Georges Chennevière. Voir Jules Romains, *Eyeless Sight – A Study of Extra-Retinal Vision and the Paroptic Sense*, trad. C. K. Ogden, New York-London, G. P. Putnam's Sons, 1924, p. 225 et 244.

19 Ernest Tisserand, *Un week-end au cabanon*, *op. cit.*, p. 9.

la plaque commémorative de l'École du Lunain[20]. À l'issue de sa défense de Frick, Tisserand entreprend une dénonciation générale de la profession médicale, atteinte, selon lui, de « syphilomanie », c'est-à-dire qui « consiste à tout expliquer par la vérole[21] ». Ainsi, Frick aurait subi, à Broussais, des tests pour vérifier « s'il n'était pas travaillé par un vieux spirochète[22] », le tréponème pâle, bactérie de la vérole. Le soupçon d'une folie bien expliquée d'un point de vue médical, source du malheur de l'enfermement, rapproche également Frick de l'illustre série pathologique Baudelaire-Maupassant.

Dans les années cinquante, avec un peu de Molière et beaucoup d'accablement, Frick persiste, en poésie et dans le format plus individualisé de la lettre, à décrier le « médecin », faisant de celui-ci, pour Berthe Bolsée, un « aigrefin », « engeance » « à vomir » qui abandonne son patient, Frick, entre « torture » et « supplice[23] ». À Élise Champagne, Frick confie sa « [re]cherche » de « toujours » d'un bon médecin et brosse le portrait recyclé d'une profession composée de « farceurs » cupides, aux « visites » de « 3 ou 4 minutes » faites pour « grossir le plus possible leur bougette[24] ». Frick reformule ainsi quantitativement ses deux vers sonores d'*Ingrès*, où « les médicastres » « convoit[ent] » « nos épigastres[25] ». Le thème a longue vie chez Frick, qui exagère dans une lettre de 1947, pour plus d'effet, l'héritage familial reçu puis pillé : « il se trouve [...] que la fortune laissée par mes tendres parents a été engloutie par ces piètres descendants d'Iamus et des apothicaires[26] ». Frick dit à Berthe Bolsée s'être forcé à la retenue, malgré son hostilité, dans la rédaction d'un article

20 Pour le Dr. Walther à la Salle Wagram près de Frick, voir « Conférences », *Le Matin*, *op. cit.*, 17 mai 1938, p. 10. La pose de la plaque est notée à la fin du printemps 1939, avec un retard dans son inauguration due à la « convalescence » de Frick en clinique. « Les Lunaniens ont leur plaque », rubrique « Notes et échos », *Marianne*, 7e année, n° 346, 7 juin 1939, p. 6.

21 Ernest Tisserand, *Un week-end au cabanon*, *op. cit.*, p. 14.

22 *Ibid.*, p. 15.

23 Lettre de Frick à Berthe Bolsée, cachet du 11 juillet 1956, dans Marcel Lobet, « Les amitiés belges », *Bulletin de l'Académie Royale*, *op. cit.*, p. 226.

24 Lettre de Frick à Élise Champagne, cachet de [novembre 1954], *ibid.*, p. 231-232. Lobet voit un point commun entre Frick et Jarry dans ce « mépris des "merdecins" ». *Ibid.*, p. 196.

25 Frick, « L'atramentale exalté », *Ingrès*, *op. cit.*, p. 14. Par l'encrier qu'est l'« atramentale », le poème se retire dans un monde d'invention poétique, qui offre son havre à distance des interruptions de la vie : amour et guerre.

26 Lettre de Frick à Pierre Boujut, de mars 1947, dans « Louis de Gonzague Frick », *La Tour de Feu*, *op. cit.*, p. 8.

sur le corps médical proposé à l'*Écho de Savoie*, et avoir « réprim[é s]on opinion » eu égard au caractère public du journal et aux conséquences possibles, « Je ne sais où je serai quand [l'article] paraîtr[a][27] », pensant au pire dans sa phobie des médecins. Moins pugnace dans une lettre à Fernand Marc précédant la publication de *Statures lyriques*, il décrit sa « souffran[ce] », ses « atroces douleurs » qu'un « guérisseur palladien[28] », associant élégance et héritage d'Hippocrate, n'a pas encore pu faire partir. Le langage est sinistre lors d'un autre échange avec Fernand Marc, quand Frick est sur le point de réintégrer « une maison de santé », pour des soins peut-être mais « pour y crever sans doute[29] ». Même la rue du Lunain a perdu sa magie, lieu où « ont commencé [s]es malheurs[30] ». Conem compte Frick parmi les « valétudinaire[s] » capables, par moments, de « se plaindre avec infiniment d'esprit[31] » au fil de leur correspondance, à l'instar de Proust.

Le psychiatre, quant à lui, a en 1956 son entrée dans le poème d'*Oddiaphanies*, « Sonorités du tibicine », où il est accolé au « sérieux » comme au « folâtr[e][32] ». Dans cette série de strophes, le « psychologue » reçoit meilleur accueil, convié en « Maître » à « plonge[r] » dans l'« âme » à l'écoute des « apologues », scène clinique porteuse d'ironie car le « psychologue » vient aussitôt après « guêpe », « escargot » et « cornard[33] ». Un poème de 1915 associe le mot « habile » au « psychologue », en fait un avocat qui emprunte un « geste ferme et sûr[34] » à cette profession penchée sur l'esprit. Sous le bref titre « Dizain », le poème est imprimé dans *Les Hommes du jour* du 9 octobre 1915, précédé d'une note explicative qui signale des « soldats » en Artois « défendus devant le conseil de guerre » par des avocats parisiens, Étienne Caen et Charles-Maurice Chenu, aussi combatifs dans leurs plaidoiries que lorsqu'ils rejoignent

27 Lettre de Frick à Berthe Bolsée, cachet du 11 juillet 1956, dans Marcel Lobet, « Les amitiés belges », *Bulletin de l'Académie Royale*, *op. cit.*, p. 226.

28 Lettre de Frick à Fernand Marc, non datée, estimée à 1955, catalogue de mars 2012, Librairie William Théry, sur le site rousseaustudies.free.fr. Consulté le 31 janvier 2014.

29 Lettre de Frick à Fernand Marc, de 1956, citée par Jean-Paul Goujon et Jean-Louis Debauve, « Chronique des ventes et des catalogues » dans *Histoires littéraires*, *op. cit.*, p. 133.

30 *Idem.*

31 Francis B. Conem, compte rendu de *Lettres retrouvées* de Proust, *Revue des Sciences Humaines*, nouv. série, n° 122-123, avril-septembre 1966, p. 461.

32 Frick, « Sonorités du tibicine », *Oddiaphanies*, *op. cit.*, p. 37-39 (p. 38).

33 *Ibid.*, p. 37.

34 Frick, « Dizain au Chrysologue-Soldat », *Sous le Bélier*, *op. cit.*, p. 49.

leurs « camarades[35] » au front. Chenu ajoute à ce contexte dans ses souvenirs de la guerre, publiés en 1932, où l'avocat exerce son métier « théâtra[l] » en agitant les « pauvres manches d'une capote fripée[36] », revêtu de son uniforme militaire plutôt que de sa robe. Non loin de Carency, avec Étienne Caen, tous deux « inscrits au Conseil de Guerre », ils défendent les poilus, l'un accusé, « saoul », « d'avoir tué une vache[37] », d'autres menacés d'une sentence de mort.

L'avocat Étienne Caen est identifié, dans le *Bélier*, comme « chrysologue », ou « maître[38] » ès transformations des mots en or, pour ses clients comme pour l'intérieur de ses poches, à suivre un poncif. La note préliminaire des *Hommes du jour* relie le « chrysologue » à un vocabulaire usuel, « comme dit M. Louis de Gonzague Frick[39] ». L'avocat, ou « chrysologue-soldat », des vers du *Bélier* prend la défense d'un conscrit à « la chair » larmoyante, « flébile », qui avait trop abusé du « vin[40] ». Le terme « chrysologue » laisse entendre un soupçon à l'égard des professions libérales, avocat, médecin, psychologue, pharmacien, soupçon qui va particulièrement se durcir pour la branche médicale au fil des années et des recueils. *Oddiaphanies* fait se conjuguer la « médecine » et l'industrie pharmaceutique (« laboratoires Sandoz ») avec autant de légèreté dressée sur du sérieux que dans « Sonorités du tibicine », parvenant à faire rimer ensemble « le grand mal », « le phénobarbital », « le sédantoïnal » et « l'accès gengival[41] ». Il est déjà question, dans *Ingrès*, des dénominations de l'épilepsie, « haut mal » et mal sacré (« hiéranose »), ainsi que des « dérivés barbituriques[42] », médicaments qui lui sont associés dans « Guérir est divin ». De la « bouche » de la personne affectée, le souhait, en 1935, est que « [s]eule la poésie » « jailli[sse][43] », recourant au vieil imaginaire de l'épilepsie.

Le poème « Guérir est divin » déduit, en finale, de la chair à « guérir » une chair à guerroyer, chair à canon de la Première à la Deuxième Guerre

35 Voir « Paris dans l'Artois martial », *Les Hommes du jour*, nº 401, 9 octobre 1915, p. [5].

36 Un extrait du livre de Chenu, *Du képi rouge au char d'assaut*, est publié, sous le titre « Les Conseils de Guerre », dans *La France judiciaire*, 3e année, nº 25, 10 juillet 1932, p. 595-596 (p. 596).

37 *Ibid.*, p. 595.

38 Frick, « Dizain au Chrysologue-Soldat », *Sous le Bélier*, *op. cit.*, p. 49.

39 « Paris dans l'Artois martial », *Les Hommes du jour*, *op. cit.*, p. [5].

40 Frick, « Dizain au Chrysologue-Soldat », *Sous le Bélier*, *op. cit.*, p. 49.

41 Frick, « Guérir est divin (Le Latium) », *Oddiaphanies*, *op. cit.*, p. 53.

42 Frick, « Pour l'avant-courrière », *Ingrès*, *op. cit.*, p. 18.

43 *Idem.*

« [d]éambul[ant] au pas : ein zwei[44] ». Dans ces circonstances avides de soldats, « [e]nfant », déjà, la consigne est « sois viril et ne braille[45] ». Une réflexion sur le fonctionnement et les effets du « rêve éveillé », en 1935, « O visite des idées, / D'où viennent-elles ? », mène à un dédoublement de la personne qui rêve, « adversaire[46] » de soi-même. La description de cet état emprunte, en dernière strophe, au langage de la psychiatrie diagnostiquant, de l'existence du « sosie » né du rêve, « une recrudescence de schizophrénie[47] ». Dans un vers qui lance une ou deux explications des modifications physiologiques liées au rêve, on lit « Hormones, équilibres neurochimiques[48] », à la manière d'un manuel énumératif. Suit, dans un registre voisin, une allusion à la « psychocytie », dont le suffixe savant –cyte renvoie aux « cellules[49] » déjà nommées, en leur adjoignant les phénomènes psychiques. Le psychique, avec sa psyché antique, amène peut-être aussi l'âme, et c'est par égalité d'âme, « en toute équanimité[50] », que se termine le poème. Mais avant que puisse « triomph[er][51] » ce calme, le physiologique tient le premier plan dans la description de l'état de rêve, où s'exprime la crainte que tout sorte du corps. C'est « la frayeur d'être inquiné », souillé, par une hernie remplie de gaz (« une physocèle »), c'est le sexuel incontrôlé de l'« exonirose[52] » ou pollution nocturne.

Le recueil *Oddiaphanies*, dont le titre, note Grouas en le décomposant, désigne le flambeau sacré du dernier voyage, se referme sur un significatif « Finis personae[53] ». Ce poème d'une fin de vie accumule des figures de la mort excepté dans les strophes du milieu, consacrées à la vie et ses plaisirs, à la poésie aussi avec les trois muses, du lyrique-érotique, de l'épique et de l'histoire, que Frick dit avoir fréquentées. Clio, pour le regard général, et Frick pour le personnel, sont ensemble devant la « grande hécatombe » de « ce monde[54] », constituée en partie des guerres

44 Frick, « Guérir est divin (Le Latium) », *Oddiaphanies*, *op. cit.*, p. 53.
45 *Idem.*
46 Frick, « Intercurrence », *Ingrès*, *op. cit.*, p. 33.
47 *Idem.*
48 *Idem.*
49 *Idem.*
50 *Idem.*
51 *Idem.*
52 *Idem.*
53 Charles-André Grouas, « Bout de l'An pour un Ami mort », *Synthèses*, *op. cit.*, p. 316.
54 Frick, « Finis Personae », *Oddiaphanies*, *op. cit.*, p. 65. On peut se reporter, pour un exemple, à la lettre adressée à l'éditeur et historien de l'art Édouard-Joseph, où Frick

de 1914 et 1939 et de la maladie qui, depuis vingt ans, contraint Frick à rechercher soins après soins et à envisager la mort. Pourtant, dans la sombre conclusion de « Finis personae », où défilent en allitération « testament », « ténèbre » et « tourment », une pointe humoristique soutenue par la rime vient alléger d'un « joli zèbre » le départ vers la « vaste ténèbre[55] ».

La théâtralisation de la mort à l'œuvre dans « Finis personae » est à son maximum dans le poème à quelques pages de là d'*Oddiaphanies*, « Despair and die », qui emprunte aux fantômes shakespeariens de *Richard III* leur appel répété à mourir. Le « Despair » du poème est traduit par un « je » confronté à un « monde » où même les saisons, de la nature comme de la vie, ne livrent pas leurs promesses, « Pas de printemps, un faux été, / Et l'hiver après quel automne[56] ». La « désol[ation] » emplit une « existence » qualifiée d'« accablante » malgré la compagnie « d'une belle âme[57] », qui suggère la Phalérinienne, au nom familier dans la poésie de Frick et aux pouvoirs et aux « don[s][58] » qui se multiplient au fil des recueils, du « cher baiser nuptial[59] » de 1919, au quotidien de 1932 faisant rimer

---

évoque des « soins judicieux », en dépit desquels son « mal persiste », le forçant à « demeur[er] cloué au Lunain, y souffrant beaucoup », alors qu'il « subi[t] » à cette occasion « les violences d'une crise d'anxiété ». Lettre de Frick à Édouard-Joseph, non datée, probablement postérieure à l'internement de 1938, en vente à la Librairie Signatures, Paris, sur le site abebooks.fr. Consulté le 31 janvier 2013. Édouard-Joseph, qui sort une édition d'*Au pays du mufle* de Tailhade en 1920, fait partie du paysage de Frick ; et Salmon, Fels, Max Jacob collaborent à son *Dictionnaire biographique des artistes contemporains* de 1930.

55 Frick, « Finis Personae », *Oddiaphanies*, *op. cit.*, p. 65.

56 Frick, « Despair and die », *Oddiaphanies*, *op. cit.*, p. 62.

57 *Idem.*

58 Frick, « Prolection », *Quantité discrète*, *op. cit.*, p. 24.

59 Frick, « Un impromptu d'acrostiches », *Girandes*, *op. cit.*, p. 22-24 (p. 22). Dédié à Allard, le poème paraît d'abord dans *La Caravane*, 3e année, no 11-12, novembre-décembre 1916, p. 4. La première strophe dérive ses vers du prénom de la Phalérinienne, Charlotte. Frick compose, en 1919, un « Avis nuptial » anticipé sur quatre vers, où est mentionnée « Charlotte » au « prénom Goethéen » et voue ses propres « frivolités célibataires » à finir en « cendres » « pour le vieux saccilaire », c'est-à-dire un être usant de magie dans des buts maléfiques. Frick, « Avis nuptial », *Girandes*, *op. cit.*, p. 26. Son mariage à Marguerite Charlotte Lebaubier a lieu le 26 février 1921. Voir l'extrait d'acte de naissance de Frick chez Marcel Lobet, « L'amitié d'Apollinaire et de Louis de Gonzague Frick », *Que vlo-ve ?*, *op. cit.*, p. 25. Aragon annonce ce mariage dès 1918 à Breton, « LGF se marie, mon cher ! avec une personne de province qui l'adore [et dont il] est assez amoureux ». Lettre de Louis Aragon à André Breton, du [3 juin 1918], dans Louis Aragon, *Lettres à André Breton*, *op. cit.*, p. 95.

« Charlotte » avec « bergamote[60] », protéiforme dans *Le Lunain*, et capable en 1946 dans *Quantité discrète* par son art d'illustratrice de « rajeunir la matière et l'esprit[61] ». Dans *Oddiaphanies*, en 1956, recueil qui lui est dédié, « [l']alme phalérinienne[62] », nourricière et bienfaisante, ne peut guère faire plus que consoler Frick de sa santé et sa vieillesse, « [s]on atroce aujourd'hui[63] ». Vient s'ajouter encore, dans « Despair and die », la « cité » avec sa « canaille » qui, elle aussi, fait douter de la vie et de « la bataille » les individus lucides, suscitant l'expression de désespoir : « la tombe / Ne serait pas à dédaigner », « Despair and die[64] ».

La perception chez Frick, dans l'immédiat après-guerre ou dans la guerre, que ses environs se sont dégradés sous-tend certains poèmes de *Quantité discrète*, entre humour et sentiment d'effondrement. Avec « Rime... précieux sultanin », Frick engage à ses côtés Mallarmé comme rempart contre la « collabescence » du « goût[65] », son affaissement, auquel le poème s'oppose par une défense de la rime. Bonmariage, en 1935, suggère que Frick ne « convient qu'avec une réserve polie » de ces « déceptions » qui sont le lot de « [l]a carrière poétique[66] ». Dans le poème « Vénus », alternant entre déesse et « planète », le désir est celui d'un monde radicalement différent, sans les « ravage[s] » de la Terre, sans ses « mensonge[s][67] ». Les vers sont réminiscents des grandes envolées de Roinard, avec la justice d'un « justicier » et « la Liberté[68] »

---

60 Frick, « Envois recommandés », *Vibones*, *op. cit.*, p. 36. Frick prévient sa femme, en « un quatrain », qu'il rentrera bientôt, ramenant avec lui « la bergamote ». *Idem.*

61 Frick, « Prolection », *Quantité discrète*, *op. cit.*, p. 24. Une illustration de la Phalérinienne, aux motifs pastels qui tiennent du végétal et de l'animal en mouvement, figure en regard de la page de titre du recueil. Elle est présentée comme « un dessin perceptif colorié ». Les premiers vers de « Prolection » évoquent ces « [é]lémentals » « peupl[ant] » les « dessins » de la Phalérinienne. *Idem.*

62 Frick, « Collier de la Sirène », *Oddiaphanies*, *op. cit.*, p. 42-43 (p. 42).

63 Frick, « Éphialte », *Oddiaphanies*, *op. cit.*, p. 61. Le poème, dédié à Berthe Bolsée, lui est envoyé par Frick avec son courrier du 23 décembre 1954, et est reproduit par Marcel Lobet, « Les amitiés belges », *Bulletin de l'Académie Royale*, *op. cit.*, p. 222-223.

64 Frick, « Despair and die », *Oddiaphanies*, *op. cit.*, p. 62.

65 Frick, « Rime... précieux sultanin », *Quantité discrète*, *op. cit.*, p. 26.

66 Sylvain Bonmariage, *L'automne des feuilles de vigne*, *op. cit.*, p. 152.

67 Frick, « Vénus », *Quantité discrète*, *op. cit.*, p. 10. Ces vers débutant par « Vénus, bonne planète » sont mis en relation avec le « Bel astre de Vénus » des élégies d'André Chénier, dans une émission radiophonique brésilienne, « Louis de Gonzague Frick : Vênus bom planeta... », avec une traduction de Frick par Fabio Malavoglia, sur Cultura FM, le 15 juillet 2015. Voir culturafm.cmais.com.br.

68 Frick, « Vénus », *Quantité discrète*, *op. cit.*, p. 10.

affirmée à travers Mars et sa sœur. L'exorde formulé à l'attention de Vénus, « accorde-nous la vie / Supérieure », se dégonfle néanmoins sur deux mots du quotidien, « archisot » et « auto », qui s'irritent d'une époque et de ses valeurs, « en ce temps archisot / Où chacun est si fier de conduire une auto[69] ! » Au temps du *Bélier*, Frick ne manipule le terme qu'entre guillemets pour faire s'arrêter un taxi à la fin de sa permission, « Tu hèles une "auto[70]" ». Les amertumes et les récriminations de Frick sont ramassées, en quelque sorte, par la nécrologie de 1958 de Billy, selon lequel « la vulgarité » du « monde » aurait « toujours inspiré de l'horreur[71] » à Frick. À lire Georges-Armand Masson, il y a bien plus précis, dans l'opposition entre le « Vélocar » et la « B.B. Peugeot », le premier faisant « du trois de moyenne » à pédaler, équivalent de « la poésie », tandis que le véhicule à moteur roule un peu plus allègrement comme « la prose[72] ». Écrivain pasticheur, Masson soupçonne que Frick l'estimerait encore s'il avait choisi le vélocar, s'il était resté « poète impécunieux », au lieu de s'être « prostitué[73] » à la prose, tenté par un engin motorisé.

De retour sur Frick en 1931 dans sa rubrique de *L'Européen*, Masson insiste, par la « sève » des arbres, sur le « caoutchouc » et « les pneus », qui fournissent « aux littérateurs » les moyens de « fuir » en automobile « la littérature », de quitter le réservoir de « comparaisons » et d'« images »

---

69 *Idem.* Voir la réponse de Frick à l'enquête « Faut-il sacrifier l'homme à l'humanité ? », *Simoun*, n° 2, mai 1952, p. 7.

70 Frick, « Les six jours », *Sous le Bélier*, *op. cit.*, p. 25.

71 A[ndré] B[illy], « Louis de Gonzague Frick est mort », *Le Figaro littéraire*, *op. cit.*, p. 3.

72 Georges-Armand Masson, « La tortue de route », rubrique « La semaine parisienne », *L'Européen*, 1re année, n° 21, 4 septembre 1929, p. 3.

73 *Idem.* Frick est plutôt partisan de la marche, lui qui a adhéré au Club des Jeunes Marcheurs en 1913. Caizergues relève que Frick était membre de ce club avec Apollinaire, « héros pédestre » que Frick dit « avoir battu », dans une lettre de la même année à *Paris-Journal*. Voir Pierre Caizergues, « Occupations apollinariennes », *Que vlo-ve ?*, série 1, n° 2, juillet 1973, p. 18-19. Un mot de Paul Lévy à *Gil Blas* propose la création de ce « groupe », avec le souhait de « [r]éuni[r] » en plein air « de jeunes littérateurs et de pas vieux journalistes ». Voir Les Uns, « Le Club des Jeunes Marcheurs », rubrique « Les Lettres », *Gil Blas*, 35e année, n° 13348, 7 septembre 1913, p. 4. En cet été 1913 où Apollinaire et Billy ont beaucoup marché en Normandie, *L'Intransigeant* réunit des quatrains de vacances de ses auteurs-lecteurs, dont Frick avec une carte postale versifiée de Néris-les-Bains et une « lyre éolienne », alors que sont aussi publiés des envois des deux promeneurs, Apollinaire et Billy, ou encore d'Allard et des familiers du journal. Voir Frick, « Dans la roseraie nérisienne », cité par Les Treize, « La Boîte aux Lettres », *L'Intransigeant*, 33e année, n° 12106, 6 septembre 1913, p. 3.

que représente le « feuillage[74] » à l'intérieur de la forêt. Masson réagit à « une lettre circulaire » reçue de Frick, pour le compte de *La Forêt économique, touristique et littéraire*, qui sonde ses destinataires sur les liens entre forêt et littérature, dans une période où il est beaucoup « question du reboisement[75] ». L'intitulé de l'enquête de Frick, « La sylve en soi et ses rapports avec la littérature », est repris dans *L'Intransigeant* avec la réponse d'Anna de Noailles qui, pour l'occasion, recourt au grand et au solennel, « Le bois se meurt, le bois est mort[76] ». Des matériaux d'un nouvel âge, « métal », « ciments », « acier[77] » se liguent contre le bois, dans cette adaptation de la mort du roi. Lui aussi approché par Frick, Valançay soumet un poème qu'il lui dédie, « Forêt 44° Nord », recueilli dans *Flot et jusant*[78]. Dans les vers de Valançay, un « avion » de poésie, « césure du ciel », est vu d'en bas hésitant à se poser en oiseau qui cherche la meilleure place pour faire son nid, « [u]n avion qui ne sait où nidifier », et dont le passage communique ses vibrations aux sons de la forêt : « Un avion dénivelle / Vos échos bien rangés[79] ». L'irruption de l'avion n'a pas le dramatique qu'ont connu Frick et Masson en tant qu'anciens combattants témoins de la destruction des paysages par l'aviation, l'artillerie… En 1931, la condition de l'arbre et des forêts s'alourdit de ces souvenirs et de plus récents, mais cela n'arrête pas l'humour de Masson. La destruction des forêts par des inondations dans le Sud-Ouest, en 1930, a ravivé cette sensibilité à l'Association des Écrivains Combattants qui s'est jointe, avec l'État, au Touring Club pour planter dans l'Hérault un massif forestier, connu sous le nom de Forêt des Écrivains Combattants[80]. Frick n'est pas loin de ce

74 Georges-Armand Masson, « Éloge du bois », rubrique « D'une oreille à l'autre », *L'Européen*, 3e année, n° 96, 11 février 1931, p. 3.

75 *Idem.*

76 Les Treize, « Revues et hebdomadaires », rubrique « Les Lettres », *L'Intransigeant*, 51e année, n° 18833, 14 mai 1931, p. 2.

77 *Idem. Comœdia*, le 15 mai 1931, cite d'autres réponses, de la Marquise de Noailles, de Gregh, Clément Vautel, Francis Jammes, ou celle, à valeur identitaire, de Divoire.

78 Entre mars et août 1931, Frick envoie trois lettres à Valançay sur les aléas de publication de son poème par *La Forêt.*

79 Robert Valançay, « Forêt 44° N. », *Flot et jusant*, *op. cit.*, p. 25-27 (p. 25).

80 « Rapport présenté par M. Édouard Chaix, Président du Touring Club de France à l'Assemblée Générale », *La Revue du Touring Club de France*, 42e année, n° 451, juin 1932, p. 168-172 (p. 169). Le journal *Le Cri de Guerre*, qui a pour rédacteur en chef Emmanuel Bourcier, promoteur du projet, et où écrit aussi Claude Farrère, alors président de l'A.E.C., suit les progrès de cette forêt en 1930.

projet, comme le suggère la lettre qu'il fait parvenir en 1931 à Masson, où figure le tourisme, au développement duquel travaille le Touring Club, pour le compte des cyclistes, des randonneurs et, au grand dam de Frick, l'automobiliste.

Paru dans *Quantité discrète* et daté de l'Occupation, 1943, « Proxima nocte » termine sur une image mythique de l'arbre[81]. Le poème fait ressentir le désir de « fu[ir] ce monde et sa bassesse », avec l'espoir vite déçu d'un refuge sur le « vieil Arbre de vie », dont les « branches » « se bris[ent] » et dont « rest[e] seulement un squelette[82] » comme signal de la mort des sources fondamentales de la vie. C'est une mort qui n'est pas suivie du renouveau, à la différence de ce que Frick peut écrire dans *Vibones* et *Ingrès* en 1932-1935, et représente une déception irrémédiable. Pour « Complexe existentiel », également tiré de *Quantité discrète*, la possibilité d'un mieux n'est nulle part à trouver, ni en politique ni en poésie, sauf à voir surgir au-dessus de cette « Abjection » de longue vie un improbable « Héros[83] » ennemi de la violence. Se profile la perspective d'un individu amer sur l'état des choses et se disant capable d'établir un diagnostic du monde. Grâce au « privilège de [s]on ubiquité », il peut déceler la domination de l'argent, « l'argyrocratisme », l'échec des révolutions et des « nation[s] », des « poètes » aux « lyres[84] » creuses. Cette faculté de tout saisir « des méchancetés multiformes[85] » de l'espace social redouble l'angoissé et l'angoissant du titre, « Complexe existentiel », avec une concession révulsée aux débats de l'après-guerre.

Pour contrer « lucre », « stupre » et « les pipeurs de dés de toutes les espèces », Frick s'en remet en 1943 au « Chevalier [...] de la presse moderne », celle du Second Empire, Prévost-Paradol, dans des vers écœurés par « la tourbe arrogante des folliculaires[86] ». Si les journalistes de la Collaboration sont saisis dans ce lot de « folliculaires » et d'« articliers[87] », le salut à Prévost-Paradol, oncle de Daniel Halévy proche de Vichy, introduit pour le moins des ambiguïtés. L'acharnement

81 Frick, « Proxima nocte », *Quantité discrète*, *op. cit.*, p. 35.

82 *Idem.*

83 Frick, « Complexe existentiel », *Quantité discrète*, *op. cit.*, p. 48. La longue vie associée à « l'Abjection » vient du dernier vers et ses « macrobiens de l'Abjection ». *Idem.*

84 *Idem.*

85 *Idem.*

86 Frick, « Proxima nocte », *Quantité discrète*, *op. cit.*, p. 34.

87 *Idem.*

du poème contre « les faiseurs du négoce[88] », le pouvoir de l'argent et le relâchement des mœurs a ses affinités avec les discours du régime et ce qui s'imprime officiellement. Sur le plan de l'argent, Frick demeure pendant et après la guerre sur ses méfiances de 1928, alors réduites au même « argyrocratisme » « puisque », dit-il pour expliquer le mot adressé à l'enquête de Picard sur l'époque, « l'argent régente tout dans notre âge[89] ». Avec son invocation au « Héros » introuvable en 1946, « Complexe existentiel » se reporte dans un temps mythique révolu pour « arrête[r] » les rouages familiers des « moteurs » des machines et « des machinations[90] ». La Shoah se déduit de la proximité des termes « fournaises », « Inexprimable bétail », « tonde », « numérote pour de sinistres fins[91] ». Le « Héros » aux pouvoirs transformateurs de « Complexe existentiel » relève d'un espoir, similaire en cela au « Chevalier » de 1943 de « Proxima nocte ». *Quantité discrète* accorde ainsi ses formes au *désespère et meurs* avant que l'expression ne soit prononcée dans son original anglais par *Oddiaphanies*.

Frick a, de fait, mis *Oddiaphanies* sous l'autorité de la tragédie du contemporain de Shakespeare, Antoine de Montchrestien, *Les Lacenes*, dont deux vers disant la « mo[rt] ici bas » sont cités en exergue au recueil. Outre l'épigraphe qui offre, par « la vertu », une survivance après la mort, éthique stoïcienne et chrétienne, Montchrestien a sa résonance dans les poèmes porteurs de mort d'*Oddiaphanies*, tant il est vrai que le décès sature les répliques des personnages et les mots prononcés par le Chœur des *Lacenes*. Ce Chœur fait remarquer « Que c'est un grand soulas à l'homme miserable, / Qui fuit à son malheur s'il chet dans le tombeau[92] », ce que redit le Frick d'*Oddiaphanies* dans ses vers de « Finis Personae », ou dans « Aziluth », « Je préfère ton ombre, porphyre sépulchral[93] », ou encore dans « Exergues », qui formule, tôt dans le

88 *Idem*.

89 Frick, réponse d'enquête, reprise de *La Revue mondiale*, dans Les Quarante-Cinq, rubrique « Courrier des Lettres », *Le Gaulois*, 63e année, 3e série, n° 18396, 16 février 1928, p. 4. Frick propose deux autres mots, le « catégorématisme » et le « cérébellisme ». Frick, réponse à l'enquête « Notre époque à la recherche d'un nom », *La Revue mondiale*, n° 181, février 1928, p. 353-354 (p. 353).

90 Frick, « Complexe existentiel », *Quantité discrète*, *op. cit.*, p. 48.

91 *Idem*.

92 Antoine de Montchrestien, « Les Lacenes », *Tragédies*, nouv. éd. d'après l'éd. de 1604, Paris, Plon, 1891, p. 157-199 (p. 185).

93 Frick, « Aziluth », *Oddiaphanies*, *op. cit.*, p. 49.

recueil, le « dési[r du] silence éternel des tombes[94] ». Sur la mort, non plus de théâtre mais considérée, pour l'écrivain, sous son angle juridique, les deux exécuteurs testamentaires de Frick ont chacun leur dédicace dans *Oddiaphanies*, Bernard Guillemain pour « Poème en prose » avec l'exposé d'une sagesse construite autour du « centoripin[95] », Claude Pichois pour « Expectative », sous forme de conseils à un jeune chercheur, dont Frick suit les progrès de la thèse début 1956[96].

D'une santé longtemps ébranlée, et jamais complètement refaite selon le « Je suis si malade » d'*Oddiaphanies*, Frick bénéficie du soutien de ses amis et, de l'automne 1938 à l'été 1939, date à laquelle Desnos est mobilisé, on note une recrudescence de lettres entre l'appartement du Lunain et la rue Mazarine[97]. L'aide circule alors de Desnos vers Frick, en un mouvement amorcé depuis les années trente, et prend une forme essentiellement pratique. Deux fois en 1938, la Phalérinienne s'adresse à Desnos pour le remercier d'avoir fourni des médicaments et pour faire le point sur ses démarches en faveur de Frick[98]. Desnos fait obtenir à Frick, à l'automne 1938, une assistance financière du Cercle des Arts et Lettres[99] et, à la mi-novembre, Frick lui exprime directement sa gratitude[100]. Le 20 décembre encore, dans une lettre attentionnée, Desnos témoigne à Frick son soutien et l'encourage à l'appeler « si quoi que ce soit ne marche pas[101] ». *L'Intransigeant* note un « mieux » dans l'état de Frick au début de l'année 1939, après avoir procuré une « vive inquiétude à son entourage[102] ». À un déjeuner du jury du Prix Théophraste

94 Frick, « Exergues », *ibid.*, p. 14.

95 Frick, « Poème en prose », *ibid.*, p. 47.

96 Frick, « Expectative », *ibid.*, p. 60. Claude Pichois coédite avec le philosophe et universitaire (Sorbonne, Rouen) Bernard Guillemain, de l'Académie de Recherche, *Enif joyau zénithal* en 1959. Frick fait allusion à la thèse de Pichois sur Philarète Chasles dans une lettre à Berthe Bolsée, du 3 février 1956, retranscrite par Marcel Lobet, « Les amitiés belges », *Bulletin de l'Académie Royale*, *op. cit.*, p. 224.

97 Frick, « En marge de la Kabbale », *Oddiaphanies*, *op. cit.*, p. 50-51 (p. 51).

98 Lettres de la Phalérinienne à Robert Desnos, l'une de 1938. DSNC 1361, BLJD ; et l'autre datée « Mardi matin », cachet du 20 octobre 1938. DSNC 1360, BLJD.

99 Lettre de Robert Desnos au Président du Cercle des Arts et Lettres, du 12 octobre 1938, dactylographiée et suivie de réponses accordant une aide à Frick. DSNC 1364, BLJD. Voir, pour la lettre d'octobre, Anne Egger, *Robert Desnos*, *op. cit.*, p. 712-713.

100 Lettre de Frick à Robert Desnos, cachet du 14 novembre 1938. DSNC 2340, BLJD.

101 Lettre de Robert Desnos à Frick, du 20 décembre 1938, carbone dactylographié. DSNC 699, BLJD.

102 Les Treize, « Le tableau de service », *L'Intransigeant*, 60e année, no 51689, 11 janvier 1939, p. 2.

Renaudot, le 22 janvier 1939, la conversation se dirige vers « l'état de santé et de finances » de Frick avec la proposition d'effectuer « un tirage de luxe » de « ses œuvres », en « hommage littéraire » et pour « une aide précieuse[103] ». En mai, à la demande de Frick, Desnos lui recherche un travail susceptible de lui convenir dans le monde de l'édition ou des bibliothèques[104]. Il continue d'être question, le 1er août, de trouver une « occupatio[n] » à Frick qui, poursuivant sa convalescence dans ce lieu de Châtenay-Malabry hanté par Chateaubriand, la Vallée-aux-Loups, dit avoir besoin de « 7 à 8 heures » de travail « par jour » « pour que [s]on rétablissement soit complet[105] ». En même temps, Frick tient à ce que Desnos sache qu'il est « fort sensible » à son « affectueuse lettre[106] », peut-être celle du 30 mai, que Desnos signe d'un « Très affectueusement[107] ».

Dans sa lettre postée de la Vallée-aux-Loups ce 1er août 1939, Frick se réfère à un article récemment paru sur lui dans la revue *Aux écoutes* et, assez heureux du rapprochement, demande à Desnos s'il le considère « Chateaubriandesque », ajoutant : « Voilà ce qu'il me plairait de savoir[108] ». Frick a déjà ressassé ce cadre dans ses vers, durant le « mois de mai si morose » par exemple, quand il écrit une lettre-poème à Divoire pour l'informer de sa récupération en « ces lieux chateaubriandesques », où la santé signifiera son « essor » à la conquête « des idées » et « [n]on pour triompher dans les sports[109] ». Toujours de la Vallée-aux-Loups,

103 Jean Barois, « Quand Gonzague-Frick remontait à l'assaut pour chercher son monocle », rubrique « Hommes, femmes et faits du jour », *Paris-Soir*, 17e année, n° 5632, 23 janvier 1939, p. 2. Il n'y a pas trace de l'édition envisagée. Le titre de l'article s'empare d'une anecdote à la Dorgelès, où la perte du monocle fait ressortir Frick de la tranchée. La crainte que le monocle tombe « dans la tranchée » ou sur « le parapet » vaut au soldat marquis Guillem-Jaufre Godal de Mataffain du *Monocle à deux coups* de Salmon « une citation » pour s'être tenu « droit », attitude confondue avec de la bravoure au combat. André Salmon, *Le monocle à deux coups*, Paris, Jean-Jacques Pauvert, 1968, p. 180.

104 Lettre de Robert Desnos à Frick, du 30 mai 1939. HRC, Austin.

105 Lettre de Frick à Robert Desnos, cachet du 1er août 1939. DSNC 1333, BLJD.

106 *Idem.*

107 Lettre de Robert Desnos à Frick, du 30 mai 1939. HRC, Austin.

108 Lettre de Frick à Robert Desnos, cachet du 1er août 1939. DSNC 1333, BLJD. Avec « Chateaubriandesque », Frick use d'un mot réprouvé par le chef de la clinique où il séjourne, le Docteur Le Savoureux, également animateur de la Société Chateaubriand. Voir André Thérive, rubrique « Querelles de langage », *Les Nouvelles littéraires*, 9e année, n° 198, 31 mai 1930, p. 7. Julien Teppe retrace l'usage de « chateaubriandesque » à Sainte-Beuve et parle de « luxuriance » dans les dérivés de noms d'auteurs. Julien Teppe, « Du provignement des noms d'écrivains français », *Vie et langage*, n° 121, mai 1962, p. 204-209 (p. 207).

109 Frick, « Fernand Divoire, ami pur… », cité par René Chambrillac, « Le poète et sa douleur », *Marianne*, 7e année, n° 351, 12 juillet 1939, p. 9. Chambrillac reproduit également

la nouvelle édition de poésie malgache des *Hain-Tenys* de Paulhan, où les duels se font en proverbes, suscite le littéraire et l'amical, Tennyson et Paulhan, avec un quatrain envoyé le 22 mai 1939 : « Oui, je n'aime vraiment que le subtil Tennys, – / On et vous, cher, qui me rendez la vie exquise[110] ». Les vers réapparaissent en publication, dans *Quantité discrète*, avec quelques modifications qui gardent intact Tennyson découpé sur deux vers, devenu de manière plus recherchée par le mot latin « callide[111] », adroit, après avoir été simplement « subtil ». Un autre quatrain est composé dans cette époque par le « châtelain de La Vallée-aux-Loups », pour Lucienne Delforge, aux « doigts, comme des cataractes[112] ». La pianiste, mais aussi Mercadier, Desnos et Frick, sont ensemble, en 1938, à jouer à l'antenne de Radio-Luxembourg et Radio-Cité[113]. Lucienne Delforge aurait été membre « de l'école poétique du Lunain », selon *L'Intransigeant*[114]. Frick est remarqué en 1943, dans *Paris-Soir* collaborateur, à la commémoration des vingt-cinq ans de la mort d'Apollinaire dans une journée où Mercadier organise, Delforge joue, Dyssord parle et Salmon préside[115].

Durant l'Occupation, Frick a de nouveau recours à Desnos, qu'il a croisé dans une « galerie[116] ». Sa lettre, suite à la rencontre imprévue, exprime la joie devant la « si belle forme[117] » de son correspondant avant de lui lancer un appel au secours. Âgé, malade, cherchant une activité rémunérée et prêt à beaucoup accepter dans les limites de ses capacités, Frick s'ouvre à Desnos : « Toujours rien, rien… Ne pourriez-vous me caser dans un service quelconque (Bureau ou magasin). Il y

---

de Frick, dans l'article, quatre vers d'un martyre accompli à la « place » des autres, « [é]migrants » qui souffrent « sur les routes ». Frick, « Émigrants, cessez de meurtrir… ». *Ibid.*, p. 9.

110 Frick, « Que la dispute est belle en tous vos Hain-Tenys… », 22 mai 1939, dans Bernard Baillaud, *Les écrits de Jean Paulhan (1903-2012)*, biblio-ecrits-2013.pdf, p. 74.

111 Frick, « La corbeille tyriantine », *Quantité discrète*, *op. cit.*, p. 27.

112 Frick, cité dans « Lucienne Delforge et le poète », rubrique « Musique », *L'Intransigeant*, 60e année, no 51827, 2 juin 1939, p. 7.

113 Voir Anne Egger, *Robert Desnos*, *op. cit.*, p. 714.

114 Le Wattman, « Le cumul artistique est permis », rubrique « Nos échos », *L'Intransigeant*, 58e année, no 51122, 15 septembre 1937, p. 2.

115 Voir G. T., « Paris a célébré aujourd'hui la mémoire du poète », *Paris-Soir*, 4e année, no 1097, 10 novembre 1943, p. 1-2. Un autre souvenir est porté en première page, pour le « XXe anniversaire de la mort » de ceux que le journal proclame les « premiers héros nationaux-socialistes ».

116 Lettre de Frick à Robert Desnos, du 29 janvier 194[?]. DSNC 1334, BLJD.

117 *Idem.*

a urgence[118]. » Dans le langage des moments extrêmes et conscient de ses demandes réitérées, Frick assure qu'il s'agit de la « derni[ère] » fois, du « dernier coup d'épaule[119] ». La précarité de son existence pousse à interpréter comme une maxime de moraliste à l'égard des nantis sa phrase qui tient « [l]a pauvreté » pour « une hygiène méconnue[120] », citée posthumement dans un journal du Valais.

Frick et Desnos s'impliquent chacun, par des tâches différentes, dans le monde du cinéma, où leurs contacts se recoupent, parmi lesquels bien sûr Jean Vigo et, en costume de pompier auprès de Frick durant le tournage de *Zéro de conduite*, Félix Labisse. Le peintre-pompier mentionne d'ailleurs le poète-préfet à l'ancien compagnon des *Écrits français*, Vandeputte, qui se souvient bien du « très gentil et très intelligent et très honnête[121] » Frick. Dans *Zéro de conduite* où Vigo, par nécessité, fait jouer ses connaissances, Frick tient le rôle du préfet, qui lui assure une postérité que sa poésie peine à lui garantir[122]. Pour le satirique *Œil de Paris* au printemps 1933, la participation de Frick au film aurait accompli une véritable « conversion du poète » « à la foi cinématographique[123] ». « [R]encontr[é] » « dans la rue », Frick « [n']aborderait » plus ses « confrère[s] » (et ses consœurs) par « Bonjour mon cher ! Préparez-vous un livre ? » mais par « Avez-vous une idée de film[124] ? » Le cinéma représentait déjà en 1928 pour Frick, avec aussi le jazz, l'un des éléments particulièrement liés à cette époque[125]. Passé de la poésie au cinéma, Frick est devenu, selon *Les Nouvelles littéraires*, « Le poëte sous le projecteur », avec son « bicorne de préfet[126] ». *L'œil*

118 *Idem.*

119 *Idem.*

120 Le propos, repris des *Nouvelles littéraires*, est lu littéralement par Pierre Vallette, dans sa rubrique « L'Instantané », *Journal et feuille d'avis du Valais et de Sion*, 56e année, no 41, 20 février 1959, p. 1.

121 Lettre d'Henri Vandeputte à Félix Labisse, du 19 janvier 1933, dans Henri Vandeputte, *Lettres à Félix Labisse, 1929-1935*, éd. Victor Martin-Schmets, Cordes-sur-Ciel, Rafael de Surtis, 2010, p. 145-146 (p. 146).

122 Michael Temple, *Jean Vigo*, Manchester, Manchester University Press, 2005, p. 50.

123 « La conversion du poète », rubrique « Coups d'œil en coulisse », *L'œil de Paris*, 6e année, no 238, 20 mai 1933, p. 8.

124 *Idem.* Au même moment, Berthe de Nyse tient le petit rôle d'une mendiante dans le film policier de Roger Lion, *Trois balles dans la peau*, sorti en 1934.

125 Frick, réponse à l'enquête « Notre époque à la recherche d'un nom », *La Revue mondiale*, *op. cit.*, p. 353.

126 Central 32-65, « Le poëte sous le projecteur », rubrique « À Paris et ailleurs… », *Les Nouvelles littéraires*, 12e année, no 541, 25 février 1933, p. 2.

de Paris assure que Frick reste fidèle à ses idéaux, ne s'« intéress[ant] » pas à n'importe quel type de « cinéma », mais « surtout » au « cinéma *pur*[127] ». L'article estime, côté vestimentaire, que l'allure ordinaire de Frick, avec « bottines à élastiques », « melon » et « faux-cols hauts de dix centimètres », convient bien au personnage qu'il interprète dans *Zéro de conduite*, identifié comme le « professeur[128] », rôle tenu en fait par Léon Larive. *L'Homme libre* est particulièrement précis à décrire « la prestance » du Préfet Frick, aux « souliers vernis », au « bicorne emplumé », à la « démarche compassée[129] ». Une carte postale de Vigo à Frick, du 9 septembre 1933, tient Frick au courant du blocage de la diffusion de *Zéro de conduite*, « [t]oujours intégralement interdit par la censure comme antifrançais », alors que Vigo, soigné dans une clinique en Suisse, un an avant sa mort, « travaill[e] au découpage de [s]on prochain film », « *L'Atalante* », dont le « tourn[age] » est prévu pour « Octobre[130] ». Sous ses dorures de préfet, Frick ne sera vu que dans les « ciné-clubs » jusqu'en « novembre 1945[131] », lorsque le film reçoit enfin un visa d'exploitation en France. De la brève sortie initiale de *Zéro de conduite* en 1933, il reste trace d'au moins une séance où « [l]e public » a « éclaté en applaudissements spontanés » au personnage de Frick, joué au plus juste, « ni caricatural, ni atténué[132] ». Ces mêmes « spectateurs » ont pu, d'après *Marianne*, repérer Frick, « bon acteur et personnage photogénique[133] ».

Si Vigo a bâti une image mouvante de Frick dans *Zéro de conduite*, Frick a été parmi les premiers à faire comprendre le cinéma de Vigo en 1930 à l'occasion d'*À propos de Nice*. Une lettre du 4 juin 1930 de Vigo à Frick atteste leur rencontre récente à Paris, autour de ce film portant

127 « La conversion du poète », *L'œil de Paris*, *op. cit.*, p. 8.

128 *Idem.*

129 Louis Bonnard, « *Zéro de conduite* », *L'Homme libre*, 21e année, nº 6104-6105, 9-10 avril 1933, p. 2.

130 Carte postale de Jean Vigo à Frick, du 9 septembre 1933. HRC, Austin. Le même jour, Vigo écrit à René Clair s'être résolu à entreprendre *L'Atalante*, lui faisant part de ses difficultés « depuis l'interdiction » du mois d'août de *Zéro de conduite*. Jean Vigo, *Œuvre de Cinéma – Films, scénarios, projets de films, textes sur le cinéma*, éd. Pierre Lherminier, Paris, Éditions Pierre Lherminier, 1985, p. 491-492.

131 Se reporter aux remarques de Pierre Lherminier, dans Jean Vigo, *Œuvre de Cinéma*, *op. cit.*, p. 118 et 120. Le film est projeté au Musée de l'homme, en 1939 avec le Cercle du Cinéma, puis en 1940 lors d'une soirée sur le thème de l'éducation. Voir *Le Temps*, 79e année, nº 28412, 28 juin 1939, p. 5 ; et nº 28671, 15 mars 1940, p. 3.

132 Louis Bonnard, « *Zéro de conduite* », *L'Homme libre*, *op. cit.*, p. 2.

133 « Le Poète sous le Sunlight », rubrique « Échos », *Marianne*, 1re année, nº 30, 17 mai 1933, p. 8.

le sous-titre *Point de vue documenté*. La lettre relate la conception de Vigo à la base de son film, un exercice à visée sociale qui l'amène, avec le caméraman Boris Kaufman, à « traîn[er] » « un appareil de prise de vues » « par les rues, sur les toîts, dans les sous-sols et les nuages, les mauvais et les bons endroits[134] ». Cette succession de milieux et d'espaces est accompagnée, comme le note Michael Temple, d'une série continue de « camera changes[135] » et de contrastes à dessein. Au moment de la lettre, le premier visionnement du documentaire à Paris a juste eu lieu, au Théâtre du Vieux-Colombier le 28 mai, et Vigo sonde l'« opinion », la « *sentence* », le « jugement » de Frick sur le film dans l'espoir d'obtenir de lui une revue dans *La Griffe*[136]. Vigo dit avoir été encouragé à s'adresser à lui par le directeur de *La Griffe*, Jean Laffray, facilitateur entre Vigo et Frick comme Frick l'est d'ordinaire pour les autres[137]. Frick sort effectivement l'un des rares articles de la période sur *À propos de Nice*, et Vigo, le 18 juillet 1930, trouve « étonnant[e] » « l'honnêteté avec laquelle [Frick a] respecté l'esprit du film[138] ». Cette lettre entérine le caractère amical de leur relation que Vigo a souhaité en juin, lorsqu'il écrivait à Frick « Cher ami, si vous le voulez bien[139] ». Dans la perspective de la rédaction, par Frick, d'un compte rendu de son film, Vigo lui dit combien, l'ayant entendu la veille, il apprécie la franchise de son parler, « je sais qu'avec vous point n'est besoin d'interpréter les mots[140] ». Plutôt qu'au lexique de Frick, le commentaire touche à la « sincérité[141] » que Vigo, dans ses lettres, attache à Frick.

La lettre de juin à Frick coïncide avec le développement, chez Vigo, d'une réflexion sur son cinéma, qu'il formule dans le bref discours d'introduction à son film, « Vers un cinéma social », le 14 juin 1930, devant un public constitué en partie du Groupement des Spectateurs d'Avant-Garde, au Vieux-Colombier, pour la seconde projection

134 Lettre de Jean Vigo à Frick, du 4 juin 1930. HRC, Austin.

135 Michael Temple, *Jean Vigo*, *op. cit.*, p. 25. Pour arriver au « point de vue documenté », Vigo a élaboré l'idée que « l'appareil de prise de vues est roi » et que le « personnage » filmé doit être « surpris par l'appareil ». Voir son allocution du 14 juin 1930, « Vers un cinéma social », dans Jean Vigo, *Œuvre de Cinéma*, *op. cit.*, p. 65-67 (p. 67).

136 Lettre de Jean Vigo à Frick, du 4 juin 1930. HRC, Austin.

137 *Idem.*

138 Lettre de Jean Vigo à Frick, du 18 juillet 1930. HRC, Austin.

139 Lettre de Jean Vigo à Frick, du 4 juin 1930. HRC, Austin.

140 *Idem.*

141 *Idem.*

d'*À propos de Nice*[142]. Ainsi, dans sa lettre, Vigo note sa manière de concevoir l'« image » en équivalent d'« *un mot-document* », susceptible de transmettre une « plus grande valeur sociale[143] ». Comme Vigo le répète textuellement le 14 juin, il s'est agi, avec *À propos de Nice*, de « faire le procès d'un certain monde » « par le truchement d'une ville[144] ». Le 4, il note pour Frick : « ce film » « n'est pour moi qu'un brouillon[145] », et dix jours après, « *À propos de Nice* n'est qu'un modeste brouillon pour [le] cinéma[146] » social. La correspondance fonctionne, sur ces quelques petits points, comme ébauche de la fin du discours prononcé le 14 juin. Le qualificatif de « modeste » se traduit par la réticence de Vigo à parler de son film, consacrant plus de temps à décortiquer celui de Buñuel, *Un chien andalou*, qu'il « aurai[t] voulu faire projeter » en raison de son « sujet d'ordre social[147] ». Vigo, réalisateur débutant, remercie Frick à la lecture de son article dans *La Griffe* en se reportant de nouveau sur le terme « modeste » en réponse au traitement que Frick a réservé au film et à la « pensée[148] » qui y a présidé.

Une apparition moins remarquée de Frick au cinéma, au début de l'automne 1937, peut être ramenée à une intervention de Desnos, qui a travaillé sur le film de Pierre Chenal, l'année précédente, *Les mutinés de l'Elseneur*, Desnos et Chenal se connaissant depuis l'époque du journal *Bonsoir*[149]. Ces liens anciens et nouveaux incitent Frick, alors qu'il cherche à refaire du cinéma, à sonder Desnos sur les activités de Chenal auxquelles il pourrait participer. Frick, à vrai dire, est beaucoup plus direct, comme il peut l'être parfois avec Desnos : « Reste la question du Cinéma. Pensez-vous qu'il soit possible à votre ami M. Chenal de

142 Voir Paulo Emilio Salles Gomes, *Jean Vigo* (1957), trad. Allan Francovich, London, Faber, 1998, p. 68-69.

143 Lettre de Jean Vigo à Frick, du 4 juin 1930. HRC, Austin.

144 Jean Vigo, « Vers un cinéma social », *Œuvre de cinéma*, *op. cit.*, p. 67.

145 Lettre de Jean Vigo à Frick, du 4 juin 1930. HRC, Austin.

146 Jean Vigo, « Vers un cinéma social », *Œuvre de cinéma*, *op. cit.*, p. 67.

147 *Ibid.*, p. 65.

148 Lettre de Jean Vigo à Frick, du 18 juillet 1930. HRC, Austin.

149 Pour les détails sur la participation de Desnos à ce film de Chenal, en tant que parolier et dans « la mise au point [de] dialogues », se reporter à Anne Egger, *Robert Desnos*, *op. cit.*, p. 609-611 (p. 609). Les *Souvenirs* de Chenal reviennent brièvement sur sa rencontre avec Desnos autour de 1923 au journal de Gustave Téry, *Bonsoir*, où travaille également Henri Jeanson. Pierre Chenal, *Souvenirs du cinéaste – Filmographie – Témoignages – Documents*, éd. Pierrette Matalon *et al.*, Paris, Dujarric, 1987, p. 19.

m'utiliser[150] ? » En 1937-1938, le cinéma de Chenal est foisonnant, tant les films qui voient le jour que ceux qui demeurent à l'état d'ébauche[151]. Il manque les pièces nécessaires, par exemple une date à la lettre de Frick, pour pouvoir affirmer que Desnos a été l'intermédiaire avec Chenal, qui offre un rôle à Frick dans l'un de ses films du moment, *L'affaire Lafarge*, sorti en février 1938. Dans *L'affaire Lafarge*, Frick incarne de nouveau un personnage de l'administration publique, moins élevé que le préfet de *Zéro de conduite*, un greffier, dans la reprise d'une histoire criminelle du siècle précédent. Par son appartenance au cercle d'Apollinaire, Frick est dans le scénario du téléfilm de 1980, *Les amours du mal-aimé*, joué sous les traits longilignes de l'acteur René Loyon et soumis aux distorsions de l'industrie du mélodrame[152].

Parmi les acteurs de *L'affaire Lafarge*, Frick passe relativement inaperçu, partageant l'affiche avec des sommités comme Erich von Stroheim et Pierre Renoir, ainsi qu'avec une actrice de moindre envergure, Sylvette Fillacier, la femme de Pierre Lazareff, auquel Desnos a recommandé Frick vers 1935 pour remettre pied dans le cinéma[153]. De ce monde arrive à Frick, en août 1939, un chèque de « 400 francs », que lui adresse le comédien Michel Simon, somme équivalant à « quinze ans » d'« abonnement » pour une revue déjà moribonde, *Le Lunain*, dont le dernier numéro est paru en juillet : « Monsieur et cher poète, je m'intéresse vivement à l'œuvre que vous poursuivez[154] ». En 1946, à l'occasion de la diffusion de *Zéro de conduite*, Gérard de Lacaze-Duthiers rappelle, dans *L'Unique*, le froid du tournage en extérieur du film de Vigo et signale les risques qui attendaient « notre cher et grand poète » avec Chenal, « dans un studio de Billancourt[155] ». Frick subit, sur le plateau de *L'affaire*

150 Lettre de Frick à Desnos, non datée, sur papier à en-tête à une « Publicité des Armées de Terre et de Mer ». DSNC 1346, BLJD. La lettre montre aussi l'aide de Frick et Desnos à Christian pour une publication.

151 Pour une idée des films de Chenal restés à l'état de projets à cette époque, voir Pierre Chenal, *Souvenirs du cinéaste*, *op. cit.*, p. 242.

152 Marcel Camus a réalisé *Les amours du mal-aimé*, sur un scénario de Georges-Emmanuel Clancier, avec une diffusion en deux soirées, deux époques, sur la chaîne TF1.

153 Lettre de Desnos à Frick, non datée (avec indication, au crayon, de la date du 11 avril 1935). HRC, Austin. Sylvette Fillacier est d'abord mariée au comédien Marcel Olin, tué en 1916, que Frick a certainement croisé auprès de Tailhade ou Apollinaire. Yves Courrière, *Pierre Lazareff ou Le vagabond de l'actualité*, Paris, Gallimard, 1995, p. 93-94.

154 Le geste est rapporté dans « Un mécène », *Aux écoutes*, 23e année, no 1107, 5 août 1939, p. 31.

155 Gérard de Lacaze-Duthiers, « À propos d'un film d'avant-garde », *L'Unique*, no 13, août-septembre 1946.

Lafarge, un accident qui l'aurait décidé à « abandonner définitivement le septième art[156] » et, au minimum, a contribué au déclin général de sa santé. Dans le récit de Lacaze-Duthiers, Frick est « grièvement blessé » à « la tête » par « un sunlight » alors qu'il échappe, dans *Zéro de conduite*, aux tuiles lancées du haut des toits sur la cour de l'école où il est assis à côté de Delphin, l'un et l'autre « représentant[s] de l'autorité[157] » dans leurs rôles de préfet et directeur. Sans vouloir distinguer simplement les adultes des enfants parmi les acteurs, la revue cinématographique *Pour vous* évoque un casting mêlant « de petites et grandes personnes qui ont dû s'amuser[158] ».

Avec la blessure survenue durant les prises de vues de *L'affaire Lafarge* en studio, Frick aurait pu prendre de manière littérale la question posée en 1949 par *La Revue doloriste* sur « Le Cinéma et la douleur ». La réponse de Frick maintient une distinction absolue entre « la souffrance » dans la vie et celle représentée sur « l'écran », où le jeu de l'« acteu[r] », comme au « théâtr[e] », serait nécessairement un « spectacle », et révélateur du factice de « l'émotion[159] ». Dans le cas du « documentaire », le réel peut passer à un certain degré, mais là encore, rien ne remplace pour Frick le tête-à-tête avec « l'égrotant » ou le « malade » « exposant les maux qui le dévorent[160] ». La douleur est conçue dans les limites de l'individu en détresse, qui se raconte, comme si la parole n'était soumise à aucune contrainte dans cette situation extrême et en parfaite harmonie avec le malheur vécu. Ce récit du « malade », qui agit sur « toutes [l]es fibres » de l'auditeur, demanderait à rester dans son état premier sans l'intervention de « la *moindre* littérature », trop souvent le fait d'« auteurs dépourvus de sérieuses inquiétudes et auxquels ne manquent ni whisky, ni gin, ni champagne[161] », en analgésiques ou pour la fête. Le rejet par Frick de la facilité avec laquelle la douleur est « traité[e][162] » au cinéma, au théâtre ou par une littérature sans envergure, ne signifie pas que son œuvre à lui soit fermée à l'expression d'une douleur guère apaisée dans l'alcool

156 *Idem.*

157 *Idem.*

158 W., « Zéro de conduite », rubrique « Les films nouveaux », *Pour vous – L'Hebdomadaire du cinéma*, nº 231, 20 avril 1933, p. 5.

159 Frick, « Message », « Le Cinéma et la douleur », *La Revue doloriste*, nº 15, janvier-février 1949, p. 1.

160 *Idem.*

161 *Idem.*

162 *Idem.*

ou les narcotiques. Pourtant Frick concéderait que, chez lui comme ailleurs en poésie, il faut compter avec les effets transformateurs du langage, ceux-là mêmes qu'il semble réduire à néant dans le cas du malade donnant voix à sa douleur. Une affliction particulière intègre une des définitions de la poésie proposées par Reverdy, dite « souffrance pesante du cœur » et envisagée moins dans le domaine de la sensibilité que sur le « plan esthétique[163] ». Travaillée par les mots, la souffrance est muée en « jouissance ineffable d'esprit », « émotion » dans laquelle « communi[quent] » « le poète » et « le lecteur[164] ». Frick apporte à la création de ses vers tardifs « de sérieuses inquiétudes[165] », et sa poésie, loin qu'elle « s'allège de son poids de terre et de chair[166] » comme chez Reverdy, demeure souvent lourde de douleur. Mais l'humour, l'humour noir, ou bien les fresques composites aux multiples sources tempèrent les affres pour le lecteur de Frick.

Un poème de sueur de sang, « Hématidrose », dont le titre offre, à un bout de sa pathologie, une nouvelle version de rose poétique, paraît en 1946 dans *La Revue doloriste*. Frick insère le poème dans *Oddiaphanies* avec quelques suppressions ou substitutions de mots ainsi qu'une disposition plus régulière des vers, à côté de pages rivalisant dans leur catalogue de souffrances. Immanquablement, l'hématidrose renvoie à la sueur du Christ, décrite par l'Évangile « comme des caillots de sang[167] », durant la période menant à la Passion. Pour Frick, la référence passe aussi par Apollinaire, qui fait de l'hématidrose un exemple d'*Imitatio Christi* dérangée par le « désir », pour le personnage de « [l']ermite » qui a « trop espéré en vain l'hématidrose[168] ». La lutte de cet « ermite » est rendue dans un langage jubilant, « Vertuchou Riotant des vulves des papesses[169] », en écho comique à la mise en garde contre la tentation du verset 40 du chapitre en question de l'Évangile de Luc. Le mot d'ancien français « Riotant », qui se rapporte aux querelles en général et aux ébats amoureux, parodie les disputes des théologiens sur des points de doctrine, ces derniers tournés en

163 Pierre Reverdy, « Cette émotion appelée poésie », *Au soleil du plafond*..., éd. Étienne-Alain Hubert, Paris, Gallimard, 2003, p. 91-109 (p. 109).

164 *Ibid.*, p. 103, 105 et 108-109.

165 Frick, « Message », « Le Cinéma et la douleur », *La Revue doloriste*, *op. cit.*, p. 1.

166 Pierre Reverdy, « Cette émotion appelée poésie », *Au soleil du plafond*..., *op. cit.*, p. 109.

167 Évangile selon Luc, chapitre 22, verset 44.

168 Apollinaire, « L'ermite », « Alcools », *Œuvres poétiques*, *op. cit.*, p. 100-103 (p. 101).

169 *Idem.*

dérision par Apollinaire, avec les « papesses » puis les « saintes sans tétons[170] », en fidélité un peu crue à l'histoire religieuse d'une Sainte Agathe aux seins arrachés. Le poème de Frick fonctionne à un niveau entièrement différent et transmet plutôt la douleur individuelle du malade et celle du monde.

Le premier vers d'« Hématidrose », dans *Oddiaphanies*, communique un besoin morbide de « boire », avec une « gorge » « si violemment » « alt[érée] » que l'assoiffé en vient à « boire toute la lie[171] ». Cette expression courante qui signale l'interminable épreuve se démarque du registre général du poème, où s'accumulent des termes peu usuels, tirés du moyen français ou de l'antiquité dans ses pans grec, égyptien ou hébreu. Les vers finissent par prendre une épaisseur à laquelle contribuent les allusions à des personnages mythiques ou religieux, eux-mêmes généralement dans l'arrière-plan des traditions dont ils relèvent. Pour ces diverses raisons sans doute, une note de Jeannine Kohn-Étiemble à une lettre de Paulhan considère le poème de Frick comme un exemple des « textes abscons et farfelus[172] » publiés à l'été 1946 par *La Revue doloriste*. « [F]arfel[u] » convient peu à la gravité du poème, renvoyé ainsi au nombre des vers de Frick trop bizarres pour mériter une lecture. En revanche, le mot « abscons » prend acte de l'obscurité comme l'un des modes de production du poème. Le noir est dans la nuit qui tombe sur le malade en plein jour et produit autour de lui un espace prisonnier : « Les faux dieux de Noph », ou Memphis, « me cernent, interceptent la lumière[173] ». L'écran mis devant le soleil est la « nublesse », ces ténèbres du moyen français créées par un amas de nuages, qui contient en soi la nue poétique et la « bless[ure][174] » du ciel séparé de sa clarté. Cette glose faussement étymologique du terme « nublesse », dans la manière d'Isidore de Séville, s'autorise du fait que la « nublesse » est présentée comme un « symbole » « tou[t] » de « malignité[175] », qui est en expansion et ne fait qu'empirer dans l'ensemble du poème.

---

170 *Idem.*

171 Frick, « Hématidrose », *Oddiaphanies*, *op. cit.*, p. 56.

172 Jeannine Kohn-Étiemble, éd., *226 lettres inédites de Jean Paulhan*, *op. cit.*, p. 228. Le poème de Frick est reproduit dans son intégralité mais avec trois erreurs de transcription sur les mots « obortite », « Ocnus » et « jukneh ».

173 Frick, « Hématidrose », *Oddiaphanies*, *op. cit.*, p. 56.

174 *Idem.*

175 *Idem.*

Le déclin irrémédiable du personnage l'entraîne à rechercher le soulagement et le « repos », qu'il tente d'obtenir auprès des « Parnassides[176] », ceux de l'Olympe peut-être ou le Parnasse poétique des aînés. Il leur est demandé « une brassée d'herbe maure[177] » qui, parmi les plantes d'usage pharmaceutique dans la médecine ancienne, résorbe les abcès et apaise les inflammations. L'« herbe maure », en tant que synonyme du réséda, appelle aussi, dans ce poème qui commence sur une rose, l'Aragon de « La rose et le réséda », composé en 1942. Chez Aragon, le « sang rouge ruisselle[178] » d'un temps précis dans l'histoire, où « [l]es mauvaises puissances[179] », pour reprendre une expression du poème de Frick, sont aisément identifiables, forces de l'Occupation et de la Collaboration contre les jeunes résistants, de quelque bord qu'ils soient. Par le lien avec Aragon et la position du poème dans *Oddiaphanies*, précédant juste les poèmes de l'exode et de l'Occupation, « Hiver 1940 » et « Loisirs d'un évacué », « Hématidrose » prend un peu de la tonalité de la guerre. Il se lit aussi dans la réminiscence d'une autre guerre, franco-prussienne, et d'une autre hématidrose, celle du recueil de 1893 de Bloy, *Sueur de sang*, avec la France dans sa « débâcle », la « patrie [...] saignante » des blessures infligées par le « Vésuve allemand », l'« Océan germanique[180] ». L'« Hématidrose » d'*Oddiaphanies* est remarquable d'un désespoir plus sombre que *Sueur de sang*, aux blagues greffées sur les violences, « Ce buveur de vin criait la soif en étripant les buveurs de bière. Il avait tellement soif qu'il en vint à *boire de l'eau*, un reste d'eau sale qui croupissait dans une auge[181] ». À ce carrefour intertextuel où, auprès de Frick, se réunissent Bloy et Aragon, le poème « La rose et le réséda » laisse percer l'espoir durant les événements dont il fait son sujet. À ces rencontres en vers et en prose peut encore s'ajouter Pierre Jean Jouve avec son recueil de 1933, *Sueur de sang*, conçu dans la menace de « [l]a catastrophe » et dans l'« encombre[ment] » des « instruments de la

---

176 *Idem.*

177 *Idem.*

178 Louis Aragon, « La rose et le réséda », *Œuvres poétiques complètes*, I, *op. cit.*, p. 998-999 (p. 999).

179 Frick, « Hématidrose », *Oddiaphanies*, *op. cit.*, p. 56.

180 Voir, dans l'ordre des citations, Léon Bloy, *Sueur de sang (1870-1871)*, éd. Pierre Glaudes, Nantes, Le Passeur / Cecofop, 2000 : « Une femme franc-tireur », p. 281-288 (p. 283); « L'obstacle », p. 65-71 (p. 66); « Barbey d'Aurevilly espion prussien », p. 81-90 (p. 82 et 87).

181 Léon Bloy, « Celui qui ne voulait rien savoir », *Sueur de sang*, *op. cit.*, p. 207-217 (p. 217).

Destruction », avec « l'Europe » en arrière-plan et un retour des grands jalons de l'Apocalypse, « saint Jean » et « l'an mille[182] ».

Avec des formules de fin du monde en circulation près de lui, retentissantes de la guerre et de ses signes précurseurs, Frick distribue au long de son poème « Hématidrose » des images d'Apocalypse. C'est « l'étoile Absynthe » qui, de son « amertume », est venue empoisonner les sources et les cours d'eau « [p]artout » sur « la terre[183] ». Devant une eau raréfiée, la soif de la « gorge » « alt[érée][184] » doit se faire plus aiguë, et la lumière est diminuée par la chute en météorite de l'étoile. Un « astre » s'élève comme à l'accoutumée, « l'astre obortite[185] », mais en vain. Dans le ciel du poème, la lumière ne parvient plus à se diffuser et n'offre pas d'échappée aux horreurs de la guerre. Elle n'allège pas non plus, au niveau individuel, les agonies du souffrant. Celui-ci renonce à une lutte aussi futile que quand « Ocnus », puni dans l'Hadès, tresse inlassablement sa « corde[186] », mangée à une extrémité par un âne ou une ânesse, à mesure que le travail du tissage s'accomplit. La déclaration que fait le malade le rapproche d'Ocnus et du proverbe véhiculant son nom avec l'idée d'un labeur sans profit : « Je ne fais plus la corde d'Ocnus[187] ». L'inutile de l'ouvrage fait et refait, à la manière de Sisyphe, ne vient-elle pas parler, sur le plan poétique, du Parnasse et de son vide esthétique, alors qu'ailleurs dans *La Revue doloriste*, Frick a déjà exposé l'ancrage du poète dans les conditions de son époque, matérielles notamment[188] ? Ocnus appartient à une énième dimension du poème, si l'on considère que le personnage est condamné à répéter éternellement sa tâche pour avoir hésité à être initié aux mystères d'Éleusis. Son moment d'indétermination devant le sacré a un écho, peu après dans le poème, quand référence est faite aux premiers convertis chrétiens[189]. Le modèle

---

182 Pierre Jean Jouve, « Avant-Propos : Inconscient, spiritualité et catastrophe », *Sueur de sang*, Paris, Mercure de France, 1955, p. 11-17 (p. 16-17). Un seul fil de cet « Avant-Propos », celui de la catastrophe à l'échelle géopolitique, est à dessein tiré ici.

183 Frick, « Hématidrose », *Oddiaphanies*, *op. cit.*, p. 56. Sur « l'étoile Absynthe », Frick reprend l'essentiel du livre de l'Apocalypse 8, 11.

184 Frick, « Hématidrose », *Oddiaphanies*, *op. cit.*, p. 56.

185 *Idem.*

186 *Idem.*

187 *Idem.*

188 Frick effleure le sujet du poète dans son temps quand il est interviewé pour l'enquête sur le dolorisme de 1936.

189 Doralice Fabiano, « Oknos : l'angoisse des châtiments infernaux », *Revue de l'histoire des religions*, tome 225, fascicule 2, avril-juin 2008, p. 273-295 (p. 280).

initié-non initié n'est pas si éloigné, en surface, des termes contrastés du refrain de « La rose et le réséda », « Celui qui croyait au ciel » et « Celui qui n'y croyait pas », qu'Aragon présente comme un dépassement des différences « [a]u cœur du commun combat[190] ». Le poème de Frick s'arrête sur ceux qui croient et sur ceux qui n'adhèrent pas à la croyance, comme dans l'exemple d'Ocnus, qui est suivi d'« incant[ations][191] » à caractère hiératique, produites entre deux sphères du sacré, les mystères d'Éleusis et le judaïsme.

À ce point du poème, les mots et les rapports qui s'instaurent entre eux suscitent autant de questions que de réponses. Un doute demeure sur l'identité de celui qui va « [i]ncanter les abîmes / [s]ous le vol du jukneh[192] », ou bar-juchne, oiseau monstrueux ainsi nommé dans le Talmud babylonien (*Bekhorot*, 57-2). Comme le ziz, de tradition analogue mais au nom plus répandu, le jukneh est d'une taille gigantesque. Un seul de ses œufs est capable d'une énorme destruction. La mention de cet oiseau chez Frick associe l'obscurité, en raison de la largeur de ses ailes déployées qui masquent le soleil, et la fin du monde pour ce qui est dit dans certaines définitions du bar-juchne[193]. Dans « Hématidrose », l'origine des « incant[ations] » faites « [s]ous le vol du jukneh[194] » varie selon qu'on lit la version du poème de 1946 ou celle d'*Oddiaphanies* en 1956. C'est d'abord « le noble ou le nebel[195] », puis « le nable ou le nabel[196] ». Le « noble » pourrait être la forme réduite du noble à la rose,

---

190 Louis Aragon, « La rose et le réséda », *Œuvres poétiques complètes*, I, *op. cit.*, p. 998-999. Pour la Première Guerre, une élégie d'Allard présente un vers de facture similaire, sur les soldats venus du Nord de la France, « L'un croyant au Parti, l'autre croyant à Dieu » mais ensemble réunis dans un même combat. Roger Allard, « Élégie martiale », *Les Hommes du jour*, n° 432, 8 juillet 1916, p. [10]. Le poème porte le titre « Adieux à l'infanterie » dans l'édition des *Élégies martiales*. Se reporter à Stephen Steele, « D'une guerre à l'autre, d'un vers à l'autre, d'Allard à Aragon », *Neophilologus*, vol. 99, n° 2, 2015, p. 209-220.

191 Frick, « Hématidrose », *Oddiaphanies*, *op. cit.*, p. 56.

192 *Idem*. Le « vol » du « jukneh » est représenté comme « fabuleux » à la première publication du poème. Frick, « Hématidrose », *La Revue doloriste*, n° 9, été 1946, p. 23.

193 Vers 1760, le douteux article « Messie », exemple d'antisémitisme religieux, rédigé pour l'*Encyclopédie* par Polier de Bottens, fait de l'oiseau « bar-juchne » l'un des mets à « servir pour le festin du *Messie* ». Le bar-juchne ne figure pas dans l'*Encyclopédie philosophique* de Voltaire, dont l'article « Messie » est en partie basé sur celui de Polier de Bottens. Le « jukneh », selon l'orthographe de Frick, apparaît avec le détail du repas des élus dans différents dictionnaires des années 1820-1850, dont le Supplément de 1836 de l'Académie française.

194 Frick, « Hématidrose », *Oddiaphanies*, *op. cit.*, p. 56.

195 Frick, « Hématidrose », *La Revue doloriste*, *op. cit.*, p. 23.

196 Frick, « Hématidrose », *Oddiaphanies*, *op. cit.*, p. 56.

c'est-à-dire noblesse riche ou pièce d'or et, de la sorte, aurait encore matière liée à la rose poétique d'« Hématidrose[197] ». Les trois termes restants peuvent se rapporter au champ musical hébraïque et à l'« incant[ation] » que les cordes de ces instruments produisent ou accompagnent[198]. Le « nebel[199] » désigne un psaltérion, et le « nable » un type de harpe, appelé plus rarement « nabel[200] ». La Deuxième Guerre force aussi à lire « nebel » en allemand avec le poids historique de ce mot, utilisé dans l'entreprise nazie de faire disparaître toute trace vivante d'un peuple. « [N]ebel » s'inscrit, dans le poème, auprès de ces autres brouillards et nuages qu'évoquent « nublesse » et « nubigène[201] » et résonne ainsi, en 1946, de la Shoah, du cas limite de la douleur et de la souffrance, du cas limite des crimes nazis. Dans l'ombre portée par ces morts et ces survivants, le poème puise, pour terminer, dans un passage de l'*Épître aux Romains* (16, 10) où se succèdent des salutations à des individus ou groupes convertis au christianisme, comme les esclaves et affranchis « de la maison d'Aristobule[202] ».

Derrière ce nom se profile le souvenir de la dynastie asmonéenne, qui compte, parmi les rois de Judée, plusieurs Aristobule, dont la lignée vient s'ajouter aux éléments d'histoire et de culture juives dans le poème. Lorsque Frick met sous forme de question le « salut » adressé par Paul, « Ceux de la maison d'Aristobule / Désirent-ils encor mon salut[203] », il peut repenser la conversion à ses bases et s'interroger sur la promesse de ce salut. Le fait de citer de cette manière Paul, considéré comme une voix d'où a germé l'antisémitisme (*Première Épître aux Thessaloniciens*, 2, 15) mérite un arrêt. L'apôtre est amené, par le poème, à perdre un peu de sa certitude de l'*Épître aux Romains* et à écouter ce qui peut être hésitation, renoncement ou refus devant le salut qu'il propose. La salutation ou salvation est liée, en cette fin de poème, au « parfum du cytise nubigène[204] », plante poussant dans les hauteurs des montagnes,

197 Frick, « Hématidrose », *La Revue doloriste*, *op. cit.*, p. 23.

198 La corde d'Ocnus contribue aussi à annoncer les instruments à corde dans le poème.

199 Frick, « Hématidrose », *La Revue doloriste*, *op. cit.*, p. 23.

200 Frick, « Hématidrose », *Oddiaphanies*, *op. cit.*, p. 56. En allemand, « nabel » signifie le nombril, qu'on verrait plus adapté aux poètes romantiques qu'aux Parnassiens. Quant à « nable », il signifie, en français, un trou percé dans le fond d'une embarcation.

201 Frick, « Hématidrose », *La Revue doloriste*, *op. cit.*, p. 23.

202 Frick, « Hématidrose », *Oddiaphanies*, *op. cit.*, p. 56.

203 *Idem.* Le malade du poème choisit ces mots aussi pour savoir si l'espoir de sa guérison existe.

204 *Idem.*

le *cytisus nubigenus*. À lui seul, « nubigène » signifie encore une fois la naissance ou formation de nuages. Le « cytise » est aussi la plante qui, en pharmacologie, est classée parmi les remèdes et les poisons, selon la dose absorbée, faible ou élevée, véritable *pharmakôn* qu'est cette fleur odorante, cette parole de « salut[205] ».

Abstraction faite de la guerre, Frick a pu entendre et éprouver les tourments d'autrui durant ses soins à la Vallée-aux-Loups, ce qui permet de mieux comprendre l'exemple qu'il choisit, en 1949, pour dénier au cinéma toute aptitude à restituer la vraie douleur. Dans son poème « Alil Alia ! », que publie *La Revue doloriste* en 1946, une communauté de malades s'échangent, en cris ou en mots, ce que leurs corps leur font subir de peine, « Je vis au milieu d'êtres que leurs nerfs torturent ; / Chacun dit sa douleur et tous la ressentent[206] ». Cependant, l'insupportable n'est pas dans ces voix autour de lui, plutôt dans le conventionnel de la poésie lyrique, le « merle » qui « siffle » ou les « [o]iseaux » qui « chante[nt][207] ». Leur musique « transperce [s]a tête » en des « bruits » qui « accroissent [s]a souffrance[208] ». Le seul réconfort pour ce « mort-vivant » provient du contact avec les malades : « comme tout s'éclaire entre âmes déchirées[209] ». La douleur est ainsi un symptôme et un remontant sur le plan moral. La dimension bénéfique, que le dolorisme retiendrait, est contenue dans le vers « Ah ! que vous êtes grande en la sodalité[210] », où la douleur serait vécue en fraternel compagnonnage. La rédaction d'« Alil Alia ! » semble correspondre au séjour de Frick à la clinique de Châtenay-Malabry du docteur Le Savoureux, à l'été 1939, mais une publication immédiate est

205 *Idem*. Le « cytise » évolue dans un vaste espace littéraire qui, hors de l'antiquité, peut retrouver Barbey d'Aurevilly et l'irrépressible Léon Bloy. Chez Frick comme chez Barbey d'Aurevilly, le « cytise » est fin de poème, fin de récit, « cytise merveilleux » dans *L'ensorcelée*, que « broute[nt] » des « générations » comme une nourriture porteuse de « légende[s] » de type « [h]om[érique] ». Barbey d'Aurevilly, « L'ensorcelée », *Romans*, éd. Judith Lyon-Caen, Paris, Gallimard, 2013, p. 370-523 (p. 518). Dans son *Apocalypse*, Bloy, devenu « monstre invincible », laissé aux « anémones pascales de la Douleur », imagine avec horreur « [l]e jour où » l'on sera attentif à sa « personne ». C'est alors que « [s]es compagnons » partiront « brouter le cytise des licornes sur la montagne ». Léon Bloy, *Au seuil de l'Apocalypse*, pour faire suite au *Mendiant ingrat…, 1913-1915*, Paris, Mercure de France, 1916, p. 84-85.

206 Frick, « Alil Alia ! », *La Revue doloriste*, n° 8, mai-juin 1946, p. 12.

207 *Idem*.

208 *Idem*.

209 *Idem*.

210 *Idem*.

hors de question dans *La Revue doloriste*, qui suspend sa parution après son numéro 6, soit entre juin 1939 et mars 1946. À son relancement après-guerre, la revue rend hommage au poète et résistant Louis Mandin, décédé en déportation et que Frick connaît de la première *Phalange*[211]. La fin de *Trèfles* saisit « Mandin-le-Symbolique » et son « aurore[212] ». L'image de souffrance du « cœur » « perforé » est suivie du vers « Et de ce sang tu fis une aurore[213] », qui se lit en écho direct aux poèmes de Mandin dans *La Phalange* de 1909, où le « cœur saigne » et où « l'Aurore » est « appel[ée] de tous [l]es vœux[214] » du poète.

Frick côtoie Lacaze-Duthiers et son artistocratie dans *La Revue doloriste*, où la doctrine, formulée avant la Première Guerre, continue d'être réévaluée par son propagateur[215]. En 1913, avec Marc Brésil, Frick avait noté sans trop de conviction dans *La Phalange* le lancement de la revue l'*Action d'Art* par des « "compagnons artistocrates" », dont André Colomer, « bergsonien retouché », Paul Dermée, « dionysiaque convaincu », Banville d'Hostel, « idéologue illuminé », et Lacaze-Duthiers, « Éminence grise des visionnaires », plus « réfractaires » que « libertaires », sachant que Lacaze-Duthiers tient au second terme[216]. Dans *La Caravane*, en 1917, Frick expliquait l'artistocratie comme une « dénonc[iation] » du « règne nidoreux », c'est-à-dire nauséabond, « de la médiocratie » avec, par-derrière, le « rêve d'instituer le gouvernement des élites[217] ». Deux mois plus tard, c'est probablement Frick encore qui introduit l'anti-« médiocratie[218] »

---

211 Paulhan juge alors « l'école doloriste » à son plus fort auprès du public. Voir sa lettre à René Étiemble, du 13 [avril 1946], dans *226 lettres inédites de Jean Paulhan*, *op. cit.*, p. 125-126 (p. 126).

212 Frick, *Trèfles*, *op. cit.*, p. 20. La strophe est unie à trois autres du recueil sous le titre « Trèfles quadrifoliés » dans la revue de Roger Avermaete, *Lumière*, après guerre. Voir *Lumière, vol. 1-2 et numéro spécial, 1919-1921*, Nendeln/Liechtenstein, Kraus Reprint, 1978, p. 148.

213 Frick, *Trèfles*, *op. cit.*, p. 20.

214 Louis Mandin, série de poèmes sous le titre « L'Aurore du Soir », *La Phalange*, 4e année, no 38, 20 août 1909, p. 352-355 (p. 353).

215 Lacaze-Duthiers est présent à *La Revue doloriste* dans les critiques et en tant que collaborateur. Il signe, en juillet 1946, une *Introduction à une bibliographie du dolorisme*, parue dans les cahiers *Le Sol clair*, à la Bibliothèque de l'Artistocratie.

216 Frick et Marc Brésil, « Revues », *La Phalange*, *op. cit.*, 20 mars 1913, p. 264-265.

217 Frick, compte rendu de *Vers l'artistocratie* de Gérard de Lacaze-Duthiers, « Scolies », *La Caravane*, 4e année, no 9, septembre 1917, p. 12.

218 Voir la rubrique « Les livres », *Lutetia*, 1re année, no 2, novembre 1917, p. 13. Frick est associé à cette rubrique sur plusieurs années et, en 1919, on lui serait redevable d'« un excellent feuilleton des livres », selon V[ictor] S[nell], « Le coin des lettres », rubrique « Échos », *L'Humanité*, 16e année, no 5585, 3 août 1919, p. 2. Frick partage la critique

de l'ouvrage de Lacaze-Duthiers aux lecteurs de *Lutetia*. « [N]oble dans son origine » et « ses conséquences[219] », ce courant d'idées, porté vers une utopie réalisable par l'art à commencer au niveau de l'individu, n'emporte pas l'adhésion de Frick dans *La Caravane*. Le « noble » décrit bien cette « sorte de peuple supérieur » composé d'« hommes d'action », d'« artistes » et de « penseurs », que Lacaze-Duthiers, dans un rapide survol de 1922, va voir constituer l'artistocratie et « dicte[r] à chaque peuple ses devoirs », configuration des pouvoirs qui peut indisposer Frick, même si l'opposition au « mercantilisme[220] » est conforme à ses pensées.

En 1917, dans un conflit où il ne se reconnaît pas, Lacaze-Duthiers redessine le véritable ennemi de l'artistocratie, « l'immense foule des nuls, le troupeau majoritaire[221] », la troupe, ses chefs, et l'arrière qui les pousse. Pour continuer, dans l'après-guerre, de faire face au plus grand nombre, Lacaze-Duthiers exhorte l'artistocrate à survivre « intact et sans souillure » au « sang » et à la « boue[222] » qui lui sont imposés. André Colomer avait signalé, à la lecture du manifeste des artistocrates durant le banquet Han Ryner de 1912, leur « mépris du troupeau humain[223] », s'en rapportant sur ce plan à Nietzsche. Le mépris inhérent à cette pensée ne guide pas Frick, dont le travail de critique à *La Caravane* suffit à Lacaze-Duthiers en 1918 pour le considérer assez proche des « milieux "d'Action d'Art[224]" ». Dans le récit de Colomer *À nous deux, patrie !*, Frick garde de sa bienveillance habituelle mais il dirige le futur fondateur de *L'Insurgé* vers des cercles dont il n'a que faire. Engagé dans

---

littéraire à *Lutetia*, en 1922, avec Georges-Armand Masson, Rachilde ou encore Aurel. *Annuaire international des lettres et des arts*, éd. Jean Azaïs, *op. cit.*, p. 406.

219 Frick, compte rendu de *Vers l'artistocratie*, « Scolies », *La Caravane*, *op. cit.*, p. 12.

220 L'artistocratie est ainsi présentée aux lecteurs de *La Pensée française* par Gérard de Lacaze-Duthiers, « L'artistocratie », *La Pensée française*, 2e année, nº 35, 23 septembre 1922, p. 3.

221 Gérard de Lacaze-Duthiers, « L'Artistocratie en face de la guerre », *Les Cahiers idéalistes français*, nº 6, juillet 1917, p. 168-171 (p. 170).

222 *Ibid.*, p. 170-171.

223 Voir M. C., « L'Action d'Art et les Artistocrates », rubrique « Critiques et notes », *Vers et Prose*, 8e année, tome 31, octobre-novembre-décembre 1912, p. 170. L'article rapporte le « cri de guerre » de Paul Dermée pendant le banquet, déclarant l'ardeur des convives « de se battre pour la dignité et la fierté de l'Art » et contre « la veulerie des gens de lettres ». *Idem.*

224 Cette relation de Frick avec l'Action d'Art est relevée de l'article de Lacaze-Duthiers, « La jeune littérature et la guerre », par Patrice Allain et Gabriel Parnet, « Passage en revues, sur le front… de l'avant-garde », dans *La Chronique littéraire, 1920-1970*, éd. Bruno Curatolo et Jacques Poirier, Dijon, Éditions Universitaires de Dijon, 2006, p. 11-26 (p. 19).

Paris « [à] la recherche de [s]es prophètes », Colomer est conduit par Frick « chez les "esthètes" à Passy », dans un milieu qui, pour lui, conjugue le « lyrisme », l'« abscons et [l']hermétique[225] » avec des connotations moins poétiques que sexuelles.

Le terme d'« artistocratie » n'est pas, par la suite, des plus fréquents chez Frick. Il se lit avec quelques hésitations dans *Poetica* en 1929, « soldat de deuxième classe (par artistocratie)[226] », modifié du texte de *Girandes*, en 1919, « soldat de deuxième classe (par aristocratie)[227] ». Le poème où survient « aristocratie » / « artistocratie », « Les Pingouinx d'Avord », désigne par son titre les « avions rouleurs » des bases d'entraînement où se pratique une « aviation » aux « ailes » « coupées[228] ». Avec « [l]es Pingouinx » devenus « avions », est rendu caduc pour l'esprit le « rêve » de l'« île » imaginé par « Anatole France[229] », qui à sa mort en 1924, est décrit par Frick, à rebours des surréalistes d'*Un cadavre*, en « parfait mainteneur de la beauté littéraire[230] ». *Le Temps*, qui note les opinions très critiques émises dans l'enquête de Picard sur Anatole France, relève que Frick, à l'inverse d'un répondant moins sympathiquement enclin, Paul Dermée, « admire le maître et le loue en bons termes[231] ». Frick acquiesce à l'entrée du sceptique Anatole France au Paradis, à l'occasion de la réédition de l'anonyme *Placet du sieur Anatole France au Père Éternel qui lui valut d'être admis en Paradis*, appris par cœur pour usage au Jour J par le héros de son vivant[232]. Le renvoi, dans le poème, à « Anatole France » et à son « île », celle de son conte de 1908, *L'Île des pingouins*, effleure la question de l'individu par rapport à l'ordre social,

225 André Colomer, « À la recherche de mes prophètes », chapitre XXV d'*À nous deux, patrie !* (1925), repris en annexe dans Léo Malet, *Brouillard au pont de Tolbiac*, Paris, U.G.E./10-18, 1986, p. 231-241 (p. 236). Le monde de ces esthètes est celui des « garçonnières » et de l'« unisexuel », meublé de « poses » et de « geste[s] » étudiés entre « sofas » et « guéridons », en un assemblage stéréotypé qui tire vers l'homosexualité. *Idem.*

226 Frick, « Les Pingouinx d'Avord », *Poetica*, *op. cit.*, p. 125.

227 Frick, « Les Pingouinx d'Avord », *Girandes*, *op. cit.*, p. 36.

228 *Ibid.*, p. 35-36. Dédié à Louis Latourrette en 1919, le poème est inclus sans dédicace dans *Poetica*.

229 *Idem.*

230 Frick, réponse à l'enquête de Gaston Picard, tenue dans *La Revue mondiale*, sur l'influence littéraire et sociale d'Anatole France, reproduite par François Peyrey, « Les revues », rubrique « Chronique littéraire », *L'Écho d'Alger*, 13e année, no 5544, 12 décembre 1924, p. 3.

231 Paul Souday, rubrique « Les Livres », *Le Temps*, 65e année, no 23154, 1er janvier 1925, p. 3.

232 Frick, cité de *Comœdia*, dans la rubrique « À tous échos », *Paris-Soir*, 2e année, no 388, 27 octobre 1924, p. 2.

que disent aussi les deux hauts statuts « aristocratie » / « artistocratie », variation de *Girandes* à *Poetica*[233]. Chez le « [s]oldat de deuxième classe », au « pass[age] » duquel « nul ne se retourne[234] », la volonté de se maintenir dans son grade subalterne tient probablement plus de l'artistocratie et son côté contestataire que de l'aristocratie, fût-elle éclairée. On en viendrait donc à préférer la leçon offerte par *Poetica*, « artistocratie », « véhémente indépendance devant les gloires triviales » de la guerre. Frick rattache ce désintérêt, chez lui, pour la hiérarchie à « [s]on extrémisme absolu » qui, plus généralement, l'éloigne de la recherche de « tout titre[235] ».

Hors des sunlights de *L'affaire Lafarge*, Frick est montré, par Lacaze-Duthiers et son article de 1946, dans son élégance et sa grande « taille », se promenant « sur le boulevard Rochechouart[236] » avec Delphin, de son vrai nom Delphin Sirvaux, qui tient le rôle du principal dans *Zéro de conduite*. Ensemble dans la rue, Frick et Delphin, ce « chansonnier » « nain » célèbre « dans les cabarets de Montmartre », marchent « arborant comme couvre-chef » un haut-de-forme, « superbe huit-reflets[237] ». De ces deux extrêmes en centimètres, dont l'un toisé à 179 cm en 1903[238], pareillement coiffés, naissait un « [s]pectacle plutôt cocasse qui suscitait l'hilarité des passants[239] ». Contemporain de l'article de Lacaze-Duthiers pour sa parution dans *Quantité discrète*[240], le poème « Tragédie d'un nain » replace Frick aux côtés de Delphin, « crois[é] quelquefois à Montmartre[241] » et suicidé début mai 1938. Le rapport, à la une de journaux comme *L'Intransigeant*, de la mort de Delphin, vieilli, « sans travail » et « dans la misère[242] », coïncide avec la révélation au public du séjour forcé de Frick au cabanon. Dans *Quantité discrète*, la somme des images que projette autour de lui Delphin, « Le dandy, l'esthète, la figurine, la marionnette[243] », incorpore aussi Frick et crée un couple d'abord défini par le regard d'autrui. Delphin,

233 Frick, « Les Pingouinx d'Avord », *Girandes*, *op. cit.*, p. 35.

234 *Ibid.*, p. 36.

235 Lettre de Frick à Robert Valançay, non datée, estimée à fin 1929-début 1930, sur papier quadrillé. Getty, LA (950057).

236 Gérard de Lacaze-Duthiers, « À propos d'un film d'avant-garde », *L'Unique*, *op. cit.*

237 *Idem.*

238 État signalétique et des services de Louis de Gonzague Frick. Archives de Paris.

239 Gérard de Lacaze-Duthiers, « À propos d'un film d'avant-garde », *L'Unique*, *op. cit.*

240 L'achevé d'imprimé du recueil est du 20 août 1946.

241 Frick, « Tragédie d'un nain », *Quantité discrète*, *op. cit.*, p. 22.

242 « Désespéré d'être sans travail, le nain DELPHIN s'asphyxie au gaz d'éclairage », *L'Intransigeant*, 59e année, n° 51337, 8 mai 1938, p. 1.

243 Frick, « Tragédie d'un nain », *Quantité discrète*, *op. cit.*, p. 22.

être magique dans son costume qui, de la terre au « ciel », va des « menus souliers de fée » au « chapeau haut-de-forme », est replacé par le poème dans les deux mondes qui lui ont valu la célébrité, la « chanson » et le « cinéma[244] ». La véritable « Comédie », avec sa fin en « Tragédie », est celle de « [s]a [propre] vie[245] ».

Reste de ce tragi-comique une commune élégance dont garde trace, pour Frick, l'iconographie de sa personne conservée par la photographie, le dessin à l'encre, au crayon, la peinture. Un poème de *Girandes*, « Des lignes de feu aux lignes de la main », peut servir d'entrée dans la conception fourre-tout du portrait chez Frick. La « lign[e] » ne se trace « pas plus à l'huile qu'au fusain[246] » mais passe par la chiromancie, pratique divinatoire qui attirera aussi Desnos. Le sujet que Frick choisit de représenter est le « docteur Barbaste », originaire des « [P]yrénée[s] », amitié peut-être née de la guerre, à comprendre les « lignes de feu[247] » du titre. Avant de s'engager sur les lignes de « cœur » et de vie, le portrait s'arrête sur la « voix » de Barbaste et la fait incarner par un « [b]erger » « virgilien[248] » pour lui conférer une localité poétique, des *Bucoliques* aux *Géorgiques*. Comme dans la tradition, le « [b]erger » Barbaste a fort à faire côté ligne de « cœur[249] », qui est explorée avec un déplacement du sujet. La « volupté[250] » découverte à la lecture de la main de Barbaste oriente le chiromancien vers le portrait d'un nu féminin. Un dessin se forme de la « nuqu[e] » aux « seins », « à la chute des reins » et descend aux « pieds » avec l'exigence qu'ils soient travaillés comme des joyaux, tels les « pieds » d'une « princesse byzantine[251] ». Après la ligne de cœur, la ligne de vie fait s'exercer l'« art prophétique », non sans raison puisque le « docteur » promet d'être « parfait occultiste à trente ans[252] ». Le « trac[é] des signes » est seul, dans cet aperçu sur l'« avenir[253] », à se rapporter au portrait plastique. Dernier mot du poème, les « muses », qui seront placées sous le pouvoir

244 *Idem.*
245 *Idem.*
246 Frick, « Des lignes de feu aux lignes de la main », *Girandes*, *op. cit.*, p. 29-30 (p. 29). Le poème paraît d'abord dans *La Caravane*, 4e année, no 3, mars 1917, p. 9.
247 Frick, « Des lignes de feu aux lignes de la main », *Girandes*, *op. cit.*, p. 29.
248 *Idem.*
249 *Idem.*
250 *Idem.*
251 *Idem.*
252 *Ibid.*, p. 30.
253 *Idem.*

du « docteur », élargissent le champ des possibles pour le traitement en art, y compris « prophétique[254] », du personnage retenu comme modèle. Le docteur est véritablement l'auteur des *Miracles de La Salette et de Lourdes* de 1873, Mathieu Barbaste, qui examine le miraculeux pyrénéen quinze ans après que Lourdes, dans sa « grotte obscure[255] », ait eu sa bergère. Un personnage historique plus élevé, dans sa « celsitude », sa majesté, est au cœur du poème de guerre de Frick, « Une séance de chiromancie en Artois », Gabrielle d'Estrées, dont la mémoire éloigne le poète du conflit présent « avec l'Allemagne[256] ». Elle est associée aussi, dans une strophe de *Trèfles*, au cantonnement du régiment de Frick, à « Estrée-Cauchy », « patrie » de cette maîtresse d'Henri IV, un souvenir qui durera, selon le poète-soldat, « jusqu'à ce qu'on m'éventre[257] ».

Les portraits de Frick sont difficiles à dénombrer mais Fernand Lot, par sa visite au Lunain en 1935, laisse un aperçu de la surface des « murs », où « le maître du lieu [est] vu de face, de profil, de trois-quarts, en peinture, en gravure, au crayon, au fusain, au pastel[258]... », sans autre précision. Plusieurs fois reproduit, un croquis de Marie Laurencin, vers 1909, fournit un profil de Frick avec un chapeau haut-de-forme qui l'élance en verticalité et l'inévitable monocle dont le fil en descente rejoint l'espace du nœud de cravate, le cou cerné d'un faux-col[259]. Frick aura d'ailleurs l'air, en 1921, d'un « martinet » avec « le cou long », lui qui « est grand, rapide et mince[260] », d'après Paulhan, ornithologue du dimanche. Paulhan reste chez les oiseaux pour revêtir Frick de « sa longue jaquette », qui lui confère l'allure d'« une hirondelle[261] ». Chez

254 *Idem.*

255 *Idem.*

256 Frick, « Une séance de chiromancie en Artois », *L'Ambulance*, 1re année, n° 20, 7 novembre 1915, p. 4.

257 Frick, *Trèfles*, *op. cit.*, p. 12.

258 Fernand Lot, « Louis de Gonzague Frick et les préoccupations frickiennes », *Comœdia*, *op. cit.*, p. 3.

259 Le portrait de Frick par Marie Laurencin est sur une page du *Petit Parisien* du 8 avril 1934, et est reproduit, estimé « vers 1909 », par Charles-André Grouas, « Bout de l'An pour un Ami mort », *Synthèses*, *op. cit.*, p. 322. À côté de Marie Laurencin, Grouas mentionne dans ses vers « une arabesque » que Modigliani aurait consacrée à Frick. *Ibid.*, p. 298. S'il s'agit de « L'homme au monocle » aux couleurs brunes et verdâtres, le lien n'est pas avéré.

260 Jean Paulhan, « Louis de Gonzague-Frick », *L'Ère nouvelle*, *op. cit.*, p. 3.

261 Jean Paulhan, « Notes de lecture » [1950], sur « Le Berger de Bellone » de Thibaudet, *Œuvres complètes*, IV, Paris, Cercle du livre précieux, 1969, p. 324-330 (p. 329).

Marie Laurencin, les mains gantées sont en appui sur la canne et le buste de Frick assis est droit comme s'il était debout, malgré l'arrondi des lignes. Dans des souvenirs de 1943 publiés par *Panorama*, Frick revoit Marie Laurencin en train de travailler à sa « difficile portraiture », son chapeau en feutre de soie, « haut séropile », son monocle, baptisé « orbiculaire symbole cristallin », et tout le reste, « *e tutti quanti*[262] », pas assez important pour être désigné séparément. Familier de *Panorama* auquel il participe, Sylvain Bonmariage a une fraîche mémoire en 1949 du dessin de Marie Laurencin, qui relaie avec exactitude Frick dans sa vingtaine, « coiffé de son haut-de-forme, sanglé dans sa jaquette[263] », dans la pérennité des accessoires vestimentaires. Le « chapeau haut de forme » et la « jaquette » participaient du « cérémonial » immuable de Frick avançant à la « rencontre » de Warnod dans la « rue Notre-Dame-de-Lorette[264] ».

À dater d'avant le portrait par Laurencin du fait de la plus grande jeunesse de son visage, Frick se fait photographier en pied, dans l'atmosphère ordonnée du studio, avec un faux décor derrière lui, dressé sur une terrasse au-dessus d'un vallon. La scène, avec sa déclivité, renforce au premier plan l'aspect vertical de Frick. Sa taille est pourtant légèrement diminuée par le port d'un chapeau mou, bien enfoncé sur son regard, où il est difficile d'apercevoir le monocle. Entre le rebord du chapeau et la main droite gantée tenue en travers sur la poitrine, une fine moustache offre, elle aussi, une petite note d'horizontalité que le bas du corps n'a pas, avec la canne bien définie et les pieds en V sur le sol, bottés. Le factice de la prise de vues, de la pose n'empêche pas de croire à une élégance au départ[265]. Dans ses vers, Berthe Bolsée, qui repense à Frick disparu, l'intègre à un monde de statuaire antique, avec l'« œil » démonoclé, « fait pour la ligne alerte des statues », et une présence persistante d'ordre monumental, « Tu fus grand, tu es grand[266] ». Cette reconstruction physique et de postérité se ressource à un « portrait », peut-être la vieille photographie de studio, « J'ai ce portrait de toi[267] ». Frick apparaît « mystérieux », son

262 Frick, « Guillaume Apollinaire – Dans l'arche des souvenirs aimantés », *Panorama*, *op. cit.*, p. 3.

263 Sylvain Bonmariage, *Catherine et ses amis*, *op. cit.*, p. 64.

264 André Warnod, *Fils de Montmartre – Souvenirs*, Paris, Fayard, 1955, p. 107.

265 La photographie, signée pour Apollinaire par Frick, était en vente au 31 mars 2011, lot 104, sur le site brissonneau.net. Consulté le 21 septembre 2012.

266 Berthe Bolsée, « Liminaire », *Luminaire pour Louis de Gonzague Frick*, *op. cit.*, p. 9-20 (p. 16-17).

267 *Ibid.*, p. 17.

« regard fuit si loin » et sa « main tendue » signale la poésie, presque une mélopée, « don lyrique » pris et reçu des « Neuf Sœurs », lié à « la Musique[268] ». Ultime échange avec les Muses, le recueil « *Enif* » ressort « hautain » et « immense[269] », à l'égal du portrait.

De Marie Laurencin existe un autre dessin, à l'encre, non signé mais qui lui est « attribué[270] », et que Sarane Alexandrian inclut dans son étude. Probablement des mêmes années montmartroises, ce buste de Frick le présente de trois-quarts, portant à l'œil droit un monocle démesuré et, sur la tête, au lieu du chapeau, une coiffure relevée. Les lèvres, charnues, ne sont pas caractéristiques de Frick, et sont entrouvertes comme pour parler. Les cols, de la chemise et de la veste, continuent de dire la mise soignée de Frick. C'est sa sempiternelle époque du « col dur aux coins cassés, merveille ! », extravagance à laquelle, jointe au « [c]hapeau melon[271] », Mercadier reconnaît Frick. « [C]e fusain » signé Mercadier produit un Frick « plus vrai que nature[272] », d'après Clovis Arel, qui a un savoir-faire en dessin. Les portraits ne montrent pas le curieux « monocle carré[273] » en usage pour une courte période par Frick au Ministère du Blocus. Les Treize détectent, en 1911, « un œil navré[274] » dans le cercle du monocle. La photographie que Frick dédicace, en 1920, à Desnos dégage un sérieux, avec les yeux ouverts sur la distance, le monocle soulevant quelque peu l'arcade sourcilière droite, les cheveux pommadés, une tenue sobre et recherchée sans l'extravagance de la photographie en pied[275].

Monocle, cravate, col, veste sont tous en place dans le portrait de Frick à la mine de plomb par Alicja Halicka, arrivée en France en 1912[276]. Il est assis sur une chaise, les jambes croisées, avec des feuillets

268 *Ibid.*, p. 17-18.

269 *Ibid.*, p. 18.

270 Voir Sarane Alexandrian, « Un grand seigneur de la poésie moderne », *Supérieur inconnu*, *op. cit.*, p. 59.

271 Henry Mercadier, « Pour Louis de Gonzague-Frick », *Cartes postales pour les amis*, *op. cit.*, p. 28.

272 Clovis Arel, « Lyres d'aujourd'hui », *L'Homme libre*, 22e année, n° 6720-6721, 16-17 décembre 1934, p. 2. Clovis Arel réalise les dessins pour le recueil de son confrère à *L'Homme libre*, Louis Carle Bonnard, en 1931, *Corps féminins*.

273 L., « Médaillon littéraire : Louis de Gonzague Frick », *Écouen-Nouvelles*, *op. cit.*, p. [3].

274 Les Treize, « Silhouettes » (Louis de Gonzague-Frick), *L'Intransigeant*, *op. cit.*, p. 2.

275 Le portrait est reproduit, avec les mots « à mon cher ami Robert Desnos, consubstantiellement, Louis de Gonzague Frick. 1920 », dans Robert Desnos, *Œuvres*, éd. Marie-Claire Dumas, Paris, Gallimard, 1999, p. 35.

276 Le dessin est passé en vente le 11 juin 2008, à Drouot, lot 38, sur le site artvalue.com. Consulté le 19 juillet 2013. Il est réapparu dans de nouvelles enchères, le 27 mai 2010.

sur les genoux, exsudant un air calme et reposé, sans couvre-chef. La chevelure n'a pas la fantaisie de celle que lui confère le second dessin de Marie Laurencin mais est plus abondante que sur un portrait réalisé en 1929 au moment de *Poetica*. Ce dernier dessin a une signature difficile à déchiffrer, à l'exception du prénom René. *La Semaine à Paris* insère l'image auprès du compte rendu de *Poetica*[277], et *La Revue de l'ouest* lors de la sortie de *Vibones*[278]. Grouas la reproduit dans sa « Rotrouenge » de 1959, son long poème lyrique[279]. Frick, à 46 ans, est, dans les lignes du dessin, significativement vieilli, la guerre ayant pu additionner les années à un rythme accéléré. En la matière, Dorgelès incite à être prudent et à ne pas « mettr[e] sur le compte de la guerre ce qui aurait pu, aussi bien, être l'œuvre du temps[280] ». Rétrospectivement, Frick parle de « [s]on âge tricénaire » qui « [s]e fondit dans la guerre », comme une perte qu'aucune « gloire militaire[281] » n'est venue combler. Georges Gabory avait mesuré, en 1917, les atteintes de la guerre sur la « nitide jeunesse[282] » de Frick, sur le resplendissant chapeauté, ganté, monoclé, botté… de la photographie d'avant 1914. Le regard de Frick, dans le dessin de 1929, tout entier transmis par l'œil sans monocle, est sérieux. Cercle blanc, le monocle dérobe l'autre l'œil dont il remplit l'orbite. La chevelure est fine et lissée, montrant un front en partie dégarni. Des rides marquent le bas du visage où les lèvres sont minces sur une bouche fermée, résultant en une apparence de sévérité. Frick est, de nouveau, pris en buste, et la cravate, le col et la veste confortent l'idée d'une attention à l'habillement.

Autant le dessin de 1929 a obscurci l'œil derrière le monocle, autant Jean Texcier, cette année-là dans *Les Nouvelles littéraires*, représente un Frick monoclé avec les deux yeux bien ouverts, dans une expression

Alicja Halicka signe son portrait à Frick, « au beau poète et à l'ami charmant ».

277 C. S. C., compte rendu de *Poetica*, *La Semaine à Paris*, 9e année, n° 395, 2-7 décembre 1929, p. 35.

278 Robert Herzzkowiza, « Louis de Gonzague-Frick », *La Revue de l'ouest*, *op. cit.*, p. 7.

279 Sur un exemplaire de son portrait, Frick a ajouté, pour Grouas, une formule reliant ce dernier à l'Apollon ismenien de Thèbes, « Poète ismenien, medullitus », dit du fond du cœur. Voir Charles-André Grouas, « Bout de l'An pour un Ami mort », *Synthèses*, *op. cit.*, p. 321.

280 Roland Dorgelès, *Bleu horizon*, *op. cit.*, p. 129.

281 Frick, « Dépossession », *Quantité discrète*, *op. cit.*, p. 16. Le poème paraît d'abord dans le numéro 8 de *La Revue doloriste*, en mai-juin 1946.

282 Georges Gabory, « Géhenne », *La Caravane*, *op. cit.*, p. 11.

d'intérêt et de curiosité accentuée par le léger penché du visage et une bouche moins rigide que dans le dessin de même date[283]. Pour le reste, coiffure, col droit et nœud de cravate sont à l'identique chez Texcier, qui ne va pas plus bas. Cette pose vivante de Frick découle sans doute de sa fréquentation de Texcier, inclus dans le paysage de *Vibones*, avec son « accueillante élégance[284] ». Une photographie accompagne, en 1932, le compte rendu de *Vibones* par les Treize, un visage serein, aux traits mis en clarté, ni sévères, ni vieillis, qui laissent reposer le monocle, comme par extraordinaire, sur le haut de la joue droite, l'œil un peu grossi par l'effet du verre[285]. La photographie se double d'un dessin à moitié visible derrière et légèrement plus haut, signé André Wuillemin et réalisé dans une économie du tracé, où le nez pointe de manière un peu grotesque, les yeux en déséquilibre. De ce cliché est dérivé un autre dessin, dégageant le posé et le calme, fidèle dans ses traits, de la cravate aux cheveux, signé dans le coin gauche des initiales JL[286].

Frick est, de nouveau, illustré dans *Les Nouvelles littéraires* en 1930 par Carlo Rim, où il est dernier de quatre vignettes rassemblées en une petite bande dessinée, « Les romans populaires[287] ». Il est caricaturé s'inclinant devant une énorme « *Pucelle de Belleville*[288] » qui est affublée d'un tablier de ménagère et d'une cigarette à la bouche. Il a ôté son haut-de-forme pour saluer, et porte bottines, pantalon rayé, redingote et gants[289]. Son visage disparaît entièrement derrière un bouquet de fleurs enveloppé dans son papier, comme un rappel du « Poète sous le pot de

283 Le portrait de Frick par Jean Texcier est inséré dans une colonne du compte rendu de *Poetica* par Cassou. Voir *Les Nouvelles littéraires*, 8e année, no 366, 19 octobre 1929, p. 8. L'édition de 1979 du *Guillaume Apollinaire* de Frick, publié par À l'écart, reproduit le dessin de Texcier.

284 Frick, « Rencontre nocturne », *Vibones*, *op. cit.*, p. 18.

285 Voir l'image dans L. C. B. (peut-être Louis Carle Bonnard), compte rendu de *Vibones*, dans Les Treize, « Quelques livres nouveaux », *L'Intransigeant*, 53e année, no 19274, 31 juillet 1932, p. 10. Le compte rendu, très touffu, mène au monocle par le « cristal », et à la girande par le biais des « jet[s] d'eau ». *Idem.*

286 L'image est reproduite dans Laurence Campa et Michel Décaudin, *Passion Apollinaire – La poésie à perte de vue*, Paris, Les éditions Textuel, 2004, p. 94.

287 Carlo Rim, « Les romans populaires », *Les Nouvelles littéraires*, 9e année, no 397, 24 mai 1930, p. [10].

288 *Idem.*

289 Frick est habillé en « jaquette » et « pantalon à carreaux 1900 », dans un parcours de la garde-robe des « gens de plume » effectué par Fernand Lot, « Des signes extérieurs de l'écrivain », *Marianne*, 6e année, no 291, 18 mai 1938, p. 6.

fleurs » de Dorgelès, si ce n'est annonciateur des « vibones » du titre du recueil de 1932, fleurs d'un type de patience thérapeutique, la plante *britannica*, que *Quantité discrète* « [r]épan[d] » sous les « pieds » de Don Quichotte pour lui faire « [f]oule[r] de la douceur, de la suavité[290] ». Les « vibones », ce sont aussi, explique *L'Homme libre*, ces « fruits magiques », que la poésie de Frick a rendus « denses de suc et riches en délices[291] ». En 1931, le caricaturiste salvadorien Tonio Salazar accorde à Frick un visage plus anguleux que jamais, petit œil rond sous monocle, d'air et d'attitude interloqués comme s'il y avait un peu de résistance au coup de crayon[292]. Il est vêtu en robe d'intérieur par-dessus son impeccable chemise à col cassé et cravate dont les rayures répondent aux douze traits alignés sur le crâne, ménagés par le passage du peigne. Les lèvres sont fermement pincées, un peu onduleuses. À la mort de Frick, un petit dessin caricatural est repris de *Paris-Soir* où il avait été publié deux fois dans l'époque du cabanon, le 6 mai 1938 et le 23 janvier 1939, sous la signature de l'illustrateur R. Savil. La nécrologie par Pierre Berger en 1958 opte pour cette image frêle[293]. Les traits attendus sont mis en évidence, le côté longiligne, le monocle à l'œil droit et le chapeau associant haut-de-forme et melon. Frick est vêtu d'une toge à larges manches, assis et concentré sur une tâche, les mains sur la table. De la justesse du dessin à celle du langage, les mots « étique » et « imberbe » sont récusés dans *Paris-Soir* en 1925 pour leur substituer « svelte » et « glabre », qui restaurent Frick dans la norme, celle qui « use du rasoir comme vous et moi[294] », selon les anonymes Académisards, qui abritent alors Desnos.

---

290 Frick, « Élixirs intellectifs », *Quantité discrète*, *op. cit.*, p. 42.

291 L[ouis] B[onnard], « *Vibones* », *L'Homme libre*, *op. cit.*, p. 2. Le mot, attesté chez Pline, a intéressé sur un plan étymologique « legions of linguists », d'après Klaus Sallmann, « Reserved for Eternal Punishment : The Elder Pliny's View of Free Germania », *The American Journal of Philology*, vol. 108, n° 1, printemps 1987, p. 108-128 (p. 110).

292 Caricature de Frick par Tonio Salazar, accompagnant l'article de Georges Polti, « Louis-de-Gonzague Frick », *L'Intransigeant*, *op. cit.*, p. 6.

293 Pierre Berger, « Louis de Gonzague Frick, poète cérémonieux », *Carrefour*, 23 avril 1958, p. 9. Le dessin est, cette fois, sans la signature de Savil. Marcel Lobet mentionne l'article de Berger dans « L'amitié d'Apollinaire et de Louis de Gonzague Frick », *Que vlo-ve ?*, *op. cit.*, p. 8.

294 Les Académisards, « Petit Mémorial des Lettres », *Paris-Soir*, 3e année, n° 692, 28 août 1925, p. 2. Frick est défendu contre *L'Éclair*, où il a répondu à une enquête « sur les livres utiles à la propagande française » par une liste bien improbable constituée du trio Mangin-Poincaré-*Catalogue de l'Exposition des Arts décoratifs*. *Idem*.

Dans les années cinquante, pour illustrer la page de titre de sa plaquette sur Frick, Julien Deladoès choisit un portrait effectué en 1947 par la peintre belge Monique Mélin, où les nombreux traits sur le visage sont aussi ceux du monocle[295]. Mêmes détails vestimentaires pour le buste, non chapeauté, et une raie sépare la chevelure en deux. Le visage est marqué et un peu angulaire, comme sculpté au burin. La tête semble lourde à porter, le regard profond et trouble. Une photographie similaire, de date indéterminée, apparaît chez Alexandrian, avec deux vers d'« Exergues » au « silence éternel de la tombe[296] », rajoutés à la main, peut-être dans l'écriture de la Phalérinienne. Le cliché dégage une tristesse, saisit une tête pesante sur son col, une absence de lueur dans les yeux. Le monocle est porté avec naturel et fait partie de la personne, intégré au visage comme le crayon de Monique Mélin parvient à le tracer.

Un tableau d'un genre bien distinct, par le peintre et écrivain Louis Cattiaux, fait flotter Frick, d'un bleu délavé sur fond bleu-vert et rougeâtre, dans les airs près d'une planète encerclée d'un anneau, Saturne ou peut-être Frikis. Le portrait de Frick, « fondateur d'écoles charmantes[297] », est exposé au 8e salon des Surindépendants, à l'automne 1935. Il paraît en reproduction dans *Statures lyriques*, avec la légende « L'auteur d'*Ingrès* imaginé par Louis Cattiaux[298] ». Des étoiles à la forme naïve sont regroupées sur le côté opposé à la planète[299]. Sont suspendues avec le personnage de

---

295 Voir le portrait, dans Julien Deladoès, *Louis de Gonzague Frick*, *op. cit.*, en regard de la page de titre. C'est grâce à son cousin, le peintre Pierre de Belay, que Deladoès rencontre Frick, rapporte Marcel Lobet, « Les amitiés belges », *Bulletin de l'Académie Royale*, *op. cit.*, p. 193. Vieil ami de Jacob, Belay a aussi réalisé un portrait de Frick, conservé à la Bibliothèque nationale de France. Frick rédige pour lui une préface au catalogue de son exposition à la galerie parisienne Altarriba, en 1943.

296 Sarane Alexandrian, « Un grand seigneur de la poésie moderne », *Supérieur inconnu*, *op. cit.*, p. 30. La citation d'*Oddiaphanies* est accompagnée des indications de naissance et décès de Frick.

297 Jean Cassou, « Les Surindépendants », rubrique « Expositions », *Marianne*, 4e année, no 160, 13 novembre 1935, p. 5.

298 Voir le frontispice de Cattiaux, dans Frick, *Statures lyriques*, *op. cit.* Le tableau figure sous le titre « Portrait de Louis de Gonzague Frick » dans *Revue Digitale*, no 5, « Louis Cattiaux, le peintre hermétique, vu par la presse depuis 1938 », sur le site Beyaeditions.com. Consulté le 21 septembre 2012. Le site reprend trois courts textes de Frick sur Cattiaux, l'un de 1946 dans *L'Ordre*, le reste tiré de *L'Écho de Savoie* de 1956 (où le portrait de Frick est reproduit au mois de juillet), avec un mot chaque fois lié à l'occulte, qui peut représenter un de leurs points de contact.

299 Le tableau réunit les éléments d'un art divinatoire, planète, étoiles, ascendance autour d'une personne, dans un lien possible avec le portrait par « art prophétique » du poème de Frick, « Des lignes de feu aux lignes de la main », *Girandes*, *op. cit.*, p. 30.

Frick dans ce paysage d'altitude, des miniatures d'un Paris pas vraiment sien, Tour Eiffel et Arc de Triomphe, qui encadrent approximativement le bas de son corps. Un long nuage passe en arrière-plan de ses jambes, en sens contraire à la verticalité de la composition. Un chapeau hybride, melon et haut-de-forme, est au niveau de la planète et des premières étoiles. La canne est ici à pommeau et Frick porte l'habit, monocle brillant à l'œil gauche, l'autre moitié du visage ombrée. Le bras droit, replié en C tient, dans sa main gantée, la canne. Frick a une allure très fine et raide, ses vêtements gonflés par son élévation en l'air, personnage en état d'apesanteur. Ses souliers étroits et pointus font ensemble un V à l'envers, et agissent comme propulseurs du poète, aidés par une des queues de l'habit transformée en aile.

Selon une perspective parisienne et monumentale, les pieds de Frick s'alignent, ou presque, avec les supports de la Tour Eiffel et de l'Arc de Triomphe. Mis dans cette posture en l'air mais avec vue sur des attaches elle-mêmes flottantes, Frick ne contredit pas complètement l'esprit du transhylisme, par lequel quelques peintres et poètes, dont précisément Cattiaux et Frick, ont exprimé en 1934 leur désir de « porter [...], le plus haut possible, la tête dans le ciel », soucieux aussi de garder « les pieds bien rivés à notre mère la terre[300] ». Les pieds choisis par Cattiaux pour son personnage travaillent bien plutôt à mener Frick loin du sol et nuancent, de fait, son nouveau transhylisme. L'interrogation, dans *Ingrès*, « Ai-je réellement mes deux pieds sur cette terre[301] ? », est relayée par le pinceau de Cattiaux, qui prend aussi en compte le mouvement vers les planètes répété dans le recueil. Un petit texte de Cattiaux paru

300 Frick est signataire, avec Supervielle et Fernand Marc, du manifeste des peintres du transhylisme, lancé autour de la galerie Gravitations, du nom du recueil de 1925 de Supervielle. Le manifeste est cité ici à partir de l'étude de José Vovelle, qui rappelle les bases de ce regroupement dans son « Paris-Copenhague. Aux origines de l'engagement surréaliste des peintres de Halmstad », dans *Un art sans frontières : l'internationalisation des arts en Europe, 1900-1950*, éd. Gérard Monnier et José Vovelle, Paris, Publications de la Sorbonne, 1994, p. 33-46 (p. 36 et 45). Au moment de l'exposition collective du musicalisme autour du peintre Henry Valensi fin 1932, Frick compte parmi les membres du comité d'honneur. Voir « Les artistes musicalistes », *La Renaissance de l'art français et des industries de luxe*, 15e année, no 7-8-9, juillet-septembre 1932, p. 192. Plus tôt, en 1930, Frick est lié au groupe des peintres de Modulations et au lancement de leur éphémère journal d'art avec pour rédacteur en chef le peintre et écrivain André Flament, également haut fonctionnaire. La revue est annoncée par Roland Alix, « Journaux », rubrique « Chez les jeunes », *Les Nouvelles littéraires*, 9e année, no 422, 15 novembre 1930, p. 5.

301 Frick, « Généalogie », *Ingrès*, *op. cit.*, p. 44.

dans *Le Lunain* en 1937 le montre plus généralement sensible, chez un « poète », aux « coups de pieds dans le ventre[302] » que celui-ci lance à ses lecteurs. Et, compris en cela de Frick, il recherche le poétique dans « l'hallucinante transmutation des éléments » et croit savoir le trouver dans le « sel des larmes évaporées[303] ».

Trois ans avant *Ingrès*, Frick confie à Jacques Villon la couverture de *Vibones*, qui a de commun avec le tableau de Cattiaux un espace de ciel et de planète réalisé en hachures noires[304]. Frick connaît Villon au moins de 1914, quand il écoute, dans l'atelier du peintre, Roinard lire sa *Légende Rouge*[305]. Villon conçoit pour *Vibones* deux formes humaines aux jambes en action, au centre d'une sphère surmontée d'une violence nuageuse, avec un imposant éclair au milieu. Cet éclair tire sa base du « S » de *Vibones*, dont les lettres sont stylisées. Le « B » est grossi, s'alimentant à un point de l'éclair, s'alimentant aussi à « l'orage » et à « la foudre » du premier poème du recueil, « Nome », qui évoque l'ocre ou le pourpre des « sanguines[306] », en contraste avec le sobre noir et blanc de la couverture, devenue jaunâtre par les années. Existe, de 1937, un « Dessin-projet pour poème » de Frick par Villon, avec des hachures plus statiques le long d'un personnage à la tête de femme. Sur son buste et son bassin est plaqué un décomposé de bras au bout desquels sont tenus deux organes en leur place anatomique, le cœur et ce que Brettell identifie comme l'utérus[307]. Les pieds ne soutiennent pas le corps mais lui donnent un air flottant, étranger au poids de l'ensemble. En isolation, ces pieds poursuivent l'effet de lévitation du portrait de Frick par Cattiaux. Celui-ci, avec son tableau de « La Belle Ferronnière » de 1934,

302 Louis Cattiaux, « Edgar Poë et les Chinois », *Le Lunain*, 2e année, n° 7, novembre 1937, p. 8.

303 *Ibid.*, p. 7-8.

304 Est aussi composé vers 1935 un portrait de trois-quarts de Frick, tiré en vert, par le graveur Jean Lébédeff, dont l'original est conservé aux Fonds français de la Bibliothèque nationale de France.

305 Voir Les Treize, « La Boîte aux Lettres », *L'Intransigeant*, 34e année, n° 12361, 19 mai 1914, p. 2.

306 Frick, « Nome », *Vibones*, *op. cit.*, p. 5-6.

307 Le dessin est minutieusement décrit par Richard B. Brettell *et al.*, *The Robert Lehman Collection – IX – Nineteenth- and Twentieth-Century European Drawings*, New York, The Metropolitan Museum of Art, 2002, p. 347-349. Brettell offre cette possible piste au poème illustré, qui serait « mysteriously titled » « Sur le vierge papier que sa blancheur défend » (*ibid.*, p. 349), ce qui semblerait plutôt constituer la citation approximative du vers de « Brise marine » de Mallarmé, « Sur le vide papier que la blancheur défend ».

entre nommément dans un poème de Frick publié deux ans après, où jouent les forces du léger et du lourd, qui intriguent justement dans l'image planétaire du Frick de Cattiaux. Le poème, construit à partir des représentations, visuelles ou non, de la Belle Ferronnière, fait retour sur Cattiaux en transgression des lois de la physique lorsque son sujet est Frick. Derrière « la densité gravimétrique » qu'envisage le poème se tiendrait le grand opérateur, Cattiaux, « maniant » « avec » « habileté », comme sur un navire, « les nombreux apparaux[308] ». Invisible pour l'observateur du portrait, l'imaginaire mécanique qui amarre Frick dans l'espace est ainsi explicité par le poème.

Que nous apprennent ce tableau de Frick et ses représentations en dessin ou photographie, qui, elles aussi, ont leur part du personnage à communiquer, dans ses changements ou ses constantes à travers les années ? La succession d'images ne contredit pas les allusions et descriptions faites en mots sur Frick par d'autres, où figure notablement le monocle, encore synecdoque de Frick en 1937 dans un article s'interrogeant sur les « monocles fameux » et leur classement comme espèce « en voie de disparition[309] ». Si, dans un article comme celui-ci, on peut pressentir les années de Frick, son âge et les effets des événements qu'il a traversés sont plus perceptibles dans l'iconographie de sa personne. Le contraste est parlant entre l'extrême jeunesse des premiers portraits, exécutés dans l'avant-guerre, et le rapide vieillissement constaté en 1929, où s'introduit cette pesanteur que seul conteste le tableau de Cattiaux, dans une voie creusée par Chagall. Frick ne s'est pas seulement laissé prendre en image fixe et on sait qu'aux environs de la cinquantaine, il est passé à l'écran, avec ses nombreuses marques de vieillissement et ses soucis d'argent. « [P]oète quinquagénaire » « pauvre », il tirerait bien avantage de sa proposition de 1924, qui le ferait vivre du mécénat de « vingt femmes de l'aristocratie » grâce au versement d'une « pension annuelle[310] ».

308 Frick, « Subalaria negotia ou la Belle Ferronnière », *La Revue doloriste*, 1re année, n° 1, 1er décembre 1936, p. 31. Ce poème des affaires amoureuses est discuté plus loin, avec le tableau « La Belle Ferronnière » de Cattiaux reproduit dans *Revue Digitale*, n° 5, « Louis Cattiaux, le peintre hermétique, vu par la presse depuis 1938 », sur le site Beyaeditions.com. Consulté le 21 septembre 2012.

309 Charles Torquet, « Le crépuscule du monocle », *Le Monde illustré*, 81e année, n° 4131, 20 février 1937, p. 149-150 (p. 150).

310 L'idée énoncée dans son courrier de *Comœdia* par l'« excellent confrère » est rapportée dans la rubrique « À tous échos », *Paris-Soir*, 2e année, n° 356, 25 octobre 1924, p. 2.

Frick arrive dans le monde du film par amitié, comme avec Vigo, ou par besoin pécuniaire, et s'associe sporadiquement à la mise en relation du cinéma et de la poésie. Après Vigo en 1933 mais avant Chenal en 1937, Frick est dirigé par Desnos vers Pierre Lazareff, à qui Desnos a déjà pu référer des amis. Desnos n'envisage pas que Frick fasse une seconde carrière dans le cinéma et Frick ne vise guère plus qu'un cachet ici ou là. *L'œil de Paris* du 20 mai 1933 est bien dans la raillerie lorsqu'il fait « jure[r] » Frick « par le métier de l'écran[311] », en allusion au tournage avec Vigo, alors dans l'incapacité de lui faire obtenir quoi que ce soit dans ce domaine. Desnos pense que les connexions de Lazareff pourraient « utilement » « introduire » Frick « dans le milieu cinéma[312] », ce qui serait de fait une réintroduction. Lazareff, homme de presse et alors à *Paris-Soir*, est aussi susceptible de procurer à Frick des travaux de « correction[313] » pour de modiques rentrées d'argent.

Le poème de *Vibones*, « Vues », conçu sur un mode rétrospectif, expérimente avec les moyens du cinéma. Frick approche la matière en poète, offrant une variation de « cinepoetry », pratique d'écriture dont le mécanisme de base est l'homologie, « a writing practice whose basic process is homological[314] ». Les strophes de *Vues*, consacrées à deux ou trois séquences du passé, avec leurs personnages parfois nommés, Fagus et Émile Zavie, parfois suggérés, mais tous restitués par le regard (voir, apercevoir, paraître) amènent ces scènes et leur enchaînement vers l'idée d'un « mieux », qui serait le « cinéma de l'avenir[315] ». Lui seul, dans une hiérarchie suggérée par le poème, serait capable de « tourne[r] mieux

311 « La conversion du poète », *L'œil de Paris*, *op. cit.*, p. 8.

312 Lettre de Desnos à Frick, non datée (avec indication, au crayon, du 11 avril 1935). HRC, Austin.

313 *Idem* ; et voir la lettre de Frick à Desnos, datée « Mardi », estimée autour de 1934. DSNC 1326, BLJD.

314 Voir Christophe Wall-Romana, *Cinepoetry : Imaginary Cinemas in French Poetry*, New York, Fordham University Press, 2012, p. 3.

315 Frick, « Vues », *Vibones*, *op. cit.*, p. 25-26. Fagus et son alcoolisme sont dits dans le « Pernod de Ménilmontant », partagé avec Zavie. *Ibid.*, p. 25. Ailleurs, Zavie est plus féru d'« absinthe » et tirant sur son « cigare » à l'égal de l'« étoile », avec d'heureux effets pour la « poésie » de Frick et le « ciel de Paris ». Frick, « Le cigare d'Émile Zavie », *Ingrès*, *op. cit.*, p. 27. Les vers « Vous souvient-il Fagus, Zavie / Du pernod de Ménilmontant » entraînent Pierre Guéguen à jouer l'étonné qu'« après tant de panaches » déployés dans son recueil, Frick « appel[le] ainsi » « un pernod un pernod ! » Pierre Guéguen, compte rendu de *Vibones*, rubrique « Actualités poétiques », *Les Nouvelles littéraires*, 11e année, n° 509, 16 juillet 1932, p. 7.

que la girande[316] », mieux que ces jets, d'eau ou de feu, placés en tête du recueil de 1919, *Girandes*. Le noir des « ombrages » et le contraste d'une silhouette « si blanche » relèvent aussi de la technique du cinéma et ses jeux de lumière sur la pellicule en noir et blanc, avec la strophe en équivalent d'un plan cinématographique, où « poetic stanza » et « film shot[317] » communiquent. À la fin de ce quatrain, la poésie revient sur elle-même en chassant la rime par des « vers blancs », et se maintient dans le visuel avec l'homonymie « vers »-*verre*, qu'autorise le ciné-titre du poème, « Vues[318] ». Les quatre vers, repris et moqués par *Ciné-Magazine*, sont complétés par leur version « en prose », où Frick aurait dit que « [l]e cinéma, c'est la stylistique de la dynamique[319] », manière abstraite de rendre le mouvement de la girande. Le cinéma, ce serait encore « la projection de l'empsychose[320] », un spectacle total de l'âme et du corps, tous éléments de définition qui laissent insatisfait le Lynx de *Ciné-Magazine* et son informateur. Frick s'engage aussi dans la défense du « cinéma parlé », puisqu'il serait aberrant de résister à un « fait scientifique[321] ». Il insiste, dans ses propos de *La Griffe* cités par *L'Intransigeant*, sur la nécessité, pour le cinéma, de se découvrir des « thèmes » « d'essence cinématique[322] » qui le distinguent d'une

316 Frick, « Vues », *Vibones*, *op. cit.*, p. 26. Royère souligne, en 1919, le sens courant de « girandes », « [f]usées, jets-d'eau ». Jean Royère, compte rendu de *Girandes*, *Les Trois Roses*, *op. cit.*, p. 154. Fontainas saisit l'occasion d'une définition de « girandes » pour décrire un certain toc dans les « vers » de Frick, « enjoaillés délicieusement de reflets curieux, et disposés en grappes de pendeloques à lumières diversement diaprées, en Girandes colorées qui jettent des feux factices et des éclats bariolés ». André Fontainas, compte rendu de *Girandes*, *Mercure de France*, *op. cit.*, p. 171. Frick est croqué sans flatterie par Joachim Gasquet, qui riposte en vers (Frick-Proconsul l'ayant maltraité dans un quatrain de *Don Quichotte*), avec « l'asphalte », « les limandes » et un « monocle en fleur / Où le moindre reflet se transforme en GIRANDES ». Gasquet est cité par L. Méritan, « Art et Lettres », *L'Homme libre*, 8e année, n° 1356, 7 avril 1920, p. 2.

317 Frick, « Vues », *Vibones*, *op. cit.*, p. 25 ; et Christophe Wall-Romana, *Cinepoetry*, *op. cit.*, p. 47.

318 Frick, « Vues », *Vibones*, *op. cit.*, p. 25.

319 Lynx, « Qu'est-ce que le cinéma ? », rubrique « Échos et informations », *Ciné-Magazine*, 13e année, n° 6, juin 1933, p. 44.

320 *Idem.* Ces propos de Frick semblent avoir été d'abord rassemblés dans l'*Ami du Film* par Fernand Lot, selon *L'Intransigeant*, qui relève que l'intérêt cinématographique de Frick découle du constat d'un « épuis[ement] » des « moyens littéraires ». Frick, cité par Les Treize, « Le poète devant l'écran », rubrique « Les Lettres », *L'Intransigeant*, 54e année, n° 19544, 1er mai 1933, p. 2.

321 Frick, cité par Les Treize, « Nouvelles de partout », rubrique « Les Lettres », *L'Intransigeant*, 54e année, n° 19634, 30 juillet 1933, p. 2.

322 *Idem.*

imitation de la littérature. Les perspectives de l'œil de la caméra, les prises de vue, le travail du montage, le retour de l'image sur l'écran sont implicitement présents, à différentes intensités, dans le dernier vers saccadé de « Vues », « Contre-mont, gravir, refleurir », tenant du haut relief parisien, « Ménilmontant », et d'un bas point de l'« Île-de-France », « Ermenonville[323] ».

Le cinéma, avec ses moyens d'appropriation du paysage hanté par les morts, parcouru par les vivants, est fabricateur d'étonnement, ou de « chose estomirande[324] », mot usuel de Tailhade passé à Frick dès avant la Première Guerre dans sa rubrique à *La Phalange* qui reconnaît à Ernest La Jeunesse une « compétence » « estomirande » par rapport au « "lyrisme militaire" » de Jarry[325]. On pourrait, chez Frick, faire rimer estomirande avec « la forêt de Brocéliande », puisque c'est en ce lieu magique que Tailhade serait allé « cueilli[r] » son « langage[326] », d'après un poème paru en 1935 dans *Ingrès*. Le jeu d'« emprun[t] » est réciproque, souligné par Tailhade, « Si j'ose emprunter à M. Louis de Gonzague Frick un peu de son vocabulaire », pour parler d'une « catastrophe imprévue et céraunienne[327] », fulgurante, terme qui,

---

323 Frick, « Vues », *Vibones*, *op. cit.*, p. 25-26. Un peu du passé de Ménilmontant, « au faîte de la capitale », se poursuit à travers la figure de Zavie fumant, dans le poème de Frick, « Le cigare d'Émile Zavie », *Ingrès*, *op. cit.*, p. 27. En 1915, Zavie a sa strophe dans *Trèfles à quatre feuilles* alors que, soldat, il a été fait prisonnier par les Allemands, et sa « captivité » serait rendue « presque douce », aux dires de Frick, passée à « l'ombre de Jean Paul » et dans un paysage de légendes germaniques. Frick, *Trèfles*, *op. cit.*, p. 15. À cet endroit et ailleurs, le passé culturel de l'Allemagne empiète sur le présent de la guerre pour « [a]douc[ir] » celui-ci. *Idem*. Zavie retient de son long emprisonnement suivi d'une convalescence, une réticence face à l'uniforme, qu'il allège par son humour à l'été 1919 : « J'évite encore les gardes républicaines et j'ai tendance à faire détour quand je vois des gendarmes. Et hier, j'ai salué Barrès, sur la Concorde, militairement ». Émile Zavie, réponse d'enquête, « Les Lettres », *L'Intransigeant*, 40e année, nº 14282, 22 août 1919, p. 2.

324 Frick, « Vues », *Vibones*, *op. cit.*, p. 26. Pour dire l'extraordinaire des « mots » de Paul-Jean Toulet, le Proconsul Frick choisit le verbe « estomir », dans son « Courrier littéraire » du 10 mai 1921 à *Don Quichotte*. Chez Tailhade, ce vocable a servi à la polémique contre Paul Déroulède et son « estomirande scurrilité ». Laurent Tailhade, « À Monsieur Paul Déroulède », *Lettres familières*, Paris, Librairie de La Raison, 1904, p. 30-34 (p. 31).

325 Frick et Marc Brésil, « Revues », *La Phalange*, *op. cit.*, 20 mars 1913, p. 264.

326 Frick, « Odor urbanitatis », *Ingrès*, *op. cit.*, p. 25-26 (p. 26). Pour Salmon, Frick est héritier de Tailhade, chez qui il aurait « pri[s] un certain sens de la perfection verbale insolite ». André Salmon, *Souvenirs sans fin*, *op. cit.*, p. 327.

327 Laurent Tailhade, *Les « commérages » de Tybalt*, Paris, Crès, 1914, p. 91.

outre *Vibones*[328], refait surface dans *Enif*[329]. Frick partagerait bien une rareté inédite avec Tailhade, « poète élégiaque et aristophanesque », dans *Quantité discrète*, pour voir son imagination et sa dextérité travailler ce « vocable » d'un lointain rapproché par le colonial : « Oh ! que n'eussiez-vous fait du mot Noukahiva[330] ? » L'intimité de Frick avec le langage de Tailhade passe encore par les travaux de correction des épreuves de son livre de 1913 dans sa version étendue de 1920, *Quelques fantômes de jadis*[331].

Le cinéma remonte, dans la poésie de Frick, à la Première Guerre, alors que se développe le cinéma aux poilus. Les bandes d'actualité projetées aux soldats amènent le sujet du poème « Trébizonde », occupée à l'heure de la *Campagne 1916* par l'armée russe, ville d'une longue histoire intégrée au poème, bientôt le site de massacres de populations[332]. Le cinéma, destiné, de la part des services de l'armée, à maintenir le moral des soldats, a pour effet double, dans la strophe initiale, de communiquer le factuel qu'est la « prise » du port par les « Russes » et de susciter le « rêve » et réanimer la légende à la vue du « nom de Trébizonde », cette « Reine verbale », ce « délice du monde[333] ». Dans la multiplication des reines de Trébizonde, celle tirée de la légende par Klingsor, « morte[334] » d'amour, est de mémoire récente par sa réédition de 1913. Chez Frick, nulle considération de la diffusion de l'information ni de la manipulation à laquelle peut se prêter l'image mais quelques questions sont posées sur l'avenir de cette région, entre « Turcs » et « Cosaques », et à partir du « grand cinéma de mon cantonnement », le poème s'élance simultanément vers l'étendue mythique de la Mer Noire et de la Méditerrannée orientale, « dieu Baal » et « bœuf Apis[335] ».

328 Voir Frick, « Appétit concupiscible », *Vibones*, *op. cit.*, p. 24. Le mot est repéré dans ce recueil par Maurice Rheims, *Dictionnaire des mots sauvages*, *op. cit.*, p. 74.

329 Lire Frick, « Médianoche chez André Mora », *Enif*, *op. cit.*, p. 23.

330 Frick, « Laurent Tailhade », *Quantité discrète*, *op. cit.*, p. 41.

331 Les Treize, « Les Lettres », *L'Intransigeant*, 41e année, no 14395, 2 janvier 1920, p. 2.

332 Un campement d'« une quinzaine de jours à Trébizonde », à l'heure de l'occupation rhénane, sur fond de rivalité franco-anglaise en dépit des alliances, est chez Pierre Benoit, *L'oublié – roman*, Paris, Albin Michel, 1922, p. 15.

333 Frick, « Trébizonde », *Sous le Bélier*, *op. cit.*, p. 14. Le poème est dédié à André Billy.

334 Tristan Klingsor, « La reine de Trébizonde », *Poèmes de Bohême*, Paris, Mercure de France, 1913, p. 33-35. Le poème paraît en 1895 dans le recueil *Filles-fleurs*.

335 Frick, « Trébizonde », *Sous le Bélier*, *op. cit.*, p. 14.

À travers les nouvelles de la guerre, peut-être les fameuses *Annales de la guerre*, le cinéma, dans ses images et ses cartons, est porteur d'émerveillement pour le poète, qui s'interroge : « Est-ce un rêve[336] ? » En mai 1915, *L'Intransigeant* annonce avec enthousiasme que des séquences « authentiques », enregistrées sous la surveillance de l'armée, viendront bientôt témoigner « chaque semaine », en des « films glorieux[337] », du quotidien du soldat. Frick juge d'une manière beaucoup plus sévère la distraction offerte aux soldats par le théâtre aux armées, qu'il a vu en œuvre dès août 1914 « dans les dépôts[338] » et qui, à son goût, se serait rarement élevé au-dessus de la chanson populaire. C'est ce qu'il écrit à Guillot de Saix, qui veut établir un panorama des spectacles en pleine guerre et qui prend le contrepied de l'élitisme de Frick, selon lequel « [l']art ne franchira en aucun temps les barrières » et « ne peut s'épanouir qu'au sein des élites[339] ». La nouveauté du cinéma en ces lieux de cantonnement lui permet d'échapper aux foudres de Frick. En 1934, le théâtre est devenu pour Frick le grand risque du cinéma, qui doit éviter de reprendre à son compte ses intrigues faciles et son caractère conventionnel. L'idée est autrement exprimée l'année précédente, où sont récusés pour l'écran « comédies », « drames » et « machines historiques[340] ». Frick maintient le cinéma dans le domaine du neuf, grâce aux possibilités offertes par « ses incomparables ressources techniques », mais cet avenir prometteur n'est pas une rupture avec le passé ni avec la sagesse de la mythologie méso-américaine, « le principe des choses neuves contenu dans *Le Popol Vuh*[341] », où « *Vuh* » combine le monde maya et la vue au cinéma.

Un émerveillement particulier, dans un poème d'*Oddiaphanies* des années cinquante, connecte Frick une dernière fois avec le cinéma, par le biais d'un « film magique[342] » où est imaginé un nouveau chapitre de *La*

336 *Idem*. Les *Annales de la guerre*, série d'informations, datent de l'été 1916 et étaient produites à un rythme hebdomadaire. Voir Andrew Kelly, *Cinema and the Great War*, London-New York, Routledge, 1997, p. 80.

337 « Le Cinéma aux Armées », *L'Intransigeant*, 35e année, no 12721, 14 mai 1915, p. 2.

338 Frick est cité par Guillot de Saix, « Le théâtre aux armées », dans *Le Théâtre pendant la guerre : notices et documents*, éd. Ad. Aderer *et al.*, Paris, Publications de la Société de l'Histoire du Théâtre, 1916, p. 50-57 (p. 53).

339 *Idem*.

340 Frick, cité par Les Treize, « Le poète devant l'écran », *L'Intransigeant*, *op. cit.*, p. 2.

341 Frick, « Intégrité du cinéma », rubrique « Libres opinions », *Paris-Soir*, 12e année, no 3884, 26 mai 1934, p. 8.

342 Frick, « Cantatille », *Oddiaphanies*, *op. cit.*, p. 34.

Belle au bois dormant, alors que Supervielle remanie sa version théâtrale avec Barbe-Bleue en « cavalier[343] » attendu et une Belle déterminée. En 1932, l'année de création de la pièce de Supervielle, « une fugue aux bois dormants » est reliée, chez Frick, à un langage charmant-charmeur, « illécébran[t][344] ». Près de Frick, l'œuvre d'Allard fournit l'exemple d'un poème qui redessine le personnage de la Belle en « vierge au bois dormant » mue par un « dési[r][345] » présenté comme partagé avec celui qui la convoite. Même aux heures où elle est surveillée par sa « mère », *L'appartement des jeunes filles* l'associe aux « caresse[s] », aux « fards » des « dames peintes » dont le rôle est d'éduquer ses futurs « amants[346] ». Celui à travers lequel tout est dit et tout est fantasmé finit par confondre en « [s]œurs étrangement pareilles » la « vierge au bois dormant » et la prostituée qui est déjà sa rivale, « qui de vous deux / M'a su regretter le mieux[347] ». Ailleurs, vers cette époque, Allard puise à la quenouille du conte pour créer en plein « appartement » un espace de séduction, un « bois dormant », qu'il « tisse » aux sons de « [s]a guitare », « Ma guitare en ce lieu vous tisse un bois dormant[348] ». De son recueil de la fin du siècle, *Filles-fleurs*, Klingsor a sa « Belle au bois dormant », d'un air moins explicite mais avec aussi son côté suggestif. À l'approche du « Prince » qui, par la « métempsycos[e] » est passé du « rêve » au « Chevalier Printemps », la Belle, fleur parmi les fleurs, se montre avec « une rose aux lèvres » mise à la rime entre « sève » et « rêve », chacun lié à celui qui est venu la ramener à la vie, l'« avive[r][349] ». Bien plus tard qu'Allard ou Klingsor, le poème « Cantatille » de Frick révise le conte de manière leste et remplace le prince charmant par un « je » « photogénique[350] ». Sur la scène de « tourn[age] » décrite par les vers, un « halo », comme venu d'un projecteur, « illumine[351] » le je-acteur auquel il faut une princesse. Le film prend une existence plus concrète

343 Jules Supervielle, *La Belle au Bois* (version de 1953), suivi de *Robinson ou L'amour vient de loin*, Paris, Gallimard, 1953, p. 12.

344 Frick, « Envois recommandés », *Vibones*, *op. cit.*, p. 35.

345 Roger Allard, « Les amies du lendemain », « L'appartement des jeunes filles » (1911-1914), *Poésies légères, 1911-1927*, Paris, Gallimard, 1929, p. 85-86.

346 *Idem.*

347 *Idem.*

348 Roger Allard, « Les feux de la Saint-Jean » (1914), *Poésies légères*, *op. cit.*, p. 115-124 (p. 123).

349 Tristan Klingsor, « La Belle au bois dormant », *Poèmes de Bohême*, *op. cit.*, p. 7-8 (p. 8).

350 Frick, « Cantatille », *Oddiaphanies*, *op. cit.*, p. 34.

351 *Idem.*

dans la personne de « l'atournaresse[352] », par les tâches qui lui revenaient anciennement de parer et orner les fiancées et les épousées, faisant d'elle ici la costumière, la maquilleuse. Par ailleurs, « atournaresse » et « d'estours », quelques vers plus loin, forment avec « [j]e tournerai[353] » une petite chaîne lexicale liée au filmage.

Le semblant de film déroulé dans le poème fait renouer Frick, jusqu'à un certain point, avec le genre érotique du *Calamiste alizé*, paru sans nom d'auteur ni d'éditeur en 1921 chez Kra par l'entremise de Malraux, directeur littéraire de la maison et responsable avec Simon Kra d'une série de publications clandestines[354]. Début 1922, un ouvrage intitulé *Orgiaques* est indiqué à paraître aux éditions du Sagittaire avec Frick pour auteur. *Le Rappel* informe du titre, *Orgiaques*, et de l'éditeur, Sagittaire-Kra, en un parallèle dé-clandestinisé du *Calamiste*[355]. Des quatre recueils attribués à Frick dans l'Annuaire international des lettres de 1922, *Orgiaques* serait le plus récent en date[356]. L'idée a peut-être germé, un moment, d'inclure la poésie érotique de Frick dans le catalogue de la maison d'édition de Simon Kra. Les 150 exemplaires du *Calamiste alizé* n'ont pas le type de diffusion dont aurait pu potentiellement bénéficier *Orgiaques*[357].

Deux entrefilets consécutifs de *L'Intransigeant* feraient plutôt croire que l'invisible *Orgiaques* mentionné avec nom d'auteur a fourni le moyen de signaler Frick comme concepteur du *Calamiste*[358]. Le lecteur passe, en quelques lignes, de Frick qui « va faire paraître » *Orgiaques*, à un « On vient de faire paraître[359] » pour *Le Calamiste*, laissé dans un pseudo-anonymat. Les vers du *Calamiste*, « qu'il ne siérait pas de mettre entre toutes les mains », et l'annonce d'*Orgiaques* voisinent avec les nouvelles de la « Semaine des écrivains catholiques[360] », parrainés par un cardinal, un monseigneur et un maréchal, public trouvé à point par les Treize

352 *Idem.*
353 *Idem.*
354 Voir André Vandegans, *La jeunesse littéraire d'André Malraux*, *op. cit.*, p. 28-29.
355 Voir la rubrique « À paraître », dans *Le Rappel*, n° 18652, 4 janvier 1922, p. 3. S'il évoque une « orgie » à « finir », *Le Calamiste* ne recourt pas au terme *orgiaques*. [Frick], « Je promène… », *Le Calamiste alizé*, Paris, [Simon Kra], 1921, p. 13-14 (p. 14).
356 Voir l'*Annuaire international des lettres*, *op. cit.*, 1922, p. 105.
357 À la librairie de L'Ancien Temps, Lucien Kra se serait occupé de « diffus[er] » les quelques titres clandestins « auprès des clients intéressés ». Voir François Laurent et Béatrice Mousli, *Les Éditions du Sagittaire, 1919-1979*, Paris, Éditions de l'IMEC, 2003, p. 52.
358 Les Treize, « Les Lettres », *L'Intransigeant*, 43e année, n° 15128, 5 janvier 1922, p. 2.
359 *Idem.*
360 *Idem.*

pour condamner ces écrits, qu'ils existent ou pas. L'abonné attentif de *L'Intransigeant* n'a pas à chercher loin pour une confirmation de l'auteur véritable du *Calamiste*, dévoilé en 1919 par Frick, qui s'était poliment approprié le titre (« si cela vous convient ») pour « un opuscule de vers[361] » à la sortie prévue au début de l'année 1920. Pellerin fait allusion à des vers licencieux de Frick en mai-juin 1919, quand il se dit empêché, dans *Le Carnet critique*, de les citer, et glisse à la place une revendication de liberté pour la poésie, qui peut tout « parer[362] ». Enfin, le secret du *Calamiste* avait peu de mystère en 1921.

Le recueil va entrer dans l'Enfer de la Bibliothèque nationale, comme le répertorie en 1978 Pia, qui retient, un peu par choix, Robert de La Vaissière comme le premier à avoir signalé, vers l'été 1922, quel auteur se dissimulait derrière *Le Calamiste*[363]. À l'autre bout de sa vie, Frick écrit, le 17 mai 1955 à Pia, avoir un « recueil » érotique prêt pour un éditeur, qu'il intitule « Le dieu coquin », « d'un érotisme convenable mais tout à fait incandescent[364] ». L'information de Frick s'adresse, en la personne de Pia, à un lettré dans ce champ. Frick souhaiterait être dirigé vers une maison d'édition « susceptible[365] » d'imprimer ces pages d'un retour au genre du *Calamiste.* Le mois précédent, en avril 1955, quand sort *Abrupta nubes*, « Le dieu coquin » est mentionné « À paraître » dans la liste des œuvres de Frick, en regard de la page de titre, classé dans la catégorie « Sous le manteau ». Resté inédit ou pas, ce « dieu coquin » est plus souterrain que *Le Calamiste* et plus dûment avéré qu'*Orgiaques*, esquivé à la suite des indices semés en 1922. Entre « dieu coquin » et le « dieu Wunsch ou Désir » d'*Ingrès*, Frick se fait « sexolog[ue] » avec une « corbeille de gamètes, gonades, zygotes » et considère le sujet ainsi « abord[é] décemment[366] ». À la suite d'*Ingrès*, un nouveau titre de recueil au devenir aussi peu certain qu'*Orgiaques* est révélé, *Festivités euphoniques*,

361 Frick, réponse d'enquête, *L'Intransigeant*, *op. cit.*, 10 septembre 1919, p. 2. La question d'éditeur retarde sans doute la parution.

362 Voir Jean Pellerin, compte rendu de *Girandes*, *Le Carnet critique*, *op. cit.*, p. 39.

363 Pascal Pia, *Les Livres de l'Enfer – Bibliographie critique des ouvrages érotiques dans leurs différentes éditions du* XVI*e* *siècle à nos jours – Tome I, A à L*, Paris, C. Coulet et A. Faure, 1978, p. 96-97 (p. 96).

364 Lettre de Frick à Pascal Pia, du 17 mai 1955, en vente par Piasa, le 20 novembre 1913, lot 280, sur le site invaluable.com. Consulté le 31 décembre 2013.

365 *Idem.*

366 Le poème « Sexologie », recueilli dans *Ingrès*, paraît précédé de quelques mots d'introduction de Frick, dans « M. Louis de Gonzague Frick, poète érotologue », *Comœdia*, 28e année, no 7946, 11 novembre 1934, p. 3.

avec en primeur trois de ses vers, aux « affinités divellentes[367] », double action d'un rapprochement et d'une séparation, chimiquement mais aussi poétiquement ou amicalement.

En 1921, à la parution du *Calamiste*, Roch Grey exploite le relatif anonymat du recueil pour faire de son auteur « le Calamiste Alizé, qui, monoclé, sanglé d'une redingote impeccable, porte vaillamment son sacerdoce[368] », personnage sans nom mais suffisamment ressemblant. Roch Grey évoque une « synthèse de tous les luxes terrestres[369] », à quoi peut faire écho la manière dont Frick décrit cette amie, « [r]ésolue à tout acte de beauté[370] », dans un poème recueilli pour la publication posthume d'*Enif*. Frick pratique, pour Roch Grey, sa vieille technique des acrostiches, le « R » initial de « Résolue » n'étant donc pas mis pour Russe mais pour cette détermination de la baronne Hélène d'Oettingen, alias Roch Grey, à se mettre au service de la beauté. La Russie est esquissée par l'« Y » des « Yakoutes », venus après les « steppe[s] », et le second « R » apporte son prénom et la constance de son soutien, « Roc », aux projets de son entourage, les auteurs entendus dans « Hauteurs[371] », parmi lesquels Apollinaire. L'œuvre de Roch Grey n'est pas oubliée non plus mais Frick ne se réfère explicitement ni à sa peinture ni à sa prose, et mentionne plutôt « ses forts poèmes[372] ». Roch Grey elle-même relève, dans *Le Calamiste*, à côté de « la bonne humeur » « l'humour » et, plus ironiquement, une « pureté » des « syllabes sonores[373] ».

Le Calamiste a au moins une réimpression, qu'une lettre de Frick à Desnos permet de dater de la fin de l'année 1938, édition de luxe dont Frick offre un exemplaire à Desnos[374]. Celui-ci le « remerci[e] », le 20 décembre, « du livre magnifique » que Frick a « eu la gentillesse d'apporter chez » lui et insiste sur leur communauté d'esprit quand il s'agit de « la liberté », « inspir[atrice][375] » du *Calamiste*. Est-ce la version

---

367 Fernand Lot, « Louis de Gonzague Frick et les préoccupations frickiennes », *Comœdia*, *op. cit.*, p. 3.

368 Roch Grey, compte rendu du *Calamiste alizé*, *Action*, 2e année, numéro hors-série no [12], 1921, p. [5].

369 *Idem.*

370 Frick, « Acrostiche Auxithalle », *Enif*, *op. cit.*, p. 19.

371 *Idem.*

372 *Idem.*

373 Roch Grey, compte rendu du *Calamiste alizé*, *Action*, *op. cit.*, p. [5].

374 Lettre de Frick à Robert Desnos, cachet du 6 décembre 1938. DSNC 1330, BLJD.

375 Lettre de Robert Desnos à Frick, du 20 décembre 1938. DSNC 699, BLJD.

comportant un texte manuscrit de Frick, avec onze gravures d'Auguste Brouet, publiée, à l'instar de l'original, dénuée de renseignements sur l'auteur ou l'éditeur[376] ? La page de titre comporte en exergue deux vers absents en 1921, avec une « almée », exotisme de la danseuse orientale, qui « tangue comme un brick », et où le mot-rime choisi dans un anglais vulgaire, « prick »-« brick[377] », constitue une signature convenue, accentuée par la scène de fellation dessinée par Brouet. Le mot « almée » n'est pas lui-même sans renvoyer, en condensé, aux sonorités du *Calamiste alizé*. La poésie de Frick se survit, aujourd'hui, de manière univoque dans la mesure où, à travers *Le Calamiste*, elle n'est reprise que par des anthologies érotiques[378]. En août 1932, à l'occasion du mariage de Valançay, Frick se redécouvre, ainsi que l'avait nommé Roch Grey, en « Calamiste Alizé », souhaitant à Valançay « la plus extraordinaire ardeur génésique[379] ».

Si *Le Calamiste alizé* est un livre qui se vend « sous le manteau le plus épais[380] », le poème d'*Oddiaphanies* « Cantatille », petite cantate ou poème lyrique, peut, un instant, sembler de rien et garder son sens caché. Le poème termine sur l'amour de la musique et le bonheur du « je », équivalent à celui d'« un mélomane[381] ». Cependant, la source de ce bonheur dérive, à la première strophe, d'un ensemble de termes au potentiel scabreux, « décuplé », « entregent », « Enfilerai », « venelle[382] ». Dans l'éventualité où la Belle au bois dormant « se rendor[mirait] », après

376 Cette édition avec des gravures de Brouet est estimée à 1940 par le catalogue de vente, *Erotic Catalogue*, Budapest, Múzeum Antikvárium, p. 22, sur le site muzeumantikvarium.hu. Consulté le 15 novembre 2013. Deux éditions du *Calamiste* seraient illustrées par Brouet, en 1930 et 1940, d'après les informations relayées par René Fayt, « André Malraux, Pascal Pia et le monde du livre dans les années vingt », *Histoires littéraires*, vol. 13, n° 52, oct.-nov.-déc. 2012, p. 67-88 (p. 81-82).

377 [Frick], *Le Calamiste alizé*, avec des gravures d'Auguste Brouet, n. p.

378 L'un des poèmes du *Calamiste*, « Trou du cul de la Bien-Aimée… », est repris dans *Éros émerveillé – Anthologie de la poésie érotique française*, éd. Zéno Bianu, Paris, Gallimard, 2012, p. 254. La mémoire de Conem lui fait revenir à l'esprit les deux premiers vers de ce poème du *Calamiste* à la lecture des alexandrins d'une allure plus respectable de Chabaneix : « Quel nom de fleur te donnerai-je ? » de Frick, entendu dans « T'appellerai-je encor du nom de fiancée ». Francis B. Conem, compte rendu de *Philippe Chabaneix* d'André Blanchard et Robert Houdelot, dans *Revue des Sciences Humaines*, nouv. série, n° 132, octobre-décembre 1968, p. 698-701 (p. 700).

379 Lettre de Frick à Valançay, datée du « dimanche 7 août [1932] ». Getty, LA (950057).

380 L'expression, bien choisie pour dire la clandestinité du *Calamiste*, est de René Fayt, « André Malraux, Pascal Pia et le monde du livre », *Histoires littéraires*, *op. cit.*, p. 81.

381 Frick, « Cantatille », *Oddiaphanies*, *op. cit.*, p. 34.

382 *Idem.*

avoir été une première fois dérangée dans son sommeil, deux oiseaux entreraient en jeu, un grand aigle (le « pygargue ») et un vautour (le « condor ») qui, de fait, peuvent se transformer, par l'étymologie ou la sonorité, en parties du corps spécifiquement choisies : le mot « pygargue » en fesses blanches et le mot « condor[383] » en sexe féminin. Et puisqu'il est question d'« oiseaux », ceux qui s'approchent de la « princesse » du poème « Au bois dormant » de Valéry et qui « mordent ses bagues d'or[384] » ont des cousins bien éloignés dans les « condor » et « pygargue » aux connotations chargées par l'écriture de Frick, chez qui la rime est appelée par « se rendort[385] », comme chez Valéry elle était suscitée par « dort[386] », réveil chez l'un, sommeil chez l'autre. L'oiseau de proie et le vautour de « Cantatille » fournissent un code de lecture au reste du poème, et à son « film magique[387] », pornographie greffée aux éléments du conte traditionnel. Ce poème d'*Oddiaphanies*, qui peut rétablir, avec les étapes du sommeil la connexion entre *caméra* et son sens originel de chambre, ajoute à l'arsenal du langage érotique de Frick les ressources du cinéma, mettant un peu de technologie et de termes rares dans le traitement du sujet, là où, en 1921, *Le Calamiste alizé* n'avait procédé qu'à un zoom sur le couple. L'*alizé* du titre réintègre son origine dans le personnage d'Alize, « Reine des Vierges », dans un poème de l'année d'avant *Oddiaphanies*, où une révélation de ses mystères vaut bien la mort, « J'accepterais le mausolée / Si je devais y recevoir / Les secrets de votre miroir[388] ». Ce vœu de sacrifice émane d'un calamiste qui ne laisse pas son nom.

Le « calamiste » a un faible écho dans la « sarbacane[389] » du poème « Roue libre » dédié à Frick par Salmon, qui range ce poème dans

383 *Idem*. Du « splendide con » de la « Reine » du *Calamiste alizé* au "con d'or" de la princesse de « Cantatille », le langage s'est à peine masqué. [Frick], « Je promène… », *Le Calamiste alizé*, *op. cit.*, p. 13.

384 Le poème de Valéry est d'abord publié en 1891 sous le titre « La Belle au bois dormant » puis devient en 1920, avec des changements, « Au bois dormant ». Paul Valéry, « Au bois dormant », « Album de vers anciens », *Poésies*, Paris, Gallimard, 1992, p. 11.

385 Frick, « Cantatille », *Oddiaphanies*, *op. cit.*, p. 34.

386 Paul Valéry, « Au bois dormant », *Poésies*, *op. cit.*, p. 11.

387 Frick, « Cantatille », *Oddiaphanies*, *op. cit.*, p. 34.

388 Frick, « Alize », *Abrupta nubes*, *op. cit.*, p. 11. Le titre du *Calamiste alizé* signifierait « l'écrivain qui soupire », selon Sarane Alexandrian, « Un grand seigneur de la poésie moderne », *Supérieur inconnu*, *op. cit.*, p. 75.

389 André Salmon, « Roue libre », *Odeur de poésie*, Marseille, Robert Laffont, 1944, p. 85. L'édition a pour achevé d'imprimer la date du 22 février 1944, jour de l'arrestation de Desnos à Paris.

la section précisément intitulée « Érotiques », de son recueil de la Deuxième Guerre, *Odeur de poésie.* Le calame, taillé dans le roseau, qui a son cousin dans *Le Calumet* de 1910 de Salmon[390] ou son précédent dans *Trèfles à quatre feuilles* puis *Sous le Bélier de Mars*[391], est un instrument d'écriture d'usage ancien. Il connaît une similaire application chez Walt Whitman, où *Leaves of Grass* a son « *Calamus* » qui pousse dans la végétation au bord des étangs, « *In the growths by margins of pond-waters* », et dont les feuilles nourrissent l'écriture, « *Leaves from you I glean, I write*[392] ». La « sarbacane » de « Roue libre », par sa forme et son origine végétale, s'apparente un peu au calame et dérive vers le « calamiste » avec Frick, d'autant plus que cette sarbacane est, dans le poème, l'objet porté « à la bouche / D'Eros manœuvré par Satan » pour créer le vent passant sous les « [j]upes » de la jeune fille aux « longues jambes polies[393] ». La fille en question est identifiée comme « Europe sur sa bécane », à l'image d'Europe sur Zeus-taureau, en lien aussi au continent en guerre, avec un « Satan[394] » manipulateur. Outre les bicyclettes de Paris occupé, l'« Europe sur sa bécane[395] » est le continent avec sa mitrailleuse, la « bécane » de l'argot de la Première Guerre, commun à Frick et Salmon ainsi qu'à tant de leurs amis. Arme ou moyen de locomotion, la « bécane » est emblême de ce qu'on n'a pas, de ce qui peut opprimer, de ce qui, en « [r]oue libre », peut faire croire à un rêve de liberté, « songe cahotant » sur les « [p]avés de Paris[396] », projectiles des révoltes passées. Ces rues de Paris sont celles

---

390 Salmon est équipé de sa pipe, son « calumet », par Frick et Marc Brésil dans « M. André Salmon ou le tzigane féérique », *Les Marges*, *op. cit.*, p. 101. Au détour d'une phrase où Frick est « dandy, précieux, toujours élégant, raffiné, ambigu, parfois monoclé », Rey oppose *Le Calumet* de Salmon au *Calamiste.* Jean-Dominique Rey, *Mémoires des autres, I. Écrivains et rebelles*, Mont-de-Marsan, L'Atelier des Brisants, 2005, p. 57.

391 Voir, de Frick, *Trèfles*, *op. cit.*, p. 11 ; et « Vers l'Églogue », *Sous le Bélier*, *op. cit.*, p. 9.

392 Walt Whitman, « In Paths Untrodden », dans « Calamus » (*Leaves of Grass*), *The Works of Walt Whitman*, Ware (Hertfordshire), Wordsworth, 1995, p. 106 ; et « Scented Herbage of My Breast », *ibid.*, p. 106-108 (p. 106).

393 André Salmon, « Roue libre », *Odeur de poésie*, *op. cit.*, p. 85. Éros, anagrammatiquement l'essentiel du roseau.

394 *Idem.*

395 *Idem.* Ailleurs dans *Odeur de poésie*, « la mitrailleuse » de la Première Guerre fait fuir des « milliers de petits oiseaux » qui « rev[iennent] en troupe [...] après la pluie » en un poème confondant, dans « [l]es animaux de la tranchée », « rat », « taupe », « caille », « oiseaux » et soldats. André Salmon, « La guerre et les animaux 1914-1918 », *Odeur de poésie*, *op. cit.*, p. 54-55.

396 André Salmon, « Roue libre », *Odeur de poésie*, *op. cit.*, p. 85.

qu'arpente à toute époque Frick, promoteur depuis son *Calamiste* de 1921 des « pudeurs abolies[397] ».

De la guerre et ses engins, Salmon est « Poëte-voltigeur[398] » de *Trèfles à quatre feuilles*, fantassin dans une unité mobile. L'arme qu'il a entre les mains, « [p]our le combat », est « sa lyre éolienne », effleurée du même « vent » peut-être que celui qui « apporte » à Frick, dans la « tranchée » où il est retenu, un « parfum » printanier de « Lilas[399] » venu de chez Salmon, une odeur de poésie qui resurgit à la Deuxième Guerre, comme à l'une des extrémités de Paris, aux Lilas, non loin de Belleville. Salmon, natif du « Faubourg Saint-Antoine », comme Frick le rappelle dans le poème « Lignage de Paris », reçoit pour « demeure » le lieu attribué aux Muses, l'« Hélicon[400] », d'où Frick l'avait fait descendre vingt ans auparavant, dans *Trèfles*[401], pour suivre l'ordre de mobilisation. Quant à Salmon, s'il avait à rebaptiser les rues de Paris, il y mettrait une « rue Louis de Gonzague-Frick[402] », dans le voisinage de celles de Carco et de

---

397 *Idem.*

398 Frick, *Trèfles*, *op. cit.*, p. 7.

399 *Idem.*

400 Frick, « Lignage de Paris », *Ingrès*, *op. cit.*, p. 24.

401 Frick, *Trèfles*, *op. cit.*, p. 7.

402 André Salmon, « Première chambre du Muséum criminel du policier Laitance », *Action*, 1re année, no 1, février 1920, p. 52-63 (p. 61). Frick est encore héritier de « l'avenue Victor Hugo », qui devient « l'avenue Louis de Gonzague-Frick », dans l'ouvrage de 1931 aux auteurs sous pseudonyme, Jehan Sylvius et Pierre de Ruynes, *La Papesse du Diable*, Paris, Terrain Vague, 1958, p. 66. En 1924, une « causerie » de Pierre des Ruynes sur « *Louis de Gonzague Frick ou les Girandes de Paris* » au Caméléon est annoncée pour le 18 novembre, avec le concours de Frick, dans *La Semaine à Paris*, ainsi que dans *Paris-Soir*, à l'époque où Desnos contribue régulièrement au journal. Voir la rubrique « Conférences », *La Semaine à Paris*, 4e année, no 129, 14 novembre 1924, p. 71 ; et Les Académisards, « Petit Mémorial des Lettres », *Paris-Soir*, 2e année, no 406, 14 novembre 1924, p. 2. Peu de jours après, *Paris-Soir* cite de cet événement la filiation de Frick avec Honoré d'Urfé, qui ferait de lui l'initiateur d'un « Pays du Tendre » parisien, tracé par *Le Calamiste alizé* ou la fréquentation du Belleville des prostituées, l'« érotologie » rapprochant l'élève du maître. Rubrique « À tous échos », *Paris-Soir*, 2e année, no 414, 22 novembre 1924, p. 2. Lobet note le numéro spécial de *La Nervie* réunissant, en 1926, les conférences du Caméléon, avec les mots de Pierre Renaud sur Frick. Voir Marcel Lobet, « Les amitiés belges », *Bulletin de l'Académie Royale*, *op. cit.*, p. 194. Frick est encore l'objet d'une conférence de Pierre Renaud en janvier 1927, au Salon Vérité, d'après Le Lutécien, rubrique « Nouvelles littéraires », *Comœdia*, 20e année, no 5114, 31 décembre 1926, p. 2. « Pierre des Ruines » n'a pas manqué le repas des Artisans du Verbe en l'honneur de Frick en juin 1924. Voir « Le dîner des Artisans du verbe », *Comœdia*, *op. cit.*, p. 3. Sur Pierre des Ruynes, alias Pierre Renaud, auteur en 1929 de *L'Amour m'appelle ailleurs*, dont la préface indique une amitié avec Frick, se reporter à Jean-José Marchand, « Le destin de Pierre des Ruynes »,

Mac Orlan, du moins selon les plans imaginés dans son récit de 1920, « Première Chambre du Muséum criminel du policier Laitance », pour mieux plaire au goût du jour. Quand cette « 1re Chambre » est intégrée en chapitre aux *Archives du Club des Onze*, de nombreux changements sont apportés aux rues et celle de Carco n'existe plus. Dans cette nouvelle toponymie de 1923, Frick possède le maximum de tirets possible, dans sa « Rue Louis-de-Gonzague-Frick », qui jouxte immédiatement la « Rue Mac-Orlan[403] », avec le tiret également, dont l'usage est généralisé ici. À supposer qu'un paragraphe découpe un espace urbain, Frick est dans le quartier de la « Rue Obscène » et la « Rue Belles-Manières » et, pour la correspondance, « Rue du Timbre-Oblitéré » ; puis pour l'origine familiale, « Quai du Livret-de-Famille » ; et pour l'ancien combattant, « Quai du Livret-Militaire », l'ensemble de ce tracé situé non loin de la « Rue Monsieur-Paul-Léautaud[404] ». Explorer ces rues, c'est passer par les amitiés et l'implicite qu'elles contiennent.

Récité en 1933 par Frick à la soirée des Amis de 1914 pour Salmon, « Lignage de Paris », poème divinatoire, assimile l'auteur de *Prikaz* à un oracle capable de répondre aux questions sur les révolutions « qui doi[vent] éclater demain[405] ». Nommé pour son « œil » expérimenté sur la Russie en transformation, Salmon est censé « aper[cevoir] », dans le Paris remué par les ligues et ceux qui leur font face, la fin des « temps de la servitude » pour « le grand corps social[406] ». La poésie de Frick ne se veut pas, à cette date, complètement à l'abri des slogans entendus aux extrêmes, et « [i]nscri[t] » les indices de changement politique dans l'histoire

---

dans *Les ratés de la littérature*, éd. J.-J. Lefrère, Michel Pierssens et J.-D. Wagneur, Tusson, Du Lérot, 1999, p. 119-125 (p. 124). Ils sont remarqués ensemble « sur les gradins » du cirque à assister au spectacle des « frères Bouglione », d'un côté Frick, « le maître », de l'autre « Pierre Renaud plus druidique que jamais ». « Cirque franco-belge », rubrique « Les music-halls », *L'Homme libre*, 21e année, n° 6225, 8 août 1933, p. 2. *L'Homme libre* fait allusion au « jugement d[e] maître » porté par Frick sur le Cirque Gleich dans un article qu'a relevé la rubrique peu de jours avant. Voir « Cirque Gleich », rubrique « Les music-halls », *L'Homme libre*, 21e année, n° 6219, 2 août 1933, p. 2.

403 André Salmon, *Archives du Club des Onze*, Paris, G. & A. Mornay, 1923, p. 88.

404 *Ibid.*, p. 88-89.

405 Frick, « Lignage de Paris », *Ingrès*, *op. cit.*, p. 24. La première strophe est citée par Fernand Lot, « Les Amis de 1914 reçoivent André Salmon », *Comœdia*, 27e année, n° 7582, 12 novembre 1933, p. 3. En décembre, le poème est publié dans le *Bulletin des Amis de 1914*.

406 Frick, « Lignage de Paris », *Ingrès*, *op. cit.*, p. 24. Le recueil de Salmon, *Prikaz*, date de 1919, et contient déjà, à l'envers, cet *Hourra l'Oural* qu'Aragon publiera en 1934 : « l'Oural / -Hourrah ! » André Salmon, *Prikaz*, Paris, Stock, 1922, p. 43.

insurrectionnelle de « la ville », continuant ce « [l]ignage de Paris » vers une énième « régénérescence[407] ». De *Vibones* à *Ingrès*, le lieu commun d'un monde voué à disparaître pour être remplacé par du mieux est travaillé dans les méandres de l'Alchimie au sein des poèmes « Néotérisme[408] » ou « Les poissons ». Quand Ivan Goll écrit à Frick, le 1er mai 1935, autour de la sortie d'*Ingrès*, il voit le moment coïncider avec l'espérance conférée à cette journée : « C'est bien un Premier Mai que vous deviez lancer la fusée blanche de votre muguet pour incendier notre ville gelée[409] ». Le jour et la fleur résonnent de 1916 et de « Phyllorhodomanciennement », dédié à Apollinaire : « Je fêterai le premier mai / En te donnant tout le muguet[410] ». Rédigée dans l'actualité d'*Ingrès*, la lettre de Goll transforme aussi, pour le démentir, le vers de « Subvertissement », « Je ne lance aucune fusée[411] ». La fusée-muguet est, au dire de Goll, le seul attirail nécessaire au poète pour faire taire « les musiques militaires d'Europe » en ce milieu des années trente, mais la poésie de Frick n'a pas de prise sur l'« avenir » et « marche », premier mai oblige, « vers » un nouveau temps composé, « le passé infini[412] », qu'on peut penser riche en possibilités pour l'imagination. Le passé est, dans cette configuration temporelle, domaine en expansion puisque le futur « est barré par les tanks[413] », qui empêchent de se projeter dans l'avenir et vident l'espoir.

À l'automne de cette même année 1935, le manifeste du Lunain fait dire au critique Robert Kemp que, « [f]aute de nouveaux rêves » disponibles, Frick et sa nouvelle école « conseillent un petit séjour au temps des équipages[414] ». Kemp voit dans ce « dégoût » du « présent » une « bouffée de passéisme », le retrait, « tou[t] suave[415] » qu'il soit, vers un temps écoulé, là où Goll relève un passé qui évolue. Devant

---

407 Frick, « Lignage de Paris », *Ingrès*, *op. cit.*, p. 24.

408 Frick emploie ce vocable du neuf, avec un « orchestre néotérique » aux « harmonies éclatantes », pour parler du jazz en 1929. Frick, réponse d'enquête, dans F. Jean-Desthieux, « Une enquête sur le jazz », *L'Homme libre*, 17e année, no 4755, 30 juillet 1929, p. 2. Le poème « Néotérisme » rejette dans un « temps » « révol[u] » « la flûte » et le « cistre ». Frick, « Néotérisme », *Vibones*, *op. cit.*, p. 29-30 (p. 29).

409 Lettre d'Ivan Goll à Frick, du 1er mai 1935. HRC, Austin.

410 « Phyllorhodomanciennement », *Sous le Bélier*, *op. cit.*, p. 46-47 (p. 46).

411 Frick, « Subvertissement », *Ingrès*, *op. cit.*, p. 11.

412 Lettre d'Ivan Goll à Frick, du 1er mai 1935. HRC, Austin.

413 *Idem.*

414 R[obert] K[emp], « Les Lunaniens », *Le Temps*, 75e année, no 27089, 3 novembre 1935, p. 1.

415 *Idem.*

un contemporain porteur de signes de guerre, Goll saisit en Frick le survivant d'une espèce poétique en voie de disparition, « dernier prêtre de la beauté du verbe et de Paris[416] ». Les vers d'*Ingrès* lui font penser à Frick comme à un poète de Paris. À partir d'« Armilles » ou encore d'« Italiques », Goll effectue en 1920 un collage de quelques vers de Frick, traduits dans leur assemblage en allemand sous le titre « Kleinigkeiten », ou petits riens, destinés à son anthologie de poésie pour la liberté[417]. À cette date, lorsque Goll dédicace à Frick un exemplaire de ses *Élégies internationales*, il divise Frick en trois parts, poésie, courtoisie et amitié, en lui réservant chaque fois le meilleur : « à Louis de Gonzague-Frick, l'héritier si digne de Mallarmé, l'homme parfait, l'ami de tous[418] ». Goll pratique le superlatif en relais de l'expression prêtée à Giraudoux à propos de Frick, « l'ami le plus amical, l'amicalissime ami[419] », avec un suffixe collé à Frick ou manié par Frick, -issime.

La lettre du 1er mai 1935 de Goll, qui positionne Frick dans une réitération illimitée du passé, comporte, pour une part, l'idée de régénérescence exprimée dans *Ingrès*, c'est-à-dire le fait de remettre en vie ce qui était, mais avec une insistance sur le nouveau. L'incursion du poème « Lignage de Paris » du côté de *Prikaz* et d'octobre 1917 permet de ressortir les vieux espoirs, inopérants. C'est l'« esprit régénérateur[420] » de la Révolution qui avait alors atteint Frick de sa force transformatrice,

---

416 Lettre d'Ivan Goll à Frick, du 1er mai 1935. HRC, Austin.

417 Frick, « Kleinigkeiten », dans *Das Herz Frankreichs – Eine Anthologie Französischer Freiheitslyrik*, éd. et trad. Iwan Goll et Claire Goll-Studer, München, George Müller, 1920, p. 47. L'ouvrage suit d'un an *Le cœur de l'ennemi*, où, selon le même principe, Claire et Yvan Goll réunissent et traduisent pour la France des poèmes allemands. Pioch fait partie de la sélection de 1920 des Goll, qui insèrent Frick entre deux poètes de l'Abbaye, René Arcos et Georges Duhamel, selon un choix d'auteurs largement similaire à celui des *Poètes contre la guerre* de Rolland. En 1928, chez Aurel, Frick contribue à une séance sur Claire et Yvan Goll. Voir Les Treize, « Les Lettres », *L'Intransigeant*, 49e année, no 17648, 13 février 1928, p. 2.

418 Dédicace à Frick par Ivan Goll, sur son recueil *Élégies internationales – Pamphlets contre cette guerre*, Lausanne, Édition des Cahiers expressionnistes, 1915. L'exemplaire est passé en vente en Suisse, sur le site abebooks.fr. Consulté le 31 janvier 2013.

419 Le mot attribué à Jean Giraudoux est cité par Pierre Guéguen, compte rendu de *Vibones*, *Les Nouvelles littéraires*, *op. cit.*, p. 7. Louise Faure-Favier compte Frick et Giraudoux parmi les premiers visiteurs de son salon littéraire du 45 quai de Bourbon, et les nomme en succession dans une de ses longues énumérations. Frick, qui apparaît alors en 1912 sous les traits du « labadens d'Apollinaire », retrouve là aussi un autre de ses camarades d'école, Marc Brésil, ainsi que la plupart de ses proches d'avant-guerre. Louise Faure-Favier, *Souvenirs sur Guillaume Apollinaire*, Paris, Bernard Grasset, 1945, p. 156.

420 Frick, réponse à l'enquête « Quelle a été la rencontre capitale de votre vie », dans *Enquêtes surréalistes*, *op. cit.*, p. 126.

comme il le formulait en 1933 pour l'enquête de *Minotaure*. Mais les morceaux de discours qui s'entendent dans « Lignage de Paris », paru cette année 1933, ont perdu leur élan et sonnent creux. Le poème termine sur une « régénérescence » qui passe autant par les mots de la poésie que ceux de la politique, et retrouve sur ces deux champs l'aîné Saint-Pol Roux qui a fait de « régénérescence » une contre-attaque, en 1894, à la *Dégénérescence* de Max Nordau, qui venait appliquer « dans le spécial domaine de l'art » un usage du terme déjà « développ[é] et rend[u] fécon[d] sur les terrains de la psychiatrie, du droit criminel, de la politique et de la sociologie[421] ». L'image d'une « société près de choir en pourriture » diffusée par « l'infernal savant » Nordau a ses reformulations à l'époque d'*Ingrès*, en « décor à [un] dire[422] » idéologique et politique, que les termes de 1894 de Saint-Pol Roux continuent de saisir. Robert Kemp n'a pas manqué de rapprocher les mots peu communs de Frick lunanien en 1935 du cinquantenaire des *Déliquescences* d'Adoré Floupette, de relier un vieux canular à la désuétude humoristique du Lunain, qui « sa[it] sourire[423] ». Au discours de la dégénérescence, Frick répond dans le « [l]ignage » de Saint-Pol Roux « régénérescence[424] », en étendant le mot à une nouvelle matière, la voyance, limitée à un état rudimentaire dans le poème. Salmon, interpellé, est en effet invité à tenir le rôle de voyant pour démêler les moments à venir et, par le lien effectué à ses « ascendants » et à des « intersignes[425] », est rattaché à l'astrologie et à la

421 Saint-Pol Roux, « Régénérescence », *Mercure de France*, 5e année, n° 59, novembre 1894, p. 195-204 (p. 195). Saint-Pol Roux écrit à la suite de la publication en France de la traduction d'*Entartung* de Nordau. Sur un point précis des « Dandys » de 1890 d'Eugène Chenal, Jean de Palacio explicite le terme de « dégénérescence (*Entartung*) » par celui de « décadence ». Jean de Palacio, *La Décadence : le mot et la chose*, *op. cit.*, p. 184. Dans un cadre entièrement différent et plus léger, comme l'air, « [l]e ballon », ou montgolfière, chez Jacob, décrit un mouvement de « [d]égénérescence supérieure », une élévation qui est vouée à une descente précipitée par l'« ivre[sse] » des « aéronautes », sous le regard de « la foule ». Max Jacob, « Dégénérescence supérieure », « Le Cornet à dés », *Œuvres*, éd. Antonio Rodriguez, Paris, Gallimard, 2012, p. 415.

422 Saint-Pol Roux, « Régénérescence », *Mercure de France*, *op. cit.*, p. 196.

423 R[obert] K[emp], « Les Lunaniens », *Le Temps*, *op. cit.*, p. 1. Dans l'histoire littéraire plus récente, Kemp montre aussi le Lunain, « [c]omme Dada, jadis », « en av[oir] assez », « crach[ant] » « contre ce qui est ». *Idem*.

424 Frick, « Lignage de Paris », *Ingrès*, *op. cit.*, p. 24. En 1946, « évanescence » et « putrescence », dits en succession, désignent un monde où « [r]ien ne subsiste plus ». Frick, « Complexe existentiel », *Quantité discrète*, *op. cit.*, p. 48.

425 Frick, « Lignage de Paris », *Ingrès*, *op. cit.*, p. 24. « [A]scendants » comprend bien sûr aussi la parenté de Salmon, versant un autre « [l]ignage » au poème.

télépathie. Avant que soit « [i]nscri[t] », en conclusion, le désir de « régénérescence », un personnage type du monde de la voyance, la « tzigane », ramène à un passé commun et fait revivre « notre jeunesse[426] », celle de Frick et Salmon. Le mot « tzigane » s'associe, chez Frick, à un bout de l'œuvre de Salmon, avec le poème des *Féeries* de 1907, « Le tzigane », et son panorama familial, qui resurgit dans le titre de la « tête actuelle » des *Marges* en 1913, « M. André Salmon ou le tzigane féérique ».

426 *Idem.*

L'AMITIÉ EN GUERRE

Les pensées de Frick se reportent de nouveau vers les débuts de son amitié avec Salmon quand il lui écrit, en 1937, à l'occasion de la publication de son recueil *Saint André* : « Au compagnon de ma jeunesse », avec une complicité autour de Mallarmé, qui éternise dans le « vivace aujourd'hui[1] » leur durable camaraderie. Dans la « terrible époque » de 1943, Jacob tient le langage de l'amitié pour évoquer en Frick « un compagnon de [s]a jeunesse », et relève en lui « [u]n artiste ! et poète vrai[2] ! » Il l'avait caractérisé, en 1921, auprès de Frédéric Lefèvre, comme « [u]n très ancien ami, très dévoué et très courtois[3] ». Ces qualités ressortent en componction dans l'« empress[ement] » de Frick à préparer « une note » sur Jacob pour *La Griffe* et dans son « Me permettrez-vous d'aller vous la porter quand elle aura paru ? », suivi d'un « serez-vous content de moi[4] ? » L'horaire des fêtes religieuses est l'occasion, pour Jacob, de penser à Frick et de le mêler aux prières à son homonyme,

1 Lettre de Frick à André Salmon, du 2 septembre 1937, reproduite dans « Autour de *Saint André* (fac-similés) », éd. Jacqueline Gojard, *Cahiers Bleus* (Centre Culturel Thibaud de Champagne), n° 21, automne 1981, p. 38. Frick emprunte au premier vers du sonnet de Mallarmé, « Le vierge, le vivace et le bel aujourd'hui », et renvoie Salmon et sa poésie en une « Identité de l'éternel ». *Idem.*

2 Lettre de Max Jacob à Raphaël Arnal, du 4 juillet 1943, dans Max Jacob, *Correspondances, Tome III, Les Amitiés et les Amours – décembre 1941-février 1944*, éd. Didier Gompel Netter, Paris, L'Arganier, 2007, p. 56-57 (p. 56).

3 Lettre de Max Jacob à Frédéric Lefèvre, du 28 juin 1921, dans Max Jacob, *Les propos et les jours*, *op. cit.*, p. 95. Jacob explique, à cet endroit, ne pas vraiment « envo[yer] » ses « livres à Frick », qui bénéficie de nombreux « Service[s] de Presse », en l'occurrence celui de Kra. *Idem.* Simon Kra pense à Frick comme au « plus aimable des critiques » lorsqu'il lui adresse, en 1925, le très macorlanesque ouvrage qu'il vient d'éditer, *Prochainement ouverture… de 62 boutiques littéraires*, contenant 62 planches illustrées d'Henri Guilac et une présentation de Mac Orlan. Le livre, avec l'envoi autographe de Simon Kra à Frick, est catalogué, en janvier 2013, à la librairie parisienne des Pages volantes.

4 Lettre de Frick à Max Jacob, non datée, estimée au milieu des années vingt, reproduite dans « Lettres à Max Jacob… », *Cahiers Bleus*, n° 1, été 1975, p. 62-69 (p. 65).

Saint-Louis de Gonzague[5]. Quelques années après la mort de Jacob, Frick, selon sa manière, verra en lui un « aèd[e] » à traiter en « fils de Jupiter[6] ».

Au tour de Salmon, dans ses *Souvenirs*, de caractériser « [s]on camarade » Frick à travers une image qui a déjà bien circulé, celle du « plus précieux des poètes obscurs », alors qu'il repense à lui dans le contexte familier du banquet, en train de prononcer un discours « [a]u dessert[7] ». Il s'agit du banquet offert à Salmon, le 4 juin 1930, par la revue *Sagesse*, et organisé par Fernand Marc, que Frick, dans *Ingrès*, mythologise par l'*Edda* nordique et son personnage de Mimis, qui s'abreuve à la fontaine de la « sagesse[8] ». La coïncidence du suicide de Pascin et du « toast » de Frick comptant le passage du temps et l'arrivée de Salmon dans « L'École de la Cinquantaine[9] », fait dire à Salmon, dans une lettre à Jean Follain, qui s'est indigné au banquet, que si Frick avait trouvé une belle formule sur l'âge, il avait été, en l'occurrence, surpassé par la mort, « [p]lus éloquente encore que M. Louis de Gonzague-Frick[10] ». Salmon se remémore, plus anciennement, un Frick « [r]aide, pâle, glabre, sanglé, monoclé », « président sans mandat[11] » éclipsé par la parole-spectacle d'Arthur Cravan en conférence à Montmartre, au Cercle de la Biche. À la rédaction de ses *Souvenirs*, Salmon peut procéder par automatisme ou s'inspirer de sa formule du « sanglé, monoclé, glabre[12] » utilisée dans *Les Cahiers d'aujourd'hui* en 1921. Quelques jours après la remuante soirée Cravan du 27 novembre 1913, Salmon, dans *Gil Blas*, ne relate aucun rôle, envisagé ou réel, de Frick, et d'autres mentions de l'événement dans la presse ne lui confèrent

5 Carte postale de Max Jacob à Frick, estimée au 22 juin 1926, en vente le 28 avril 2014, lot 106, par Alde, Paris.

6 Lettre de Frick à Pierre Boujut, non datée, estimée à début 1947, dans « Louis de Gonzague Frick », *La Tour de Feu*, *op. cit.*, p. 7.

7 André Salmon, *Souvenirs sans fin*, *op. cit.*, p. 970.

8 Le poème de Frick, au titre oculaire, est « Espèces impresses », *Ingrès*, *op. cit.*, p. 19.

9 André Salmon, *Souvenirs sans fin*, *op. cit.*, p. 970.

10 Lettre d'André Salmon à Jean Follain, estimée au 13 juin 1930, reproduite par Jacqueline Gojard, « André Salmon à Jean Follain », *Le Frisson esthétique*, n° 3, hiver 2006-2007, p. 60-61 (p. 61). Sur Follain et le dîner de *Sagesse*, voir Élodie Bouygues, « Avec Jean Follain dans les années trente : André Salmon, mythe, mentor et ami », dans *André Salmon, poète de l'art vivant*, Actes du colloque du laboratoire Babel d'avril 2009 à Toulon et Sanary, éd. Michèle Monte et Jacqueline Gojard, Toulon, Université du Sud, 2010, p. 339-353 (p. 345).

11 André Salmon, *Souvenirs sans fin*, *op. cit.*, p. 616.

12 André Salmon, « Façons d'être jeune – Politique d'abord ! », *Les Cahiers d'aujourd'hui*, *op. cit.*, p. 81.

pas non plus de fonction[13]. Une lettre du 8 octobre 1919, suscitée par la réception du dernier livre de Frick, garde trace de la teneur de leurs rapports, à travers poésie, amitié et critique. Pour Salmon, *Girandes* est un recueil à feuilleter et à refeuilleter. La découverte et la lecture de ces « fleurs en bouquet composé » renouvellent le désir de se voir, et même « souvent », en vertu de leur amitié, intacte au sortir de la guerre, la plus extrême des « brutalité[s] de la vie[14] ». L'actualité des revues, la reparution de *La Rose rouge* et un point à résoudre dans *Comœdia*, les fait se rejoindre côté poésie comme côté critique.

Entre Salmon et Jacob, le nom de Frick peut amener le sourire quand il est répété avec celui de l'essayiste fortuné Gonzague Truc, reliant dans une inversion les deux Gonzague, Frick ayant bien un « truc » mais étant dépourvu de « fric » : « Te souviens-[tu] », écrit Jacob à Salmon en 1941, « du temps de ces épimalaises dont l'ami Frick de Gonzague garde encore le Truck[15] ». Jacob renchérit ici sur ce que Fargue avait imaginé avec fric et truc[16]. Georges Charensol extrait une phrase très similaire à celle de Fargue de la bouche de Roger Wild, « J'aimerais mieux avoir le fric de Gonzague Truc que le truc de Gonzague-Frick[17] ». Georges Gabory a recours au mathématicien lié au cubisme, Maurice Princet, pour ce chiasme qui s'ingénie à tout prendre, « Il faudrait avoir le fric de Gonzague Truc et le truc de Gonzague Frick[18] ». Roger Wild accorde, en quelque sorte, Gabory et Charensol, quand il attribue la tournure de phrase à Princet, « Il faudrait [...] cumuler le fric de Gonzague Truc et le truc de Gonzague Frick[19] ». En 1930, selon les

13 L'article paraît sous les initiales « A. S. », le 30 novembre 1913, dans *Gil Blas* et est en partie utilisé par Salmon dans ses *Souvenirs*. Béhar met en doute bien des anecdotes sur Cravan par Salmon, pour qui « l'histoire » serait « inférieure » « à la légende ». Henri Béhar, « Salmon mémorialiste : le cas Arthur Cravan », dans *André Salmon, poète de l'art vivant*, *op. cit.*, p. 309-319 (p. 314).

14 Lettre d'André Salmon à Frick, du 8 octobre 1919. HRC, Austin.

15 Lettre de Max Jacob à André Salmon, du 29 octobre 1941, dans Max Jacob et André Salmon, *Correspondance, 1905-1944*, éd. Jacqueline Gojard, Paris, Gallimard, 2009, p. 251-253 (p. 251).

16 Voir Jacqueline Gojard, dans Max Jacob et André Salmon, *Correspondance, 1905-1944*, *op. cit.*, note 5, p. 251.

17 Georges Charensol, *D'une rive à l'autre*, Paris, Mercure de France, 1973, p. 218-219.

18 Georges Gabory, *Apollinaire, Max Jacob, Gide, Malraux, & Cie*, *op. cit.*, p. 53.

19 Roger Wild, « Souvenirs de Montparnasse », *Revue des deux mondes*, 15 février 1964, p. 521-535 (p. 523). Wild, avec son « Helvétie » natale, fait l'objet chez Frick d'une strophe d'« Envois recommandés », de *Vibones*, *op. cit.*, p. 36.

rubriques littéraires, Frick marque son « enthousiasm[e] » pour ce mot d'esprit attribué à Princet par *La Volonté*, puis repris par *Comœdia* qui oriente très favorablement « le truc » de Frick : « passer droit dans la vie, distrait et toujours charmant[20] ». *L'œil de Paris* est aussi dans le secret, ne voyant que « [l]es profanes » pour « confond[re] » Frick et Gonzague Truc, dont le seul point « commun » est le « prénom », avec les deux personnages finalement réduits à la note sonore « hic » : « Mais Frick et Truc, n'est-ce pas, c'est un peu le *hic*[21] !… ». Le jeu cerne Truc en 1914, par la question des Treize : « as-tu lu Truc », « toi qui connais Chose et Machin[22] », et Frick ne vient qu'en enrichissement.

Des observations émanant directement de Gonzague Truc, en 1921, laissent penser qu'il ne souhaite guère être amalgamé à une vie littéraire qui comprendrait Frick aussi bien que ses amis, où le temps s'écoule à « fonde[r] » des « revues » et à se « réuni[r] » « pour discourir ou banqueter[23] ». Truc est pourtant avec Frick, en 1927, au « comité d'honneur » de la « Société des Amis de Racine[24] ». En 1932, lors du lancement de la revue *Antoine-Document*, les Treize préviennent aussi contre le risque de confondre Frick avec Truc, le « critique littéraire de *Comœdia* », où les lecteurs ont connu, la première moitié des années vingt, le Gonzague « poète[25] ». Frick se joint à un débat dans *Comœdia*, en 1935, sur « les confusions onomastiques », dans sa continuelle assimilation à Truc, et fait guise d'abandonner toute résistance, avec l'aveu qu'il s'efforce de « lui ressembler », tablant sur « l'an 2000[26] » pour un retour de la clarté. En post-scriptum, on peut citer *Trèfles* pour un usage du « truc » rattaché au « flair de fin boursier » d'un Gabriel Astruc qui a subi, un an plus tôt, en novembre 1913, la faillite de son Théâtre des Champs-Élysées,

20 Le Lutécien, rubrique « Petit Courrier littéraire », *Comœdia*, 24ᵉ année, nº 6208, 15 janvier 1930, p. 3.

21 « Le poète au monocle », *L'œil de Paris*, *op. cit.*, p. 6.

22 Les Treize, « Silhouettes » (Gonzague Truc), rubrique « La Boîte aux lettres », *L'Intransigeant*, 34ᵉ année, nº 12402, 29 juin 1914, p. 2.

23 Gonzague Truc, « Dédicace » (en guise de préface), *Le cas Racine*, Paris, Garnier, 1921, p. V-VI (p. V).

24 Orion, rubrique « Carnet des Lettres », *L'Action française*, 20ᵉ année, nº 118, 28 avril 1927, p. 4.

25 Les Treize, « Les Lettres », *L'Intransigeant*, 53ᵉ année, nº 19361, 29 octobre 1932, p. 2.

26 Frick, lettre à La Hulotte, « Les confusions – Louis de Gonzague Frick accepte avec philosophie d'être pris pour un autre… », rubrique « Les Belles-Lettres », *Comœdia*, 29ᵉ année, nº 8112, 26 avril 1935, p. 3. Frick réagit à l'article paru en première page le 23 avril, qui entend « consoler ceux qui se plaignent d'être méconnus ».

« temple de Mercure[27] ». Il est demandé à l'éditeur-impresario, par le « flair » supposant le nez, lieu commun de l'antisémitisme dont Astruc est depuis longtemps l'objet, comment « gagner dix sous, autrement dit, [s]on truc[28] », question ironique. Sur ce jeu de noms, le dernier mot revient à Frick qui, en 1937, élit pour « plus joli mot d'argot de la langue française », « *fric* », pour son sens et pour son côté très personnel : « Le mot fric, parce qu'il désigne l'argent (dont le son me grise) et qu'il me nomme en même temps[29] ».

Dans les bouts de passé que Jacob partage en 1941 avec Salmon, le terme « épimalaises », qui a fait dériver sur Frick et Truck et est associé au « temps de Paul Fort[30] », indique un excès de langage dont Frick est coutumier. À Frick, en 1921, Jacob écrit plus délicatement, « Vous dites toujours de façon exquise et je vous en félicite[31] ». En 1918, à Salmon, Jacob confie ce que peut avoir d'obscurité le parler usuel de Frick, « superbe langage intelligible et familier[32] », qui passe pour inintelligible et rare. La lettre de Jacob reprend l'expression « abrocome înel et disert[33] », que Frick vient d'utiliser pour lui décrire un jeune poète encouragé à se présenter chez Salmon et identifié seulement par cette savante allusion à un rongeur alerte et causant. Jacob n'est pas seul à s'arrêter sur le mot « înel », distingué exagérément en 1919 par *Les Potins de Paris* comme « [t]erme mystérieux » et, de ce fait, affectionné par Frick mais aussi, note la revue, terme « diverses fois employé par Apollinaire[34] ». *Les Potins de Paris*

27 Frick, *Trèfles*, *op. cit.*, p. 6. Astruc parle de son théâtre comme d'un « Temple ». Gabriel Astruc, *Mes scandales*, Paris, Éditions Claire Paulhan, 2013, p. 125.

28 Frick, *Trèfles*, *op. cit.*, p. 6.

29 Frick, réponse d'enquête recueillie par Maurice J. Champel, « Quel est le plus joli mot d'argot de la langue française ? », *L'Intransigeant*, 58e année, no 51124, 17 septembre 1937, p. 3.

30 Lettre de Max Jacob à André Salmon, du 29 octobre 1941, dans Max Jacob et André Salmon, *Correspondance, 1905-1944*, *op. cit.*, p. 251.

31 Lettre de Max Jacob à Frick, estimée à l'été 1921, dans Max Jacob, *Les propos et les jours*, *op. cit.*, p. 110.

32 Lettre de Max Jacob à André Salmon, estimée à fin mars 1918, dans Max Jacob et André Salmon, *Correspondance, 1905-1944*, *op. cit.*, p. 45-46 (p. 45).

33 *Idem*. Frick a l'image d'un « abrocome Avril » à la fin de *Trèfles*, pour le poète et critique d'art lorrain René d'Avril, qui intervient, comme Frick, au banquet Royère de 1912. Frick, *Trèfles*, *op. cit.*, p. 20.

34 Tirésias, compte rendu de *Girandes*, *Les Potins de Paris*, 3e année, no 118, 26 juin 1919, p. 11. La rubrique « Les Livres », dans quelques numéros des *Potins* de 1919, est signée du pseudonyme aux résonances quelque peu apollinariennes à l'époque, Tirésias, qui cache à l'évidence un proche de Frick. En 1922, lorsqu'il assiste au Dîner du *Cornet*, Frick est

perçoivent, sans préciser plus, un « humour grammatical » dans *Girandes*, à relier ou non à l'usage des « vocables les moins usuels[35] », et présent pour sûr dans le rongeur ou « abrocome » cité en 1918 par Jacob, qui en rajoute sur l'humour de Frick. « [Î]nelle » sert très bien à Paulhan pour décrire, en 1921, « la critique gracieuse » de Frick, taxé aussi de « grammairien[36] ».

Anecdote des anecdotes, le jeu des noms Frick-Truc s'invite un jour « contre toute vraisemblance » chez Élie Faure, très sollicité, quand au « même courrier » arrivent « deux lettres[37] », une signée Gonzague Truc et une signée Gonzague Frick. En 1938, dans « le mince et doré *Lunain*[38] » de Frick, Tristan Klingsor poursuit la partie « fric » de la blague par son portrait des « lunatiques » du « Lunain », « Sans sous, maille, ni fric, / En dépit de ce Louis, / De ce Louis de Gonzague/ Frick[39] ». Klingsor a déniché, derrière l'apparente simplicité, une valeur monétaire aux deux bouts du nom de Frick, grâce au louis d'or. Alias Léon Leclère, Klingsor s'était choisi un nom parlant en la matière, outre sa référence au magicien de la tradition de *Parsifal*. La rime Frick-fric se réinvite au début des années cinquante, chez Jean Pomier, qui insiste sur la valeur pécuniaire d'« [u]n vers » de Frick, qui « vaut bien son pesant de fric[40] ». Jean Pellerin rapporte, de son côté en 1919, l'expansion du nom de Frick chez André du Fresnois, attribuable à l'« oreille un peu rétive » d'une « domestique » qui « annon[ce] » « avec gravité » l'arrivée d'un « Monsieur Louis qui vient d'Afrique[41] ». Tisserand, sans pencher

---

identifié comme « Secrétaire général des *Potins de Paris* ». Voir Robert Oudot, « Compte rendu du 214e Dîner du Cornet », *Le Cornet*, 17e année, no 5, mai-juin 1922, p. 1-2 (p. 1).

35 Tirésias, compte rendu de *Girandes*, *Les Potins de Paris*, *op. cit.*, p. 11. Pour *Girandes* mais aussi pour les recueils de guerre repris dans *Poetica*, Cassou parle d'une « rigueur humoristique », d'un « délire livresque ». Jean Cassou, compte rendu de *Poetica*, *Les Nouvelles littéraires*, *op. cit.*, p. 8.

36 Jean Paulhan, « Louis de Gonzague-Frick », *L'Ère nouvelle*, *op. cit.*, p. 3.

37 Paul Desanges, « Élie Faure parmi les hommes », *Europe*, 35e année, no 141, septembre 1957, p. 6-26 (p. 16).

38 Les termes sont utilisés par l'un des contributeurs du *Lunain*, Alexandre Toursky, « Profils perdus », *Les Cahiers du Sud*, vol. 56, no 373-374, septembre-novembre 1963, p. 84-89 (p. 85).

39 Tristan Klingsor, « Odelette en l'honneur de ceux du Lunain », *Le Lunain*, 3e année, no 10, février 1938, p. 9. Sarane Alexandrian cite ces vers dans « Un grand seigneur de la poésie moderne », *Supérieur inconnu*, *op. cit.*, p. 44.

40 Jean Pomier, « À Louis-de-Gonzague Frick / Un vers de vous… » (1951), *À cause d'Alger*, *op. cit.*, p. 88.

41 Jean Pellerin, compte rendu de *Girandes*, *Le Carnet critique*, *op. cit.*, p. 35. La remarque contient à la fois l'« humour » et la « chaleur » notées dans l'article de Pellerin par Orion, « À travers les revues », rubrique « Le Carnet des Lettres », *L'Action française*, 12e année,

vers l'humour, composera sur « [s]on Louis », son « L. de G. F. », un vers qui dira amitié et respect critique, « Ton nom, ton cher prénom, puis ton renom d'arbitre[42] ». Frick est entraîné dans une aventure onomastique nécessaire au quotidien, contée par Salmon qui, avec Apollinaire et Jean Mollet, le Baron des *Mémoires*, s'était mis à appeler le dessinateur et graveur Henri Frick par le surnom « Frick l'Autre » pour le « distinguer[43] » de Gonzague Frick. Que se serait-il produit, dans le monde des homonymes, monde des possibles, si Louis de Gonzague Frick, Henri Frick et Jean Royère s'étaient retrouvés au bar du Carlton sur les Champs-Élysées, en 1933, lieu habillé, cette année-là, par le décorateur Jean Royère ? Quand un *Monsieur Frick* est monté au théâtre, en 1930, *L'Homme libre* intervient pour éviter la confusion des lecteurs du journal et préciser que « l'excellent poète[44] » n'a aucune part à ce personnage. « Intérim », anonyme signataire de la rubrique, évoque son collègue courriériste comme le véritable M. Frick, qui « porte ce nom dont s'adorne le prénom d'une particule[45] », à la manière d'une parure.

Articles, poèmes et lettres renvoient, presque en continu, Max Jacob à Frick et Frick à Max Jacob, avec aussi leurs acolytes du quotidien montmartrois. En ouverture d'*Abrupta nubes* s'entendent de façon consécutive les voix porteuses de Jacob et Mac Orlan pour dire, du fond des années, le plus grand bien de Frick. Sur les traces de Frick, de l'année 1904 aux combats du 269ᵉ régiment, la préface de Mac Orlan fait dans le

---

n° 172, 22 juin 1919, p. 2. Dans *Trèfles*, Frick ajoute à sa voix celle de Pellerin pour raviver du Fresnois, mort en 1914 et évoqué avec son royalisme. Frick, *Trèfles*, *op. cit.*, p. 11. Du Fresnois tient, aux *Écrits français*, la rubrique de la « Presse commentée ». En février 1909, son poème « À une belle poétesse (Une femme parle) » est dédié à Frick dans la revue *Isis*.

42 Ernest Tisserand, « L'épître à L. de G. F. », *Nymphées*, *op. cit.*, p. 11, 9 et 24. Tisserand attache la date du 12 mars 1957 à son « épître ».

43 André Salmon, *Souvenirs sans fin*, *op. cit.*, p. 327. Henri Frick côtoie Apollinaire au *Guide du rentier et du spéculateur* en 1904 et au *Festin d'Ésope*, avant de lui faciliter une entrée à *Messidor*. Se reporter aux lettres d'Henri Frick à Apollinaire, dans Apollinaire, *Correspondance avec les artistes, 1903-1918*, éd. Laurence Campa et Peter Read, Paris, Gallimard, 2009, p. 55-64. Louis de Gonzague Frick est, par erreur, substitué à Henri Frick, véritable associé de Jean Mollet pour le projet de théâtre social ambulant de 1904, dans une note à *Max Jacob et Picasso*, Catalogue d'exposition, Quimper, Musée des Beaux-Arts, 21 juin-4 sept. 1994 ; Paris, Musée Picasso, 4 oct.-12 déc. 1994, éd. Hélène Seckel *et al.*, Paris, Réunion des musées nationaux, 1994, p. 51.

44 Intérim, rubrique « Les premières », *L'Homme libre*, 18ᵉ année, n° 5188, 6 octobre 1930, p. 2. Ce *Monsieur Frick au Pays Bleu* fait partie d'une Revue de Rip aux Folies-Wagram, *La Foire d'empoigne*.

45 *Idem*.

pittoresque, non loin du Dorgelès du *Cabaret de la belle femme.* À l'époque de *Trèfles*, Frick restitue Mac Orlan parmi des éléments de son roman, *Le rire jaune*, avec lequel il a su « recré[er] le rire[46] ». La jovialité est suggérée, dans le quatrain, par le « bouddha » et sa corpulence, qui correspond à l'« [o]rbiculaire » silhouette de Mac Orlan, dont la vie sportive le maintient « plus vif et plus souple qu['un] chat » venu de la « jungle[47] » romancée. Un dessin touffu de Chas-Laborde montre Mac Orlan avec son numéro de régiment d'infanterie, le 269ᵉ, inscrit à la hauteur de son pull, assis à jouer de l'accordéon, large et fort sur un fauteuil, un fusil à moitié posé sur son genou[48].

Dans la préface de 1955, Mac Orlan affirme le caractère « loyal » et de « bon camarade » de Frick dans l'armée, où celui-ci a vécu la dureté du front malgré son air déplacé de « poète sous le pot de fleurs[49] ». C'est sous ce couvre-chef qui, retourné, peut aussi bien faire usage de pot de fleurs que Dorgelès se revoit, sur une photo du début de la guerre, « comiquement coiffé [...] d'un képi raide comme un pot de fleurs[50] ». Laissé au soldat à la démobilisation, le casque se maquille en réceptable pour les plantes et les fleurs[51]. Mac Orlan retient le nombre de lettres et de « livres de poètes[52] » arrivés à Frick de l'arrière ou des cantonnements. Ce courrier aux armées aurait permis à Frick « de vaincre les images de ce qu'il venait de voir et de subir[53] », combat du soldat signifié dans le mot « vaincre », mais par son énergie interne. Thibaudet fait « loger » Frick, un moment, dans « une cagna » hyperboliquement « garni[e] » des « œuvres complètes de Gyp[54] », comme s'il était aimanté vers les

46 Frick, *Trèfles*, *op. cit.*, p. 9.

47 *Idem.* Kipling est évoqué à cet endroit de *Trèfles* pour sa présence dans *Le rire jaune* de 1914.

48 Dessin de l'auteur par Chas-Laborde, dans Pierre Mac Orlan, *La Bête conquérante – Nouvelle extraite d'un ouvrage contenant* « *Le rire jaune* », Paris, Stock, 1922, p. [8]. Les états de service de Mac Orlan durant la guerre, blessé en septembre 1916 et réformé à la fin de l'année 1917, sont discutés par Isabelle Guillaume, « L'écriture de la Grande Guerre dans *Les Poissons morts* (1917) », dans *Mythologies macorlaniennes*, Actes du colloque de Péronne, 8-10 octobre 2011, éd. Bernard Baritaud et Philippe Blondeau, *Lectures de Mac Orlan*, nº 1, 2013, p. 92-104 (p. 92 et 94-95).

49 Pierre Mac Orlan, « Carency » (Préface), dans Frick, *Abrupta nubes*, *op. cit.*, p. 8.

50 Roland Dorgelès, *Bleu horizon*, *op. cit.*, p. 9. La comparaison a pour base une appellation du képi en argot militaire, pot de fleurs.

51 *Ibid.*, p. 110.

52 Pierre Mac Orlan, « Carency » (Préface), dans Frick, *Abrupta nubes*, *op. cit.*, p. 8.

53 *Idem.*

54 Albert Thibaudet, « Le roman de la destinée » (1920), *Réflexions sur la littérature*, éd. Antoine Compagnon et Christophe Pradeau, Paris, Gallimard, 2007, p. 415-425 (p. 418-419).

livres, beaucoup de livres, en toute situation et sans que le choix de Gyp lui agrée nécessairement.

L'image d'un amas de livres tend à distinguer une catégorie de soldats, minorité au civil comme dans l'armée, sans faire de Frick un cas à part. André Thérive, qui débute dans l'infanterie comme Frick en 1914, transporte ses lectures philosophiques, « Spinoza and Schopenhauer in his knapsack[55] ». Sous l'uniforme, Norton Cru est équipé au moins comme Frick ou Thérive, avec un « sac » « bourré de livres », conservant auprès de lui ce « barda d'intellectuel[56] » dont n'est pas encombré le commun des soldats. Dans sa lettre parue en mai 1930 dans la presse, Norton Cru donne au portrait du sergent-intellectuel qu'il était une « résistance physique » peu égalée, qui lui aurait permis d'amener partout avec lui un « sac » « beaucoup plus lourd que celui des autres[57] » soldats côtoyés. Lecteur impitoyable des récits de guerre, notoirement des *Croix de bois* de Dorgelès, Norton Cru défend, par sa lettre, son ouvrage de l'année précédente, *Témoins*, contre l'objection qu'il n'aurait pas lui-même fait la guerre, accusation portée par Cru contre Dorgelès parmi plusieurs[58].

Les écrits des combattants viennent en discussion dans *L'Intransigeant*, qui lance en 1929 une enquête sur la véracité des « souvenirs frais » par rapport à ceux vieux « de onze à quinze ans » dans la composition des « livres de guerre[59] ». Pour avoir force de document, « le texte » véhiculant le témoignage du soldat « est censé », selon l'optique de Norton Cru, « se tenir au plus près des événements[60] ». La réponse de Frick, le 24 octobre,

---

55 William Leonard Schwartz, « A Literary Portrait of M. André Thérive, Crusader for Good French… », *The French Review*, vol. 5, n° 5, mars 1932, p. 376-394 (p. 376).

56 « Une importante lettre de M. Jean Norton Cru » [datée du 2 avril 1930], *La Revue limousine : revue régionale illustrée*, 4ᵉ année, n° 90, 15 mai 1930, p. 358-359 (p. 359).

57 *Idem.*

58 Voir Jean Bastier, « Roland Dorgelès : de l'infanterie à l'aviation (1914-1915) », dans l'ouvrage au sceau officiel, *Écrivains combattants de la Grande Guerre*, éd. Bernard Giovanangeli, Paris, Bernard Giovanangeli-Ministère de la défense, 2004, p. 203-227 (p. 221-222). La fin de la lettre de Norton Cru poursuit, avec Joseph Delteil, son classement des témoignages, par une exclusion supplémentaire, une correction à son ouvrage. Delteil se voit dégradé du statut de « poilu authentique » pour avoir « passé la guerre au dépôt, sur la Côte d'Azur. Non-combattant, son témoignage est donc nul à nos yeux ». « Une importante lettre de M. Jean Norton Cru », *La Revue limousine*, *op. cit.*, p. 359.

59 « Une enquête sur les livres de guerre », *L'Intransigeant*, 50ᵉ année, n° 18266, 24 octobre 1929, p. 4.

60 La ligne tracée par Norton Cru est résumée de la sorte par Laurence Campa dans *Poètes de la Grande Guerre : Expérience combattante et activité poétique*, Paris, Classiques Garnier, 2010, p. 35. Sur la seconde vague d'intérêt, « pléthorique », accordée à Norton Cru suite

privilégie les livres rédigés « au cours de la tourmente » et trouve déplacé, « singulier », de restituer la guerre et ses « histoires de tranchées ou de cantonnement », ces « vieilles lunes[61] », en 1929. Frick voit continuer la tendance à exploiter le sujet de ce conflit chez les faux inspirés, « des gens enthéastiques », y compris quand « éclatera » « [l]a prochaine guerre[62] ». *L'Intransigeant* fait précéder les mots de Frick par le rappel du *Cabaret de la belle femme* de Dorgelès et du « poilu-dandy[63] » Crécy-Gonzalve, avec un vote d'adhésion au Dorgelès auteur de récits de guerre parodiques ou pas, dont le roman des *Croix de bois* décortiqué par un Norton Cru dubitatif. José Germain avait déjà, la semaine précédente, promu Dorgelès[64]. Le 8 novembre, c'est encore José Germain, passé de la présidence à la présidence honoraire de l'A.E.C., qui propose un bilan de l'enquête. Il relève, dans les réponses, un consensus auquel Frick peut être associé, à savoir que « le livre de pure vérité » date plutôt de la guerre et que « [c]e sont les jugements de cette heure-là qu'il faut relire[65] ». Le moment semble aussi propice à José Germain pour formuler contre l'ennemi de 1914 un nouveau grief, coloré d'un ressentiment très A.E.C. envers les maisons d'édition et la distribution du livre, contestant le choix de diffuser « des carnets de route des soldats allemands qui sont loin de valoir les meilleurs » des écrits des poilus, et se « vend[ent][66] » en plus grand nombre.

Le texte de Max Jacob reproduit dans *Abrupta nubes* revêt Frick d'un uniforme de « solda[t][67] » et l'apprête pour un combat dans le champ esthétique. Frick est transformé en « défen[seur] » de « la beauté » dans ses époques successives, de l'« antiqu[e] » à l'« actuell[e] » et à celle « de demain[68] », englobant la beauté dans la totalité de ses manifestations.

à la réédition en 1993 de *Témoins*, voir Nicolas Beaupré, « De quoi la littérature de guerre est-elle la source ? Témoignages et fictions de la Grande Guerre sous le regard de l'historien », *Vingtième siècle – Revue d'histoire*, n° 112, octobre-décembre 2011, p. 47-49.

61 Frick, réponse d'enquête, dans « Une enquête sur les livres de guerre », *L'Intransigeant*, *op. cit.*, p. 4.

62 *Idem*. *L'Écho d'Alger* reproduit l'essentiel de la réponse de Frick le 1er novembre 1929.

63 « Une enquête sur les livres de guerre », *L'Intransigeant*, *op. cit.*, p. 4.

64 José Germain, réponse d'enquête, dans « Une enquête sur les livres de guerre », *L'Intransigeant*, 50e année, n° 18261, 19 octobre 1929, p. 4.

65 José Germain, « À propos d'une enquête sur les livres de guerre », *L'Intransigeant*, 50e année, n° 18281, 8 novembre 1929, p. 4.

66 *Idem*. *L'Intransigeant* continue à publier, après ce bilan, des réponses à l'enquête, alors que Les Treize annoncent, sans fanfare, leurs vingt ans d'existence.

67 Max Jacob, « Cédule », dans Frick, *Abrupta nubes*, *op. cit.*, p. 7.

68 *Idem*.

Frick est un peu le receveur de ses propres mots de décembre 1918 en hommage à Apollinaire, dont l'« œuvre » aurait réuni « la Beauté sous ses formes multiples[69] ». Jacob positionne Frick au devant des « soldats parmi les artistes[70] », en cas de menace contre la beauté. Ce rôle est d'ailleurs imparti à Frick dans la dédicace signée sur un exemplaire du *Cornet à dés*, où Jacob raisonne avec d'insignes égards : « S'il y a de la beauté dans ce livre, il est digne d'appartenir au prince de la beauté[71] ». La cédule, non datée, ne fait pas référence uniquement aux « vers » de Frick et envisage sur le même plan sa « prose », l'ensemble formant un refuge pour « les beautés[72] » qui s'habilleraient spécialement pour l'occasion, alerte ou gala. Cette congrégation de haute élégance a son côté exclusif, à l'écart de « la foule vulgaire » sans « grâce » ni « politesse[73] », traits que le Frick de Jacob cultive plus que jamais.

L'encouragement affectueusement « ironi[que] » porté à l'œuvre de Frick par Jacob a son pendant dans les revues, quand Frick fait le compte rendu du *Cornet à dés* dans *Sic* en 1917, et avec l'ouverture à Jacob « des colonnes de *La Caravane*[74] », en 1919. Le compte rendu reprend de près le cheminement de Jacob vers le poème en prose, sans que la critique de Frick soit toujours tendre, caractérisée par Allard, en 1916, de « scalpel courtois[75] ». Quand Frick songe à ses débuts à *Sic*, où Albert-Birot lui avait « offert » « le sceptre de la critique », il dit avoir commencé avec un « article » sur le « mage » Jacob, le « théoricien » et l'« auteur de poèmes en prose[76] ». L'article de *Sic* reproche au théoricien d'avoir oublié

69 Frick, « En l'honneur de Guillaume Apollinaire », *L'Instant*, *op. cit.*, p. 5.

70 Max Jacob, « Cédule », dans Frick, *Abrupta nubes*, *op. cit.*, p. 7.

71 Dédicace citée par Les Treize, « De Platon à Louis de Gonzague », *L'Intransigeant*, *op. cit.*, p. 4.

72 Max Jacob, « Cédule », dans Frick, *Abrupta nubes*, *op. cit.*, p. 7.

73 *Idem.* Pour Christian, Frick est plus royaliste que le roi, à « surenchérir sur [la politesse] de Louis XIV ». Georges Herbiet, « Une visite à Laurent Tailhade en juillet 1919 », *Mercure de France*, *op. cit.*, p. 474.

74 Lettre de Max Jacob à Jacques Doucet, du 21 mars 1919, dans Max Jacob, *Correspondance, I, Quimper-Paris (1876-1921)*, éd. François Garnier, Paris, Éditions de Paris, 1953, p. 184-185 (p. 184). De manière plus indirecte, Frick a pu aussi appuyer Jacob auprès de Tailhade, qui réalise un compte rendu du *Cornet à dés* pour *L'Œuvre* en avril 1918. Voir, sur ce point, Gilles Picq, *Laurent Tailhade*, *op. cit.*, p. 720.

75 Lettre de Roger Allard à Frick, du 17 mars 1916. HRC, Austin.

76 Frick, « Du pyrogène au pyrséphore », *Alternances*, nº 44, mars 1959, n. p. Ce bref écrit de Frick est recueilli pour un hommage à Albert-Birot, que Frick caractérise de « nuniste », poète résolument dans le « moderne ». *Idem.*

Léon-Paul Fargue lorsqu'est dressé l'inventaire du « genre[77] » dans la préface de 1916 du *Cornet à dés*. Frick relève aussi, comme d'autres depuis, que les poèmes du *Cornet* « n'illustrent pas » systématiquement « la théorie », ce qu'il attribue à une mise au point intervenue seulement « *après coup*[78] ». Selon Frédéric Lefèvre, qui recense alors les positions sur le poème en prose, Frick conclut à sa « possibilité » mais avec peu d'exemples « à l'état pur » dans « notre littérature[79] ». Les origines du poème en prose vont former l'un des volets de l'enquête menée par Frick, sous son nom de Proconsul, en 1920-1921 à *Don Quichotte*, avec des échos dans le *Mercure* du 15 janvier 1921.

Une lettre de Max Jacob à Frick, autour de l'été 1921, montre que Jacob est touché par la qualité de la lecture que Frick fait de son œuvre et même de son for intérieur : « Je ne serai compris de personne, si je ne le suis pas de vous. J'avais accoutumé de l'être souvent de vous seul[80] ». Cet été 1921, Artaud ouvre son compte rendu du *Laboratoire central* en relayant une critique de Frick sur l'édition du livre de Jacob, à la « présentation » qualifiée de « malheureuse[81] ». Artaud oppose Jacob et Apollinaire, dans une comparaison qui doit heurter les sensibilités de Frick, où la poésie de Jacob, fabriquée avec la « crédulité » de « l'enfant » et du « conver[ti] », « laisse[rait] loin derrière elle la fantaisie à court souffle et les recherches sans foi d'Apollinaire[82] ».

Avant-guerre, en 1912, lorsque Frick est poussé à se définir publiquement, avec sa lettre au *Matin* qu'Apollinaire fait aussitôt paraître dans le *Mercure*, il passe humoristiquement par Max Jacob et son « école esthético-métaphysique », le « druidisme », « dans laquelle » Frick dit

77 Frick, compte rendu du *Cornet à dés*, rubrique « Etc… », *Sic*, 2e année, no 24, décembre 1917, du verso de la couverture à la page 1 (p. [1]). À la rubrique « Etc… » s'interchangent Aragon, Frick et Perez-Jorba, note Germana Orlandi Cerenza, « *SIC* : bilans et perspectives », dans Madeleine Renouard, éd., *Pierre Albert-Birot, laboratoire de modernité*, *op. cit.*, p. 31-39 (p. 36).

78 Frick, compte rendu du *Cornet à dés*, *Sic*, *op. cit.*, p. [1]. Dans la suite de sa rubrique, Frick fait la recension du recueil de Paul Dermée, *Spirales*, d'où il ôterait bien « un pléonasme d'image » et un « datif » abusif. Frick, compte rendu de *Spirales*, *Sic*, 2e année, no 24, décembre 1917, p. [1-2] (p. [2]).

79 Frédéric Lefèvre, *La jeune poésie française – Hommes et tendances*, Paris, Crès, 1918, p. 242-243.

80 Lettre de Max Jacob à Frick, estimée à l'été 1921, dans Max Jacob, *Les propos et les jours*, *op. cit.*, p. 110.

81 Antonin Artaud, compte rendu du *Laboratoire central*, rubrique « L'art nouveau », *Le Rappel*, no 18470, 6 juillet 1921, p. 3.

82 *Idem.*

s'être « enrôlé[83] ». Bien que sa « préf[érence] » aille à « la pataphysique » de Jarry, Frick considère Max Jacob « astrologue montmartrois inégalé[84] », tel qu'il apparaît l'année précédente, le 7 juin 1911, dans une lettre à Jean-Richard Bloch, où son astrologie, écrit Jacob, se fait sur les bases de « l'école druidiste[85] ». La divination par les astres est inséparable du personnage, et Frick continue à faire porter à Max Jacob le « chapeau d'astrologue » dans sa critique du *Cornet à dés*, au titre de « couvre-chef de rechange du mage[86] ». Quand Jacob écrit à Bloch le 7 juin 1911, on en est encore aux prémices de cette impulsion druidiste puisque la lettre signale la rédaction, la veille, du « manifeste » de la « putative École[87] ». Alain-Fournier note, dans son courrier littéraire à *Paris-Journal*, le 27 juin 1911, cette « école nouvelle » avec « un adhérent : M. Louis de Gonzague Frick[88] ». L'un des « Épigrammes sans méchanceté » de *L'Intransigeant* nomme « Louis de Frick (comment l'omettre ?) » dans ce druidisme auquel il « [a]dhère », « sign[ant] avec son sang[89] ». L'« omettre » est aussi l'omission de Gonzague dans le vers de l'épigramme. Salmon, sous couvert des Treize, incite ainsi les « gens de Lettres » à « alle[r] » « [c]ouper du gui rue Ravignan[90] ». Les « nuits » de Nerval amarrent le

83 Frick, lettre du 25 août 1912 au rédacteur en chef, dans « Chez les conteurs – Les électeurs du prince », *Le Matin*, 29e année, no 10412, 30 août 1912, p. 4. Ce passage de la lettre, lisible dans *Le Matin*, puis le *Mercure* et enfin *La Phalange*, est cité de cette dernière par Antonio Rodriguez, dans Max Jacob, *Œuvres*, *op. cit.*, p. 50. Jacob s'est fait « restaurateur du druidisme », selon Frick, compte rendu de *La lucarne ovale* de Reverdy, « Scolies », *La Caravane*, 4e année, no 1, janvier 1917, p. 11. La « fond[ation] » du druidisme est ramenée, de manière un peu inexacte, à Frick par Robert Sabatier, « Louis de Gonzague Frick, dandy, burlesque et mystificateur », *Histoire de la poésie française*, *op. cit.*, p. 112.

84 Frick, lettre du 25 août 1912, dans « Chez les conteurs », *Le Matin*, *op. cit.*, p. 4.

85 Max Jacob, « 35 lettres à Jean-Richard Bloch » (1re partie), éd. Michel Trebitsch, *Europe*, 62e année, no 662, juin 1984, p. 122-155 (p. 131).

86 Frick, compte rendu du *Cornet à dés*, *Sic*, *op. cit.*, verso de la couverture.

87 Max Jacob, « 35 lettres à Jean-Richard Bloch » (1re partie), *Europe*, *op. cit.*, p. 131.

88 Alain-Fournier, *Chroniques et critiques*, éd. André Guyon, Paris, Le Cherche midi, 1991, p. 53.

89 Les Treize, « Épigrammes sans méchanceté », rubrique « La Boîte aux Lettres », *L'Intransigeant*, 31e année, no 11317, 10 juillet 1911, p. 2. Le mot est cité, en 1935, par Hubert Fabureau, *Max Jacob, son œuvre, portrait et autographe*, *op. cit.*, p. 42. Dans un autre de ces épigrammes sans méchanceté, en 1913, qui n'épargne ni Romains ni Florian-Parmentier, écrire comme « Gonzagu'Frick » est ravalé au supplice du « fauteuil électric ». Voir « C'est ficelé dûment au fauteuil électric », dans Les Treize, « La Boîte aux Lettres », *L'Intransigeant*, 33e année, no 11882, 25 janvier 1913, p. 3.

90 Voir, avec Frick en « numéro un des membres », Jean Rousselot, « Max Jacob », *Vie et langage*, no 269, août 1974, p. 435-443 (p. 441). Se reporter aussi à Jacqueline Gojard,

druidisme de Max Jacob non pas seulement dans la Bretagne légendée de son *Recueil de chants celtiques* de 1911, *La Côte*, mais aussi dans son quartier d'élection, Montmartre, à l'extrémité Est, « du côté du Château-Rouge », où Nerval avait aperçu une « grand[e] carrièr[e] » « qui semblait un temple druidique[91] ». Dans le sérieux de sa critique, Florian-Parmentier accueille la nouvelle « esthétique » proposée par Jacob, qui aurait le mérite de sortir « le "druidisme" » de « la caricature », avec Frick invariablement à proximité, en « principal disciple[92] ».

Frick vient, en 1933, contredire le sérieux de Parmentier et révèle s'être associé à Jacob « selon le rite druidique » en octobre 1907, « dans sa demeure [...] de la rue Ravignan », où ont retenti les mots invocateurs « Ossa-Poila-Maups[93] », qui ont leur postérité dans *Poetica*, de sa phrase d'exergue à son poème « Allégorie ». Carco informe et désinforme à la fois sur Frick « disciple » « principal et unique » du « druidisme », ce qu'il voile de doute avec un « paraît-il[94] ». Frick aurait eu pour compagnon Louis Latourrette dans ce « "druidisme" éphémère », couple de « (faux) disciples[95] » à la traîne de Jacob. Latourrette, qui n'est pas nommé, en 1912, dans l'adresse de Frick au *Matin*, est pourtant coutumier, avec Alfred Jarry, du bar Calisaya, objet de l'exclamation de la lettre, « O Calisaya ! », qui fait suite à la formule « feu Alfred Jarry[96] ». Le même

dans Max Jacob et André Salmon, *Correspondance, 1905-1944*, *op. cit.*, p 35.

91 Gérard de Nerval, « La nuit de Montmartre », « Les nuits d'octobre », *Poésies*, éd. Mounir Hafez, Paris, Livre de Poche, 1966, p. 88-89 (p. 88).

92 Ernest Florian-Parmentier, « Histoire de la poésie française depuis 25 ans », *Toutes les Lyres – Anthologie critique*, Paris, Gastein-Serge, 1911, p. 1-36 (p. 32).

93 Frick, cité par Pierre Lagarde, « Quand le Max Jacob d'aujourd'hui entend parler du Max Jacob d'il y a vingt-cinq ans... », *Comœdia*, 27e année, nº 7428, 11 juin 1933, p. 3. Peu de jours avant la séance druidique, Frick rencontre Jacob et Picasso, à l'occasion d'un rendez-vous avec Apollinaire, et conduit cette « triade » chez Royère. *Idem.*

94 Francis Carco, *Les derniers états des lettres et des arts : la poésie*, Paris, E. Sansot, 1919, p. 60.

95 Le peu de réalité de cette nouvelle école est ainsi exposé par Antonio Rodriguez, dans Max Jacob, *Œuvres*, *op. cit.*, p. 1609. Frick a, ici, pour prénom « Léon ». Lobet signale une petite survivance du druidisme chez Frick dans *Le Lunain* avec son « pseudonyme d'*Évatès* », catégorie de druides. Marcel Lobet, « Les amitiés belges », *Bulletin de l'Académie Royale*, *op. cit.*, p. 198. Que ce soit dans *L'Enchanteur pourrissant* ou *La fin de Babylone*, Apollinaire a bien sûr ses druides, jusque dans son portrait peint par Henri Frick en 1904, qui contient, « dans un coin de la composition, un druide devant un autel ». Voir la notice sur Henri Frick, dans Apollinaire, *Correspondance avec les artistes*, *op. cit.*, p. 55.

96 Frick, lettre du 25 août 1912, dans « Chez les conteurs », *Le Matin*, *op. cit.*, p. 4. Frick a peut-être assisté, le 3 novembre 1907, aux obsèques de Jarry, où sont présents Roinard, Léautaud ou encore Polti. Sur l'enterrement, voir Patrick Besnier, *Alfred Jarry*, Paris, Fayard, 2005, p. 683-684.

« ô Calisaya[97] » s'entend comme lieu revigorant pour l'Oscar Wilde du recueil *Statures lyriques*. En 1915, dans le vers de *Trèfles*, « Calisaya régnant, cher Louis Latourrette[98] », celui-ci est un peu le porteur de la mémoire des échanges survenus au bar américain qu'il fréquentait du temps de Jarry et Oscar Wilde, dont le « Conte à Calisaya », narré par Latourrette, est repris en 1917 par *Les Solstices*[99].

Frick mêle peut-être ces souvenirs aux siens en 1939 quand il raconte, par l'entremise de sa « tortue-secrétaire » Lunane, avoir bu auprès de Wilde, Tailhade, Élémir Bourges, Ernest La Jeunesse et Apollinaire au temps de « ces fastes ingurgitatoires[100] ». Frick élit plusieurs usages à sa tortue qu'il garde au Lunain, dont elle est la « nymphe » dans le poème inaugural de sa revue en janvier 1936, avec la surface ouvragée de sa carapace qui ressemble naturellement à « la nacre burgandine[101] », sans égaler les effets recherchés des « incrust[ations] » de « pierreries » et « minéraux[102] » par l'incontournable prédécesseur en la matière, Des Esseintes. La Lunane de Frick est, en 1938, son « affectueuse princesse des chéloniens », qu'il destinerait avec ses congénères à devenir combattante pour ralentir à leur maximum les mouvements meurtriers de la guerre, dixit le « vieux fantassi[n] d'Artois et de Verdun[103] ». Lunane, porte-voix d'un lointain passé de Frick en 1939, relate les excès en conversations et boissons qu'abritaient les cafés légendaires. Dans une lettre de 1953 à Léautaud, Frick parle d'Ernest La Jeunesse comme de « [s]on grand camarade de Calisaya, de Bols et du Napolitain[104] ». La Jeunesse aurait été, au Napolitain, l'objet de « violentes vexations[105] » initiées par Jarry.

97 Frick, « Oscar Wilde », *Statures lyriques*, *op. cit.*, p. 36.

98 Frick, *Trèfles*, *op. cit.*, p. 16.

99 Sur Latourrette et Wilde au Calisaya, on peut consulter John Stokes, *Oscar Wilde : Myths, Miracles and Imitations*, Cambridge, Cambridge University Press, 1996, p. 31.

100 Frick, extrait d'une lettre au journal, cité par René de Berval, « Procédés de travail et manies des écrivains », *Le Figaro littéraire*, 114e année, n° 231, 19 août 1939, p. 5.

101 Frick, « Lunanisme », *Le Lunain*, 1re année, n° 1, janvier 1936, p. 1.

102 Joris-Karl Huysmans, *À rebours*, Paris, Flammarion, 2004, p. 79-80.

103 Frick, « Ma douce et affectueuse princesse… », cité dans « La tortue du poète », rubrique « Notes et échos », *Marianne*, 6e année, n° 300, 20 juillet 1938, p. 6. L'état royal de ce reptile est réitéré dans le bestiaire de Frick, par un « calme majestueux ». Frick, « Colombes et tortues », *Enif*, *op. cit.*, p. 29.

104 Lettre de Frick à Paul Léautaud, non datée, estimée à 1953, reproduite par Sarane Alexandrian, « Un grand seigneur de la poésie moderne », *Supérieur inconnu*, *op. cit.*, p. 92.

105 Sur cette relation d'ordre anecdotique Jarry-La Jeunesse, voir Patrick Besnier, *Alfred Jarry*, *op. cit.*, p. 134.

En 1928, lorsqu'il inventorie les cafés parisiens pour *L'Ami du lettré*, Frick cite « le bar Calisaya qui brilla sur les boulevards [...] pendant les heureuses années d'avant-guerre », et où le « chrysologue Oscar Wilde émerveillait l'assemblée[106] ».

Latourrette, qui fréquente désormais le « café de la Terrasse », ne figure pas parmi les anciens habitués du Calisaya à la différence de Marcel Schwob et Ernest La Jeunesse au « pantalon en tire-bouchon[107] », ce dernier placé là aussi, au côté d'Oscar Wilde, par Apollinaire dans *Le Flâneur des deux rives*. Un poème de *Quantité discrète* recycle quelques détails de l'article d'Apollinaire composé en hommage à La Jeunesse, que ce soit dans la longue liste des cafés ; ou dans le « [s]oiriste, nécrographe[108] » de *Quantité discrète* décrit par Apollinaire en « [s]oiriste au *Journal*, [...] chargé des nécrologies[109] » ; ou bien avec « [l]e plus bel article sur Oscar Wilde, défunt[110] », et son pendant du *Flâneur*, « le récit poignant de l'enterrement d'Oscar Wilde[111] ». Avec cet « Ernest La Jeunesse » mis en vers par Frick, deux sous-titres sont proposés dans *Quantité discrète*, l'un avec le poème, l'autre dans la table des matières, mais toujours pour mettre en avant cette fréquentation des cafés des grandes artères, « homme de lettres et des Boulevards », « hôte éblouissant des Boulevards », personnage quasiment assimilé aux « tavernes » et « cafés[112] ». La Jeunesse est pour Apollinaire, qui le répète deux fois, « le dernier boulevardier[113] », comme le redit Frick aussi.

---

106 Frick, « L'école de l'apéritif », *L'Ami du lettré*, *op. cit.*, p. 204.

107 *Ibid.*, p. 204-205.

108 Frick, « Ernest La Jeunesse, homme de lettres et des Boulevards », *Quantité discrète*, *op. cit.*, p. 45.

109 Apollinaire, « Du "Napo" à la chambre d'Ernest La Jeunesse », *Œuvres en prose complètes*, III, *op. cit.*, p. 27-33 (p. 33).

110 Frick, « Ernest La Jeunesse, homme de lettres et des Boulevards », *Quantité discrète*, *op. cit.*, p. 45.

111 Apollinaire, « Du "Napo" à la chambre d'Ernest La Jeunesse », *Œuvres en prose complètes*, III, *op. cit.*, p. 33.

112 Frick, « Ernest La Jeunesse, homme de lettres et des Boulevards », *Quantité discrète*, *op. cit.*, p. 45 ; et, pour le second sous-titre, *ibid.*, p. 52.

113 Apollinaire, « Du "Napo" à la chambre d'Ernest La Jeunesse », *Œuvres en prose complètes*, III, *op. cit.*, p. 33. Frick est « boulevardier » pour sa fréquentation des grands boulevards, dans une notice sur *Poetica*, qui envoie le lecteur sans plus tarder au recueil par un « Qu'on s'y rue ! » Nonce Casanova, compte rendu de *Poetica*, *La France active*, 10e année, no 105, 15 décembre 1929, p. 199. Fernand Demeure, pour *Poetica* aussi, montre Frick comme chez lui sur les boulevards, capable de présenter à son compagnon de « promenade » tel « personnage de la finance, du journalisme, des arts, de la politique »... Fernand Demeure

Pseudonyme retenu par Frick en faveur de son ami La Jeunesse, Calisaya réapparaît sous forme de signature au bas d'un article du *Lunain* en 1938, pour soutenir la personne d'Ernest La Jeunesse, visé à répétition par Léon Daudet venu venger Drumont qui avait, en 1896, porté aux nues le premier livre de La Jeunesse dans *La Libre Parole* avant d'en savoir l'auteur juif[114]. Daudet se souvient sans doute particulièrement que La Jeunesse l'avait mis dans deux scènes de son ouvrage à « mugi[r] » et à « gémi[r] », avec cette plainte à son « père » : « je crois que je n'ai pas une belle âme[115] ». Dans *L'Action française* en 1938, Léon Daudet dit avoir ignoré sciemment *Les Nuits, les ennuis et les âmes* que La Jeunesse lui avait à l'époque expédié, mais sans taire ses griefs, qui ressortent encore dans la basse insulte physique, brandie à répétition par d'autres, comme chez Georges Fourest[116]. *Le Lunain*, par sa réplique signée Calisaya, reprend le flambeau d'Ernest La Jeunesse, disparu depuis 1917, pour contrer Léon Daudet, « une belle défense[117] » de l'auteur des boulevards, selon le *Mercure*.

Dans « L'école de l'apéritif » en 1928, Frick parle longuement de l'installation de Latourrette « [d]ans le voisinage » du Cyrano et des surréalistes, « au café de la Terrasse », avec sa « voix » d'« érudit » et son livre *Maîtreya le Bouddha futur*, vieux de deux ans[118]. La proximité des

---

est cité de *Paris-Presse*, par Le Lutécien, rubrique « Petit Courrier littéraire », *Comœdia*, 23e année, n° 7027, 25 octobre 1929, p. 3. Pour son journalisme, représenté par « une enquête », Fernand Demeure entre dans le poème de Frick, « Envois recommandés », *Vibones*, *op. cit.*, p. 34. Ennemi déclaré de Mauriac, Fernand Demeure rivalise avec Camille Mauclair en antisémitisme dans la presse de la Collaboration, du *Pilori* à *La Gerbe*.

114 Apollinaire interprète la méprise de Drumont comme « un singulier coup de maître » de La Jeunesse. Apollinaire, « Du "Napo" à la chambre d'Ernest La Jeunesse », *Œuvres en prose complètes*, III, *op. cit.*, p. 32. Pour un cas miroir impliquant Léon Daudet en fils spirituel de Drumont, lors du Prix Goncourt 1917 avec son récipiendaire Henry Malherbe, voir Anne-Laure Chain citée par Nicolas Beaupré, *Écrire en guerre, écrire la guerre*, *op. cit.*, p. 59.

115 Voir Ernest La Jeunesse, *Les Nuits, les ennuis et les âmes de nos plus notoires contemporains*, Paris, Perrin, 1896, p. 253-254 et 96.

116 Léon Daudet, « La vanité littéraire », *L'Action française*, 31e année, n° 225, 13 août 1938, p. 1. Trois vers de Fourest attaquent la physionomie de La Jeunesse, dans l'« Épître à Pierre Dufay », *La Négresse blonde*, suivi de *Le géranium ovipare*, *op. cit.*, p. 136-143 (p. 139).

117 Voir Charles-Henry Hirsch, « Les revues », *Mercure de France*, 49e année, n° 971, 1er décembre 1938, p. 440.

118 Frick, « L'école de l'apéritif », *L'Ami du lettré*, *op. cit.*, p. 204-206. La sortie, en 1926, de l'ouvrage de Latourrette est l'occasion d'un « dîner fraternel » avec quelques amis et un discours de Frick. Voir la rubrique « Petit Courrier », *Comœdia*, 20e année, n° 4852, 7 avril

cafés sur la carte développée par Frick montre comment lui-même peut, spatialement, fluctuer dans ses intérêts, dans les générations côtoyées, jusqu'à des cas aussi éloignés que Latourrette et les surréalistes. En 1919 justement, Latourrette avait remarqué cette inlassable curiosité de Frick pour « les maîtres de la veille » aussi bien que pour « les plus hardis novateurs des récentes écoles[119] ». Rousselot, en 1968, réduit Frick à « se prom[ener] dans les milieux littéraires » avec une complète légèreté, « comme un farfadet volontiers sentencieux[120] ». Salmon fait retentir, en 1932, les « mots si compliqués » du « gentleman » Frick dans les cafés de « Belleville et la Villette », devenus « cafés littéraires » par sa présence et celle de Latourrette ou, « parfois », Vincent Muselli, tandis que les patrons se demandent ce que peut « faire dans la vie » ce client « glabre et monoclé[121] ». Le recul que prend Salmon-narrateur par rapport à la scène lui permet de pénétrer aisément dans l'esprit et le langage de chacun, cafetier ou poète et, pour le visage de Frick, de rester dans son registre descriptif habituel. Un récit de René de Berval, en 1938, qui fait traverser le quartier et ses lieux de rencontre littéraires, à la manière de « L'école de l'apéritif », asseoit Frick aux Deux-Magots, peuplé par Salmon ou Breton, genre de « café du Commerce » où Frick, quelques mois après le cabanon, continue de s'indigner contre un « gouvernement[122] » qui tolère l'internement des poètes.

1926, p. 3. Dans *Poetica*, Frick fait encore écho à ce livre et se projette « vingt-cinq siècles » dans l'avenir pour annoncer le royaume de « Maîtreya ». Frick, « Philotésie », *Poetica*, *op. cit.*, p. 130. « Philotésie », qui se réfère à la cérémonie antique pour boire à la santé des dieux et des hôtes, est dédié « à Charles Moré », disparu en 1927, à l'âge de 79 ans. *La Presse* rappelle alors que le beau-père de « Notre confrère Louis de Gonzague Frick » était secrétaire de la rédaction de la *Revue universelle de la papeterie et de l'imprimerie*. J. D., « Carnet des Lettres », *La Presse*, 93ᵉ année, nº 4441, 13 avril 1927, p. 2. Un faire-part indiquant la date de l'enterrement, le 8 avril 1927, est adressé à Desnos par Frick (DSNC 2344, BLJD), et « Philotésie » comporte une visite dans une « allée du cimetière », parmi les « feuilles mortes », ou les journaux et autres papiers du passé. Frick, « Philotésie », *Poetica*, *op. cit.*, p. 130.

119 Louis Latourrette, compte rendu de *Girandes*, *La Politique et les lettres*, 6ᵉ année, nº 2, avril 1919, p. 8.

120 Jean Rousselot, article « Gonzague-Frick », *Dictionnaire de la poésie française contemporaine*, Paris, Larousse, 1968, p. 114-115 (p. 115).

121 André Salmon, « La littérature derrière un bock… », *L'Intransigeant*, 53ᵉ année, nº 19363, 31 octobre 1932, p. 1-2 (p. 2).

122 René de Berval, « Saint-Germain-des-Prés, mon village », *Marianne*, 6ᵉ année, nº 301, 27 juillet 1938, p. 6. Berval relate son Saint-Germain à l'occasion de l'ouvrage de Léo Larguier, au titre emprunté par l'article.

« L'école de l'apéritif » fait suivre le souvenir du Calisaya, comme dans *Trèfles*, de celui des « bars de la rue d'Amsterdam[123] » et d'Alphonse Allais, traçant un lien, chez Frick, de sa poésie à sa prose de courriériste. La poésie, ou plutôt les vers, entrent d'ailleurs dans le courrier littéraire « d'un nouveau genre » de Frick à *La Griffe*, en 1930, selon l'annonce de *L'Intransigeant*, qui cite des « vers blancs[124] » de Frick. Latourrette aurait aidé de ses conseils Frick pour un travail peu dans ses cordes à la « feuille financière[125] » *La vieille chronique*, au sous-titre *Des faits, des chiffres, de la documentation commentée*, comme il aide aussi Apollinaire. Directeur de nombreuses années de *La Polémique : Politique, finance, industrie*, Latourrette poursuit dans un domaine familier, qui le voit en 1934, sur fond d'affaires et de 6 février, entrer dans les bonnes grâces de *L'Action française*, favorable relais à ses attaques contre les banques et le système parlementaire, portées et porteuses d'antisémitisme[126]. À l'issue du second tour des législatives de mai 1906, Bloy notait avec approbation dans son *Journal* le « plus vif dégoût [de Latourrette] pour le suffrage[127] ».

Du côté du gagne-pain, Sylvain Bonmariage se remémore Frick en « adjoint au comptable », avant-guerre, à « la Société Dormeuil, rubans et soieries », non loin de la Bourse, échangeant son « tuyau de poêle » pour un chapeau « melon » mieux adapté au « commerce[128] ». Stanislas Fumet, future bête noire des surréalistes, *relent* au nez de Desnos et figure de la Résistance littéraire, décrit Frick dans l'orbite du monde de l'argent en « étonnant dandy de la Bourse[129] ». Une trace demeure de ce secteur d'activité, en 1917, au premier numéro des *Solstices*, qui s'achève sur une page de « Notes financières » signée des initiales « A. F. », contributeur

123 Frick, « L'école de l'apéritif », *L'Ami du lettré*, *op. cit.*, p. 204 ; et Frick, *Trèfles*, *op. cit.*, p. 16.

124 Les Treize, « Les Lettres », *L'Intransigeant*, *op. cit.*, 6 avril 1930, p. 4.

125 Roger Wild, « Souvenirs de Montparnasse », *Revue des deux mondes*, *op. cit.*, p. 522-523. Pour Apollinaire, voir aussi la note au *Financier* dans Apollinaire, *Œuvres en prose complètes*, III, *op. cit.*, p. 1249. Fels raconte que Latourrette est également sollicité par ses amis quand ils ont un petit extra d'argent, pour les initier aux « bons placements ». Fels est cité de son *Roman de l'art vivant* (1959) par Alain Jaspard, *Florent Fels ou l'amour de l'art – Biographie*, Paris, L'Harmattan, 2013, p. 115.

126 Voir, en particulier, les numéros des 7 juillet et 2 décembre 1934 de *L'Action française*.

127 Léon Bloy, entrée du 22 mai 1906, *Journal inédit – III*, *op. cit.*, p. 940.

128 Sylvain Bonmariage, *Catherine et ses amis*, *op. cit.*, p. 64.

129 Stanislas Fumet, *Histoire de Dieu dans ma vie : souvenirs choisis*, Paris, Fayard-Mame, 1978, p. 30. Pour Fumet, Frick est celui qui l'a présenté à Apollinaire et Max Jacob. Fumet est distribué entre « Ange », « hostie » et « géhenne », dans le poème de Frick « Un éventail d'acrostiches », *Sous le Bélier*, *op. cit.*, p. 43-45 (p. 45).

autrement non identifié. Dans le *Bélier*, Latourrette est dédicataire d'un poème dont le titre seul offre le décompte d'une somme, « Tercets », et où le vers « Sagesse, poësie et immortalité », également le mot « ressuscite[130] », mettent sur la voie du Maïtreya. L'ensemble de « Tercets » ordonne une Trinité personnelle, où est évoqué le retour de la « colombe », celle de la paix mais aussi de « [l']Esprit pur », avec « sept flammes », représentatives de « [s]on seul rite[131] ». Composé dans la campagne 1916, le poème, aux sons ouvragés, se tourne vers la « Jeunesse », tranche d'âge sous les drapeaux, décimée par la guerre et qui prend conscience d'être « la beauté[132] », celle dont Jacob a dit que Frick était défenseur. En même temps, le vers « La Jeunesse a compris[133]… » sous-entend l'ami du Calisaya, avec le double sens exploité tant par Jarry que par Apollinaire, chez lequel Ernest « n'est pas le poète de la jeunesse[134] ». Le poème « Tercets » émet, pour finir, un appel à la paix fait d'impatience et d'attente, « Reviens enfin colombe – ou plutôt ressuscite[135] », puisque la paix n'est pas simplement suspendue ou différée mais bel et bien morte, parmi les morts.

La convergence amis-famille chez Frick s'illustre dans le cas, non exclusif, de Max Jacob et ses liens avec la mère de Frick, qui valent à Jacob d'apparaître dans une brève scène d'un poème d'*Oddiaphanies* consacré à Madame Frick mère. La première fois qu'elle aperçoit Max Jacob, au Salon d'automne de 1908, la mère de Frick se laisse tromper, selon l'anecdote, par l'élégance de ses habits, supposant un grand train de vie à ce « parfait gentleman[136] ». Entre les deux se développe une

---

130 Frick, « Tercets », *Sous le Bélier*, *op. cit.*, p. 11-12. Lors du tirage ultra-confidentiel de ses *Proses en poèmes*, en 1918, il plane autour de Latourrette une « réputation d[e] sage » qui devrait s'affirmer au bout de « quelques siècles », selon Apollinaire, tandis que, par un autre vœu amical, Frick détermine que les « paradoxes lyriques » du recueil « rallieront toujours les lettrés et les artistes ». Voir Apollinaire, « Sous le titre… », « Échos sur les lettres et les arts », *Œuvres en prose complètes*, II, *op. cit.*, p. 1423 ; et Frick, compte rendu de *Proses en poèmes*, rubrique « Etc… », *Sic*, 3e année, no 30, juin 1918, p. [3].

131 Frick, « Tercets », *Sous le Bélier*, *op. cit.*, p. 11-12.

132 *Ibid.*, p. 11.

133 *Idem.*

134 Apollinaire, « Du "Napo" à la chambre d'Ernest La Jeunesse », *Œuvres en prose complètes*, III, *op. cit.*, p. 29-30 ; et voir l'« Envoi respectueux à Madame Berthe de Courrière », dans Alfred Jarry, *Œuvres complètes*, I, éd. Michel Arrivé, Paris, Gallimard, 1972, p. 906. Avec les « collines lorraines », sa région d'origine, La Jeunesse est aussi dans une strophe de *Trèfles*, *op. cit.*, p. 11.

135 Frick, « Tercets », *Sous le Bélier*, *op. cit.*, p. 12.

136 Voir *Max Jacob et Picasso*, Catalogue d'exposition, *op. cit.*, p. 65. Jacob envoie ses « compliments » à Madame Frick, dans une lettre à Frick, estimée à l'été 1921, dans Max

connivence, que Frick reproduit dans *Oddiaphanies* à l'appartement de la « [r]ue Notre-Dame-de-Lorette[137] », adresse octosyllabique, où la mère accueille Max Jacob. Dans les souvenirs de Frick, elle « [s]e plaisai[t] à fêter » Jacob, dans un joyeux échange de mots aux qualités explosives, « Vous vous divertissiez à lancer vos grenades[138] », qualités contenues dans le sens du titre ovidien, « Animosi oris », allusion à une manière de s'exprimer forte et puissante. Selon Fernande Olivier, il aurait existé une complicité entre la mère de Frick et Max Jacob, aux dépens de certains amis de Frick[139]. Mercadier a, en effet, pour souvenir qu'elle « insultait tous les amis de son fils[140] ». La violence de l'expression des « grenades » d'« Animosi oris » est atténuée par un commun fond de « bonté » chez ces deux adeptes de la conversation, la mère de Frick et Max Jacob. L'image d'un soldat de la Guerre de 1914-1918 au combat, lanceur de grenade, pour les non-combattants qu'ont été Marie-Thérèse Frick et Max Jacob, comporte son lot d'ironie. Pour caractériser l'art des mots dans la conversation chez Jacob, Frick a eu recours, en 1917, à « l'eutrapélie[141] », résonnant à la fois de l'éloquence et du comportement, propos fins et spirituels, qui permettent de relâcher un moment la gravité, mais sans verser dans l'excès.

Jacob, *Les propos et les jours*, *op. cit.*, p. 110. Frick est mentionné au Salon d'Automne de 1909, où sont lus des poèmes de Jacob, Apollinaire, Salmon ou Strentz. André Warnod, « Littérature », rubrique « Petites nouvelles des lettres et des arts », *Comœdia*, 3e année, no 742, 11 octobre 1909, p. 2. Auprès de Jacob « en impeccable redingote », Frick participe aussi, en mai, au Salon des Indépendants, où il récite de son poème « Lilith », désigné autrement sous le titre « Nocturne » par l'ami reporter André Warnod, dans sa rubrique de *Comoedia*, 3e année, no 579, 1er mai 1909, p. 2.

137 Frick, « Animosi oris », *Oddiaphanies*, *op. cit.*, p. 29.

138 *Idem.*

139 Fernande Olivier, *Picasso et ses amis* (1933), Paris, Stock, 1954, p. 176. Dans son portrait de Frick, Fernande Olivier le « [m]aquill[e] » de « poudr[e] » aux joues et de « rouge aux lèvres ». *Idem.* Tout un accoutrement de Frick est noté dans une biographie de Picasso qui le désigne en « parody of a fin-de-siècle aesthete », avec ses « greenery-yallery affectations », expression qui tire Frick implicitement du côté de l'homosexualité. John Richardson et Marilyn McCully, *A Life of Picasso. Vol. II : 1907-1917*, New York, Random House, 1996, p. 5. Un compte rendu de l'ouvrage transforme ainsi Frick en homosexuel parmi « a cast of minor gays » autour de Picasso. Voir Linda Nochlin, « The Vanishing Brothel », *London Review of Books*, vol. 19, no 5, 6 mars 1997, p. 3-5.

140 Henry Mercadier, cité par Anne Egger, *Robert Desnos*, *op. cit.*, p. 74.

141 Frick, compte rendu du *Cornet à dés*, *Sic*, *op. cit.*, p. [1]. Le lien historique entre l'eutrapélie et la conduite des ecclésiastiques a sa part dans le choix du mot pour Jacob. Sur l'eutrapélie, voir Marc Fumaroli, *L'âge de l'éloquence – Rhétorique à « res literaria » de la Renaissance au seuil de l'époque classique*, Genève, Droz, 2002, p. 333.

En lien encore avec la Première Guerre, Frick et Jacob sont associés à une large action collective en février 1933 avec la création des Amis de 1914, qui organisent régulièrement des soirées littéraires et artistiques, et publient le *Bulletin hebdomadaire de l'Académie de la Coupole*. L'une des réunions des Amis de 1914 s'effectue, le 9 juin 1933, autour de Max Jacob. Lors de ce vendredi, Frick et Salmon partagent, pour Jacob et l'assemblée du Café Bullier, leurs souvenirs d'avant la mobilisation générale[142]. *La Semaine à Paris*, qui rend compte assez fidèlement des vendredis du groupe, placé depuis ses débuts « sous le signe moral de la guerre de 1914[143] », insère une photographie en gros plan de Max Jacob ce soir-là, légendée des noms de ceux qui l'ont fêté, Pierre Lagarde, Frick et Salmon, sans véritables détails sur ce qui a pu se dire[144]. Dans ces Amis de 1914, Jean Le Louët circule entre Salmon, Jacob et Frick, qui le soutient dès 1931 puis de nouveau en 1934 par un article pour *L'Année poétique* accompagné du portrait du jeune poète par Metzinger[145]. Jean Le Louët raconte avoir été introduit par Frick aux Amis de 1914 le soir de la réception de Salmon, au mois de novembre 1933[146]. Frick, comme s'il avait à considérer sa propre situation, voit Le Louët en « [p]oète et critique à un degré pareillement élevé », et chez lui revit, peut-on croire, un peu du druidisme de Jacob à travers « les mythes de ses ancêtres » de la « région des Montagnes Noires[147] ». En 1937, Desnos, lui aussi, est mêlé aux Amis de 1914, dans la réception au Café de Versailles de Céline Arnauld et Paul Dermée, aux côtés de Frick et de Jacob, en présence de Paul Fort, Supervielle et Jean Follain[148]. Celui-ci a, dans

---

142 Se reporter à l'annotation dans *Max Jacob et Picasso*, Catalogue d'exposition, *op. cit.*, p. 230.

143 N. R., « Au Café Bullier, poètes et rapins : Les "Amis de 1914" », *La Semaine à Paris*, 13e année, n° 562, 3-10 mars 1933, p. 4.

144 Pour la photographie, voir *La Semaine à Paris*, 13e année, n° 577, 16-23 juin 1933, p. 5.

145 Frick, « Nous avons déjà salué… », *L'Année poétique*, 2e année, n° 5, avril 1934, p. [1].

146 Voir François Bernouard et Jean Le Louët, « Dialogue sur les Amis de 1914 », *op. cit.*, sur le site miscellanees.com/b/bernou01.htm. Consulté le 27 janvier 2013.

147 Frick, « Nous avons déjà salué… », *L'Année poétique*, *op. cit.*, p. [1].

148 « Une soirée en l'honneur des poètes Céline Arnauld et Paul Dermée », *Le Populaire*, 20e année, n° 5417, 14 décembre 1937, p. 2. Un extrait du discours de Desnos sur « Dermée en TSF » est cité par Anne Egger, *Robert Desnos*, *op. cit.*, p. 681. Le statut de Dermée dans le milieu professionnel de diffusion par les ondes, « président de l'Union d'Art radiophonique » et « président d'honneur-fondateur de l'Association syndicale des journalistes de la Radio », fait annoncer l'événement à la rubrique « La radio » par *L'Intransigeant*, 58e année, n° 51203, 13 décembre 1937, p. 2.

Ingrès, un regard de couleur héraldique, des « yeux de sinople[149] ». Il est, extension de sa profession, l'« avocat » des prostituées, « des mistonnes » du XVIIIe arrondissement à « La Goutte d'Or », et sa poésie amène Frick, plus chiromancien que jamais, vers la ligne de Vénus, « la mensale[150] ». Lorsque les Amis de 1914 accueillent Maurice Fombeure en 1939, Frick participe à l'« arc-en-ciel de louanges[151] » avec Follain, Rousselot, Fernand Lot et Jacob.

Soldat au front, Frick pense à Picasso, pour *Trèfles à quatre feuilles*, comme au « grand peintre » muni d'un « drapeau » coloré de « l'azur de Montparnasse[152] », réminiscent du temps du Bateau Lavoir. Frick conserve un « drapeau tricolore » de Picasso, dessiné sur une lettre de 1915 de Max Jacob adressée à Frick dans la zone des armées, pour lui dire caractéristiquement, « Vous êtes le plus poli des jeunes poëtes français[153] ». Avec ce mot, Jacob rejoint Divoire, qui attribue à Frick l'« introdu[ction de] la politesse dans les mœurs littéraires[154] ». Billy témoigne de la continuation de cet effet rayonnant des manières de Frick, qui « entretient » encore en 1935, dans les cercles littéraires, « le plus pur ton de la Régence[155] », brève période qui synthétise politesse et raffinement. Dans *Trèfles*, Frick fait état d'une compétition amicale avec Divoire et quelques « auteurs de quatrains », contre qui Frick aurait remporté un « tourno[i] » de vers grâce à « l'ivoire / D'un bel éléphant blanc[156] ». « Divoire » participe néanmoins à « la victoire[157] » par les

149 Frick, « Sui juris esse », *Ingrès*, *op. cit.*, p. 22-23 (p. 22).

150 *Idem.* En vertu du droit, Follain est poète en toute indépendance, suivant la formule du titre, « sui juris esse », n'appartenir qu'à soi. Côté professionnel, les vers de Frick confondent le paiement des prostituées et les « honoraires » des avocats, selon la formule rengaine des « pistoles » que les « Messieurs » doivent verser de leur « bougette ». *Idem.*

151 « La Poésie à Montparnasse », rubrique « Notes et échos », *Marianne*, 7e année, n° 340, 26 avril 1939, p. 7.

152 Frick, *Trèfles*, *op. cit.*, p. 14.

153 Cet envoi est cité par l'entrefilet « Une exposition platonico-frickienne », rubrique « À Paris et ailleurs », *Les Nouvelles littéraires*, 13e année, n° 657, 18 mai 1935, p. 4.

154 L'observation de Fernand Divoire circule, par exemple chez L. Méritan, dans sa rubrique « Arts et Lettres », *L'Homme libre*, 7e année, n° 1039, 5 mai 1919, p. 2.

155 André Billy, « Dédicaces », *Le Figaro*, *op. cit.*, p. 5.

156 Frick, *Trèfles*, *op. cit.*, p. 18.

157 *Idem.* Frick dédicace, « [e]n chaleureux attachement », une copie de *Poetica* à Divoire, au « magicien capable de comprendre [...] la plus ancienne des sibylles », pour ainsi dire à l'auteur de *Faut-il devenir mage ?* (1909) et *Pourquoi je crois à l'occultisme* (1928). Exemplaire en vente à la Librairie de l'Amateur, à Strasbourg, sur le site abebooks.com. Consulté le 31 août 2011.

rimes -oire et -ivoire. En une opération similaire, le « Picasso » de la strophe de *Trèfles* est en parallèle avec l'espagnolisant « lasso », objet qui appartient à une « prédi[ction][158] » de Max Jacob, dans son rôle familier d'ami voyant, dresseur d'horoscopes. L'avenir verra « Berlin » pris dans le nœud du « lasso[159] » avec, à l'autre bout, Picasso. L'art est finalement traité, dans cette poésie en guerre, comme un moyen supplétif d'*assaut* ou de conquête.

Le cadre de ces lectures, du fait de la guerre, s'étend aux hommages pour les poètes-soldats morts. Ainsi, le 28 juin 1917, « au Jardin de Balzac » à Paris, Frick « [r]écit[e][160] » des poèmes d'André Godin, suivant une conférence à la mémoire de Godin par Berthe de Nyse, pseudonyme de Denise Veil, qui se joint à Frick pour lire un choix de l'œuvre du poète. À cette occasion, Berthe de Nyse répète le poncif tant soit peu consolateur, qu'auront « été épargnées » à Godin « [l]es souffrances d'un troisième hiver de tranchées[161] ». Dès le lendemain de la mort de Godin, Berthe de Nyse a entrepris de consacrer un ouvrage à son fiancé avec l'aide des « camarades[162] » du disparu. Latourrette repère, au premier rang de ceux-ci, Frick[163]. Le livre, paru en 1918 avec quelques passages d'écrits du front censurés, nomme aussi comme parties prenantes dans les efforts de commémoration Fernand Divoire, Aurel et Guillot de Saix, qui parle dans le salon de Mme Demange, sœur de Maurice Barrès[164]. Frick n'est pas mentionné par *Sic*, en 1918, dans le compte rendu hostile d'Albert-Birot sur *André Godin – Sa vie et son Œuvre*[165]. Albert-Birot entend ne pas laisser les douleurs de la guerre, celles qui proviennent des

158 Frick, *Trèfles*, *op. cit.*, p. 14. Le même « lasso » de Picasso est rimé par Bonmariage, dans le poème que celui-ci voue à l'amitié, dont celle de Frick. Sylvain Bonmariage, « Stances pour les Amis », *L'Aquadémie : Montparnasse et Montmartre*, cahier 3, janvier 1925, p. 80-84 (p. 83).

159 Frick, *Trèfles*, *op. cit.*, p. 14.

160 Voir « Cours et conférences », *Le Temps*, 57e année, no 20440, 23 juin 1917, p. 3.

161 Conférence de Berthe de Nyse, dans son *André Godin – Sa vie et son Œuvre*, Paris, Édition du Carnet critique, 1918, p. 38-39 (p. 38).

162 Ces informations, sans allusion à Frick, sont rapportées dans « La mort d'André Godin », *Le Temps*, 56e année, no 20123, 10 août 1916, p. 2.

163 Louis Latourrette, « À propos d'André Godin », *La Caravane*, 4e année, no 7, juillet 1917, p. 6.

164 Berthe de Nyse, *André Godin – Sa vie et son Œuvre*, *op. cit.*, p. 3 et 5.

165 Incidemment, l'intitulé plutôt conventionnel du titre reproduit, à dix ans d'écart, le nom de l'ouvrage *André Godin, sa vie, son œuvre* qu'Alfred Migrenne écrit, en 1908, sur l'industriel et député de l'Aisne, Jean-Baptiste André Godin, sans apparente connexion

« mort[s] », « blessés » et « mutilés », brouiller le sens critique, même si c'est pour « consoler ceux qui les ont beaucoup aimés[166] », formulation qui vise un peu trop personnellement Berthe de Nyse. *André Godin – Sa vie et son Œuvre* débute effectivement sur l'hommage à « un très grand, très noble et très pur poëte[167] », formules employées par excès de sentiment d'après le lecteur « intègr[e][168] » que se veut Albert-Birot. Les livres à l'exemple de celui dédié à Godin, généralement sortis dans l'après-guerre, constitueraient, selon Campa, un « geste éditorial » à l'égard du « poète[169] » empêché, de son vivant, d'accomplir son œuvre ou l'ayant à peine entamée. L'équipe Nyse-Frick attelée au maintien du souvenir de Godin, et remarquée par Latourrette, est encore active en 1922, pour une nouvelle commémoration pendant laquelle les deux proches se divisent la parole à la Maison de l'Œuvre[170]. Fin 1922, *Isis* fait connaître des extraits de *Principes de philosophie sacerdotale* de Godin, dont des passages sont retenus par la rubrique des Belles-Lettres de *Comœdia*, tenue depuis octobre par Frick, qui en profite pour rattacher Godin « à la caste sacerdotale », où il figure au double titre d'initié aux rites et de « lettr[é][171] ». S'il était annoncé, en 1918, que paraisse un « recueil de l'Œuvre » de Godin, dont Frick aurait « surveill[é] l'édition » et qu'il aurait « préfac[é][172] », rien de tel ne sort finalement. Fontainas note en 1929, sur la base peut-être de ce type d'engagement en faveur de Godin, que le « dévouement » et la « dévotion » de Frick « à ses amis » atteignent aussi « ceux qui ont disparu avant l'heure[173] », surtout les morts de la guerre. L'attachement de Frick à Godin se renforce aussi du fait qu'il aurait été, selon Berthe

---

entre le poète et le parlementaire fondateur du Familistère de Guise, titre qui termine, chez Migrenne, par les dates d'un Godin à longue vie, 1817-1888.

166 Pierre Albert-Birot, compte rendu d'*André Godin, sa vie et son œuvre*, rubrique « Etc... », *Sic*, 3e année, no 30, juin 1918, p. [7].

167 Berthe de Nyse, *André Godin – Sa vie et son Œuvre*, *op. cit.*, p. 3.

168 Pierre Albert-Birot, compte rendu d'*André Godin, sa vie et son œuvre*, *Sic*, *op. cit.*, p. [7].

169 Laurence Campa, *Poètes de la Grande Guerre*, *op. cit.*, p. 124-125.

170 « Un anniversaire », *Le Rappel*, no 18805, 7 juin 1922, p. 3.

171 « Philosophie sacerdotale », rubrique « Belles-Lettres », *Comœdia*, 17e année, no 3668, 1er janvier 1923, p. 6. Godin, avec son aura sacrée, réapparaît dans *Comœdia* à travers l'année 1923.

172 Berthe de Nyse, *André Godin – Sa vie et son Œuvre*, *op. cit.*, p. 5. Il est aussi envisagé que *Les Solstices* publient une « Ode aux jardins de France » de Godin. Ailleurs, dans la revue du sud *Les Fleurs d'or*, Frick et Berthe de Nyse contribuent, en juin 1918, à un numéro partiellement dévolu à Godin.

173 André Fontainas, compte rendu de *Poetica*, *Mercure de France*, *op. cit.*, p. 403.

de Nyse, « le premier » à « découvrir » Godin jusque « dans sa retraite de l'avenue Trudaine[174] », mêlant l'amical au poétique.

De son vivant, Godin soldat prend un aspect « incorporel » chez Frick, dans *Trèfles*, ce qui n'est pas, après coup, sans susciter quelques frissons. Godin est érigé, dans sa strophe, en grand prêtre parmi ceux qui ont intégré les nuages, « les Néphélibates[175] ». Il est d'abord inséré dans une scène de « dégusta[tion] », de par un alcool fort, « le solide advokat[176] », seul, malgré son état liquide, à offrir la qualité du « solide ». Le *soldat* ressort également de l'expression « solide advokat », par la chute de quelques lettres et la fusion du reste. L'« advocaat » sert à Latourrette à restituer l'atmosphère alcoolisée de l'avant-guerre, où Frick était connaisseur « des vespétros, des advocaats » de la distillerie hollandaise Bols « et des ratafias[177] ». Le « solide advokat » de la strophe de Godin dans *Trèfles* fait entendre aussi sa profession, celle d'avocat, occupation proverbialement plus « solide » que poète ou apprenti-mage, et qu'il pratique brièvement durant le conflit en « plaid[ant] au conseil de guerre à Sainte-Menehould[178] ». C'est par un doute sur la matérialité du « corps » que Godin, dans une lettre à Frick écrite du front, le 1er juillet 1916, douze jours avant sa mort causée par « un éclat de torpille à ailettes », expose la variété des dangers qui l'entourent alors : « Les objets contondants, subulés, percutants, asphyxiants, qui circulent par ici, continuent à passer juste à côté de moi, mais jamais au travers de ce que l'on est convenu d'appeler le corps[179] ».

Inclus par Frick dans sa notice sur Godin pour l'*Anthologie des écrivains morts à la guerre* de 1924, ce passage est repris en raccourci par Gaston Picard pour revisiter, dix ans après, le sujet central de l'*Anthologie*[180].

---

174 Berthe de Nyse, *André Godin – Sa vie et son Œuvre*, *op. cit.*, p. 4.

175 Frick, *Trèfles*, *op. cit.*, p. 18.

176 *Idem.*

177 Louis Latourrette, compte rendu de *Girandes*, *La Politique et les lettres*, *op. cit.*, p. 8.

178 Berthe de Nyse, *André Godin – Sa vie et son Œuvre*, *op. cit.*, p. 13.

179 Godin, cité par Frick, « André Godin, 1883-1916 », dans *Anthologie des écrivains morts à la guerre*, I, *op. cit.*, p. 317-319 (p. 317 et 319). Frick tire du livre de Berthe de Nyse le détail sur la mort de Godin.

180 La lettre de Godin à Frick est citée par Gaston Picard dans « Il y a vingt ans – Hommage aux écrivains tués à l'ennemi », *Les Nouvelles littéraires*, 12e année, no 616, 4 août 1934, p. 8. Picard avait noté en octobre 1916 la mort de Godin, « [c]urieux de toutes choses, aegyptologue raffiné ». Gaston Picard, rubrique « Carnet de la Semaine », *L'Ambulance*, *op. cit.*, p. 11.

L'extrait de la lettre paraît, en fait, dans le mois suivant sa rédaction, quand Frick produit son « hommage aux morts » en première page du *Bulletin des écrivains* d'août 1916. L'image d'un Godin « souple », « léger », connaisseur du « rite vichnuique[181] » est tracée, tandis que Frick observe qu'ils auraient pu, lui et Godin, se croiser dès l'adolescence, au collège Rollin, fréquenté par chacun d'eux. Cette mort a une part d'irréalité dans le récit fait en 1916 par un de ses camarades soldats, où Godin ressemble à un « évanoui », le « visage » « aucunement altéré[182] ». En 1924, Frick poursuit dans la veine des images de *Trèfles* et renforce encore le peu de réel attaché à son défunt ami. Godin est relié à une « immatérialité » élargie à la matière « impalpabl[e][183] » de son écriture. Celui qui « se nommait » « le "petit Vichnu[184]" », et que *Trèfles* voyait en « Vichnou de tous les anabates[185] », écuyers ou oiseaux, peut être considéré poète à tout moment, dans l'orientalisme de son œuvre, ses travaux, ses poèmes, aux « phrases » « modul[ées] » qui parlent aux sens « ainsi que des parfums d'oliban, de nard et de cinnamone[186] ». La « Silhouette » que Frick rédige dans *L'Intransigeant* en 1912 termine sur la question d'une « réincarnation du petit Vichnou » en Godin, avec sa « barbe de mage chaldéen » et son collaborateur intérimaire, le « chat Maou[187] ».

Dans l'*Anthologie des écrivains morts à la guerre*, Frick se souvient peut-être d'Albert-Birot en 1918, qui avait épinglé chez Godin la

---

181 Frick, « André Godin », rubrique « L'hommage aux morts », *Bulletin des écrivains*, n° 22, août 1916, p. [1]. Ce numéro indique qu'« [u]n livre » des « meilleures pages » de Godin « sera publié après la guerre », mais sans rattacher le projet à Berthe de Nyse. « André Godin », rubrique « Pour lire dans les tranchées », *Bulletin des écrivains*, n° 22, août 1916, p. 2. Warnod est camarade de Godin à Rollin. Voir André Warnod, *Fils de Montmartre*, *op. cit.*, p. 19-21 et 27.

182 « Lettre de l'aspirant Maurice de Verteuil », dans Berthe de Nyse, *Des jardins d'amour aux jardins funéraires*, Paris, Tanit, 1919, n. p. L'ouvrage est illustré de six bois de Jehanne Mélendez.

183 Frick, « André Godin, 1883-1916 », dans *Anthologie des écrivains morts à la guerre*, I, *op. cit.*, p. 318-319.

184 *Ibid.*, p. 319.

185 Frick, *Trèfles*, *op. cit.*, p. 18.

186 Frick, « André Godin, 1883-1916 », dans *Anthologie des écrivains morts à la guerre*, I, *op. cit.*, p. 319.

187 [Frick], sous la signature des Treize, « Silhouettes » (André Godin), rubrique « La Boîte aux Lettres », *L'Intransigeant*, 32e année, n° 11771, 6 octobre 1912, p. 2-3. Le texte est reproduit par Berthe de Nyse, qui l'attribue à Frick, dans *André Godin – Sa vie et son Œuvre*, *op. cit.*, p. 4-5.

« confusion entre le savant littéraire et le poète[188] », ce par quoi Frick peut se sentir lui-même concerné. Frick aborde de front la question en 1923, en réponse à un article dans *La Nervie* par la veuve de Canudo, Jeanne Jeannin, et conclut qu'on aura beau opposer « intelligence » et « création », il est clair que « les plus grands artistes », dont il ne détaille aucun nom, sont « pourvus d'une culture aussi vaste que profonde[189] ». Rédacteur en chef de *La Flora* courant 1914, Godin fournit l'occasion à Frick d'intégrer, dans une large définition de la poésie, cette « abondance de connaissances » en laquelle Albert-Birot ne trouve pas « richesse de création[190] ». Par des « baumes » mêlés de « sortilèges » ou un « lyrique pérégrin du Brahma Lokaum », Frick choisit la seule piste orientalisante pour présenter Godin, y compris avec le « pérégrin[191] », qui peut désigner l'étranger de la tradition classique mais qui sert surtout, chez Frick, à évoquer l'ami-poète, comme il l'a fait avec Christian, comme il le fera en 1936 avec Desnos. Au total, Frick a de commun avec Godin une naissance parisienne survenue à un mois d'écart ; une réalité pour Godin, un fantasme pour Frick, avoir Mallarmé comme professeur d'anglais, ce qui fut également le cas d'André Fontainas ; et Godin, en « poète éclairé », a « puis[é] » « quelque nourriture céleste » dans l'« esthétique » des « symbolistes[192] », manière de réclamer cet éclairage pour Frick. Enfin, Frick et Godin se regardent mutuellement à travers leur monocle, « port[é] » en « [n]éophyte » par Godin, « comme un seul symbole du paradoxe et de l'impertinence[193] ».

Un écrit de Godin publié en 1913 dans *Pan* contient, sur le mode léger d'un dialogue intégrant les personnages de « Louis de Gonzague » et de « Vichnu », des fragments de débats théologiques. Louis de Gonzague est le composite d'un Frick caricaturé en conversation avec saint Thomas, de

188 Pierre Albert-Birot, compte rendu d'*André Godin, sa vie et son œuvre*, *Sic*, *op. cit.*, p. [7].

189 Frick, « Intelligence ou création », rubrique « À tous échos », *Paris-Soir*, 1re année, nº 57, 30 novembre 1923, p. 2.

190 Pierre Albert-Birot, compte rendu d'*André Godin, sa vie et son œuvre*, *Sic*, *op. cit.*, p. [7]. En mars 1914, Frick et Godin sont côte à côte à prendre la parole au « premier dîner mensuel des collaborateurs et abonnés » de *La Flora*. Voir la rubrique « Arts et Lettres », *Le Constitutionnel*, 3 mars 1914, p. 3.

191 Frick, « André Godin, 1883-1916 », dans *Anthologie des écrivains morts à la guerre*, I, *op. cit.*, p. 318-319.

192 *Ibid.*, p. 318.

193 André Godin, interrogé par Émile Deflin, « Le monocle s'en va… », *L'Intransigeant*, 32e année, nº 11771, 6 octobre 1912, p. 1.

saint à saint. Devant l'usage familier que saint Thomas fait du langage, Louis de Gonzague se hérisse, refuse de « tutoyer » son « interlocuteur » pour éviter d'entrer dans cette « coutume populaire » et faire en quelque sorte « abst[inence][194] » sur ce point. Pareillement, il exige que soit conservée « quelque réserve dans [les] expressions », lorsque saint Thomas parle de « vessies » et « lanternes[195] ». En écho involontaire à ces « vessies », Louis de Gonzague prononce le mot « incontinent[196] », au sens adverbial de l'immédiat. Sa hauteur langagière, menacée par l'incontrôlable du mot comme de l'urine, l'amène à affirmer des supériorités et il s'imagine « peut-être[197] » divin à la fin du dialogue. La dernière image de Louis de Gonzague provient d'un « oculaire irradiant[198] », comme un halo qui attire les saintes, telle sainte Philomène. Godin s'adresse plus directement encore à Frick dans sa chronique de *Pan*, « Sémantique et logogénie », lorsqu'il le prend comme allié contre « la simplification de l'orthographe » : « je pense que vous êtes de notre avis, ô vous pataphysique, métaphysique et phyllorhodomancien, Louis de Gonzague Frick[199] ! », ainsi interpellé sur son versant Jarry et Apollinaire.

Un second dialogue, dans *Pan*, suivant le premier avec Louis de Gonzague, a lieu entre Vichnu et « Son Papa », Petit Vichnu derrière lequel se profile Godin. Une dispute entre le père et l'enfant montre

194 André Godin, « Dialogues anachroniques – Entre Louis de Gonzague et saint Thomas – Entre Vichnu et son papa », *Pan*, 6e année, no 4, 25 avril-25 mai 1913, p. 272-278 (p. 272-273). Le premier texte est dédié à Frick, le second à « André Vichnu », selon l'identité revendiquée.

195 *Ibid.*, p. 273.

196 *Idem.*

197 *Ibid.*, p. 275.

198 *Idem.* L'année suivante, aux *Écrits français*, André Dupont, lui-même porteur de monocle, traite « l'oculaire » de Frick en attribut à double fonction, qui sert à voir, et dans lequel les autres, « les faces illustres de l'époque », peuvent se voir comme dans un « mir[oir] ». André Dupont, « Fastes », *Les Écrits français*, 2e année, no 5, 5 avril 1914, p. 93. Dans ses *Trèfles*, Frick s'adresse en « fleur[s] » à André Dupont, dont « Le Jardin des Plantes » est repris pour l'*Anthologie des écrivains morts à la guerre*. Frick, *Trèfles*, *op. cit.*, p. 12. Quand le *Bulletin des écrivains* annonce le décès de Dupont, blessé à Douaumont, Bloy salue en lui « un ami comme [il] en [a] peu rencontré », arrivé à sa porte dans la période où se présentait Frick pour la première fois. Léon Bloy, « André Dupont », *Bulletin des écrivains*, no 18, avril 1916, p. 1.

199 André Godin, « Sémantique et logogénie », *Pan*, 6, no 2, 25 février-25 mars 1913, p. 148-153 (p. 151). Alain Mercier s'intéresse de près à la chronique de Godin et relève aussi des informations sur sa vie et son œuvre, avec mention de Frick. Voir A. Mercier, « André Godin et Guillaume Apollinaire – signes, hiéroglyphes, idéogrammes », *La Revue des lettres modernes* (*Guillaume Apollinaire*, 13), no 450-455, 1976, p. 131-136.

celui-ci comme l'auteur du premier dialogue, forcé de s'expliquer sur sa décision de faire porter « un monocle » à Louis de Gonzague, ce que le père taxe d'« anachronism[e] » pour la représentation « d'un saint[200] ». Persistant dans la désapprobation, le père de famille compte bien faire de Vichnu « un avocat » au lieu d'un « acrobate[201] », l'« advokat » de *Trèfles* prolongeant, deux ans plus tard, le jeu sur les mots et les professions. Les « Dialogues anachroniques » contribuent donc à réunir Frick et Godin, l'année d'avant la guerre, dans une complicité moqueuse. En 1912, Godin dédie à Frick, de nouveau dans *Pan*, l'une de ses « proses lyriques », à partir d'un motif très fin de siècle, « Modulation sur une Salomé de Gustave Moreau », reproduite par Berthe de Nyse en 1918, et où l'« âme », l'« esprit subtil » et la « foi » sont figurés respectivement par « le tétrarque », « Salomé » et « la tête qui saigne[202] ». Cette « tête énorme du prophète » fait déjà dire, dans la mort, le lieu entourant la fin de Godin, la « tranchée » : « et voici que tranchée, ma foi des anciens jours est la tête qui saigne, qui saigne encore, qui saigne comme un remords impondérable, dans le vide[203] ». C'est dans la période de la guerre que, biographiquement parlant, selon Berthe de Nyse, « Vichnou se fait homme[204] ».

L'exploration hindouiste de Godin se perpétue dans la poésie comme dans la vie de Berthe de Nyse. Deux mois après la mort de Godin, elle termine son recueil *Des jardins d'amour aux jardins funéraires* par l'espoir de voir « célébrer » prochainement, « dans le Nirvana », les « noces rituelles de Vichnou et de Raddha[205] ». Le poème est en répondant direct au dialogue entre Vichnu et Radha choisi pour clore l'ouvrage de 1918, où Vichnu, pour accéder à l'amour de Radha, se dépouille de sa « Divinité[206] ». Souvenir du fiancé disparu, la fille de Berthe de

200 André Godin, « Dialogues anachroniques », *op. cit.*, p. 276.

201 *Ibid.*, p. 277.

202 André Godin, « Modulation sur une Salomé de Gustave Moreau », dans Berthe de Nyse, *André Godin – Sa vie et son Œuvre*, *op. cit.*, p. 34-35 (p. 35).

203 *Idem.*

204 Berthe de Nyse, *André Godin – Sa vie et son Œuvre*, *op. cit.*, p. 14.

205 Berthe de Nyse, « Dans l'ombre de la Cathédrale » (portant la date du 15 septembre 1916), *Des jardins d'amour aux jardins funéraires*, *op. cit.*, n. p. Voir aussi, à la parution du recueil, la note des Treize, « Les Lettres », *L'Intransigeant*, 40e année, no 14268, 8 août 1919, p. 2.

206 André Godin, « Vichnu – Fragment d'un Phantasme symphonique hindu », dans Berthe de Nyse, *André Godin – Sa vie et son Œuvre*, *op. cit.*, p. 40-47 (p. 47).

Nyse, née vers cette époque, est dénommée Radha[207]. En 1922, dans ses *Litanies de la Chair*, que publie la maison d'édition liée à Christian, Les Tablettes, la poésie de Berthe de Nyse contient une renaissance à l'amour après l'emprise du « désespoir » sur un « cœur mort » et « désert[208] ». Les « charniers immondes » et « la Mort » sont, d'un vœu, rejetés dans le passé de la guerre, avec un amenuisement du deuil pour Godin, qui n'est pas nommé mais demeure reconnaissable derrière le désir d'un « Nirvana de [l']amour[209] » toujours possible. Dans une scène de lecture délaissée par la force de la « pens[ée] » de l'amour, l'étreinte est maintenue à l'écart du « contact / Avec la matérialité de la vie[210] », où l'immatériel rejoint le charnel. Cette « matérialité » a une traduction définitive dans « la dure nécessité » « [d]e la vie », qui suspend une nouvelle fois l'amour et laisse place à la double invocation « Douleur, Douleur, je t'ai donc retrouvée », au dernier poème du recueil, « L'adieu », qui met la femme dans l'état d'une « morte[211] ». Chez Berthe de Nyse, souvenir, amour et ferveur catholique se conjuguent et se réunissent dans la figure de Marie-Madeleine. Son site de la Sainte-Baume accueille un instant de bonheur vécu avec Godin dans *Des jardins d'amour*, et l'implorée est l'objet de la plaquette de 1917 *Sainte-Marie-Madeleine dans la légende, l'histoire et la poésie*, précédée d'une causerie sur le thème, le 9 avril 1916 à la Maison de Balzac[212]. Enfin, le personnage de Marthe, une Berthe à deux lettres près, supplie Marie-Madeleine, « patronne des amoureuses », de la laisser voir une dernière fois l'aimé disparu, dans un bref texte en prose que publie en 1924 *Le Gaulois*, « La vision de Marthe », où l'« être » « aim[é] » « frappé d'une balle au front[213] » est un évident Godin.

Alors que Godin meurt à la Main de Massiges, sur le front de Champagne, en juillet 1916, Frick boucle son recueil *Sous le Bélier de*

207 Radha de Magny, jeune auteure des « Premiers chagrins de Benjamine », actrice et danseuse, « fille de notre consœur Berthe de Nyse » précise *L'Homme libre*, fait ses débuts au théâtre à environ 11-12 ans. « Les théâtres », *L'Homme libre*, 19e année, n° 5564-5565, 17-18 octobre 1931, p. 4.

208 Berthe de Nyse, « Alleluia », *Les Litanies de la Chair*, Saint-Raphaël, Les Tablettes, 1922, p. 25.

209 Berthe de Nyse, « Volupté », *ibid.*, p. 13-14 (p. 13) ; et « Appel », *ibid.*, p. 9.

210 Berthe de Nyse, « Évocation », *ibid.*, p. 17-18.

211 Berthe de Nyse, « L'adieu », *ibid.*, p. 39-40.

212 Berthe de Nyse, « Sur la Côte d'Azur », *Des jardins d'amour aux jardins funéraires*, *op. cit.*, n. p.

213 Berthe de Nyse, « La vision de Marthe », *Le Gaulois*, 58e année, n° 17145, 13 septembre 1924, p. 4. Un second texte est publié par le journal le 7 février 1925.

Mars, où un poème déroule les joies du permissionnaire de retour chez lui[214]. « Les six jours » comptent le temps habituel d'un permissionnaire, revenu sur Paris dans les circonstances heureuses d'une famille affectionnée, d'une ville qui ne tarde pas à se faire accueillante comme avant. Cet avant de la jeunesse est peint douillet dans le poème d'*Enif*, « Regrets des souvenances », où sont offertes « les saveurs du réveil[215] », scène d'un confort qui se remet en place dans les « Six jours » de permission. Le soldat déambulant dans la ville, mû par sa conscience littéraire, note une différence dans les publications de cette année 1916 qui le heurte « à l'étal du libraire », où « [f]igurent » « [l]es ouvrages de guerre » dont le nombre, à l'image d'« une troupe[216] », diminue la qualité. Peu avant l'Armistice, Frick fait le point sur les œuvres que la « guerre » a pu « engendr[er] » et constate l'émergence de « toute une littérature plâtreuse et saugrenue[217] ». Le compte rendu par Frick d'un « recueil » de ce type en février 1917 conclut au « patriotisme pour le moins juvénile » des poèmes où « figure comme un étendard » « le nom de Maurice Barrès[218] ». Tailhade fait le même bilan du paysage littéraire de la guerre lorsqu'il écrit, sous le pseudonyme tranchant de M. Aurel, qu'il s'est formé un « amas de proses et de vers, champignonnant autour de la guerre franco-allemande[219] ». Il le dit encore lorsque, face à « la "stérile abondance" qui caractérise la production de guerre », « [d]epuis quatre ans » qu'elle sévit, il compte, parmi les « phares » « émerge[a]nt dans l'océan de papier qui monte chaque jour », le « vers d'airain » que Frick « a tendu » « sur la lyre mystérieuse et charmante de sa jeunesse[220] ».

Pas plus de choix du côté des journaux, si ce n'est, pour une lectrice tous azimuts comme Rachilde, de *L'Œuvre* aussi bien que de *L'Action française*, de se rabattre, en y abonnant les « gardiens » de la propriété où elle s'est retirée, sur le très populaire *Petit Parisien*, qui aurait du moins

214 Une lettre d'Allard à Frick du 4 juillet 1916 suggère, en effet, que le *Bélier* est prêt pour publication. HRC, Austin.

215 Frick, « Regrets des souvenances », *Enif*, *op. cit.*, p. 25.

216 Frick, « Les six jours », *Sous le Bélier*, *op. cit.*, p. 23.

217 Frick, « Scolies », *La Caravane*, 5e année, no 8-9-10, août-sept.-oct. 1918, p. 13.

218 Frick, compte rendu de *Fleurs de sang, vers* de Georges Guérin Choudey, « Scolies », *La Caravane*, 4e année, no 2, février 1917, p. 12.

219 M. Aurel [Tailhade], « Les saisons de la mort », dans Laurent Tailhade, *Les livres et les hommes (1916-1917)*, Paris-Zürich, Crès, 1917, p. 177-186 (p. 177).

220 Laurent Tailhade, « Les morts : Judith Gautier », dans *La médaille qui s'efface*, Paris, Crès, 1924, p. 227 et 231.

le mérite de « ne bourre[r] le crâne à personne[221] ». Pour Tailhade durant la guerre, a lieu une opération « bourrages de crânes » d'envergure avec, « [à] chaque heure de la journée », la parution d'« un bouquin nouveau[222] », dans un roulement constant, équivalent, à sa propre échelle, de la production industrielle des armes. Tailhade généralise une expression utilisée contre Barrès et ses articles de *L'Écho de Paris*. En juin 1917, Barrès manque de peu la désignation de grand chef de la tribu des bourreurs de crâne, remportée par Gustave Hervé, dans le palmarès du *Canard enchaîné*[223]. Tailhade a cerné Barrès par les armes et les âmes. Son duel l'oppose en dreyfusard de 1898 à l'« amateur d'âmes », poème où Tailhade, en reprise du titre de Barrès, exclut chez son adversaire la « beauté du corps », dont l'absence a déterminé sa fatale association avec les « Drumont et Quesnay » : « Si Barrès avait la beauté du corps, / Il mépriserait[224]... ». Tailhade a aussi, avec Bonmariage, une rencontre mémorable, un duel au pistolet en 1912, où Bonmariage, rebaptisé « Sylvestre Bon Époux » par Tailhade dans *Comœdia*, le 26 décembre 1911, est l'offensé. Aucun d'eux n'est blessé et les journaux rapportent une « réconciliation » sur le terrain, où, l'honneur sauf, Tailhade et Bonmariage trouvent langue commune à parler « de souvenirs artistiques et littéraires[225] ». Au tir de balles succède l'échange de paroles sur Max Elskamp, en somme « un duel très littéraire[226] ». L'article de Tailhade dans *Comœdia* est venu redire, avec sa part de moquerie, une anecdote sur Bonmariage racontée peu avant par Frick, qui aurait employé trop « de bonne grâce[227] » à le décrire.

En août 1917, lorsque Frick lit *Les bourreurs de crâne* de Mac Orlan, il souligne combien le titre, à lui seul, est d'une « actualité » criante,

---

221 Rachilde, *Dans le Puits ou la vie inférieure, 1915-1917*, Paris, Mercure de France, 1918, p. 231.

222 M. Aurel [Tailhade], « Les saisons de la mort », dans Laurent Tailhade, *Les livres et les hommes*, *op. cit.*, p. 178.

223 Voir Allen Douglas, *War, Memory and the Politics of Humor : "The Canard Enchaîné" and World War I*, Berkeley, University of California Press, 2002, p. 52-53.

224 Laurent Tailhade, « L'amateur d'âmes », *Fête nationale et autres poèmes*, Paris, Bernard Grasset, 2013, p. 64-65 (p. 64).

225 Jean de Paris, « Le duel Laurent Tailhade-Bonmariage », *Le Figaro*, 58e année, 3e série, n°4, 4 janvier 1912, p. 5.

226 R[ené] Bizet, « Feu ! », *L'Intransigeant*, 32e année, n° 11493, 4 janvier 1912, p. 1-2 (p. 2).

227 Voir Gilles Picq, *Laurent Tailhade*, *op. cit.*, p. 652. Bonmariage n'en a pas fini avec les duels et affronte René Le Gentil, de *La Plume*, au mois de février 1912, à l'épée, intense période où il se défend de plagiat.

« térébrante[228] », et pas seulement du fait de l'attention accordée au référendum du *Canard enchaîné. Le Poilu du 6-9*, bulletin du régiment de Frick et Mac Orlan, reconnaît qu'un des leurs a « exploit[é] la nouveauté » de l'expression « à la librairie » et met les soldats en garde contre la tendance « à ne voir partout que des "Bourreurs de crânes[229]" », dont l'influence est relativisée. La gravité de la situation, conclut le rédacteur en chef du *Poilu du 6-9*, a incité ceux qu'on appelait encore récemment les « doreurs de pilules », les « monteurs de bateaux », les « gonfleurs de mou », les « bluffeurs », tous désormais « bourreurs de crânes », à « amplifi[er] leur pensée » et « all[er] au-delà de leurs opinions », à puiser aux ressources de « l'éloquence française[230] », combat national exige. La renaissance, en 1930, du journal du front *Le Cri de Guerre*, auquel est associé Dorgelès, lui qui était plutôt impliqué, quand il portait l'uniforme, dans *Le Bochofage* relié à son régiment, voit trinquer ensemble, pour l'occasion, ceux qui soutiennent l'initiative dans un esprit continu de « débourrage de crâne[231] ». L'expression marque la pérennité du combat, dans ce journal moins « humoristique » qu'annoncé par le sous-titre, en vases communicants avec l'A.E.C. et non démuni de voix réactionnaires, comme celle de Paul Chack.

Dans la grande période du « bourrag[e] de crânes », Tailhade fait une exception pour « [q]uelques grands livres », qui « suffiraient à l'honneur des lettres, pendant ces jours de haine et d'épouvante[232] », dont *Sous le Bélier de Mars*, où Frick constate l'étroitesse d'esprit de l'édition partie en guerre. *L'oublié* de Pierre Benoit institue dans la notoriété le *Bélier* en le nommant comme ouvrage repère sur l'étagère d'une bibliothèque inventée, où un personnage d'allure militaire, faux « colonel », est dirigé vers un « petit volume » rangé « entre l'*Immoraliste*, de M. André Gide, et *Sous le Bélier de Mars*, de M. Louis de Gonzague-Frick[233] » dans un

228 Frick, compte rendu des *Bourreurs de crâne*, *Les Solstices*, 1re année, n° 3, 1er août 1917, p. 100.

229 Georges Legey, « Bourreurs de crânes », *Le Poilu du 6-9*, n° 12, [1917], p. [1-2] (p. [1]).

230 *Ibid.*, p. [1-2]. En décembre 1916, Legey conduit le nancéien *Poilu du 6-9* dans la sphère de Barrès, avec un mot d'hommage et la promesse d'étendre ce lien.

231 « Le baptême du *Cri de Guerre* », *Le Cri de Guerre*, 16e année, nouv. série, n° 1, 20 février 1930, p. 3. Ce « bi-mensuel humoristique » affiche pour devise de « maint[enir] l'esprit des journaux du front ».

232 M. Aurel [Tailhade], « Les saisons de la mort », dans Laurent Tailhade, *Les livres et les hommes*, *op. cit.*, p. 178. Tailhade évoque le recueil de Frick dans *L'Œuvre* du 19 novembre 1916, précise Gilles Picq, *Laurent Tailhade*, *op. cit.*, p. 605.

233 Pierre Benoit, *L'oublié*, *op. cit.*, p. 85. Ce classement « humoristique » a sa publicité dans un article de 1933, signé Manu Jacob, « Pierre Benoit », rubrique « Sous la Lampe », *Marianne*, 1re année, n° 36, 28 juin 1933, p. 4. Frick laisse partir, dans la dispersion

apparent respect de l'alphabet. La supercherie du personnage est exposée par le livre sorti des rayons, consacré à la cavalerie et à ses « galons », qui ramènent le « colonel » au niveau d'un « brigadier[234] ». Il n'est pas indiqué, en revanche, quel auteur à l'initiale G a été glissé entre Gide et « Gonzague-Frick ». Sylvain Bonmariage perpétue le nom du recueil de Frick, utilisé en sous-titre au roman qu'il publie en 1928 avec Henry-Louis Dubly, *La gloire et la femme*, puis comme l'intitulé d'une section de son livre de souvenirs de 1935, *L'automne des feuilles de vigne*, pour introduire ses quelques pages critiques sur l'illustrateur Forain et son bellicisme durant la guerre.

Le diagnostic de Frick sur la littérature de guerre dans « Les six jours » est pris à témoin par Georges Palante dans le *Mercure* pour justifier une « méfiance[235] » à l'égard des livres qui naissent du conflit dans le domaine philosophique. Dans ses *Trèfles*, Frick s'était autorisé de Palante pour expédier Bourget au « dépôt d'éclopés[236] » de la ville du même nom. Au printemps 1919, Frick continue de bouder ces « mauvais livres » « plus nombreux que jamais » et met peu d'espoir dans l'avenir de la « littérature », gonflée du « cycle de la boue et du sang » et souffrant d'auteurs issus de la « confise[rie] » ou de la « gendarme[rie][237] » que la guerre seule a fait écrire. Allard, dans son compte rendu de 1916 du *Bélier*, soupèse les livres mis en vente en devanture des librairies des « Six jours », qui font redécouvrir au permissionnaire la guerre, « à 3 fr. 50 l'exemplaire », suscitant un « souri[re][238] » plus amer qu'ironique.

Au mois d'avril 1916, après une hospitalisation à Limoges, Allard passe un congé à Paris, qui apporte matière à son poème « La convalescence », paru pour la première fois dans *L'Élan* en décembre. Severini s'empare, dès le mois d'avril pour *Sic*, de la double nouvelle d'« APOLLINAIRE ALLARD Blessés », dans son long crochet par « La guerre », passant du lieu

---

de sa bibliothèque, le recueil des *Suppliantes* de 1920 de Benoit, signé au « redoutable Proconsul / Non sans angoisse, mais / Avec amitié ». Voir, signée Le Parisien, la rubrique « Petit Courrier littéraire », *Comœdia*, 29e année, n° 8019, 23 janvier 1935, p. 2.

234 Pierre Benoit, *L'oublié*, *op. cit.*, p. 85.

235 Georges Palante, « Philosophie », rubrique « Revue de la quinzaine », *Mercure de France*, 27e année, n° 442, 16 novembre 1916, p. 321-324 (p. 321).

236 Frick, *Trèfles*, *op. cit.*, p. 19.

237 Frick, réponse à l'enquête d'André Lamandé sur « La littérature de demain d'après les écrivains qui ont "fait" la guerre », *La Renaissance politique, littéraire, économique*, 7e année, n° 9, 26 avril 1919, p. 3.

238 Roger Allard, compte rendu de *Sous le Bélier de Mars*, *Les Hommes du jour*, *op. cit.*, p. [12].

de convalescence à l'arme qui s'enfonce dans la chair, la « baïonnett[e][239] ». La rubrique « Ont été blessés » du *Bulletin des écrivains* de janvier 1917 mentionne Allard et Apollinaire, leurs noms séparés seulement par D'Annunzio[240]. Ce récapitulatif reprend les avis de blessure parus, avec plus de détails, en mars 1916 pour Allard et D'Annunzio[241], et en avril pour Apollinaire[242]. De Paris, où il se rétablit, Allard écrit à Frick, le 7 avril 1916, qu'il va rendre visite ce jour-là à Apollinaire au Val-de-Grâce, mais il ne tait pas sa réticence à l'égard de l'ami d'enfance de Frick. Allard se dit gêné des « procédés[243] » d'Apollinaire avec lui, sans faire d'allusion particulière à la peinture, sur laquelle ils se disputent. Mais, pensant peut-être à son correspondant qui les a placés à proximité dans ses strophes de *Trèfles*, il marque son estime pour la poésie d'Apollinaire.

À l'été 1916, Allard collabore avec Apollinaire, à l'égard duquel il exprime des réserves, comme dans sa lettre du 30 juillet à Frick. Il craint voir Apollinaire prendre les rênes du projet de publication qu'il est en train d'organiser, prévu sous le titre « À la paix[244] ». L'idée va demeurer à un stade préliminaire, avec des listes de contributeurs plusieurs fois révisées, mais qui incluent invariablement Allard, Frick, Apollinaire et Salmon[245]. Des peintres devaient être associés à l'initiative, « choisi[s][246] », non sans appréhension, par Allard de concert avec Apollinaire. Dans ses lettres à Frick des mois suivants, Allard ne revient pas à son entreprise de rassemblement d'écrivains et artistes combattants, parmi lesquels aurait figuré aussi Thibaudet[247]. En janvier 1918, Allard et Apollinaire sont réunis pour de nouveaux soins dans la même chambre, à la Villa

239 Gino Severini, « "Dans le Nord-Sud" Compénétration Simultanéité d'idées-images », *Sic*, n° 4, avril 1916, p. [2]. La « communi[cation] » de ces « nouvelles de la guerre » a été notée dans le résumé de la composition de Severini par Georges Sebbag, « *SIC*, *Nord-Sud* et *Littérature* », dans Madeleine Renouard, éd., *Pierre Albert-Birot, laboratoire de modernité*, *op. cit.*, p. 53-64 (p. 55).

240 « Ont été blessés », rubrique « Pour lire dans les tranchées », *Bulletin des écrivains*, n° 27, janvier 1917, p. 2.

241 « Pour lire dans les tranchées », *Bulletin des écrivains*, n° 17, mars 1916, p. 2.

242 « Pour lire dans les tranchées », *Bulletin des écrivains*, n° 18, avril 1916, p. 2.

243 Lettre de Roger Allard à Frick, du 7 avril 1916. HRC, Austin. Sur des points de difficulté entre Allard et Apollinaire, voir Laurence Campa, *Guillaume Apollinaire*, *op. cit.*, p. 371, 737 et 761. Se reporter aussi à la note de Campa dans Apollinaire, *Correspondance avec les artistes*, *op. cit.*, p. 199.

244 Lettre de Roger Allard à Frick, du 30 juillet 1916. HRC, Austin.

245 *Idem.*

246 *Idem.*

247 *Idem.*

Molière, maison de santé d'avant-guerre devenue hôpital complémentaire du Val-de-Grâce[248]. D'après Allard, lui et Apollinaire se seraient retrouvés dans cette proximité à corriger en quasi-communion leurs pages de *Calligrammes* et de *Baudelaire et l'esprit nouveau*, simple « libelle courtois[249] » destiné notamment à Apollinaire, en vérité une attaque en bonne et due forme contre le désir de faire neuf. Le tableau qu'offre Allard de son séjour convalescent lui réinvente une entente avec Apollinaire dans un moment où celui-ci ne peut plus donner son empreinte aux faits.

Dans le poème d'Allard « La convalescence », le soldat est de retour à Paris, ses « fleurs », ses « ailes » et son « beau temps[250] », avec des rappels persistants de la violence subie au front. Le blessé attache à peine son regard à la conventionnelle allégresse du printemps, que les dégâts humains des combats, chez lui et les autres, font irruption dans les endroits visités et les gestes accomplis. En cela, cette saison n'est pas le « Printemps parisien » de 1911 où rien n'empêche de s'exclamer, « Comme l'heure est douce à vivre[251]… ». Le dernier vers du poème de 1916 oscille entre « les vivants » et « les morts » du fait de la guerre, pour laquelle « meurt » « [e]ncore un poète », ainsi que le convalescent peut le lire dans « le journal », aux « terrasses des brasseries[252] », quelque part entre les deux points hauts du poème, Montmartre et la Tour Eiffel. La guerre est répartie dans chaque scène en petites touches d'amertume, dans « le ciel », « pavois[é] » « [d]e fleurs et d'ailes », oiseaux, avions, drapeaux ; dans les jardins publics, « aux Tuileries », où l'espace est partagé par « [l]es enfants et les mutilés[253] », avec le fort contraste entre ceux qui ne marcheront plus et ceux qui courent ici et là.

Ailleurs dans *Les élégies*, le jardin d'« Adieux à l'infanterie » est conçu en espace de transition. Le blessé se remet en état avant sa prochaine affectation, la « mont[ée] » de « la garde » dans une « guérite » de l'artillerie, mais tant qu'il est dans « le jardin de la convalescence », « tou[t] » prend

248 Sur ce lieu, voir Michel Décaudin, « Villa Molière », *Que vlo-ve ?*, série 4, n° 16, sept.-déc. 2001, p. 116.

249 Roger Allard, « Le destin, lui aussi, a des cruautés… », *Sic*, *op. cit.*, p. 282. Campa s'arrête sur ce passage d'Allard dans Apollinaire, *Correspondance avec les artistes*, *op. cit.*, p. 199-200.

250 Roger Allard, « La convalescence », *L'Élan*, n° 10, décembre 1916, p. 6.

251 Roger Allard, « Printemps parisien », *Poésies légères*, *op. cit.*, p. 21-23 (p. 23).

252 Roger Allard, « La convalescence », *L'Élan*, *op. cit.*, p. 6. L'une des variantes du poème, en 1928, réunit « Les vivants et les morts », le « ou » devenu « et ». Roger Allard, « La convalescence », *Les élégies martiales*, *op. cit.*, p. 21-23 (p. 23).

253 Roger Allard, « La convalescence », *L'Élan*, *op. cit.*, p. 6.

l'allure des « couleurs de l'enfance[254] », tout est à réapprendre, et pour le mutilé, cette deuxième enfance ne contient pas l'espoir attaché à ce temps ni l'espoir de celui dont la blessure va se résorber. *L'Élan* fait paraître le poème « La convalescence » avec une illustration de Sonia Lewitzka intitulée « Roger Allard en convalescence », le montrant debout, en uniforme, une canne à la main gauche, une pipe à la droite, dans l'allée feuillue d'un jardin au fond duquel, derrière un pont, se dresse la Tour Eiffel[255]. Le soldat est près d'une petite fille jouant au cerceau et d'un bébé dans son landau, sans l'image dérangeante des petites voitures de mutilés[256].

La promenade dans Paris du soldat-écrivain, permissionnaire et non convalescent, du poème « Les six jours » de Frick lui fait mesurer la différence entre son « livre[257] » et la marchandise proposée par les librairies mais, dans son ensemble, cette vie de l'arrière restituée d'un trait est légère à la manière d'une illusion. Quand vient l'heure de « partir », la « tristesse » est, un moment, atténuée par des vers de type fantaisiste, « Tu prends ce poulet froid et ce flacon de rhum / Tu boucles ton panier comme on fait un pensum », comme aussi on termine sa permission, avant de regagner « la douleur et son ombre[258] ». Le côté « infiniment fantaisiste[259] » de Frick a été dit par Pioch quand est sorti *Trèfles à quatre feuilles*, de sorte que ce « poulet froid » de 1916 ne saurait trop surprendre par sa simplicité voulue. Un autre alexandrin de la guerre, par Pellerin, a sa volaille à l'hémistiche : « l'adjectif délectable / Convient à ce poulet que tu mets sur la table[260] », où « mets » se double de ce qu'on mange. Entre Pioch en 1915 et Pia[261] en 1978 pour *Girandes*, ou encore Jean Rousselot[262]

254 Roger Allard, « Adieux à l'infanterie », *Les élégies martiales*, *op. cit.*, p. 30 et 32.

255 Z. [Sonia] Lewitzka, « Roger Allard en convalescence », illustration, *L'Élan*, n° 10, décembre 1916, p. 6. Allard voit Sonia Lewitzka pendant son séjour à Paris, avec « les amis de Passy », d'après sa lettre à Frick, du 7 avril 1916. HRC, Austin. Fin 1915, en permission, Allard est auprès des mêmes, qui se réunissent « chaque dimanche » au Café de l'Alma, où il leur parle du front, de « la "vraie" guerre ». Voir Moncrif, « Les cafés littéraires pendant la guerre », *Mercure de France*, 27e année, n° 421, 1er janvier 1916, p. 190-192 (p. 191).

256 Z. Lewitzka, « Roger Allard en convalescence », *L'Élan*, *op. cit.*, p. 6.

257 Frick, « Les six jours », *Sous le Bélier*, *op. cit.*, p. 23.

258 *Ibid.*, p. 24-25.

259 G[eorges] P[ioch], compte rendu de *Trèfles à quatre feuilles*, rubrique « Des livres », *Les Hommes du jour*, n° 405, 6 novembre 1915, p. [5].

260 Jean Pellerin, « Quinze stances et une chanson du temps de guerre », *Le bouquet inutile*, *op. cit.*, p. 135-145 (p. 138).

261 Voir « Pascal Pia (1978) » dans *Aventures littéraires (Entretiens)*, *op. cit.*, p. 587-588.

262 Se reporter à Jean Rousselot, *Les nouveaux poètes français – Panorama critique*, Paris, Seghers, 1959, p. 72.

en 1959, l'appellation de fantaisiste n'a guère servi à caractériser la poésie de Frick. Tous trois sont devancés, mais nuancés aussi par Pellerin et du Fresnois, à l'époque de leur *Petit carquois* d'avant-guerre, dont ils offrent un exemplaire à Frick avec la dédicace à un connaisseur, « qui aime et comprend la fantaisie autant que le lyrisme[263] ». En 1915, Pioch a pu réagir à une strophe de *Trèfles*, au « riz », aux « pommes de terre » et aux « choux » transportés par « sacs », éléments de bouche qui amènent Frick à la poésie, à ce qui nourrit le poète, son « art » et son « hydromel[264] ». De la règle de grammaire de « l'X au pluriel » à « l'art », des simples « choux » au chouchen, nom breton de cet « hydromel » raffiné, Frick jauge drôlement la distance entre son activité de « convoyeur au train régimentaire[265] » et ses pensées loin des contingences.

Pour le permissionnaire des « Six jours », l'unique déception de l'arrière est liée à l'état des publications en vente et ne s'étend pas au reste de la ville, aux autorités, à la famille, à « l'Aimée[266] » ou aux amis. Si le poème des « Six jours » relate, comme *Le feu* de Barbusse, l'enfant prodigue gâté par ses parents et une nourriture venue combler les lacunes de la popote militaire, l'isolement où se maintient, dans le « train », le soldat de Frick, qui ne rejoint pas « les autres » dans leurs « chan[sons][267] », contraste avec le sens à tout go de la camaraderie du personnage d'Eudore, qui abrite, dans une pluie torrentielle, quatre soldats pendant sa seule nuit de permission passée avec sa femme, complice de cette camaraderie : « on s'est regardés encore, et on s'est élancés sur eux. J'ai attrapé un pan de capote, elle une martingale, tout ça mouillé à tordre[268] ». Le retour temporaire sur Paris de Frick soldat, « la veille encore dans les tranchées boueuses de Verdun », le dirige vers « ses amis[269] », selon un souvenir longtemps ressassé par les Treize et sorti avec *Poetica* en 1929. Dans ces rencontres où il se présente comme si de rien n'était en visage ou en habillement, « vêtu d'une jaquette et d'un

---

263 Copie en vente le 18 décembre 2003, lot 93, par Artcurial-F. Tajan, sur le site auction.fr. Consulté le 2 août 2014.

264 Frick, *Trèfles*, *op. cit.*, p. 12.

265 *Idem.*

266 Frick, « Les six jours », *Sous le Bélier*, *op. cit.*, p. 23.

267 *Idem.*

268 Henri Barbusse, *Le feu – Journal d'une escouade*, Paris, Gallimard, 2013, p. 155.

269 Les Treize, « Les Lettres », *L'Intransigeant*, 50e année, no 18235, 23 septembre 1929, p. 2. Les Treize ajoutent leur « anecdote » à celles suscitées par la publication de *Poetica*, dont une de Mercadier dans *Le Carnet de la Semaine*. *Idem.*

pantalon au pli parfait », « strictement rasé et porta[n]t le monocle », Frick se met à lire ses vers issus des « quelques loisirs » soustraits aux « occupations[270] » de la guerre. Par cette image qui puise aussi à Dorgelès, Frick est réinventé « accidentellement soldat de Verdun[271] ». Les Treize apportent, peu de jours avant, une dimension rétive au personnage, qui « maugr[ée][272] » de jouer au combattant.

Billy continue d'évoquer en 1947, avec les détails du romancier, le permissionnaire revêtu de « sa tenue civile[273] », insouciant de Verdun, soudainement devant sa porte, rue Vivienne, avant le lever du soleil. Billy est « au lit » mais Frick a bientôt récité plusieurs de ses poèmes, consignés sur « un rouleau de papier[274] ». Frick est malléable à l'horaire de Billy, qui se laisse « accompagne[r][275] » sans avoir vraiment le choix. Dans la rue, à *Paris-Midi* où Billy fait la revue de presse, dans « l'escalier[276] », au café, les vers fusent, sauf pour deux heures où Frick s'endort dans les locaux du journal. Dès qu'il rouvre l'œil, son réflexe est de sortir un nouveau poème de « sa poche » et, au « petit déjeuner », il a ses vers à la bouche plutôt que son « café au lait[277] ». La fin de ces retrouvailles s'avère coïncider avec l'« épuis[ement][278] » du stock de poèmes dits à voix haute. En substance, ce récit est l'extension de celui qui commence, dans *L'Intransigeant* de 1929, par un début techniquement romanesque, avec son cadre et son passé simple : « C'était pendant la guerre. Louis de Gonzague-Frick vint un jour voir l'un des Treize, qui était à Paris[279] ». Immédiatement dans l'époque, Robert de La Vaissière, familier lecteur du *Bélier* et des visites du soldat en congé, appelle Frick en 1916 « le plus serein des permissionnaires[280] », avec la guerre repoussée dans un coin de son esprit. Reste que le temps compté des six jours et autant de nuits se vit pour Frick dans la frénésie de faire écouter ses vers à ses

---

270 *Idem.*

271 *Idem.*

272 Les Treize, compte rendu de *Poetica*, rubrique « Les Lettres », *L'Intransigeant*, 50ᵉ année, nº 18230, 18 septembre 1929, p. 2.

273 André Billy, « Au temps de la *Closerie* », *Les Œuvres libres*, *op. cit.*, p. 100.

274 *Ibid.*, p. 100-101.

275 *Ibid.*, p. 101.

276 *Idem.*

277 *Idem.*

278 *Idem.*

279 Les Treize, « Les Lettres », *L'Intransigeant*, *op. cit.*, 23 septembre 1929, p. 2.

280 Claudien [La Vaissière], « Un archange en disgrâce », compte rendu de *Sous le Bélier de Mars*, *La Caravane*, *op. cit.*, p. 9.

amis. Frick est, avec Salmon, parmi les soldats « permission[naires] » que Jacob reçoit dans son « échoppe » de la rue Gabrielle, « ven[us] lire leurs poèmes[281] », témoigne Florent Fels. Du front, Apollinaire suppose, soldatesquement et descendu de l'éther poétique, que le retour en ville de Frick lui a fait voir « beaucoup de jolies femmes[282] ».

Le soldat des « Six jours » du *Bélier* forme un couple, dans le temps, avec celui du « Dîner du permissionnaire », qu'Allard date de l'automne 1915 et qu'il recopie pour Frick dans une lettre du 23 octobre 1917, autour de sa publication dans *Les élégies martiales*[283]. Le poème au « permissionnaire » d'Allard hésite entre un réalisme cru et un récit maquillé de l'hécatombe, ou bien les souvenirs d'avant-guerre, et laisse en partie le choix à celle qui partage son dîner : « Vous ferai-je en dînant, un conte de la guerre, / ou bien revivrons-nous les plaisirs de naguère ; / Dites, vous décrirai-je un album de chromos / ou l'horreur véridique avec de simples mots[284] ? » Celui qui fournit l'exemple des « chromos » et appuie cette transformation des faits par l'autorité qu'il possède, est Barrès, qu'Allard nomme à la fin d'un nouveau choix proposé à sa compagne : « La jeune mort avec ses bouquets d'artifices, / vous la peindrai-je laide, édentée, et putride / Le ventre gonflé de poisons, le crâne vide / ou bien les yeux fardés, ivre de népenthès, / Offrant ses doigts repeints au baiser de Barrès[285] ? » Allard regrette, en 1928, l'impression que ce « passage » a pu créer et assure ses nouveaux lecteurs de son « admiration » de « toujours[286] » pour Barrès. Avec « Un Fantôme dans un bar », Allard

281 Florent Fels, « Max Jacob, peintre et poète », *Les Nouvelles littéraires*, 6e année, n° 237, 30 avril 1927, p. 1. L'article est reproduit dans *Max Jacob et Picasso*, Catalogue d'exposition, *op. cit.*, p. 210. Frick est compté parmi les premières influences subies par Fels, derrière celle de Jacob. Alain Jaspard, *Florent Fels ou l'amour de l'art*, *op. cit.*, p. 80.

282 Carte postale d'Apollinaire à Frick, du 7 décembre 1915, dans Willard Bohn, « Selected Apollinaire Letters, 1908-1918 », *French Forum*, vol. 4, n° 2, mai 1979, p. 99-113 (p. 105).

283 Allard date son poème dans sa « Note de l'édition de 1918 », *Les élégies martiales*, *op. cit.*, p. 81. Pour la transcription du « Dîner du permissionnaire », dont Frick souhaite la publication en revue, voir la lettre de Roger Allard à Frick, du 23 octobre 1917. HRC, Austin.

284 Roger Allard, « Le dîner du permissionnaire », *Les élégies martiales*, *op. cit.*, p. 24-25 (p. 24). Ces vers d'Allard anticipent sur une définition, par Marc Bloch, du permissionnaire comme « lien vivant » non pas entre deux mondes mais deux représentations, « entre l'âme légendaire du front et celle de l'arrière ». Voir Marc Bloch, « Réflexions d'un historien sur les fausses nouvelles de la guerre » (1921), *Écrits de guerre, 1914-1918*, éd. Étienne Bloch, Paris, Masson et Armand Colin, 1997, p. 169-184 (p. 175).

285 Roger Allard, « Le dîner du permissionnaire », *Les élégies martiales*, *op. cit.*, p. 24.

286 Roger Allard, « Note sur la présente édition », *Les élégies martiales*, *op. cit.*, p. 84.

s'était aussi attaqué à Paul Bourget et René Bazin, « mornes Cassandres » parmi cet arrière qui fabrique « les gaz de la Culture », tel le mythe de la « Mort »-« Vertu[287] ». Mais, là encore, Allard, dans son incarnation plus conservatrice de 1928, fait volte-face en tenant les deux académiciens Bourget et Bazin non plus pour des « Cassandres » à la sombre parole mais pour des « esprits » « clairvoyants[288] ».

« Le dîner du permissionnaire » d'Allard, comme le poème du « Fantôme », est sans ambiguïté dans sa condamnation des procédés de représentation adoptés par l'arrière. Tout entier à la formulation de ses accusations, le permissionnaire n'a pas vraiment le temps pour manger, et les mots de ce repas manqué, « remâche », « nourrit », s'apparentent plus au « *trépas* » et au « râle[289] ». Dans « Les six jours » de Frick, « la table » est bien servie, du matin au soir, et le permissionnaire au « corps meurtri » redécouvre le plaisir de se « [n]ourri[r] » à volonté « de maintes succulences[290] », où le contraste est le seul signe d'un ressentiment. Durant cet automne 1915, Allard mentionne à Frick la permission de « huit jours » qu'il vient d'avoir, en décrivant une semaine de « bonheur » à laquelle succède la « souffr[ance][291] », dans une séquence affective un peu plus typique du poilu. Certains repas, par la vertu de « l'amitié », permettent de s'extraire de la guerre, comme au « Festin sylvestre », poème du *Bélier* où, entre camarades soldats, « souriants amis de guerre », dans un cadre naturel épargné par les combats, « sapins », « érable », « châlet », « forêts », il est possible d'« oublie[r], et le temps et l'âge, / Comme un immortel personnage[292] ». « Festin sylvestre », avec son décor qui rappelle plus la verdure des Vosges ou de la Lorraine que la boue des tranchées, est inséré dans le journal de *L'Est républicain* du 9 septembre 1916, entre une nécrologie en provenance du chef-lieu vosgien, Épinal, et l'annonce de parution d'un volume sur *La vie en Lorraine*, le poème

287 Roger Allard, « Un Fantôme dans un bar », *Les élégies martiales*, *op. cit.*, p. 62. On peut mesurer le ressentiment des propos d'Allard à la lumière d'un article de 1915 de Pioch, où Bourget et Bazin sont dénoncés pour leur « délire » patriotique et leur vision morale de la France. Voir Georges Pioch, « L'Académie française et la Guerre », *Les Hommes du jour*, n° 398, 18 septembre 1915, p. [2-3].

288 Roger Allard, « Note sur la présente édition », *Les élégies martiales*, *op. cit.*, p. 83-84.

289 Roger Allard, « Le dîner du permissionnaire », *Les élégies martiales*, *op. cit.*, p. 25. C'est nous qui soulignons.

290 Frick, « Les six jours », *Sous le Bélier*, *op. cit.*, p. 22-23.

291 Lettre de Roger Allard à Frick, du 6 octobre 1915. HRC, Austin.

292 Frick, « Le festin sylvestre », *Sous le Bélier*, *op. cit.*, p. 41-42.

communiquant un peu de sa géographie souriante aux entrefilets qui le voisinent[293].

Sous le Bélier de Mars réserve quelques piques à la « hiérarchie » dans le poème « Un gala chez Bellone », où « l'Union sacrée », « invent[ion] », « [l]ieu commun » de la classe « politi[que][294] », est mise à mal. Ce « gala » est l'occasion, pour « [l]e généralissime » Joffre, d'« étoile[r] des poitrines » dans un « village » de « Lorraine » traversé d'« ombres barrésiennes[295] ». S'adresser au « généralissime » « taciturne » nécessiterait peut-être « une élégie », voire une chanson de « mélodrame », ou, plus adaptée à l'estime due à son personnage, « prosopopée / Qu'il rythmera de son épée[296] », rempli d'auto-satisfaction. Frick laisse à d'autres le soin de rendre les honneurs au vainqueur de la Marne, tel Fernand Gregh qui crie « Gloire à Joffre, cœur ferme et raison souveraine[297] ». Dans « Un gala chez Bellone », le temps est celui de la poésie aussi bien que de la ponctualité militaire, puisque la revue de ce régiment d'élite, ou « argyraspide » antique, commence à se dérouler alors que « Midi sonne comme dans le sonnet de Verlaine, midi » qui, dans *Sagesse*, apporte quelques échos de Rimbaud[298]. Dédié à Georges Pioch, « trop social[299] » selon un mot d'Allard à l'été 1916, « Un gala chez Bellone » représente un peu cette part des relations que Frick cultive dans la sphère anarcho-socialiste. À la sortie de *Poetica*, *Cyrano* exploite le mot « revue » pour redire la domination complète du littérateur sur le militaire chez Frick, plus tenté par « les petites revues » durant la guerre que par « les grandes revues du maréchal Foch[300] », ou celles de Joffre.

« Un gala chez Bellone » fait aussi allusion à Thibaudet, « [r]éduit par la tourmente », dans la grossièreté de l'outil et du matériau, « à marteler

293 Frick, « Le festin sylvestre », *L'Est républicain*, 28e année, no 10558, 9 septembre 1916, p. 2.
294 Frick, « Un gala chez Bellone », *Sous le Bélier*, *op. cit.*, p. 26-30 (p. 28 et 30).
295 *Ibid.*, p. 26-28. Dans son tour des provinces en images résolument conventionnelles, « Prose pour nos Armées » présente « [l]a Lorraine avec ses collines inspirées », sans laisser prévoir le dur traitement de Barrès chez Frick. Voir Frick, « Prose pour nos Armées », *Trèfles*, *op. cit.*, p. 24.
296 Frick, « Un gala chez Bellone », *Sous le Bélier*, *op. cit.*, p. 27 et 29.
297 Fernand Gregh, « La Marne », *La Couronne douloureuse*, Paris, Eugène Fasquelle, 1917, p. 56-71 (p. 62). Le poème porte la date commémorative du 8 septembre 1915.
298 Frick, « Un gala chez Bellone », *Sous le Bélier*, *op. cit.*, p. 27 ; et, pour « Midi sonne », Verlaine, « L'espoir luit… », *Œuvres poétiques complètes*, *op. cit.*, p. 131.
299 Lettre de Roger Allard à Frick, du 30 juillet 1916. HRC, Austin. Depuis 1915, Pioch est adhérent à la SFIO et, dans les revues, continue de tenir un rôle important aux *Hommes du jour* et de participer à *La Caravane*.
300 Clément Vautel, « Louis de Gonzague Frick, auteur de *Poetica* », *Cyrano*, *op. cit.*, p. 26.

des pierres[301] ». *L'Intransigeant* reprend, en 1921, ce vers de Frick pour présenter Thibaudet dans l'époque de son *Panurge à la guerre*, quand la *Grande Revue* entreprend sa publication, avec son personnage maître du Système D, pratiqué sous l'uniforme par la force des circonstances[302]. Thibaudet, qui rédige le texte en 1917, montre Panurge loin d'être seul, tous rangs confondus, à se « garni[r] les mains » dans la guerre, « quitte à se les dégarnir dans » l'inéluctable « misère[303] » à venir une fois la paix rétablie. Outre les références aux francs-maçons, le roman exerce à l'encontre des personnages de Behanzin et de Blum racisme et antisémitisme, qui font lire sur le plan fictionnel ce que Thibaudet puise aux *Idées de Charles Maurras*, exposées en 1920, et qu'alourdit encore de significations la publication posthume de *Panurge* en livre au mois de juin 1940 alors que va s'instaurer l'Occupation[304]. Dans ses *Idées politiques de la France*, en 1932, Thibaudet se range derrière Bainville sur la perte de « souveraineté nationale » cédée à diverses « Internationales », nommant au passage « une internationale maçonnique » du côté du « parti radical, héritier des jacobins[305] », ramené ainsi, pour bonne mesure, à la Révolution. En parlant de « l'œil mephistophélique de Mandel[306] », du temps où celui-ci sert sous Clemenceau, Thibaudet ne se démarque pas non plus des épithètes inflammatoires de *Candide*, dont il est contributeur.

Rien de cela dans le Thibaudet d'« Un gala chez Bellone », d'un an plus ancien que la rédaction de *Panurge* en 1917. Dans le poème de Frick, le soldat Thibaudet est à contre-emploi, « pur créateur de lyrisme / Et d'harmonie » dans les vers, « pur écrivain » selon la note que Frick juge

301 Frick, « Un gala chez Bellone », *Sous le Bélier*, *op. cit.*, p. 30.

302 Les Treize, « Les Lettres », *L'Intransigeant*, 42e année, no 15072, 10 novembre 1921, p. 2.

303 Albert Thibaudet, *Panurge à la guerre*, Paris, Gallimard, 1940, p. 45. L'édition porte le visa de la censure du 5 mai 1940, avec environ une page de texte supprimée.

304 Leymarie relève, dans *Panurge*, le portrait mêlé d'antisémitisme du personnage de Blum, et rappelle par ailleurs la correspondance « déférente » que Thibaudet a avec Maurras, déjà abordé dans ses études d'avant 1914. Michel Leymarie, *Albert Thibaudet : « l'*outsider *du dedans »*, Villeneuve-d'Ascq, Presses Universitaires du Septentrion, 2006, p. 224. Compagnon reprend la description de bonhommie campagnarde que Valéry donne de Thibaudet à sa mort, « le rude accent, l'aspect bon vigneron et vieux soldat », pour dire de quoi est fait *Panurge*. Antoine Compagnon, *Les antimodernes de Joseph de Maistre à Roland Barthes*, Paris, Gallimard, 2005, p. 262. Le « peu d'affinités » de Thibaudet avec Maurras, qui figure dans une version antérieure de l'essai, n'est pas maintenu à la parution en ouvrage, en 2005. Voir A. Compagnon, « Thibaudet, le dernier critique heureux », *Le Débat*, no 120, mai-septembre 2002, p. 33-54 (p. 50).

305 Albert Thibaudet, *Les idées politiques de la France*, Paris, Stock, 1932, p. 215-217.

306 *Ibid.*, p. 255.

nécessaire pour l'identifier, avec mention de son affectation « dans un régiment territorial[307] ». De la « dernière classe des mobilisés », Thibaudet entre dans la « réserve de l'armée territoriale », puis est incorporé à une « unité combattante » entre « octobre 1915 » et « mars 1916[308] ». Dans sa « Ballade de l'illustre cantonnier » qu'il transmet à Frick, Thibaudet est « vêtu » de la tenue du territorial, préparant « la route », « pic » et « pelle » « en main[309] ». Le poème, dédicacé à Frick, est rapidement publié sous le titre « Ballade de l'historien cantonnier » en mai 1916 par *Le Siècle* avec, pour clé de lecture, l'information que Thibaudet « casse des cailloux sur les routes du front[310] ».

« Un gala chez Bellone » fait agir les outils du poème de Thibaudet sur les « pierres » et, au « passage » des soldats, ceux-ci « salue[nt] » la figure de cantonnier « sur la route[311] ». Cette scène où se croisent les missions de chacun résonne avec le vers de la ballade de Thibaudet, « J'apprête la route à vos pas[312] ». Sur une « route » à quelque distance du front, au mois de juillet 1916, Colette termine une brève réflexion concernant les pieds par une observation sur le « cuir » aux « pieds » des « fantassins », moins dans le contexte des terrains de tous ordres foulés par les « godasses » des soldats que dans celui des sacrifices consentis par l'arrière, sous la forme de « bottines poreuses » qui « prennent l'eau » et nécessitent une visite de Colette « chez le pharmacien » pour « pastilles » et « gargarisme[313] ». Entre la route évoquée par Colette et celle versifiée de Thibaudet, chacune parcourue par des fantassins, il n'existe pas de commune mesure. Chez Frick, témoin des incessants mouvements de troupes, le régiment du « Gala chez Bellone » repart, en fin de revue,

307 Frick, « Un gala chez Bellone », *Sous le Bélier*, *op. cit.*, p. 30.

308 Michel Leymarie, *Albert Thibaudet : « l'*outsider *du dedans* », *op. cit.*, p. 9-10 et 64.

309 La « Ballade de l'illustre cantonnier » est citée par Leymarie. *Ibid.*, p. 68-69 (p. 69). Le poème est dans les pages du *Lunain* du 1er mai 1936, pour un hommage à Thibaudet, sous le titre « Ballade de l'historien-cantonnier », avec la dédicace à Frick. La parution est signalée par Christophe Pradeau, « Une critique conversationnelle », *Littérature*, nº 146, juin 2007, p. 66-81 (p. 75). *L'Intransigeant* du 22 mai 1936 reprend, en partie, le poème, à la suite du *Lunain*, comme le fait aussi, en intégrale, *L'Action française*, le 21, avec une désastreuse orthographe pour le nom de Frick dans la dédicace : « À Louis de Gonzague Fuck ». Voir « Une ballade d'Albert Thibaudet », dans Pierre Tuc, rubrique « Revue de la Presse », *L'Action française*, 29e année, nº 142, 21 mai 1936, p. 4.

310 Le Planton, rubrique « Nos échos », *Le Siècle*, 81e année, nº 1689, 3 mai 1916, p. [2].

311 Frick, « Un gala chez Bellone », *Sous le Bélier*, *op. cit.*, p. 30.

312 Thibaudet, « Ballade de l'illustre cantonnier », citée par Michel Leymarie, *Albert Thibaudet : « l'*outsider *du dedans* », *op. cit.*, p. 69.

313 Colette, « Pieds », *Les heures longues, 1914-1917*, Paris, Arthème Fayard, 1917, p. 225-228.

« sur la route » avec un faible entrain et « vainc[u] par la torpeur[314] », ennemi du moment. Si, auprès de la déesse de la guerre, celle du « Gala chez Bellone », Frick se penche sur la condition d'un Thibaudet cantonnier-poète, la somme de 4500 vers de Thibaudet, « Le Berger de Bellone », avec son large panorama de la poésie de 1914, inclut pour la postérité Frick et beaucoup de ses semblables partis combattre[315]. Sous le signe du maritime, « goëlette ou brick », possible échappée en temps de guerre, un quatrain de Thibaudet précise « le charmant éventaire / de Louis de Gonzague-Frick[316] », où le *vent* et l'*air* propulsent en un ailleurs. La pompe de la cérémonie militaire du « gala », chez Frick, ne constitue qu'un bref et ennuyeux spectacle pour le soldat après une longue attente, avec une pensée, à la fin, pour l'ami qui demeure assidu à la simplicité de sa tâche manuelle. Comme la « Ballade de l'illustre cantonnier », « Le Berger de Bellone » trouve au labeur de la route des vertus de « loisirs[317] » où la pensée et la poésie sont aussi au travail.

Thibaudet se raconte aussi en prose, dans « La caverne des ombres », en Lorraine, ce qui le conduit à une lettre reçue de « [s]on ami Louis de Gonzague Frick[318] » alors également dans la région. Il répète le « plaisir » que Frick aurait à voir Barrès à l'action en cantonnier dans sa Lorraine, à « empierrer » les « route[s][319] » avec l'ardeur de sa rhétorique. Frick, attentif lecteur du *Bulletin des écrivains*, a pu remarquer en 1917 la notice que Barrès a composée pour le jeune camelot du roi, Henri Lagrange, devenu

314 Frick, « Un gala chez Bellone », *Sous le Bélier*, *op. cit.*, p. 30.

315 André Talmard, « La vie d'Albert Thibaudet », *Bulletin de la Société des amis des arts et des sciences de Tournus*, tome LXXXV, 1986, p. 8-23 (p. 16). « Le Berger de Bellone » n'est pas publié à la démobilisation de Thibaudet et n'est pas connu en intégralité. Frick communique de nombreuses lettres qu'il a reçues de Thibaudet au chercheur Colin Duckworth, « Albert Thibaudet and the *Berger de Bellone* », *French Studies*, vol. 7, n° 1, janvier 1953, p. 18-34 (p. 34).

316 Paulhan cite ces vers en 1950, dans ses « Notes de lecture » du « Berger », *Œuvres complètes*, IV, *op. cit.*, p. 328.

317 Albert Thibaudet, « Le Berger de Bellone », cité par André Talmard, « Thibaudet actuel : le "Bon Européen" », *Bulletin de la Société des amis des arts et des sciences de Tournus*, tome CVI, 2007, p. 77-100 (p. 92). Sur cette période de « loisirs », voir aussi Michel Leymarie, *Albert Thibaudet : « l'*outsider *du dedans »*, *op. cit.*, p. 63.

318 Albert Thibaudet, « La caverne des ombres », *Bulletin de la Société des amis des arts et des sciences de Tournus*, *op. cit.*, p. 135.

319 *Idem.* Après son *Maurras* de 1920, Thibaudet va faire porter son second volume des *Trente ans de vie française* sur Barrès en 1921, sans rien de cette moquerie, lorsqu'il aborde avec beaucoup d'égards les articles de guerre de Barrès, considérés néanmoins d'un « étage inférieur ». Albert Thibaudet, *Trente ans de vie française – II – La vie de Maurice Barrès*, Paris, Nrf, 1921, p. 245.

soldat et mort au front, chez qui les « violences » s'accompagnaient « de douceur et de tristesse[320] ». De ce mélange, Barrès tire une idée de dur et de doux pour arriver au « granit des Vosges », à la « qualité mystérieuse d'exhaler une odeur de violette[321] », qui ramène bien sûr vers la ligne bleue des Vosges mais aussi à la suggestion que Barrès serait, à travailler le matériau de la pierre dans cette zone, le cantonnier des cantonniers.

Le poème de Frick, « Un gala chez Bellone », insiste en vers et en note sur la « pur[eté] » de Thibaudet, ce qui est déjà amorcé dans *Trèfles à quatre feuilles*, où le « nom » de Thibaudet fait « oublie[r] la guerre », le temps de se transporter dans l'ailleurs géographique de ses syllabes, le « Thibet[322] ». Dans le *Bélier*, Thibaudet reste, avec son « chef-d'œuvre », inséparable de la rime « Thibet », combiné cette fois au relief de « Montmartre[323] ». Allard précède Thibaudet d'une strophe dans *Trèfles à quatre feuilles*, où il « comba[t] » dans sa prouesse et, en congé du front, découvre sa nouvelle paternité, sa fille née de la « poësie » plutôt que de la guerre : « père de Catherine, / Enfant de poësie[324] ». Dans les pages de la *Nouvelle Revue française*, Thibaudet va considérer *Les élégies martiales* d'Allard comme le « meilleur souvenir des boues de la Somme[325] », et noter qu'Allard a écrit la « Neuvaine au souvenir » pour Frick, leur restituant à tous les trois cette proximité ménagée par Frick dans *Trèfles à quatre feuilles*. En 1920, Thibaudet inclut, dans l'aperçu poétique pour le *London Mercury*, Allard et son *Appartement des jeunes filles*, « exquisite confection[326] » aux accents sensuels, proposée en

320 Maurice Barrès, « Henri Lagrange », rubrique « Hommage aux morts », *Bulletin des écrivains*, n° 29, mars 1917, p. 1.

321 *Idem.*

322 Frick, *Trèfles*, *op. cit.*, p. 11.

323 Frick, « Mélopée isiaque », *Sous le Bélier*, *op. cit.*, p. 31-34 (p. 33).

324 Frick, *Trèfles*, *op. cit.*, p. 10. Un poème de 1916 d'Allard rajoute à la strophe de Frick le « retou[r] » sur le front et laisse « l'infante Catherine » aux sonorités de son « nom rustique et doux » et au poétique de « la rose ». Roger Allard, « Vers la zone », *Les élégies martiales*, *op. cit.*, p. 50-53 (p. 51-52). Le poème paraît sous son titre original « Retour à la zone », dans *Les Solstices* d'août 1917, avec quelques variantes. La strophe « Amis, je retourne à la guerre » est citée au décès d'Allard, avec une caractérisation « guerri[ère] » des *Élégies martiales*, par Dominique Aury, « Roger Allard », rubrique « La poésie », *Nouvelle Revue française*, 9e année, n° 107, novembre 1961, p. 913-914 (p. 913).

325 Albert Thibaudet, compte rendu de *Calliope ou Du sublime* d'Allard, rubrique « Réflexions », *Nouvelle Revue française*, n° 185, février 1929, p. 238-241 (p. 238-239).

326 Albert Thibaudet, « The French Poetry of Today », rubrique « A Letter from France » (Paris, décembre 1919), *The London Mercury*, vol. 1, n° 3, janvier 1920, p. 360-362 (p. 361-362). Le recueil *L'appartement* émane de « l'un des poètes les plus suivis de sa génération »,

complément-« dessert » à des vers « succulen[ts] » à leur façon, du *Bélier* ou de *Falourdin*. Pour Frick, aussi bien que pour Fleuret, Thibaudet pense à la « succulence » et à la « verve » de Tailhade[327].

Par sa « Neuvaine », Allard adopte un peu la pratique de Frick de former un poème à travers l'amitié, sans que cela se renouvelle trop chez lui en dehors de la guerre. Philippe Chabaneix voit le recueil faire « revi[vre] » « Paris » et « aussi l'amitié de Louis de Gonzague Frick[328] ». Quand il s'essaie à des « Stances » de l'amitié en 1925, Sylvain Bonmariage réunit à la rime Frick et son « cristal » avec le « foot-bal[329] » du passé sportif d'Allard à l'Olympique Lillois. Un an après l'Armistice, Frick, dans sa réponse à l'enquête de *Littérature*, en 1919, conçoit l'écriture comme le moyen de « donner de [s]es nouvelles poétiques à [s]es amis[330] ». Si la réponse à une enquête de cet ordre est rapide et ponctuelle (réduite à une phrase par *Littérature*), elle se vérifie sur le long terme, recueil après recueil, chez Frick[331]. En 1916, Frick figure, avec Allard, dans un poème qui porte à son comble, du fait de la guerre, les appels aux amis, qui sont « pri[és] » de « reven[ir] sans faute[332] », par Sébastien Voirol dans son « On peut tout dire, n'est-ce pas ? » Le poème est repris par le périodique anglais *The Egoist*, de l'éphémère bulletin clandestin de Voirol, *La feuille de laurier tricolore mais verte*, dont le sous-titre se veut, en ce temps de guerre, « seule gazette non censurée de la République ». Son flottement au-dessus des nationalismes fait de Voirol, au dire des

selon Frick, dans ses « Scolies » pour la revue belge *Lumière*. Voir *Lumière, vol. 1-2 et numéro spécial, 1919-1921*, *op. cit.*, p. 105.

327 Albert Thibaudet, « The French Poetry of Today », *The London Mercury*, *op. cit.*, p. 361.

328 Philippe Chabaneix, « La poésie de Roger Allard », *La Muse française*, 10e année, no 4, 10 avril 1931, p. 213-218 (p. 213).

329 Sylvain Bonmariage, « Stances pour les Amis », *L'Aquadémie*, *op. cit.*, p. 82.

330 Frick, réponse à l'enquête « Pourquoi écrivez-vous ? », dans *Enquêtes surréalistes*, *op. cit.*, p. 16. Berthe de Nyse est aussi répondante de l'enquête, énumérant « Douleur », « Amour » et « Joie », ainsi que « Sincérité » et « Passion » pour ses raisons d'écrire. *Ibid.*, p. 24. Lors d'une question sur Dada posée peu après par Jacques-Émile Blanche dans sa rubrique de la « Semaine artistique », un envoi signé Eugène Figuière met Berthe de Nyse en « enfant prodigue » de la « nombreuse famille » dada, tandis qu'une autre déclaration, « Le mouvement Dada, c'est MOI », porte le nom de Reverdy avec, dans les deux cas, l'esprit de « plaisanteri[e] », que la question invitait. Voir Jacques-Émile Blanche, « Vente au profit du Salon d'Automne », *Comœdia*, 14e année, no 2628, 26 février 1920, p. 2.

331 Frick se sert de sa réponse de 1919 pour une autre question d'écrivain, en 1927 dans *La Griffe*.

332 Sébastien Voirol, « On peut tout dire, n'est-ce pas ? », rubrique « French Poems », *The Egoist*, vol. 3, no 4, 1er avril 1916, p. 53.

Treize, en 1910, un « vrai sans-patrie[333] ». Dans le poème de Voirol, Allard est en tête de vers avec « Barbusse, Léger et La Fresnaye, / Canudo et Kaplan, Apollinaire », qui ont surpris par leur « vaillan[ce] », tandis que Frick, comme les héros ou héroïnes du passé, est incité avec Salmon à « boute[r] » l'ennemi « dans la mer[334] ». Mais cet ennemi, composé de « bougres[335] », aplatit l'exploit, qui est plutôt celui de survivre. La guerre a aussi amené, pour Voirol et ses confrères et consœurs écrivains, une forme de « paix », celle qui a interrompu le flot de leurs remarques désobligeantes, « celui-là est bon, mais idiot », « du talent, mais pour l'Académie[336] », chamailleries au quotidien. Voirol est, durant la guerre de Jean de Crécy-Gonzalve, l'un de ces noms de « gens célèbres » que le moindre soldat devrait forcément avoir « lu » quelque « part[337] », à coup sûr dans les alentours de Barzun et Divoire.

Le « Gala chez Bellone » de Frick connaît une prépublication dans la revue de Pioch, *Les Hommes du jour*, mais en prose et sous un titre différent, avec deux vers en exergue où « plume », « épée », « guerrier » et « épopée[338] » font du poète un chevalier contemporain prêt au combat. Les nombreuses variantes que contient « Cérémonie militaire » par rapport au « Gala » incluent la visite de Joffre, qui a lieu non pas près de Verdun mais « après Verdun[339] ». Ce vaste champ de bataille et de morts est compris comme un espace investi par les ténèbres infernales, « Érèbe moderne que Dante n'eût point imaginé[340] ». Joffre, trop parfait mélange de « divinité » païenne et de « saint[eté] » chrétienne, va enfin se révéler après n'avoir pu être approché qu'en « image », en ce « jour » de manifestation divine, « corporalis[ation][341] » ou, comme le résume le poème en recueil, « jour théophanique[342] ». La revue s'effectue sans

333 Les Treize, « Silhouettes » (Sébastien Voirol), rubrique « La Boîte aux Lettres », *L'Intransigeant*, 30e année, nº 10995, 22 août 1910, p. 2.

334 Sébastien Voirol, « On peut tout dire, n'est-ce pas ? », *The Egoist*, *op. cit.*, p. 53.

335 *Idem.* Frick est mentionné ailleurs dans *The Egoist* pour un mot sur la sincérité chez Vanderpyl, dans la rubrique de Muriel Ciolkowska, « Passing Paris », *The Egoist*, vol. 3, nº 2, 1er février 1916, p. 23-24 (p. 23).

336 Sébastien Voirol, « On peut tout dire, n'est-ce pas ? », *The Egoist*, *op. cit.*, p. 53.

337 Roland Dorgelès, « Le poète sous le pot de fleurs », *D'une guerre à l'autre*, *op. cit.*, p. 328.

338 Frick, « Cérémonie militaire », *Les Hommes du jour*, nº 424, 13 mai 1916, p. [9]. La dédicace à Pioch est déjà inscrite.

339 *Idem.*

340 *Idem.*

341 *Idem.*

342 Frick, « Un gala chez Bellone », *Sous le Bélier*, *op. cit.*, p. 28.

l'échange de « paroles » souhaité du côté des soldats, le tout couvert d'un ridicule avec des questions sur son appréciation du « futurisme » ou des « ânes de son compatriote Francis Jammes » destinés « au paradis[343] ». Dans « Cérémonie militaire » seulement, le dernier en liste des sujets à aborder avec un Joffre plus accessible est de savoir s'il a « croisé sur la route » de Verdun « certain territorial qui taille des pierres alors que dans son esprit harmonieux naissent des chefs-d'œuvre de critique et de création[344] ». Aucune note ne vient éclairer l'identité de ce « territorial » qu'on sait être Thibaudet, celui du « Berger de Bellone ». Une rencontre Joffre-Thibaudet aurait montré deux pôles de création, le maréchal placé bien en haut dans son intouchable « Olympe démocratique[345] », l'écrivain extraordinaire dans l'humble position qui lui a été assignée. La visite du général, qui n'a laissé s'exprimer que « l'orchestre », se referme sur un « silence » plus définitif que celui du même poème du *Bélier*, où « dynamisme » et « lumière » relancent l'espoir des soldats[346]. Dans *Les Hommes du jour*, les troupes repartent l'esprit sombre et le corps rendu « lour[d] » par un poids qui écraserait jusqu'à l'implicite héros Atlas, un poids composé, au total, des « deux hémisphères, Mars, Vénus et Uranie[347] », le monde et les planètes.

Avant « Un gala chez Bellone » et sans qu'elle figure dans « Cérémonie militaire », une petite bête du poème qui gêne inlassablement les troupes est au centre d'une annonce, en février 1916, du prochain recueil de Frick, composé « entre deux averses de marmites » et la distraction des « poux[348] ». Pour décrire l'ennemi intime qu'est le morpion, Frick emprunte au latin médical, « phtiriases inguinalis », et recourt à une expression affectueuse et tolérante, « elfes de notre logis[349] ». Du poème

343 Frick, « Cérémonie militaire », *Les Hommes du jour*, *op. cit.*, p. [9]. Langage semblable, à l'exception des « paroles », dans « Un Gala chez Bellone », *Sous le Bélier*, *op. cit.*, p. 29. Frick renvoie à la « Prière pour aller au paradis avec les ânes » de Jammes, qui seraient plutôt ici, sous le regard de Joffre, les soldats condamnés à la mort.

344 Frick, « Cérémonie militaire », *Les Hommes du jour*, *op. cit.*, p. [9].

345 *Idem.*

346 *Idem*, pour « l'orchestre » et le « silence ». Pour « silence », « dynamisme » et « lumière », voir Frick, « Un gala chez Bellone », *Sous le Bélier*, *op. cit.*, p. 29-30.

347 Frick, « Cérémonie militaire », *Les Hommes du jour*, *op. cit.*, p. [9]. Le fardeau est bien allégé dans le *Bélier*, « [p]ort[é] sur [des] épaules de lumière », avec « Mars et Vénus, et la douce Uranie ». Frick, « Un gala chez Bellone », *Sous le Bélier*, *op. cit.*, p. 30.

348 Bochissimus, « Phtiriases », *Le Siècle*, 81ᵉ année, nº 1614, 19 février 1916, p. 2. Frick est identifié comme « signaleur » à « la 139ᵉ brigade d'infanterie ». *Idem.*

349 Frick, « Un gala chez Bellone », *Sous le Bélier*, *op. cit.*, p. 27.

ou de son idée, le journal *Le Siècle* connaît au moins le « phtiriase » et révèle une trouvaille de Frick, « poète dans le civil », qui aurait eu l'astuce de faire dormir ses camarades sur de rudes mais hygiéniques « sommiers », dénués de leur « paille » et réduits aux « grillages[350] ». Une extravagance de plus chez Frick dans le langage, retournée contre lui par le spartiate de la proposition de coucher le corps démangé sur du « méta[l] » avec « des toiles de tente » pour « couvertures[351] ».

L'arrière, par les journaux ou les salons, continue de subvenir aux besoins de la poésie de ceux qui sont au front ou en permission, et pour Frick, cela ne se limite ni à Jacob ni à Mme Aurel, puisqu'en 1915, par exemple, sa poésie est lue à une « séance » de « la Société des poètes français[352] ». Les poèmes font, à l'occasion, l'objet de lectures formelles et publiques, comme cette « matinée » du printemps 1916 organisée, explique Allard, « au bénéfice des artistes polonais victimes de la guerre[353] » et où sont récités ses poèmes ainsi que des vers d'Apollinaire et de Frick. Allard a fait « récit[er] » de sa propre initiative « Le Sonneur d'Olifant » de Frick, qu'il a « découpé dans *Les Hommes du jour*[354] » du 25 mars 1916. De cette composition un tant soit peu apollinarienne avec « la balistique » et le « laboratoire » « en marche[355] » des gaz, Allard dit en mai 1916 avoir « lu » à Fernand Fleuret les vers et se rend à l'avis de ce dernier pour reconnaître une « transposition lyrique » « tout à fait délicate » « des objets anti-asphyxiants[356] ». Pour sa part, Allard parle de « transpos[ition] en symboles ornés [du] matériel défensif de ces combats asphyxiants[357] », dans son compte rendu du *Bélier* en novembre pour *Les*

350 Bochissimus, « Phtiriases », *Le Siècle*, *op. cit.*, p. 2.

351 *Idem.*

352 Laurence Campa, *Guillaume Apollinaire*, *op. cit.*, p. 580.

353 Lettre de Roger Allard à Frick, du 7 avril 1916. HRC, Austin. À l'été, Allard est au programme de la matinée littéraire « Peintres et poètes » préparée par Apollinaire. Voir la note de Laurence Campa, dans Apollinaire, *Correspondance avec les artistes*, *op. cit.*, p. 119. Un peu plus tard ce mois, le 28 juillet 1916, dans le même cadre du Salon d'Antin organisé par Salmon, des poèmes sont dits de Frick, Apollinaire ou encore Cendrars. Voir « Les Lettres », *L'Intransigeant*, 37e année, no 13162, 27 juillet 1916, p. 2.

354 Lettre de Roger Allard à Frick, du 7 avril 1916. HRC, Austin.

355 Frick, « Le Sonneur d'Olifant », *Poetica*, *op. cit.*, p. 105-107 (p. 105-106).

356 Lettre de Roger Allard à Frick, du 19 mai 1916. HRC, Austin.

357 Roger Allard, compte rendu de *Sous le Bélier de Mars*, *Les Hommes du jour*, *op. cit.*, p. [12]. Au même moment, le *Mercure* recourt au « Sonneur d'Olifant » pour fustiger la science de l'ennemi, également sa « kultur » dans le fil de la guerre des savoirs. Se reporter à Georges Palante, « Philosophie », *Mercure de France*, *op. cit.*, p. 323.

Hommes du jour. De cette « si épouvantable » « réalité », non seulement des gaz mais de la guerre dans son entier que le *Bélier* prend pour matière, Henri Hertz invite à « admire[r] par quel filtre [cette] réalité a passé lorsqu'elle vient mordre sur les cordes du chant intérieur », expression choisie pour désigner le « lyrisme[358] », la transposition lyrique.

Le soldat « [f]actionnaire » du « Sonneur d'Olifant », responsable de prévenir d'une attaque, « enfonc[e] » sur la tête une « cagoule avec ses grosses lunettes de mica[359] ». L'objet voulu protecteur comporte la promesse d'autres « masques », chacun à son tour rendu obsolète par la « science maudite[360] » des gaz. Cette « funeste » chimie est visée par « un feu comminatoire[361] », une conflagration, selon le souhait d'anéantissement émis dans le poème. La date de janvier 1916, « O premier mois de l'an de malgrâce 1916 », ouvre ce poème dans une tranchée passée du contrôle allemand au contrôle français, passée aussi, au gré d'une petite guerre des noms, de Nietzsche à « un nom français sans apparat[362] ». Vient alors une image insolite, non seulement pour « Le Sonneur d'Olifant » mais pour la poésie de Frick en général, « Le feu est rouge comme l'orange[363] », conçue dans la veine des poètes notoirement ou délibérément novateurs. Frick réintègre sa poétique au vers suivant, ajoutant aux couleurs du « feu » et de la destruction le mot pétri d'antiquité, « hiérosolymitaine[364] », ou habitant de Jérusalem, qui complète l'image mais contraste avec sa prime formulation. Au vu des soldats, « [a]gneaux de Bellone », sacrifiés sous l'effet des gaz, le poème appelle de ses vœux une « sérénité terrestre » distribuée par la « Figure » salvatrice de « l'impérissable humanité », ce qui consolide l'assise du « hiérosolymitaine[365] », par l'allusion à Jérusalem et ses résonances bibliques.

« Le Sonneur d'Olifant », qu'Allard lit et partage en 1916, lui suggère, dans le cadre restreint de la lettre, que Frick pourrait bien mériter la désignation de « poète de la paix[366] ». Il semblerait que le titre de

---

358 Henri Hertz, « Monsieur Louis de Gonzague-Frick est un homme… », *La Revue de l'époque*, *op. cit.*, p. 20.

359 Frick, « Le Sonneur d'Olifant », *Poetica*, *op. cit.*, p. 105-107 (p. 105-106).

360 *Ibid.*, p. 106-107.

361 *Idem.*

362 *Ibid.*, p. 105-106.

363 *Ibid.*, p. 106.

364 *Idem.*

365 *Ibid.*, p. 106-107.

366 Lettre de Roger Allard à Frick, du 17 mars 1916. HRC, Austin.

Sonneur d'Olifant ait été envisagé pour la totalité du recueil du *Bélier*, d'après l'annonce anticipée faite par *Le Siècle* en février 1916[367]. La poésie du *Bélier*, qualifiée à la fois de « martiale » et de « militaire[368] » pour le public du compte rendu d'Allard, est écrite, sans paradoxe, dans un désir que termine le conflit. Frick ne s'éloigne pas trop du sens premier et neutre de martial, relatif à la guerre, sauf dans « Prose pour nos Armées », de *Trèfles* où, étrange anomalie chez lui, s'exprime une ferveur va-t-en-guerre[369]. Le « Médaillon littéraire » écrit pour Frick en 1920 fait état de « ses convictions pacifistes[370] », qu'il aurait eues de longue date, y compris pendant la guerre, sans qu'on en trouve le développement ni dans sa poésie, ni dans ses lettres, le désir répété de l'arrivée de la paix ou de la fin des combats ne constituant pas nécessairement un pacifisme. À lire Frick, il paraît plus exact de parler chez lui d'un faible bellicisme, d'une antipathie pour le nationalisme, et cela, outre certaines amitiés comme avec Pioch, suffit peut-être à le ranger, lui, avec son poème « Dualisme » et sa « Complainte du poète en campagne », auprès des pacifistes de l'anthologie de 1920 publiée à Genève par Romain Rolland[371].

Frick avait été adhérent, en 1913, aux côtés de Jacob, Brésil, Maurevert, Canudo, Cendrars, de l'Institut franco-allemand de la Réconciliation, avec des ambitions pacifistes et des activités dans le cadre de l'Université populaire que va faire dérailler la guerre[372]. Au mois de mars 1914, Frick se rattache, avec Strentz et Lacaze-Duthiers, à un manifeste lié à l'ouvrage co-signé par Alexandre Mercereau, *La Paix armée et le problème d'Alsace*, qui souhaite « la limitation des armements » et le

367 Bochissimus, « Phtiriases », *Le Siècle*, *op. cit.*, p. 2.

368 Roger Allard, compte rendu de *Sous le Bélier de Mars*, *Les Hommes du jour*, *op. cit.*, p. [12].

369 Une « inspiration martiale » présiderait aux recueils de 1915 et 1916 de Frick, d'après Laurence Campa, *Poètes de la Grande Guerre*, *op. cit.*, p. 20.

370 L., « Médaillon littéraire : Louis de Gonzague Frick », *Écouen-Nouvelles*, *op. cit.*, p. [3].

371 La « Complainte » est reproduite, à la suite de « Dualisme », sous le titre erroné de « Complète du *poète* en campagne » dans *Les poètes contre la guerre – Anthologie de la poésie française 1914-1919* (Genève, Éditions du Sablier, 1920, p. 72-73 et 73-75). La version avec « complète » a suscité depuis une nouvelle erreur, dans le glissement du sens vers *un complet*, ce qui peut vêtir le poète dans la guerre, « the poet's war outfit », chez Elizabeth A. Marsland, *The Nation's Cause : French, English and German Poetry of the First World War* (1991), Abingdon, Oxon ; New York, Routledge, 2011, p. 199.

372 Voir Jean Silvin, « Nouvelles artistiques », rubrique « Les Lettres et les Arts », *L'Homme libre*, 1re année, n° 91, 3 août 1913, p. 3.

« rapprochement entre les deux groupes d'alliances antagonistes[373] », dans un abandon des velléités de revanche du côté français, et au nom des 25-40 ans, nés après la guerre de 1870 et qui seront bientôt largement mobilisables. L'Institut franco-allemand auquel Frick joint son nom est fondé par le naturaliste Ernst Haeckel et par l'institutrice et militante Henriette Meyer, organisatrice pendant et après la guerre de l'association à vocation éducative la Lumière des Mutilés[374]. À l'été 1914, Haeckel est l'un des signataires du Manifeste des 93, qui proclame l'innocence de l'Allemagne dans le déclenchement et les horreurs de ce nouveau conflit[375]. Une des réponses, de la part de ceux qui peuvent le plus toucher Frick, se concrétise en 1915 dans l'« Appel des intellectuels français », signé par une *intelligentsia non combattante*, dont Pioch, Vielé-Griffin, Rachilde, Fontainas, et Paul Fort[376]. Ce dernier a riposté aussi en poésie au « Kaiser et [aux] 93 intellectuels », mais sous le regard désapprobateur de Georges-Armand Masson, qui considère en 1922 que ce n'est « pas le sujet qu'il faut pour le poète des Ballades[377] ».

À contre-courant du solennel, un poème de 1920 de la revue *Action* se sert de Frick comme dédicataire. Les vers tournent en dérision le

---

373 « Littérature et politique », rubrique « Chronique sociale et littéraire », *Le Siècle*, 79e année, n° 28809, 8 mars 1914, p. 5. Mercereau est alors membre de la Ligue Celtique Française, attachée à un « esprit racial national français », selon la rubrique de Jean Malye, « Chronique de France », *The Irish Review*, vol. 3, n° 35, janvier 1914, p. 590-593 (p. 592).

374 « La Lumière des Mutilés », rubrique « La rééducation », *Bulletin de l'Association générale des mutilés de la guerre*, 2e année, n° 14, février 1917, p. 57-58. Il est proposé aux invalides de guerre un enseignement à Paris ou par correspondance.

375 Voir Martha Hanna, *The Mobilization of Intellect – French Scholars and Writers during the Great War*, Cambridge, Harvard University Press, 1996, p. 78. Le 29 juillet 1914, Haeckel, « le patriarche du pacifisme », écrit à Henriette Meyer dans un esprit proche du Manifeste des 93 dont la parution est imminente, et les mots de sa lettre, rendus publics, sont relayés par la presse comme une autre pièce à conviction contre l'ennemi allemand. Voir L. Ferrière, « La grande désillusion » (repris du *Journal de Genève* du 17 mai 1915), dans « Congrès international pacifiste ajourné pour cause de guerre », *Journal du droit international*, 42e année, 1915, p. 222-229 (p. 223-224). Le manifeste continue de faire parler de lui comme un document encore vivant, la guerre finie, dans les rubriques littéraires, quand il est noté que ses signataires « sont de moins en moins… signataires », hésitant à admettre leur position d'alors. Les Treize, « Les Lettres », *L'Intransigeant*, 42e année, n° 14072, 23 janvier 1919, p. 2.

376 Voir « Un appel des intellectuels français », *Journal des débats politiques et littéraires*, 127e année, n° 69, 10 mars 1915, p. 3. Pour la caractérisation des signataires, voir Martha Hanna, *The Mobilization of Intellect*, *op. cit.*, p. 151.

377 Georges-Armand Masson, *Paul Fort – Son œuvre*, Paris, Édition du Carnet Critique, 1922, p. 22.

« Mourir pour la patrie », et le haut chapeau de Frick est, par renversement, le « chapeau bas » du « président » qui « attend », le dimanche, les travailleurs, pour les « recevoir » « [à] grands coups de pied dans les tibias[378] ». Frick ressort plus proche du peuple que de ses dirigeants dans le scénario, canular de la part du mouvement éclair et douteux lancé sur quelques pages d'*Action*, le « suburbanisme », qui produit sous la signature de Jean Blanmoel une « Esthétique » dédiée à Frick, ou, du côté d'Ivan Le Fouloc, « La jeune fille en pleurs » pour Proust[379].

S'il n'est pas au devant du pacifisme ou de la critique de l'armée, Frick mérite durablement d'avoir été appelé par Allard « poète de la paix », mais d'un ordre sceptique. Son poème « France-Allemagne », paru dans *Poetica*, s'interroge si « [l']incendie est [...] vraiment éteint » et dessine une union, qui passerait des catégories grammaticales, la « [c]onjonction copulative », à un « chant d'amour renaissant[380] », dont les bases sont fragiles. En mai 1916, Allard lit des vers de Frick publiés dans *Paris-Midi*, comme une « ingénieuse allusion à la paix » sous la forme d'un « envoi pascal[381] ». Il s'agit de « Pâques fleuries », que *Le Siècle* propose, le 24 avril, en intégrale et en guise d'« œufs de Pâques » à ses lecteurs, qui réapprennent aussi l'affectation de Frick, « signaleur » « sur le front de Verdun[382] ». Le poème, que Paulhan distingue à son tour, va du « Verdun qui ne veut finir / De flamber » au souhait que les bruits cessent et permettent la résurgence de la « romance » et de la paix « [p]our celle qui tend le rameau » vers « [c]e que la terre a de plus beau[383] ». Le poème suivant du *Bélier*, « Vers l'Églogue », creuse un peu plus un espace antithétique au champ de bataille, un en-dehors de la

---

378 Jean Blanmoel, « Esthétique », *Action*, 1re année, n° 4, juillet 1920, p. 58-59.

379 Se reporter à la note de présentation du « suburbanisme », qui aurait résolu le « problème de la vie » – telle la promesse de développement à la périphérie des villes – dans « Curiosités esthétiques : le Suburbanisme », *Action*, 1re année, n° 4, juillet 1920, p. 57. Le *Mercure* a beaucoup de « réserves » sur l'« existence même » de ce groupe, y compris les « noms » de ses poètes, à l'« aspect anagrammatique ». Voir « Le Suburbanisme », rubrique « Échos », *Mercure de France*, 31e année, n° 535, 1er octobre 1920, p. 285-286 (p. 286).

380 Frick, « France-Allemagne », *Poetica*, *op. cit.*, p. 134-135.

381 Lettre de Roger Allard à Frick, du 19 mai 1916. HRC, Austin.

382 Le Planton, « Pâques à Verdun », rubrique « Nos échos », *Le Siècle*, 81e année, n° 1680, 24 avril 1916, p. 2.

383 Frick, « Pâques fleuries », *Sous le Bélier*, *op. cit.*, p. 7-8. Paulhan dit s'être récité par cœur « Pâques fleuries » et « Les six jours » durant sa maladie. Lettre de Jean Paulhan à Frick, du 29 et du 30 mars [1918], dans Jean Paulhan, *Choix de lettres, I – 1917-1936*, *op. cit.*, p. 23.

guerre durant la guerre, éloignement illusoire fait de poésie, « [f]loraison ironique[384] ». Plus loin dans le recueil, la poésie « en guerre » est sujette, avec « Mathurin Régnier », à des impératifs de temps et d'espace, où l'« agréable loisir » tant souhaité fait défaut pour une lecture et une « compos[ition] » du meilleur « soin[385] ». Alors que s'approche le premier anniversaire de la guerre, en juin 1915, Allard, « dans la région de Hébuterne », s'interroge sur la « br[i]ève[té] » des lettres de Frick et sur « le train régimentaire du 269e » qui lui apparaît « si différent des autres que nul loisir n'y soit dévolu aux vaillants convoyeurs[386] », position de Frick. Les mois de conscription avaient entraîné Frick à se ménager un temps pour l'écriture poétique, accomplie « entre des marches et des services en campagne sur le plateau de Malzéville[387] ». Devant le « saugrenu » de ce « métier militaire » découvert à Nancy, Frick avait opté pour le « dérivatif » de « la lecture[388] » des anciens, et les débuts de *La Phalange* avaient catalysé les siens.

Dire, comme le fait Frick dans « Mathurin Régnier », que le nécessaire manque pour « buriner à plaisir[389] » constitue, par accumulation d'obstacles, un trope qui n'empêche pas la réalisation du poème et même fonctionne comme son élément déclencheur. Un phénomène similaire est à l'œuvre dans la « Complainte du poète en campagne », dédiée à Salmon lors de sa parution en recueil, et largement consacrée

384 Frick, « Vers l'Églogue », *Sous le Bélier*, *op. cit.*, p. 9-10 (p. 9).

385 Frick, « Mathurin Régnier », *Sous le Bélier*, *op. cit.*, p. 51-53 (p. 51). Le poème, à caractère biographique, est livré d'abord par *Les Hommes du jour*, le 5 août 1916. Le journal interpelle Frick, trois semaines plus tard, sur le sujet de Mathurin Régnier, « *très précieux*, vous l'avez oublié, Gonzague-Frick », peut-être parce que Frick avait plutôt choisi de débuter son poème sur « Régnier le satirique ». Paul Lintier, « Un X… », rubrique « Échos », *Les Hommes du jour*, n° 439, 26 août 1916, p. [6]. Frick ferait-il, de près ou de loin, partie de ces poètes « pasticheurs et archaïsants » visés en 1934 par Larbaud et qui, pour « les plus insignifiants d'entre eux », auraient en commun « un faible pour Mathurin Régnier » ? Valery Larbaud, entrée du 24 novembre 1934, *Journal*, éd. Paule Moron, Paris, Gallimard, 2009, p. 1278-1279.

386 Lettre de Roger Allard à Frick, du 17 juin 1915. HRC, Austin.

387 F. R., « Louis de Gonzague-Frick, Désiré Ferry et… Joris-Karl Huysmans », *L'Intransigeant*, *op. cit.*, p. 2.

388 Frick, cité de *La Griffe* par Le Lutécien, rubrique « Petit Courrier littéraire », *Comœdia*, 21e année, n° 5313, 22 juillet 1927, p. 2. Les mots, destinés à *Littérature* en 1919, sont recyclés dans l'enquête de 1927 sur « l'influence déterminante » pour « devenir écrivain ». *Idem.*

389 Frick, « Mathurin Régnier », *Sous le Bélier*, *op. cit.*, p. 51. Le poème « Tropes pour le Voïvode », qui débute par l'écriture dans un « abri » où le soldat malade reste « proche » des combats, avec pour « sous-main » « Ronsard », invite à aller au-delà du « sens » premier des « tropes ». Frick, « Tropes pour le Voïvode », *Sous le Bélier*, *op. cit.*, p. 59.

aux conditions et supports matériels freinant le poète mais aussi entraînant le poème, « Je ne possède en guerre [...] / Qu'un bien pâle crayon / Et qu'un mince cahier couleur cendre / Déjà plein de macules et tout recroquevillé » ; problème d'écriture qui pose aussi un problème de relecture, la « pâleur » de ce « cahier » « maugracieux » « est extrême – à peine puis-je lire[390] » ; un terme qui laisse entendre les *maux* ou *mots* gracieux, la guerre et la poésie. Dans un état de sa genèse, le *Bélier* est noté sur des cartes postales de l'armée, « military postcards[391] », au crayon, dont Apollinaire décrit et décrie le tracé « pâle[392] » dans ses poèmes épistolaires du 17 mars 1915 à Frick et à Billy.

À elle seule, la « Complainte du poète en campagne » est indicatrice de la variabilité dans la rédaction. Le poème sort d'abord, dépourvu de dédicace, dans *Les Hommes du jour* de Pioch, le 8 juillet 1916, précédé de l'« Élégie martiale » d'Allard, « Ta gloire et nos amours... ». La « Complainte » est insérée presque simultanément dans *L'Ambulance* du 23 juillet 1916, dans une version évidemment antérieure en dépit des dates des revues, non découpée en vers et plus réduite, dénuée des détails lisibles dans le poème des *Hommes du jour* et du *Bélier*. Si *L'Ambulance*, accueillante aux écrivains mobilisés, mentionne uniquement le secteur postal de Frick, la « Complainte » est signalée comme prépublication dans *Les Hommes du jour*, « extrait[e] » du *Bélier*, « volume à paraître[393] ». L'effet du poème, dans *L'Ambulance*, est plus simple, le langage plus direct, où « le vacarme imbécile de la destruction[394] » n'a pas encore pris la forme du « centre de la catastrophe[395] », et où la « capote bleu horizon[396] » n'a pas le ton « bleu-tendre », désormais mis à rimer avec le « cahier couleur cendre[397] ». Le « petit cahier » « sui[t] » faussement le poète-soldat comme un objet de réconfort dans la version initiale, car ses feuilles sont aussi « cauchemar » qu'on voudrait « détruire[398] ». Les pages

390 Frick, « Complainte du poète en campagne », *Sous le Bélier*, *op. cit.*, p. 67-69 (p. 67-68).

391 Albert Thibaudet, « The French Poetry of Today », *The London Mercury*, *op. cit.*, p. 361.

392 Apollinaire, « O Louis de Gonzague Frick », *Œuvres complètes*, IV, *op. cit.*, p. 731-732 (p. 732) ; et à Billy, « Brousson survit chez sa nourrice », *ibid.*, p. 773.

393 Frick, « Complainte du poète en campagne » (note), *Les Hommes du jour*, n° 432, 8 juillet 1916, p. [11].

394 Frick, « Complainte du poète en campagne », *L'Ambulance*, 2e année, n° 31, 23 juillet 1916, p. 5.

395 Frick, « Complainte du poète en campagne », *Sous le Bélier*, *op. cit.*, p. 68.

396 Frick, « Complainte du poète en campagne », *L'Ambulance*, *op. cit.*, p. 5.

397 Frick, « Complainte du poète en campagne », *Sous le Bélier*, *op. cit.*, p. 67.

398 Frick, « Complainte du poète en campagne », *L'Ambulance*, *op. cit.*, p. 5.

marquées de leur écriture de guerre sont plus nettement « cauchemar » dans le *Bélier*, devenues « maudit[es] » et propres à « hante[r] » l'esprit de son possesseur, qui redoute également la disparition de ce « frêle[399] » compagnon. Impossible, en effet, de se faire entendre, sinon par l'écrit, dans « le tumulte[400] » environnant de la guerre.

Ni « pœans », ni « thrènes », ni « rondels », ni « odes[401] » n'atteignent les oreilles du front ou de l'arrière dans la « Complainte du poète en campagne », à la différence du poème du *Bélier* intitulé « Vers l'Églogue ». Là, une scène d'écriture d'« églogue » survient « après les durs combats » et transite d'abord par « la rive » de « la Meuse » au bord de laquelle est cueilli le « roseau[402] », prometteur d'un instrument préférable au « pâle crayon » de la « Complainte » pour transcrire les mots. Le « roseau », travaillé par les « doigts » du poète, se fera outil d'écrivain, « calame très-beau » d'où naîtra une « douceur » à l'exemple des vers « Génisses, brebis, agnelets ; / Voici mignons mes bracelets[403] ». Mais l'églogue, et ce qui mène à sa composition, laisse au soldat écrivain, Frick ou Allard, dédicataire du poème, une « antinomie amère[404] ». La trop présente Bellone qui alourdit les lettres d'Allard à Frick « suscit[e][405] » le pastoral pour l'écraser aussitôt. Tailhade saisit cette image de paix sortie du lieu même de la guerre, dans le cas de Frick et son *Bélier*, qui « apporte, dans la tranchée, un rameau des pastorales siciliennes[406] ». Pour Royère, si l'églogue est peu adaptée au « temps de paix » car trop « fade », elle prend, « au milieu des horreurs de la guerre », une « fraîcheur », une « douceur », une « force[407] », comme dans le *Bélier*.

Entre « Vers l'Églogue » et « Neuvaine au souvenir », Allard et Frick s'échangent des poèmes qu'ils se dédicacent mutuellement. La

399 Frick, « Complainte du poète en campagne », *Sous le Bélier*, *op. cit.*, p. 68.

400 *Idem*, ainsi que dans *L'Ambulance*.

401 Frick, « Complainte du poète en campagne », *Sous le Bélier*, *op. cit.*, p. 68. Dans *L'Ambulance* est émis le souhait de « chant[er] madrigaux, odelettes, pœans ou thrènes ». Frick, « Complainte du poète en campagne », *L'Ambulance*, *op. cit.*, p. 5.

402 Frick, « Vers l'Églogue », *Sous le Bélier*, *op. cit.*, p. 9.

403 *Idem*.

404 *Idem*. Il ne semble pas qu'Allard mentionne, dans ses lettres à Frick, la dédicace dont il est ici l'objet.

405 *Idem*.

406 M. Aurel [Tailhade], « Les saisons de la mort », dans Laurent Tailhade, *Les livres et les hommes*, *op. cit.*, p. 178.

407 Jean Royère, « Cieux et poésies lorrains », *L'Est républicain*, *op. cit.*, p. 3.

« Neuvaine », qui montre Allard appliqué à des exercices de piété ou signalant pour Frick la cohorte des muses, est la première des *Élégies martiales*, composée d'une série de neuf poèmes, et a été rédigée aux Éparges en janvier 1916, dans les vestiges des violents combats[408]. L'un des bois que Dufy réalise pour les *Élégies martiales* de 1917 fait planer une muse au-dessus du poète, qui rêve sur son coude, allongé dans un boyau ou une tranchée, le fusil reposant sans agressivité sur son bras libre[409]. La visite de la muse, qui semble s'achever, laisse un poète-soldat qui porte déjà en lui l'empreinte de la mort, avec ses os en arêtes de poissons visibles partout sous l'uniforme, comme si la poésie de guerre était vouée à disparaître avec chacun de ses auteurs. À côté de ce sombre bois de Dufy, l'élégiaque et le pastoral sont, dans la « Neuvaine » offerte à Frick, surtout dits par la force de leur absence. Dans le « village d'Est » du poème, qui est Les Éparges mais aussi n'importe lequel des hameaux ravagés autour de Verdun, le poète-soldat ne repère « [p]as une feuille, pas un parfum », le « ruisseau » lui-même a été abandonné par « les lavandières[410] ». Un « jeune berger », dont les brebis et agnelets du poème « Vers l'Églogue » de Frick pouvaient avoir besoin, est mis dans le cadre des « banlieues[411] » de Paris ou du souvenir, et non dans les pâturages. L'existence du « berger » de la « Neuvaine » est confinée à

408 La date et le lieu de composition du poème sont indiqués par Roger Allard, « Note de l'édition de 1918 », *Les élégies martiales*, *op. cit.*, p. 81.

409 Il s'agit du bois de 1917 au bas duquel figure la citation de Du Bellay, « Ores plus que jamais me plaist aimer la muse ». Voir Roger Allard, *Les élégies martiales*, *op. cit.*, 1917, p. 7. Le vers de Du Bellay « hante nos poètes aux armées », selon Royère, qui, dans un compte rendu du *Bélier*, le cite juste après la mention d'Allard, qu'il « n'oublie pas » parmi les auteurs d'« ouvrages d'art pur » dûs à la « grande guerre ». Jean Royère, « Cieux et poésies lorrains », *L'Est républicain*, *op. cit.*, p. 3.

410 Roger Allard, « Neuvaine au souvenir », *Les élégies martiales*, *op. cit.*, p. 10. Sur les lieux désertés par les civils, le « pauvre guerrier » du *Bélier* devient mauvais « lavandier », forcé de « [b]lanchir » ses « flanelles » dans « la rivière », qui l'attire plus en « nageur ». Frick, « Incompétence », *Sous le Bélier*, *op. cit.*, p. 54-55 (p. 54). Longtemps incapable de nager, Miomandre a retenu un vers, « d'ailleurs exquis », de ce poème, récité à « cha[cun] » de ses contacts avec « l'eau », « Onde, je te regarde, incompétent ». Francis de Miomandre, « Propos de l'enfant terrible – Puissance du verbe », rubrique « À Paris et ailleurs », *Les Nouvelles littéraires*, 10e année, n° 466, 19 septembre 1931, p. 1. Frick corrige aussitôt, dans *La Griffe*, la « Chère Divinité de l'Écritoire », Miomandre, et fait étalage de ses propres prouesses en natation, comme « d'aller chercher au fond de l'eau une pièce de 50 centimes et de la remonter à la surface entre [s]es dents ». Frick, cité de *La Griffe* par Le Parisien, « Louis de Gonzague Frick maître nageur », rubrique « Les Belles lettres », *Comoedia*, 25e année, n° 6824, 26 septembre 1931, p. 3.

411 Roger Allard, « Neuvaine au souvenir », *Les élégies martiales*, *op. cit.*, p. 14.

une comparaison avec « la Volupté[412] » que le rêve introduit et entretient. « Volupté » et désir se combinent dans la représentation, à la dernière « Neuvaine », d'un « sexe de corail en son parfait ovale », que viendrait démentir le « ciel mensonger[413] ». Un espace tracé « [a]u-delà des pays bornés par les canons[414] » est habité par les pensées du poète-soldat, qui, plutôt conventionnellement, dévient de la guerre pour aller vers des corps de femme. Ces visions portant « tresses bleues » ou des « fourrures jalouses » « adulant un beau cou[415] » demeurent toutefois hantées par les menaces de feu venues des combats. Ainsi « brûl[e] » une « face de rêve » et « flamb[e] » « [l]a robe d'un pur-sang d'ébène ou d'acajou[416] », avec la femme sous les traits d'un cheval prisé, animal de la zone des batailles.

Le poète-soldat de la « Neuvaine » est contraint, par le « deuil de [s]es yeux », à produire les images croisées du type femme-cheval, qui prennent aussi un chemin d'aventure, de l'autre côté de ce « miroir magique où les yeux sont changés[417] ». Dans les conditions extrêmes de la guerre, le vieux lieu commun du monde à l'envers est repris, tels les « jardins renversés des trottoirs » et le « soleil-de-minuit » sur « Paris[418] ». Les destructions par le feu de la guerre et les souvenirs se mêlent encore quand le poème s'adresse directement à Frick, « cher Louis de Gonzague », pour se demander si leur amitié pourra « [r]evivr[e] ces soirs pleins de flamme et d'esprit » passés à Paris « [d]ans un quartier lointain, au bord d'un terrain vague[419] » moins dénué de vie que le village attaqué, mais évocateur de sa désolation. Allard rappelle aussi pour Frick un moment d'écriture à deux au voisinage du « terrain vague », dans l'« illus[ion] » où ils étaient « [d']inventer un chef-d'œuvre[420] », saisis d'une liberté qui n'est plus offerte à la composition de cette élégie. Les vers de la septième « Neuvaine » devancent les reproches de « chanson frivole » ou de « vaine musique » qui leur seront faits, à l'opposé de ce qu'exigent « ces temps héroïques » à l'« inoubliable horreur[421] ». Allard

412 *Idem.*
413 *Ibid.*, p. 17.
414 *Idem.*
415 *Ibid.*, p. 12 et 14.
416 *Ibid.*, p. 12 et 17.
417 *Ibid.*, p. 9 et 17.
418 *Ibid.*, p. 9.
419 *Ibid.*, p. 14.
420 *Idem.*
421 *Ibid.*, p. 15.

utilise la strophe suivante pour « répondr[e] » à son lecteur implicite va-t-en-guerre, à ce « quelqu'un » barrésien qui « [e]mbouch[e] à l'envi le clairon militaire[422] », peut-être même, dans le fond, vise-t-il un lecteur apollinarien. Pour Allard, il convient de laisser reposer les morts sans « troubler » leur « sommeil » et ne pas « leur rendre odieux le bruit de leurs exploits[423] ». Frick se retrouve sur ce point avec Allard et leurs lettres ne puisent pas dans le patriotisme ambiant. La vision de la guerre, chez Allard, est celle d'un « interrègne » auquel survivre, et « Quel interrègne ! », écrit-il à Frick en mai 1916, se demandant à quand « le retour à la vie[424] ». Dans *Les Hommes du jour* de novembre, il compte le *Bélier* parmi les « œuvres » qui « aident à supporter [cet] interrègne de la Vie et de l'Amour[425] ». Par lettre ou compte rendu, Frick est dans le rôle de fournisseur d'espoir que beaucoup lui accordent.

---

422 *Idem.*

423 *Idem.*

424 Lettre de Roger Allard à Frick, du 19 mai 1916. HRC, Austin.

425 Roger Allard, compte rendu de *Sous le Bélier de Mars*, *Les Hommes du jour*, *op. cit.*, p. [12]. L'Allard de 1916 est peut-être revu par l'Allard de 1919, insistant sur le fait que l'« artiste » et l'« écrivain » n'ont pas, dans la guerre, fait l'expérience d'un « temps perdu ». Roger Allard, « L'artiste qui me parlait ainsi... », *Le Nouveau Spectateur*, *op. cit.*, p. 214.

LE LANGAGE DE FRICK

Frick a de l'espoir et de la beauté à revendre mais il devient aussi, pour Jacob, contre-exemple de l'écriture. Dans une lettre de 1936 à Joë Bousquet, qu'il est encore en train de découvrir, Jacob lui conseille de « [c]ontinue[r] » dans son œuvre de poète « à ne pas [se] servir des dictionnaires de feu Laurent Tailhade et du micaschisteux Louis de Gonzague Frick[1] ». Ce couple repoussoir et plein d'érudition, Tailhade-Frick, sûr d'avoir l'agrément de Frick, amène Jacob à user d'un de ces vocables à faible emploi, formé sur le mica et le schiste. Le qualificatif du domaine géologique fait ressortir peut-être, loin de la pureté et l'éclat du diamant, l'aspect composite et quelque peu brillant des mots et de leur agencement chez Frick. Du « micaschisteux » de 1936 aux « épimalaises » de 1941, Max Jacob ne varie pas beaucoup dans son appréciation de l'écriture de Frick, considéré « néologique » et « verni comme ses vers[2] ». Il avise aussi Jean Fraysse, des *Feux de Paris*, de lui « [é]cri[re] » « sans dictionnaire », puisqu'il est peu équipé, sans *Littré*, pour des mots que « [s]eul Frick connaît », comme « Pyxide[3] » avec ses deux dimensions botanique et antique. La remarque éveille chez Jacob, de Saint-Benoît, un sentiment d'éloignement, à savoir que Frick « ne [l]e connaît plus ou presque plus[4] ». Avec Fraysse le 2 juillet 1936, comme

1 Lettre de Max Jacob à Joë Bousquet, du 13 juillet 1936, dans Max Jacob, *Correspondances, Tome II, Les Amitiés et les Amours – janvier 1934-octobre 1941*, éd. Didier Gompel Netter, Paris, L'Arganier, 2006, p. 125-127 (p. 126). Jacob s'adresse à Bousquet comme au « seul poète », ayant « compris ce qu'est la poésie », « [c]réation d'un monde non pas avec des mots mais avec une agonie ». *Ibid.*, p. 125. Ce jour-là, Jacob finit sa lettre à Salmon en lui demandant s'il a déjà lu Joë Bousquet et ajoute : « Je trouve ça de la poésie en vrai ». Lettre de Max Jacob à André Salmon, du 13 juillet 1936, dans Max Jacob et André Salmon, *Correspondance, 1905-1944*, *op. cit.*, p. 196-197 (p. 197).

2 Cette dernière appréciation provient de notes de conférences de Max Jacob du milieu des années trente. Voir *Max Jacob et Picasso*, Catalogue d'exposition, *op. cit.*, p. 248.

3 Lettre de Max Jacob à Jean Fraysse, du 2 juillet 1936, dans Neal Oxenhandler, éd., *Max Jacob and Les Feux de Paris*, Berkeley-Los Angeles, University of California Press, 1964, p. 267-268 (p. 267).

4 *Idem.*

avec Joë Bousquet une dizaine de jours après, Frick est la référence dans le monde des mots.

Frick est habitué au moins depuis Maurevert à ce qui peut être dit sur son langage, et qui, chez lui, équivaut souvent à opposer de manière caricaturale un trop-plein d'esprit à une sensibilité déficitaire ou, comme le dit Antoine-Orliac, à privilégier « un noble jeu de l'esprit » au détriment d'« un épanouissement de la sensibilité[5] ». Fontainas attribue, en 1920, la suprématie du mot sur l'affectif chez Frick à une « pudeur », une « émotion » « étouff[ée][6] » à dessein et dresse le portrait, en 1930, d'un « homme » « fort distant, hautain peut-être, très discret à coup sûr[7] » qui, en 1932, « dans une apparente froideur », garde « une tendresse réservée et intelligente[8] ». Paulhan n'oppose pas l'affectif au savoir, et les synthétise plutôt, chez Frick, en « émotion encyclopédique », qui agit avec bonheur sur sa poésie, ainsi conçue, pour « la naissance de l'idée », sur le mode de « l'abr[égé] » et du « purifi[é][9] ».

Un scénario de Picabia tire du zèle de Frick à parcourir les moindres espaces du mot un personnage prêt à « enfonce[r] sa tête » dans les « Eaux-Grasses », entouré de « crétins », de « vieillards » et de « Canudo » « pour savoir si vraiment c'est écrit en bon français[10] ». Sans limite pour la défense de la langue, ce Frick picabiesque risquerait son monocle et son haut-de-forme dans des lieux qui constituent, après les tranchées, un nouveau défi à son élégance. Picabia fait partager la matière liquide et sale à ces deux anciens combattants que sont Frick et Canudo, ce dernier particulièrement décoré[11] et fondateur en 1920 de l'Union de la race méditerranéenne, l'Urméa, appelée à lutter contre germano-slaves et anglo-saxons[12]. En connaissance de cause,

5 Antoine-Orliac, compte rendu de *Poetica*, rubrique « Lectures », *Poésie pure*, n° 6, s. d. [1930], p. 311.

6 André Fontainas, compte rendu de *Girandes*, *Mercure de France*, *op. cit.*, p. 171.

7 André Fontainas, compte rendu de *Poetica*, *Mercure de France*, *op. cit.*, p. 403.

8 André Fontainas, compte rendu de *Vibones*, rubrique « Les poèmes », *Mercure de France*, 43ᵉ année, n° 828, 15 décembre 1932, p. 607. On peut croire Fontainas lecteur de sa rubrique autant que de Frick.

9 Jean Paulhan, « Louis de Gonzague-Frick », *L'Ère nouvelle*, *op. cit.*, p. 3.

10 Francis Picabia, « Histoire de voir », *Littérature*, nouv. série, n° 6, 1er novembre 1922, p. 17.

11 Voir, par exemple, sur les exploits militaires de Canudo, « À l'ordre du jour », *Bulletin des écrivains*, n° 28, février 1917, p. 2.

12 Pour l'Union de la race méditerranéenne d'Europe, d'Amérique, d'Afrique, l'Urméa, se reporter aux Treize, « Les Lettres », *L'Intransigeant*, 41e année, n° 14698, 1er novembre 1920, p. 2.

Picabia sape les vastes plans et les honneurs officiels de Canudo, qui avait plutôt en tête, dans les « trop longues heures » des « tranchées », « le sens désespéré de la vie[13] ». Plus près dans le temps, Picabia a pu remarquer dans les pages mondaines, qu'au 214e Dîner du Cornet, le 17 juin 1922, étaient présents, tous deux, Frick et Canudo, ce dernier assis « à la table d'honneur » pour être « admis[14] » parmi les membres du Cornet, Société artistique et littéraire où circulent les Légions d'honneur. L'attrait des médiums dans la période rassemble Canudo et Frick à une séance de « sommeil créateur », voisin pauvre des sommeils hypnotiques, où un M. Gruzewski, prétendument non artiste, réalise « prestigieusement[15] » des dessins sur demande, avec la caution de Frick aux lecteurs de *Comœdia*.

Comme dans « Histoire de voir » de Picabia, et en 1922 aussi, Frick est montré entouré d'eau par Desnos dans les « Pénalités de l'enfer », pour lequel Picabia dessine un frontispice. À l'endroit du récit où s'élève la Seine, dans une montée gigantesque, « la rue Notre-Dame-de-Lorette[16] » de Frick est engloutie. Grâce à sa taille peut-être, Frick parvient « longtemps » à garder la tête hors de l'eau et, bien que « la vase » ne soit pas loin, aux abords du « Louvre », bien que Frick disparaisse pour de bon, « ce fut tout pour M. Louis de Gonzague Frick[17] », il échappe au rabaissement que lui fait subir Picabia dans les « Eaux-Grasses ». Dans le récit de Desnos, Frick a droit à une dernière dignité réalisée en lumière, où « [s]on œil, phare blanc, répercuta le soleil jusqu'à l'horizon », le « phare[18] » en guide momentané et puissant pour les égarés. Frick demeure muet dans la scène et, pareillement, le narrateur ne dit rien du langage que possède son personnage pris par les eaux. À la fin des « Pénalités de l'enfer », où reposent, dans un « Cimetière », « les passagers de La Sémillante », Frick n'est pas compté parmi les morts, sauf dans une version non retenue du plan de ce cimetière, où son nom

---

13 Ricciotto Canudo, réponse à l'enquête sur le temps de guerre, rubrique « Les Lettres », *L'Intransigeant*, 40e année, no 14273, 13 août 1919, p. 2.

14 Robert Oudot, « Compte rendu du 214e Dîner du Cornet », *Le Cornet*, *op. cit.*, p. 1-2.

15 Frick, « Psychisme », rubrique « Belles-Lettres », *Comœdia*, 17e année, no 3753, 27 mars 1923, p. 4.

16 Robert Desnos, « Pénalités de l'enfer ou Nouvelles Hébrides », *Nouvelles Hébrides*, *op. cit.*, p. 69.

17 *Idem.*

18 *Idem.*

est à proximité de celui d'Apollinaire, placé dans la « fosse commune[19] » parmi les auteurs et révolutionnaires véritablement décédés.

En 1933, un débat dans *L'Esprit français* sur les « mots rares en poésie », déclenché « à l'occasion de *Vibones*[20] », fait voir Frick, typiquement, en aventurier des mots, non dans le lieu sordide inventé par Picabia ou dans les tranchées, mais dans l'espace enchanté des chevaliers à l'assaut des dragons. Son exploit est de « s'avan[cer] au-delà des possibilités du langage », dans l'« audace », pour « détache[r] des dragons », ces mots étranges qu'il s'agit ensuite de parvenir à « humanise[r][21] », à ne pas laisser à l'état d'une curiosité. L'avis provient du poète et contributeur de *L'Esprit français* Jean Tortel et est rapporté par le chroniqueur de la revue, qui se souvient surtout d'avoir lu, chez Frick, des « clowneries verbales » avec parfois « d'heureux effets[22] ». Pierre Berger, en 1958, ramène cela à une question d'accueil le plus large possible du langage, « il faut être l'ami de tous les mots[23] ». Partant du titre d'un recueil de Guy-Charles Cros, *Avec des mots…*, Frick tire trois bouts d'une vie d'Épinal, « poésie », « amour », « affaires », pour les ramener ensemble à « une question de mots[24] ». Il signale, dans une enquête de 1928 de Picard visant à déterminer le mot caractéristique de l'époque, avoir eu « la passion » du « mot » depuis « [s]on adolescence[25] ». La circulation qu'il offre au moindre mot, les anciens particulièrement, transforme Frick en « psychopompe », passeur des termes défunts autant que des « âmes[26] ».

Le flux incessant des mots autour de Frick comporte ses risques, sous lesquels affleure le comique, chez Picabia comme dans le cas des dragons. En 1916, Robert de La Vaissière imagine « une nuit de mauvais rêve » qui

19 Pour le plan incluant Frick, voir Robert Desnos, *Œuvres*, *op. cit.*, p. 119. En 1923, dans *La vie moderne*, Frick est seul, aux yeux de Desnos, à posséder de l'intégrité parmi l'« entourage » d'Apollinaire dès le jour de ses obsèques. Robert Desnos, « Guillaume Apollinaire et les autres », *Nouvelles Hébrides*, *op. cit.*, p. 175-177 (p. 176).

20 Voir, d'un collaborateur des Treize de *L'Intransigeant* dans la période et aussi pasticheur, Yves Gandon, « Les poèmes », *L'Esprit français*, 5e année, nouv. série, tome 8, no 78, 10 janvier 1933, p. 63-66 (p. 63).

21 Les mots sont tirés d'une lettre adressée à la revue par le futur contributeur du *Lunain* Jean Tortel, et citée par Yves Gandon, « Les poèmes », *L'Esprit français*, *op. cit.*, p. 64.

22 Yves Gandon, « Les poèmes », *L'Esprit français*, *op. cit.*, p. 64.

23 Pierre Berger, « Pour un portrait de Max Jacob », *Europe*, *op. cit.*, p. 58.

24 Frick, compte rendu d'*Avec des mots…*, rubrique « La poésie », *La Nouvelle revue critique*, 11e année, no 7, 15 août 1927, p. 283.

25 Frick, réponse à l'enquête « Notre époque à la recherche d'un nom », *La Revue mondiale*, no 181, février 1928, p. 353.

26 P. L., compte rendu de *Poetica*, rubrique « Les Livres du Jour », *Comœdia*, 23e année, no 7043, 10 novembre 1929, p. 3.

verrait l'« ombr[e] » de « Hamlet » « chuchot[er] à [l']oreille » de Frick : « Words, words, words », que Frick désarmerait par « l'*In principio erat verbum* le plus hiératique[27] », au commencement était le verbe. Quand Frick est introduit, sous son vrai nom, dans le roman de 1926 de La Vaissière, *Monsieur de Gambais*, c'est pour ses mots, au Café de la Rotonde, peu après que Max Jacob ait partagé « son dernier poème en prose[28] ». Le personnage de M. Louis de Gonzague-Frick « lapide de mots rares le visage de M. Jehan Rictus[29] », lui-même virtuose du langage mais plutôt dans le registre populaire. Les mots lancés ne restent pas attachés à Jehan Rictus et « roulent » au sol, pour réintégrer ensuite « le dictionnaire afin qu'ils puissent resservir[30] », à Frick et à ses lecteurs au moins. Dans les deux cas où La Vaissière raille le langage de Frick, cauchemar en 1916 ou satire dix ans plus tard, les mots prennent un tour agressif, forgé sur l'idée qu'ils sont en excès[31]. C'est au terme d'une « recherche » où il aurait glané « une cinquantaine » de « mots rares », que Frick, selon le féroce portrait fait dans les années quarante par Maurice Blanchard, pouvait confectionner « un poème[32] ». Dans sa production critique anonyme, Frick est aisément repéré par ceux qui sont bien familiers de ses écrits, comme les Treize, pour la complexité de son choix de mots. Lecteurs du numéro du 31 mars 1922 des *Potins de Paris*, les Treize sont assurés que « tout le monde a reconnu le poète de *Girandes* », citant pour preuve et comme véritable « sign[ature] » de Frick, « l'hétérothétique comme eût dit Kant », ou « Mme Charasson dont on connaît les plongeons dans l'Océan de la

27 Claudien [La Vaissière], « Un archange en disgrâce », compte rendu de *Sous le Bélier de Mars*, *La Caravane*, *op. cit.*, p. 9.

28 Robert de La Vaissière et Carol-Bérard, *Monsieur de Gambais – Essai de réhabilitation*, Paris, Éditions Radol, 1926, p. 87. Allard réunit La Vaissière et Frick dans leurs lieux d'avant-guerre, « quand Lorette et Montmartre / Possédaient Claudien et Louis de Gonzague ». Roger Allard, « Un Fantôme dans un bar », *Les élégies martiales*, *op. cit.*, p. 61.

29 Robert de La Vaissière et Carol-Bérard, *Monsieur de Gambais*, *op. cit.*, p. 89. Cette mention est relevée par Jacques Moussarie, « Robert de La Vaissière (suite) », *Revue de la Haute-Auvergne*, 69e année, tome 40, janvier-juin 1967, p. 394-416 (p. 413). Jehan Rictus encourage, en 1916, le journal du régiment de Frick à ne pas hésiter à recourir au « langage vivant de la guerre et [à] la magnifique hardiesse de la langue populaire et poilue ». Jean Rictus, lettre du 9 septembre 1916, dans les « Échos », *Le Poilu du 6-9*, no 4, 1er novembre 1916, p. [3]. Le numéro annonce la participation au journal de Frick et Jehan Rictus. « Nos nouveaux Collaborateurs », *Le Poilu du 6-9*, no 4, 1er novembre 1916, p. [3].

30 Robert de La Vaissière et Carol-Bérard, *Monsieur de Gambais*, *op. cit.*, p. 89.

31 *Le Lunain* d'avril 1938 contient un article de Frick consacré à La Vaissière « critique ».

32 Maurice Blanchard, *Danser sur la corde – Journal 1942-1946*, Toulouse, L'Éther Vague-Patrice Thierry, 1994, p. 233.

mysticité[33] ». Le sujet de la rubrique, Mme Aurel, pouvait aussi mettre la puce à l'oreille des Treize.

L'enquête de 1938 par les *Cahiers du Journal des poètes* est utile pour entrevoir comment opère, chez Frick, la production des mots dans le poème, ce qui préside à leur choix, selon la double consigne des « plus exacts » et des « moins usés[34] ». Le précis et le rare sortent ainsi souvent de ces rouages, qui continuent de se mouvoir entre « [l]e premier jet[35] » et les dernières versions. Frick ne va pas aussi loin, dans le retravail, que le « Polisseur du Parnasse », mais le « critique » en lui est sollicité pour s'arrêter de nouveau sur les mots conçus par le « poète[36] ». Frick parle d'un « élagage » que le « poète » autorise son « critique[37] » intérieur à faire. Désirés et rescapés dans sa poésie, les mots du quotidien demeurent hors du cadre des réflexions de Frick durant l'enquête. Sa réponse envisage la composition de la poésie, d'étape en étape, dans la restriction et les « sacrifices » pour les besoins de la « synta[xe][38] » et de la prosodie, rejoignant la direction initiale de l'enquête. Robert Vivier, collateur de réponses émanant de Divoire, Florian-Parmentier ou Vandeputte, classe Frick parmi ceux qui alternent entre vers « régulier » et « vers libre[39] », ce dernier plus adapté, selon Frick, qui n'en fait pas une règle, aux interrogations du contemporain de cette fin des années trente, « où s'entrechoquent des courants dramatiques[40] » avec, proches de lui, des exemples d'*Ingrès*, tel « Lignage de Paris ».

Avant la Première Guerre, Frick est, chez Paul Fort, dédicataire, dans *Les nocturnes*, de « Nuits de printemps », poème à l'espace hyper-poétisé. « [D']éternels baisers » complètent une série « d'images » consacrées, auxquelles appartiennent les « constellations » sur la « Voie lactée »,

33 Les Treize, « Les Lettres et les Arts », rubrique « Les Lettres », *L'Intransigeant*, 43e année, no 15215, 2 avril 1922, p. 2.

34 Frick, réponse d'enquête, « L'inspiration poétique et la métrique », *Les Cahiers du Journal des poètes*, *op. cit.*, p. 32. Frick, rattaché à l'École du Lunain, puise pour l'enquête à son texte « Franchise de la poésie », paru dans *Le Lunain* de juin 1937, et que le *Mercure* du mois suivant reproduit comme des avis de Frick à l'égard de ses congénères poètes.

35 Frick, réponse d'enquête, « L'inspiration poétique et la métrique », *Les Cahiers du Journal des poètes*, *op. cit.*, p. 33.

36 *Idem.*

37 *Ibid.*, p. 32-33.

38 *Ibid.*, p. 32.

39 Robert Vivier, « Bilan de l'enquête », *Les Cahiers du Journal des poètes*, no 46, 10 janvier 1938, p. 17-18 (p. 17).

40 Frick, réponse d'enquête, « L'inspiration poétique et la métrique », *Les Cahiers du Journal des poètes*, *op. cit.*, p. 33.

prolongement du « blanc laiteux » de « [l']air[41] ». Un « tout » « naïf » émerge des « Cieux », « flots de la Terre » et « beaux rivages[42] ». Les mots « naïf » et « [p]uéril », du « monde » « [p]uéril », offrent un mode de lecture du familier que ce trop-« plein d'images[43] » représente. L'« univers » est restitué à « un état d'innocence » avec la blancheur du lait, le « bleu » du « ciel », le « sable pur », les « plages d'or », les « flots des moissons jeunes », reparus en échos dans « les flots de la Terre[44] ». Ce joli paysage de poésie où « tout semble aisé » s'assombrit sur la fin dans le contraste figuré par une « croix noire », calvaire à un « carrefour[45] », et par le malheur qui l'environne, « croix » annonciatrice du jugement dernier, dans un nouveau recours au lieu commun, cette fois d'ordre religieux. Devant la perspective de ce que sera le « Printemps », avec peut-être la guerre à « l'horizon », le poème dédié à Frick dans *Vers et Prose*, début 1914, avant sa parution en recueil en mai semble finalement viser la belle saison comme production ou produit elle-même d'images, ainsi que la présence inquiétante, sur les routes, du pieux et de « ce Dieu[46] ». Cette reconnaissance de Frick dont témoigne la dédicace, par le Prince des Poètes, du poème ouvrant le « Livre quatrième » des *Nocturnes*, n'a pas son prolongement dans les *Mémoires* de Paul Fort, où le nom de Frick ne ressort pas des longues listes de poètes à trouver sur « le navire poésie », « sans préjudice des oubliés[47] », il est vrai. D'autres que Paul Fort se chargent de replacer Frick à ses côtés dans « les premiers temps héroïques de la Closerie des Lilas », comme dans le rappel du vieux Montparnasse par Maurice Verne en 1928, qui ajoute à « [s]on cher Gonzague-Frick[48] », dans ce tableau, Apollinaire. Frick est bien

41 Paul Fort, « Nuits de printemps », *Les nocturnes*, Paris, Eugène Figuière, 1914, p. 75-76.

42 *Ibid.*, p. 76.

43 *Idem.*

44 *Ibid.*, p. 75-76.

45 *Ibid.*, p. 76.

46 *Idem.*

47 Paul Fort, *Mes mémoires*, *op. cit.*, p. 184. L'élection du Prince des poètes, en 1912, constitue un choix délicat pour Frick puisque se présentent à la fois Paul Fort et Roinard, qui finit quatrième, loin derrière les 338 voix de Paul Fort. Voir, pour les résultats, Les Treize, « La Boîte aux Lettres », *L'Intransigeant*, 32e année, no 11676, 3 juillet 1912, p. 2. La liste partielle des personnalités ayant voté pour Fort, compilée par *Vers et Prose*, n'inclut pas Frick. Voir, du co-directeur de la revue, Alexandre Mercereau, « Élection du Prince des poètes », *Vers et Prose*, 8e année, tome 30, juillet-septembre 1912, p. 220-221 (p. 220).

48 Maurice Verne, « Comme vous le dites spontanément… », dans Henri Broca, *T'en fais pas, viens à Montparnasse ! Enquête sur le Montparnasse actuel*, Paris, Chez les Vikings, 1928,

présent à certains « Mardis » de *Vers et Prose*, mais n'appartient pas au lot des « fidèles[49] ».

Frick, de son côté, au début de la Première Guerre, alors qu'on s'est habitué à Paul Fort en prince, l'élève plus haut et le couronne « roi[50] », au début de *Trèfles*, où il est premier nommé. Paul Fort est entouré d'expression patriotique et est, dans une manière vieille France, « le roi » offrant « son cœur » à ceux qui ont « don[né] » leur corps, lui qui s'est fait « chant[re] de [la] France » et de ses morts face à « la germanique lance[51] ». Selon une note ajoutée à la strophe, « nul ne s'opposera » à ce nouveau « sacr[e][52] ». Frick ne reste pas sur cette image de Paul Fort, et environ trois ans plus tard, à la sortie de *Que j'ai de plaisir d'être Français !*, ce titre suffit à Frick pour affirmer que Fort « ne parle point la langue des soldats » et demeure dans cette France des « siècle[s][53] » révolus. En cela proche de Tailhade, Frick relève l'inclination au « bourrage de crâne » chez Paul Fort, sans paraître hésiter devant le « maître qu'on épargne[54] » d'ordinaire. Frick atteint au passage, et comme il se doit, Barrès, qui « pourra écrire pour la mille et unième fois », grâce à l'exclamation de Paul Fort, « qu'il s'émeut à voir tomber les autres[55] ». Quand Frick en vient au détail, l'obsolète du titre est confirmé à « chaque mot » du livre, ramenant aux joyaux du passé, à « l'éclat des diamants de la couronne et l'odeur des jardins de France[56] ». Faut-il lire des regrets d'avoir confirmé Paul Fort dans la voie royale avec *Trèfles à quatre feuilles* et une des raisons de l'absence de Frick dans les *Mémoires* de Fort ?

---

p. 54-60 (p. 59). Frick a recours à Maurice Verne, en 1923, pour un service à Desnos. Voir la lettre de Frick à Desnos, datée de 1923. DSNC 1313, BLJD. Verne contacte Desnos par la phrase amicale pour Frick : « Vous êtes l'ami de Gonzague-Frick, vous êtes par conséquent désormais le mien ». Lettre de Maurice Verne à Robert Desnos, du 21 juin 1923. DSNC 2165, BLJD.

49 « Un mardi de *Vers et Prose* en l'honneur de Saint-Georges de Bouhélier », *Vers et Prose*, 9e année, tome 36, janvier-février-mars 1914, p. 123.

50 Frick, *Trèfles*, *op. cit.*, p. 4.

51 *Idem.*

52 *Idem.*

53 Frick, compte rendu de *Que j'ai de plaisir d'être Français !* de Paul Fort, *La Caravane*, 5e année, n° 1, janvier 1918, p. 12.

54 Laurence Campa, *Poètes de la Grande Guerre*, *op. cit.*, p. 19. Campa nomme Apollinaire comme « l'un des rares poètes à exprimer son agacement » à l'égard de Paul Fort pendant la guerre. *Idem.* Georges-Armand Masson touche à ce point quand il estime « de second ordre » les *Poèmes de France*. G.-A. Masson, *Paul Fort*, *op. cit.*, p. 22.

55 Frick, compte rendu de *Que j'ai de plaisir d'être Français !*, *La Caravane*, *op. cit.*, p. 12.

56 *Idem.* Frick associe Georges Pioch à cette dernière remarque contre le livre de Paul Fort.

De la poésie de Fort à celle de Royère, « Nuits » puis « Hymne » printaniers, Frick est, dans le recueil de 1919 de Jean Royère, dédicataire d'« Hymne du printemps ». Lors de la réédition de 1924, la simple dédicace de l'original porte, à la suite du nom de Frick, la mention « aux Armées de la République[57] ». Dans le poème, en quelques traits et rimes, la guerre pourrait être pensée, successivement, « fureur [qui] dénude », « inquiétude », « écueil », « cercueil », « gouffre », « couleur de soufre[58] ». Mais, de manière plus nette, sur l'ensemble des vers, l'alexandrin ouvragé de l'ascendance symboliste de Royère se fait entendre dans la richesse sensorielle et le luxe royal : « L'aurore ourle d'or vif le manteau de la reine, / Ingénieux safran sur le rose des seins[59]… ». La « reine » est « Cléopâtre », cernée de mythologie, à commencer par la chèvre « Amalthée » nourricière de Zeus et le « chant » de « la sirène », et plus loin la « bacchante », force d'agitation que semble avoir déclenchée l'irruption de « Cléopâtre et sa proue étagée en coussins[60] ». Reine d'Égypte ou dieu des dieux de l'Olympe à sa naissance, il est question, à « [l']aurore[61] », d'une entrée majestueuse dans le monde, d'un renouveau éclatant de ce monde des hauteurs avec le cycle du printemps. L'antiquité est ici plus systématiquement construite et refermée sur elle-même que celle distribuée dans la poésie de Frick au gré de noms et de vocables, élément fréquent mais d'ordinaire mêlé à plusieurs registres.

Royère est inclus dans les vœux que Frick compose durant l'année de campagne 1914-1915, « aux Armées de la République », et qu'il transmet par ses *Trèfles à quatre feuilles* à l'arrière comme à ceux du front. Les mots destinés à Royère sont émis par un soldat obligé à des conditions extrêmes, face aux « canons allemands », sur une « terre froide et funèbre[62] », dans le dénuement. Rien de mieux pour Frick à « offrir » à Royère – ni « lys », ni « blanche orchidée », absence de fleurs due au premier hiver de guerre – que « [s]es humbles vœux », caractérisés d'« unique trésor[63] », le langage, auquel a toujours recours

57 Jean Royère, « Hymne du printemps », *Poésies*, *op. cit.*, p. 143. Voir, pour l'édition du poème en 1919, d'où la ponctuation est quasiment absente contrairement à 1924, Jean Royère, « Hymne du printemps », *Par la Lumière peints…*, Paris-Zurich, Crès, 1919, p. 59-60.

58 Jean Royère, « Hymne du printemps », *Poésies*, *op. cit.*, p. 143.

59 *Idem.*

60 *Idem.*

61 *Idem.*

62 Frick, *Trèfles*, *op. cit.*, p. 8-9.

63 *Ibid.*, p. 9.

le soldat-poète. Permettant que se rejoignent vie et poésie, Royère détaille dans son compte rendu de *Girandes* l'habitude de Frick, autour de 1906, d'« arriv[er] à l'aube », le « tir[ant] du sommeil », « ses mains gantées » pleines de « fleurs et d[e] fruits, selon la saison[64] ». La « Flore ou Pomone » offerte à Royère montre, par ailleurs, qu'Apollinaire n'était pas seul, à l'époque, à recevoir sa pomme et à écouter Frick déclamer des vers avant « l'aurore », « le dimanche[65] ».

L'anecdote de la pomme-santé apportée par cet « escholier tout jolliet[66] » est diffusée par Apollinaire le 16 septembre 1912, dans le *Mercure*, et demeure parmi les poncifs persistants sur Frick depuis lors, avec des détails variables. De la « reinett[e] » offerte « pendant plus de six mois[67] » d'après Apollinaire, Salmon raccourcit l'expérience à « deux mois[68] » et Cendrars, dubitatif, à « une » seule « fois[69] ». Juste avant l'article d'Apollinaire, le *Gil Blas*, sous la plume probablement de Salmon, fixe le moment de cette livraison « entre la huitième et la neuvième heure », transaction silencieuse faite par Frick « sans quinquer mot[70] », lui qui déclame en d'autres matins. D'après l'agenda de 1930 de Jean Follain, Salmon lui aurait raconté cette offrande par Frick, « coiffé de son tube », et persuadé du bienfait de la pomme, « il avait lu le remède dans Pline[71] ». Pour son article nécrologique sur Frick,

64 Jean Royère, compte rendu de *Girandes*, *Les Trois Roses*, *op. cit.*, p. 153.

65 *Idem.*

66 Apollinaire, « M. Louis de Gonzague Frick ou le Phyllorhodomancien », *Œuvres en prose complètes*, III, *op. cit.*, p. 126. L'expression rabelaisienne de l'« escholier », reprise de la comparaison faite alors par Apollinaire, est appliquée à Frick par Joséphine Malara, « Quand Apollinaire (re)croise l'écolier limousin de Rabelais », *Revue d'histoire littéraire de la France*, 113e année, no 2, avril 2013, p. 325-340 (p. 328). Le détour d'Apollinaire par Rabelais aurait doté Frick d'une dimension « fiction[nelle] », remarque Joséphine Malara, qui montre bien comment le « personnage » possède déjà, en 1912, « un statut hybride » qui ne le confine pas au « réel ». *Ibid.*, p. 332. Le « génie verbal singulier » de Frick, et ses analogies avec la « glossolalie » de « l'écolier limousin », sert en 1937 à évoquer le cas d'Audiberti. Voir Maurice Rat, compte rendu de *Race des hommes* d'Audiberti, rubrique « L'actualité poétique », *La Muse française*, 16e année, no 6, 15 juin 1937, p. 280-281 (p. 280).

67 Apollinaire, « M. Louis de Gonzague Frick ou le Phyllorhodomancien », *Œuvres en prose complètes*, III, *op. cit.*, p. 126.

68 André Salmon, « Vie de Guillaume Apollinaire », *Nouvelle Revue française*, no 86, novembre 1920, p. 675-693 (p. 688).

69 Blaise Cendrars, « Entretien neuvième », *Blaise Cendrars vous parle…*, *op. cit.*, p. 173.

70 Les Uns, « Le fruit », rubrique « Les Lettres », *Gil Blas*, 34e année, no 12993, 11 septembre 1912, p. 4.

71 Jean Follain, entrée du 20 juin 1930, *Agendas 1926-1971*, *op. cit.*, p. 32.

en 1958, Pierre Berger choisit « La pomme matinale », « L'homme au monocle » et « Sous le pot de fleurs[72] » comme autant d'intertitres qui reprennent et cimentent l'ordinaire frickien. Guy-Charles Cros rapporte encore de sa voix engageante, en 1955 à la radio, le circuit coutumier du fruit. L'enthousiasme de Frick pour la poésie d'Apollinaire l'aurait amené à faire « le trajet de Montmartre à la rue Gros à pied » pour déposer la pomme « dans la main[73] » de son ami. Carco, en 1926, relaie le piquant de ce geste peu banal et rend le monocle de Frick en « froid carreau dans l'œil[74] ».

Dimanches d'avant-guerre, dimanches d'après-guerre sont rituellement des jours de récitation littéraire, selon Pierre de Massot en 1920, quand Frick fait écouter son répertoire de poèmes, qu'il « dit » « admirablement[75] ». Dyssord saisit dans « [l]a diction de Frick » un « rythme » qui lui est particulier et « ne doi[t] rien à l'étude et aux préceptes des professeurs du Conservatoire[76] ». La guerre n'interrompt pas le flot, la « scan[sion] » des « alexandrin[s] » et des « octosyllabe[s][77] ». « [D]ans les tranchées », « aux poilus », Frick « récite [d]es poèmes[78] », du moins les vers d'Apollinaire. Au-delà de la virtuosité ou de l'hommage aux grands, Henri Hertz perçoit en 1919 dans les déclamations de Frick l'ambition de « récite[r] » les « poètes » « inconnus[79] » qu'il apprécie. Ces presque

72 Pierre Berger, « Louis de Gonzague Frick, poète cérémonieux », *Carrefour*, *op. cit.*, p. 9.

73 Guy-Charles Cros, entretien radiophonique pour l'émission « Le bureau des rêves perdus » d'Étienne Berry (39 min. 44 s.), 22 décembre 1955, ina.fr. Cros continue sur Frick, qu'il a croisé aux « mardis des Lilas » : « un homme délicieux, un type lunaire, un type admirable ». *Idem*. Par la combinaison de son image hors de ce monde et son adresse parisienne, Frick se rattache au « genre sublunaire », selon Sylvain Bonmariage, *L'automne des feuilles de vigne*, *op. cit.*, p. 151.

74 Francis Carco, « De Montmartre au Quartier latin » (V), *La Revue de Paris*, 33e année, 15 octobre 1926, p. 811-831 (p. 820-821). Le monocle de Frick a pu lui conférer un air « arrogant », raconte le poète et romancier catalan exilé à Paris, Ferran Canyameres dans ses mémoires, mais cela n'altérait en rien le tendre intérieur de son personnage, qui abritait « un cor d'infant ». Ferran Canyameres, *Obra completa I*, Barcelone, Columna, 1992, p. 246.

75 Pierre de Massot, « Cahier noir ». Getty, LA (930004).

76 Jacques Dyssord, cité du mensuel *Vient de paraître*, par Les Académisards, « Petit Mémorial des Lettres », *Paris-Soir*, 7e année, no 2211, 25 octobre 1929, p. 2.

77 *Idem*.

78 Voir la lettre d'Apollinaire à Lou, du 14 janvier 1915, dans ses *Lettres à Lou*, édition de Michel Décaudin, revue par Laurence Campa, Paris, Gallimard, 2010, p. 107-108 (p. 108).

79 Henri Hertz, « Monsieur Louis de Gonzague-Frick est un homme… », *La Revue de l'époque*, *op. cit.*, p. 19.

anonymes tirent « courage[80] » de l'action de Frick, comme Desnos peu après l'article de Hertz. La série de « récita[tions] » faites « avec amour à tous et à toutes, à toute heure et en tout lieu » est aussi le signe d'une « abnégation[81] » chez Frick, considère Royère en 1916.

Quant aux auteurs plus en vue retenus par Frick, Royère inclut « Mallarmé, Ghil, Suarès, Apollinaire » et sa propre personne, en « auteur d'*Eurythmies*[82] ». Apollinaire avait déjà nommé les mêmes, avec, à la place de René Ghil, Sadia Lévy[83]. Ce dernier a bien des points communs avec Frick, qui peut se voir derrière la silhouette esquissée par les Treize en 1910, où Sadia Lévy a une « prose » aux « fleurs contournées » ou « tarabiscotées » à l'origine d'« attaques de nerfs » chez « les académiciens[84] ». Frick dit aussi avoir fait entendre à Apollinaire, dans ces années-là, « des passages de *La Vie unanime*[85] » de Jules Romains. Manquerait à l'appel Robert de Montesquiou, qui aurait eu l'habitude d'être « cit[é] à chaque instant par M. Louis de Gonzague-Frick », d'après *Les Potins de Paris*, qui se distraient à imaginer une relève de la garde chez les « esthètes[86] ». Une autre silhouette des Treize, peu de jours après celle sur Sadia Lévy, assure « une place » à Montesquiou dans l'intimité du « boudoir » des « Muses[87] », compagnie d'une bande divine que Frick rejoindrait plutôt dans les environs aérés de l'Olympe.

Lorsque Sadia Lévy est mentionné dans *Vibones*, Frick isole le personnage du juste, « Kehath[88] », que Sadia Lévy a fait intervenir dans

80 *Idem.*

81 Jean Royère, « Cieux et poésies lorrains », *L'Est républicain*, *op. cit.*, p. 3.

82 Jean Royère, compte rendu de *Girandes*, *Les Trois Roses*, *op. cit.*, p. 153.

83 Apollinaire, « M. Louis de Gonzague Frick ou le Phyllorhodomancien », *Œuvres en prose complètes*, III, *op. cit.*, p. 125.

84 Les Treize, « Silhouettes » (Sadia Lévy), rubrique « La Boîte aux Lettres », *L'Intransigeant*, 30e année, nº 11022, 18 septembre 1910, p. 2.

85 Frick, cité par Francis J. Carmody, *Apollinaire's Poetics 1901-1914*, Berkeley-L.A., University of California Press, 1963, p. 65.

86 « Autel privilégié », *Les Potins de Paris*, 5e année, nº 9, 23 décembre 1921, p. 6. Vu par Royère, Frick a, en 1919, un « stoïcisme de dandy » bien éprouvé ; puis en 1925, il est « artiste raffiné et déjà esthète ». Jean Royère, compte rendu de *Girandes*, *Les Trois Roses*, *op. cit.*, p. 154 ; et Jean Royère, *Clartés sur la poésie*, Paris, Albert Messein, 1925, p. 157.

87 Les Treize, « Silhouettes » (Montesquiou), rubrique « La Boîte aux Lettres », *L'Intransigeant*, 30e année, nº 11038, 4 octobre 1910, p. 2.

88 Frick, « 19e arrondissement », *Vibones*, *op. cit.*, p. 50. Les trois dernières strophes passent, en succession, d'un décor de « figuiers de Kabylie » en allusion à l'Algérie de Sadia Lévy, à « l'assassin[at] » de Jaurès, puis à l'entrée « en sourdine » des « Juifs » en « Palestine », émigration clandestine et au compte-gouttes. *Ibid.*, p. 49-50.

son poème « Kinah pour la mort de René Ghil », paru en 1926[89]. C'est ainsi que, dans « 19e arrondissement », Frick pense, auprès de Lévy, à René Ghil, et rééquilibre les deux listes de Royère et Apollinaire. Dans *Ingrès*, Lévy est le « Psalmiste Sadia », inséparable de son instrument de musique, « le kinnor[90] », rapporté du poème pour René Ghil. En signe de deuil, la « corde » d'un « kinnor » était « [r]omp[ue] » par Kehath, comme une « musique » arrivée à sa fin, avec la disparition du « psalmiste[91] » Ghil. Eu égard au symbolisme de Ghil, Frick a, lui aussi, mis en avant un aspect de la musicalité de sa poésie, la faisant résonner sur les champs de bataille. Dans *Trèfles à quatre feuilles*, les « pantoums de Java » s'intègrent au répertoire des chansons de soldats et produisent un regain de courage, devant les deux forces à affronter, mauvais temps et ennemi, « pluie », « vent » et « balles[92] ». Charmé à l'écoute du « chan[t] » de la poésie de Ghil, « l'Allemand[93] » s'inclinera en soumission. La poésie, dans cette scène, triomphe de la guerre, avec pour seule violence le vocable des « torses » « bomb[és][94] ». Les liens de Frick avec René Ghil, Sadia Lévy et Jean Royère remontent à l'époque de l'éphémère deuxième série des *Écrits pour l'art*, dont tous trois se partageaient la direction, Royère précisant avoir « connu » Frick « à l'occasion » de cette revue, en « fin » d'année « 1905[95] ».

L'hommage à la personne de Royère est doublé d'un hommage à sa revue, dans « Phyllorhodomanciennement », dédié par Frick au combattant, « le centurion[96] » Apollinaire. Depuis le mois de juin 1914,

89 Sadia Lévy, « Kinah pour la mort de René Ghil », reproduit par Monique R. Balbuena, « A Symbolist Kinah ? Laments and Modernism in the Maghreb », dans *Iggud – Selected Essays in Jewish Studies – Vol. 3 : Languages, Literatures and Arts*, éd. Tamar Alexander *et al.*, Jérusalem, World Union of Jewish Studies, 2007, p. 67-84 (p. 74).

90 Frick, « Prosule », *Ingrès*, *op. cit.*, p. 8.

91 Sadia Lévy, « Kinah pour la mort de René Ghil », reproduit par Monique R. Balbuena, « A Symbolist Kinah ? », dans *Iggud*, *op. cit.*, p. 74-75.

92 Frick, *Trèfles*, *op. cit.*, p. 7.

93 *Idem.*

94 *Idem.*

95 Jean Royère, « Notes » [« Les détails qui précèdent… »], *La Phalange*, 7e année, nº 76, 20 octobre 1912, p. [387].

96 Frick, « Phyllorhodomanciennement », *Poetica*, *op. cit.*, p. 92-93 (p. 92). Un regard sur le manuscrit du *Bélier* établit qu'Apollinaire lui-même a souhaité être désigné comme soldat, « centurion ou vexillaire », ajout qu'il porte en tête du poème, là où Frick avait placé la simple dédicace « Pour Guillaume Apollinaire ». Décaudin, qui relève le changement, précise aussi qu'avec « vexillaire », Apollinaire rendait clair son transfert

La Phalange, en « difficultés financières[97] » répétées, a cessé sa parution, mais « la revue de Jean Royère » demeure, la guerre venue et à travers les souvenirs de Mac Orlan, emblématique des « occupations poétiques » de Frick, de la poésie défendue, récitée, écrite, emblématique aussi de l'« abondant courrier » contenant « des livres de poètes » adressé au « fusilier d'infanterie[98] ». Son « sac » est « plus lourd » que celui de ses camarades puisqu'il y « range[ait] les dernières revues parues, fussent-elles de Morlaix ou de Carcassonne[99] ». Allard déballe un peu le « barda d'intellectuel[100] » particulier à Frick, qui égale en volume celui que Norton Cru soupèse en 1930. Témoin comme Mac Orlan, mais avec un témoignage livré sur le moment, en juillet 1916, Allard décrit avec étonnement comment Frick, en pleine guerre, parvient à produire à la fois des « vers » et une « correspondance utile », c'est-à-dire « corollaire à la publication de [ses] vers[101] », ainsi qu'à maintenir ses liens par lettres avec ses amis. Thibaudet, face à ce Frick en guerre à la « correspondance littéraire formidable », « merveilleux ravitailleur » en nouvelles, poésie, et en encouragements, songe, après coup en 1929, qu'on aurait « bien dû » le nommer, à titre extraordinaire, « directeur du moral des écrivains mobilisés[102] ». Frick n'est pas en reste et entérine, à son tour, le rôle fécond de Thibaudet, celui de « provigneur des lettres[103] », ressenti dans la sphère critique. Paulhan restitue l'expression

---

d'arme, « artilleur devenu fantassin ». Voir M[ichel] D[écaudin], « Sur une correction d'Apollinaire », *Que vlo-ve ?*, série 2, n° 17, janvier-mars 1986, p. 38. Ce point de Décaudin est repris par É.-A. Hubert, avec la suggestion de comprendre aussi « vexillaire » en simple « vétéran ». Étienne-Alain Hubert, « Au hasard des rues : Breton, Apollinaire, Louis de Gonzague Frick », *Revue d'études apollinariennes*, *op. cit.*, p. 73. Le grade de « maréchal des logis d'artillerie » a figuré d'abord auprès du nom d'Apollinaire, dans *L'Ambulance*, début 1916, alors qu'il avait été réaffecté en novembre 1915, passé « sous-lieutenant ». *Ibid.*, p. 72.

97 Gil Charbonnier, « Introduction », dans « Valery Larbaud-Jean Royère. Correspondance I (1908-1918) », *Cahier Valery Larbaud*, n° 48, 2012, p. 15-35 (p. 25).

98 Pierre Mac Orlan, « Carency » (Préface), dans Frick, *Abrupta nubes*, *op. cit.*, p. 8.

99 Allard rappelle ce détail à Frick à la sortie d'un « banquet » de l'A.E.C., à « l'hiver 1920 », dans la compagnie de l'auteur de l'article. Voir L., « Médaillon littéraire : Louis de Gonzague Frick », *Écouen-Nouvelles*, *op. cit.*, p. [3].

100 Pour l'expression, déjà citée plus haut, voir « Une importante lettre de M. Jean Norton Cru », *La Revue limousine*, *op. cit.*, p. 359.

101 Lettre de Roger Allard à Frick, du 30 juillet 1916. HRC, Austin.

102 Albert Thibaudet, compte rendu de *Calliope*, *Nouvelle Revue française*, *op. cit.*, p. 238.

103 Le texte de Frick, « Albert Thibaudet, provigneur des lettres », paru dans *La Bourgogne d'or* de la fin 1930, est relevé à la rubrique « Les Lettres et les Arts », *Paris-Soir*, 9e année, n° 2645, 2 janvier 1931, p. 2.

du « bon provigneur des lettres[104] » dans ses « Notes de lecture » du *Berger de Bellone*, en 1950.

Frick a tenté, durant la guerre, de faciliter la vie de Thibaudet et de le faire muter « au musée de l'Armée[105] », loin de la territoriale, où le poète-cantonnier préfère finalement être stationné. La présence ou non au front modifie à peine l'importance que Frick accorde au soldat, même versé au service auxiliaire comme Jules Romains, « commis à la "Ville[106]" » pour *Trèfles*, effectivement attaché au Service des Allocations aux mobilisés à Paris au moment où Frick compose sa strophe. André Godin travaille sur ce lieu, où il rencontre Jules Romains, selon l'*Anthologie des écrivains morts à la guerre*, précision apportée par Frick[107]. De Jules Romains, qui doit à Frick d'avoir été présenté à Apollinaire et Max Jacob[108], *Trèfles* fait un combattant « sur un destrier », presque légendaire, parti « repren[dre] nos villes / À Wilhelm Deux » et à ses sujets clownesques, « ses pasquins » et « ses gilles[109] ». Frick puise à la pièce d'avant-guerre de Romains le titre « l'Armée dans la Ville » et joue des rimes pour dire son éloignement du front, avec trois occurrences de « villes » et une quatrième dans le début du nom du Kaiser, « Wil-helm[110] ».

Pendant la période où Frick est stationné à Paris, au Ministère du Blocus, les « écrivains combattants[111] » passent en nombre le voir, selon *Écouen-Nouvelles*, que ce soit ou non sur leur chemin. Thibaudet, « dans son costume de 2e classe[112] », peut être compté parmi ces visiteurs. En janvier 1918, Paulhan envoie au Blocus, avec « dessins » et « images[113] », son illustrateur du *Guerrier appliqué*, Albert Uriet, alors que le compte

---

104 Jean Paulhan, *Œuvres complètes*, IV, *op. cit.*, p. 325.

105 Voir Michel Leymarie, « Thibaudet, "poilu de l'arrière" », *Commentaire*, no 118, été 2007, p. 515-524 (p. 517).

106 Frick, *Trèfles*, *op. cit.*, p. 16.

107 « André Godin, 1883-1916 », dans *Anthologie des écrivains morts à la guerre*, I, *op. cit.*, p. 317. Voir aussi Berthe de Nyse, *André Godin – Sa vie et son Œuvre*, *op. cit.*, p. 12.

108 Voir Jules Romains, *Amitiés et rencontres*, *op. cit.*, p. 76 et 80. Le rôle initial de Frick entre Romains et Apollinaire a été relevé par Michel Décaudin, *Le dossier d'« Alcools »*, 3e éd. revue, Genève, Droz, 1996, p. 27.

109 Frick, *Trèfles*, *op. cit.*, p. 16.

110 *Idem.*

111 L., « Médaillon littéraire : Louis de Gonzague Frick », *Écouen-Nouvelles*, *op. cit.*, p. [3].

112 Frick, « À la plantonnade », *Le Lunain*, *op. cit.*, p. 14.

113 Lettre de Jean Paulhan à Frick, du 30 janvier 1918, dans Jean Paulhan, *Choix de lettres, I – 1917-1936*, *op. cit.*, p. 22-23. Frick a reçu, de Paulhan, l'un des trente exemplaires portant les ornements et culs-de-lampe d'Uriet. Voir Bernard Baillaud, *Les écrits de Jean Paulhan (1903-2012)*, *op. cit.*, p. 16.

rendu de Frick pour *La Caravane* est en passe de paraître. L'activité tous azimuts de Frick, y compris dans les allées et venues au Ministère du Blocus et son implication dans les revues, incite *L'Homme libre*, en 1919, à faire son assimilation de Frick au siège social d'une entreprise de nature littéraire[114]. La « Chronique d'été » de 1918 d'Albert-Birot dans *Sic*, composée en vers, considère Frick, planton au Ministère, « [é]levé à la septième puissance » et qui dévore les « livres » « devant une table / Blocusienne[115] ». Aragon est moins tendre avec Frick. Sur le front au milieu de l'année 1918, il mesure, avec son humour mordant, le fond de son désespoir à la pensée de redémarrer un contact épistolaire avec Frick : « Je suis très bas, à écrire à LGF[116] », confie-t-il à Breton. Le contraste n'est sans doute qu'apparent avec le poème d'Aragon figurant sur la page de la chronique d'Albert-Birot, une « Fugue » où « éclate » « [u]ne joie[117] » qui peut tourner à l'amertume.

Frick, soigné un moment de 1916 à l'hôpital militaire de Toul, est pour une fois celui qu'on rassure. Une lettre de Philéas Lebesgue arrive pour le libérer d'un état sombre, de son très poétique « spleen », et pour lui faire redécouvrir le désir d'écrire : « Votre lettre a chassé mon spleen d'hôpital et a exulté de nouveau mon sentiment poétique[118] ». En 1919, Pellerin va constater globalement « l'excellente santé poétique où se maintint[119] » Frick pendant la guerre. Polti relit les poèmes de 1915 et 1916 au moment de *Poetica* comme les restes d'une étrange promesse que se serait faite Frick « de n'écrire » ses vers « que sous le feu allemand[120] ». En mai 1916, Allard répète par deux fois à Frick combien il « admire » son « courage » et son « beau dévouement à la poésie en dépit de tous

114 Se reporter à L. Méritan, rubrique « Arts et lettres », *L'Homme libre*, *op. cit.*, 5 mai 1919, p. 2.

115 Pierre Albert-Birot, « Chronique d'été, mais pourtant véridique », *Sic*, 3e année, n° 30, juin 1918, p. [2]. En 1919, Albert-Birot dédicace à Frick une copie de son « Polydrame » *Larountala* avec, en signe d'affection, l'offrande de sa quarantaine de « personnages ». L'exemplaire est numérisé dans la Digital Dada Library Collection de l'Université d'Iowa.

116 Lettre de Louis Aragon à André Breton, estimée vers le 1er juillet 1918, dans Louis Aragon, *Lettres à André Breton*, *op. cit.*, p. 128-131 (p. 130).

117 Louis Aragon, « Fugue », *Sic*, 3e année, n° 30, juin 1918, p. [2].

118 Carte de Frick à Philéas Lebesgue, du 28 octobre 1916, écrite de l'hôpital de Toul, citée intégralement avec la date de 1915 par François Beauvy, *Philéas Lebesgue et ses correspondants*, *op. cit.*, p. 177. Royère, en responsable des éditions de La Phalange, se dit alors « heureux » d'une belle réception du *Bélier* par Lebesgue. Lettre de Jean Royère à Philéas Lebesgue, du 27 octobre 1916, citée par François Beauvy. *Ibid.*, p. 176.

119 Jean Pellerin, compte rendu de *Girandes*, *Le Carnet critique*, *op. cit.*, p. 37.

120 Georges Polti, « Louis-de-Gonzague Frick », *L'Intransigeant*, *op. cit.*, p. 6.

les gaz délétères[121] » et, la semaine d'après, l'« admir[ant] de pouvoir écrire – et de belles choses – et de garder [sa] liberté d'esprit[122] ». Dans son compte rendu du *Bélier*, Strentz étend le constat d'Allard et considère que le recueil « restera » « comme un témoignage d'une rare liberté d'esprit[123] ». Un retour dans l'avant-guerre procure à Allard une raison à ce côté imperturbable de Frick : « Il est vrai que vous "planiez" un peu, autrefois, au-dessus des choses quotidiennes[124] ». Allard développe en novembre, pour *Les Hommes du jour*, ce qu'il a écrit à Frick en mai, et note que le *Bélier* a été conçu par un poète qui compte peu de semblables. Frick se démarque à la fois de ceux « qui ne font pas la guerre et [...] la chantent » et de ceux « qui font la guerre », « l'aiment et [...] la chantent[125] ». L'indépendance de Frick tient à ce qu'il « fait la guerre en qualité de soldat d'infanterie ; il ne l'aime pas, la méprise et la chante – à sa façon[126] ». Celui qui présageait d'être le « poète de la paix[127] » en mars se distingue ainsi, aux yeux d'Allard, parmi l'abondante production de la guerre. L'optique de Mac Orlan, qui replace Frick à Carency, fait bien sentir que l'allégeance de Frick est entièrement acquise à la poésie. L'identification d'une revue, *La Phalange*, comme « fanion » de Frick au 269e régiment est un moyen pour Mac Orlan de dire l'ardeur poétique de son compagnon, « assez indépendant sous l'équipement réglementaire[128] ». En 1955 comme Mac Orlan mais plus synthétiquement, Warnod réitère que « la poésie et les petites revues » étaient pour Frick « [l]a seule chose qui comptait », c'était « [s]on univers[129] ».

Poème d'un « printemps[130] » de guerre, « Phyllorhodomanciennement » ménage une strophe à *La Phalange*, à ce qu'ont pu représenter Royère et

---

121 Lettre de Roger Allard à Frick, du 19 mai 1916. HRC, Austin.

122 Lettre de Roger Allard à Frick, du 27 mai 1916. HRC, Austin.

123 Henri Strentz, compte rendu de *Sous le Bélier de Mars*, *Vivre – Cahier de littérature*, *op. cit.*, p. 59. La poésie de Frick est, ailleurs, perçue comme un « acte d'indépendance ». J. J., compte rendu de *Sous le Bélier de Mars*, rubrique « Le mouvement bibliographique », *La Renaissance politique, littéraire, économique*, 5e année, n° 3, 3 février 1917, p. 27. Plus tôt était annoncée la parution du *Bélier*, aux « vers souples, délicats », par M. de Paris, rubrique « Publications nouvelles », *La Renaissance politique, littéraire, économique*, 4e année, n° 25, 9 décembre 1916, p. 13.

124 Lettre de Roger Allard à Frick, du 27 mai 1916. HRC, Austin.

125 Roger Allard, compte rendu de *Sous le Bélier de Mars*, *Les Hommes du jour*, *op. cit.*, p. [12].

126 *Idem.*

127 Lettre de Roger Allard à Frick, du 17 mars 1916. HRC, Austin.

128 Pierre Mac Orlan, « Carency » (Préface), dans Frick, *Abrupta nubes*, *op. cit.*, p. 8.

129 André Warnod, *Fils de Montmartre*, *op. cit.*, p. 108.

130 Frick, « Phyllorhodomanciennement », *Poetica*, *op. cit.*, p. 92.

sa publication, numéro après numéro, de mémoire récente. Le poème rehausse d'une rime le fondateur de la revue jusqu'« aux anges » et avec lui ses collaborateurs, Frick compris : « J'ai rêvé sur cette phalange / Dont Royère broda les langes / De colombes et de mésanges. / -N'était-ce point complaire aux anges[131] ? » Sur ce troisième quatrain, la version du *Bélier* accentue le côté des affaires, avec la « firme » de « la noble Phalange[132] », maison d'édition retenue pour publier le poème. Les « colombes », évoquées pour les poèmes et poètes dans les « langes » ou pages de la revue, sont aussi porteuses de leur conventionnel « souhai[t] » de paix, formulé dans « [c]ette épistole de printemps[133] ». L'espoir « [q]ue s'en aillent les Allemands », renfermé dans un vers, est ponctué d'un dernier octosyllabe, « Phyllorhodomanciennement », dont s'était saisi Apollinaire en septembre 1912, « centurion[134] » d'une cause amicale, dans sa défense de Frick au *Mercure*. É.-A. Hubert voit, dans ce poème-« épistole », à travers les « allusions à Royère » et à « la divination par les roses », « une réponse différée[135] » à l'article de 1912 d'Apollinaire en faveur de Frick. Royère avait alors suivi Apollinaire dans son soutien à Frick, et revenait sur la publicité que Frick avait faite à *La Phalange* en 1906 à Nancy où, durant son service militaire, il avait agi en « champion de la revue à couverture orange », s'en faisant le recruteur aussi bien du côté des « abonnés » que des « collaborateurs[136] ».

Royère se dira redevable à Frick, « propréteur, à Nancy » de la « revue naissante[137] », de l'avoir mis en contact, à cette époque, avec l'écrivain Jean Blum, tué au front en 1915. Frick amène également le Nancéien Désiré Ferry, côtoyé au régiment, futur député et brièvement ministre,

131 *Idem.* C'est un adieu définitif à *La Phalange*, puisque Frick est absent de la seconde incarnation de la revue, fascisante, sous Royère, de 1935 à 1939, à l'exception de la simple mention de son nom, au premier numéro, dans l'article de Valery Larbaud, datant de 1926, sur *La Phalange* de la Belle époque. Voir Valery Larbaud, « Une campagne littéraire : Jean Royère et *La Phalange* (1906-1914) », *La Phalange*, nouv. série, 9e année, no 1, 15 décembre 1935, p. 1-8 (p. 4).

132 Frick, « Phyllorhodomanciennement », *Sous le Bélier*, *op. cit.*, p. 46.

133 Frick, « Phyllorhodomanciennement », *Poetica*, *op. cit.*, p. 92-93.

134 *Idem. Paris-Soir* republie le poème le 23 juin 1935, autour d'un événement Apollinaire.

135 Étienne-Alain Hubert, « Au hasard des rues : Breton, Apollinaire, Louis de Gonzague Frick », *Revue d'études apollinariennes*, *op. cit.*, p. 73.

136 Jean Royère, « Notes » [« Les détails qui précèdent… »], *La Phalange*, *op. cit.*, p. [387].

137 Jean Royère, « Préface » pour Jean Florence [Jean Blum], *Le Litre et l'Amphore*, Paris, Albert Messein, 1924, p. 5.

à écrire dans *La Phalange*[138]. Source d'informations sur la période de conscription, Royère permet d'identifier quelques-uns des « nombreux amis[139] » conservés par Frick de son service militaire à Nancy, Jean Tonnelier, René d'Avril, Pol Simon et Henri Aimé, lui aussi de *La Phalange*. De retour du 29 septembre au 21 octobre 1911 à Nancy pour « une période de réserve », Frick voit sa livraison de *La Phalange* arrêtée en raison de sa couleur orange trop proche du « rouge », faisant naître le soupçon d'« anarchis[me][140] », comme le rapportent avec délectation *Les Hommes du jour*, dont le numéro sur Zola est parvenu à Frick. La situation en zone de guerre des environs de Nancy accentue en 1916, chez Royère, la référence au Nancéien et plus particulièrement à Frick en poète « confond[u] » « avec des Lorrains autochtones », s'autorisant, auprès des lecteurs de *L'Est républicain*, de « parler à des Lorrains de Louis de Gonzague Frick comme s'il s'agissait d'un des leurs[141] ». C'est pourtant « un peu en exil » que Frick vit son service militaire, d'après ses souvenirs, sentiment d'un éloignement de Paris qu'atténue sa sociabilité[142].

Le bilan dressé dans *La Phalange*, en 1912, par Royère aborde aussi l'écriture à très petites doses de Frick, son rythme tranquille de publication, sans « rien » « encore » d'« imprim[é] en volume[143] », avec néanmoins, l'année précédente, la série de courts récits en prose, faussement moralisants, ou « ironiques[144] » selon Pellerin, de l'*Enchiridion de Jadalbaoth* publiés à *La Phalange*. Royère reprend d'Apollinaire le constat d'un « bagage littéraire – assez mince[145] » que Frick, dans sa lettre du 25 août 1912 au *Matin*, avait lui-même fait sur son œuvre. Aux « quelques poèmes » de Frick et à *L'Enchiridion*, avec sa dédicace

138 F. R., « Louis de Gonzague-Frick, Désiré Ferry et… Joris-Karl Huysmans », *L'Intransigeant*, *op. cit.*, p. 2.

139 Voir, de 1916, Jean Royère, « Tyrtée », *L'Est républicain*, *op. cit.*, p. 1.

140 « *Les Hommes du Jour* à la caserne », *Les Hommes du jour*, n° 198, 4 novembre 1911, p. [7]. La suite de ce bref article tourne à la farce, avec *La Phalange* distributrice d'érotisme, à la « stupéfa[ction] » des « officiers », auxquels Frick récite son poème « Lilith », paru dans *Pan* de mai-juillet 1911 (et dont l'ordre des vers cités est inversé). *Idem.*

141 Jean Royère, « Cieux et poésies lorrains », *L'Est républicain*, *op. cit.*, p. 3.

142 F. R., « Louis de Gonzague-Frick, Désiré Ferry et… Joris-Karl Huysmans », *L'Intransigeant*, *op. cit.*, p. 2.

143 Jean Royère, « Notes » [« Les détails qui précèdent… »], *La Phalange*, *op. cit.*, p. [387].

144 Lecteur convaincu de Frick, Pellerin présume qu'il a écrit ces quelques poèmes sous l'emprise du « Jarry pataphysicien » et des « poètes persans ». Jean Pellerin, compte rendu de *Girandes*, *Le Carnet critique*, *op. cit.*, p. 36.

145 Frick, lettre du 25 août 1912, dans « Chez les conteurs », *Le Matin*, *op. cit.*, p. 4.

à « Monsieur Faltenin Carpocratien », Apollinaire ajoute le travail de critique de Frick et ses « correspondances suivies avec plusieurs grands écrivains » du « monde » entier, cela pour bien l'asseoir dans « la république des lettres[146] ». *L'Intransigeant* l'admet dans la catégorie des poètes à partir du *Bélier*, alors qu'il n'aurait été, avant le conflit, qu'« un confrère aimable et courtois[147] ». Ce dernier terme a une résonance particulière, ramenant au « sceptre de la courtoisie[148] » que Royère suggère pour Frick en 1912. Les trois recueils de 1915, 1916 et 1919, tous « ouvrages personnels », n'enlèvent rien à l'observation faite par Royère à l'époque de *Girandes*, « d'une poésie très lente[149] ». Royère avait pourtant, à l'automne 1916, mis fin à l'idée d'un Frick qui « ne "publi[e]" pas », signe de sa poésie d'avant-guerre alors que, « depuis qu'il est parti aux armées de la République », il s'est « transmué en écrivain fécond[150] ».

Une faible quantité de vers est exposée au grand jour dans l'après-*Girandes*, de sorte qu'en 1929, avec *Poetica*, il est encore répété que Frick « ne produit guère[151] ». S'il ne fait pas figure de « poète abondant[152] », ce n'est pas sans raison, pense Cassou, qui explique cette *terre gaste* par le mode de fonctionnement de Frick, chez qui le chercheur est indissociable du poète. Peu avant Cassou, Latourrette accorde à Frick, dans un esprit de connivence, « une méthode studieuse » basée sur « une incomparable érudition », qui l'a fait « attard[er] scrupuleusement son début[153] » en poésie. Arrivant après ceux de Latourrette et de Cassou, le compte rendu de *Poetica* dans *La Semaine à Paris*, en décembre, relève en effet chez Frick un processus fait de « volonté » « plus encore » que d'« inspiration », où

146 Apollinaire, « M. Louis de Gonzague Frick ou le Phyllorhodomancien », *Œuvres en prose complètes*, III, *op. cit.*, p. 124-125. À l'intérieur de cette république, le « littérateu[r] » aurait un faible statut, selon l'étude de Joséphine Malara, qui estime le vocable plutôt « dégradant », alors qu'il peut être relié à l'amour de la littérature chez Frick, sur lequel insiste Apollinaire. Joséphine Malara, « Quand Apollinaire (re)croise l'écolier limousin de Rabelais », *Revue d'histoire littéraire de la France*, *op. cit.*, p. 337.

147 Compte rendu de *Sous le Bélier de Mars*, *L'Intransigeant*, *op. cit.*, p. 2.

148 Jean Royère, « Notes » [« Les détails qui précèdent… »], *La Phalange*, *op. cit.*, p. [387].

149 Jean Royère, compte rendu de *Girandes*, *Les Trois Roses*, *op. cit.*, p. 154.

150 Jean Royère, « Cieux et poésies lorrains », *L'Est républicain*, *op. cit.*, p. 3.

151 André Fontainas, compte rendu de *Poetica*, *Mercure de France*, *op. cit.*, p. 403.

152 Jean Cassou, compte rendu de *Poetica*, *Les Nouvelles littéraires*, *op. cit.*, p. 8.

153 Le compte rendu du recueil de Frick écrit pour *La Griffe* par Louis Latourrette est cité dans « *Poetica* », rubrique « Revue des revues », *Les Nouvelles littéraires*, 8e année, no 363, 28 septembre 1929, p. 7.

« la volonté » est signe du « lettré » et de ses « recherches[154] ». Latourrette puise dans le registre des banquets pour transformer ce peu relatif en « originalité » prometteuse d'exploits dignes du héros antique, signe de « toutes les aristies[155] » à venir. Dès avant *Trèfles à quatre feuilles*, en 1912, lorsqu'Apollinaire considère la vague initiale de poésie de Frick, celle de *La Phalange* et des petites revues, il relie sa « lenteur » de composition et de publication aux pratiques des « poètes » et « écrivains novateurs » et à leur « grand désintéressement[156] ». Pour Royère, qui « retrouve » avec *Girandes* les premiers « vers » de Frick, l'œuvre collationnée est, par son mélange de « moderne » et d'« ancie[n] », « si neuve[157] », d'un neuf qu'Apollinaire ou Cendrars ont bien rôdé. « [Q]uintessence » de 1912 réitérée en 1919, « à vrai dire » une « pure poésie[158] » que Royère accorde à Frick comme Apollinaire a discerné, en janvier 1908, « l'art le plus pur[159] » dans la poésie de Royère. Cette reconnaissance d'une pureté dans son œuvre ne peut que conforter en Royère son rôle de gardien de ce type de poésie qu'il affirmera, par exemple contre Henri Bremond, au milieu des années vingt alors que paternité et définition de la poésie pure seront en discussion[160].

En 1912 dans *La Phalange*, Royère continue de calquer son expression sur celle d'Apollinaire et propose que la sensibilité de Frick au

154 C. S. C., compte rendu de *Poetica*, *La Semaine à Paris*, *op. cit.*, p. 35.

155 Louis Latourrette, compte rendu de *Poetica*, cité de *La Griffe*, dans « *Poetica* », *Les Nouvelles littéraires*, *op. cit.*, p. 7.

156 Apollinaire, « M. Louis de Gonzague Frick ou le Phyllorhodomancien », *Œuvres en prose complètes*, III, *op. cit.*, p. 123.

157 Jean Royère, compte rendu de *Girandes*, *Les Trois Roses*, *op. cit.*, p. 153-154.

158 Jean Royère, « Notes » [« Les détails qui précèdent… »], *La Phalange*, *op. cit.*, p. [387]. Pour la « quintessence », voir aussi Royère, compte rendu de *Girandes*, *Les Trois Roses*, *op. cit.*, p. 154.

159 Apollinaire est cité par Décaudin, « L'écrivain en son temps », dans Jean Burgos, Claude Debon et Michel Décaudin, *Apollinaire, en somme*, Paris, Champion, 1998, p. 113-180 (p. 163). Au palmarès de la « pureté » repérée par Apollinaire, constitutive de son « esthétique », Décaudin relève, outre Royère et Salmon, Roinard. *Ibid.*, p. 163-164. Apollinaire est mitigé, en 1910, lorsqu'il s'agit de livrer, pour *L'Intransigeant*, Royère en silhouette, caricaturant ce « poète de talent » sur plusieurs plans, son physique, sa « prosodie », pour laquelle Apollinaire a déjà des réserves en 1908 dans *La Phalange*. Pour la silhouette, voir Apollinaire, [Jean Royère] (8 avril 1910), *Œuvres en prose complètes*, II, *op. cit.*, p. 1025. Sur la prosodie, voir Apollinaire, « Jean Royère » (janvier 1908), *ibid.*, p. 1003-1006 (p. 1004).

160 Pour un aperçu, voir A. James Arnold, « La querelle de la poésie pure : une mise au point », *Revue d'histoire littéraire de la France*, 70ᵉ année, nº 3, mai-juin 1970, p. 445-454 (p. 446-448).

talent des autres et sa disponibilité lui fassent recevoir le bien nommé « sceptre de la courtoisie littéraire[161] ». Royère poursuit dans cette veine en 1919 et répète combien Frick, « artiste » parmi les « artistes », « si désintéressé », agissait à les « rapprocher », à « les tenir en haleine », à « rompre les timidités et les orgueils[162] ». En 1919 justement, Frick vient à l'aide de Pellerin pour une « Ballade » du *Copiste indiscret* écrite en pastiche de Tailhade, duquel Frick obtient « l'autorisation » de publication agrémentée d'un « souri[re][163] » approbateur du pastiché au pasticheur. Dans *Le Carnet critique*, Frick ne s'accorde aucun rôle en l'espèce et mentionne simplement l'assentiment de Tailhade à cette partie du *Copiste indiscret*[164]. Dans sa « Ballade à la louange des dames de plume », Pellerin fait non seulement du Tailhade mais aussi du Frick, dans le domaine du repoussant avec, côté mauvaises odeurs, le « nidoreux » « souffle » « de la déité » et, dans le registre de la défécation, un « Encaguant la diurnale[165] », employé dans *Le Calamiste* sous la forme « Je caguerai[166] ». Pellerin n'est pas seul à bénéficier des entrées de Frick auprès de Tailhade. Dès 1906, Frick sert d'intermédiaire entre Tailhade et Royère, ce dont il est question plusieurs fois dans la correspondance Tailhade-Frick, telle cette lettre du 4 avril 1907 : « Encore une fois, je serai tout à fait heureux de connaître effectivement M. Royère pour lequel j'ai autant d'estime que de sympathie. Je ne partage pas toutes ses opinions littéraires (me reste-t-il encore des opinions littéraires ?) mais ce serait là une occasion merveilleuse pour discourir entre amis de ces arcanes[167] ».

Au premier numéro de *La Phalange*, en juillet 1906, le nom de Tailhade est dans la liste des collaborateurs à venir, et le mois précédent,

161 Jean Royère, « Notes » [« Les détails qui précèdent… »], *La Phalange*, *op. cit.*, p. [387].

162 Jean Royère, compte rendu de *Girandes*, *Les Trois Roses*, *op. cit.*, p. 153.

163 Voir Léon Deffoux et Pierre Dufay, « Du pastiche et des influences littéraires – Laurent Tailhade », *Mercure de France*, 35e année, nº 623, 1er juin 1924, p. 344-362 (p. 354). Sur ce point, voir aussi une lettre de Pellerin à Zavie du 14 avril 1920, citée par Gilles Picq, *Laurent Tailhade*, *op. cit.*, p. 733.

164 Voir Frick, compte rendu du *Copiste indiscret*, *Le Carnet critique*, reproduit par Sarane Alexandrian, « Un grand seigneur de la poésie moderne », *Supérieur inconnu*, *op. cit.*, p. 74.

165 Jean Pellerin, « Ballade à la louange des dames de plume », dans « *Le Copiste indiscret* – Extraits », reproduit par Jean Serroy, éd., *Jean Pellerin, 1885-1921 – Actes du Colloque du Centenaire et Pastiches poétiques*, Grenoble, Les Cahiers de l'Alpe-Recherches et Travaux, 1985, p. 99-125 (p. 121).

166 [Frick], « Que suavement… », *Le Calamiste alizé*, *op. cit.*, p. 21-22 (p. 22).

167 Lettre de Laurent Tailhade à Frick, du 4 avril 1907. HRC, Austin.

Tailhade s'enquérait auprès de Frick, qu'il a rencontré au printemps, sur Royère[168]. Tailhade paraît finalement deux fois dans *La Phalange*, en 1906[169]. Un accrochage va l'opposer à Royère sur la question des nouvelles formes poétiques et la nationalité de leurs auteurs. Royère s'affirme, contre Tailhade et contre son propre ego des années trente, indifférent à l'origine des auteurs, le sujet faisant débat dans la revue fin 1908[170]. Leur différend n'empêche pas que Tailhade signe une dédicace à Royère, le 1er février 1909, par les mots « son admirateur et son ami[171] ». Tailhade continue d'avoir une présence dans *La Phalange*, où la chronique de Frick et Brésil lui réserve la meilleure presse. Ainsi, en 1913, le retour au *Gil Blas* du « plus éclatant lundiste que pouvait souhaiter un journal littéraire » est applaudi dans un langage de lauriers bien caractéristique de Frick, qui fait défiler en succession les « proses royales » de Tailhade, ses « beaux dires », sa « magnificence verbale », sa « verve jupinérienne[172] », d'un Jupiter diminué en Jupin. Deux recueils de Tailhade en fin d'année font dire à Royère, dans un faible écho au Jupiter de Frick et Brésil, que le « génie de grand poète[173] » de Tailhade est perceptible plus que jamais.

Le « sceptre de la courtoisie littéraire » prêté par Royère à Frick en 1912 passe, dans le compte rendu de 1919, au « duc » et ses « courtoisies vespérales », ses « élégances matinales[174] », et, comme l'a déjà dit

---

168 Voir Gilles Picq, *Laurent Tailhade*, *op. cit.*, p. 605 et 603.

169 *Ibid.*, p. 606.

170 Joseph Acquisto note cette marque d'ouverture de Royère en 1908-1909, y compris dans sa réponse à l'enquête de *La Phalange* sur le caractère national ou non de la « haute littérature », pour la contraster avec l'alignement de Royère et de la nouvelle *Phalange* sur les idées d'extrême-droite dans les années trente. Voir Joseph Acquisto, *French Symbolist Poetry and the Idea of Music*, Aldershot-Burlington, Ashgate, 2006, p. 147. Dans un échange de 1913 entre Gide et Royère, ce dernier récuse la xénophobie et l'antisémitisme en matière d'écriture théâtrale exprimées par Gide à ce moment-là au nom d'une langue française à tenir pure. Se reporter à Frank Lestringant, « Du souci de pureté à la réalisation du roman pur – La généalogie symboliste des *Faux-Monnayeurs* d'André Gide », dans *Puretés et impuretés de la littérature (1860-1940)*, éd. Didier Alexandre et Thierry Roger, Paris, Classiques Garnier, 2015, p. 251-274 (p. 257-258).

171 Envoi autographe de Laurent Tailhade à Jean Royère, du 1er février 1909, dans un exemplaire de *La Farce de la Marmite*, sur le site labibliothequedespiritus.blogspot.ca. Consulté le 10 mai 2013.

172 Frick et Marc Brésil, « Revues », *La Phalange*, *op. cit.*, 20 mars 1913, p. 265-266.

173 Jean Royère, compte rendu de *Pages choisies* et *Plâtres et marbres* de Laurent Tailhade, *La Phalange*, 8e année, no 89, 20 novembre 1913, p. 140-142 (p. 142).

174 Jean Royère, compte rendu de *Girandes*, *Les Trois Roses*, *op. cit.*, p. 153.

Royère en 1916, Frick est à l'image du « Père Mersenne[175] », facilitateur dans son domaine. La première fois qu'il est fait mention du « sceptre », Royère se joint à Apollinaire pour conférer à Frick le titre de Prince des littérateurs, durant cette période de l'été-automne 1912 où le Paris littéraire tourbillonne des élections du Prince des poètes et du Prince des conteurs. Pour Frick, Royère aurait été « chevalier de Poésie[176] », d'après les souvenirs de Billy. Écho tardif de cette agitation princière, *Les Potins de Paris* songent, en 1919, à faire de Frick un « prince de l'acrostiche[177] » pour sa virtuosité dans le poème de *Girandes*, « Impromptu d'acrostiches ». Plusieurs versions du « Poète sous le pot de fleurs » accordent la même facilité à Jean de Crécy-Gonzalve, occupé en 1924 à inventer « des acrostiches pour tous les secrétaires du colonel[178] » ; en 1922 « pour le cuisinier, les sergents, les filles du pays », public féminin qui a aussi ses exemples dans le *Bélier* et dans *Girandes*, en destinataires qui peuvent, comme chez Dorgelès, « li[re] leur nom en bout de ligne avec des yeux écarquillés[179] ».

Quand est mise en débat « la succession » de Léon Dierx, défunt prince des poètes, au mois de juin 1912, la causticité de Tailhade pèse quelques-unes des candidatures : faut-il « vêtir de la pourpre césarienne Paul Roinard que son parrain Napoléon désigne pour un tel honneur » ou « poser la couronne » sur « [l]e "gentil" Paul Fort », qui « réunit » « l'assentiment de plusieurs groupes sympathiques[180] » ? La stature d'écrivain de Frick est questionnée dans *Le Matin* du 25 août, à l'annonce de l'élection de Han Ryner, devenu Prince des conteurs[181]. On lui conteste, à lui qui a peu publié ainsi qu'à plusieurs, leur légitimité

175 Pour Frick « petit père Mersenne des poètes », voir Jean Royère, « Cieux et poésies lorrains », *L'Est républicain*, *op. cit.*, p. 3. Royère ressort ainsi de l'Ancien Régime un pionnier de la science, l'abbé Mersenne, dont l'un des accomplissements est d'avoir travaillé à créer des réseaux parmi les savants du XVIIe siècle.

176 André Billy, *Le Pont des Saints-Pères*, Paris, Arthème-Fayard, 1947, p. 151.

177 Tirésias, compte rendu de *Girandes*, *Les Potins de Paris*, *op. cit.*, p. 11.

178 Roland Dorgelès, « Le Poète sous le pot de fleurs », *Le Journal amusant*, 77e année, n° 276, 23 août 1924, p. 8.

179 Roland Dorgelès, « Le Poète sous le pot de fleurs », *Le Cabaret de la Belle Femme*, Paris, Albin Michel, 1922, p. 111-128 (p. 114). On lit en 1918, sans trace d'acrostiches, les principales caractéristiques de Crécy-Gonzalve, par exemple dans le numéro du 24 août du journal *Le Midi*, l'année précédant la publication en livre.

180 Laurent Tailhade, *Les « commérages » de Tybalt*, *op. cit.*, p. 289 et 291.

181 « Un talent d'élection ou le talent de l'élection ? », *Le Matin*, 29e année, n° 10407, 25 août 1912, p. 1.

d'écrivain, et donc leur droit de vote dans le scrutin. En riposte, Banville d'Hostel constitue un dossier attestant « les titres littéraires de quelques votants[182] ». Dans *Le Matin* du 30, il intervient au bénéfice du « styliste » Frick et de ses « vers curieux[183] », aisés à trouver, précise-t-il plein d'ironie, à la Bibliothèque nationale, dans les revues. Le choix de Ryner, pour lequel Frick a voté[184], ne cause pas simplement des remous littéraires mais déclenche des tirades haineuses contre les Juifs et les Francs-Maçons, comme en témoigne *La Revue anti-maçonnique* par son soutien, en novembre-décembre, à l'organe catholique *L'Univers* passé cette année-là entre les mains de l'Action française[185].

L'Univers, à la devise « Dieu protège la France ! », publie le 29 août 1912 un extrait de lettre d'« un ami de Han Ryner » qui renvoie à un justificatif « de vieille race française », « l'acte de baptême de Jacques-Henri Ner[186] ». Dans l'extrait cité de sa défense de Ryner, l'« ami », qui n'est pas nommé, ne conteste pas la légitimité du débat, et même abonde dans le sens de *L'Univers*. Par la lettre de « protest[ation] », *L'Univers* est rassuré sur la souche à laquelle se rattachent « tous[187] » les électeurs de Ryner, qui n'échappent pas pour autant au soupçon. *L'Univers* les découvre comploteurs à travers les termes « manœuvres », « mœurs », « méthode » et « procédés », mis sur le compte des « juifs », particulièrement en temps de campagnes et « scrutins » « électora[ux][188] » de cette Troisième République d'avant 1914. *La Revue anti-maçonnique*, quant à elle, dans son approbation de *L'Univers* sur les « procédés juifs », poursuit dans le champ qui lui est propre et fait de Ryner

182 *Idem.* L'exclusion de Frick du jury que souhaitent *Le Matin* et une partie de la presse n'a pas lieu, point à rectifier chez Joséphine Malara, « Quand Apollinaire (re)croise l'écolier limousin de Rabelais », *Revue d'histoire littéraire de la France*, *op. cit.*, p. 336.

183 Banville d'Hostel, lettre au rédacteur en chef, dans « Chez les conteurs », *Le Matin*, 29e année, no 10412, 30 août 1912, p. 4. Banville d'Hostel, auquel un poème de *Girandes* accorde le surnom de Jupiter, « Épacrien », s'ajoute, avec « [s]a claire poésie », à un Olympe déjà peuplé des familiers de Frick. Frick, « Los à Banville d'Hostel », *Girandes*, *op. cit.*, p. 20.

184 Voir Les Treize, « Le Prince des Conteurs », *L'Intransigeant*, 32e année, no 11688, 15 juillet 1912, p. 2.

185 Le 13 septembre 1912, le nom du directeur de *L'Univers*, François Veuillot, disparaît de l'en-tête du journal, dans la foulée du rachat du quotidien par des affiliés de l'Action française, tel le Maurrassien dom Jean-Martial Besse, avec pour rédacteurs en chef successifs Arthur Loth et l'Abbé Lecigne.

186 Monville, « Le nouveau prince », rubrique « Échos », *L'Univers*, 79e année, no 15739, 29 août 1912, p. 1.

187 *Idem.*

188 *Idem.*

un personnage secret du « monde de la Maçonnerie occultiste », habitué des « séances » de l'Hexagramme tenues « dans la Maison de Balzac[189] », ce qui rendrait suspect jusqu'au roi des conteurs. Dans cette chasse aux « adversaires », Frick se retrouve désigné comme l'un des « illustre[s] » inconnus à avoir, avec Banville d'Hostel et trois autres, diffusé les résultats de l'élection de leur candidat, Ryner, au sein de « la République des lettres[190] », à comprendre avec le profond mépris voué au régime républicain.

Si, dans les suites de l'élection du prince des conteurs, Royère contribue, en octobre 1912, à faire valider Frick comme un auteur muni d'une œuvre, Frick a aussi sa part dans la reconnaissance du Royère de l'époque d'avant-guerre. Un simple jeu de rimes continue de l'associer, en 1916, à *La Phalange*, dans le poème qui suit « Phyllorhodomanciennement », « Dizain trinitaire », où les trois membres de la famille Royère se voient chacun nommés, « [s]on épouse », sa fille « l'infante Marguerite », et Royère avec « [s]es vers » et « [s]a strophe d'or[191] ». Frick, cantonné dans l'Est, sous « les neiges de l'hiver », parcourait volontiers les « trois cents parasanges » le séparant de Royère pour venir écouter sa poésie à « l'idéal amer », citant, entre guillemets, « Le guignon » de Mallarmé, dans son vers « Mordant au citron d'or de l'idéal amer », transformé chez Frick en « purs citrons[192] ». En définitive, la « parasang[e] », mesure de l'ancienne Perse, marque la distance entre Frick et Royère, et se mêle à la traversée des personnages du « Guignon », à son « or », à sa « neige » et à ses « poëtes[193] ». Elle contribue aussi, avec sa rime « pas étranges[194] »,

189 Voir François Saint-Christo, « Le mot de l'énigme », *La Revue antimaçonnique*, 3e année, no 1-2, novembre-décembre 1912, p. 2-3. Le périodique *L'Hexagramme* constitue l'un des dépôts des votes de l'élection, selon une publication sœur, *Le Progrès spirite*, 18e année, no 9, septembre 1912, p. 140. Malgré la surveillance exercée par *La Revue antimaçonnique*, nulle mention n'est faite de la participation de *L'Hexagramme* au recueillement des bulletins dans l'article de Saint-Christo. Banville demeure associé à l'Hexagramme de Michel Savigny et, en 1917, rend compte de ce groupe, où lui-même a été, « sous l'attrait d'un double triangle, enfermé dans un cercle », amenant un numéro des *Solstices* à une de ces réunions. Banville d'Hostel, « Reportage », *Les Solstices*, 1re année, no 3, 1er août 1917, p. 93-94.

190 Voir François Saint-Christo, « Le mot de l'énigme », *La Revue antimaçonnique*, *op. cit.*, p. 2.

191 Frick, « Dizain trinitaire », *Poetica*, *op. cit.*, p. 94. Le lecteur peut passer de ce poème de Frick à celui que Royère consacre à sa petite-fille, Denise, et où il recourt, pour sa fille, à la même expression de « Marguerite [...] l'Infante ». Jean Royère, « À Denise balbutiante », *Denise – Poèmes*, Paris, Marcel Seheur, [1931], p. 33-37 (p. 35).

192 Frick, « Dizain trinitaire », *Poetica*, *op. cit.*, p. 94. Pour Mallarmé, « Le guignon », *Œuvres complètes*, I, *op. cit.*, p. 5-7 (p. 5).

193 *Ibid.*, p. 5-6.

194 Frick, « Dizain trinitaire », *Poetica*, *op. cit.*, p. 94.

à effectuer un rappel de *La Phalange*. La revue de Royère se fait d'autant mieux entendre ici, dans la résonance des mots de Mallarmé.

Frick traite aussi la poésie de Royère en tant que critique, et très certainement ami. Le recueil *Par la lumière peints…*, vu par Frick dans *Sic* en 1919, fait circuler Royère autour du « rond-point symboliste[195] » sans qu'il s'en écarte. La métaphore est à peine filée par le compte rendu, « fai[re] le tour », « allées adjacentes[196] », ces dernières pour signifier que Royère les repère mais ne les emprunte pas. La progression sur ce « rond-point » s'effectue « avec une lente majesté[197] », en des termes voisins de ceux de 1912 ou 1919, quand Royère parlait de lenteur chez Frick et l'élevait au rang de prince ou de duc. Ce langage, de mise, indique la réciprocité de la critique amie, où il faut inclure, bien sûr, Apollinaire[198]. Les vers commentés se plient à « la discipline mallarméenne », chacun en soi une entité « indépenda[nte] de l'ensemble du poème », malgré une prédilection pour le « rejet[199] ». Toujours dans cet esprit de fidélité au poète qu'il entend prolonger, Royère aurait réalisé, à l'échelle du recueil, « une œuvre unique, un diamant verbal[200] ». Par la pierre précieuse, Frick-critique récupère, en parlant de Royère, le mot de Tailhade sur Frick-poète, surnommé « diamantaire du verbe », avec une « pure[té][201] » à la clé. Frick poursuit le compte des points symbolistes de Royère, l'« idée » et son « lyrisme pictural », avant de s'engager sur un poncif d'ordre différent, celui de la « Provence » natale de Royère,

195 Frick, compte rendu de *Par la lumière peints…*, *Sic*, 4e année, no 44, 30 avril 1919, p. 347. Frick insiste, en mai, sur le côté pictural du livre de Royère, « qui écrit avec une palette » en « poète néo-impressionniste ». Frick, « Scolies », *La Politique et les lettres*, 6e année, no 3, mai 1919, p. 9-10 (p. 9). Pour le troisième compte rendu, en novembre, Frick emprunte des éléments aux deux précédents. Voir Frick, compte rendu de « Par la lumière peints », *La Revue de l'époque*, 1re année, no 2, novembre 1919, p. 74. Au détour d'une phrase, en 1919, Frick est associé à la catégorie des « écrivains d'art » pour sa présence à la Galerie Paul Guillaume, où le jazz est aussi à l'ordre du jour. Voir A[ndré] W[arnod], « Échos et on-dit des lettres et des arts », *L'Europe nouvelle*, 2e année, no 15, 12 avril 1919, p. 722.

196 Frick, compte rendu de *Par la lumière peints…*, *Sic*, *op. cit.*, p. 347.

197 *Idem.*

198 Dans son ouvrage sur Jarry, Patrick Besnier évoque, à l'occasion des *Portraits du Prochain Siècle* de 1893, mêlant aussi bien Jarry que Roinard, des « célébrations mutuelles dans la pire tradition de la "camaraderie littéraire" », dont Frick est héritier. Patrick Besnier, *Alfred Jarry*, *op. cit.*, p. 808.

199 Frick, compte rendu de *Par la lumière peints…*, *Sic*, *op. cit.*, p. 347.

200 *Idem.*

201 Fernand Kolney, *Laurent Tailhade, son œuvre – Étude critique*, Paris, Édition du Carnet critique, 1922, p. 33.

« [f]ils de cette lumin[osité] », laquelle « pein[t] » « les poèmes[202] », Frick offrant un complément au titre *Par la lumière peints...*

L'héritage poétique de Royère, que Frick partage jusqu'à un certain degré et à l'intérieur duquel il se meut avec aise, fait dire, rétrospectivement, à André Billy que tous les deux « sympathisaient [...] dans le culte de Mallarmé[203] ». En 1931, Polti, rhéteur, voit « la perfection et la profondeur du symbolisme » reportés en Frick, à l'œuvre mince comme Mallarmé, et voisine de « la fantaisie[204] » contemporaine. La classification de Florian-Parmentier pour la poésie d'avant 1914 range Frick, sur la base de son échantillon, parmi les « musiciens du vers », tandis que Royère, non loin, mène les « néo-mallarmistes[205] ». Mais considérant ensemble en 1919 Frick et Royère, « disciple intégral de Mallarmé », *Le Divan* prend « [l]es vers » de *Girandes* pour « plus ingénieux que musicaux » avec la « rêverie » du « poète » recouverte d'une « érudit[ion] », au point que ce volume, aussi bien que *Par la lumière peints*, présente au lecteur ses « arcanes[206] ». Le *Dictionnaire* de Rousselot insère Frick entre « le "musicisme" de Jean Royère et la "modernité[207]" », classification pour sa première part récusée par Frick en 1951, quand Justin Saget, pour sa page littéraire de *Combat*, reçoit une lettre de Frick qui conteste son

202 Frick, compte rendu de *Par la lumière peints...*, *Sic*, *op. cit.*, p. 347. Frick rappelle que le recueil aurait pu aussi s'intituler « Hyperboles », trope « caractéristique » de Royère et « son art ». *Idem.* Frick touche, de la sorte, à la poétique en cours d'élaboration chez Royère, exposée notamment dans les années vingt, avec l'hyperbole comme type de « catachrèse » (« l'*autre* dans le *même* ») ; cette catachrèse, jointe à « la répétition », crée, dans une veine symboliste, « l'Idée-Rythme ». Jean Royère, *Le musicisme*, Paris, Albert Messein, 1929, p. 166-167. Voir aussi, pour l'hyperbole, Jean Royère, *Clartés sur la poésie*, *op. cit.*, p. 127.

203 André Billy, *Le Pont des Saints-Pères*, *op. cit.*, p. 151. D'après le panorama littéraire tracé en 1920 sous la direction de Montfort, Frick, avec son « vocabulaire aussi riche que difficile » serait « à citer parmi [l]es poètes qui ont revigoré le symbolisme ». Voir Paul Aeschimann, « La poésie », dans *Vingt-cinq ans de littérature française*, I, éd. Eugène Montfort, Paris, Librairie de France, 1920, p. 1-68 (p. 37).

204 Georges Polti, « Louis-de-Gonzague Frick », *L'Intransigeant*, *op. cit.*, p. 6.

205 Ernest Florian-Parmentier, *La littérature et l'époque*, *op. cit.*, p. 487-488 et, pour Royère, p. 474. L'étude de Florian-Parmentier, dont ce volume, paru peu de semaines avant la guerre, forme la troisième édition, est distinguée pour ses qualités d'« observat[ion] de la littérature, de son évolution et de ses manifestations », par Mikaël Lugan, dans sa présentation de « Francis Jammes (Poème retrouvé de Florian-Parmentier) », *Cahiers Francis Jammes*, 2-3, octobre 2014, p. 217-219 (p. 217).

206 H[enri] M[artineau], compte rendu de *Girandes* et de *Par la lumière peints*, rubrique « Les poèmes », *Le Divan*, 11e année, 1919, p. 203.

207 Jean Rousselot, article « Gonzague-Frick », *Dictionnaire de la poésie française contemporaine*, *op. cit.*, p. 114-115.

agrégation aux « rimeurs musicistes[208] ». Saget s'était servi d'un duo Frick-Royère pour inscrire Breton « dans le[ur] sillage », celui d'une « poésie musiciste et fantaisiste[209] », avant de bâtir sur un parallèle douteux un portrait de Breton en vieille star déchue qui persiste dans son rôle. En guise de protestation, Frick expédie « un quatrain » qui répond au « musicisme » par un « atticisme » – cette finesse ou élégance de la langue – destiné à « surplan[er] tous les chlaz[210] ». Ces peu communs « chlaz », qui désignent la tempête et l'ouragan, à la fois violents et bruyants, englobent le musicisme mais aussi la guerre[211]. Les sons font malicieusement retentir le vers musiciste et rappellent le désordre de la guerre, sur laquelle insiste la signature apposée au poème par Frick : « Membre fondateur des Anciens du 269e de ligne et rhapsode officiel de ce régiment de fer[212] ». L'antiquité passe par les « Anciens » et le « rhapsode », comme elle est affirmée dans « l'attique rosée » rimant avec « l'Eubée », et dans la Grèce « Hellas », faux soupir poétique pour débuter un vers autrement lyrique : « Hellas, connaissant seul l'absconse de mon cœur[213] ». Ainsi, Frick s'accorde, en cette année 1951, à une tradition de l'armée, de la poésie et du récitatif contenu dans le rhapsode, qui le rattache à beaucoup plus large que Royère, même si le quatrain joue un peu du vieil « -isme » de son titre, « Atticisme ».

Le poème que Frick publie en 1912 dans *Pan* et qu'il dédie à Royère en 1919, « Euthymie », ramène au recueil de 1904 d'un Royère lecteur de Mallarmé, *Eurythmies*, ou aux « Eurythmies retrouvées » datées de 1902 et parues un quart de siècle après dans *Ô quêteuse, voici !*, avec la densité sonore et « l'éphémère encor » d'un « soir nonchalant[214] ». La similarité des titres redit ce fil poétique reliant Mallarmé à Royère et à Frick, lesquels ont aussi dans leur paysage le Vielé-Griffin d'« Eurythmie – L'art ». Au

208 Frick, cité par Maurice Saillet, suite à son article du 17 mai 1951, « Boulevard du Crépuscule », recueilli dans *Billets doux de Justin Saget*, Paris, Mercure de France, 1952, p. 27-33 (p. 33).

209 Maurice Saillet, *Billets doux de Justin Saget*, *op. cit.*, p. 28.

210 Frick, cité par Maurice Saillet, *ibid.*, p. 33.

211 *Idem.*

212 *Idem.* La mémoire du 269e se maintient, depuis 1919, dans ses dîners annuels, avec sa résonance littéraire due à Frick, Mac Orlan, Warnod ainsi qu'à Georges Lecomte par son fils mort en Artois. Pour la septième édition de ces retrouvailles, voir Le Lutécien, rubrique « Nouvelles littéraires », *Comœdia*, 19e année, no 4516, 30 avril 1925, p. 5.

213 Frick, cité par Maurice Saillet, *Billets doux de Justin Saget*, *op. cit.*, p. 33.

214 Jean Royère, « Je ne veux, fard léger… », *Ô quêteuse, voici !*, Paris, Kra, 1928, p. 11.

cours de ce long poème inclus dans *Dyptique* (1891), l'eurythmie, ou harmonie de l'œuvre, passe chez Vielé-Griffin par la musique à divers états. Il y a le « chan[t] », la « complainte », la « [p]ar[ole] », la « pri[ère] », « l'écho », « la réplique », la « musique », « la chanson », l'« écoute », les « hymnes », la « voix », le « rythme », la « lyre », le « chœur[215] ». La musique est, pour finir, dans ses répétitions, « -Harmonique chaîne que tendit l'aube, / Cordes de l'orphique lyre de Vie- / Passe et repasse la chanson des nids / -Trame de joie ourdissant ta robe / De l'Avril en l'Avril, Eurythmie[216] ». On peut comprendre, à lire les maillons de cette « chaîne », pourquoi un critique de *La jeune Belgique* relève, pour le poème dans son entier, un « soupçon d'emphase » et « des mots trop directs[217] ». Vielé-Griffin récidive en 1914 avec *Voix d'Ionie*, dans sa propension à aborder de front l'eurythmie et l'art. Les vers du personnage de Dédale énoncent une définition globale de « [l']art », parti de l'« eurythmie » et « si vaste [...] qu'il enveloppe en soi tous les contraires », soumis en outre à « la loi cosmique des équilibres[218] ». Le bref détour par Vielé-Griffin, collaborateur de *La Phalange* quand Frick y entre[219], signale, s'il était besoin, que l'eurythmie des poèmes de Frick ne rejoint pas uniquement Royère et pourrait remonter jusqu'aux *Fusées* de Baudelaire, là où l'« Eurythmie du caractère et des facultés[220] » s'applique peut-être davantage au poète qu'à sa poésie.

L'eurythmie date des débuts de la poésie de Frick dans les revues, d'une époque où on peut considérer Frick au plus près de Royère et

215 Francis Vielé-Griffin, « Eurythmie – L'art », *Poèmes et poésies*, Paris, Mercure de France, 1907, p. 219-233 (p. 222-230).

216 *Ibid.*, p. 231.

217 Albert Arnay, compte rendu de *Dyptique*, *La Jeune Belgique*, 11e année, tome X, no 7, juillet 1891, p. 286-287 (p. 287).

218 Francis Vielé-Griffin, « Pasiphaé », *Voix d'Ionie*, Paris, Mercure de France, 1914, p. 73-90 (p. 83).

219 Vielé-Griffin contribue au « finan[cement] » de *La Phalange*. Voir la note de Gil Charbonnier dans « Valery Larbaud-Jean Royère. Correspondance I », *Cahier Valery Larbaud*, *op. cit.*, p. 70. Tournant cela un peu autrement, Jules Romains fait dire à son personnage Jallez d'*Éros de Paris*, que Vielé-Griffin « patronne » « officieusement » *La Phalange*. Jules Romains, « Éros de Paris », *Les hommes de bonne volonté*, Paris, Robert Laffont, 2003, p. 499-646 (p. 637). Vers 1910, Vielé-Griffin joue l'intermédiaire entre Royère et Gide, et par contrecoup, entre Gide et *La Phalange*, entre celle-ci et la *Nouvelle Revue française*. Se reporter à André Gide, *Correspondance avec Francis Vielé-Griffin, 1891-1931*, éd. Henry de Paysac, Lyon, Presses Universitaires de Lyon, 1986, p. 42-48 et 51-54.

220 Charles Baudelaire, « Fusées – XI », *Œuvres complètes*, I, éd. Claude Pichois, Paris, Gallimard, 1975, p. 658-660 (p. 658).

son « verbe d'azur[221] ». Le poème « Accalmie », paru en 1907 dans *La Phalange* et repris dans *Girandes* avec une dédicace à Georges-Armand Masson, fait rimer en interne « Accalmie » et « eurythmie » : « Accalmie évoquant de sades eurythmies[222] ». L'épithète « sades » conserve, de son sens d'ancien français, l'agréable et le gracieux, et prête à l'eurythmie un surcroît d'harmonie, mais Sade, portraituré dans *Enif* en « Marquis frappeur », n'est pas à exclure dans un « paysage » « d'ineffables pudeurs » alliées à « de languides violes », peuplé d'un « je » « [r]avi[223] ». L'eurythmie se déploie encore dans le *Bélier* pour caractériser le cadre – cadre d'une poésie – que forment « le pont des Arts » et « la Seine », « fleuve [...] plus pur que le golfe hellénique[224] ». Le recueil de 1916 compte ailleurs, dans la description d'un moment d'écriture où le langage se découvre à deux, l'« eurythmie » parmi les éléments permettant d'obtenir « une phrase » idéale, en plus de la « pensée » et la « forme[225] ». Le poème réunit, de la sorte, Frick et Marc Brésil en camarades de « lycée » et de « baignades » « dans la Méditerranée », avec leur second souffle d'amitié à Montmartre avant-guerre, « [é]perdus l'un et l'autre en présence d'une phrase pleine réalisant cet ensemble trinitaire : pensée, forme et eurythmie[226] ».

---

221 Frick, « Accalmie », *Girandes*, *op. cit.*, p. 10. Quand il est question de Jean Royère en 1919, l'eurythmie est mise en avant, définie dans *Les Trois Roses*, sur un plan symboliste, en tant que « libération » « des ensembles plastiques, architectures et musiques des sens et de l'imagination, qui accompagnent toujours le lever abstrait de l'idée ». Marcelle-Frantz Simon, « Le poète Jean Royère », *Les Trois Roses*, nº 11-12, avril-mai 1919, p. 163-168 (p. 166-167). L'eurythmie est soumise au politico-culturel dans *La Phalange* nouvelle, ainsi que discuté à l'avant-dernier chapitre.

222 Frick, « Accalmie », *Girandes*, *op. cit.*, p. 10.

223 *Idem.*

224 Frick, « Les Six Jours », *Sous le Bélier*, *op. cit.*, p. 24.

225 Frick, « Phases », *Sous le Bélier*, *op. cit.*, p. 73.

226 *Ibid.*, p. 72-73. En 1912, Frick remet en contact Brésil et Apollinaire, anciens élèves au lycée de Nice, précise Laurence Campa, *Guillaume Apollinaire*, *op. cit.*, p. 391. Après leur rubrique commune à *La Phalange*, Frick et Brésil lancent, avec Louis de Monti de Rezé, *Les Écrits français* en décembre 1913, au moment des dernières agonies de *La Phalange*. Warnod fait savoir, en juin puis en août, que Frick et Brésil vont ensemble diriger une revue d'importance pour les jeunes, sans précision de titre, prolongation de *La Phalange* ou inauguration des *Écrits français*. Voir sa rubrique des « Petites nouvelles des lettres et des arts » dans *Comœdia*, les 16 juin et 17 août 1913. Pour *La Phalange*, Royère affirme avoir « rompu avec le condominium Frick, Brésil, de Monti » sur « l'allure de la revue », dans sa lettre à Larbaud, du 20 novembre 1913, dans « Valery Larbaud-Jean Royère. Correspondance I », *Cahier Valery Larbaud*, *op. cit.*, p. 123. Au mois d'août était encore envisagé un rôle pour les trois dissidents, selon la lettre de Royère à Henri Hertz, du 24 août 1913, reproduite par Michel Décaudin, « *La Phalange* en 1913... », dans *Tradition*

Robert Valançay relève de « Phases », en 1929, « l'eurythmie » comme partenaire de « l'esthématique », une mode propre à « [l']esthète[227] », et qui est celle de Frick et Brésil à l'époque de Montmartre, du moins dans les souvenirs de « Phases[228] ». Valançay complète son propos par l'effet de cette eurythmie sur les deux jeunes poètes, en les replaçant dans « l'ampleur magique d'un printemps qui se dévêt[229] », ainsi « vêtu[s] », dit le poème, des « mêmes parures », « selon la norme de l'esthématique[230] ». Carco les revoit agrégés à la foule de clients du Lapin Agile, où Brésil porte seul, mais pour tous les deux peut-être, le monocle[231]. L'eurythmie autour de laquelle Frick et Brésil communient dans le poème du *Bélier* est bien aussi chez Brésil en 1913 pour caractériser Roinard, au « nom majestueusement eurythmique[232] ». Celle-ci ne demeure pas, pour Frick, enfermée dans une époque, en vestige d'une poétique. Elle est l'équivalent, en 1955, de l'instant parfait de la rencontre amoureuse, « un soir eurythmique[233] », avec la Phalérinienne. L'eurythmie reçoit la

---

et modernité : Mélanges offerts à Maciej Zurowski, éd. Gérard Beauprêtre *et al.*, Varsovie, Éditions de l'Université de Varsovie, 1989, p. 113-117 (p. 114-116). En septembre est annoncée une poursuite de *La Phalange* avec Royère aux commandes, assisté de quatre « directeurs », les mêmes et Henri Aimé. Voir « Transformations », rubrique « Les Lettres », *Gil Blas*, 35e année, no 13358, 17 septembre 1913, p. 4. Voir aussi, pour le flottement à *La Phalange*, L. W. P., « La Boîte aux Lettres », *L'Intransigeant*, 33e année, no 12123, 23 septembre 1913, p. 2. En juin 1917, Royère entretient quelques espoirs d'un retour de *La Phalange*, laissant entendre qu'elle n'est qu'« en sommeil depuis la mobilisation ». Jean Royère, « *Le Bandeau sur le front* », *L'Est républicain*, *op. cit.*, p. 3.

227 Robert Valançay, compte rendu de *Poetica*, cité par Lucien Peyrin, « Courrier littéraire », rubrique « Les Lettres », *L'Homme libre*, *op. cit.*, p. 2.

228 À sa parution, *Poetica* est en première page de *Comœdia* avec l'intégrale de « Phases » suivi d'« Hymne » et précédé d'un long passage romanesque, « Soudain, il pleut doucement… », qu'interrompt comme à propos le premier vers de « Phases », « Je laisse tout à coup le roman que je parcours… ». Frick, « Poèmes en prose », *Comœdia*, 23e année, no 6086, 14 septembre 1929, p. 1. L'ensemble est attribué à Frick, sous des allures de canular. Un entrefilet, le lendemain, s'excuse par une « erreur de mise en page ». « Les poèmes en prose de M. Louis de Gonzague-Frick », *Comœdia*, 23e année, no 6087, 15 septembre 1929, p. 3.

229 Robert Valançay, compte rendu de *Poetica*, cité par Lucien Peyrin, « Courrier littéraire », rubrique « Les Lettres », *L'Homme libre*, *op. cit.*, p. 2.

230 Frick, « Phases », *Sous le Bélier*, *op. cit.*, p. 72.

231 Francis Carco, « Préface », *Les Veillées du « Lapin Agile »*, Paris, L'Édition française illustrée, 1919, p. V-XIX (p. XII).

232 Marc Brésil, « À l'ombre des… cantiques », *L'Heure qui sonne*, 3e année, janvier 1913, p. 12-13 (p. 13). Outre Allard, Royère, Apollinaire…, Brésil côtoie Frick et son « Los à P.-N. Roinard », dans ce numéro spécial Roinard de la revue dirigée par Gaston Picard.

233 Frick, « La Phalérinienne », *Abrupta nubes*, *op. cit.*, p. 22.

ferveur la plus directe dans le recueil d'*Enif*, en lien avec le « lyrisme », les « vers », « l'art » et la « poésie », dans la présence d'Apollinaire « en grand César » et, encore, la Phalérinienne : « Eurythmie on vous aime à l'égal d'une sainte[234] ».

Quant à l'euthymie, tranquillité d'âme, sérénité valorisée par l'antiquité, à une lettre près de l'eurythmie, elle est placée chez Frick dans un lieu de rébellion à l'ordre, « au dortoir », avec un « bel et calme et solitaire enfant » dont les « yeux » sont le lien à la « poësie[235] ». On entend les injonctions au « travai[l] » du « Maître », qui « ment », car « la vérité » est ailleurs, à travers « la prunelle » de l'œil de l'enfant, dans la « lumière » qui en émane, dans la « nuit » et les « songe[s] », et au réveil, « ses yeux [ont] plus de lumière que le soleil levant[236] ». La scène scolaire du dortoir d'« Euthymie » éloigne des vers plus éthérés de Royère et peut fournir un exemple de l'autre part du constat de Billy selon lequel Frick « ne fut jamais de [l']obédience[237] » de Royère. De douze ans l'aîné de Frick, directeur des *Écrits pour l'art* en 1905 puis de *La Phalange*, avec une œuvre déjà en bonne voie et des banquets en son honneur, Royère a, sur Frick, une longueur d'avance qui définit leurs relations. La certitude d'avoir, immuable, l'affection admirative de Frick transparaît dans un envoi autographe de Royère en 1928, quand il lui adresse son recueil *Ô Quêteuse* : « voilà mon dernier-né vous l'aimerez puisque vous m'aimez[238] ». La lecture par Frick de cette plaquette de 1928 est conservée dans un manuscrit où Frick déploie une sensualité inattendue pour dire le goût de la « poésie » de Royère, saisie dans « la saveur physique de goyaves » et inscrite de manière typique « dans le plus sonore cristal[239] ». À travers *Quêteuse*,

234 Frick, « Favones », *Enif*, *op. cit.*, p. 26.

235 Frick, « Euthymie », *Girandes*, *op. cit.*, p. 15.

236 *Idem.*

237 André Billy, *Le Pont des Saints-Pères*, *op. cit.*, p. 151. L'année précédente, en 1946, Frick a apporté sa caution aux écrits de Billy dans un « Acrostiche » où les deux « L » de son nom font ressortir sous sa signature « Les livres les plus vrais où nul ne saurait mettre / La force d'un penser aussi clair ». Frick, « Acrostiche », *Quantité discrète*, *op. cit.*, p. 36. À quelques pages de là, le poème « Effulguration » tient Billy dans une estime grandissante.

238 Envoi autographe à Frick dans l'exemplaire 124, sur vélin, du recueil de 1928 de Royère, *Ô Quêteuse*, indiqué dans « Jean Royère – Essai de bibliographie », *Les Féeries intérieures*, mars 2008, sur le site lesfeeriesinterieures.blogspot.ca. Consulté le 20 mars 2013.

239 Frick, « Jean Royère, poète de l'éther absolu », manuscrit autographe signé, non daté, en vente à la Librairie Charmoy, de Nyons (Drôme), sur le site marelibri.com. Consulté le 10 novembre 2014.

Frick rassemble un féminin royéresque – telle « l'épouse Marie » – auquel parviennent des « incantations[240] », toujours dans le registre de l'audible.

Dans la même période mais au rang des commérages, la mort de Roinard fait se heurter deux sensibilités opposées, celle de Frick et celle de Royère. Le peu de considération de Royère pour la douleur de Frick dit bien la position où Royère se maintient dans ses échanges avec son cadet, du banquet de *La Phalange* aux *Écrits français*, à *Comœdia*, au *Manuscrit autographe*. Une anecdote suivant les obsèques de Roinard est rapportée, de seconde main, par Léautaud, qui a le loisir d'arranger les faits[241]. Royère aurait, moins d'une semaine après la cérémonie au Père-Lachaise, « traité » le défunt de « con » et de « cul », en présence de Frick, pour l'idée que Roinard avait eue de faire jouer son disque « pendant [...] l'incinération de son corps[242] ». Un texte typographié en forme de cercueil, « In mémoriam », cosigné Valançay et Eugène Humbert, rappelle en effet « [l]a volonté, maintes fois exprimée » par Roinard, « de faire entendre sa voix durant sa crémation[243] ». Roinard a prévu les deux minutes de lecture de son poème « Fidèle souvenance », tiré de *La Mort du rêve*, où revient régulièrement le morceau de vers « J'ai dans ma vie[244]... ». La rubrique « Poètes d'hier » du *Figaro*, en 1933, restitue du poème « le souvenir d'une minute d'or / Qui tinta si longtemps qu'elle retinte encor / En ce lieu », extrait à l'effet fantomatique perçu par l'oreille « tandis que [le] corps disparaissait[245] ». La voix diffusée de Roinard, pleine d'emphase, est une voix issue de deux

240 *Idem.*

241 Pour un exemple révélateur de la manière de procéder de Léautaud dans son *Journal*, voir Philippe Lejeune, *Autogenèses – Les Brouillons de soi, 2*, Paris, Seuil, 2013, p. 185-186.

242 Paul Léautaud, entrée du 5 novembre 1930, *Journal littéraire – II*, *op. cit.*, p. 647. Ce passage du *Journal*, où Auriant est l'informateur de Léautaud, est relevé par Vincent Gogibu dans son édition de Jean Royère et André Gide, *Lettres (1907-1934)*, [Eaubonne], Éditions du Clown Lyrique, 2008, p. 33. Frick joue le rôle d'intermédiaire entre Auriant et Aubrun au moment de *La Guiterne*, et Auriant continuera sa collaboration dans *Quo Vadis*. Voir Auriant, *Une vipère lubrique, Paul Léautaud*, Bruxelles, Ambassade du livre, s. d., p. 18.

243 R[obert] V[alançay] et E[ugène] H[umbert], « In mémoriam Paul-Napoléon Roinard », dans *En souvenir du 15 février 1930*, *op. cit.*, p. 15.

244 Paul-Napoléon Roinard, enregistrement de « Fidèle souvenance », le 6 janvier 1914. Archives de la parole, sur le site gallica.bnf.fr. Un autre extrait de *La Mort du rêve*, « Le Vieux », a aussi été gravé.

245 Emmanuel Aegerter, « Poètes d'hier – Paul-Napoléon Roinard », *Le Figaro*, 108e année, n° 7, 7 janvier 1933, p. 6.

lointains, puisque cet enregistrement pour les Archives de la parole date de 1914[246].

Une partie du déplaisir de Royère au son du phonographe dans le columbarium tient au fait qu'il avait enregistré sa propre voix sur disque, en 1913, sans la destiner de toute évidence à la postérité conçue par Roinard[247]. Royère est proche de ces disques d'avant-guerre, et les Treize remarquent qu'il « groupe autour de lui les savants de la phonétique et du vers libre[248] ». Il agirait, « en quelque sorte », comme « fournisseur officiel de poètes pour les Archives de la Parole[249] ». C'est à ce titre, sans doute, que Royère introduit, le 27 mai 1914, la séance d'écoute organisée à la Sorbonne avec le directeur des Archives, Ferdinand Brunot, qui « servait d'opérateur » pour changer les disques, dans la présence de plusieurs des poètes enregistrés, Hertz, Spire, Ghil, Maurice de Faramond, Apollinaire, venus ainsi se contempler en orateurs et renouveler auprès de leurs pairs « l'étonnement[250] » de la première écoute. Dans son compte rendu de la « séance », pour le *Mercure*, Apollinaire se fixe sur la clarté des voix, constatant en série, pour des lecteurs habités

246 Le Musée de la parole et du geste, où est « déposé » le « disque » de Roinard, est, à partir de 1928, la nouvelle version des Archives de la parole. R[obert] V[alançay] et E[ugène] H[umbert], « In mémoriam Paul-Napoléon Roinard », dans *En souvenir du 15 février 1930*, *op. cit.*, p. 15. Selon Mercereau, qui met un peu de flou dans l'affaire, Roinard aurait enregistré les strophes diffusées au Père Lachaise « quelques jours » avant sa mort, survenue le 28 octobre. Alexandre Mercereau, *L'Alliance littéraire*, 1re année, n° 2, novembre 1930, p. 8.

247 De Royère, les Archives de la parole conservent les vers de « Thrène » (« Ce bandeau de ciel las aux tempes de la ville… »), de *Sœur de Narcisse nue*, et une explication sur le rythme.

248 Les Treize, « Revues de jeunes », rubrique « Le Coin du Libraire », *L'Intransigeant*, 30e année, n° 10786, 25 janvier 1910, p. 2.

249 Francesco Viriat, « Orphée phonographe : le rêve du disque poétique », dans *La voix sous le texte*, Actes du colloque d'Angers, 4 et 5 mai 2000, éd. Claude Jamain, Angers, Presses de l'Université d'Angers, 2002, p. 51-60 (p. 53).

250 Voir Apollinaire, dans sa rubrique du *Mercure* « La vie anecdotique », le 1er juillet 1914, « Les Archives de la parole », *Œuvres en prose complètes*, III, *op. cit.*, p. 212-214 (p. 212-213). Cette soirée est racontée plus brièvement dans « Aux archives de la parole », texte publié parmi les inédits d'Apollinaire dans le tome II de la Pléiade, dont une version en réduction, parfois similaire mot pour mot, est parue sous les initiales « J. C. » dans *Les Soirées de Paris*. Se reporter à J[ean] C[érusse] (ou Sergueï Jastrebzoff), « Aux Archives de la parole », *Les Soirées de Paris*, 3e année, n° 25, 15 juin 1914, p. 306. Les activités de Ferdinand Brunot ont pu faire dire, en 1910, que « ce docteur Sorbonnicus » « prépar[ait] à la France une nouvelle richesse littéraire ». Les Treize, « Silhouettes » (Ferdinand Brunot), rubrique « La Boîte aux Lettres », *L'Intransigeant*, 30e année, n° 10966, 24 juillet 1910, p. 2.

de questions similaires, « nous ne comprenions qu'avec peine », « On compris mieux », « on entendit vraiment », « On ne comprit pas mal », « on le comprit parfaitement », « on saisit beaucoup mieux », « J'entendis très bien[251] ». Apollinaire aurait finalement souhaité « chanter[252] » les trois poèmes qu'il enregistre.

Le disque, curiosité en 1914, du vivant de ces poètes, devient rapidement un outil des commémorations, comme lorsqu'à la Coupole, en décembre 1933, « le phonographe ressuscit[e] les voix de Pierre Louÿs et de Guillaume Apollinaire[253] ». L'audition des disques à la Coupole a lieu sous l'égide des Amis de 1914, dont fait partie Royère, lui qui avait déja eu l'idée de faire figurer ensemble dans un programme de « poèmes symbolistes » Apollinaire et Pierre Louÿs, lors de sa présentation de disques à la Sorbonne, à la surprise d'Apollinaire, « moi-même avec Pierre Louÿs[254] ». La distorsion de ces voix bouleverse, surtout quand la technique, censée faire revivre, s'enraye. Présent, en mars 1933, à un premier vendredi Apollinaire des Amis de 1914, Billy « ne reconna[ît] pas la voix » enregistrée qui lit « Le Pont Mirabeau » et le phonographe, « grinça[nt][255] », doit être ajusté dans sa vitesse pour que soit restituée un peu du timbre connu du poète. La voix manque aussi à Salmon, incapable de s'exprimer durablement dans la soirée, trop « ému[256] ». Si cette séance de mars 1933, destinée au souvenir de la triade Moréas-Roinard-Apollinaire, juxtapose le « tragique » du souvenir et la « trivialité[257] » de la technique, la réaction de Royère autour des cérémonies pour la mort de Roinard contient son propre excès.

251 Apollinaire, « Les Archives de la parole », *Œuvres en prose complètes*, III, *op. cit.*, p. 213.

252 Laurence Campa, *Guillaume Apollinaire*, *op. cit.*, p. 456.

253 André de Fouquières, rubrique « La semaine à Paris », *La Semaine à Paris*, 13e année, n° 601, 1er-7 décembre 1933, p. 5.

254 Apollinaire, « Les Archives de la parole », *Œuvres en prose complètes*, III, *op. cit.*, p. 213. *Les Soirées de Paris* soulignent aussi l'étrangeté de l'intitulé du programme, « [m]ais à quoi bon protester ». J[ean] C[érusse], « Aux Archives de la parole », *Les Soirées de Paris*, *op. cit.*, p. 306.

255 « Le souvenir d'Apollinaire », rubrique « Livres et écrivains », *Aux écoutes*, 17e année, n° 775, 25 mars 1933, p. 28. Un an plus tard, Billy intervient avec Frick à l'ouverture d'une exhibition constituée des œuvres d'art ayant appartenu à Apollinaire. « La collection d'Apollinaire va être exposée », rubrique « Les Beaux-Arts », *Comœdia*, 28e année, n° 7712, 22 mars 1934, p. 3.

256 « Le souvenir d'Apollinaire », *Aux écoutes*, *op. cit.*, p. 28.

257 *Idem.* En 1910, à l'enterrement de Moréas, Frick est noté parmi la large assemblée où figurent Apollinaire, Roinard, Royère, Salmon… Voir André Warnod, « Les obsèques de Jean Moréas », *Comœdia*, 4e année, n° 916, 3 avril 1910, p. 2.

L'audition posthume de Roinard au Père-Lachaise en 1930, devant un public nécessairement captif, fait perdre à Royère tout égard pour lui et, à un moindre degré, pour Frick, « éberlué » et « désemparé » des insultes de Royère, qui, dans le récit du journal de Léautaud, renonce catégoriquement à son « admir[ation][258] » passée pour Roinard. Royère avait été, en 1923, à la tête des Artisans du Verbe-Société des amis de Roinard[259]. En 1909, il contribue aux préparatifs du banquet Roinard, prévu le 14 juin au café Voltaire, avec un comité incluant Frick, Strentz, Apollinaire, Polti, ou encore Jacques Mortane[260]. Royère n'est pas sans savoir, en 1930, la part que Frick a eue avec Strentz à l'organisation des « obsèques » de Roinard, précision apportée par le *Mercure* à la mi-novembre, qui considère Frick « toujours prêt à mettre son zèle au service du talent malheureux[261] ». Arrivé probablement en position de demandeur, en ce début de novembre 1930, sur le lieu de travail de Royère, à l'Hôtel de Ville de Paris, Frick n'est pas complètement libre de ses répliques à Royère. Léautaud suppose que Frick a rendu visite à Royère en raison de la nécessité, souvent pressante chez lui, « de se faire prendre des vers[262] », ici dans la revue du moment de Royère, *Le Manuscrit autographe*, où il n'existe guère trace de Frick sur ses huit années d'existence, de 1926 à 1933.

En 1953, Frick se sentira plus heurté encore à lire « un certain Jean Royère », dans *Le Figaro littéraire*, « prétend[re] avoir découvert[263] » Apollinaire. Royère avait déjà déclaré à Solomon Rhodes, dans un

258 Paul Léautaud, entrée du 5 novembre 1930, *Journal littéraire – II*, *op. cit.*, p. 647. L'attention que Royère accordait dans le passé à Roinard est redite sur le moment par Frick. Dans son recueil de 1919, réédité en 1924, Royère avait réservé un poème à Roinard où « l'eau des *Miroirs* est une humaine lyre » et où un « verbe vivant » soutient *La Mort du rêve*. Jean Royère, « Thrène » (« Roinard… »), *Par la Lumière peints…*, *op. cit.*, p. 43-44. Le poème est paru en janvier 1913 dans *L'Heure qui sonne*.

259 Jean Valmy-Baysse, « Lire ou de la beauté pour le peuple », *Floréal*, *op. cit.*, p. 139.

260 Voir André Warnod, « Littérature », rubrique « Petites nouvelles des lettres et des arts », *Comœdia*, 3e année, nº 610, 1er juin 1909, p. 2.

261 L. M., « Mort de P.-N. Roinard », *Mercure de France*, *op. cit.*, p. 248. Quelques lignes de *La Proue* font écho aux informations du *Mercure*. Voir « Notules », *La Proue*, 2e année, cahier 12, décembre 1930, p. 38.

262 Paul Léautaud, entrée du 5 novembre 1930, *Journal littéraire – II*, *op. cit.*, p. 647.

263 Lettre de Frick à Pierre Boujut, non datée, estimée à mars 1953, dans « Louis de Gonzague Frick », *La Tour de Feu*, *op. cit.*, p. 9-10 (p. 10). La lettre est plus vraisemblablement du mois de janvier, en raison de sa référence au « *Figaro littéraire* du 3 courant », c'est-à-dire du 3 janvier. *Idem*.

entretien de 1933, qu'Apollinaire était son « disciple[264] ». Le chapeau de l'article du *Figaro*, vingt ans plus tard, annonce en larges lettres que ce fut le « fondateur de *La Phalange* qui découvrit Apollinaire, Thibaudet et Larbaud[265]… ». Paul Guth, qui est allé interviewer Royère chez lui, rue Franklin, réitère en introduction ce rôle de Royère « aux abords de 1906[266] ». Le grief de Frick peut s'adresser autant à Royère qu'à Paul Guth et à ses procédés journalistiques, voulant faire collectionner à Royère les exploits d'« inventeur », « fondateur » et « découvr[eur][267] ». Dans cette période des années cinquante où les retours des témoins sur Apollinaire sont nombreux, ce à quoi n'échappe pas Frick, sa lettre à Pierre Boujut cherche à rectifier Royère sur le point précis de l'arrivée d'Apollinaire dans la sphère de *La Phalange*. Frick insiste avoir « condui[t] » Apollinaire, « un soir de fin d'automne 1907[268] », au domicile de Royère. Il ajoute aussi, pour relativiser l'importance accordée par l'article à Royère, que *La Phalange* n'était pas seule à ouvrir ses pages à Apollinaire : « Que fait-il donc ce bonhomme de *La Grande France*, *La Plume*, *La Revue Blanche*[269] » ? En même temps, Frick peut songer au rôle, très tôt, de Roinard qui, en 1903, dirige Apollinaire vers *La Plume*[270]. Les informations approximatives ou les omissions de Royère sont à recevoir, selon Frick, comme « un humbug pour champ de foire », au détriment de la rédaction de « [l']histoire de la littérature[271] », qu'elles intègrent pourtant.

---

264 S[olomon] A[lhalef] Rhodes, « A Militant "Musicist" : Jean Royère », dans « Candles for Isis, II », *The Sewanee Review*, vol. 41, n° 3, juillet-septembre 1933, p. 286-287 (p. 286).

265 Paul Guth, « Pour saluer Jean Royère », *Le Figaro littéraire*, 8e année, n° 350, 3 janvier 1953, p. 4. L'instinct de Royère pour les « talents » est, de fait, largement admis, Gogibu parlant de « formidable faculté de découvreur », d'après les réflexions de Larbaud de 1926 sur *La Phalange*. Vincent Gogibu, « Préambule » à Jean Royère et André Gide, *Lettres (1907-1934)*, *op. cit.*, p. 9-23 (p. 17).

266 Paul Guth, « Pour saluer Jean Royère », *Le Figaro littéraire*, *op. cit.*, p. 4.

267 *Idem.*

268 Lettre de Frick à Pierre Boujut, non datée [janvier 1953], dans « Louis de Gonzague Frick », *La Tour de Feu*, *op. cit.*, p. 10.

269 *Idem.*

270 Voir Willard Bohn, « Selected Apollinaire Letters, 1908-1918 », *French Forum*, *op. cit.*, p. 105.

271 Lettre de Frick à Pierre Boujut, non datée [janvier 1953], dans « Louis de Gonzague Frick », *La Tour de Feu*, *op. cit.*, p. 10. L'entretien de Royère, réalisé dans la manière caractéristique de Paul Guth, et la lettre de Frick contribuent à une « histoire littéraire des écrivains », à laquelle le journalisme prend part. Cette histoire « rédigée par » ses acteurs « se déploie sur les marges des discours spécialisés », où à l'occasion un contemporain est sollicité, tel Frick par l'universitaire Décaudin pour information sur Apollinaire. Voir le modèle

L'article de Paul Guth situe Royère dans un lieu de « recrutement de notre histoire littéraire », à « l'Hôtel de Ville » de Paris où il était « ron[d]-de-cuir[272] », dans une longue lignée, au nombre desquels Klingsor et Verlaine. Plus observateur en 1933, Salmon considère Royère héritier du « fonctionnarisme » qui a fait vivre beaucoup d'écrivains du XIXe siècle, et dernier du genre, puisque même à *La Phalange* les « mal rentés » boudent l'administration et bifurquent vers « le journal[isme] » et sa caste de « grands reporters », où Salmon subsiste mais qui aurait « tué plusieurs poètes[273] ». L'article part de la création encore récente de l'Association amicale des Littérateurs-fonctionnaires des administrations centrales et assemblées, à laquelle appartient Jean Cassou, à l'inspection des Beaux-Arts, et dont le poète du *Beffroi* Léon Bocquet, relation d'Allard, est vice-président[274]. Salmon commence à poser les questions que *Comœdia* va formuler en des termes à la Courteline, encore éloignés d'une approche sociologique : « Fonction de l'écrivain, fonction du fonctionnaire : les beaux, les inépuisables sujets[275] ! » La réaction de Frick, en 1924, à une hypothétique prise de poste comme « ministre des lettres » témoigne de son aversion pour les hiérarchies du pouvoir politique, et il est peu porté à endosser le rôle de « la rainette » qui fait sa « demand[e] au roi[276] ».

Le Jean Royère de 1918 peut, à lui seul, sans l'intervention de Frick ni celle des études apollinariennes, corriger le Royère de l'entretien au *Figaro* de 1953. À la mort d'Apollinaire, et conscient déjà peut-être d'une entrée dans la mémoire, Royère écrivait en effet dans *Les Trois Roses* : « en 1906, Louis de Gonzague Frick m'avait fait connaître Apollinaire qui devint dès

---

proposé par Jean-Louis Jeannelle, « Pré-histoires littéraires – Qu'est-ce que l'histoire littéraire des écrivains ? », dans *Les écrivains auteurs de l'histoire littéraire*, éd. Bruno Curatolo, Besançon, Presses Universitaires de Franche-Comté, 2007, p. 13-30 (p. 19).

272 Paul Guth, « Pour saluer Jean Royère », *Le Figaro littéraire*, *op. cit.*, p. 4.

273 André Salmon, « L'autre métier », rubrique « Les Lettres », *L'Intransigeant*, 53e année, n° 19500, 7 janvier 1933, p. 2.

274 Sur les débuts de l'association, présidée par Maurice Le Blond, voir Les Treize, « Les littérateurs-fonctionnaires », rubrique « Les Lettres », *L'Intransigeant*, 53e année, n° 19206, 24 mai 1932, p. 2. La « solidarité » est le but de ce groupement, selon le *Journal Officiel de la République française*, 65e année, n° 47, 24 février 1933, p. 1863.

275 F[ernand] L[ot], « Les écrivains fonctionnaires fêtent André Payer », *Comœdia*, 28e année, n° 7993, 28 décembre 1934, p. 3.

276 Frick, réponse à l'enquête de Gaston Picard dans *La Revue mondiale*, citée par P[aul] S[ouday], « Si vous étiez ministre des lettres… », *Le Temps*, 64e année, n° 22821, 1er février 1924, p. 1.

lors mon ami[277] ». Un échange entre Apollinaire et Royère inclut Frick dans un rendez-vous proposé, où serait aussi présent Matisse[278]. En 1956, Frick mentionne à sa correspondante Élise Champagne l'isolement de Royère, en retrait du monde. L'expédition de la lettre coïncide avec les nouvelles de la mort de ce témoin des débuts de Frick, survenue le 4 février et notée sur le dos de l'enveloppe[279]. Royère était devenu avant son décès, selon Frick, « le Silentiaire de la rue Franklin[280] », au sens de « poète byzantin » comme le propose Lobet ou bien ce silentiaire qui avait fonction d'huissier, à savoir Royère contrôlant les entrées et sorties du siège du 33, rue Franklin, où il avait installé *La Phalange* nouvelle série. Rien ne laisse soupçonner, dans l'article du *Figaro littéraire*, l'existence de la revue ainsi « ressuscit[ée][281] », qui poursuit la numérotation de sa première incarnation, toujours sous la direction de Royère, vite épaulé par Armand Godoy.

La nouvelle *Phalange*, conçue en prolongement de l'ancienne mais réorientée vers le fascisme, diffuse une « glowing apotheosis of Latinity » et œuvre à la défense d'une « Latin race » dans une époque avide d'un « directing spirit[282] », recevant par ces mots l'adhésion d'un de ses lec-

277 Jean Royère, « Guillaume Apollinaire », *Les Trois Roses*, *op. cit.*, p. 73-74 (p. 74). Sur les démarches de Frick auprès de Royère en faveur d'Apollinaire, qui mènent aux premières publications de celui-ci dans *La Phalange*, voir le détail fourni par Laurence Campa, *Guillaume Apollinaire*, *op. cit.*, p. 226-227.

278 Lettre d'Apollinaire à Jean Royère (destinataire supposé), non datée, postérieure à 1907, en vente par Sotheby's, lot 119, le 15 mai 2012, sur le site sotheby's.com. Consulté le 30 octobre 2014.

279 Lettre de Frick à Élise Champagne, à estimer autour du 4 février 1956, dans Marcel Lobet, « Les amitiés belges », *Bulletin de l'Académie Royale*, *op. cit.*, p. 234-236 (p. 236).

280 *Ibid.*, p. 235. Dans une lettre à Valançay, un autre « silentiaire », Max Jacob, ne peut rien contre le « sombre » « avenir ». Lettre de Frick à Robert Valançay, non datée, estimée à 1930, sur papier à en-tête de la « Fabrique d'imperméables » Fleury. Getty, LA (950057). Le poème de 1943, « Proxima nocte », fait voisiner un « Bibliophile » « Jacob » et des « [r]etraités silenciaires » dans une atmosphère de « Comédie » inquiétante. Frick, « Proxima nocte », *Quantité discrète*, *op. cit.*, p. 33.

281 La Direction [Royère et Godoy], « Hosanna sur le sistre et dans les encensoirs ! », *La Phalange*, nouv. série, 9e année, n° 3, 15 février 1936, p. [193]. Godoy a publié, en 1928, un recueil intitulé *Hosanna sur le sistre*. En mai, le retour de *La Phalange* continue d'être discuté dans la revue, en lien à « la poésie » « puis » à « Mussolini ». Jean Royère et Armand Godoy, « Entre les pis de la Louve – IV – Le génie et la bonté », *La Phalange*, nouv. série, 9e année, n° 6, 15 mai 1936, p. 483-486 (p. 483). « [L']exaltation de Franco et Mussolini » au sein de la seconde *Phalange* est notée dans Valery Larbaud, *D'Annecy à Corfou – Journal 1931-1932*, éd. Claire Paulhan et Patrick Fréchet, Paris, Éditions Claire Paulhan-Éditions du Limon, 1998, p. 49.

282 Voir le philologue Alexander Haggerty Krappe, « Armand Godoy and *La Phalange* », *The French Review*, vol. 11, n° 5, mars 1938, p. 396-398 (p. 396). Cette source, à manier

teurs d'Amérique en 1938. Dans sa discussion de 1933 avec Solomon Rhodes, compilateur de Mallarmé cette année-là, Royère suggère une vertu salvatrice à extraire du musicisme, qui délivrerait non seulement l'art mais le monde de l'anarchie[283]. Durant sa visite, Rhodes est frappé des manières « facil[es] » et « viv[es] » de Royère, qui s'apparentent à celles d'un « political orator on the stump[284] », de l'homme politique en campagne. *La Phalange* de 1935 est déjà à l'horizon. Alexandre Toursky, découvert très jeune quand redémarre *La Phalange* avec la promesse enthousiaste faite au lecteur de publier ses poèmes « [d]ans chacun de[s] numéros », parle sans ambiguïté, en 1963, de « cette extravagante nouvelle *Phalange* fasciste[285] », mais sans vraiment recevoir d'écho. Toursky assigne à « un futur compilateur » la tâche de « feuillete[r] » avec « ahurissement » la série de la « nouvelle *Phalange*[286] » et sortir de l'oubli sa pente politique, comme si ce type d'archéologie se heurtait alors à une réticence.

À l'été 1937, *La Phalange* entend être « devenue le symbole » de « la Nation latine », constituée de « l'Italie, de la France et de l'Espagne nationale[287] », et un lieu d'échange entre auteurs de ces trois pays. La revue s'intéresse initialement, et de manière durable, à l'Italie de Mussolini, puis joue pleinement la politique de son titre en se tournant, à partir du 15 octobre 1936, vers l'Espagne de Franco, sans négliger sur cet itinéraire Maurras. Royère laisse peut-être un moment de côté ce qui peut séparer son néo-symbolisme du néo-classicisme de feu l'école romane, dont il craignait, en 1927 dans une lettre à Larbaud, la puissance des réseaux de diffusion, avec *L'Action française* et Eugène Marsan, l'un de ses « Orionides[288] ». Sa revue du moment, *Le Manuscrit*

---

avec réserve, est utilisée pour Godoy et *La Phalange* par Delphine Viellard, dans son introduction à « Valery Larbaud-Jean Royère. Correspondance II », *Cahier Valery Larbaud*, *op. cit.*, p. 13-40 (p. 25).

283 S. A. Rhodes, « A Militant "Musicist" : Jean Royère », *The Sewanee Review*, *op. cit.*, p. 287.

284 *Ibid.*, p. 286.

285 Note au poème de Toursky, « Christ », *La Phalange*, nouv. série, 9e année, nº 3, 15 février 1936, p. 199 ; et Alexandre Toursky, « Profils perdus », *Les Cahiers du Sud*, *op. cit.*, p. 85.

286 *Idem.*

287 « Ainsi que nous l'avons fait l'année dernière… », *La Phalange*, nouv. série, 10e année, nº 21, 15 août 1937, p. [866].

288 Dans *L'Ère nouvelle*, en 1921, Frick a l'expression Orionide pour celui qui contribue à la chronique d'Orion, Eugène Marsan. L'article bienveillant de Frick est repris par Abel Manouvriez dans la rubrique « Revue de la presse », *L'Action française*, 14e année, nº 339, 5 décembre 1921, p. 3.

autographe, semble à Royère devoir mener une lutte inégale contre ce « classicentrisme [qui] nous submerge[289] ». Plus tôt, autour de 1910, lors des enquêtes et débats sur la crise du français, *La Phalange* avec Royère et Vielé-Griffin participait à la campagne contre les tenants de la culture classique, hostiles aux programmes de l'Instruction publique tels qu'ils étaient redessinés en 1902 au détriment des langues anciennes[290]. Royère avait face à lui Eugène Montfort et *Les Marges*, Maurras et *Les Guêpes*, sorte de survivance des discordes entre symbolisme et école romane, à insérer dans la plus globale « querelle des Anciens et des Modernes » à laquelle se joint Louis Rougier dans *La Phalange* en 1913, avec une amplification l'année suivante dans l'ouvrage d'Hubert Gillot, qui vient aussi à l'appui des modernes[291].

Pour Royère dans les années trente, l'effort de construire une latinité et de mettre en place des réseaux entraîne *La Phalange* nouvelle à intégrer un type de classicisme appelé par le fascisme. Au printemps 1937, l'arrestation de Maurras suscite en sa défense une courte « protest[ation] » solennelle signée Royère et Godoy, en faveur du « grand poète et grand patriote[292] », imprimée au dos de la couverture de la revue, répétée sur plusieurs mois. Une fois hors de prison, Maurras est « l'austère écrivain politique » d'un article de *La Phalange* s'interrogeant sur « La France… quelle France[293] ? » Son ouvrage *Mes idées politiques* paraît en cette année 1937 avec des égards pour le régime dictatorial fasciste qu'il maintient en deçà de la figure du monarque, de quoi cependant rendre heureux

---

289 Lettre de Jean Royère à Valery Larbaud, du 30 octobre 1927, dans « Valery Larbaud-Jean Royère. Correspondance II », *Cahier Valery Larbaud*, *op. cit.*, p. 163-164. Dans les faits et à son échelle, *Le Manuscrit autographe* constitue un lieu de publication pour La Tailhède, Ernest Raynaud, Maurras et son poète de prédilection, Moréas. Voir la lettre de Jean Royère à Valery Larbaud, du 29 septembre 1926, dans « Valery Larbaud-Jean Royère. Correspondance II », *Cahier Valery Larbaud*, *op. cit.*, p. 140-143.

290 Une chronique sur le vif de ces antagonismes se lit dans les Courriers littéraires de 1910-1912 d'Alain-Fournier pour *Paris-Journal*, rassemblés sous le thème du « Front de la culture », avec une introduction, par André Guyon, dans Alain-Fournier, *Chroniques et critiques*, *op. cit.*, p. 181-230.

291 L[ouis] Rougier, « La reprise de la querelle des Anciens et des Modernes », *La Phalange*, 8e année, n° 82, 20 avril 1913, p. 321-339. L'orientation de *La querelle des anciens et des modernes* de Gillot est examinée par Martha Hanna, *The Mobilization of Intellect*, *op. cit.*, p. 48-49.

292 Jean Royère et Armand Godoy, « Nous protestons… », *La Phalange*, nouv. série, 10e année, n° 17, 15 avril 1937, p. [482].

293 Ezio M. Gray, « La France… quelle France ? », *La Phalange*, nouv. série, 10e année, n° 21, 15 août 1937, p. 776-781 (p. 780).

Royère et Godoy, prêts peut-être à se ranger à l'avis de Salazar, qui aurait parlé « d'une manière charmante [de] "l'entêtement monarchique de Maurras[294]" ». La première *Phalange* et *L'Action française* de 1909, avec leurs « *penseurs* Royère et Maurras », avaient fait réagir Henri de Régnier qui les abandonne à leurs agitations et les abaisse par la bienveillance de sa formule : « Qu'ils aillent en paix[295] », avec une certaine « prescience[296] », même s'il ne peut anticiper leurs points de convergence futurs.

La Phalange de 1938 retient de Maurras et de son régionalisme une carte des provinces, faiblement remplie par le Languedoc et la Bretagne, qui fournissent chacune leur délégué général à la revue à côté des représentants de plusieurs colonies et pays, dont Charles-André Grouas pour la Belgique[297]. Des quelques proches de Frick à écrire pour la nouvelle *Phalange*, Grouas est le plus régulier. Lui et Royère s'échangent, de janvier à février 1936, des poèmes dédicacés, dont « Les dents du dragon » par Grouas, à l'image fascisante de « Licteur du faisceau pur des consonnes nouvelles[298] ». Avec deux articles de 1935 et 1938, Grouas va aller du côté de Mussolini puis de Franco, suivant les engouements successifs de la revue, chaque fois par le biais de la latinité. Dans l'« Hommage à l'Italie » du premier numéro de *La Phalange* nouvelle en 1935, Grouas insiste sur l'« Actualité d'Horace », dont le *Carmen Saeculare* « reste[rait] », « [c]omme il y a vingt siècles », « le chant de la latinité[299] ». La marche sur Rome de 1922 est derrière le long sous-titre à l'article, qui fait de

294 Esther Van Loo, « Le premier Lusitanien : M. Antonio Oliveira Salazar », *La Phalange*, nouv. série, 10e année, nº 21, 15 août 1937, p. 781-796 (p. 787).

295 Lettre de Régnier à Gide, du 17 octobre 1909, dans Henri de Régnier, *Lettres à André Gide (1891-1911)*, éd. David J. Niederauer, Genève-Paris, Droz-Minard, 1972, p. 129-130 (p. 129). Régnier, qui avait contribué à *La Phalange*, est visé par cette revue en 1906 et par Maurras en 1909. *Ibid.*, p. 130.

296 Le terme est utilisé par Patrick Besnier, qui parle aussi chez Régnier, qui a été antidreyfusard discret, de « refus viscéral des dictatures » autour de 1933. Patrick Besnier, *Henri de Régnier*, Paris, Fayard, 2015, p. 426-427.

297 « Délégués généraux de *La Phalange* », *La Phalange*, nouv. série, 11e année, nº 3, 15 juin 1938, p. [97-98].

298 Charles-André Grouas, « Les dents du dragon », *La Phalange*, nouv. série, 9e année, 15 janvier 1936, p. 176. La réciprocité Grouas-Royère s'étale dans le temps, telle l'étude de Grouas, en 1920, *De Stéphane Mallarmé à Jean Royère*, ou en 1939, aux éditions de La Phalange, *Le Musicisme et la tradition*. Grouas est présent par ses poèmes dans *Le Manuscrit autographe* et comme lien attitré avec la Belgique. Aux éditions de La Phalange, encore actives en 1949, Royère préface le long poème de Grouas, *Bleu semblait le Fleuve Thé*.

299 Charles-André Grouas, « Actualité d'Horace », *La Phalange*, nouv. série, 9e année, nº 1, 15 décembre 1935, p. 38-42 (p. 41).

l'ode d'Horace le « cri de ralliement de toute une génération autour de la Rome sauvée[300] ». En 1938, Grouas recourt au folklore ainsi qu'au « système corporatif » pour lutter avec Franco contre la « bolchevis[ation] » de la « Catalogne » et paver le « chemin de la Latinité[301] ». À ne se baser que sur ces articles, Grouas fait le tour de ce qui compte aux yeux de Royère et Godoy dans cette *Phalange* nouvelle.

300 *Ibid.*, p. 38.

301 Charles-André Grouas, « En songeant à la Sardana baignée de lune », *La Phalange*, nouv. série, 11e année, nº 27, 15 février 1938, p. 108-109 (p. 109).

ÉCOLES, ASSOCIATIONS, PRÉCIOSITÉ

Frick ne semble pas avoir participé à *La Phalange* des années trente ni avoir cultivé ses liens avec Royère ou Godoy. Il est recensé dans « les personnalités présentes » à une conférence de Royère en 1932 sur « La Littérature et l'Époque[1] » mais, au-delà de ce type de regroupement, leurs relations, quelles qu'elles soient, ne laissent guère de traces. Un contact distant subsiste avec Godoy, qui réserve à Frick en 1938 un exemplaire de son *Poème de l'Atlantique*, agrémenté d'un envoi, comme à son habitude, puisqu'il l'avait fait en 1929 et le refera en 1954[2]. Frick est parmi beaucoup, dans *Mediterranea* en mars 1929, à rendre « Hommage à Armand Godoy », que *L'Intransigeant*, quelques mois après, fait tenir entier dans l'expression d'« homme symphonique[3] », manière d'en faire un proche compagnon du musicisme de Royère. *La Phalange* a un numéro de sorti au moment où Frick lance sa propre revue, *Le Lunain*, en janvier 1936, organe de l'École, dont le manifeste date d'octobre 1935, « imprim[é] en vert » sur « une petite affiche jaune[4] » ou, comme le caractérise Conem, « sur papier Bouton d'or s'il vous plaît[5] ». Pour les Treize, l'occasion est bonne de passer de « lunanisme » à « lunatisme » et de mettre en avant

1 « Chronique de l'Aéro-Club », *L'Aérophile*, 40e année, n° 6, juin 1932, p. 187-188 (p. 187).

2 Voir, d'Armand Godoy, *Le poème de l'Atlantique* (Paris, Grasset, 1938), avec une inscription autographe à Frick, en vente par Casanova Books (Amsterdam), sur le site abebooks.fr. Consulté le 17 juin 2013. En 1929, Godoy offrait à Frick, « pur poète », sa traduction des *Poèmes choisis* de Jose Marti (Paris, Éditions Émile-Paul, 1929). Voir le catalogue de vente de Florence et Patrick Célerier (Tourouzelle), sur le site ebay.ca. Consulté le 1er février 2013. Pour le volume dédicacé de 1954, voir Armand Godoy, *Bréviaire – Poèmes* (Paris, Grasset, 1954), en vente à la Librairie Xavier Dufay (La Seyne-sur-Mer), sur le site biblio.com. Consulté le 17 juin 2013.

3 Voir, auprès d'un portrait de Godoy en lignes courbes par Maribona, l'article d'Avilés Ramirez, « VISAGES à la minute… », *L'Intransigeant*, 50e année, n° 18264, 22 octobre 1929, p. 4.

4 Les Treize, « Du platonisme au lunanisme », rubrique « Les Lettres », *L'Intransigeant*, 56e année, n° 20455, 4 novembre 1935, p. 4.

5 Francis Conem, *Du poème d'Henry vivant*, suivi de *Le Lunain*, *op. cit.*, p. 9.

Jean Le Louët[6]. La lecture du premier *Lunain* fait surgir une « naïade » peu réceptive aux grands mots de Frick, que ce soit « [l]a Potamide », sa sœur des rivières, ou l'« ingrès » fait maison, et montre le poète aux commandes du bateau, « maigre, long et debout sur la poupe[7] ».

Hirsch emploie sa rubrique du 15 janvier 1936 dans le *Mercure* à annoncer la reprise de *La Phalange* et la création de l'École du Lunain. Pour l'essentiel, Hirsch cite indirectement le manifeste du Lunain qui réunit « quelques poètes gardant leur caractère d'indépendance totale[8] », Frick, Marius Richard, Roger Lannes, Jean Gacon et Jean Le Louët. La revendication d'« indépendance totale » du Lunain se lit en contraste avec la description aussitôt après de la revue de Royère et Godoy, où le Lunain est bien à l'écart de l'espace d'abord mussolinien puis franquiste choisi par *La Phalange* « rena[issante] », qui « paie » d'emblée « un tribut à l'actualité politique[9] », selon le discernement de Hirsch. À l'heure des bombardements de la très républicaine Bilbao en 1937, Hirsch note que *La Phalange* « honor[e] la poésie » avec Klingsor, Fort ou Yves Gandon, entre des pages vouées aux aphorismes mussoliniens et aux « Nationalistes » complices de « l'aviation germano-italienne[10] ». Le manifeste de l'École du Lunain se réclame d'un « réel », qui pourrait hypothétiquement englober le champ politique, perceptible dans « les ténèbres », « les bouleversements de notre époque », « les décombres[11] ». Mais le réel n'est pas limité en soi et contient plus secret, « un ensemble de cryphine, de mythes et de rêves[12] ». L'accueil est hostile et traversé par l'insulte du côté des Aliborons de la revue *Les Primaires* qui, en avril 1936, citent quelques vers du *Calamiste* pour mieux faire saisir

6 Les Treize, « Du platonisme au lunanisme », *L'Intransigeant*, *op. cit.*, p. 4.

7 « En voguant sur le Lunain dans la barque de Louis de Gonzague-Frick », *Comœdia*, 29e année, n° 8361, 31 décembre 1935, p. 3.

8 Hirsch a relevé le document fondateur du Lunain dans *Le Lien*, « organe spiritualiste mensuel ». Voir Charles-Henry Hirsch, « Les revues », *Mercure de France*, 47e année, n° 902, 15 janvier 1936, p. 380-384 (p. 381).

9 *Ibid.*, p. 381-382.

10 Charles-Henry Hirsch, « Revue de la quinzaine », *Mercure de France*, 48e année, n° 935, 1er juin 1937, p. 384. Hirsch continue sa recension de *La Phalange* franquiste dans le *Mercure* du 1er avril 1938.

11 Manifeste de l'École du Lunain. Tract d'octobre 1935.

12 *Idem*. « Cryphine » est de ces « mots joyaux » de Frick sur lesquels s'arrête Robert Kemp, qui le traduit en initié de l'auteur par « essence du mystère ou cœur de l'improfanable ». R[obert] K[emp], « Les Lunaniens », *Le Temps*, *op. cit.*, p. 1. *Quantité discrète*, dans les traces du Lunain, réunit trois poèmes avec cette « cryphine », dont l'un en titre.

à leurs lecteurs la nature de cette nouvelle école, « inspir[ée] » par la « scatologi[e][13] ». L'envoi, par le Lunain, d'un mot aux « *Primaires* asinaires », qui termine en « leur di[sant] bron », provoque l'article cinglant contre le chef homérique d'une École qui prétendrait à l'héritage de « l'immortel Mélégisène[14] ».

Le Lunain paraît jusqu'en juillet 1939 sans vraiment s'immiscer en politique et va tout juste, à travers la mésaventure de Frick au cabanon, contester le traitement, par l'institution médicale, de certaines affections nerveuses. Dans la période où l'École du Lunain est en attente de faire imprimer son propre organe, la création des *Feux de Paris*, fin 1935, offre un lieu de publication aux nouveaux « lunanistes[15] », comme les Treize désignent encore Roger Lannes et Jean Le Louët. Une antenne normande du *Lunain*, à faible diffusion, *Le Lunain Bajocasse*, du nom des habitants de Bayeux, fonctionne à partir de mars 1938 pour près d'un an, se réclamant de Frick et de sa revue. *Le Lunain Bajocasse* souhaite, par ses échanges avec son homologue parisien, « établir le contact entre les traditions provinciales », tel le parler local, et « les innovations de l'art moderne[16] », la région et la capitale instaurant un niveau de compréhension, à la différence du modèle plus traditionaliste de l'inter-régional. Roger Lannes est l'invité parisien de marque, en mai 1938 dans un cinéma de Bayeux, où l'on se réunit à l'instigation de la revue pour des « causeries[17] » et morceaux artistiques alliant musique, poésie et théâtre. Un léger quatrain de Frick est en tête de la première livraison, un « Salut à la Normandie » où s'énonce l'espoir que la jeune revue obtienne « l'audience des masses[18] », but ou ambition que ne poursuivent ni *Le Lunain*, ni *Le Lunain Bajocasse*. L'absorption par *La Revue normande* du *Lunain bajocasse* et de la revue du Calvados *Scripta*

13 Les Aliborons, rubrique « Correspondance », *Les Primaires*, 18e année, n° 76, avril 1936, p. 192.

14 *Idem*. « [B]ron », pour dire *bran* ou *merde*, tire ses lettres des Aliborons.

15 Les Treize, « Petites revues », rubrique « Les Lettres », *L'Intransigeant*, 56e année, n° 20497, 16 décembre 1935, p. 4. La mixité de deux générations dans *Les Feux de Paris*, avec Frick parmi les « anciens », est rappelée par une note de Jacqueline Gojard, dans Max Jacob et André Salmon, *Correspondance, 1905-1944*, *op. cit.*, p. 193.

16 *Le Lunain Bajocasse*, n° [1], mars 1938, p. 2. Comme avec *Le Lunain*, Hirsch est attentif aux débuts du *Lunain Bajocasse*, dans le *Mercure* du 15 mai 1938.

17 « Une grande soirée artistique et littéraire », *Ouest-Éclair* (édition de Caen), 39e année, n° 15160, 14 mai 1938, p. 5.

18 Frick, « Salut à la Normandie », *Le Lunain Bajocasse*, n° [1], mars 1938, p. 1.

est accueillie par *L'Action française* comme une « fusion » modèle pour la survie des organes « régionaux et régionalistes[19] ».

Il y a un avant et un après Lunain. À sa création par Berthe de Nyse en 1919, l'association Tanit, du nom de la déesse de la lune, compte Frick parmi ses membres, qui se rangent « sous la protection de la lune et des astres[20] », sous celle aussi du Flaubert de *Salammbô* et son invocation à Tanit, récitée par Berthe de Nyse[21]. Un relais vivant de la Tanit littéraire est sous la signature du Montesquiou des *Chauves-Souris*, dans « Zaïmph » ou dans son « Office de la Lune », le premier avec ses sonores « crêpes des crépuscules / Brochés, au nom de Tanit, / Des luisants points et virgules / Dont se ponctue un Zénith[22] », où brillent l'écriture et sa ponctuation. L'« Office de la Lune », célébration païenne fin de siècle, exprime des « Litanies à Tanit » et, dans la déraison attachée à cet astre, inclut une « Salutation lunatique ». Pour le récitatif offert lors de sa soirée de 1919, Tanit passe par-dessus le vieux contemporain Montesquiou pour évoluer dans les satellites de Flaubert. Au lancement, *L'Intransigeant* passe l'information que Tanit est « organisatrice d'expositions et de représentations » destinées « à un public d'élite[23] ». La société d'art est aussitôt accusée de faire l'auto-promotion de ses adhérents, avec une conférence de « Divoire sur Polti », « Polti sur Louis de Gonzague Frick », « Frick sur Polti », « conférences successives et réciproques », ironise le critique du *Rappel*, qui choisit un titre peu équivoque, « Comme la lune[24] ». Le journal dénonce sans doute aussi, à travers Tanit, le système d'Aurel et cette manière, dans son salon, de « se cél[é]bre[r] fraternellement et

19 Orion, « La *Revue normande* ou un bon exemple à d'autres revues », rubrique « Carnet des lettres, des sciences et des arts », *L'Action française*, 32e année, n° 179, 28 juin 1939, p. 2. *Le Lunain Bajocasse*, régulièrement suivi et soutenu dans *Marianne*, souffre des revues auxquelles il s'associe, selon Jacqueline Bary, qui mène alors l'enquête sur la « [p]ossibilité d'une fusion » parmi « les jeunes revues ». Jacqueline Bary, « Sur les jeunes revues », *Marianne*, 7e année, n° 348, 21 juin 1939, p. 16.

20 « Comme la lune », *Le Rappel*, n° 17595, 20 janvier 1919, p. 1.

21 Voir Émile Marsy, « Matinée artistique », rubrique « Théâtres », *Le Rappel*, n° 17601, 26 janvier 1919, p. 2.

22 Robert de Montesquiou, « Zaïmph », *Les Chauves-Souris : clairs-obscurs*, Paris, G. Richard, 1907, p. 3-8 (p. 3).

23 Les Treize, « Les Lettres », *L'Intransigeant*, 40e année, n° 14067, 18 janvier 1919, p. 2. Berthe de Nyse est précisée comme « fondatrice » par Le Lanternier, « Une nouvelle société d'art », *La Lanterne*, 43e année, n° 15162, 27 janvier 1919, p. [2] ; et dans « Tanit », *Journal Officiel de la République Française*, 51e année, n° 133, 16 mai 1919, p. 5059.

24 « Comme la lune », *Le Rappel*, *op. cit.*, p. 1.

réciproquement, chacun à son tour[25] », comme cela est décrit en 1925. Tanit devrait donner une lecture de *La Possédée* de Victor-Émile Michelet et de la pièce quasi-éponyme de Polti, *Poltys*, irritation supplémentaire pour *Le Rappel*. André Godin n'est pas oublié par Berthe de Nyse, qui envisage de présenter son « drame mexicain[26] », *Chimalpopoca*. Sous le simple titre *Un drame mexicain*, ces pages avaient été indiquées parmi l'« œuvre théâtrale[27] » inédite de Godin, autrement constituée de *Sophia* et *Vichnou*, dans le livre hommage de 1918. Les quelques mentions de Tanit dans les chroniques des mois suivants font principalement surgir le nom de Berthe de Nyse pour des concerts, des expositions de peinture, des pièces, le tout au Pavillon de Magny, 55 avenue Victor Hugo, qui abrite une salle de théâtre.

Les premières manifestations montrent les tendances intra-muros de la société d'art ainsi qu'un éclectisme au-delà des frontières. En avril 1919 a lieu une conférence de Han Ryner sur les Apocalyptiques, complétée d'une nouvelle interprétation de Flaubert par Berthe de Nyse, cette fois *La Tentation de Saint-Antoine*[28]. Une matinée de ce mois d'avril est consacrée à la littérature et à la musique canadiennes[29]. Se tient aussi un festival Berlioz et, dans la journée, un vernissage des œuvres sphériques de l'artiste polonais Boleslaw Biegas[30], puis un autre pour Jehanne Mélendez[31]. En juin 1919 est faite une lecture du *Donneur d'illusions* de Roinard par Berthe de Nyse, Henri Strentz et Aubault de la Haulte-Chambre entre autres[32]. Le lieu est basé « sur les plans[33] » de Roinard. Dans ce « théâtricule » aménagé avec l'aide de « ce brave Paul-Napoléon », le public, selon un article plus assassin que celui du 20 janvier 1919 du *Rappel*, se résume à

25 Maxime Revon et Pierre Billotey, « Les Salons littéraires », dans *Vingt-cinq ans de littérature française*, II, *op. cit.*, p. 167-182 (p. 181).

26 Voir L'informé, « Sur les planches », *Les Potins de Paris*, 3e année, n° 96, 23 janvier 1919, p. 11.

27 Berthe de Nyse, *André Godin – Sa vie et son Œuvre*, *op. cit.*, p. 12.

28 A[ndré] [W]arnod, « Échos et on-dit des lettres et des arts », *L'Europe nouvelle*, *op. cit.*, p. 722.

29 Émile Marsy, rubrique « Théâtres », *Le Rappel*, n° 17685, 20 avril 1919, p. [2].

30 Voir la rubrique « Théâtres » du *Journal des débats politiques et littéraires*, 131e année, n° 68, 9 mars 1919, p. 3.

31 Pour Jehanne Mélendez, voir Émile Marsy, rubrique « Théâtres », *Le Rappel*, n° 17705, 11 mai 1919, p. [2].

32 Émile Marsy, « Tanit », rubrique « Théâtres », *Le Rappel*, n° 17746, 21 juin 1919, p. [2].

33 Les Treize, « Les Lettres », *L'Intransigeant*, 40e année, n° 14073, 24 janvier 1919, p. 2.

« quelques vieillards » et « d'ardents jouvenceaux » venus admirer Berthe de Nyse « en léger appareil[34] ». La programmation de Tanit se prête facilement au sourire, comme avec une « matinée spiritualiste » sur *La Création* par le vieux maître de l'occulte, Charles Barlet, qui fait craindre aux Treize qu'un public insatisfait réclame : « Passons au Déluge[35] ! »

Au service des lettres ou du paranormal ou encore pure opération vanité, l'initiative de Berthe de Nyse la mettrait en rivalité avec les jeudis d'Aurel qui ont déjà leurs émules. Du début à la fin, l'article des *Potins de Paris*, en septembre 1920, ne dissimule pas son dédain des femmes et de leurs prétentions à agir « pour l'art[36] », allusion à Tanit, société d'art. Berthe de Nyse est loin d'être insensible aux reproches de vanité. Lors du procès de l'affaire Bessarabo, Mme Aurel signale au tribunal que Berthe de Nyse, en visite dans son salon, lui avait révélé détenir un secret sur l'auteur du meurtre du mari de Mme Bessarabo[37]. La justice fait alors témoigner à la barre Berthe de Nyse, qui fait précéder son témoignage, finalement sans vraie conséquence sur le cas examiné, par une déclaration sur son statut de « femme de lettres[38] ». Cette qualité, qui lui vaudrait des « ennemis », l'exposerait au soupçon d'être constamment à l'affût de « la réclame[39] », comme l'insinuaient si aisément *Le Rappel* et *Les Potins de Paris.* Rapportant le procès pour ses lecteurs de Montréal, LaRoque de Roquebrune, qui mentionne sa conférence de 1919 sur « trois poètes canadiens[40] » à Tanit, précise que derrière le pseudonyme de Berthe de Nyse se cache la Comtesse de Magny.

---

34 « Pour l'art », *Les Potins de Paris*, 4e année, no 177, 9 septembre 1920, p. 14.

35 Les Treize, « Les Lettres », *L'Intransigeant*, 41e année, no 14544, 31 mai 1920, p. 2.

36 « Pour l'art », *Les Potins de Paris*, *op. cit.*, p. 14.

37 « L'Affaire Bessarabo », *Le Petit Parisien*, 47e année, no 16544, 16 juin 1922, p. 1-2 (p. 1). Se reporter aussi au récit populaire d'Arthur Bernède, qui montre Mme Aurel, en « témoi[n] à décharge », familière de Mme Bessarabo, alias l'écrivaine Héra Mirtel, accusée et condamnée d'avoir tué son époux, Georges Weissmann-Bessarabo, puis tenté de faire disparaître son corps. Arthur Bernède, « L'affaire Bessarabo », collection « Crimes et Châtiments », no 5, [Paris], J. Tallandier, 1931, p. 30.

38 Berthe de Nyse est citée dans « Mme Bessarabo pleure pour la première fois », *Le Matin*, 39e année, no 13969, 18 juin 1922, p. 1-2 (p. 1). Voir également M. D., « La confidente de Mme Aurel », *Le Populaire*, 7e année, série N18, no 435, 18 juin 1922, p. 1.

39 Berthe de Nyse, citée dans « Mme Bessarabo pleure pour la première fois », *Le Matin*, *op. cit.*, p. 1.

40 R. LaRoque de Roquebrune, « La Femme qui Assassina », *La Revue moderne*, 3e année, no 12, 15 octobre 1922, p. 19-21 (p. 20).

La notoriété de Berthe de Nyse est d'abord celle de Denise Veil, à la fin du siècle précédent, lorqu'elle chante et récite dans les salons de la haute société, y compris celui de son père, Édouard Veil, connu dans le monde de la presse, au *National* puis à la *Coulisse*, dont elle-même est collaboratrice autour de 1910 et encore dans les années vingt[41]. L'aspect intrépide de son parcours voit cette jeune fille à privilèges participer aux exploits sportifs des courses en ballon, où, « femme-aéronaute[42] », elle se fait remarquer dans les classements de 1902. L'*Annuaire des gens de lettres* la place à Madagascar, sous son nom de femme mariée, Mme Denise Charbonnel, en 1905, ayant épousé en décembre 1903 le militaire de carrière Eugène Charbonnel[43]. Ce mariage rompu, Berthe de Nyse est fiancée à André Godin au moment où celui-ci meurt[44]. Le 18 juin 1917, elle épouse Gandouard de Magny, avec lequel elle a sa fille Radha, lui dont la propriété parisienne du pavillon de Magny sera à la disposition de Tanit[45]. *Les Solstices* font état du mariage avec « Ch. de Magny » dans leurs « Échos », qui reproduisent aussi deux compliments prononcés ce jour-là, où Frick est transformé en « Gonzague-Pilate », averti des moindres secrets du langage, « De notre bon français précieux numismate[46] ». Les époux sont abandonnés à leur « bonheur » après un lavage des « mains[47] » rituel de la part de ce Pilate. En juin 1922,

41 Berthe de Nyse revient quelquefois dans les chroniques mondaines des années 1895-1896, pour sa voix et son jeu, par exemple dans *Les deux amoureuses* de la baronne de la Vaudère, au salon de Mme Dardoize. Voir le « Courrier de la semaine », *Le Monde artiste illustré*, 35e année, no 1, 6 janvier 1895, p. 13. Pour les rapports journalistiques père-fille, voir « VEIL (Édouard-Amédée) », « Éloges funèbres », dans le *Bulletin de l'Association des journalistes parisiens*, no 26, avril 1911, p. 31-33 (p. 32). Berthe de Nyse mourra à 98 ans, d'après Francis Conem, *Berthe de Nyse : celle qui voulait vaincre le temps*, s. l., À l'enseigne de Fidelis, 2007, p. 7.

42 Voir « La Coupe de *La Vie au Grand Air* », *L'Aérophile*, 10e année, no 10, octobre 1902, p. 249. Berthe de Nyse est parmi plusieurs concurrentes dans l'étude de Luc Robène, « Vers la création d'un sport féminin : des filles de l'air aux aéronautes », dans *Histoire du sport féminin, Tome 1 – Le sport au féminin : histoire et identité*, éd. Pierre Arnaud et Thierry Terret, Paris, L'Harmattan, 1996, p. 165-184 (p. 176).

43 Voir l'*Annuaire des gens de lettres*, Paris, Dujarric, 1905, p. 126. Son époux, le capitaine Charbonnel, de l'artillerie coloniale, est impliqué dans les répressions à Madagascar au début du siècle.

44 En 1916, une lettre écrite du front par un proche de Godin mentionne son « cher fiancé » disparu. « Lettre du capitaine Morin datée du 28 juillet », dans Berthe de Nyse, *Des jardins d'amour aux jardins funéraires*, *op. cit.*, n. p.

45 La date du mariage, tenu « dans la plus stricte intimité », et le nom de l'époux sont révélés dans « Les Lettres », *L'Intransigeant*, 38e année, no 13518, 18 juillet 1917, p. 2.

46 « Échos », *Les Solstices*, 1re année, no 3, 1er août 1917, p. 110-111 (p. 111).

47 *Idem.*

Frick assiste au dîner du Cornet où rayonne le mari de Berthe de Nyse, désigné comme Charles Magny, sous-préfet puis préfet, décoré pendant la guerre et avec des « services rendus à l'aviation[48] ».

Dans la compagnie de Berthe de Nyse, en 1925, Frick, habitué à figurer en personnage de fiction, connaît une obscure incarnation, dans *Satan conduit le bal – Roman pamphlétaire et philosophique des mœurs du temps*, du journaliste Georges Anquetil, directeur de *La Rumeur*. C'est autour de l'érotisme de leur poésie que le récit les met en scène, sans pour autant les mêler. Berthe de Nyse apparaît sous ce nom exactement, tandis que Frick a une autre composition complexe, Jean-Gonzague de Saint-Chéron, où le « Jean » renverrait au personnage imaginé par Dorgelès, Jean de Crécy-Gonzalve, et le « Saint-Chéron » serait voisin du Saint-Louis de Gonzague[49]. Ce Jean-Gonzague de Saint-Chéron est « diplomate » de fonction, « Don Juan à ses heures de loisir », et il lui incombe d'être « l'initiateur de la jolie pécheresse[50] », Lilith. Et qui de plus parfait dans ce rôle que la Lilith sortie du poème de 1911 de Frick, cette « Reine de l'impudeur et des baisers infâmes[51] » qui est décrite, dans le roman, d'une « extrême sensualité[52] ». Proche dans le temps de la publication de *Satan*, *Le Calamiste alizé* guide le portrait du personnage de Saint-Chéron, « artiste d'amour[53] » et pourfendeur des bonnes mœurs, comme l'est à sa manière Berthe de Nyse. Berthe de Nyse est celle des *Litanies de la Chair* de 1922 pour le narrateur de *Satan conduit le bal*, qui cite de son poème « Alleluia », disant qu'elle « veut être à la fois, pour le Bien-Aimé “la reine Balkis, la souple Salomé, la

48 Sur les détails de carrière de Charles Magny, montré en photographie pour sa réception de la croix de la Légion d'honneur, voir Robert Oudot, « Compte rendu du 214e Dîner du Cornet », *Le Cornet*, *op. cit.*, p. 1-2.

49 Georges Anquetil, *Satan conduit le bal – Roman pamphlétaire et philosophique des mœurs du temps*, Paris, Les Éditions Georges Anquetil, 1925, p. 294.

50 *Idem.*

51 Frick, « Lilith », *Girandes*, *op. cit.*, p. 27-28 (p. 27).

52 Georges Anquetil, *Satan conduit le bal*, *op. cit.*, p. 296.

53 *Ibid.*, p. 294. En janvier 1930, Frick témoigne en faveur d'Anquetil, impliqué dans un long procès lié à des extorsions de fonds, condamné à quatre ans de prison, peine finalement réduite en appel en 1932. Devant le tribunal, Frick décrit Anquetil en « mystique » cistercien, un rapprochement effectué avec « une pointe d'humour » et qui suggère, selon *L'Homme libre*, combien « le commerce des Neuf Sœurs voile » à Frick « les contingences de ce monde sublunaire ». Voir Ronda, « L'affaire Anquetil – Vers le dénouement… », *L'Homme libre*, 18e année, nº 4927-4928, 18-19 janvier 1930, p. 1 et 3 (p. 1). Han Ryner et Mme Aurel offrent aussi leur témoignage, comme le font également, par lettre, Fernand Kolney et Mme Tailhade.

brune Cléopâtre[54]" ». Ces *Litanies* font parler de Berthe de Nyse, dans la presse, comme d'« [u]ne petite bacchante moderne[55] », sans surprise puisque son poème « Solo d'amore » résume une amante éclatée entre « Bacchante » et « Tentatrice », mais qui se fait aussi bien « lumière opaline », « senteur des mimosas » ou « Luxure[56] ».

En 1924, *L'amant légitime ou La Bourgeoise libertine* est signé pour une partie par Georges Anquetil et pour la seconde, en réponse à la première, par Jane de Magny, qui pourrait masquer Berthe de Nyse si l'on s'en réfère au nom de Magny[57]. Renée Dunan recense l'ouvrage et parle d'« une vertigineuse érudition[58] » de Jane de Magny, qui a joint à son étude une annexe de lettres d'écrivains, dont un envoi de Renée Dunan. À l'inverse de Jean-Gonzague de Saint-Chéron, initié initiateur chez Anquetil, un personnage de 1930 du romancier René Virard, au nom à rallonge composé de quelques éléments frickiens, Jean-Sébastien-Frédérique-Louis-Charles de Gouzalicordapointe, subit un « examen prénuptial » qui met fin à ses fiançailles avec une « jeune fille moderne[59] », une Flora faussement naïve, porteuse dans son prénom du titre de la revue de Rolmer. Gouzalicordapointe a l'emploi justement proportionné à son nom, long mais de petit grade, et forme une mise en garde aux curieux, peut-être à un Frick perpétuellement au courant de tout : « aide expéditionnaire au sous-secrétariat des Affaires-qui-ne-vous-regardent-pas[60] ». Les véritables mésaventures de Frick en matière

---

54 Georges Anquetil, *Satan conduit le bal*, *op. cit.*, p. 282.

55 Marius André, compte rendu des *Litanies de la Chair*, rubrique « Les poèmes », *La Muse française*, 2e série, n° 1, 10 janvier 1923, p. 179. Ailleurs, les vers du recueil sont décrits « de débordante volupté ». « Livres et revues », *Le Domaine – Revue mensuelle littéraire et artistique des Agents de l'Enregistrement des Domaines*, 1re année, n° 1, 15 novembre 1922, p. 82.

56 Berthe de Nyse, « Solo d'amore », *Les Litanies de la Chair*, *op. cit.*, p. 21-22.

57 La signature Jane de Magny sert, essentiellement entre 1938 et 1942 et jusqu'en 1949, à désigner l'auteure d'une vingtaine de romans de gare aux titres accrocheurs et sentimentaux.

58 Renée Dunan, compte rendu de *L'amant légitime* de G. Anquetil et Jane de Magny, rubrique « Les derniers livres parus », *La Pensée française*, 4e année, n° 66, 10 janvier 1924, p. 19.

59 René Virard, « L'examen », *Le Quotidien de Montmartre*, 2e année, n° 46, 27 juillet 1930, p. [16].

60 *Idem*. Sur un plan similaire mais dans l'admiratif, Tailhade voit en Frick un « mandarin omniscient », « à qui rien n'échappe des paroles écrites », pas même les vers du récemment décédé Deubel, que Tailhade rend plus méconnu que nécessaire. Laurent Tailhade, « Sur la tombe du poète », *Comœdia*, 7e année, n° 2086, 18 juin 1913, p. 1. Le lendemain, dans *Comœdia*, une lettre de Florian-Parmentier vise à restituer à Deubel ses amitiés et sa réputation.

de dénomination se poursuivent dans les arcanes du folklore romanesque parisien, et sont à la bonne adresse dans *Le Quotidien de Montmartre*.

Bien loin du rôle sulfureux dans lequel elle est souvent maintenue, Berthe de Nyse ajoute, au début des années vingt, un volet éducatif à Tanit, sous l'impulsion de Roinard[61]. Au pavillon de Magny, siège de Tanit, s'organise fin 1921, sous une forme pédagogique et oppositionnelle, une nouvelle activité de Roinard, avec Le Dimanche des Poètes – Cours de poétique et de versification à l'usage des diseurs et lecteurs de vers. Vingt séances sont prévues, animées par Roinard, ouvertes à tous moyennant un abonnement. La page publicitaire de Tanit fait allusion à « une décision officielle[62] » récemment prise et interprétée comme une attaque contre la poésie. Interdiction aurait été faite aux « bibliothèques de Paris et de la Seine » d'acheter désormais des « œuvres en vers[63] ». La réaction s'étend au climat d'exclusion de la poésie perçu par le vieil anarchiste Roinard, par Berthe de Nyse et l'équipe de Tanit dans les milieux « de l'information, de l'administration et de l'enseignement[64] ». Un des facteurs est lié aux décisions budgétaires dans une situation de fort endettement du pays « du fait de la guerre[65] ». L'inquiétude sur la place de la poésie est exprimée de façon plus large à l'époque par Divoire, mais n'est peut-être qu'une réitération périodique d'un déclin depuis un âge d'or, reporté alors sur le romantisme[66]. Roinard propose d'équiper le « grand public » (pas si « grand » au vu du lieu et du coût) des outils nécessaires pour dire et lire la poésie, selon un programme scindé « en deux parties[67] » à chaque

---

61 En 1931, dans un souci éducatif qui préconise « le retour à la terre », Berthe de Nyse encourage les jeunes filles à se détourner des professions intellectuelles et secrétariales pour s'engager dans « une carrière saine » à l'École Supérieure d'Agriculture. Berthe de Nyse, « Une nouvelle carrière féminine : l'École Supérieure d'Agriculture », *L'Intransigeant*, 52e année, nº 18965, 23 septembre 1931, p. 8.

62 « Le Dimanche des Poètes », encart publicitaire dans *La Revue hebdomadaire*, Supplément illustré, 17e année, nº 42, 15 octobre 1921, p. [380].

63 *Idem.*

64 *Idem.*

65 Les dépenses sont ainsi restreintes pour les bibliothèques françaises, comme le constate l'adepte de la lecture pour tous, Henri Lemaître, « La nouvelle loi belge sur les bibliothèques publiques », *Revue des Bibliothèques*, 32e année, nº 1-3, janvier-mars 1922, p. 1-18 (p. 1).

66 *L'Intransigeant* relaie le bilan fait par Divoire dans *La Revue mondiale*. Les Treize, « Un rapport sur les tendances nouvelles de la poésie », rubrique « Les Lettres », *L'Intransigeant*, 42e année, nº 15078, 16 novembre 1921, p. 2.

67 « Le Dimanche des Poètes », encart publicitaire dans *La Revue hebdomadaire*, *op. cit.*, p. [380].

rencontre. Les séances consisteront en un rapide apprentissage des règles de scansion et de récitation, suivi d'« explications » et de « discussions » de poèmes vus de la perspective des auteurs qui devraient intervenir en personne pour éclairer les « innovations » du « présent[68] ».

L'idée du Dimanche des Poètes de faire entendre une voix directe de la poésie à une population en passe d'être coupée des « œuvres en vers » par la volonté des institutions, a son côté pécuniaire, à raison de « vingt francs par mois » et par « auditeu[r][69] », peut-être pour ménager à Roinard quelques subsides. Roinard est officiellement chargé de ces cours, et son nom figure à côté du « cours de poésie » du « Dimanche des poètes[70] » dans l'*Annuaire des lettres* de 1922. Par deux fois, *L'Intransigeant* prépare ses lecteurs au Dimanche des poètes du 6 novembre 1921, initialement par une reprise des points publicitaires de Tanit[71]. À partir du 27 novembre, il est prévu de déplacer chez Banville d'Hostel les séances, qui vont être suspendues « pour cause de maladie », avec un redémarrage « à l'atelier[72] » annoncé pour le 30 janvier 1922. Ce qu'il advient de ces cours est difficilement repérable, et la mauvaise santé de Roinard semble avoir compromis ou fait supprimer, pour de bon, leur programmation.

Le projet du Dimanche des Poètes et la diversité artistique de Tanit ne sont inédits ni pour Roinard, ni pour Frick, qui se produisent en 1910 avec les Argonautes, groupe d'art secondé par la revue du même nom. Frick et Roinard interviennent, un vendredi, pour le versant poétique de ces rencontres bimensuelles, qui intègrent aussi « chansons » et « musique », et affichent, côté public, une « ouvert[ure] à tous[73] », proba-

68 *Idem.*

69 *Idem.* Les bibliothèques fonctionnent sur un « budget » « dérisoire », ne permettant guère l'acquisition d'ouvrages modernes, lit-on aussi dans un article publié par le *Mercure* l'année suivante. Voir Edme Tassy et Pierre Léris, « La cohésion des forces intellectuelles », *Mercure de France*, 33e année, no 566, 15 janvier 1922, p. 321-337 (p. 325).

70 *Annuaire international des lettres, op. cit.*, 1922, p. 359.

71 Les Treize, « Cours de poétique », rubrique « Les Lettres », *L'Intransigeant*, 42e année, no 15049, 18 octobre 1921, p. 2 ; et de nouveau dans le numéro du 6 novembre. Voir, enfin, « Les Lettres », rubrique « Petites nouvelles », *La Presse*, 87e année, nouv. série, no 5867, 5 novembre 1921, p. 2.

72 « Le Dimanche des Poètes », *Comœdia*, 15e année, no 3264, 22 novembre 1921, p. 2 ; et Les Treize, « Les Lettres », *L'Intransigeant*, 43e année, no 15152, 29 janvier 1922, p. 2.

73 « Les Argonautes », rubrique « Communications », *Le Rappel*, 118e année, no 14601, 3 mars 1910, p. 4.

blement confinée au « Tout-Paris des Lettres[74] ». Dans un autre cadre, plus social, le 9 décembre 1911, Frick organise avec Charles Étienne, à l'Université Populaire du Faubourg Saint-Antoine, une première soirée poésie et musique, inaugurant une série avec lecture des amis poètes, Apollinaire, Strentz, Zavie, Salmon, Fagus, Jacob, Cocteau[75]. Le 13 janvier 1912 se tient une nouvelle soirée avec une programmation largement similaire, en ce lieu désigné dans l'annonce de *Pan* par son autre nom historique, la Coopération des Idées, association munie de sa revue et instrumentale dans la création, en 1899, de la Société des Universités Populaires[76]. *L'Intransigeant* relève, en octobre 1912, plusieurs « beaux projets[77] » au Faubourg avec l'anticipation de contributions régulières de familiers de la presse, comme Paul Lombard. Celui-ci présente, en janvier 1913 au Faubourg Saint-Antoine, Godin et Brésil auprès de Frick, qui « récit[e][78] » encore des vers d'Apollinaire.

Ces exemples de diffusion de la poésie pris entre 1911 et 1913 s'inscrivent dans les efforts des Universités Populaires de rapprocher les producteurs culturels et leur production des ouvriers et des individus issus des milieux modestes. Le rôle particulier du poète serait de « rhythm[er] » de ses « chants » l'ambition d'ériger « la Maison du Peuple », selon le poème-hymne que Fernand Gregh adresse avant tout aux « travailleurs » des « usine[s][79] », lors de l'inauguration de l'Université du Faubourg Saint-Antoine, le 9 octobre 1899. Le « but » à l'égard de « l'employé et l'ouvrier » est de les « détourner » « du cabaret[80] », explique peu de jours avant Georges Deherme, responsable fondateur de cette Université et directeur de *La Coopération des idées*. Dans ses prémices, l'Université Populaire est aussi redevable à Gustave Kahn, pour la combinaison poésie-musique et le désir d'atteindre un public socialement mixte et

---

74 Voir l'avis relayé par Charles-Henry Hirsch, « Memento – *Les Argonautes* », rubrique « Les revues », *Mercure de France*, 21e année, n° 317, 1er septembre 1910, p. 142.

75 Voir Les Uns, « Aujourd'hui », rubrique « Les Lettres », *Gil Blas*, 33e année, n° 12716, 9 décembre 1911, p. 3.

76 « Notes du mois », *Pan*, vol. 5, n° 1, décembre 1911-janvier 1912, p. 1-2 (p. 2).

77 Les Treize, « La Boîte aux Lettres », *L'Intransigeant*, 32e année, n° 11771, 6 octobre 1912, p. 2.

78 « Les Poètes à l'Université Populaire », *Le Siècle*, 78e année, n° 28110, 13 janvier 1913, p. 4.

79 Fernand Gregh, « La Maison du Peuple », dans Georges Normandy et M.-C. Poinsot, éd., *Les Poètes sociaux – Anthologie de poésies sociales – Morceaux choisis*, Paris, Louis-Michaud, 1900, p. 50-54.

80 « L'Université Populaire », *La Presse*, n° 2683, 2 octobre 1899, p. 1.

nombreux. Kahn a été la force derrière les « Jeudis populaires de poésie classique et moderne » en 1903 et leurs successeurs de 1906, les « Jeudis populaires de poésie et de musique[81] ». Ces jeudis sont héritiers des « Samedis poétiques ou Samedis populaires » lancés par Kahn et Catulle Mendès en 1897, dans la période menant à l'instauration, au tournant du siècle, des Universités Populaires, où Kahn présentera plusieurs fois des conférences[82]. Ce sera le cas aussi de Han Ryner, d'Élie Faure, etc., avec cours et cycles de conférences[83]. Dans l'après-guerre, la Forge, avec encore la participation d'Élie Faure ou de Ryner, lance son propre programme d'éducation, l'« Université du peuple », d'existence éphémère et qui se veut plus proche des « travailleurs manuels » que ne l'était, du point de vue de la ghilde des Forgerons, l'Université populaire[84]. D'envergure restreinte, le Dimanche des Poètes de Roinard, Berthe de Nyse et Tanit en 1921 emprunte au modèle d'une instruction dispensée en dehors des grandes institutions éducatives et renoue, sur ce point au moins, avec ce qui a déjà été fait pour marier la poésie et le populaire.

Dans l'après-Tanit, en 1935, Berthe de Nyse lance sa propre revue, *Le Logis du poète*, qui, d'une autre manière que l'ancienne société d'art, entend « servir » l'art, avec l'accent mis cette fois sur la poésie. La devise énoncée en tête du premier numéro, « Vouloir, agir, servir », se rapporte au projet de la Villa de Balzac, au Cap d'Antibes, que Berthe de Nyse a aménagée sur un rocher surplombant la mer pour le séjour des poètes comme « lieu » favorable aux échanges et à l'écriture, véritable logis du poète. *Ouest-Éclair* parle d'« un lieu de retraite aimable et accueillant pour les amis des muses[85] ». En 1930, avec des visées

81 Voir Françoise Lucbert et Richard Shryock, « "Le rêve est indistinct de la vie" – Engagements esthétiques et sociaux de Gustave Kahn », dans l'ouvrage édité sous leur direction, *Gustave Kahn, un écrivain engagé*, Rennes, Presses Universitaires de Rennes, 2013, p. 17-51 (p. 40).

82 *Ibid.*, p. 39 et 41.

83 Pour Ryner, voir Lucien Mercier, *Les Universités Populaires : 1899-1914 – Éducation populaire et mouvement ouvrier au début du siècle*, Paris, Les Éditions ouvrières, 1986, p. 57.

84 Paul Desanges, « Chronique d'une communauté militante : Les Forgerons (1911-1920) », *Le Mouvement social*, n° 91, avril-juin 1975, p. 35-58 (p. 56-58). En 1911, Frick assiste avec Allard à une « causerie » de Ryner organisée par la Forge. Voir « Les soirées de la Forge », *La Forge*, n° 2-3, avril-mai 1911, p. [28]. Le 26 mai 1918, Frick, comme Ryner et Fleuret, est au Vieux-Colombier pour une conférence de la ghilde des Forgerons, à écouter Dujardin sur Mallarmé. Voir Gabriel-Ursin Langé, rubrique « Échos et nouvelles », *Normandie – Revue régionale illustrée mensuelle*, 2e année, n° 15, juin 1918.

85 A.-V. de Walle, « Petit courrier des lettres », rubrique « Échos », *Ouest-Éclair*, 38e année, n° 14341, 11 février 1936, p. 4. Berthe de Nyse faisait partie en 1924, avec Roinard, des

similaires, ouvrait officiellement à Paris la Maison de Poésie, établie en 1928 suite à un don d'Émile Blémont. L'inauguration de l'espace, rue Ballu, censé offrir son cadre à la poésie, s'effectue en grande pompe dans la présence de Frick, Picard, Victor-Émile Michelet, Léon Bocquet[86]... Moins ambitieux, du côté méditerranéen, le site pittoresque choisi par Berthe de Nyse est illustré en couverture du *Logis du poète*, montré dans la perspective du visiteur qui s'approche sur le côté de la demeure, comme une invitation au repos. Dans la revue, de brève existence, publient, outre Gabriel Boissy, Ernest Prévost, Jean Suberville, André Godin et Guy Chastel, Guillot de Saix qui, avec Berthe de Nyse, participe à la cérémonie de commémoration de Frick après son décès.

À l'autre bout de la filiation lunaire, et de manière plus fugitive encore que Tanit, un numéro d'*Interlude lunanien* paraît, en 1946, comme ultime soubresaut du Lunain. Ce volume collectif, prévu sans doute dès 1944, comprend le poème de Frick, « Xylobalsame », à la soif rabelaisienne, une « polyposie », dont le corrélaire est la miction, d'où l'adresse au vidangeur des fosses d'aisance, « ô quiqueron[87] ». La scène peut être celle, désormais révolue, des banquets ou des cafés littéraires, où le buveur, « popinateur », fait aussi office d'« échanson[88] ». Cette surabondance liquide et l'excès des festins quittent le corps, aidés par le « Xylobalsame », bois de baume, qui peut être un ingrédient des purgatifs selon les vieilles pharmacopées. Dans l'article précédant le poème, et sans relation aucune avec lui, Bernard Guillemain appelait

---

finalistes d'un prix de moindre envergure mais de visée similaire, les Vacances du poète, redevable en partie à Eugène Figuière. Le prix, offrant argent et cadeaux en nature, « vins fins, bière, liqueurs, biscuits, conserves », avait échappé de peu à Berthe de Nyse et Roinard, devancés par Alexandre Mercereau, gracieux gagnant qui aurait partagé avec eux la somme de 11 398 francs, redistribution dont doute *Paris-Soir*. Voir « Les Vacances du Poète », rubrique « Échos et Nouvelles », *La Presse*, 90e année, nouv. série, no 3435, 3 juillet 1924, p. 2 ; et Les Académisards, « Petit Mémorial des Lettres », *Paris-Soir*, 2e année, no 278, 9 juillet 1924, p. 2.

86 Les Alguazils, rubrique « Courrier des Lettres », *Le Figaro*, 105e année, no 177, 26 juin 1930, p. 5. Longtemps maintenue, la Maison a perdu en 2011 cette adresse, qui avait été l'Hôtel particulier du poète Émile Blémont.

87 Frick, « Xylobalsame », dans *Interlude lunanien*, Paris, École du Lunain, 1946, p. 5. Début 1944, dans ce qui est vraisemblablement son dernier envoi à Desnos, Frick annonçait déjà la parution de cet *Interlude lunanien*. Lettre de Frick à Robert Desnos, cachet du 6 janvier 1944. DSNC 1336, BLJD.

88 Frick, « Xylobalsame », dans *Interlude lunanien*, *op. cit.*, p. 5.

Frick « le plus platonicien de nos poètes[89] » ; c'était délaisser, entre autres, l'action du bas corps dans sa poésie.

Dans les années de fonctionnement du Lunain, Frick est attentif à une voix singulière de la période, celle du dolorisme de Julien Teppe, et contribue au numéro initial de *La Revue doloriste*, que Teppe fonde en décembre 1936. En présence des totalitarismes, « l'anormal » valorisé par le dolorisme entend « échappe[r] à la norme et permet[tre] la liberté » restreinte à l'individu dans l'expression d'un « *droit à soi-même*[90] ». L'accent ainsi mis sur l'individu à ce moment de l'histoire peut avoir, dans les sciences politiques, une résonance hostile aux mouvements de foule[91] et, en philosophie, tourner au « solipsisme[92] ». À tous niveaux, le dolorisme n'a pas été à l'abri des récupérations ou des dérives, comme en témoigne « l'accusation de crypto-fascisme portée à l'encontre de Julien Teppe[93] ». Frick n'est pas encore, fin 1936, l'écrivain en « souffrance[94] » qu'il va bientôt devenir avec le tourment infligé par le cabanon. Cependant, sa réponse à l'enquête sur le dolorisme prend acte des conditions « particulièrement douloureuse[s] » et « tragique[s] » de son « époque », dont l'écrivain ne peut s'« abstraire[95] » pour son œuvre. L'observation s'éloigne de l'ancrage initial dans le contemporain par la généralisation à l'ensemble des siècles et des « poètes », qui ont tendance

---

89 Bernard Guillemain, « Jeunesse d'Apollinaire », dans *Interlude lunanien*, *op. cit.*, p. 3-4 (p. 3). Cette année 1946, Guillemain est dédicataire du poème « Lyrisme algébrique », énoncé de repères et préceptes à l'intention de « [c]elui qui sait goûter les moments propices de l'existence ». Frick, « Lyrisme algébrique », *Quantité discrète*, *op. cit.*, p. 43.

90 André Vachet, compte rendu de la réédition de l'ouvrage de 1935 de Julien Teppe, *Apologie pour l'anormal ou manifeste du dolorisme*, dans *Études internationales*, vol. 5, n° 3, 1974, p. 583-584 (p. 583).

91 Le point est développé par André Vachet. *Ibid.*, p. 583-584.

92 Geneviève Brykman, compte rendu d'*Apologie pour l'anormal, suivi de Dictature de la douleur* de Julien Teppe, *Revue philosophique de la France et de l'Étranger*, tome 165, n° 2, avril-juin 1975, p. 184.

93 Ophir Lévy, *Penser l'humain à l'aune de la douleur – Philosophie, histoire, médecine, 1845-1945*, Paris, L'Harmattan, 2009, p. 216. Par ailleurs, Lévy note la forte dénonciation par Teppe de « Mussolini lors de la guerre d'Éthiopie » ou ses propos pamphlétaires contre Maurras au numéro 4 de *La Revue doloriste*, en 1938. *Idem.* Maurras demeure, au fil du temps, la cible de Teppe.

94 Frick, interviewé par Ève Lorette, « Notre enquête sur le dolorisme », *La Revue doloriste*, 1re année, n° 1, 1er décembre 1936, p. 18. La réponse de Frick et la courte présentation sont reproduites dans le numéro 17 de la revue, au printemps 1956.

95 Frick, interviewé par Ève Lorette, « Notre enquête sur le dolorisme », *La Revue doloriste*, *op. cit.*, p. 18.

à « ressembler à des chevaliers de la triste figure[96] », de par leur existence au monde. Sur ce point, Frick rejoint Tailhade et son assimilation de « la douleur chez les Poètes » à « l'histoire de la poésie elle-même[97] ». Léautaud, également interviewé par *La Revue doloriste* de 1936, s'étonne faussement d'entendre parler de « Douleur en littérature », demandant : « Quelle douleur ? [...] – La douleur ? Ah ! non ! Pas de douleur ! De la joie, il faut de la joie[98] ! » Allard, qui n'est pas dans l'enquête, a des mots en 1928 pour dissocier la veine poétique de la douleur et rejeter l'image de la muse en « consolatric[e] ou infirmièr[e][99] ». Il passe du mot « dolorisme[100] » à Musset et au regret d'avoir personnellement exploité la douleur en poésie. L'enquête introduit Frick comme « animateur de l'école du Lunain, écrivain rare surnommé par Julien Teppe "prince de l'anormal ès-mots[101]" », un « anormal » qui place Frick dans un espace de liberté poétique.

Dans ce numéro inaugural de *La Revue doloriste*, Frick publie un poème avec une vue sur l'Italie contemporaine qui mine par le bas la grande rhétorique de *La Phalange* nouvelle. Les premiers vers montrent une « bourgeoise de Paris » syphilitique, qui « a contracté mal de Naples », et qui serait aussi « la Belle Ferronnière », « maîtresse » du « roi François[102] » Ier, atteinte de la syphilis. Sur ce point, le poème est en étroite relation avec le tableau de « La Belle Ferronnière » de Louis Cattiaux, dont « l'œil verdâtre ne cligne même plus[103] », indication d'une syphilis oculaire. C'est bien, ici, l'idée d'avoir « recréé le sujet plastique[104] », idée centrale à l'exposition « Peinture et poésie » de

---

96 *Idem.* Dans l'*Interlude lunanien*, la vue, exprimée par Maurice Charente, est plutôt celle du « droit de refu[s] » d'un « écrivain » « de vivre dans le siècle » en contrepoint à la littérature engagée. Maurice Charente, « Pour une littérature non engagée », dans *Interlude lunanien*, *op. cit.*, p. 6-7.

97 Laurent Tailhade, *La douleur : le vrai mistère de la Passion*, Paris, Albert Messein, 1914, p. 5.

98 Paul Léautaud, interviewé par Ève Lorette, « Notre enquête sur le dolorisme », *La Revue doloriste*, *op. cit.*, p. 15-16 (p. 16).

99 Roger Allard, *Calliope ou Du sublime*, Paris, Émile Hazan, 1928, p. 69.

100 *Ibid.*, p. 69-70.

101 Interview de Frick par Ève Lorette, « Notre enquête sur le dolorisme », *La Revue doloriste*, *op. cit.*, p. 18.

102 Frick, « Subalaria negotia ou la Belle Ferronnière », *La Revue doloriste*, *op. cit.*, p. 31.

103 *Idem.*

104 Sur cette exposition, tenue du 8 au 28 mars 1935 à L'Établi, voir Ad[olphe] de Falgairolle, « Des poètes "exposent" avec des peintres », rubrique « Les Échos de partout », *Journal des débats*, 147e année, n° 70, 12 mars 1935, p. 2.

1935 où Frick et Cattiaux sont regroupés, l'un avec son tableau, l'autre avec son poème correspondant. La maladie, telle que Cattiaux la rend présente, a son côté décoratif d'un genre macabre, où les ulcérations de la peau de la Belle Ferronnière sont autant de pois rouges sur une robe sombre. Le poème note du tableau « les derniers vestiges de [l]a chevelure ocre, rouge[105] », qui finit en lambeaux sanguinolents sur la toile. Frick exploite aussi le sens commun de la ferronnière pour le combiner avec le remède tout aussi commun de la syphilis, le mercure. Ainsi, la petite « chaîne d'or » qui orne le front « a disparu[106] » chez le personnage de Cattiaux par rapport au tableau de Léonard de Vinci. Entre la composition de Léonard de Vinci, au visage intact et défiant, et celle de Cattiaux, c'est la dégradation de la beauté, devenue monstrueuse. Pour Frick, la disparition du bijou du front de la femme aurait pour cause une opération d'ordre alchimique, où la « chaîne d'or » se serait « muée en hydrargyre », dans une transmutation inverse « d'or » en « [m]ercure[107] » pour servir au traitement de la syphilis.

Avant de consacrer l'essentiel de son poème au tableau de Cattiaux, Frick exploite la contagion sexuelle sous l'angle politique du moment, celui de l'année 1936. Il amène au devant l'Italie contemporaine, source d'une contagion malsaine et non du renouveau exemplaire claironné par Royère et sa *Phalange*. Ce « mal de Naples » auquel est livrée « [l]a bourgeoise de Paris[108] » a son analogie avec les déclarations enflammées de Royère, et d'autres encore, pour Mussolini. Les vers de Frick ciblent, par-delà le fascisme et sa propagation, l'Allemagne, puisque est accolé au « mal de Naples » le mot « Nazi[109] ». Italie et Allemagne auraient en partage la syphilis, maladie transposée dans le champ politique liée à la « décompos[ition][110] ». Le poème renverse ainsi contre les régimes fasciste et nazi l'arme de la dégénérescence qu'ils brandissent à effet meurtrier contre leurs victimes.

105 Frick, « Subalaria negotia ou la Belle Ferronnière », *La Revue doloriste*, *op. cit.*, p. 31.

106 *Idem.* C'est le tableau de Léonard de Vinci, « Portrait de femme, dit La Belle Ferronnière », conservé au Louvre et dont Cattiaux reprend le titre. La version de Cattiaux, avec la transformation du « bijou frontal » en « bandeau sur l'œil », est relevée par José Vovelle, « Paris-Copenhague. Aux origines de l'engagement surréaliste des peintres de Halmstad », dans *Un art sans frontières*, *op. cit.*, p. 38.

107 Frick, « Subalaria negotia ou la Belle Ferronnière », *La Revue doloriste*, *op. cit.*, p. 31.

108 *Idem.*

109 *Idem.*

110 *Idem.*

De revue à revue, *La Guiterne* répond de manière directe, en juillet 1937, à *La Phalange* qu'elle accuse de mettre « La Poésie au service de la Botte ». L'article est signé du pseudonyme Phileas Fogg, le visiteur mystère qui, en janvier 1936, avait grimpé les étages de la rue du Lunain pour s'entretenir avec Frick, et dans lequel on peut hypothétiquement voir Aubrun[111]. Issu de la « marine marchande[112] », Aubrun aurait en partage avec le fictionnel Phileas Fogg l'aisance financière et le goût des voyages. Ingénieur civil et promu en 1931, sous son véritable nom de Julien Galopin, au grade d'officier de la Légion d'honneur, il dirige l'École du génie civil et de la navigation de Paris[113]. Il publie nombre de ses cours et des manuels, allant du fonctionnement des chaudières à vapeur à la géométrie analytique, principalement dans les années 1920-1930. C'est cette période que choisit Fernand Divoire pour s'improviser poète de la « chaudière », avec ses « [f]lambées » parisiennes et « l'éternité » dans laquelle elle « tourn[e] » au point de générer sa propre « ronde », « À la chaudière À la chaudière », tout près de « l'Enfer », « cabaret[114] » ou supplice à haute température. Pour ce lieu où il est plus commun d'entendre parler de chaudières, l'École du génie civil, un encart publicitaire de 1930 rappelle sa création un quart de siècle plus tôt « par des industriels », et signale qu'elle est « [p]lacée sous le haut patronage de l'État », comptant « 500 élèves » pour les cours sur place et « 8 000 » « par Correspondance », avec l'« [i]ngénieur » Galopin pour « [d]irecteur[115] », muni de ses titres de Légion d'honneur et Palmes académiques. La *Revue des lectures* de l'abbé Bethléem voit aussi passer, mais d'un mauvais œil, ces publicités qui apparaissent non seulement dans des organes techniques mais également dans un dialogue en vers de 1928 d'Aubrun,

111 Phileas Fogg n'a pas d'apparition régulière dans *La Guiterne*.

112 Voir le « Courrier littéraire », *La Gazette de Paris*, n° 2, 24 novembre 1928, p. 6.

113 Le nom de famille d'Aubrun, Galopin, a été mis au clair par Guillaume Louet, qui le rattache à l'École du génie civil, dans « *Quo Vadis* », *La Revue des revues*, *op. cit.*, p. 45. Sous le titre « Marine marchande », la Légion d'honneur de Galopin est notée dans « Nouvelles politiques », *Journal des débats politiques et littéraires*, 143e année, n° 1, 1er janvier 1931, p. 3. Le « second métier » d'Aubrun n'est pas inconnu à l'époque. Voir Pierre Lagarde, cité de *Comœdia* du 8 février 1932, dans « À propos du Prix des Poètes », *L'Alliance littéraire*, 3e année, n° 2, février 1932, p. 2.

114 Fernand Divoire, « Chaudière », *Poèmes choisis*, Paris, Eugène Figuière, [1932], p. 118-130 (p. 123 et 129-130). Le poème paraît, avec la date de composition de 1924, dans le *Mercure* du 15 mars 1927.

115 Publicité « Pour apprendre la mécanique », *La Machine moderne – Journal mensuel*, 24e année, n° 256, décembre 1930, p. CI.

Tristan et Yseult, contiguïté qui met en question l'enseignement offert dans l'école du fait de la « volupté charnelle[116] » de cette poésie. Aubrun est, dans cet esprit d'évaluation et de condamnation morale, traité de « pornographe », jugement renouvelé deux ans plus tard par la *Revue*, qui continue d'ouvrir « ses recueils » « toujours insignifiants, souvent malpropres et parfois licencieux[117] ». Est ainsi renouvelé l'avertissement lancé en 1928 contre le 152, avenue de Wagram pour ce qui peut s'y fomenter dans le génie comme dans la poésie.

L'adresse de l'avenue de Wagram abrite concurremment une salle dénommée pour l'occasion le « studio Aubrun », où, le 6 novembre 1931, se réunissent Frick, Berthe de Nyse et quelques intéressés pour dire leurs poèmes en « inauguration de la revue *Le Rythme universel*[118] ». Valançay est prévu le 20 novembre pour l'une de ces « Quinzaines littéraires[119] ». Dans ce groupe, Berthe de Nyse est la « Muse admirée de tous » et elle est remarquée pour sa théâtralité, sa « voix » aux « belles sonorités », tandis que Frick se manifeste sous la forme du conducteur des Muses, « Apollon Musagète », celui qui « mène le chœur[120] », en l'occurrence aux rencontres de La Guiterne. La parution du *Rythme universel* est annoncée au mois de septembre, en relation avec le Groupe des Écrivains Indépendants et sous le nom de Berthe de Nyse, « l'étincelante animatrice de Tanit[121] ». L'indépendance est recherchée à l'égard des

116 « Une école par correspondance, *L'École de Génie Civil*, envoie aux jeunes gens un ouvrage sensuel », « Petit courrier, 115 », *Revue des lectures*, 16e année, no 11, 15 novembre 1928, p. 1357.

117 *Idem* ; et « Les auteurs et les ouvrages qui nous représentent à l'étranger ! », « Petit courrier, 3 », *Revue des lectures*, 18e année, no 1, 15 janvier 1930, p. 122.

118 La soirée est signalée dans la rubrique « Courrier des lettres », *Le Figaro*, 106e année, no 308, 4 novembre 1931, p. 5. Une annonce similaire paraît dans *Le Journal* du 5 novembre 1931, à la rubrique « À travers les lettres ».

119 Le Parisien, rubrique « Petit Courrier littéraire », *Comœdia*, 25e année, no 6876, 17 novembre 1931, p. 3.

120 Lucien Peyrin, « Courrier littéraire », rubrique « Les Lettres », *L'Homme libre*, 19e année, no 5588, 10 novembre 1931, p. 2. Frick est, en 1930, l'Apollon Musagète d'une librairie de l'Avenue de Suffren qui abrite tableaux et musique, « nouveau Parnasse ». Lucien Peyrin, « Toiles, disques et coquetels », *L'Homme libre*, *op. cit.*, p. 2. Frick serait incomparable dans le « rôle difficile » de l'Apollon Musagète, dans une librairie de Passy en 1932, où il présente Madeleine Israël, liée au groupe *Sagesse*. Voir Louis Bonnard, « Les soirées de la Plume d'or : la Jeune Poésie », *L'Homme libre*, 20e année, no 5787, 27 mai 1932, p. 2. Le poème de Madeleine Israël « Mon climat », aux tourments enchanteurs, dédié à Frick, est relevé par *Comœdia*, le 14 mars 1933.

121 Lucien Peyrin, « Courrier littéraire », rubrique « Les Lettres », *L'Homme libre*, 19e année, no 5532, 15 septembre 1931, p. 2.

intérêts « commercia[ux] » et des « compromissions[122] » auxquelles ils engagent les auteurs. Avec son seul numéro d'octobre 1931, *Le Rythme universel* est l'ancêtre immédiat de *La Guiterne*, évoquée dès la première partie du mois d'octobre dans une lettre à Valançay[123]. Frick, qui est en train d'arranger la publication de *Flot et jusant* de Valançay par les Éditions de La Guiterne, lui fixe « rendez-vous vendredi 16 octobre [1931] à 8h30 devant *La Guiterne* 152, Avenue de Wagram (M. Aubrun)[124] ». Lorsque débute *La Guiterne*, en décembre 1931, *Le Figaro* parle d'« une présentation lyrique de M. Louis de Gonzague-Frick[125] ». Celle-ci est mentionnée dans la lettre d'octobre, où Frick fait part de la « présentation révolutionnaire[126] » écrite pour le numéro initial de *La Guiterne.*

L'article ne passe pas inaperçu et Hirsch, dans le *Mercure*, ne retient que Frick de cette première *Guiterne.* Frick, dans sa « coutumière élégance », use d'un langage vigoureux pour lancer une revue désireuse de « faire entendre les fortes paroles des esprits libres qui veulent instituer un autre mode… que celui dont nous mourons lentement[127] ». On peut déceler, derrière ses mots, « la pugnacité déboulonnante[128] » d'Aubrun, selon l'expression de Frick. L'objectif de *La Guiterne* est de se consacrer à la poésie et d'« offrir les meilleures résonances de l'imagination poétique[129] ». *Cyrano*, en mai, reproduit un peu plus de l'article de Frick d'où se dégage l'élément « révolutionnaire » auquel il fait allusion pour Valançay et qui est essentiellement lié à une nouvelle recherche du « merveille[ux] », avec des résonances politiques peu définies, fin de « régime », « aurores incendiaires », « univers mental régénéré[130] ».

122 *Idem.* Une aide à la publication et un prix sont également envisagés.

123 Lettre de Frick à Robert Valançay, datée « Lundi », estimée à début octobre 1931. Getty, LA (950057).

124 *Idem.*

125 [Robert Destez], « La *Guiterne* », rubrique « Courrier des lettres », *Le Figaro*, 107e année, nº 6, 6 janvier 1932, p. 5. La revue serait ainsi lancée « avec le parrainage » de Frick. Voir Guillaume Louet, « *Quo Vadis* », *La Revue des revues*, *op. cit.*, p. 46.

126 Lettre de Frick à Robert Valançay, datée « Lundi », estimée à début octobre 1931. Getty, LA (950057).

127 Frick, présentation dans *La Guiterne* de décembre 1931, cité par Charles-Henry Hirsch, « Mémento », rubrique « Les revues », *Mercure de France*, 43e année, nº 809, 1er mars 1932, p. 428-435 (p. 435).

128 Frick, « Préface » à Jacques-Louis Aubrun, *Érosiade* (2e éd.), Paris, Quo Vadis, 1950, p. 5-6 (p. 6). La langue d'Aubrun est décrite par Frick un peu comme la sienne ailleurs.

129 Frick, cité par Charles-Henry Hirsch, « Mémento », *Mercure de France*, *op. cit.*, p. 435.

130 Frick, cité par Le Pâtissier Ragueneau, « Lettres à Roxane », *Cyrano*, 9e année, nº 413, 15 mai 1932, p. 31.

Les extraits cités par le *Mercure* et *Cyrano* révèlent une conjonction du poétique et du politique, mais une grande latitude est laissée au sens de ce voisinage, qui suggère néanmoins un potentiel réactif que *La Guiterne* saura mettre en œuvre face aux idées si peu défendables de *La Phalange*.

L'existence bicéphale de Galopin-Aubrun le voit divisé, tantôt à l'administration et à donner ses cours, tantôt dans la poésie et l'animation de revues, à une adresse unique, celle du 152 avenue de Wagram, qui abrite successivement *Le Rythme universel*, *La Guiterne* et *Quo Vadis*[131]. Aubrun, dans l'*Annuaire général des lettres* de 1932, porte à lui seul les décorations du Galopin de la publicité[132]. La séparation ne résiste pas à quelques initiés, si on veut bien lire l'allusion à la fois à l'argent et à la marine dans l'annonce faite du premier numéro de *La Guiterne* dans *Le Figaro* : « Honneur à ces braves qui, en pleine "crise", n'ont pas hésité à lancer leur vaisseau sur une mer d'encre[133] ». Le pseudonyme d'Aubrun, peut-être aussi celui de Phileas Fogg, ménage cependant à Galopin une liberté de parole que sa position d'autorité validée par l'État, dans le cadre de l'École, pourrait restreindre. L'épisodique Phileas Fogg de *La Guiterne*, signature ou non d'Aubrun, a des mots choisis pour Royère en 1937, symboliste fourvoyé, « Poète » au « calame visiblement oxydé, réduit à la misérable condition de *lecticarius*[134] », ou porteur de litière, celle des Mussolini-Franco.

À l'été 1935, Aubrun et Royère avaient été membres fondateurs du groupe des Quinze, sensiblement similaire par sa composition à l'Académie lyrique ou Ordre des poètes de 1933, où figurait Royère[135]. Les Quinze seraient à l'origine « sept poètes » habitués à « causer de poésie » ensemble et qui, selon les détails exposés par *L'Action française*, auraient laissé de côté « la diversité de leurs idées en d'autres matières »

131 L'adresse est notée pour *Quo Vadis* ainsi que pour l'École et sa *Revue Polytechnique*, par Guillaume Louet, « *Quo Vadis* », *La Revue des revues*, *op. cit.*, p. 45.

132 Voir, au nom d'AUBRUN Jacques-Louis, l'*Annuaire général des lettres* (1932), *op. cit.*, p. 519. La version 1932 de l'*Annuaire* mentionne Berthe de Nyse comme « Secrétaire Générale » de la *Guiterne*. *Ibid.*, p. 249.

133 [Robert Destez], « La *Guiterne* », *Le Figaro*, *op. cit.*, p. 5.

134 Phileas Fogg, « La Poésie au service de la Botte », *La Guiterne*, 6e année, no 19, juillet 1937, p. 1-4 (p. 4).

135 « Un nouveau groupe poétique », rubrique « La vie des lettres », *Les Nouvelles littéraires*, 13e année, no 668, 3 août 1935, p. 3. L'« Académie lyrique ou poétique », quand elle est proposée par Jean-Desthieux, rend Les Treize dubitatifs par son caractère exclusif. Les Treize, « Les Lettres », *L'Intransigeant*, 53e année, no 19254, 11 juillet 1932, p. 2.

que poétiques, pour se constituer en « société[136] ». À côté de Royère et Aubrun figurent Xavier de Magallon, Pierre Mazade, Georges Fourest, Louis Carle Bonnard et Vincent Muselli. L'élargissement à quinze concerne Valéry, Chabaneix, Dyssord, Gabriel Boissy, Abel Bonnard, Edmond Haraucourt, Léo Larguier et Pierre Camo. La réunion initiale des Quinze est prévue pour octobre 1935, mais les différences d'idées des membres ne vont pas tarder à se faire sentir[137]. Encore en pleine croissance, une Académie des poètes de quarante membres se forme à partir des Quinze, dans un éclectisme qui fait proposer par la Girouette du *Figaro littéraire* la création d'une seconde Académie des poètes, où voisineraient, bruyamment sans doute, en plus de Frick, l'incomparable couple Benjamin Péret et Maurras[138]. On peut en déduire que ce collectif de l'Académie des poètes n'implique pas une uniformité de pensée parmi ses membres, en particulier pour le couple Aubrun-Royère.

Le premier numéro de *La Phalange* nouvelle de la fin de l'année 1935, avec Mussolini élu « grand poète de l'action et poète tout court[139] » par Godoy, éveille aussitôt la vigilance de *La Guiterne*. Aubrun, sous son propre nom, s'élève contre les « poètes » et « écrivains français » devenus « larbins » du dictateur fasciste et de cette « Italie notre sœur latine, notre civilisatrice[140] ». *L'Humanité* réagit à la manière de *La Guiterne* mais sans pouvoir se réclamer d'une semblable indépendance, et expose les

136 Orion, « Les Quinze, nouveau cénacle poétique », rubrique « Carnet des lettres, des sciences et des arts », *L'Action française*, 28e année, n° 202, 21 juillet 1935, p. 4.

137 *Idem*, pour la date des « premières assises du groupe ».

138 La Girouette, « Encore une académie », rubrique « Aux quatre vents », *Le Figaro littéraire*, 111e année, n° 95, 4 avril 1936, p. 6.

139 Voir Armand Godoy, « Italie, lyre et muse », *La Phalange*, nouv. série, 9e année, n° 1, 15 décembre 1935, p. 63-64 (p. 64).

140 Jacques-Louis Aubrun, « Poésie et dictature », *La Guiterne*, 5e année, n° 16, janvier 1936, p. 1-8 (p. 7 et 1). L'article d'Aubrun permet aussi de répondre à un accueil comme celui, dans *Cyrano*, de Jean-Desthieux, actif régionaliste et ancien du Patriartisme, mouvement xénophobe avec lequel Florian-Parmentier tient personnellement à établir ses distances en rayant son nom d'une liste établie par Jean-Desthieux. Voir Ernest Florian-Parmentier, *La littérature et l'époque*, *op. cit.*, p. 334. Jean-Desthieux dit de la « réapparition de *La Phalange* » et du « fait politique » dont elle se charge, qu'on est « toujours » en présence d'« une très belle revue », et insiste, comme certains le feront après lui, sur la popularité de la revue en Italie, où le « premier numéro » aurait connu « un retentissement prolongé ». Jean-Desthieux, « Petit courrier littéraire express », rubrique « Lettres à Roxane », *Cyrano*, 13e année, n° 604, 10 janvier 1936, p. 31. Jean-Desthieux est contributeur, en 1934, d'une des revues d'Aubrun, *Le Calame littéraire et artistique – Journal mensuel des jeunes*, où Aubrun peut à la fois faire de la publicité pour l'*Institut du génie civil* et pour *La Guiterne*.

rédacteurs de *La Phalange* comme « valets de plume » puis les renomme en vertu de leur allégeance « Godoy-Remus et Royère-Romulus[141] ». Dans la veine des « larbins » ou « valets », *La Phalange* de 1913 s'en prenait aux « hommes-liges de la Louve vaticane et de la Déesse aux yeux bleus », Rome et Athènes, pour leur attachement aux « langues anciennes[142] », dans une des dernières ripostes ayant émaillé le débat sur l'enseignement du latin et la crise du français.

Sous sa facette de poète, Aubrun peut fournir un contre-exemple à *La Phalange* nouvelle dès son recueil de 1930, *Visions d'Italie*[143]. Le poème-préface de ce livre de voyage est dédié, dans une évidente raillerie, « A Mussolini » : « Bravo, Bravo Mussolini, / Pour le salut à la romaine, / [...] / ...Mais foin grand homme de ces affreuses chemises / Dans un pays latin qui ne sont point de mise[144] !... ». L'attaque est réitérée plus loin, dans le poème « Sosie d'Imperator », où, sans être nommé, Mussolini est « drapé dans son orgueil immonde », « maître » d'un pays où « la terreur [...] partout sévit[145] ». Le parcours d'Aubrun dans l'Italie du présent parmi ses vestiges de l'antiquité n'est pas enrobé de mysticité latine, et marque l'inquiétude dans les deux poèmes où figure Mussolini. La formule adoptée pour l'Italie, séjour puis recueil, est remise à jour par Aubrun pour l'Espagne avec les poèmes de *Séguedilles* en 1934, où la République, alors à dominante droite, est fragilisée par les coups de l'Église, « République, tu es foutue ! », avec une population depuis trop longtemps sous l'emprise de « la Calotte[146] ». L'atmosphère de « la rue », qui « sue » et « pue » de « prêtres, curés et capucins », « soldats » et

141 « Qui ne connaît... », rubrique « Échos des lettres », *L'Humanité*, 33e année, n° 13785, 13 septembre 1936, p. 8.

142 L[ouis] Rougier, « La reprise de la querelle des Anciens et des Modernes », *La Phalange*, *op. cit.*, p. 321. À travers l'expression « Louve vaticane » s'exprime aussi, dans une de ses premières publications, l'anti-christianisme de Louis Rougier, qui aura son propre itinéraire politique radicalisé, auprès de Pétain puis du côté des extrêmes d'après-guerre, enfin avec une place dans la Nouvelle Droite.

143 La *Revue des lectures*, alerte aux nouveautés, recense les *Visions d'Italie* dans la catégorie des « livres à combattre, à réfuter, à cribler ou à ignorer » parmi une longue liste où surnagent aussi, des amis de Frick, Carco et Sylvain Bonmariage. « Autres livres... », « Les principales nouveautés », *Revue des lectures*, 19e année, n° 5, 15 mai 1931, (p. 630-632) p. 630-631.

144 J[acques] L[ouis] Aubrun, « Préface », *Visions d'Italie – Poèmes* (1930), Paris, Pythagore-L. Doudet, 1932, p. 5-7 (p. 7).

145 J[acques] L[ouis] Aubrun, « Sosie d'Imperator », *Visions d'Italie*, *op. cit.*, p. 62.

146 Jacques-Louis Aubrun, « R. E. », *Séguedilles – Poèmes*, Paris, Éditions de La Guiterne, 1934, p. 11-12.

« argousins », clergé, armée et police dans Madrid, garantit l'enterrement prochain de la République : « Tu nais à peine et c'est ta fin[147]... ». La clairvoyance de ce poème rencontre en fin de voyage, à Barcelone, la ferveur partisane des « Faubourgs[148] ». Ces agitations s'estompent peut-être un peu devant le titre dansant de *Séguedilles*, où, de poème en poème, de ville en ville, le visiteur croise plus d'une « Señorita[149] ».

Les Nouvelles littéraires rapportent, en 1934, le positionnement d'Aubrun, non pas dans sa poésie mais dans sa récente revue du *Calame*, à l'encontre des « [f]ascistes » et « nazis », à l'encontre aussi des « bolchevistes », méfiance surtout d'une « menace de l'État contre l'homme[150] ». Aubrun serait, en l'occurrence, une sorte d'anti-Godoy, tous deux mécènes du côté des revues mais radicalement opposés politiquement par les publications qu'ils soutiennent de leurs fortunes, *Guiterne* (et *Calame*) contre *Phalange*[151]. Si *La Guiterne*, avec Aubrun, a compris la dérive de Royère, et auprès de lui Godoy, il est historiquement obscurcissant

147 *Ibid.*, p. 11. L'anticléricalisme, mélangé cette fois d'anti-communisme, est répété dans les vers de « Sous le goupillon », *ibid.*, p. 77.

148 Jacques-Louis Aubrun, « Dans les faubourgs », *Séguedilles*, *op. cit.*, p. 79-80.

149 La poésie d'Aubrun et sa *Guiterne* lui valent un jeudi de Mme Aurel en 1935, où Gaston Picard est censé prendre la parole sur le sujet. Voir l'annonce « Jeudis d'Aurel », *La Semaine à Paris*, 15e année, no 682, 21-27 juin 1935, p. 51.

150 « Que serons-nous demain », rubrique « L'enquête permanente », *Les Nouvelles littéraires*, 13e année, no 586, 6 janvier 1934, p. 4.

151 Sur Aubrun « mécène », en relation avec les éditions Figuière, voir le « Courrier littéraire » du 24 novembre 1928 de *La Gazette de Paris*, *op. cit.*, p. 6 ; et « Poésie et Mécénat », *L'Européen*, 1re année, no 29, 30 octobre 1929, p. 4. La manière dont Aubrun assure ce mécénat lui vaut des critiques, y compris de la part du jury du Prix des Poètes qu'il a créé. Voir Lucien Peyrin, « Courrier littéraire », rubrique « Les Lettres », *L'Homme libre*, 18e année, no 4929, 20 janvier 1930, p. 2. Le concours de l'année 1930, interrompu, est reporté de quelques mois par Aubrun, qui le retire des mains de Figuière, dans une lettre envoyée aux Treize, « Les Poètes conserveront leur prix », rubrique « Les Lettres », *L'Intransigeant*, 51e année, no 18359, 25 janvier 1930, p. 2. Voir encore, sur la polémique, Georges-Armand Masson, « Donner et retenir ne vaut », rubrique « D'une oreille à l'autre », *L'Européen*, 2e année, no 5, 29 janvier 1930, p. 3. En 1932, par un article dans la revue administrée par Figuière, *L'Alliance littéraire*, Berthe de Nyse, membre du jury, jette des doutes sur les pratiques d'Aubrun, alors que le prix est, depuis ses débuts, sujet aux « polémiques ». Berthe de Nyse, « Le Prix Aubrun », *L'Alliance littéraire*, 3e année, no 1, janvier 1932, p. 1-2 (p. 1). Frick est l'un des lauréats du Prix des Poètes, selon une information de Grouas, dans « Louis de Gonzague Frick », *Le Thyrse*, *op. cit.*, p. 193. En 1933, Frick appartient au jury de ce prix, alors décerné dans la controverse à Fernand Demeure, qui ne s'était pas porté candidat. Voir « Dialogue apocryphe et véritable entre Fernand-Demeure et J.-L. Aubrun... », *Comœdia*, 27e année, no 7336, 11 mars 1933, p. 3. Pour « Le Prix des Poètes », voir la rubrique « Courrier des lettres », *Le Figaro*, 108e année, no 69, 10 mars 1933, p. 5.

qu'après-guerre, et encore aujourd'hui, Royère et *La Phalange* puissent être évoqués sans mention des années 1935-1939. Aubrun reproduit en 1947, dans le second numéro de *Quo Vadis*, revue à laquelle est associé Frick, le poème franquiste de Royère et le « Mussolini » de Godoy, cherchant à raviver les mémoires, pour une période sur laquelle ne portent pas les listes noires[152].

Un des recyclages à constater, lorsque se réincarne *La Phalange*, concerne l'eurythmie, soumise au virage fasciste de la revue. L'eurythmie est appelée à consolider le lien recherché entre poésie et politique, dont le besoin se fait éminemment sentir après la visite de « dix beaux jours » que Royère et Godoy font en Italie, à Milan, début 1936, « seul pays au monde », précisent-ils, « où l'on respire rythmiquement[153] ». À leur rentrée en France, le parallèle qu'établit Royère entre « Nation » et poésie, tenant la première pour « condition » « partout et toujours » de la seconde, permet que le terme « eurythmie » puisse décrire à la fois la « cohésion » du « poème » et de la « nation » : « Tout vit dans un poème, comme dans une nation, en cohésion, en eurythmie[154] ».

---

152 La republication que fait Aubrun de ces poèmes est considérée comme un acte de mémoire par Guillaume Louet, « *Quo Vadis* », *La Revue des revues*, *op. cit.*, p. 47. Aubrun et Royère finissent par se réconcilier vers 1949, quand Aubrun réédite *Érosiade*, et *Quo Vadis* accueille Royère en 1952 pour parler de Grouas, qui lui-même participe aux revues d'Aubrun, comme Sylvain Bonmariage, Guillot de Saix ou Maurevert. *Ibid.*, p. 59.

153 Jean Royère et Armand Godoy, « Entre les pis de la Louve – II – La Nation », *La Phalange*, nouv. série, 9e année, n° 3, 15 février 1936, p. 200-206 (p. 200). Signé des « deux directeurs », le texte est écrit à la première personne, dans la voix de Royère, d'où l'usage de son seul nom dans la discussion. Royère est identifié en tant que « poeta e intelectual fascista francés » par Josep Carles Laínez, dans son édition de Vicente Blasco Ibáñez, *Cartas a Emilio Gascó Contell*, València, Ajuntament de València (Servicio de Publicaciones), 2012, p. 43. Laínez vient à parler de Royère à partir des travaux sur Blasco Ibáñez par Camille Pitollet, contributeur aux deux *Phalange*.

154 Jean Royère et Armand Godoy, « Entre les pis de la Louve – II – La Nation », *La Phalange*, *op. cit.*, p. 202 et 206. Au printemps 1936, Godoy revient d'un nouveau voyage en Italie, où, écrit-il à Lebesgue, « *La Phalange* est désormais populaire », ce dont Mussolini lui aurait « parlé longuement ». Lettre d'Armand Godoy à Philéas Lebesgue, du 11 juin 1936, citée par François Beauvy, *Philéas Lebesgue et ses correspondants*, *op. cit.*, p. 384. Godoy passe aussi avec Royère à Rome deux ans plus tard, en 1938, comme on l'apprend d'une correspondante de Lebesgue en Italie, qui s'interroge de l'absence de Lebesgue dans les derniers numéros de *La Phalange*. Lettre de Nina Infante Ferraguti à Philéas Lebesgue, du 20 mai 1938, *idem*. Deux poèmes de Lebesgue ont paru, en juin 1936, dans *La Phalange*, dont « Vitrail » avec une trace d'Italie dans un « sourire » « énigm[atique] » « de Joconde ». Philéas Lebesgue, « Vitrail », *La Phalange*, 9e année, n° 7, 15 juin 1936, p. 658. Cependant, il semblerait que sa méfiance de druide celtique et de vieux régionaliste à l'égard de la latinité ait mené Lebesgue, par la suite, à se tenir loin de la revue.

Royère se tourne alors vers Mallarmé, picorant chez lui ce qui a trait au « Livre[155] », pour le tirer vers Mussolini et l'État fasciste, alors qu'à l'extrême-droite la figure de Mallarmé est, pour le moins, déconsidérée. La visée englobante du « Livre », dont l'existence est rendue tributaire de « la Cité », ainsi qu'un rudiment de « *Cérémonial* », sont arrachés par Royère à Mallarmé pour affirmer, sans rougir, que le poète qu'il suit en disciple « fut l'annonciateur [...] de Mussolini[156] ». Royère passe, de la sorte, d'un maître à l'autre, avec quel préjudice pour Mallarmé, simple étape sur ce parcours qui conduit Royère à Franco, dans une ferveur ravivée d'homme en homme[157]. Le coup porté à la « poésie pure » par une « politique[158] » inquiétante a conduit Marguerite Yourcenar à s'éloigner de Royère, après leur proximité du temps du *Manuscrit autographe* et une contribution au premier numéro de *La Phalange* nouvelle. Yourcenar explique à la petite-fille de Royère, en 1969, sa prise de distance par rapport à celui qui avait encouragé son écriture[159]. Suivant de peu la publication en 1934 de son roman *Denier du rêve*, situé dans la Rome mussolinienne et à teneur anti-fasciste, le retrait de Yourcenar de *La Phalange* et du cercle de Royère répète, sur le plan des contacts, ses réserves à l'égard de l'Italie contemporaine.

155 Jean Royère et Armand Godoy, « Entre les pis de la Louve – II – La Nation », *La Phalange*, *op. cit.*, p. 206.

156 *Idem.* Le rapprochement Mallarmé-Mussolini s'apparente à une nouvelle « gageure d'acrobate », d'après l'expression de Charles-Henry Hirsch, dont la rubrique du *Mercure* commente ainsi l'amalgame réalisé par Godoy dans *La Phalange* de décembre 1935 entre Royère et Mussolini, cet « autre poète ». Voir Charles-Henry Hirsch, « Les revues », *Mercure de France*, *op. cit.*, 15 janvier 1936, p. 383.

157 Le Royère des deux *Phalange* aurait procédé à un « constant self-alignment first with Mallarmé and then with Mussolini », selon Joseph Acquisto, *French Symbolist Poetry and the Idea of Music*, *op. cit.*, p. 151.

158 Lettre de Marguerite Yourcenar à Denise Beugnot, du 8 janvier 1969, Yourcenar Additional Papers, Petite Plaisance Trust, Houghton Library, Harvard. Pour cette lettre, voir aussi Achmy Halley, *Marguerite Yourcenar en poésie – Archéologie d'un silence*, Amsterdam-New York, Rodopi, 2005, p. 372-373. Halley dit clairement à quel point Royère a « ouv[ert] » les « colonnes » de *La Phalange* à Franco et Mussolini. *Ibid.*, p. 373.

159 Lettre de Marguerite Yourcenar à Denise Beugnot, du 8 janvier 1969, Yourcenar Additional Papers, Petite Plaisance Trust, Houghton Library, Harvard. Dans sa longue lettre attentionnée, Yourcenar décline une requête de Denise Beugnot (et non, comme il est parfois écrit à tort, « Bengnot ») de préfacer le catalogue de vente de la bibliothèque de Royère. Follain note, en 1967, une conversation avec Jean Tortel sur Royère, « tomb[é] dans l'admiration de Mussolini » « [d]ans ses dernières années ». Jean Follain, entrée du 23 novembre 1967, *Agendas 1926-1971*, *op. cit.*, p. 466. Avant le renouvellement de *La Phalange*, dans laquelle il publie, Tortel côtoie Royère à *L'Esprit français*.

La Phalange du 15 février 1938 affiche le titre *Franco ! Franco ! Franco !*, triple cri qui appartient au slogan franquiste et se répand après la consolidation du pouvoir de Franco sur la Phalange Española Tradicionalista durant l'année écoulée, ce dont la revue, fraternellement, se fait l'écho, y compris dans la série d'articles de Camille Pitollet, du même intitulé. Dans le numéro de février, Paul de Rosaz, mieux connu pour *À la dérive* (1914) et *Rien à signaler* (1930), imagine « France-Italie-Espagne », sous le signe de la latinité, « soudés en un bloc [d'airain] infrangible dans la pureté et la perfection de son eurythmie », « contre » lequel « se brisera le flot barbare de l'abominable tyrannie asiatique », celle de « la Faucille et [du] Marteau[160] ». Simple variation sur la vulgate anti-communiste que redit aussi, mais sans recours à l'eurythmie, le poème de Royère intitulé « Franco », paru aussi dans *La Phalange* de février, « devoted entirely to glorification of general Franco[161] », selon le mot succinct de *Books Abroad.* « [L]a défense de la latinité » par la revue de Royère et Godoy est de notoriété publique (« [c]hacun sait »), à en croire Léon Daudet, qui pousse les « admirateurs[162] » du Caudillo parmi les lecteurs de *L'Action française* à se régaler avec le franquisme de *La Phalange* du numéro de février 1938.

Le poème « Franco » que Royère écrit pour ce mois-là est adressé à la femme d'Armand Godoy, Julia Cordovès de Godoy, qui en 1928 était, dans l'exotisme de son « Antille natale », témoin d'une élévation moins politique, celle d'un valeureux « succ[esseur] aux feux de Baudelaire[163] », Armand Godoy lui-même, qui a sorti, en 1926, sa *Stèle*

---

160 Paul de Rosaz, « France-Italie-Espagne », *La Phalange*, nouv. série, 11e année, n° 27, 15 février 1938, p. 100. Durant cette période, *La Phalange* porte le sous-titre *France-Italie-Espagne*, après avoir mis en avant une large section *France-Italie.*

161 *Books Abroad*, vol. 12, n° 3, été 1938, p. 291. Ailleurs, l'année précédente, *La Phalange* est nommée, en rapport avec la Guerre d'Espagne, comme « la revista francesa » « más importante en favor de las derechas », ayant choisi le camp de droite. « La guerra española y la vida literaria », *Revista Hispánica Moderna*, 4e année, n° 1, octobre 1937, p. 43-45 (p. 45).

162 Léon Daudet, « À la gloire de Franco », *L'Action française*, 31e année, n° 77, 18 mars 1938, p. 1. Dans les querelles de l'extrême-droite, Camille Pitollet est dénonciateur de Daudet et Maurras autour de *L'Affaire Syveton* en 1934, et ses articles de *La Phalange* sur Franco sont sciemment ignorés par Daudet. Le commun de *L'Action française* est pourtant diffusé par Pitollet à travers les propos antisémites du journaliste espagnol, Juan Pujol, dans le « Franco ! Franco ! Franco ! » de mars. Royère et son annonce de la mort de Gabriele D'Annunzio voisinent avec Pitollet et un Docteur Louis Monfrini, « La Suisse et le Poison », modèle d'un antisémitisme bien-pensant, abondamment cité, le 7 avril, par *L'Action française.*

163 Jean Royère, « Sur l'exemplaire de Madame Armand Godoy », *Ô quêteuse, voici !*, *op. cit.*, p. 40-41.

pour Charles Baudelaire. Le « Franco » versifié de Royère fait du « général » un nouveau « Roland » et dessine, en stricte logique, les Républicains en Sarrasins ou encore en « Scyth[es] », ces barbares de l'Est : « Vous, par droit de naissance et moi, de poésie, / Nous voulons une Espagne Espagne et non Scythie[164] ! » Le transfert opéré en temps et en espace s'effectue aussi dans le sens de l'Espagne contemporaine vers la France, avec à la base cette idée d'une commune latinité. Ainsi, Royère ne se limite pas aux combats espagnols et formule des vœux pour l'avenir d'un pays au « nom », pour lui, si délicieusement proche de celui de Franco : « Et la France – Franco c'est à peu près son nom – / Demain au bolchevisme atroce dira : NON[165] ! » Dans l'avant-dernier numéro, Miomandre procure la traduction d'un entretien avec le nouveau chef du Service National des Beaux-Arts de Franco, où l'accent est mis sur l'avantage d'un régime d'autorité[166]. L'arrêt de publication de *La Phalange* nouvelle série en janvier 1939 semble avoir, à quelques exceptions près, jeté un voile sur le Royère de ces années-là, celui qui s'est gonflé la voix pour Mussolini puis s'est fait le chantre de Franco[167].

Frick fait état de la mort de Royère dans une lettre de février 1956 à Élise Champagne, qui coïncide avec la disparition, plus marquante

164 Jean Royère, « Franco », *La Phalange*, nouv. série, 11e année, no 27, 15 février 1938, p. 57. Le souvenir des Sarrasins est ravivé par la proclamation d'une « Espagne illustre », « Où la Croix par le preux triompha du Croissant ». *Idem*. Le numéro de décembre 1936 de *La Phalange* publiait une « Lettre à Jean Royère et Armand Godoy » par Franco, relevée par *Books Abroad*, vol. 11, no 2, printemps 1937, p. 178.

165 Jean Royère, « Franco », *La Phalange*, *op. cit.*, p. 57. Dans la foulée des accords de Munich, fin septembre 1938, et après avoir, en mars, publié le « Discours sur l'Anschluss » de Mussolini, Royère, avec Godoy, s'enthousiasme en couverture de *La Phalange* : « Il faut exterminer le bolchevisme, si non en Russie, du moins en France ». Jean Royère et Armand Godoy, « La France, la vraie France, la France éternelle, gardera toujours une profonde gratitude à Mussolini… », *La Phalange*, nouv. série, 11e année, no 33-35, 15 août-15 octobre 1938, [couverture]. Dans la correspondance de Royère à Godoy sont exprimées, en mai 1938, des inclinations similaires avec aussi une « inquiét[ude] » à l'égard du « pangermanisme » de l'Allemagne à laquelle Royère a tout à reprocher sauf « l'antisémitisme ». Voir la lettre de Royère à Godoy, du 14 mai 1938, citée en extrait, incluse dans le lot 427 (Jean Royère) de la vente Piasa du 20 novembre 2007, sur le site piasa.auction.fr. Consulté le 27 mai 2013.

166 La traduction de Miomandre paraît dans le triple numéro de *La Phalange* du 15 août-15 octobre 1938. Dans le même moment, Miomandre contribue à l'organe franquiste *Occident*.

167 Quant à Godoy, un livre de 1974 considère ses écrits dans *La Phalange* nouvelle comme « quelques poèmes de circonstance », à « om[ettre] volontairement » du champ d'étude. Selon cet ouvrage, *La Phalange*, dont la politique n'est pas précisée, aurait contribué à « resserrer les liens dans la grande fraternité latine ». Voir Joseph Boly, *Armand Godoy : Poète cubain de langue française*, Paris, Nouvelles Éditions Latines, 1974, p. 59 et 49.

pour lui, de Léautaud, et la ré-émergence de Cocteau dans ses échanges. Frick partage un mot de Léautaud souffrant, « écrit de la Vallée-aux Loups[168] » quelques semaines avant qu'il décède, le 22 février. En 1940, Léautaud reçoit des confidences du docteur Le Savoureux sur son autre patient, Frick, qui renforcent l'image du poète récitatif en tout lieu et quelles que soient les circonstances[169]. Les relations espacées entre Frick et Léautaud incluent, comme celles qu'il a avec Jacob, le souvenir de la mère de Frick, dont l'« évocation » par Léautaud dans une lettre en 1953 « touche[170] » Frick, à travers une histoire qui réitère l'importance de la courtoisie pour lui. En réponse, Frick raconte le plaisir de sa mère à « apercevoir » « la silhouette, unique[171] » de Léautaud, qui a, dans sa lettre précédente, exprimé son « goû[t] » pour l'« originalité[172] » de Frick, dans sa vie et ses vers. Ce compliment adressé par Léautaud à Frick contraste avec les propos consignés dans le journal, d'une autre teneur[173].

À la différence de Léautaud et Royère, au bout de leur vie, le Cocteau de 1956 « émerveille » Frick par son air de « jeunesse[174] ». Frick se réclame de son « ami[tié] » avec Cocteau, qui remonterait à « plus de 4 décennies[175] », à peu près aussi loin que ses rapports avec Léautaud et Royère. En 1950, Frick est plutôt ironique pour évoquer cet être à part que lui semble Cocteau, à l'image de vigueur rapportée de son voyage récent aux États-Unis et sa *Lettre aux Américains*, tandis que Frick poursuit son déclin, âgé et de santé altérée : « Mon

---

168 Lettre de Frick à Élise Champagne, à estimer autour du 4 février 1956, dans Marcel Lobet, « Les amitiés belges », *Bulletin de l'Académie Royale*, *op. cit.*, p. 235.

169 Cette anecdote du journal de Léautaud est relevée comme un exemple de « la douce folie » de Frick, par Edith Silve, « Louis de Gonzague Frick, poète, grand "Calamiste alizé" », rubrique « L'actualité autour de Léautaud », *Cahiers Paul Léautaud*, 17e année, n° 33, janvier-juin 2003, p. 47-52 (p. 48). L'article de Silve fait suite à l'étude d'Alexandrian, alors d'« actualité ».

170 Lettre de Frick à Paul Léautaud, non datée, estimée à 1953, reproduite par Sarane Alexandrian, « Un grand seigneur de la poésie moderne », *Supérieur inconnu*, *op. cit.*, p. 92.

171 *Idem.*

172 Lettre de Paul Léautaud à Frick, du 27 mai 1953. HRC, Austin. Une autre « silhouette unique », mais peut-être pas tant que cela, est attribuée à Ernest La Jeunesse dans *Quantité discrète*. Voir Frick, « Ernest La Jeunesse, homme de lettres et des Boulevards », *Quantité discrète*, *op. cit.*, p. 45.

173 La remarque est faite par Edith Silve, « Louis de Gonzague Frick, poète, grand "Calamiste alizé" », *Cahiers Paul Léautaud*, *op. cit.*, p. 50.

174 Lettre de Frick à Élise Champagne, à estimer autour du 4 février 1956, dans Marcel Lobet, « Les amitiés belges », *Bulletin de l'Académie Royale*, *op. cit.*, p. 235.

175 *Idem.*

corps ne porte pas de stigmates, mais je ne l'exhiberai point à côté de celui qu'admirent les "Américaines" (Monsieur Jean Cocteau)[176] ». Dans la lettre à Élise Champagne de 1956, Cocteau est en pleine ascension, « l'artiste littéraire le plus intelligent » du moment pour Frick, et dont l'« imagination » a cette fraîcheur de « la poésie en sa robe matinale[177] ». L'ardeur de Frick pour Cocteau, à ce point-là, est indissociable d'*Oddiaphanies*[178]. En post-scriptum à Élise Champagne, Frick note avoir reçu de Cocteau « une page de toute magnificence[179] », comme il le confie aussi à Berthe Bolsée le 3 février, « une fort belle page de préface pour mes *Oddiaphanies*[180] ».

Dans ses brèves remarques, sous forme de lettre en date du 24 janvier 1956, Cocteau rend hommage à Frick, « un seigneur de la poésie » au « nom singulier », « fidèle à son poste », et reconstitue leur univers littéraire du début du siècle en rappelant le « respect » ou l'« estime[181] » qu'a pu inspirer Frick à Apollinaire, Max Jacob puis Reverdy. Un poème de Reverdy paru dans *Cale sèche*, « Monsieur X », « met[trait] en scène[182] » Frick, au dire de Pia en 1962, qui n'élabore pas plus. Pia relaie, en fait, l'avis de Frick, qui lui a écrit en 1955 : « Il y a [...] une pièce intitulée "Monsieur X", où vous reconnaîtrez mon portrait complet. Mon

176 Lettre de Frick à Pierre Boujut, non datée, estimée à début 1950, dans « Louis de Gonzague Frick », *La Tour de Feu*, *op. cit.*, p. 9. Suite à un événement Apollinaire-Picasso, en 1956 à Paris, c'est au tour de Billy de faire « ten[ir] » à Cocteau, de façon moins nuancée que Frick, « son rôle habituel de grande vedette ». André Billy, *Avec Apollinaire – Souvenirs inédits*, Paris-Genève, La Palatine, 1966, p. 147.

177 Lettre de Frick à Élise Champagne, à estimer autour du 4 février 1956, dans Marcel Lobet, « Les amitiés belges », *Bulletin de l'Académie Royale*, *op. cit.*, p. 235.

178 Cocteau est sollicité par Frick pour un autre service, au bénéfice de l'œuvre d'Élise Champagne, l'année précédente, lorsqu'il est question pour elle du Prix Guillaume Apollinaire, qui lui échappe finalement. Voir la lettre de Frick à Élise Champagne, cachet du 2 janvier 1955, *ibid.*, p. 232-233 (p. 232).

179 Lettre de Frick à Élise Champagne, à estimer autour du 4 février 1956, *ibid.*, p. 236.

180 Lettre de Frick à Berthe Bolsée, du 3 février 1956, *ibid.*, p. 224.

181 Jean Cocteau, « Mon cher Louis de Gonzague Frick... » (Préface), dans Frick, *Oddiaphanies*, *op. cit.*, p. 11.

182 Pascal Pia, « Reverdy poète en vers et en prose », dans *Pierre Reverdy (1889-1960)*, éd. Maurice Saillet, Paris, Mercure de France, 1962, p. 185-191 (p. 191). Pour le personnage de *La Condition humaine* Clappique, qui selon Rousselot aurait « emprunté quelques traits a Frick », Pia ôte très nettement Frick de l'équation, et identifie d'autres modèles potentiels de Malraux. Jean Rousselot, article « Gonzague-Frick », *Dictionnaire de la poésie française contemporaine*, *op. cit.*, p. 115 ; et « Pascal Pia (1978) » dans Jean-Jacques Lefrère et Michel Pierssens, *Aventures littéraires (Entretiens)*, *op. cit.*, p. 582-584.

monocle y flamboie[183] ! » Frick ou pas Frick, le personnage est habillé par Reverdy en « redingote », avec un « monocle[184] » et il émane de lui une naïveté encore intacte. Cette description, qui voit Monsieur X à l'extérieur de « l'église[185] », conviendrait en bien plus de ses points à Max Jacob, comme l'établit Andrew Rothwell[186]. Sous la variable « X », une moindre place peut encore être ménagée à Frick, selon l'idée d'un portrait composite et en accédant au désir de Frick de se fondre dans cet élégant. Le personnage au nom laissé anonyme repart, dans tous les cas, en promeneur distrait sur « les pavés » qu'il a « l'air de compter » et le poème retient de lui une connaissance plus intime, « Mais moi j'ai vu battre son cœur et briller son œil[187] ». Dans une dédicace à *Ferraille* en 1937, Reverdy combine en Frick son physique élancé et la poésie, « haute silhouette poétique toujours présente sur la ligne de l'horizon », et ajoute, à cet instant de leurs relations, l'assurance de partager « quelques très vieux souvenirs[188] ». Une dédicace antérieure, de 1916, communique la déférence de Reverdy pour le « parfait poète », le « critique éminent[189] », dont le statut s'est accru durant la guerre et qui fait encore sentir, peut-être, ses six ans d'aînesse sur Reverdy.

Le rapport Frick-Reverdy dans les revues a ses soubresauts, qui n'empêchent pas Reverdy de dire, dans *Nord-Sud* en février 1918, que Frick « présente savamment » les « livres[190] » dans ses scolies de *La Caravane*. Le mois précédent dans *La Caravane*, Frick invite Reverdy

183 Lettre de Frick à Pascal Pia, du 21 mai 1955, en vente par Piasa, le 20 novembre 1913, lot 280, sur le site invaluable.com. Consulté le 31 décembre 2013.

184 Pierre Reverdy, « Monsieur X », « Cale sèche » (1913-1915), *Main d'œuvre, 1913-1949*, Paris, Gallimard, 2011, p. 476-477 (p. 476). D'après Étienne-Alain Hubert, Frick serait, chez Reverdy, au sein de « La Faune » du café « de Flore », ce « client qui recevait un titre de revue dans son monocle », alors que se préparent *Les Solstices*. Voir Pierre Reverdy, « La Faune de Flore », « *Nord-Sud* », n° 2, 15 avril 1917, *Œuvres complètes*, I, *op. cit.*, p. 465 ; commenté par É.-A. Hubert dans ses « Notices et notes », *ibid.*, p. 1305-1306.

185 Pierre Reverdy, « Monsieur X », *Main d'œuvre*, *op. cit.*, p. 476.

186 Andrew Rothwell, « The "Querelle du poème en prose" : Pierre Reverdy's Polemical Portraits of Max Jacob, 1915-1925 », *Nottingham French Studies*, vol. 31, n° 1, 1992, p. 51-66 (p. 57).

187 Pierre Reverdy, « Monsieur X », *Main d'œuvre*, *op. cit.*, p. 477.

188 Dédicace autographe de Reverdy à Frick sur *Ferraille*, en vente par Sotheby's, lot 189, le 7 octobre 2014, sur le site sotheby's.com. Consulté le 30 octobre 2014.

189 Dédicace autographe de Reverdy à Frick sur *Quelques poèmes*, en vente par Artcurial, lot 198, le 16 octobre 2013, sur le site invaluable.com. Consulté le 31 décembre 2013.

190 Pierre Reverdy, « Notes et extraits », « *Nord-Sud* », n° 12, février 1918, *Œuvres complètes*, I, *op. cit.*, p. 493.

à « souscrire à [une] distinction [...] ethnographique en même temps que littéraire », où Cendrars est entre « Vésuve » et « geyser[191] », Frick tenant à ce second terme contre Reverdy, qui parle de la « machin[e] » et son « feu[192] », non d'un jaillissement naturel. Le « geyser », pour Frick, serait plus véritablement cendrarsien que le « Vésuve », « à laisser à M. Marinetti et aux habitants de Torre dell'Annunziata[193] », derrière lesquels se profile aussi D'Annunzio. Par l'insistance sur cette nuance (« Mais encore une fois ne confondons pas[194] ») qui porte au-delà de Reverdy, Frick cherche à maintenir séparés Cendrars et le futurisme.

Deux des trois premiers poèmes d'*Oddiaphanies* sont dédiés à Cocteau, comme en remerciement de sa préface au recueil, avec un « très cher Jean Cocteau » qui figure peut-être parmi les « Élus des Muses[195] » dans « Du sens et des nombres », ou bien le cadre forestier de Milly dans « La sylve inexplorée » aux pousses prometteuses : « Voici des végétations nouvelles / Si belles que cesseront les querelles, / Puis voici des fleurs mantiques[196] ». L'« odeur » de ces « fleurs » divinatoires, qui « emplira chaque poumon[197] », a son pendant en un autre poème d'*Oddiaphanies*, où plane Cocteau avec « [l']air odorable de Milly[198] ». Par ailleurs, et selon l'optique d'un Cocteau souvent pris dans les hostilités littéraires, l'idée, formulée par le poème « La sylve inexplorée », « que cesseront les querelles[199] », situe Frick en témoin et intime de camps parfois ennemis.

Sans la distance qui restera avec Cocteau, Frick se trouve en terrain familier au sein de l'association d'amis créée pour Roinard, dont l'« idée[200] » était venue à Apollinaire et avait été reprise et diffusée par

---

191 Frick, compte rendu du *Profond aujourd'hui* de Cendrars, « Scolies », *La Caravane*, 5e année, no 1, janvier 1918, p. 12.

192 Pierre Reverdy, « Livres », « *Nord-Sud* », no 9, novembre 1917, *Œuvres complètes*, I, *op. cit.*, p. 488-489 (p. 488). Étienne-Alain Hubert relève et commente ce passage de Frick de *La Caravane*. É.-A. Hubert, « Notices et notes », *ibid.*, p. 1320. Ailleurs, Hubert mentionne les comptes rendus de Frick sur Reverdy dans les revues en 1917 et 1918, et dit sa « subtil[ité] » de « chroniqueur ». *Ibid.*, p. 1324.

193 Frick, compte rendu du *Profond aujourd'hui*, « Scolies », *La Caravane*, *op. cit.*, p. 12.

194 *Idem.*

195 Frick, « Du sens et des nombres », *Oddiaphanies*, *op. cit.*, p. 13.

196 Frick, « La sylve inexplorée », *ibid.*, p. 15. Ces vers peuvent résonner des réinventions de Cocteau à travers son œuvre.

197 *Idem.*

198 Frick, « Erastome des hygéliaux », *ibid.*, p. 23.

199 Frick, « La sylve inexplorée », *ibid.*, p. 15.

200 Pour la précision, voir Apollinaire, *Correspondance avec les artistes*, *op. cit.*, p. 51.

Frick en conjonction avec Marc Brésil dans leur rubrique de *La Phalange* en 1913. Lors du Banquet-Anniversaire offert à Roinard, le 15 février 1930, où sont présents aussi, proches de la génération de Frick, Strentz, Latourrette, Banville d'Hostel, Frick évoque pour lui-même et pour les convives réunis « le vieux Maître, l'ami de la première heure, inaltérable dans l'affection[201] ». La publication de la plaquette du banquet fournit un exemple supplémentaire de leur proximité, cette fois avec Roinard lecteur attitré de Frick. Roinard tire du discours de Frick une quinzaine de mots, dont il fournit une traduction, conscient de la difficulté qui peut exister à déchiffrer clairement les textes de son ami. Le panégyrique devient alors plus accessible grâce à celui qui en est l'objet. Ainsi peuvent mieux ressortir, à la fin, des mots comme « guerrier », « triomphateur », « grandeur » et, moins attendu, « tendrement[202] ».

Lecteur de *Trèfles*, Roinard fait paraître en 1917 un poème entièrement dédié à Frick, avec des adresses répétées, « ô Louis de Gonzague[203] », qui voisinent, cette année-là, avec la « Neuvaine au souvenir » d'Allard et son « cher Louis de Gonzague ». Intitulé « Agla ! Agla ! ! ! », du cabalistique acronyme invoquant la puissance éternelle du divin, le poème se tourne aussi vers l'extrême contemporain, l'extrême proximité des *Calligrammes* de « La cravate et la montre », où peut se lire : « la beauté de la vie passe la douleur de mourir Agla et le vers dantesque luisant et cadavérique[204] ». Roinard reconnaît à Frick à la fois son ésotérisme et sa relation avec Apollinaire, dans lesquels il s'inclut aussi, et fait siens les états indiqués dans l'ordre par « La montre » de *Calligrammes*, « beauté », « douleur », mort, « cadavérique[205] ». Les strophes de Roinard partent de l'avant-guerre, d'un *ubi sunt*, « Vous souvient-il », « Où sont ces temps », qui auraient été ceux de la grande poésie de Roinard et de la « foi » dans un avenir brutalement, « Tout d'un coup[206] », stoppé. Roinard n'a pas l'aversion de

201 Frick, discours, dans *En souvenir du 15 février 1930*, *op. cit.*, p. 10. Banville d'Hostel, qui parle longuement avant Frick, dit avoir été présenté par celui-ci à Roinard en 1912, « à la terrasse d'un café qui fait le rond entre deux boulevards ». Banville d'Hostel, discours, dans *En souvenir du 15 février 1930*, *op. cit.*, p. 9-10 (p. 9).

202 Paul-Napoléon Roinard, [« Traductions »], dans *En souvenir du 15 février 1930*, *op. cit.*, p. 11.

203 Paul-Napoléon Roinard, « Agla ! Agla ! ! ! », *La Caravane*, 4e année, no 10, octobre 1917, p. 11.

204 Apollinaire, « La cravate et la montre », « Calligrammes », *Œuvres poétiques*, *op. cit.*, p. 192.

205 *Idem.*

206 Paul-Napoléon Roinard, « Agla ! Agla ! ! ! », *La Caravane*, *op. cit.*, p. 11.

Frick pour les désignations avilissantes de l'ennemi, « âmes prussiennes » au « souffle d'occultes haleines / Fleurant la fétidité[207] ». Ce putride qui fleure et, pourquoi pas, fleurit, véhicule l'expression plutôt que le sens baudelairien, car l'« immonde » d'en face, avec ses « crasses humaines[208] », demeure tel, sans générer de beauté. Roinard se sent hélé par un « qui vive ? » de Frick en guerre, comme le cri que lance la sentinelle, auquel le poème réplique par un « hurle[ment] plus fort[209] ». L'énormité de la voix, caractéristique d'un Roinard fracassant ses mots, n'empêche pas une rime légère, de « divague » à « zig-zague » à « Louis de Gonzague[210] ».

Roinard répond aux amicaux trèfles à quatre feuilles que Frick, « [a]u bord de l'abîme[211] », avait offerts en 1915. Il lui invente un « trèfle » au « charme[212] » suffisamment puissant pour le protéger sur les lignes de feu. Un vers d'« Agla » pourrait trouver écho chez Julien Teppe, avec l'affirmation, liée à la guerre, que « la Douleur » est « notre seule Éducatrice[213] ». Le mot se ressent vaguement de l'énoncé d'avant-guerre de Tailhade sur « [l]a douleur », qui formerait « le principe de toute poésie[214] », douleur de la campagne 1914-1915, dans le cas de Frick, qui peut-être rend possibles les *Trèfles* chez celui que Tailhade étiquette d'« esprit inquiet[215] ». La leçon que développe Roinard dans « Agla » atteint, en particulier, un poète authentique comme Frick, qui ne compose pas en célébration de la guerre et son « noir Dispater[216] », le Pluton des Enfers. Frick oppose à la tendance aux glorifications bellicistes, un « amour[217] » qui n'a rien d'abstrait, conçu comme dans *Trèfles* sur le versant de l'amitié pour ses proches de l'arrière et du front. Roinard le montre, pour finir, amenant la paix d'un « geste conjurateur[218] ».

207 *Idem.*

208 *Idem.*

209 *Idem.*

210 *Idem.* Roinard associe « la fierté » de Frick à « un blason de gloire en sautoir », quelques mois après sa lettre de mars à Frick, où il lui avait attribué un blason en bonne et due forme, quand Maurevert dénonçait chez Frick des désirs d'aristocratie. *Idem.*

211 *Idem.*

212 *Idem.*

213 *Idem.*

214 Laurent Tailhade, *La douleur : le vrai mistère de la Passion*, *op. cit.*, p. 3.

215 Laurent Tailhade, « Chronique des livres – *Sous le Bélier de Mars* », *L'Œuvre*, *op. cit.*, p. 3.

216 Paul-Napoléon Roinard, « Agla ! Agla ! ! ! », *La Caravane*, *op. cit.*, p. 11.

217 *Idem.*

218 *Idem.* Le « geste conjurateur » fait se rejoindre l'« Agla » du titre et la magie d'une « druidique serpette » familière au trio Jacob-Frick-Latourrette. *Idem.*

Quand Frick s'adresse à Roinard après Mac Orlan et avant Apollinaire dans *Trèfles à quatre feuilles*, il parle à l'auteur du sixième chant de *La Mort du rêve*[219]. Dans le poème de Frick, le « Cher Roinard, acclamé par les "monts en délire[220]" » désigne en raccourci, alexandrin oblige, « La montagne en délire », titre de ce sixième chant du recueil que Roinard a publié en 1902. Et c'est un peu de cette poésie formatrice de Frick qui le fait écrire aussi : « [J']ai mis, comme vous, mon immuable foi / Dans l'altière beauté d'une savante lyre[221] ». L'instrument poncif que tient entre ses mains le poète peut, dans sa dimension « savante », indiquer la richesse du mot et l'étendue des références dans les vers de Roinard et de Frick, constitutives d'une « beauté » voulue élevée, hauteur aisément figurée par les « monts[222] ». Cette strophe immédiatement suivie de la poésie en guerre, avec Apollinaire et ses « [s]hrapnells » « percutants » et « sinistres marmites » devenus « [s]es jeux et [s]es constructions[223] », appelle à une lecture réactualisée de « La montagne en délire » de Roinard, du moins sa première section, « Le Vent d'Est ». Les batailles qui se déroulent, pendant cette *Campagne 1914-1915*, dans l'Est de la France, ont bien la violence des mots de Roinard, chez qui « le Vent d'Est » « [h]appe, palpe, étreint, broie », « tortionnaire / Qui, suant le sang et le feu, tantôt génère / Et roule en lui l'effroi de l'infernal tonnerre[224] ».

---

219 Roinard est demeuré « le poète de *La Mort du rêve* », pour André Salmon, *Souvenirs sans fin*, *op. cit.*, p. 367.

220 Frick, *Trèfles*, *op. cit.*, p. 10.

221 *Idem.*

222 *Idem.*

223 *Idem.* Avec les marmites et obus des *Poèmes à Lou* ou de *Case d'Armons*, *Trèfles* intègre la poésie sous uniforme d'Apollinaire, qui maintient la perspective de tir dans un quatrain envoyé à Frick le 3 mars 1915, en réponse à la lecture de ses vers du numéro de *La Flora* d'octobre-décembre 1914, signalés par Hirsch dans le *Mercure* du 1er avril 1915. Apollinaire écrit ainsi à Frick : « votre poème unique [...] est de la balistique / Et j'en ai mesuré les angles merveilleux ». Apollinaire, *Œuvres complètes*, IV, *op. cit.*, p. 731. Ce billet de mars a ses liens avec la définition trouvée dans la seconde strophe de *Trèfles* réservée à Apollinaire, « L'artillerie est l'art de mesurer les angles », alexandrin qu'Apollinaire explique à ses correspondants avoir composé lui-même, notamment à Madeleine Pagès le 8 août 1915. Le cheminement du vers est retracé par Michel Décaudin, dans son étude « Émile G. Léonard et Guillaume Apollinaire », *Que vlo-ve ?*, série 3, n° 20, octobre-décembre 1995, p. 93-102 (p. 98-100). Dans sa même strophe de *Trèfles*, Frick, non content de s'être emparé du vers d'Apollinaire, réclame pour le « jour de [s]on anniversaire » le « portrait » de son ami « [e]n artilleur », le poète fondu dans le soldat. Frick, *Trèfles*, *op. cit.*, p. 10. Frick s'assure, dans tous les cas, un lecteur assidu pour son recueil, selon un mot que lui adresse Apollinaire le 4 juillet 1915. Apollinaire, *Œuvres complètes*, IV, *op. cit.*, p. 731.

224 Paul-Napoléon Roinard, « Le Vent d'Est », « La Montagne en délire », *La Mort du rêve*, Paris, Mercure de France, 1902, p. 247-248.

Ce langage possède une férocité que n'a pas la scène de combat dessinée en 1916 par Frick dans le long poème, « Départ », qu'il dédie à Roinard dans le *Bélier*. Pour commencer, l'échange de tirs d'obus de « 75 » et de « 77 » se traduit par la légèreté d'un jeu de balle, « partie » « jou[ée] à l'éteuf dans le secteur[225] ». Le caractère régulier et monotone des ripostes est un peu trompeur et sort des habitudes des « troupes » dont « les figures » portent les traces de la durée de la guerre, « [s]tigmates des extrêmes saisons aux lueurs de sang », où une lettre a permis de glisser de *sueurs* à « lueurs[226] ». Un soldat, prêt au « départ » ce jour-là après « vingt-deux mois » de service, déclare en une voix où il est possible de reconnaître les inclinations politiques de Roinard, ici dans l'hostilité à l'ordre militaire : « Je fus le verbe défenseur du soldat rompant en visière à la discipline / Refusant de livrer en guise de tapis son échine[227] ». La situation a un concret que n'a pas, dans *La Mort du rêve*, le « vaillant souhait / D'abolir guerre et misère » proféré par « un abstrait / Philosophe[228] ». Ce souhait, latent dans le poème de Frick, se double d'un langage emprunté au religieux, « [s]tigmates », « mission », « verbe », « résurrection », « pèlerin », mais aussi « Nirvânâ néfaste[229] », qui énumèrent, avec d'autres termes, un espace à traverser pour celui qui s'en va. Son parcours, qui pourra servir de modèle plus tard à ses « compagnons d'armes », est fait du difficile « retou[r] vers la cité, son agitation, ses femmes et ses arts[230] ». Là, Frick peut songer à ce que la ville offre de contacts, de tentations et de culture à celui qui la fréquentait avant. Mais, du front à l'arrière, la réintégration du soldat est surtout envisagée comme une rencontre pleine de désarroi avec sa propre personne, pour l'individu « [q]ui s'étonne de lui-même et recherche son ombre[231] ». Idéalement, chez ce personnage aux abords messianiques, qui se dit investi par « les Hauts-Pouvoirs », les retrouvailles avec soi s'effectuent « sans haine et sans colère[232] ». L'irréel de

225 Frick, « Départ », *Sous le Bélier*, *op. cit.*, p. 64-66 (p. 64).
226 *Idem.*
227 *Ibid.*, p. 64-65.
228 Paul-Napoléon Roinard, « La Génitrice », « La Légende du rêve », *La Mort du rêve*, *op. cit.*, p. 22. Une strophe plus haut est décrit le « brutal / Fronton d'une caserne ». *Idem.*
229 Frick, « Départ », *Sous le Bélier*, *op. cit.*, p. 64-66.
230 *Ibid.*, p. 64.
231 *Ibid.*, p. 66.
232 *Ibid.*, p. 64 et 66. Ces « Hauts-Pouvoirs » excèdent, dans le poème, les institutions de l'armée, de l'État ou de l'Église.

cet ex-« guerrier[233] » et de son chemin jalonné par le religieux laisse entendre que ce caractère apaisé est inaccessible au reste des combattants.

Ce terme de « guerrier » sert à apostropher Roinard dans *Girandes* et, en continuité avec le poème « Départ », c'est un « guerrier » qui se bat pour la paix, « [p]ortant pour seule armure un rameau d'olivier[234] ». Le « sans haine et sans colère » est lisible dans le « sans tache et sans rancœur » d'un Roinard passé par « [l']ouragan[235] ». Toujours par l'apostrophe, Roinard prend les proportions du monumental bien vivant, avec « [s]on buste magnifique et pareil à l'érable[236] ». Ce dernier mot amène les flots de « la Seine », dans un vers tout d'Apollinaire, « Majestueusement, coule, coule la Seine », qui, du « miroir[237] » de l'eau évoque *Les Miroirs* parus en 1908 et pour lesquels Roinard remercie de leur soutien ses amis, dont Frick et Apollinaire[238]. Roinard a permis à Frick de faire le lien Monaco-Paris entre le Wilhelm de Kostrowitzky de sa jeunesse et celui qui publiait sous le nom d'Apollinaire, accélérant une rencontre qui était inévitable[239]. Dans « Los à P. N. Roinard », le recueil *La Mort du rêve* est appelé par la proximité du « rêve » et de « meurt », « [l]e rêve » rendu « [p]lus pur et plus royal » grâce au « vers[240] » de Roinard. L'important personnage des *Miroirs*, Daïmoura, « domin[ée] » dans cette pièce par « l'orgueil violent de Mars[241] », comme l'a précisé une note de

---

233 *Ibid.*, p. 64.

234 Frick, « Los à P.-N. Roinard », *Girandes*, *op. cit.*, p. 19.

235 *Idem.*

236 *Idem.*

237 *Idem.*

238 Paul-Napoléon Roinard, « À mes amis », *Les Miroirs*, Paris, La Phalange, 1908, p. 253-254 (p. 254). Les aléas de la publication des *Miroirs* apparaissent dans quelques lettres de Roinard à Apollinaire courant 1908. Voir Apollinaire, *Correspondance avec les artistes*, *op. cit.*, p. 34, 39, 41 et 43.

239 Sur Roinard en intermédiaire, signalé par Frick en 1954, voir Laurence Campa, *Guillaume Apollinaire*, *op. cit.*, p. 217. La rue Léonie, l'année 1907 et « Lul de Faltenin » sont réunis dans une interview du 31 mai 1951 par LeRoy C. Breunig de Frick, lequel « recalls having seen Apollinaire working over the MS. in 1907 in his apartment, 9, rue Léonie ». Voir LeRoy C. Breunig, « The Chronology of Apollinaire's *Alcools* », *PMLA*, vol. 67, n° 7, décembre 1952, p. 907-923 (p. 915).

240 Frick, « Los à P.-N. Roinard », *Girandes*, *op. cit.*, p. 19. Le *Mercure* cite, en 1913, « ce suprême » des « quatre quatrains » de Frick à Roinard. Voir Charles-Henry Hirsch, « *L'Heure qui sonne* », rubrique « Les revues », *Mercure de France*, 24e année, n 375, 1er février 1913, p. 613-618 (p. 616).

241 Paul-Napoléon Roinard, « Rôle de Daïmoura », « Lettres et notes », *Les Miroirs*, *op. cit.*, p. 239.

1908, est rejetée dans le poème de Frick en « épouse impossible[242] » de Roinard, qui est perçu du côté de la paix.

Frick avait nommé un plus jeune contestataire, Péret, dans la vie littéraire parisienne de son « école de l'apéritif » de 1928, attablé au Cyrano avec Breton, Éluard, Noll et Aragon[243]. C'est sur une vingtaine d'années autour de cette date qu'il est possible de recenser les contacts entre Frick et Péret. Sur sa plaquette d'*Immortelle maladie* de 1924, Péret écrit pour un Frick « flamb[oyant] », cerné entre feu, « fleurs » et femmes, une dédicace, à celui « qui flambe dans les corolles des fleurs fatales[244] ». Du côté mûri de leur relation, Péret lui communique, en 1936, un exemplaire de son recueil *Je ne mange pas de ce pain-là* en optant pour une formulation qui, venue de Péret, honore un sens de liberté chez Frick, qui peut le relier historiquement à Roinard et Tailhade, et conforter en lui la mémoire de ces deux forces qui lui sont si personnelles. Sur le moment aussi, Péret métaphorise Frick en « drapeau » pour reconnaître sa réceptivité à la politique révolutionnaire des poèmes de *Je ne mange pas de ce pain-là* : « À Louis de Gonzague-Frick, drapeau d'une terre sans drapeau[245] ». L'idée d'appartenir mais sans appartenance énoncée dans la dédicace rivalise avec le drapeau tricolore rabaissé au niveau de « tous les anus » et avec le « drapeau rouge » de Gide « cach[ant] une croix[246] », dans *Je ne mange pas de ce pain-là*. En 1933 dans sa rubrique du *Mercure*, Hirsch anticipe la verve « révolutionnaire » de Péret, mais il doute que son langage apparenté à l'insulte, visant ou non le « drapeau français[247] », constitue de la poésie. Il choisit en exemple un vers du poème « Bras dessus bras dessous », repris en 1934 dans *De derrière les fagots*, « Le col qui ressemble à un drapeau français dans le fumier[248] ». Gardiennes

242 Frick, « Los à P.-N. Roinard », *Girandes*, *op. cit.*, p. 19.

243 Frick, « L'école de l'apéritif », *L'Ami du lettré*, *op. cit.*, p. 205.

244 Envoi autographe de Péret à Frick sur *Immortelle maladie*, en vente à Drouot, le 21 novembre 2014, sur le site bibliorare.com. Consulté le 15 juin 2015.

245 Envoi autographe de Péret à Frick sur *Je ne mange pas de ce pain-là*, reproduit dans Benjamin Péret, *La légende des minutes – Envois choisis*, éd. Dominique Rabourdin, Villeurbanne, URDLA, 2015, p. 102.

246 Benjamin Péret, « Nungesser und Coli sind verreckt », « Je ne mange pas de ce pain-là », *Œuvres complètes*, I, Paris, Éric Losfeld, 1969, p. 241 ; et, pour « La conversion de Gide », *ibid.*, p. 244.

247 Charles-Henry Hirsch, « Les revues », *Mercure de France*, 44e année, n° 841, 1er juillet 1933, p. 191-192 (p. 191).

248 Péret, cité par Hirsch. *Idem.*

du bon goût, les réserves de Hirsch à l'égard du langage poétique de Péret le font conclure à l'absence de poésie[249].

Ce traitement par le *Mercure* de quelques poèmes de Péret parus dans le numéro 6 du *Surréalisme au Service de la Révolution*, avoisine le soupçon d'euphuisme qui atteint l'écriture de Frick, pas si malheureux du terme puisqu'il lui arrive de signer ses lettres à Valançay, « Votre euphuïste tout attentionné, LGF[250] », et d'accoler la même appellation au nom de son destinataire[251]. Ses poèmes contiennent une « Épître euphuistique sur Lul de Faltenin » et un « Euphuïsme lunanien[252] ». En 1919, Latourrette considère la « langue » de Frick comme un « euphuïsme » dénué des habituels reproches, car cet « euphuïsme » frickien serait sans « recherche », « emphase ni prétention[253] », pour ainsi dire un artificiel naturel. Le trop de Frick et le trop peu de Péret, que leurs détracteurs assimilent à un défaut de poésie, leur fait subir un traitement similaire de la part d'une critique impatiente.

Ingrès redonne à l'euphuisme – sans retour sur John Lyly – ce qui demeure de ses racines anglaises, auprès du « rossignol d'Oscar Wilde », avec une insistance sur les « sons[254] » de ce style élevé, devenu synonyme d'une affectation. Dans ce poème « Odor urbanitatis », « [l]es euphuïstes se

249 Hirsch s'en prend pareillement à la poésie d'autres aspirants révolutionnaires, comme *Le Grand Jeu* en 1928. Voir Hirsch, cité du *Mercure*, par Viviane Couillard, « Une revue (presque surréaliste) des années 28-30 : *Le Grand Jeu* », *Mélusine*, n° 4, juin 1981, p. 31-42 (p. 38-39). Apollinaire, qui avait eu des démêlés avec Hirsch, était d'avis en 1914 que le chroniqueur du *Mercure* montrait peu d'intérêt pour les « nouveautés des arts et des lettres ». Voir Apollinaire, « Une gravure qui deviendra rare » (*Paris-Journal*, 19 mai 1914), *Œuvres en prose complètes*, II, *op. cit.*, p. 710-711 (p. 711).

250 Lettre de Frick à Robert Valançay, non datée, estimée à 1930, sur papier à en-tête de la « Fabrique d'imperméables » Fleury. Getty, LA (950057).

251 Enveloppe adressée par Frick à Robert Valançay, cachet du 20 décembre 1930. Getty, LA (950057).

252 Frick mentionne son *Épître*, parue dans *Le Flâneur des deux rives*, dans une lettre à Élise Champagne, cachet du 11 octobre 1954, dans « Louis de Gonzague Frick : Lettres à Élise Champagne », *Annales*, *op. cit.*, p. 110-111 (p. 111). Voir encore Frick, « Euphuïsme lunanien », *Oddiaphanies*, *op. cit.*, p. 17. Outre le poème « Lul de Faltenin », dédié à Frick, *Alcools* fait apparaître le personnage dans « Les sept épées », surnommé « chibriape », avec ses connotations phalliques. Apollinaire, « Les sept épées », « Alcools », *Œuvres poétiques*, *op. cit.*, p. 56-57 (p. 56).

253 Louis Latourrette, compte rendu de *Girandes*, *La Politique et les lettres*, *op. cit.*, p. 8. Avec une partie des mêmes poèmes lors de *Poetica*, Latourrette redit un « brillant euphuïsme » de Frick. Louis Latourrette, cité de *La Griffe*, par Le Lutécien, rubrique « Petit Courrier littéraire », *Comœdia*, 23e année, n° 6097, 25 septembre 1929, p. 3.

254 Frick, « Odor urbanitatis », *Ingrès*, *op. cit.*, p. 25-26 (p. 26).

tiennent à l'écoute » d'une scène d'écriture poétique où celui qui compose a l'« oreille musicienne » pour combiner « de nouveaux sons[255] ». Le poète montré au travail, Jacques Dyssord, est entré à la première strophe par « la terrasse du *Napolitain*[256] ». Dyssord écoute le « langage » de Tailhade « près de » lui, tandis que le poème dit leur commune origine du « Béarn » et mentionne le « *Dernier chant de l'intermezzo*[257] » de Dyssord. L'euphuisme d'« Odor urbanitatis » est précédé dans le recueil par ses cousins d'Italie et d'Espagne, le marinisme, le gongorisme et le cultisme, ce dernier formant le titre du poème pour « don Luis de Gongora » et le « cavalier Marin[258] ». Parmi tous ces *ismes*, Sabatier retient pour Frick un « macaronisme », qui serait teinté de burlesque[259]. Le travail sur la langue que systématise le vers macaronique ne rend pas suffisamment compte de la richesse variée du lexique employé par Frick, dont la poésie n'a un burlesque que de façon intermittente. Un poème d'*Oddiaphanies* avec une séquence de lecture, « Je lis », se met à l'écart du « macaronique » non sans plaisanter sur les mots et les sons, entre « les niguedouilles » et « la plate troupe des nouilles[260] », d'envergure trop comique pour entrer dans la hantise du nombre d'un Lacaze-Duthiers.

Chroniqueur des « Querelles de langage » des *Nouvelles littéraires*, André Thérive rejette « l'abus artificiel [...] que font des vocables et des constructions les demi-savants[261] ». Il est, pourtant, plus sensible que

---

255 *Idem.*

256 *Ibid.*, p. 25.

257 *Ibid.*, p. 25-26.

258 Frick, « Cultisme », *Ingrès*, *op. cit.*, p. 10. Frick voisine avec Miomandre dans le projecteur mis sur Gongora. Voir Francis de Miomandre, « Gongora » (1918), *Le Pavillon du Mandarin*, Paris, Émile-Paul Frères, 1921, p. 131-144. Frick côtoie aussi Miomandre chez Émile Carassus, *Le mythe du dandy*, *op. cit.*, p. 43. Ils sont, en février 1924, collaborateurs de la revue brésilienne *America Brasileira*, autour d'Elysio de Carvalho.

259 Robert Sabatier, *La poésie du vingtième siècle, 2 : Révolutions et conquêtes*, Paris, Albin Michel, 1982, p. 211 ; et, de Sabatier, « Louis de Gonzague Frick, dandy, burlesque et mystificateur », *Histoire de la poésie française, 1*, *op. cit.*, p. 111-112. En 1916, Robert de La Vaissière aurait bien « une ou deux querelles de latiniste » à résoudre avec Frick, sans le soupçon de macaronisme et sur la seule base des premiers recueils. Claudien [La Vaissière], « Un archange en disgrâce », compte rendu de *Sous le Bélier de Mars*, *La Caravane*, *op. cit.*, p. 9. Un « dialogue entre le français et le latin » est identifié chez Frick, « archéologue » de la langue, par Joséphine Malara, « Quand Apollinaire (re)croise l'écolier limousin de Rabelais », *Revue d'histoire littéraire de la France*, *op. cit.*, p. 330 et 329.

260 Frick, « Écrits et actes », *Oddiaphanies*, *op. cit.*, p. 54.

261 André Thérive, cité de ses *Querelles de langage* (1929-1933) par L. E. W., rubrique « Books in French », *Books Abroad*, vol. 9, nº 3, été 1935, p. 289.

d'autres à un humour de Frick, « lyrique pince-sans-rire », et le fournit d'ancêtres du XVIIe siècle, dans la veine comique, celle notamment des « galimatias », où est déployé un « contre-langage[262] », un moyen de tirer vers le bas le noble raffinement et les efforts mis à l'atteindre. Dans *Ingrès*, en effet, Frick invoque aussi bien les « astres » que les « épigastres », les « Amours » que les « gastadours[263] », ces soldats occupés au terrassement. Ailleurs dans le recueil, Frick utilise une expression qui simule ce mouvement entre les deux extrêmes, le « haut-à-bas[264] », pour désigner un mercier au dos chargé d'une marchandise régulièrement déballée à terre pour les clients. Ce très « humble » colporteur surgit dans une scène de composition de famille et de langage, autour d'un enfant « champisse », abandonné puis recueilli et offert en adoption lors d'un « repas », voulu lieu de « délect[ation] », qui serait faite d'une combinaison de « mots » et de « langues » avec, à terme, « un nouvel orphisme », dans lequel serait inclus tout l'« humai[n][265] ».

Pour *Ingrès*, Cassou réitère son propos de 1929, quand il considérait Frick « le dernier de nos poètes macaroniques[266] ». Sur ce point, Cassou rapproche Frick de Fleuret en 1935[267]. Résonne chez Cassou la soirée des Amis de 1914, vieille de deux ans, où Frick a présenté Fleuret en un discours que *Paris-Soir* anticipait, à l'époque, biscornu, pétri

262 André Thérive, compte rendu d'*Ingrès*, « Les livres », *Le Temps*, 75e année, n° 27051, 26 septembre 1935, p. 3. Suivant Thérive, qui repense au *Cabinet satyrique*, un vers tel « J'entithèse mes sens d'une éctiptique phrase » pourrait, sans dépaysement, voyager dans un poème de Frick. Voir « Péripatétisant en pantelante extase… », extrait du *Cabinet satyrique* (tome II), dans André Blanchard, *La poésie baroque et précieuse – Anthologie*, Paris, Seghers, 1985, p. 332. La parution initiale de l'anthologie occasionne, de la part de Philippe Chabaneix, le constat assuré que Frick, « s'il était encore de ce monde », se « réjouirait » d'un sonnet qui collectionne « [a]pollinifié », « [n]éoptolémisé en l'aigre astrologie », « [g]rammatophilacé » et « philosogisais », du début du XVIIe siècle par Gabriel Robert. Voir Philippe Chabaneix, rubrique « Les poètes et la poésie », *Revue des deux mondes*, juin 1970, p. 697-704 (p. 700) ; et Gabriel Robert, « Apollinifié je tripotanisais… », dans André Blanchard, *La poésie baroque et précieuse*, *op. cit.*, p. 141.

263 Frick, « L'atramentale exalté », *Ingrès*, *op. cit.*, p. 14.

264 Frick, « Second degré », *ibid.*, p. 54.

265 *Idem.* « [C]hampisse », féminin de *champi*, introduit au début du poème les fonctions élémentaires du corps.

266 Jean Cassou, compte rendu de *Poetica*, *Les Nouvelles littéraires*, *op. cit.*, p. 8. Frick est triplement « macaronique », « dandy » et « décadent », d'après Jean-Charles Gateau, et enfin d'un « décadentisme farfelu » pour dire sa marque sur une orientation première de Desnos. J.-C. Gateau, *Abécédaire critique*, Droz, Genève, 1987, p. 185 et 188.

267 Jean Cassou, « Jeunes poëtes et jeunes revues », rubrique « Poésie », *Les Nouvelles littéraires*, 13e année, n° 679, 19 octobre 1935, p. 2.

de « langue rare[268] » avec des remerciements de Fleuret peut-être du même moule. Le poème « Cultisme » d'*Ingrès* transforme en personnages « don Luis de Gongora » et le « cavalier Marin[269] », et s'amuse de ce qu'ils représentent, sans s'arrêter sur le macaronisme. Le « cavalier Marin » est « port[é] sur le Rhin » dans une géographie des chemins poétiques, tandis que Gongora, mis à rimer avec « angora », est attaché à « la pourpre velvétique[270] ». Ces deux riches douceurs de l'angora et du velours forment les composantes d'une « stylistique » par le biais de la seconde rime, « velvétique[271] ». Du fond du « réduit » où sont activées l'« imagina[tion] » et la poésie, dans une atmosphère folâtre ou « jocabond[e][272] », passent ces monuments dégonflés de la préciosité littéraire. Entre Gongora et Marin fait irruption, de manière inattendue, Lautréamont, et sa pauvre rime « espadon[273] », celui-ci emprunté au quatrième *Chant*, poisson, épée, et pourquoi pas stylet, alors que pour Maldoror, il est question d'une « poésie » qui « fit une route fausse[274] », question réinvestie dans les vers de « Cultisme » par Frick. « [E]spadon », « nocher », « trirème[275] », Frick entoure d'eau Lautréamont et conserve cette image dans *Statures lyriques*, où il dit « contemple[r] en amont[276] » Lautréamont, cours d'eau naissant et source poétique comme pour les surréalistes. Le poème « Cultisme » forme une réplique, précisément sur le terrain de la poésie, aux reproches de gongorisme adressés à Frick de divers côtés et qui, par leur force cumulative, distraient de la variété de son œuvre. Cassou fait entendre une voix à part, en 1929, quand il dit « garde[r] » à Frick « une sympathie particulière » en raison même

268 P.-J. L., rubrique « Lettres – Arts – Curiosités », *Paris-Soir*, 11e année, nº 3555, 30 juin 1933, p. 7. Quelques vers de Frick sur Fleuret sont cités dans la rubrique, avec « sagettes » tirées du « carquois » ; « exalètes » ; « eutrapélie », vertu de modération dans les plaisirs ; et « enchiridion », un manuel non plus sur Jadalbaoth mais sur « Raton », prostituée du roman de 1926 de Fleuret, *Histoire de la bienheureuse Raton fille de joie*. *Idem*.

269 Le cavalier Marin tire le fil du précieux, « admiré et copié par tous les précieux du XVIIe siècle », rappelle André Blanchard, *La poésie baroque et précieuse – Anthologie*, *op. cit.*, p. 22.

270 Frick, « Cultisme », *Ingrès*, *op. cit.*, p. 10.

271 *Idem*.

272 *Idem*. Jocabond, dans le sens de « folâtre », est recensé du poème « Cultisme » par Maurice Rheims, *Dictionnaire des mots sauvages*, *op. cit.*, p. 190-191.

273 Frick, « Cultisme », *Ingrès*, *op. cit.*, p. 10.

274 Lautréamont, « Les chants de Maldoror », *Œuvres complètes*, éd. Maurice Saillet, Paris, Livre de Poche, 1966, p. 224 et 223.

275 Frick, « Cultisme », *Ingrès*, *op. cit.*, p. 10.

276 Frick, « Lautréamont », *Statures lyriques*, *op. cit.*, p. 25.

de Gongora, qui ouvre à la poésie « un immense espace aventureux » fait d'« héroïque » et de « burlesque[277] ».

Vingt ans après « Cultisme », Frick publie un second poème d'un hommage plus fervent encore à l'« altissim[e] » Gongora, à l'« écout[e] » de « [s]es vers[278] » mais pas dans l'imitation. Julien Teppe sort de cette voie, en lecteur plus nuancé ou « critique sagace[279] », lorsqu'il décrit Frick comme « naturellement artificiel », et non dans les seuls artifices du « gongorisme » ou du « néologisme[280] ». Dans la lignée de ce jugement, Frick a, selon Léautaud, qui reçoit de ses nouveaux vers en 1953, « toujours » possédé un langage particulier, par son recours à des termes peu répandus, inséparables du « rythme[281] ». Jean Pellerin en 1919, d'une manière similaire à Léautaud, a fait le lien chez Frick entre « création de mots » et « variations de rythmes[282] ». Un « artificiel[283] » moins bien considéré et souvent accroché à Frick est relevé à partir d'un échantillon de sa poésie de guerre repris en 1920 pour l'anthologie des *Poètes* de Romain Rolland. Frick doit ainsi répondre de son artifice à côté de Luc Durtain et Jouve, jugés plus vrais dans leur expression[284]. Ailleurs, l'« élégant chercheur de mots et virtuose du dédain[285] » est justifié dans sa contribution. De la familiarité de Frick, sa vie durant ou presque, avec le dédain, Bonmariage renvoie à la personne, à l'objet porté au visage, « l'oculaire », qui abrite un « regard dédaigneux[286] », peut-être aussi redevable à un physique qui

277 Jean Cassou, compte rendu de *Poetica*, *Les Nouvelles littéraires*, *op. cit.*, p. 8. Un peu de Cassou resurgit dans la caractérisation des vers de *Poetica* comme « burlesques et macaroniques », lors du dépouillement des revues françaises par Albert Schinz, « L'année littéraire 1929 », *The Modern Language Journal*, vol. 14, n° 7, avril 1930, p. 522-531 (p. 529). Cassou et Frick se retrouvent sur un autre terrain littéraire espagnol, en 1932, quand ils organisent ensemble une exposition de « littérature étrangère » « consacrée à la jeune République espagnole », au siège parisien des éditions L'Églantine. L'événement s'étale sur plusieurs mois autour de l'automne 1932, comme l'annonce régulièrement *La Semaine à Paris*.

278 Frick, « Don Luis de Gongora – II », *Statures lyriques*, *op. cit.*, p. 14.

279 L'expression est appliquée à Teppe par Frick, en 1946, dans sa « Préface » à Raymond Laure, *L'Éternel poème*, *op. cit.*, p. [2].

280 Julien Teppe, « Coruscant », *Vie et langage*, *op. cit.*, p. 166.

281 Lettre de Paul Léautaud à Frick, du 27 mai 1953. HRC, Austin.

282 Jean Pellerin, compte rendu de *Girandes*, *Le Carnet critique*, *op. cit.*, p. 36.

283 Voir Jacques Olivier, « Les poètes contre la guerre », « Les livres », *L'Art libre*, 2e année, n° 9, 1er mai 1920, p. 110-111 (p. 111).

284 *Idem.*

285 Victor Snell, compte rendu des *Poètes contre la guerre*, *Floréal*, 1re année, n° 16, 22 mai 1920, p. 369-370 (p. 370).

286 Sylvain Bonmariage, *Mémoires fermés*, Paris, A. Bonne, 1951, p. 331.

confère une exceptionnelle élévation aux yeux. Cette hauteur affectée unit le dédaigneux et le précieux, ce dernier terme privilégié par les détracteurs aussi bien que par les amis de Frick.

Pour faire le tour de la personne et de l'écriture, et pour s'en tenir à un choix lié à la seule préciosité, Frick, après avoir « célébr[é] précieusement ses amis[287] » dans *Trèfles*, est en 1916 un « précieux correspondant[288] » et, pour un intime comme Tailhade, « précieux poète[289] », qui « ne peut toucher sans l'embellir quelque chose que ce soit[290] ». Son « langage » « précieux[291] » amène à dire et redire pour le *Bélier* que « sa poésie aussi porte monocle[292] ». À l'inverse du monocle garant de préciosité dans cette formule de Desanges, Frick est, chez Georges Jamati, « recréa[teur] » du « monde à travers les feux de son monocle[293] », en l'absence de tout dédain. *Girandes* fait de Frick un « orfèvre[294] » « aux vers précieux[295] » et en 1920, sa poésie est friande de « rythme[s] précieu[x][296] » ; puis, en 1929, elle est tributaire de « la recherche précieuse[297] ». Frick est « [g]rand poète précieux[298] », d'une « préciosité toujours aristocratique[299] » à

287 Compte rendu de *Trèfles à quatre feuilles*, « La Boîte aux Lettres », *L'Intransigeant*, *op. cit.*, p. 2.

288 Guillot de Saix, « Le théâtre aux armées », dans *Le Théâtre pendant la guerre : notices et documents*, *op. cit.*, p. 53.

289 Laurent Tailhade, « Chronique des livres – *Sous le Bélier de Mars* », *L'Œuvre*, *op. cit.*, p. 3.

290 Laurent Tailhade, *Les « commérages » de Tybalt*, *op. cit.*, p. 146.

291 Compte rendu de *Sous le Bélier de Mars*, *L'Intransigeant*, *op. cit.*, p. 2.

292 Paul Desanges, compte rendu de *Sous le Bélier de Mars*, *La Forge – Revue d'art et de littérature*, cahier 1, 1er trimestre 1917, p. 22-23 (p. 23). Desanges tient la rubrique des livres avec Lacaze-Duthiers dans ce numéro.

293 Georges Jamati, *La conquête de soi : méditations sur l'art*, Paris, Flammarion, 1961, p. 415.

294 Henriette Charasson, compte rendu de *Girandes*, rubrique « La vie littéraire », *Le Rappel*, nº 17762, 7 juillet 1919, p. 2. Henriette Charasson se lit en écho à Louis Chadourne, qui parle, en juin, de « précieuses orfèvreries », mais de manière approbatrice. Louis Chadourne, compte rendu de *Girandes*, *L'Europe nouvelle*, *op. cit.*, p. 1110. Le compte rendu d'Henriette Charasson, découpé de sa rubrique, sans son nom ni celui du *Rappel*, est conservé avec les lettres de Frick à Christian. Getty, LA (930004).

295 André Fontainas, compte rendu de *Girandes*, *Mercure de France*, *op. cit.*, p. 171. Fontainas ne varie pas sur ce point en 1932 au sujet de *Vibones* et « souhait[e] » un plus grand « renouvellement » de la poésie de Frick. Voir André Fontainas, compte rendu de *Vibones*, *Mercure de France*, *op. cit.*, p. 607.

296 Émile Dermenohem, « Connaître les Poëtes », *La Connaissance*, nº 9, octobre 1920, p. 881-884 (p. 884)

297 H[enri] M[artineau], compte rendu de *Poetica*, rubrique « Les poèmes », *Le Divan*, 21e année, 1929, p. 498.

298 René Maran, compte rendu de *Vibones*, rubrique « Les Livres », *Bec et ongles – Satirique hebdomadaire*, 2e année, nº 35, 2 juillet 1932, p. 16.

299 Robert Herzzkowiza, « Louis de Gonzague-Frick », *La Revue de l'ouest*, *op. cit.*, p. 7.

l'époque de *Vibones* ; et pour Cassou, « survivant du lyrisme précieux[300] » quand paraît *Ingrès* ; enfin d'un parler « infiniment précieu[x][301] » dans les souvenirs de Jules Romains. Frick a un mot posthume sur le sujet, dans un poème d'*Enif* au titre du nombre des muses, « Neuranie », où, à côté d'elles et des « chansons » des « oiseaux » et « des îles », aux sources mêmes du lyrisme, il peut écrire : « Je me crois, près de vous, esthète et précieux[302] ».

Aucun des critiques ne va jusqu'à dire sur Frick, comme Gourmont sur Montesquiou, que « [l]e poète, ici, est une Précieuse[303] », avec ses sous-entendus homophobes et misogynes. Cependant, chez Montesquiou comme chez Frick, l'allure et le comportement de la personne rejaillissent sur la lecture de l'œuvre, celle de Montesquiou ayant ses « vers précieusement orfévrés[304] ». Frick serait plus appréciatif d'un rapprochement avec Tailhade et « certains » de ses « poèmes, joyaux ciselés par le plus précis des orfèvres[305] ». Les néologismes de Frick seraient « éphémères ou réduits à son usage exclusif » par leur dimension « savant[e] » et contribuent à rendre sa poésie « néo-précieuse[306] ». Hirsch retient un exemple du *Lunain*, « La Bohème de l'Océan », avec une scène de lecture de Tristan Corbière, dont les vers n'ont pas hésité à « trucider le ridicule / Des têtes à galéricules[307] ! », ces têtes perruquées, entre noblesse et Académie.

Pia ne vient pas contredire ce lot d'estimations, dans une lettre à Frick en 1954, « Je ne m'inscrirais certes point contre ceux qui vous tiennent pour un poète précieux », mais par ce dernier mot qu'il aiguille vers le champ de l'amitié, Pia parvient à toucher la sensibilité de Frick : « je sais par expérience que ce poète est un ami plus rare et plus précieux encore : un homme de cœur[308] ». Pia arrive en lointain écho d'une brève recension du *Bélier* de 1916 dans *La Grimace*, rédigée d'une

300 Jean Cassou, « Jeunes poëtes et jeunes revues », *Les Nouvelles littéraires*, *op. cit.*, p. 2.

301 Jules Romains, *Amitiés et rencontres*, *op. cit.*, p. 76.

302 Frick, « Neuranie », *Enif*, *op. cit.*, p. 28.

303 Remy de Gourmont, *Le livre des masques* (1898), Paris, Mercure de France, 1921, p. 236.

304 Les Treize, « Silhouettes » (Montesquiou), *L'Intransigeant*, *op. cit.*, p. 2.

305 Les Treize, « Silhouettes » (Tailhade), rubrique « La Boîte aux Lettres », *L'Intransigeant*, 30e année, no 10807, 15 février 1910, p. 2.

306 Charles-Henry Hirsch, « *Le Lunain* », rubrique « Revue de la quinzaine », *Mercure de France*, 48e année, no 938, 15 juillet 1937, p. 386-388 (p. 386-387).

307 Frick, « La Bohème de l'Océan », cité par Charles-Henry Hirsch, « *Le Lunain* », *Mercure de France*, *op. cit.*, p. 386-387.

308 Ce passage de la lettre de Pia est cité par Marcel Lobet, « Louis de Gonzague Frick : Lettres à Élise Champagne », *Annales*, *op. cit.*, p. 118.

main consœur, celle probablement de M.-C. Poinsot ou de Léo Poldès. Le commentaire sur le recueil conjugue, en « Frifri », affectueux et risible surnom, le « rarissime et savant poète » avec l'« ami vaillant et goguenard[309] ». « Frifri » émerge du monde des fleurs et, « orchidée[310] », demeure intact à travers la guerre, gracile et compliqué. La lettre de 1954 de Pia, dénuée quant à elle de moquerie, est communiquée par Frick à Élise Champagne, censée la transmettre ensuite à Berthe Bolsée avant qu'elle ne revienne à Frick, comme pour assurer ses deux admiratrices de la considération dont il est l'objet[311]. L'envoi de Pia suit le numéro de juillet-septembre 1954 de *Quo Vadis*, où Frick a effectué le compte rendu du livre récent de Pia, *Apollinaire par lui-même*, enthousiaste pour l'écrit et son auteur[312]. Ensemble, la recension et le petit circuit que Frick fait parcourir à la lettre de Pia fournissent un nouvel exemple des échanges de bons procédés entre écrivains-critiques, où entrent aussi des rapports amicaux de longue date. Pia possède de Frick, sous forme manuscrite et avec quelques ratures, un « Éloge » en vers qui lui est destiné. Frick l'estime « savant » pour tout Apollinaire, leur ami ou Sidoine ; « subtil connaisseur des mœurs » et pas seulement du *Calamiste* ; enfin confraternel « euphuïste[313] », où langage et estime sont en partage. Sur le piédestal de la dédicace, au moment d'*Abrupta nubes*, Pia est celui qui, « grand lettré », « mène le ballet des idées neuves », avec derrière lui le « souvenir » d'une danse vieille d'un siècle, la « Schnadahüpfla[314] ». Pia n'est pas seul à être dans le secret de cette danse puisque le « docte »

---

309 « La Grimace Littéraire », *La Grimace*, 1re année, n° 8, 3 décembre 1916, p. [3].

310 *Idem*. Le *Bélier* a ses « [v]irides », ou vertes, « orchidées ». Frick, « Mélopée Isiaque », *Sous le Bélier*, *op. cit.*, p. 31.

311 Voir la lettre de Frick à Élise Champagne, cachet du 23 octobre 1954, dans Marcel Lobet, « Louis de Gonzague Frick : Lettres à Élise Champagne », *Annales*, *op. cit.*, p. 117-118.

312 Les mots de Frick dans *Quo Vadis* et les remerciements de Pia sont cités par Marcel Lobet, « L'amitié d'Apollinaire et de Louis de Gonzague Frick », *Que vlo-ve ?*, *op. cit.*, p. 15-16 ; et dans « Louis de Gonzague Frick : Lettres à Élise Champagne », *Annales*, *op. cit.*, p. 118. Frick avait communiqué à Pia l'intérêt d'Aubrun à recevoir un article de lui pour *Quo Vadis*. Lettre de Frick à Pascal Pia, du 25 juin 1954, mise en vente par Piasa, le 20 novembre 1913, lot 280, sur le site invaluable.com. Consulté le 31 décembre 2013.

313 Frick, « Éloge de Pascal Pia », poème autographe signé, mis en vente par Piasa, le 20 novembre 1913, lot 280, sur le site invaluable.com. Consulté le 31 décembre 2013. L'« Éloge » montre Pia « toujours » en mesure de livrer dans ses travaux « le suc de la lunaire », une pure substance de l'alchimie ou encore l'esprit de la Lune, avec aussi, pour Frick, un peu du Lunain. *Idem*.

314 Dédicace à Pia sur son exemplaire d'*Abrupta nubes*, conservé au Bandy Center.

Étiemble reçoit aussi son exemplaire d'*Abrupta nubes* avec la « fidélité in-Sch[n]adahüpfla[315] » de Frick.

L'appétit des mots chez Frick, compris dans l'euphuïsme ou dans le précieux, est doublé d'un désir conçu comme un devoir d'être remarqué des « bons lexicologues[316] », ainsi que le développe le poème « Fustiballe » d'*Ingrès*. Frick est d'ailleurs cité pour cause d'« affectation d'archaïsme » par le *Grand Larousse* de 1989, pour son emploi du verbe « se ramentevoir », à côté d'un exemple d'époque, d'Honoré d'Urfé rappelant une « fidèle amitié[317] ». Les deux vers reproduits de Frick combinent, en héritier, l'ancien du mot avec le souvenir d'une amitié contemporaine et littéraire : « Je me ramentevois » « Billy[318] ». L'écart à la norme est plus sérieux puisque relevé dès « 1690 » par Furetière, qui estime l'usage de « se ramentevoir » « déjà vieux[319] », raison suffisante pour l'écriture et la parole de Frick de le repêcher. Chez Teppe, « se ramentevoir » sert à terminer un survol des « principales "appellations contrôlées" de la *préciosité*[320] », où gongorisme, cultisme, marinisme et euphuïsme défilent dans leur moment sans une allusion à Frick.

« Fustiballe », du recueil de 1935, travaille le lexique dans un domaine spécifique. Le « raffinement de la terminologie[321] » s'engage dans une matière peu raffinée, où les ressources du langage sont excercées pour faire surgir mauvaises odeurs et parfums. Sur fond d'alcool est dessiné un art poétique de « l'insulte » qui conseille d'éviter la scatologie,

315 Voir la copie de la dédicace, dans Jeannine Kohn-Étiemble, éd., *226 lettres inédites de Jean Paulhan*, *op. cit.*, p. 365.

316 Frick, « Fustiballe », *Ingrès*, *op. cit.*, p. 51. *Marianne* retourne contre Frick le vers d'*Ingrès*, « Il sied d'intéresser les bons lexicologues », et cite à l'appui un poème paru dans *Le Lunain*, « Expédience », qui résiste même aux dictionnaires. « Poésie et lexicographie », rubrique « Notes et échos », *Marianne*, 6e année, n° 288, 27 avril 1938, p. 7. Le tout est repris, le 8 mai 1938, par *Le Nouvelliste d'Indochine*. Thérive juge pareillement « les dictionnaires » peu équipés à éclairer la terminologie de Frick, d'où le résultat de « rendre fous » ces « bons lexicologues ». André Thérive, compte rendu d'*Ingrès*, « Les livres », *Le Temps*, *op. cit.*, p. 3. Avec une sympathique dérision, l'hebdomadaire *Aux écoutes* retient de la lecture de Frick « des occasions de s'instruire ». Aristide, compte rendu de *Vibones*, *Aux écoutes*, *op. cit.*, p. 24.

317 Article « se ramentevoir », *Grand Larousse de la langue française – Tome sixième*, Paris, Larousse, 1989, p. 4780.

318 *Idem.* Ces vers de *Trèfles* font « ronronne[r] » le « chat » de Billy, et non son « cha*r* », dans la transcription inexacte du *Larousse*. Frick, *Trèfles*, *op. cit.*, p. 11.

319 Article « se ramentevoir », *Grand Larousse – Tome sixième*, *op. cit.*, p. 4780.

320 Julien Teppe, « Gongorisme », *Vie et langage*, n° 131, février 1963, p. 67-71 (p. 70).

321 Frick, « Fustiballe », *Ingrès*, *op. cit.*, p. 51.

« l'épithète stercorale », « manne des pauvres d'esprit », mais puise néanmoins dans le nauséabond, l'odeur des œufs pourris, « Poutine nidoreuse[322] ». Beauté et force de l'insulte vont de pair, et les « anathèmes » doivent être comme « une grenade » qui « éclate[323] », préfiguration des projectiles explosifs émis par Madame Frick mère et Max Jacob contre leurs cibles dans la ferveur joyeuse d'« Animosi oris » d'*Oddiaphanies*. Les insultes dans « Fustiballe » sont proférées, à la manière convenable d'un « [e]xpector[ant] », par une « belle éthylique lettrée[324] » éduquée dans le poème et soutenue par l'alcool. Celui-ci vient « tonifie[r] » ses « mots injurieux », au point de lui faire mériter, à la fin, l'offrande de riches senteurs, « munificences concrètes et odoriférantes[325] », à l'opposé des premières odeurs.

322 *Idem.*
323 *Idem.*
324 *Idem.*
325 *Idem.*

AUTOUR DE DESNOS

Péret, un an après *Ingrès*, dans *Je ne mange pas de ce pain-là*, a osé les plus bas degrés de l'insulte, qu'il a abondamment pratiquée, des manifestations dada aux rencontres de prêtres dans la rue. Les conflits générés par la virulence de Péret ont parfois entraîné un recours abusif au nom de Frick, comme en 1922, dans les suites d'un article de presse où Péret dénonce les méthodes du médium Bénévol, accusé de « trompe[r] le public avec » « un compère », « au pseudonyme féminin de Georgette[1] ». Bénévol n'est pas attaqué uniquement par Péret. *Les Potins de Paris*, sous l'anonymat, racontent les « dix francs » touchés pour faire de la « figuration » par une « petite jeune femme » (ou le « petit jeune homme[2] » Georgette de *Littérature*) présente dans le public et payée pour obéir aux injonctions de l'« hypnotiseur[3] ». Frick semble alors mêlé à cette affaire essentiellement par sa volonté de rester à distance, ayant « décliné », rapporte *Littérature*, « l'honneur de diriger » le « duel[4] » prévu entre Bénévol et Péret, qui n'aura finalement pas lieu. Frick paraît beaucoup plus enclin à assister Desnos, en 1923, lors de l'affaire Mayr, quand Wieland Mayr, des *Feuilles libres*, est giflé au Napolitain, le 8 mars, par Desnos autour de la mémoire de Robespierre[5]. Le 9 mars, Frick accuse réception d'un télégramme de Desnos et l'assure, « Votre serviteur absolu dans l'affaire Mayr, si vous avez besoin de moi, comme dans toutes les autres[6]... ». En l'attente d'un duel qui l'opposerait à Mayr et qui, à l'instar de celui

1 Voir « Un duel », *Littérature*, nouv. série, n° 7, 1er décembre 1922, p. 23.

2 Pour le « petit jeune homme aux mœurs spécial[es] », qui résume l'insulte de Péret contre Georges Chevalier, voir la lettre de celui-ci dans « Un duel », *Littérature*, *op. cit.*, p. 23.

3 « Chez Bénévol », rubrique « Théâtres et Cinémas », *Les Potins de Paris*, 6e année, nouv. série, n° 47, 27 octobre 1922, p. 10-12 (p. 11).

4 « Un duel », *Littérature*, *op. cit.*, p. 23.

5 Voir le rappel des circonstances par Marie-Claire Dumas, *Robert Desnos ou l'exploration des limites*, *op. cit.*, p. 54. Se reporter aussi à Anne Egger, qui cite une lettre de Breton à Simone, du 9 mars 1923, jour de l'envoi de Frick à Desnos. Anne Egger, *Robert Desnos*, *op. cit.*, p. 135-136 et 162-163.

6 Lettre de Frick à Robert Desnos, du 9 mars 1923. DSNC 1312, BLJD.

de Péret, ne se concrétise pas, Desnos espère la « présence » de Frick « comme témoin ou mieux comme directeur de combat[7] ».

Un second post-scriptum de la lettre du 9 mars 1923 à en-tête de *Comœdia* soulève la question de l'article « Rimbaud diopète », ou émissaire de Jupiter, signé le jour même par Frick « dans "ce quotidien" » où il lui est impossible d'« aller jusqu'au bout de [s]a pensée[8] », dit-il à Desnos pour justification. L'article, qui emprunte à son « Diopète » des *Cahiers idéalistes* de 1921 et paraît à l'occasion de l'ouvrage d'Ernest Delahaye, ne saurait bien passer auprès du « groupe de jeunes écrivains » de *Littérature*, par son élévation de Rimbaud au détriment de Lautréamont et par un soupçon claudélien de « spiritue[l][9] ». Plus tard dans l'année 1923, cette fois entre Breton et Frick, survient une nouvelle discussion sur Rimbaud, à l'époque de la publication par le numéro de septembre-octobre des *Feuilles libres* du sonnet « Poison perdu », réimprimé dans *L'Intransigeant* du 20 octobre. À cette date, Breton écrit à Frick, qui a des antennes aux *Feuilles libres*, sur ce faux Rimbaud, et envoie sa protestation à *L'Intransigeant*, qui la publie le 21[10]. La revue des *Feuilles libres* accueille aussi quelques comptes rendus de Péret, sur Éluard, Tzara, Soupault, qui tous les trois continuent de participer à la revue alors que la collaboration de Péret a cessé en janvier 1923, avant l'affaire Mayr-Desnos, avant « Poison perdu ».

En dehors du canular sur Bénévol, Frick représente, en 1922, l'un des rares à signaler dans les revues la poésie de Péret, qui se le remémore vaguement, le 20 janvier, coupé de ses contacts littéraires durant un séjour à Nantes[11]. Un « écho[12] » que Frick a préparé sur lui pour *Comœdia* n'est pas publié, ce dont Desnos est censé informer Péret. Une autre lettre, datée de 1923, charge également Desnos de « communiquer » à leur « ami commun », Péret, un « article[13] » que Frick vient de lui

---

7 Lettre de Robert Desnos à Frick, datée « samedi » estimée au 10 mars 1923, en réponse à la lettre de Frick du vendredi 9 mars. HRC, Austin.

8 Lettre de Frick à Robert Desnos, du 9 mars 1923. DSNC 1312, BLJD.

9 Frick, « Arthur Rimbaud, diopète », *Comœdia*, *op. cit.*, p. 3.

10 Henri Béhar, *André Breton, le grand indésirable*, *op. cit.*, p. 171.

11 Lettre de Benjamin Péret à Tristan Tzara, du 20 janvier 1922, dans Benjamin Péret, *Œuvres complètes*, VII, Paris, José Corti, 1995, p. 312.

12 Lettre de Frick à Robert Desnos, datée « Dimanche ». DSNC 1338, BLJD.

13 Lettre de Frick à Robert Desnos, datée du « mardi 4 septembre » [1923]. DSNC 1339, BLJD. Ailleurs, Desnos est, de nouveau, chargé de prévenir Péret. Carte de Frick à Robert Desnos, datée « Jeudi », avec au verso une publicité pour *Les Écrits français*. DSNC 1349,

consacrer. Si Péret est devenu, selon l'expression de Pierre Berger, « camarade de hasard[14] » de Desnos, c'est un hasard dont Frick manipule un peu les fils. Le 25 décembre 1919, Desnos écrit avoir « passé la soirée » précédente « avec M. B. Péret à qui » Frick a « donné [s]on adresse », et considère qu'ils sont « déjà 2 amis[15] ». La lettre situe la rencontre avec Péret plus tardivement que la chronologie du « début de 1919[16] » établie par Desnos pour Doucet. Quant à Péret, il maintient le flou sur la date de ses premiers échanges avec Desnos, « connu » « dès 1919 ou 1920 par Louis de Gonzague-Frick[17] ». Desnos remarque alors combien les « vers » de Péret « prouvent une singulière assimilation de Mallarmé[18] ». Fin 1919, Desnos a aussi reçu le soutien du romancier André Geiger, parmi les premiers à avoir écouté « Le fard », lu de la voix « musicale » et « rapide[19] » de Frick. Dans sa lettre transmise par Frick, Geiger invitait chez lui Desnos pour le 24 décembre, soirée que Desnos passe donc en compagnie de Péret, veillée de Noël qui les rassemble tous deux sur fond d'avenir anticlérical dada-surréaliste[20]. Geiger se réclame d'une proximité avec Desnos, vu peu avant à la Closerie des Lilas, et dit reconnaître dans ses vers « cette ambiance de la vie contemporaine » que s'est « efforcé de saisir[21] » *L'Amant soldat*, son roman de l'année 1919, voisinage d'un fervent du génie latin auprès duquel Desnos ne saurait longtemps s'arrêter.

BLJD. Péret écrit aussi à Frick pour lui fixer rendez-vous. La lettre indique le domicile de Péret du « 2 rue Perronet », qui correspond à l'adresse des bulletins de souscription pour le recueil de 1921, *Le Passager du Transatlantique*. Lettre de Benjamin Péret à Frick, datée « Samedi », estimée à 1921. HRC, Austin.

14 Pierre Berger, *Robert Desnos* (1949), Paris, Pierre Seghers (Poètes d'aujourd'hui, 16), 1966, p. 27.

15 Lettre de Robert Desnos à Frick, datée « Ce jeudi » [25 décembre 1919] (« Ne croyez pas... »). HRC, Austin.

16 Robert Desnos, « Dada Surréalisme, 1927 », cité par Marie-Claire Dumas, *Robert Desnos ou l'exploration des limites*, *op. cit.*, p. 29 ; ou Anne Egger, *Robert Desnos*, *op. cit.*, p. 66-67.

17 Benjamin Péret, « Les armes parlantes », *Œuvres complètes*, VII, *op. cit.*, p. 241-244 (p. 242).

18 Voir Jean-Michel Goutier, *Benjamin Péret : Textes choisis*, Paris, H. Veyrier, 1982, p. 70 ; et lettre de Robert Desnos à Frick, datée « Ce jeudi » [25 décembre 1919] (« Ne croyez pas... »). HRC, Austin. Desnos écrit, dans « Dada Surréalisme 1927 », que Péret lui « montra trois poèmes mallarméens ». Robert Desnos, *Nouvelles Hébrides*, *op. cit.*, p. 300.

19 Lettre d'André Geiger à Robert Desnos, du 21 décembre 1919, jointe à celle du 17 de Frick. DSNC 1301, BLJD.

20 *Idem.*

21 *Idem.* Geiger réunit ses articles sur D'Annunzio en août 1918, à La Renaissance du Livre, avec insistance sur l'union des latinités en cette période de guerre.

« Le fard des Argonautes » est à l'origine de la rencontre Salmon-Desnos, sous l'un de ses titres primitifs, « Putains océanes[22] ». Frick a partagé la longue suite d'alexandrins avec plusieurs de ses « amis[23] » fin novembre 1919, avant de « parl[er][24] » de leur jeune auteur à Salmon. Celui-ci conserve, dans ses mémoires, l'image de Desnos lui « lisant, sur recommandation de Louis de Gonzague Frick, ses premiers vers[25] ». Frick décrit pour Desnos la réaction à son poème, cette « superbe composition d'un si beau mouvement lyrique », qui lui vaut des « félicit[ations] collectives[26] » de la part de l'entourage de Frick. « Le fard » et Desnos sont, à ce moment, pris en main par Frick, qui se considère lui-même lié à ce projet de publication : « Il faut que nous publiions votre poème dans une belle revue[27] ». À la date du 11 décembre, *Les Feuilles libres* ont déjà été contactées et, dans l'éventualité d'un refus, Frick garde en réserve *La Rose rouge* de Salmon[28]. Desnos, passé « 2 fois » aux *Feuilles libres* sans « trouv[er] personne[29] », tient à la possible alternative, qui n'en est pas vraiment une. Le dernier numéro de *La Rose rouge* est sorti en août 1919, malgré l'espoir chez Salmon, en octobre, d'un redémarrage et avec la promesse de parler dans ces pages de « Louis de Gonzague poète à l'occasion de Louis de Gonzague critique[30] ». La dimension de Frick courriériste, qui s'élargit dans les années vingt, lui confère cette dualité exprimée par Salmon et relayée par d'autres, où s'allie au « poète » « un critique courtois, qui connaît les moindres nuances de la mode littéraire, cette déesse capricieuse[31] », moins aisée à cerner que les divinités éternelles des recueils poétiques. La détermination de Frick à dénicher un organe de diffusion pour « Le fard » l'incite à conseiller à Desnos l'abandon des *Feuilles libres* qui ne lui manifestent aucun signe

---

22 André Salmon, *Souvenirs sans fin*, *op. cit.*, p. 730.
23 Carte-lettre de Frick à Robert Desnos, du 1er décembre [1919]. DSNC 1298, BLJD.
24 Carte-lettre de Frick à Robert Desnos, datée « Mercredi soir », cachet du 11 décembre 1919. DSNC 1299, BLJD.
25 André Salmon, *Souvenirs sans fin*, *op. cit.*, p. 730.
26 Carte-lettre de Frick à Robert Desnos, du 1er décembre [1919]. DSNC 1298, BLJD.
27 *Idem.*
28 Carte-lettre de Frick à Robert Desnos, datée « Mercredi soir », cachet du 11 décembre 1919. DSNC 1299, BLJD.
29 Lettre de Robert Desnos à Frick, datée « Ce jeudi », estimée à la mi-décembre 1919 (« Trois fois hélas… »). HRC, Austin. Cette lettre répond à celle de Frick du 11.
30 Lettre d'André Salmon à Frick, du 8 octobre 1919. HRC, Austin.
31 Gilbert Charles, « Une enquête littéraire – Les tendances de la jeune poésie », *Le Figaro*, *op. cit.*, p. 2.

de vie[32]. Il envoie Desnos se « [p]résente[r] » chez Salmon, également prévenu, pour lui « soumett[re] » ses vers « en vue de [leur] insertion dans *La Rose rouge*[33] ». Ces débuts sont marqués par des occasions différées, où Desnos passe deux fois au domicile de Salmon, absent lors de la première visite, puis « en voyage », le lendemain, « pour *Le Matin*[34] » en qualité de journaliste. Autour du nouvel an 1920, Desnos parvient à le voir, accompagné par Péret, « familier du lieu[35] ». À entendre Desnos parler de son départ pour la mi-mars au service militaire, Péret, d'un an son aîné et soldat au terme de la guerre, « assur[e] », durant la visite, que "ça lui ferait les pieds[36]" ».

D'autres relations sont recrutées, dont Malraux et Doyon autour de *La Connaissance*, née depuis janvier 1920. Malraux et Desnos se voient chez Frick et, le 24 janvier, Frick suggère à Desnos de rendre visite à Doyon[37]. Le refus tombe le 14 février[38]. Pour *La Connaissance*, le poème « La Toison d'or » est trop « lon[g] » et « par trop spécial[39] ». Le « trop spécial » peut sonner faux pour Desnos et Frick alors que des livres de Tailhade sont, à cette période, proposés en antidote à l'esprit Pécuchet, dans un article de Malraux pour *La Connaissance*[40]. Sous son titre définitif du « Fard », le poème paraît enfin en avril 1920 dans *Le Trait d'Union*, revue à courte vie de Pierre Grangé et Pierre Fabre, où Frick rédige la rubrique des livres en avril et mai. Pour mieux propulser Desnos, Frick espère, le 6 mai, bientôt recevoir *Le Trait d'Union* en vue d'un compte rendu amical à *Don Quichotte*[41]. Desnos est malade des « oreillons » à Chaumont, lorsqu'il reçoit

32 Lettre de Frick à Robert Desnos, datée « Jeudi soir », estimée à fin 1919. DSNC 1300, BLJD.

33 *Idem* ; et André Salmon, *Souvenirs sans fin*, *op. cit.*, p. 791.

34 Lettre de Robert Desnos à Frick, datée « Ce jeudi » [25 décembre 1919] (« Ne croyez pas… »). HRC, Austin.

35 André Salmon, *Souvenirs sans fin*, *op. cit.*, p. 791.

36 *Ibid.*, p. 730. Péret renforce sciemment les difficultés de Desnos à l'armée en lui « envoya[nt] d'immenses enveloppes recouvertes d'inscriptions obscènes ou antimilitaristes ». Desnos, cité de « Dada Surréalisme, 1927 », par Marie-Claire Dumas, *Robert Desnos ou l'exploration des limites*, *op. cit.*, p. 33.

37 Lettre de Frick à Robert Desnos, du 24 janvier 1920. DSNC 1303, BLJD. Berger parle de Malraux et Desnos chez Frick, et relève une référence au Malraux de 1919-1920 dans les carnets de 1943 de Desnos. Voir Pierre Berger, *Robert Desnos*, *op. cit.*, p. 26.

38 Voir Anne Egger, *Robert Desnos*, *op. cit.*, p. 75-76.

39 La lettre de refus de la revue est citée par Marie-Claire Dumas, *Étude de « Corps et biens » de Robert Desnos*, Genève, Slatkine, 1984, p. 18.

40 Voir Olivier Todd, *André Malraux, une vie*, Paris, Gallimard, 2001, p. 31.

41 Lettre de Frick à Robert Desnos, du 6 mai [1920]. DSNC 1305, BLJD. La mère de Desnos conserve le « bulletin du *Trait d'union* » en attendant la venue de son fils en permission.

l'article de Frick, dont la « louange » le « réconfort[e] dans les horreurs de l'hôpital où [il] perdure[42] », pressé de rejoindre Paris en permission le 7 juin. La lecture « sévère » souhaitée de Frick l'année précédente, « meilleure louange[43] » à recevoir de lui pour les premiers poèmes, n'est pas renouvelée par Desnos, désormais sur une courbe ascendante. Dès décembre 1919, Frick a ajouté dans son courrier, au nom de Desnos, la mention « homme de lettres[44] », et Geiger le gratifie similairement d'un « cher confrère[45] ». Un peu hésitant sur la portée réelle de la critique amie, Desnos confie, le 3 octobre 1921 à Georges Gautré, recevoir beaucoup de compliments de Frick et de quelques-uns mais s'interroge sur « ce que cela peut valoir », « déduction faite de l'amitié, de la politesse ou… de la pitié[46] ».

Desnos, lecteur de *Girandes*, relève dans le poème « Hymne » les cinq vers qu'il place en tête du « Fard », dédié à Frick. Écrit à une « jeunesse » « combat[tante] », « Hymne » entoure le passage retenu par Desnos de « musi[que] », de « sa[ng] » et de « gloire[47] ». Quand le poème sort initialement, en 1916, cette jeunesse a les traits du 269ᵉ régiment, du nom de son organe de publication, *Le Poilu du* 6-9. De la dédicace à la signature et dans les vers, les « amis du 6-9[48] » réapparaissent. Les camarades soldats du « Soixante-neuvième » accomplissent, en Argonautes

---

Voir Anne Egger, *Robert Desnos*, *op. cit.*, p. 78.

42 Lettre de Robert Desnos à Frick, datée « ce dimanche », estimée au printemps 1920. HRC, Austin. Desnos souffrirait encore des oreillons début août. Voir Anne Egger, *Robert Desnos*, *op. cit.*, p. 78.

43 Lettre de Robert Desnos à Frick, datée « Ce mardi » [22 juillet 1919]. HRC, Austin.

44 Carte-lettre de Frick à Robert Desnos, datée « Mercredi soir », cachet du 11 décembre 1919. DSNC 1299, BLJD.

45 Lettre d'André Geiger à Robert Desnos, du 21 décembre 1919, jointe à celle du 17 de Frick. DSNC 1301, BLJD.

46 La lettre est citée par Anne Egger, *Robert Desnos*, *op. cit.*, p. 85.

47 Frick, « Hymne », *Girandes*, *op. cit.*, p. 32. Les études sur Desnos ne semblent pas s'être aventurées dans la poésie de Frick au-delà des cinq vers repris en tête du « Fard ».

48 Frick, « Hymne », *Le Poilu du 6-9*, [1ʳᵉ année], nᵒ 5, 1ᵉʳ décembre 1916, p. [2]. L'élogieux paragraphe précédant le poème, « d'un symbolisme radieux » et qui « apport[e] l'espérance en la promesse des gloires futures », présente Frick en « poète délicat, dont le nom s'attache à de belles œuvres », « éminent critique d'art, mobilisé depuis le début des hostilités avec nos aînés du 269ᵉ ». G[eorges] B[ateau], « Les poètes de la guerre », *Le Poilu du 6-9*, [1ʳᵉ année], nᵒ 5, 1ᵉʳ décembre 1916, p. [2]. Inséré dans la colonne, un minuscule dessin signé F. Thomas saisit un personnage digne et nonchalant, au cou rallongé, agrémenté d'un nœud, à réciter des vers sur un rouleau, le képi pour seul signe militaire chez ce poète du 69ᵉ, probablement Frick. En janvier 1916, Georges Bateau, Roger Weiss et Georges Legey ont fait paraître une autre revue, qui semble avoir été limitée à un unique numéro, de 32 pages, *Campagne 1916, 69ᵉ régiment d'infanterie* « *En*

du moment, des faits qui tracent leur « gloire » et les mènent, d'un « bon[d] », de leur tranchée à l'assaut de « la colline[49] ». Cette « gloire s'inscrit en lettres d'aurore[50] » alors que, dans *Girandes*, elle contemple l'étendue du massacre et voit arriver une fin plutôt qu'un début, « gloire [qui] saigne semblable à un soleil couchant[51] ». « Le fard » de Desnos poursuit surtout la « Toison moderne » du poème de Frick, non dans le contemporain d'un régiment de presque anciens combattants, mais dans la réactualisation d'un mythe : « Il s'avance d'un pas appollinien au-devant de la Toison moderne[52] ». Se crée, par le choix des vers cités de *Girandes*, un lien Frick-Desnos dans le sillage d'Apollon, divinité qui se glisse aussi dans leur correspondance.

Desnos entre bien, en 1919, dans le jeu rhétorique sur l'infime et le suprême, à qui saura le mieux couronner l'autre, et où Frick a une longueur d'avance. Il reçoit aussi les compliments de Frick par personne interposée, Georges Aubault de la Haulte-Chambre. À l'été 1919, le titre de « Prince des prosateurs[53] » est en considération pour Aubault, d'ancienne noblesse. Pour leur maniement du langage et leur maintien du décorum, Florent Fels rapproche Aubault et Frick, « chevaliers servants des grâces les plus subtiles de la langue française », « derniers champions de la politesse et de l'art du bien dire[54] ». Ils sont placés ensemble, isolés d'une longue liste, à l'anniversaire de Verlaine en 1921, « accompagna[teurs] » de « quelques muses[55] ». Tous deux montrent aussi leur attention aux écrivains débutant dans la création, avec Mercereau, Divoire ou Canudo, de l'Académie du Figuier, pour l'octroi de prix et l'aide à la publication des jeunes[56]. Chez Aubault, Desnos reçoit indirectement les « louanges » de Frick et, en retour, proclame par lettre que « le talent dont » Frick veut « l'honorer est le fruit de [son] œuvre

---

avant, Marson ! », le titre évidemment militaire correspondant aussi au sous-titre retenu par Frick pour le *Bélier*.

49 Frick, « Hymne », *Le Poilu du 6-9*, *op. cit.*, p. [2].

50 *Idem.*

51 Frick, « Hymne », *Girandes*, *op. cit.*, p. 32.

52 *Idem.*

53 Les Treize, « Les Lettres », *L'Intransigeant*, 40e année, no 14284, 24 août 1919, p. 2.

54 F[lorent] F[els], compte rendu d'*Aucassin et Nicolette* d'Aubault de la Haulte-Chambre, *Action*, 1re année, no 5, octobre 1920, p. [72]. Pour un aperçu de même ordre ou presque, voir « Pascal Pia (1978) » dans *Aventures littéraires (Entretiens)*, *op. cit.*, p. 582.

55 « Les réunions d'hier – L'anniversaire de Verlaine », *Le Figaro*, 67e année, 3e série, no 10, 10 janvier 1921, p. 2. À eux deux, ils comptabilisent pas moins d'une dizaine de noms.

56 La revue des *Belles Lettres* suit les pas de cette Académie en 1919.

propre[57] ». Dans cette veine, qui est aussi invitation à poursuivre la joute verbale, Desnos écrit : « je ne suis moi-même qu'humblement votre élève en Apollon[58] ». Peu après, dans ses vœux du nouvel an 1920, Frick prédit pour Desnos le « défil[é] » du « magnifique cortège de [sa] poësie vers un arc qui sera celui de la pure gloire[59] », susceptible de faire songer à un nouvel Apollinaire.

La fin de l'année 1919, active dans la recherche d'une revue pour « Le fard » et dans les contacts noués, coïncide aussi avec la mort, survenue le 1er novembre, de Laurent Tailhade, dont Desnos serait, selon Frick, « l'un de[s] fils spirituels[60] », tandis que parallèlement, Fernand Kolney note que Tailhade « aimait » Frick « comme un fils[61] ». Jean de Bonnefon, pour lequel Desnos travaille alors, peut-être grâce à Frick, trouve aussi dans les compositions de son nouveau secrétaire une « imitation de Laurent Tailhade[62] ». Desnos, mis au courant du décès par Frick, qui lui communique l'adresse de Mme Tailhade, regrette « celui dont » il a « si longtemps assimilé les rythmes aux rythmes de [s]a vie[63] ». Cette symbiose ressentie avec Tailhade dans la poésie et dans le quotidien fait souhaiter à Desnos de rentrer dans l'intimité de sa correspondance ancienne. Frick lui ouvre la possibilité de consulter « les lettres de *Tailhade collégien*[64] » auprès de sa veuve. Mais il est probable que Desnos ne se soit pas rendu à la résidence des Tailhade, comme le laisse penser son auto-datation de sa première rencontre avec Mme Tailhade, en 1924 au banquet Polti[65]. Lorsqu'une sépulture définitive pour Tailhade est prévue, le 20 février 1921, avec le transfert de la dépouille mortelle au

57 Lettre de Robert Desnos à Frick, datée « Jeudi [décembre 1919] » (« Trois fois hélas… »). HRC, Austin.

58 *Idem.*

59 Lettre de Frick à Robert Desnos, du 31 décembre [1919]. DSNC 1302, BLJD.

60 Lettre de Frick à Robert Desnos, datée de 1919, estimée au tout début novembre. DSNC 1307, BLJD.

61 Fernand Kolney, *Laurent Tailhade, son œuvre, op. cit.*, p. 33. Frick est resté « fidèl[e] » à Tailhade « jusqu'à la fin », réaffirme Gilles Picq, *Laurent Tailhade, op. cit.*, p. 719.

62 Bonnefon est cité d'une lettre à Desnos, par Marie-Claire Dumas, *Robert Desnos ou l'exploration des limites, op. cit.*, p. 26. Frick « présente » Desnos à Bonnefon, indique Anne Egger, *Robert Desnos, op. cit.*, p. 62.

63 Lettre de Robert Desnos à Frick, datée « Jeudi [décembre 1919] » (« Trois fois hélas… »). HRC, Austin.

64 Carte-lettre de Frick à Robert Desnos, datée « Mercredi soir », cachet du 11 décembre 1919. DSNC 1299, BLJD.

65 Voir la lettre du 8 février 1924 dans *Paris-Journal.*

Cimetière du Montparnasse, Frick prévient encore Desnos[66]. C'est à Frick que reviendrait, « tout au moins pour une grande part[67] », rappelle Kolney, l'inhumation de Tailhade à Paris.

Renée Dunan transmet à ses lecteurs du *Populaire de Paris* certains des mots prononcés en dernier, après Royère, par Frick, qui évoque la force d'écriture de Tailhade, l'« étreinte [que] subissaient les dogmes sous cette prose ardente qui sapait les théogonies, renversait les mantillates et apprêtait à l'avenir très juste la route sans écueil comme un matin solsticial[68] ». *La Lanterne* du jour précédent imprime, sur leur longueur, les discours de Frick et de Doyon, où Frick dit « le cristal d'un style princier » chez celui que Doyon voit en « aristocrate du mot[69] ». Ce 21 février, *Comœdia* cite pareillement l'allocution de Frick, repérable tout à droite sur la photographie de l'événement, les mains croisées, tenant sa canne, à écouter Mortier[70]. L'hebdomadaire *Floréal* retient que Frick a parlé « en peu de lignes » pour « un adieu harmonieux[71] ». Il est croqué, quelques pages plus tôt, dans le « Bloc-notes » de *Floréal* par le caricaturiste Henri Guilac, dans l'émotion de son discours, comme le sont aussi, sur le vif, Salmon, Pioch, Alfred Mortier, Doyon et Ernest Raynaud, qui interviennent successivement au cimetière[72]. Chacun s'exprime au nom d'une revue ou d'un groupe : Salmon, pour *Action* ; Pioch, les « Compagnons de lutte » ; Mortier, *Comœdia* ; Doyon, *La Connaissance* ; Raynaud, le *Mercure* ; et Frick « au nom des poètes[73] ».

Le dessin de Guilac dans *Floréal* donne à Frick son haut col, avec un nœud papillon, sa raie bien marquée, sans monocle apparent, avec le regard

---

66 Lettre de Frick à Robert Desnos, du 19 janvier [1921]. DSNC 1308, BLJD.

67 Fernand Kolney, *Laurent Tailhade, son œuvre*, *op. cit.*, p. 33. Les souscriptions ouvertes par les journaux mentionnent Frick.

68 Renée Dunan, « Laurent Tailhade », *Le Populaire*, 6e année, 2e série, no 1033, 22 février 1921, p. 1.

69 Voir « Sur Laurent Tailhade », rubrique « Actualités littéraires », *La Lanterne*, 45e année, no 15913, 21 février 1921, p. 3. *L'Intransigeant* sélectionne un extrait des propos de Doyon et le quatrain qui ferme le discours de Frick. Les Treize, « Les Lettres », *L'Intransigeant*, 42e année, no 14810, 21 février 1921, p. 2.

70 Jean d'Horton, « Les obsèques définitives de Laurent Tailhade », *Comœdia*, 15e année, no 2989, 21 février 1921, p. 2.

71 J. Permes, « La tombe de Laurent Tailhade », rubrique « Les grands écrivains », *Floréal*, 2e année, no 10, 5 mars 1921, p. 218.

72 Henri Guilac, dessins, « Souvenirs des funérailles de Laurent Tailhade », rubrique « Bloc-notes », *Floréal*, 2e année, no 10, 5 mars 1921, p. 214.

73 « Les obsèques de Laurent Tailhade », *L'Attaque*, 34e année, 21 février 1921, p. [1]. Royère, qui n'a pas sa caricature dans *Floréal*, est là pour *La Phalange*.

et une expression de désarroi, évidents aussi chez Doyon et Pioch. Mortier et Salmon apparaissent surtout solennels tandis que Raynaud, exécuteur testamentaire de Tailhade avec Frick, prend, sous la caricature de Guilac, un aspect animal, canin, avec son abondante moustache et ses yeux clos bien en avant. Pour Frick, Pioch et Salmon, la cérémonie s'achève dans « un mastroquet[74] », où, raconte Renée Dunan dans *Le Populaire*, ils laissent libre cours à leur mémoire sur Tailhade. Si Desnos était à Montparnasse, il n'est pas repéré par *Le Populaire* ou *Floréal*, plus intéressés par l'arrivée somptueuse d'Aurel, rendue à la grecque par Renée Dunan : « Voici Aurel, chevelue d'ornatif et belle comme toute l'Ionie, au temps de Thalès[75] ». Frick avait conseillé à Desnos de « [d]emande[r] l'appui de M. de Bonnefon[76] » pour être libéré de ses occupations, et en bonus voir triompher Aurel.

En avril 1919, usant d'un dérivé du calame et de l'accessoire oculaire, Frick a signé de son vocabulaire une silhouette de Bonnefon, décrit « calamistré » et « monoclé », « [u]n monsieur rond comme une coupole », « décoré, bagué comme un épiscope[77] », ou évêque. Du violet, Doyon fait passer Bonnefon, l'année suivante, au rouge, un rouge d'Ancien Régime, « galant cardinal-régence, qu'il n'était pas[78] », autrement dit dans le genre faux. Observateur de ces prédilections ecclésiastiques, et à jamais sensible aux couleurs, Montesquiou, en 1912, assurait que le regard « voi[t] flotter autour de Monsieur Jean de Bonnefon tout le violet de l'épiscopat et toute l'écarlate cardinalice[79] ». Car « ce laïc » versé dans les affaires du Vatican possède, « ensevelis » en lui sans qu'ils échappent à Montesquiou, « l'Évêque majestueux et le Cardinal magnifique[80] ». Ernest La Jeunesse transfère, en 1913, le cliché du prélat de la personne à l'espace, et fait se tenir Bonnefon « sous le porche de sa basilique[81] ».

74 Renée Dunan, « Laurent Tailhade », *Le Populaire de Paris*, *op. cit.*, p. 1.

75 *Idem.* Frick appelle Renée Dunan « Notre Sainte-Mère la Connaissance et la Véhémence ». Frick est cité par Ivanne Rialland, dans une note au texte de Renée Dunan sur Han Ryner, paru dans le numéro 2 d'*Action*, en mars 1920. Voir le site litterature20.paris-sorbonne.fr. Consulté le 31 janvier 2014.

76 Lettre de Frick à Robert Desnos, du 19 janvier [1921]. DSNC 1308, BLJD. Anne Egger détaille les activités de Desnos dans son emploi chez Bonnefon. Voir Anne Egger, *Robert Desnos*, *op. cit.*, p. 69.

77 Frick, « Scolies », *La politique et les lettres*, 6e année, no 2, avril 1919, p. 9-10 (p. 10).

78 René-Louis Doyon, « Le voyageur », *L'horizon débridé*, Paris, La Connaissance, 1920, p. 39-40.

79 Robert de Montesquiou, *Brelan de Dames*, Paris, Fontemoing, 1912, p. 152.

80 *Idem.*

81 Ernest La Jeunesse, « Glose », dans Jean de Bonnefon, *Les Conférences de M. Jean de Bonnefon*, Paris, Mansi, 1913, p. [5-6] (p. [6]).

Des « silhouette[s] » familièrement tracées de Bonnefon, reste ainsi celle du « hussard somptueux et panaché » imaginée par La Jeunesse, comme le rapportent les Treize, sans oublier « le geste de bénir[82] », inséparable du faux religieux.

Personnage sans angles droits, Bonnefon a l'habitude des métaphores arrondies, comme celle du *Marchand d'anchois* de 1906 d'Apollinaire et Salmon, où « L'hippopotam', cré nom de nom, / Ressemblait à Jean de Bonn'fon[83] ». À la mort de celui-ci en 1928, Desnos réalise son portrait où l'« adiposité » attendue se distribue en de multiples points et où l'« arrond[i][84] » n'emprunte pas d'images, tandis qu'est soulignée la dextérité verbale de celui qu'il a pu suivre de près. Frick raconte les arrangements de Bonnefon avec le « buffet de Brive », « sur la ligne de Paris-Toulouse », pour un service sans précédent dans le compartiment du maire du Calvinet, avec « écrevisses » et « perdreau[85] ». La morphologie menait loin et sûrement à l'humour en 1924, puisque la bande des Académisards, dont Desnos, suppose que « [s]i en France le ventre anoblissait encore, M. Jean de Bonnefon serait grand-duc[86] ». Enfin, plus intimement, Bonnefon demeure pour Frick le compagnon de café d'Ernest La Jeunesse et, à ce titre, prend place auprès de lui dans *Quantité discrète*[87].

Environ un an après son embauche par Bonnefon, Desnos part pour l'armée, en mars 1920. Durant son service militaire, les contacts avec Frick se maintiennent, des classes de Chaumont au cantonnement au Maroc, où Frick incite Desnos à se mettre en relation avec un ancien camarade du 269e régiment, François Piétri, directeur général des finances du protectorat[88]. En mars 1921, la perspective d'un engagement de cinq

82 Les Treize, « La Boîte aux Lettres », *L'Intransigeant*, 32e année, no 11771, 6 octobre 1912, p. 2.

83 Apollinaire et André Salmon, « Le Marchand d'anchois », dans Apollinaire, *Œuvres en prose*, I, éd. Michel Décaudin, Paris, Gallimard, 1977, p. 984-1007 (p. 998).

84 Desnos, cité du *Merle* par Anne Egger, *Robert Desnos*, *op. cit.*, p. 68.

85 Frick, cité de *La Griffe* par Lucien Peyrin, rubrique « Les Lettres », *L'Homme libre*, 16e année, no 4317, 18 mai 1928, p. 2.

86 Les Académisards, « Petit Mémorial des Lettres », *Paris-Soir*, 2e année, no 430, 8 décembre 1924, p. 2. Le plus cru sur l'embonpoint de Bonnefon se lit, non loin de la signature de Léon Pierre-Quint, dans une feuille de l'aviation en 1918, où Bonnefon « pulvéris[e] » « un tank » qu'il a « heurté » « par mégarde ». L'Annamite à cheval, rubrique « Échos », *Le Looping*, 1re année, no 2, juillet 1918, p. [3].

87 Bonnefon partage la position avec Mendès, Moréas, Courteline, Lorrain et « Jeanne » de la Vaudère. Voir Frick, « Ernest La Jeunesse », *Quantité discrète*, *op. cit.*, p. 45.

88 Lettre de Frick à Desnos, du 9 juillet 1921. DSNC 1311, BLJD. François Piétri a été « vaguemestre » dans le régiment de Frick, précise une note de *Trèfles*, dont une strophe le

ans dans l'armée avec une assignation à Constantinople est l'occasion, pour Frick et Desnos, de déployer une complicité qui ressort dans un article de Gaston Picard[89]. « Nos deux poètes » sont ensemble au café, à boire « un grog d'au-revoir » pour fêter le départ envisagé de Desnos, dont la demande de poste d'« interprète[90] » pour Constantinople sera sans suite. Côté poésie, l'article annonce une insolite publication des « Prospectus » de Desnos « aux presses de Berlin » et note Frick comme « dédi[cataire] » du « Fard », déformé en « Parc des Argonautes[91] ». Enquêtant sur l'aptitude d'un « écrivain professionnel » à « gagner sa vie avec son œuvre[92] », Picard obtient une réponse rédigée conjointement par Frick et Desnos, non publiée. En revanche, un indice est fourni, qui pointe vers Barrès, « certaine personnalité qui tient du Parlement autant que des Lettres[93] ». Barrès est ainsi « m[is] en cause[94] » à deux mois de son procès par Dada, auquel seul participe Frick. La légèreté de Picard s'accorde à l'humour de ses interviewés, qui concluent ensemble par un « alexandrin » : « Garçon, un second grog, et parlons d'autre chose[95] ». L'article est signalé à Desnos par Frick, surtout le fait que Picard a « parlé si gentiment de vous et de moi » avec, pour le conscrit, « un superbe éloge », « où il est question des Argonautes », des « Prospectus[96] » et de Tailhade. Lecteur claivoyant, Picard tient Desnos pour « l'homme de France qui a le plus attentivement pratiqué les tournures, les nuances et les grâces de la langue de Tailhade[97] ». Frick n'est pas oublié et un de ses quatrains est cité pour relier Desnos au « flambeau » du « renouveau[98] » propre à Tailhade. À son embarquement à Bordeaux, Desnos a

décrit en sauveur d'un Frick-soldat prêt à « mourir de froid » et ramené « à l'éloquence » grâce à cet « ancien inspecteur des Finances », condamné après la Deuxième Guerre qu'il a passée presque entièrement à Madrid, en tant qu'ambassadeur de Vichy. Frick, *Trèfles*, *op. cit.*, p. 9.

89 Frick est brièvement responsable avec Picard en 1919 de « la critique des livres » de la *Revue intellectualiste*, qui accueille aussi Royère, Rachilde et G.-A. Masson. Voir Orion, « À travers les revues », *L'Action française*, *op. cit.*, 22 juin 1919, p. 2.

90 G[aston] P[icard], « Courrier littéraire », *La Démocratie nouvelle*, 4e année, nº 373, 3 mars 1921, p. 2. L'échec du projet est rappelé par Anne Egger, *Robert Desnos*, *op. cit.*, p. 79.

91 G[aston] P[icard], « Courrier littéraire », *La Démocratie nouvelle*, *op. cit.*, p. 2.

92 *Idem.*

93 *Idem.*

94 *Idem.*

95 *Idem.*

96 Lettre de Frick à Desnos, du 10 mars 1921. HRC, Austin. Frick est du petit nombre d'amis auxquels Desnos offre une copie manuscrite de « Prospectus ».

97 G[aston] P[icard], « Courrier littéraire », *La Démocratie nouvelle*, *op. cit.*, p. 2.

98 Frick, « Le glacial décembre achève enfin sa courbe… », cité par Picard, *ibid.*, p. 2.

lu l'article de Picard, qui va devenir l'un de ses informateurs parisiens pendant l'affectation au Maroc[99].

Desnos écrit à Frick, en juillet 1919, un poème sous forme d'« Épître supplicative », accompagné d'une brève lettre rédigée le lendemain, qui forme explication et commentaire. Cet envoi, daté des 21 et 22 juillet, garde trace de la teneur initiale des échanges entre Desnos et Frick, où celui-ci est incité à lire avec « franchise[100] » les vers de l'« Épître », composés à l'issue d'un amour non partagé. Le poème, en apparence inédit, appartient à la période d'entrée de Desnos dans le monde des lettres, et procède à un dialogue avec Frick, remercié pour son « beau paraphe à volutes » qu'il a inscrit sur ses recueils pour Desnos la veille, « Dimanche au soir[101] ». La déférence traduite par le « supplicati[f] » et le « monsieur » du titre est accentuée et dégonflée par le conventionnel de l'adresse, désuète à souhait : « Oh Sire courtois et discret[102] ». Les « dédicaces » conçues par Frick à l'attention de Desnos sont rapportées dans le poème comme autant de « louanges[103] » qui élèvent le dédicataire jusqu'à l'excès marqué à Frick. L'expression codifiée, et durable, d'une admiration mutuelle se fait jour. L'« Épître » transforme les compositions de Frick, « phrases d'argent », en outil de séduction auprès des « courtisanes[104] », même les plus sélectives sur leur clientèle. Détournée, de la sorte, vers les rues du « pays latin » et de « la butte », la poésie colle aux habitudes de Frick, et Desnos s'unit encore à lui sur les plans de la « galant[erie][105] » et de l'écriture. Pour assurer du vrai de ses propos, dans la pose de sincérité du suppliant, Desnos s'en remet à « [s]es deux saints patrons[106] », Robert et Pierre, comme Frick pourrait avancer Louis et Louis de Gonzague.

---

99 Carte postale de Desnos à Frick, cachet du 24 mars 1921. HRC, Austin. Sur le rôle de Picard, voir Anne Egger, *Robert Desnos*, *op. cit.*, p. 85.

100 Lettre de Desnos à Frick, datée « Ce mardi » [22 juillet 1919]. HRC, Austin.

101 Desnos, « Épître supplicative à monsieur Louis de Gonzague Frick ». HRC, Austin.

102 *Idem.*

103 *Idem.*

104 *Idem.*

105 *Idem. La Semaine à Paris* retient aussi en 1933, pour Frick, le mot de « galant ». N. R., « Au Café Bullier, poètes et rapins : Les "Amis de 1914" », *La Semaine à Paris*, *op. cit.*, p. 4.

106 Desnos, « Épître supplicative ». HRC, Austin. La pratique de Desnos de s'inscrire par son nom dans ses poèmes est mise à l'essai ici. Les deux saints Robert et Pierre font pencher le nom de Desnos à l'autre extrême de ce « presque "Robespierre" » que Desnos

Une « amphore », dans le poème, reprend des termes de Frick à l'égard de Desnos : « Je porte, dites-vous / L'amphore sacrée [...] en moi-même[107] », en écho aussi au vers d'« Hymne » cité par « Le fard » : « Mais il porte l'amphore véritable et sacrée au-dedans de lui-même[108] ». Desnos, désigné « échanson » par l'une des dédicaces de Frick, transpose à la première personne « l'amphore » d'« Hymne » où sont « les dictames[109] », plantes aromatiques ou baume apaisant. Le réceptacle antique est aussi vaisseau de poésie, qu'il faut impérativement faire sortir de l'être : « Je dois la renverser au péril de mon âme / Et m'éventrer[110] ». Les mots qui en couleraient en « un flot amical » sont une offrande pour gratifier Frick, dans le rôle du seigneur, mais cette mise à nu serait « supplice[111] » pour Desnos, passant du suppliant au supplicié. Une alternative au tourment est envisagée par une promesse de fleurs en toute « saison[112] », si seulement le supplié accepte, à petite mesure, l'admiration, l'amitié et la poésie, que dispenserait en une fois un violent sacrifice. Cette effusion lyrique de sang et de sentiment est dessinée dans le « je me dois trucider » de la strophe précédente, où figurent aussi « l'églantine et la rose », « sanguinaires », tandis que se constituent, à la fin, dans l'apaisement, des « gerbes enfantines[113] ».

En 1936, Frick dédie un poème à Desnos alors qu'il « reli[t] » *Corps et biens*, qui lui plaît pour ses « jeux » et ses « vastes poëmes riches des quatre éléments[114] ». Confiné à la correspondance privée, le poème est le seul exemple repéré d'un ensemble de vers consacrés par Frick à Desnos, où l'hommage pastiche les « jeux[115] » que Frick peut de nouveau goûter

fait remarquer un jour à Michel Leiris. Michel Leiris, « Robert Desnos, une parole d'or », dans *Robert Desnos*, éd. Marie-Claire Dumas, Paris, Éditions de l'Herne, 1987, p. 367-369 (p. 368).

107 Desnos, « Épître supplicative ». HRC, Austin.

108 Frick, « Hymne », *Girandes*, *op. cit.*, p. 32.

109 Desnos, « Épître supplicative ». HRC, Austin. Le terme « échanson » se déduit du « porte[ur] » d'« amphore » du poème de Desnos et il est ce personnage « prestigieux » d'« Hymne ». *Idem* ; et Frick, « Hymne », *Girandes*, *op. cit.*, p. 32. Pour l'échange et la transformation de ces mots entre Frick et Desnos, voir Anne-Françoise Bourreau-Steele, « Sur un air de cor de chasse d'Éric Satie », *L'étoile de mer*, Cahier Robert Desnos, n°8, 2004, p. 29-36 (p. 30-32).

110 Desnos, « Épître supplicative ». HRC, Austin.

111 *Idem.*

112 *Idem.*

113 *Idem.*

114 Lettre de Frick à Youki et Desnos, cachet du 17 août 1936. DSNC 1322, BLJD.

115 *Idem.*

grâce à la parution, en janvier, de l'*Anthologie des poètes de la n.r.f.*, avec son échantillon tiré de *Corps et biens*, « À présent », « Si tu savais » et « Avec le cœur du chêne ». En marge de son poème, Frick place à la verticale les lettres de la « n.r.f. », dont le « r », combiné à « Honte[116] », peut suggérer l'imaginaire d'une *errante.* Intitulée « Anthologie », la composition est découpée dans l'homonyme « Honte au logis », passage de l'espace poétique à l'espace domestique, où le « [p]oète » Desnos est « fêt[é] » avec « des Litres, des Roses et du Vin[117] ». L'appartement de Frick, « [s]on petit Lunain[118] », est le lieu festif mêlant poésie, bouquets et boissons. Fombeure, botaniste en 1937, étend le sens du « lunain », de la « rivière » à la rue, et à ce type de « jacinth[e] » qui éclot dans « les sous-bois » de la région poitevine, dans « la forêt de Moulière », un lunain inconnu des fidèles réunis chez Frick les « jeudis[119] ». Le Lunain du « poète à monocle » et la plante entraînent Fombeure à des « fleurs de rhétorique », aux « syllepses » et « anacoluthes[120] ». Ces instruments de la langue sont confondus avec des instruments de musique, « flûte », « tambour », « trompette », créateurs de sons et de « songe[s][121] ». Dans « Anthologie », Frick réunit librement ce qu'il a pu lire de « fleurs », de « vins » et « océans[122] » dans « À présent », de *Corps et biens.* Le rôle honorifique de « formidable échanson[123] » revient à Desnos, variation de « l'échanson prestigieux » de *Girandes*, qui sert à boire à la table du prince. Frick tire aussi à lui, du poème « Si tu savais » de Desnos, l'image de « la bouteille nocturne du poète », qui « met vivement le bouchon » pour attraper « une étoile filante[124] ». Dans son appartement et à la tête de son groupe, Frick peut, de droit, être servi

116 Lettre de Frick à Desnos, « Anthologie », cachet du 22 août 1936. DSNC 1324, BLJD.

117 *Idem.*

118 *Idem.*

119 Maurice Fombeure, « Le lunain des forêts », *Le Lunain*, 2e année, no 8, décembre 1937, p. 17-18 (p. 17).

120 *Idem.*

121 *Idem.* Frick et Fombeure sont, en février 1938, invités de la 3e Exposition de Poésie contemporaine, comme le sont Supervielle, Follain, Albert-Birot, Dyssord, Fleuret, Fontainas, tous « présent[és] » par Salmon. Voir « Un Festival de poésie », *Le Figaro*, 113e année, no 50, 19 février 1938, p. 8.

122 Desnos, « À présent », dans *Anthologie des poètes de la n.r.f.*, Paris, Gallimard, 1936, p. 145-146 (p. 145).

123 Le vers affectueux « Pour plaire à mon Desnos, formidable échanson » termine le poème de Frick, « Anthologie », cachet du 22 août 1936. DSNC 1324, BLJD. Et Frick, « Hymne », *Girandes*, *op. cit.*, p. 32.

124 Desnos, « Si tu savais », dans *Anthologie des poètes de la n.r.f.*, *op. cit.*, p. 146-147 (p. 147).

à la place de choix, celle que lui garantit le titre de prince du Lunain accordé par Paulhan. De l'« échanson » de 1936 convié à la célébration, on peut glisser à la chanson, pratiquée en mélomane, critique et poète par Desnos. « Driolisons ! », aurait pu répéter Frick de sa lettre de la veille, le 21 août, où il demandait à Desnos, alors à Quiberon, de « composer une chanson » sous ce « titre[125] », dans la foulée d'une soirée de l'École du Lunain. La marque des bouteilles d'alcool Drioli est, avec le dérivé verbal *drioliser*, « propos[ée][126] » à l'exercice ludique du talent publicitaire et musical de Desnos.

Dans ses vers d'« Anthologie », Frick relève une indépendance chez Desnos qui le singularise, « Poëte-pérégrin[127] » ne suivant que lui-même en poésie. Employé par Frick, le mot « pérégrin » a ses liens avec *Le Pérégrin dans l'ombre* et Christian, qui surgit dans une lettre de Frick à Desnos de cette période. Frick retourne puiser dans les envois des jours précédents pour faire entrer Évariste Frick dans le poème, ancêtre fictif de Frick évoqué dans une carte du 15 août lors du passage de Desnos et Youki « sur la place Évariste Frick[128] » à Locmariaquer. Évariste s'accompagne d'une rime chargée, « Trismégiste[129] », trois fois grand. Cet Hermès Trismégiste est porteur d'hermétisme et d'alchimie, ou générateur du « Satan Trismégiste[130] » de l'adresse « Au lecteur » des *Fleurs du mal*, et resurgit encore dans l'« Orphée » du *Bestiaire* d'Apollinaire[131], avec pour Frick comme pour Desnos une forte résonance. Frick a pu aussi se ressourcer dans le plus récent *Flot et jusant* de Valançay, où un poème dédié à Roinard contient une « ombre trismégiste » propre à « fend[re] » des « boucliers[132] ». Dans « Anthologie », Frick garde de la

125 Lettre de Frick à Desnos, cachet du 21 août 1936. DSNC 1323, BLJD.

126 *Idem.*

127 Lettre de Frick à Desnos, « Anthologie », cachet du 22 août 1936. DSNC 1324, BLJD.

128 Carte de Youki et Desnos à Frick, cachet du 15 août [1936]. HRC, Austin. Évariste est identifié par Frick comme « [s]on ascendant-philanthrope ». Lettre de Frick à Youki et Desnos, cachet du 17 août 1936. DSNC 1322, BLJD. Dans *Le Lunain*, Frick dédie « à la mémoire d'Évariste Frick » son poème « La Bohème de l'Océan », un « océan » également présent dans son poème à Desnos. Frick, « La Bohème de l'Océan », *Le Lunain*, 2e année, nº 4, juin 1937, p. 17.

129 Lettre de Frick à Desnos, « Anthologie », cachet du 22 août 1936. DSNC 1324, BLJD.

130 Charles Baudelaire, « Au lecteur », « Les Fleurs du mal », *Œuvres complètes*, I, *op. cit.*, p. 5-6 (p. 5).

131 Apollinaire, « Orphée », « Le Bestiaire ou Cortège d'Orphée », *Œuvres poétiques*, *op. cit.*, p. 3.

132 Robert Valançay, « Assaut marin », *Flot et jusant*, *op. cit.*, p. 11-12 (p. 11).

« visit[e] de Trismégiste » chez lui une grandeur qu'il fait rejaillir alors sur Desnos, objet au Lunain d'un « culte » : « Je convertis chaque âme triste / À votre culte[133] ».

Desnos et Frick se vouent « ador[ation][134] » et « culte » entre 1919 et 1936. Le zèle de Frick ne ralentit pas dans l'effort à faire adhérer son cercle d'amis, dont les noms changent, à la poésie de Desnos. Sur l'expression « corps et biens » du recueil de Desnos mis en avant par la n.r.f., Frick fait sombrer « au fond de l'océan » tout ce qui peut dire le malheur, « Les larmes et les crises de dent[135] ». Pour clore le poème, une invitation est lancée à une fête d'un genre suranné, où chacun s'habille de « soie » rouge pour « chante[r] », « balle[r] », ou danser, et « chasse[r][136] ». La proie est particulière, « le Huron[137] », à comprendre peut-être ici comme personnage grossier ou malotru, pour lequel Frick a de moins en moins de patience dans sa poésie et dont il serait heureux de se débarrasser, un peu comme Bloy s'était déchargé de la présence de Frick en 1917.

Assez tôt, les relations Frick-Desnos s'adjoignent la présence de Gui Rosey, sur l'insistance et la persistance de Frick. Dans une lettre de 1921, il introduit Rosey à Desnos avec l'objectif de prédisposer favorablement Desnos à plus de contacts, comme il s'efforcera de faire le pont dans les années trente entre Rosey et Valançay. Les liens qui se créent entre Desnos et Rosey ne prennent pas le tournant que Frick leur souhaiterait, à court et à long terme. Le « je » habituel des lettres de Frick à Desnos cède la place, le 10 mai 1921, à un « nous » qui englobe Rosey, pour dire leur attention et leur dévouement à Desnos cantonné au Maroc : « M. Gui Rosey a dû vous écrire que nous pensions constamment à vous et que nous étions à votre disposition absolue pour caser vos écrits[138] ». Frick

133 Lettre de Frick à Desnos, « Anthologie », cachet du 22 août 1936. DSNC 1324, BLJD.

134 Desnos, « Épître supplicative ». HRC, Austin.

135 Lettre de Frick à Desnos, « Anthologie », cachet du 22 août 1936. DSNC 1324, BLJD. La douleur de la « cris[e] de dent » peut s'interpréter du « bonbon » et ses trente-deux « dent[s] » à la Verlaine de *Corps et biens*, tandis que « les océans », fréquents au cours du recueil, sont à répétition dans le poème « Avec le cœur du chêne », une fois aussi dans « À présent ». Voir Desnos, « Le bonbon », *Corps et biens*, Paris, Gallimard, 1968, p. 78 ; et « Avec le cœur du chêne » et « Présent », dans *Anthologie des poètes de la n.r.f.*, *op. cit.*, p. 148-149 et p. 145.

136 Lettre de Frick à Desnos, « Anthologie », cachet du 22 août 1936. DSNC 1324, BLJD.

137 *Idem.*

138 Lettre de Frick à Desnos, datée du 10 mai 1921, DSNC 1310, BLJD, en réponse à une lettre de Desnos du 17 avril. Pour encourager la « collabor[ation] » « régulière » de Desnos

semble parfaitement au courant d'une lettre de Rosey à Desnos, ce qui conforte encore l'idée de son rôle d'entremetteur. Il se veut persuasif pour le compte de Rosey et cherche à convaincre Desnos que Rosey a de la sympathie pour lui et est déjà lecteur appréciatif et assidu de sa poésie. Tant d'affinités autorisent d'envisager un projet commun, selon Frick, qui annonce de manière laconique en fin de lettre la tentative de formation, avec Rosey, d'un « groupe » auquel il espère intéresser Desnos : « nous vous demanderons [d'en] faire partie[139] ». Un indice permet de penser qu'à ce moment de 1921, Frick et Rosey ont l'idée d'un successeur aux *Solstices*, leur éphémère revue de 1917, sous le nom de *Discrétion*.

Une action policière menée à l'automne 1917 dans les bureaux des *Solstices* coïncide, dans le temps, avec l'agonie de la revue, dont la livraison d'août est la dernière, bien qu'une référence à Willy Goudeket, pris à « rêve[r] au prochain numéro[140] », suggère qu'une continuité était prévue. L'incorporation de Rosey au 38e régiment d'infanterie complique aussi la poursuite de la revue[141]. *Les Solstices* sont perquisitionnés, selon *Le Carnet de la Semaine*, du fait de leur lien très lâche avec « un rédacteur du *Bonnet rouge*[142] », le journal au cœur de l'affaire du même nom, qui a vu son fondateur, Almereyda, père de Jean Vigo, arrêté et décédé en prison au mois d'août 1917. Aux *Solstices*, c'est Georges Clairet qui est visé, rédacteur en chef du *Bonnet rouge*, et dont *Le Carnet de la Semaine* tait le nom, tout en précisant que les policiers n'ont « trouv[é], dans les tiroirs et sur les tables, que des vers de jeunes poètes[143] ». *L'Homme enchaîné*, sans faire référence aux *Solstices*, indique en effet, le 26 septembre, « des perquisitions » « chez quelques anciens collaborateurs d'Almereyda, entre autres chez [...] Georges Clairet[144] ». Dans le souvenir de Sylvain Bonmariage, collaborateur à *L'Homme enchaîné*, « les alguazils

« à une revue », celui-ci est dirigé vers *La Nervie – Revue franco-belge d'art et de lettres*, où il peut se recommander de Frick. *Idem*.

139 *Idem*.

140 Guy Noël, « Le Carnet du Soiriste », *Le Carnet de la Semaine*, 3e année, no 113, 4 août 1917, p. 16.

141 Voir « Les Lettres », *L'Intransigeant*, 38e année, no 13579, 17 septembre 1917, p. 2.

142 « Ces terribles Solstices ! », *Le Carnet de la Semaine*, 3e année, no 123, 14 octobre 1917, p. 5. En dehors de la personnalité publique qu'est Almereyda, Frick a pu se faire une idée de lui à travers Tailhade.

143 *Idem*.

144 « Le chèque », *L'Homme enchaîné*, 4e année, no 1075, 26 septembre 1917, p. 1.

de Clemenceau », arrivé au pouvoir, vont chercher des documents compromettants au « domicile » de la « rue Notre-Dame-de-Lorette », mais ne parviennent qu'à « bousculer l'ordonnance des manuscrits » de Frick, « accusé de défaitisme littéraire[145] ». Ce « défaitisme » soupçonné se heurte, bien sûr, à l'image tracée par Thibaudet du soldat Frick, inlassable soutien du « moral des écrivains mobilisés[146] ».

La main lourde des autorités sur le mot imprimé est familière à Frick dans sa participation à *La Caravane*, « blanchie et mutilée par la censure[147] », comme le relève *La Grimace*, pour signaler les scolies de Frick, au mois d'octobre 1917. Dans l'embrouillamini Almereyda-Clairet, la présence de Bonmariage à *L'Homme enchaîné* assure que le journal n'ignore rien des *Solstices*, de cette « revue de belles-lettres » dont est regrettée, en juillet 1917, la trop forte ressemblance avec « la défunte *Phalange*[148] ». Pour des *Solstices* voués à « la littérature pure[149] », comme il est réclamé à l'annonce de leur naissance, le soupçon policier était déplacé. La seule préoccupation de « littérature pure » fait dire au *Siècle*, en ce temps de guerre, « Envions ces heureux[150] ». Pour *L'Intransigeant*, *Les Solstices* commencent, selon leur intention fondatrice, à résorber le vide laissé par la disparition en 1914 des « revues d'une bonne tenue[151] ». Frick inclut, au premier numéro, son poème « Allusion », dont « l'asphodèle [...] propice au repos / De Narcisse[152] » offre une voie au « repo[s] » de l'« esprit sur des motifs de poésie et d'art[153] » revendiqué dans le texte d'ouverture par les directeurs des *Solstices*. En « art cryptogénique

145 Sylvain Bonmariage, *L'automne des feuilles de vigne*, *op. cit.*, p. 73 et 151. Frick côtoie ainsi par deux fois un commissaire-poète, Faralicq en 1917, d'après Bonmariage, et Ernest Raynaud dans les remarques de *C.A.P.* en 1924.

146 Albert Thibaudet, compte rendu de *Calliope*, *Nouvelle Revue française*, *op. cit.*, p. 238.

147 Léo Poldès, rubrique « Arzélettres », *La Grimace*, 2e année, no 52, 7 octobre 1917, p. [3].

148 « Solstices », rubrique « Nos Échos », *L'Homme enchaîné*, 4e année, no 1009, 22 juillet 1917, p. 2. Frick est véritablement le sujet de cet écho, lui dont « [l']activité littéraire » « est un fait », avec à son actif « le tour de force » répété de « diriger » « une revue ». *Idem.* D'après le bilan dressé par la *Nouvelle Revue française*, Frick se sera occupé des *Solstices* « avec un goût raisonnable et raffiné ». Voir « Revues passées », rubrique « Revues », *Nouvelle Revue française*, no 89, février 1921, p. 253-254 (p. 253).

149 Rubrique « Les Lettres », *L'Intransigeant*, 38e année, no 13462, 23 mai 1917, p. 2.

150 Le Planton, « Littérature pure », rubrique « Nos échos », *Le Siècle*, 82e année, no 2075, 26 mai 1917, p. 2.

151 Voir la rubrique « Les Lettres », *L'Intransigeant*, 38e année, no 13506, 6 juillet 1917, p. 2.

152 Frick, « Allusion », *Les Solstices*, 1re année, no 1, 1er juin 1917, p. 9.

153 « Les Directeurs », « En créant... », *ibid.*, n. p.

[...] tombé d'une nue », l'allusion n'échappe pas complètement, en 1917, à la guerre et à sa conflagration, « feu » « irradi[ant][154] ». Le lien entre *Les Solstices* et Georges Clairet, pseudonyme d'Émile Parât, est répété de numéro en numéro, sur la deuxième de couverture, dans la liste des contributeurs de la revue, où Clairet est flanqué de Banville d'Hostel et de Claudien, dans un A à Z passant d'Allard à Zavie, avec, en effet, un bon contingent des anciens de *La Phalange*. Quand Frick fait connaissance avec Jean Vigo, une quinzaine d'années après, cette histoire aux conséquences dramatiques pour l'un, mauvaise expérience pour l'autre, n'a pu que les rapprocher.

Le titre de la revue esquissée en 1921 avec Rosey, *Discrétion*, conserve intact un désir d'échapper à l'attention policière ou marque peut-être justement la difficulté de se soustraire à l'œil des autorités, même en dehors des conditions de la guerre. Chez Frick, *Les Solstices* demeurent l'époque des « lignes de feu », celles de l'année 1917, comme dans l'entrée en matière d'un poème d'*Ingrès* où la voie astronomique est dessinée à ce point de l'histoire : « Dans le colure de mes solstices (1917)[155] ». *Les Solstices* ont subi la censure visant la presse, dans le caviardage d'un « Conte ancien » de Philéas Lebesgue dédié à Royère, avec le titre, la dédicace et le nom de l'auteur seuls rescapés des ciseaux[156]. Pour *Discrétion* subsiste un brouillon de couverture de premier numéro, à débuter au 1er mai 1921, sans sommaire, prévoyant une parution mensuelle à Paris. Au-dessous du titre *Discrétion* se lisent encore quelques mots barrés : « *Les Solstices* – Colloques entrecoupés de poësie[157] », qui assurent le lien avec la précédente entreprise conjointe de Frick et Rosey. La page présente l'aspect d'une notation rapide d'idées venues en succession, rédigées de la main de Frick. Dans la mesure où ce feuillet est conservé avec une lettre de la période qui fixe rendez-vous à Frick, de la part de Péret, celui-ci a pu être sollicité en personne pour Discrétion, comme l'est Desnos au Maroc[158]. Ces jeunes remarqués par Frick en 1919 ne sont pas aussi demandeurs de soutien en 1921 et, durant ce laps de deux ans, leur poésie est allée de publiable en publiée, *Le Passager du Transatlantique*

154 Frick, « Allusion », *Les Solstices*, *op. cit.*, p. 9.

155 Frick, « Adjonction », *Ingrès*, *op. cit.*, p. 20.

156 Philéas Lebesgue, « Conte ancien », *Les Solstices*, 1re année, no 3, 1er août 1917, p. 89-90.

157 Les quelques lignes manuscrites sont jointes à la lettre de Benjamin Péret à Frick, datée « Samedi », estimée à 1921. HRC, Austin.

158 *Idem.*

pour Péret, tandis que les poèmes de Desnos trouvent preneurs. Péret et Desnos représentent plus que jamais des atouts à conserver pour un groupe comme Discrétion, avec projet de revue, qui souhaite s'allier la nouveauté remuée par Dada[159].

À l'été 1921, quand Desnos est au service militaire, Frick lui communique l'adresse de Rosey[160] et les lettres font attendre encore neuf ans un redémarrage des relations. Frick, volontiers fournisseur d'adresses, passe cette fois les coordonnées de Desnos à Rosey, qui vient de lire avec enthousiasme *Corps et biens*[161]. Sur un ton de complicité, Rosey cite alors de mémoire à Desnos, « Et les femmes voudront s'accoupler avec nous », vers du « Fard » que Frick lui a fait lire des années auparavant[162]. C'est autour de *The Night of loveless nights*, vers le début de l'année 1930, que Desnos rejoint Frick et Rosey à la Coupole, selon Mercadier, également présent[163]. La correspondance de Rosey glisse rapidement au familier, comme si lui était acquise une connivence avec Desnos, ainsi « Cher enfant[164] » et, le lendemain, « Mon vieux », « Ça gaze[165] ». En 1931, Rosey se plaint de manière répétée du faible répondant de Desnos, qu'il attribue à des soucis d'ordre sentimental, « bicause l'amour[166] ». En mots ou dessins, Rosey communique avec Desnos par l'obscène et un humour dérivatif, comme en novembre 1931[167]. Les lettres de Rosey se suspendent en 1932, l'année où Frick lui rédige un quatrain fleuri tiré de son nom, où les deux premiers vers débutent par « Roses et » / « Rosey[168] », au degré zéro des homonymes de Desnos. Le floral s'étend au « lys », aux « orchidées », et à l'« iri[s] »

159 Les suites de Discrétion sont incertaines, mais le plan paraît abandonné.

160 Lettre de Frick à Desnos, du 9 juillet 1921. DSNC 1311, BLJD.

161 Lettre de Gui Rosey à Desnos, du 28 mai 1930. DSNC 1975, BLJD.

162 Lettre de Gui Rosey à Desnos, non datée. DSNC 1979, BLJD. L'envoi est postérieur à la lettre de Rosey du 28 mai 1930, elle-même suivant de trois semaines la venue au public de *Corps et biens*. Pour la date du recueil, voir Anne Egger, *Robert Desnos*, *op. cit.*, p. 467.

163 *Ibid.*, p. 445.

164 Lettre de Gui Rosey à Desnos, du 19 juin 1930. DSNC 1976, BLJD.

165 Lettre de Gui Rosey à Desnos, du 20 juin 1930. DSNC 1977, BLJD. On ne sait pas quelles salutations Desnos a pu employer avec Rosey, faute de localisation de ce versant de leur correspondance, à l'exception de la copie de deux lettres dactylographiées d'avril 1937 à Doucet.

166 Lettres de Gui Rosey à Desnos, des 14 février et 6 septembre 1931. DSNC 1980 et 1982, BLJD.

167 Voir la lettre de Gui Rosey à Desnos, du 2[7 ?] novembre 1931. DSNC 1984, BLJD.

168 Frick, « Présents », *Vibones*, *op. cit.*, p. 15.

dans « irisées[169] », ce dernier pour dire les strophes de la poésie de Rosey. La proximité de Rosey avec Breton et le surréalisme coïncide avec le silence épistolaire entre Rosey et Desnos de la période 1932-1937, avec déjà, pour Rosey en 1933, un recueil aux Éditions surréalistes et, en 1937, le « Poème épique » à Breton[170]. Rosey fait retour dans la correspondance Frick-Desnos au printemps 1936, quand Frick écrit avoir rencontré leur « ancien compagnon des jours allègres : Gui Rosey[171] ». Le mot de Frick ne réanime pas, chez Desnos, une amitié avec Rosey, dont les lettres contiennent la mésentente[172].

Un éloignement s'installe au milieu des années vingt entre Desnos et Frick et atteint un point où Frick se sent coupé de son ancien protégé, comme il l'exprime dans une lettre, incrédule d'avoir dû apprendre de Pierre de Massot que Desnos avait « publié un nouveau livre[173] ». Frick se réfugie derrière son activité de critique pour demander à Desnos, s'il le veut « bien », de lui en « envoyer[174] » un exemplaire. Le sentiment d'avoir été un peu oublié lui fait même ajouter, à l'intention de Desnos, qu'il « tien[t] la rubrique de la Poésie » « dans *La Nouvelle revue critique* », et l'amitié lui fait dire que ce sera « avec plaisir » qu'il « parler[a][175] » du livre. *Paris-Soir*, où Desnos travaille encore début 1927, est bien conscient d'un rôle de Frick à *La Nouvelle revue critique* au moment où celle-ci émerge de l'ancien *Carnet critique*, mais les Académisards, comme *Comœdia* et d'autres, placent Frick à la direction du périodique alors qu'il est simplement aux commandes de la rubrique poésie[176]. Cette position de Frick fait prévoir par *Le Gaulois* des jours heureux à la poésie et aux poètes, qui bénéficieront, comme à l'ordinaire, de l'« attenti[on] » de

169 *Idem.*

170 La longue dédicace au poème de 1937 contient le compliment venu des hauteurs frickiennes à Breton, « toi déjà couronné d'aigles jupitériens », avec Rosey se positionnant, à l'inverse, « dans une ombre ». Dédicace autographe de Gui Rosey à André Breton, accompagnant son admiratif *André Breton – Poème épique*. DVD *André Breton*, *op. cit.*

171 Lettre de Frick à Desnos, cachet du 30 mai 1936. DSNC 1321, BLJD. Les contacts épistolaires de Frick avec Rosey continuent au moins jusqu'en 1938.

172 Rosey et Desnos ont encore un échange, conflictuel, en avril-mai 1937, pour régler un différend en matière d'argent qui date de leurs rapports précédents et auquel Frick est étranger. Pour les détails, voir Anne Egger, *Robert Desnos*, *op. cit.*, p. 660.

173 Lettre de Frick à Desnos, datée du « 3 mai » [1927]. DSNC 1341, BLJD.

174 *Idem.*

175 *Idem.*

176 Les Académisards, « Petit Mémorial des Lettres », *Paris-Soir*, 5e année, no 1229, 16 février 1927, p. 2. Une rectification de Frick paraît dans *Comœdia* le 18 février.

Frick, de son « urbanité », son jugement « pes[é] », rendu en « styliste raffiné[177] ». Frick appartient alors au patrimoine de la critique comme une de ses figures attendues et dont le « profond amour de la poésie » constitue pour les lecteurs ce « qu'on aime en lui[178] ».

177 Raymond Lécuyer, « Notes d'un lecteur de revues », rubrique « En battant les buissons », *Le Gaulois*, 62e année, no 18034, 19 février 1927, p. 6.

178 *Idem*.

CONCLUSION

Une scène de banquet, qui réunirait courriéristes, poètes, amis et connaissances de Frick, serait appropriée pour visualiser ses réseaux, traversés des signatures éminentes de la critique littéraire de l'entre-deux-guerres, Salmon, Billy, Fontainas, Hirsch, Léautaud, les Treize, les Académisards. Dans leurs rubriques de revue des revues ou de poésie, Frick est à la fois estimé et taquiné, figure familière à laquelle on se réfère. Les contrariétés causées par Jean-de-France Floche à Marcello-Fabri reposent sur l'indéterminé de cette frontière entre l'amical et la critique, qui signale un monde en fonctionnement endogame. Frick est le confrère, celui qu'on peut citer ou interpeller dans les colonnes, et dont les lecteurs attentifs repèrent le nom, qui circule sur fond de sous-entendus. Le regret de Royère, en 1926, à voir Frick quitter *Comœdia* est indicateur de son importance pour les auteurs établis et pas seulement pour les novices en quête de statut. Les courriers littéraires de Frick ne font ni ne défont les carrières mais plusieurs, comme Jacob en 1921, soulignent à quel point la critique de Frick rend un ton juste.

Son éloignement de l'esprit de chapelle, le renouvellement de sa curiosité font toucher à Frick différents secteurs de l'histoire littéraire sans infléchir sa courbe de découverte. Il poursuit, affaibli, dans les années cinquante, les mises en relation, les lectures, l'encouragement aux formations comme la Tour de Feu. Le tableau de Cattiaux, qui lui fait dominer la capitale, confirme son vaste champ de vision, le représente à l'affût et hors des contingences d'un monde pesant. Sa propensité à l'accueil est guidée par son érudition et son intimité avec l'œuvre de ses interlocuteurs. Il apprécie les fastes, est l'invité des réceptions, reçoit des prix. Frick n'écrit certes pas pour plaire et, dans cette optique, il est incorruptible, mais avec une droiture qui ploie dans l'espace de la Deuxième Guerre, et que sa fréquentation de Bonmariage, Divoire, Dyssord, Mercadier, Salmon, aurait pu faire anticiper.

Le parcours de Frick intègre les tranchées, les revues, les mouvements, les amitiés. Frick illustre, par et malgré son originalité, les différents moments d'un bout de siècle, des années 1890 aux années 1950. Le Montmartre d'avant 1914, la poésie des tranchées, les initiatives des écrivains soldats dans le conflit puis le retour de la paix, les spectacles dada et les enquêtes du surréalisme, les rubriques poésie de l'entre-deux-guerres, le cinéma parlant sont divers espaces que Frick a contribué à modeler et qu'il informe par son itinéraire. Le panorama de *La littérature et l'époque* de Florian-Parmentier remarque, dans le rôle circonscrit de Frick, le travail effectué pour construire un pont entre générations lors des *Écrits français*. Très tôt s'exprime donc l'attention de Frick à ceux qui ont fait et à ceux qui commencent à faire. *Le Lunain* s'applique effectivement à instituer cette coupe transgénérationnelle. Dans cet esprit encore, Roinard est tiré de son oubli avec la société des Amis ou Tailhade avec la création de son Cercle. Le maintien de la mémoire s'allie aux avancées de Jean Le Louët, Prassinos, Obaldia, Fombeure, après Desnos et Valançay, Christian et Massot. Frick se tourne vers les innovations poétiques du XVIIe siècle dans sa poésie, comme il prend acte des nouveautés du moment dans ses décisions de publication en revue et dans sa critique.

Les trois revues de Frick ont en partage leur souhait de se situer, chaque fois, à l'écart et au-dessus d'autres livraisons. Pour *Les Écrits français*, il faut travailler à la défense de l'art, à la poursuite du néo-symbolisme de *La Phalange*. *Les Solstices*, environnés de périodiques axés sur la guerre ou largement occupés par son déroulement, veulent se positionner en dehors de ces considérations, que la censure se charge de rappeler. *Le Lunain* entend fonder un organe indépendant des intérêts et du temps présent. En 1935, sa création imite celle des *Solstices* par le fait qu'elle garantit à Frick un lieu de diffusion où il pourrait, comme en 1917, dénoncer l'absence de « revues d'une bonne tenue », beaucoup d'organes ayant été contraints de cesser leur activité. Les revues de Frick ont paru en des segments de temps, difficilement extensibles sur l'avenir : une guerre et deux avant-guerres, qui s'opposent à la longue durée admise dans le titre de 1946, *Interlude lunanien*, tentative ponctuelle de reprise du *Lunain*. L'image tracée par Dorgelès du poète-soldat absorbé dans la poésie adhère bien à la réalité, à la réserve près qu'il ne s'agit pas du poète distrait par la lecture des vers tandis que les balles sifflent sur sa tête ou que menace la guerre. Frick est, très pratiquement, fondateur de revues, résolu à maintenir coûte que coûte les organes de la vie littéraire, à ne pas laisser, rameur à contre-courant, les années d'uniforme se muer en parenthèses. Le poste de quelques mois de 1917-1918 au ministère du Blocus permet de voir comment Frick établit, après *Les Solstices*, par sa présence parisienne, un carrefour pour écrivains, en permission ou de passage, pour se ressourcer en poésie et en moral. Avec une assemblée plus choisie et son contingent de jeunes, l'appartement de la rue du Lunain recrée « une atmosphère de ferveur poétique[1] », dans laquelle se fondent des séances de voyance redevables, côté Frick, à ses arrêts entre druidisme et transhylisme, Jacob, Cattiaux, et, non loin, Banville d'Hostel.

Si l'introduction a pris Frick pour sujet en raison de sa fréquentation de tel ou tel, la conclusion peut lui céder, de plein droit, la place d'honneur au banquet, où il reçoit le lot conventionnel des louanges, sans évincer la sincérité. Le sentiment de désertion par ses lecteurs ou ses amis, ressenti à intervalles, est mitigé par des expressions d'affection dans les lettres de Jacob, le journal de Léautaud, les préfaces de Mac Orlan et de Cocteau, les souvenirs de Corti. À cet intemporel banquet Frick organisé chez Aurel, Paulhan préside et Éluard lit la liste des excusés, dont Victor-Émile Michelet, Marc Brésil et Gui Rosey. Breton veille avec dignité à la droite de Frick, tandis que Desnos circule et tient l'amphore, versant du vin. Roinard discourt et Royère grince des dents à l'écouter, impatient de prendre lui-même la parole. La voyante Lopoukhina est, dans un coin assombri de la salle, à lire les lignes de la main, alors que Jacob, dans un autre coin, fait le même geste, mais distraitement, en riant doucement avec Madame mère, Marie-Thérèse Frick, qui s'extasie de la qualité de sa jaquette. Sur un strapontin, près d'un large miroir tout juste réparé, Maurevert vérifie l'exactitude des noms sur la liste des invités. Frick va-t-il réciter des vers ? Tailhade et Léautaud sont, aux deux extrémités de la table comme de sa vie, les voix moqueuses qui peuvent égayer la soirée, tandis que Bloy, convié, a fait savoir que, s'il venait, ce serait pour souffleter l'impudent qui n'a pas fini de le déranger. Carco et Mac Orlan glissent, dans les étagères d'Aurel, une copie de leurs *Mystères de la Morgue* parmi les volumes de Mortier.

1 Gaston Ferdière (avec Jean Quéval), *Les mauvaises fréquentations – Mémoires d'un psychiatre*, Paris, Jean-Claude Simoën, 1978, p. 251. Ferdière rapproche l'intensité des réunions de la Tour de Feu des « soirées parisiennes » du Lunain auxquelles il a assisté et où il se souvient, auprès de Frick, de la Phalérinienne. *Idem*.

La Jeunesse est assis à la gauche de Frick et, avec Latourrette, ils mélangent l'advokaat. L'esprit de Godin flotte au-dessus de l'assemblée, devant les yeux rêveurs de Berthe de Nyse. Les mots sortent de la bouche de Frick, où s'entremêlent un vers de Sadia Lévy, un autre d'Apollinaire puis de Desnos, qui sourit d'apercevoir Bonnefon en conciliabule avec Aubault de la Haulte-Chambre. Frick demande autour de lui : « Quel hôte m'a tendu cette coupe de vin ? », surpris d'avoir reçu une mauvaise eau-de-vie, un « horrible schnick[2] », qu'il se retient de jeter contre le miroir. Lacaze-Duthiers et Pioch devisent de la société future, tandis que le grammophone, sur lequel l'aiguille s'est arrêtée, redit inlassablement le mot « nonchaloir », récité par Royère de son poème « Thrène », qu'Ivan Goll et Valançay, sur un coin de table, s'amusent à traduire en allemand. À quelques jeunes, Fontainas explique les grandes heures du *Mercure*. Dans son ennui de la scène, Aragon se penche à la fenêtre, attiré par le son des pierres que martèle un cantonnier à l'allure de Thibaudet sur la chaussée d'en face. Exceptionnellement, et malgré l'affluence, le banquet se tient dans l'étroit salon de Mme Aurel, qui se promène au bras de Polti, homme de toutes les situations. À l'entrée, Henri de Régnier, épaulé par Florian-Parmentier, a chassé les indésirables de l'histoire : Pierre Benoit, André Thérive, mais par amitié on a tout de même laissé passer Salmon. Il rejoint Dorgelès, qui a amené des fleurs. Aubrun est descendu dans la cave pour examiner l'état de la chaudière, accompagné de Divoire, refoulé à la porte et toujours curieux des mécanismes à vapeur.

Un bol de pétales de roses flottant dans l'eau est renversé dans l'agitation du banquet sur le grammophone et noie la voix de Royère, phyllorhodomanciennement. Un silence s'établit. Les gâteaux de la pâtisserie Schminger, livrés de Nancy, ont été distribués aux convives et les confitures de la Phalérinienne, sur des nappes ornées de ses dessins, sont joyeusement entamées. Antoine rectifie les coiffures élaborées plus tôt dans l'après-midi. Le crayon de Marie Laurencin recherche l'angle qui aboutira au portrait inédit de Frick. La Vaissière et Billy circulent pour mieux entendre les perles qu'ils incluront dans leurs articles du lendemain. Gaston Picard enquête alentour sur l'utilité des banquets pour garantir aux poètes une postérité. Berthe Bolsée et Élise Champagne préparent, avec Lobet et Conem, la liste des travaux qui resteraient à entreprendre sur Frick.

2 Frick, « Quatorzain volitif », *Ingrès*, *op. cit.*, p. 7.

Une édition critique de la poésie de Frick rendra son œuvre abordable à plusieurs égards, mais l'établissement du texte aura d'évidence à se dispenser de l'examen des états manuscrits, dont la portion contenant les « brouillons[3] » d'*Enif* est attestée en 1959, l'ensemble passé hors de vue ou égaré du vivant de Frick ou depuis sa mort. Les variantes constatées entre la parution en revue, ou journal, et les recueils indiquent une pratique de retours sur le texte imposée, et tout compte fait acquise, dans l'expérience des conditions d'écriture et de publication de la Première Guerre. La correspondance de Frick demeure un vaste terrain à considérer pour ce qu'elle recèle de poésie, la sienne ou d'autres, également pour le quotidien de ses amitiés et de ses occupations[4]. Un dépouillement des rubriques tenues par Frick, sous ses signatures ou dans l'anonymat, donnerait mieux la mesure de son rôle de critique, dont la production rémunérée atteint la démesure en volume de lignes par rapport à ses vers, comme chez beaucoup de ses confrères auxquels un argent régulier fait défaut. Éparpillées par nature dans la sphère privée puis venues pour certaines au grand jour lors de ventes ou dons, les milliers de dédicaces rédigées par Frick, « petites formes » d'une « poésie fugitive[5] », invitent une enquête sur le genre, qui communique avec le gros de son œuvre et son lexique. Au terme de ce travail, l'animal chélonien, tortue-secrétaire, et non moins princesse, de Frick, part satisfaite, ayant enfin trouvé plus lents qu'elle.

---

3 À la mi-avril 1958, la Phalérinienne adresse le manuscrit d'*Enif* aux exécuteurs testamentaires de Frick. Voir Bernard Guillemain et Claude Pichois, « Note des éditeurs », dans Frick, *Enif*, *op. cit.*, p. 35.

4 Ainsi, les envois de Frick à Mercadier, « riche correspondance », ont été conservés par Conem dans sa collection, léguée depuis sa mort en janvier 2014 au Monastère de l'Église serbe orthodoxe de Lectoure (Gers). Voir Francis Conem, *Henry de Madaillan, 28 février 1904 – 4 octobre 1965, Lucienne Delforge, 1er mars 1909 – 21 avril 1987*, II, [Aix-les-Bains], Société des Amis de Francis Conem, 2010, p. 18 ; et Laurent François, « Hommage à Francis Conem (1932-2014) », *La Corne de Brume – Revue du C.R.A.M.*, nº 11, décembre 2014, p. 133-144 (p. 138).

5 Marie-Paule Berranger, *Les genres mineurs dans la poésie moderne*, Paris, PUF, 2004, p. 212.

ANNEXE I

Présentation de l'entretien avec René de Obaldia

L'un des derniers aujourd'hui à avoir connu Frick au *Lunain*, où il publie son poème « Sigurd » en janvier 1938 à l'âge de dix-neuf ans, René de Obaldia a bien voulu partager ses souvenirs de Louis de Gonzague Frick, les circonstances de leur rencontre, le rôle de Frick auprès des jeunes poètes, ses manières particulières, sa poésie et, à travers la Phalérinienne, le magnétisme et les confitures. René de Obaldia côtoie Frick pendant quelques années seulement, leur contact étant définitivement rompu par la guerre, durant laquelle René de Obaldia est pendant quatre ans et demi prisonnier dans un camp en Pologne, en Silésie (Stalag VIII C), rapatrié en 1944 et contraint à une longue convalescence au Val-de-Grâce[1]. Une lettre de janvier 1940 marque l'un de leurs derniers échanges, alors que René de Obaldia est mobilisé, stationné au 21e Bataillon du 41e Régiment d'Infanterie, 2e Compagnie, Secteur postal 5308[2]. Dans ses vœux du nouvel an 1940, René de Obaldia se remet dans l'esprit du Lunain et de la maison Frick : « je songe [...] au temps fertile où je lunulais, où je trouvais des forces dans les conversations du Promoteur – et aussi dans les succulentes confitures de notre chère Phalérinienne ! » La phrase mène tout droit au poème d'*Ingrès* « Quartier phalérinien », qui débute sur le vers et son verbe « Je lunule dans mon Lunain », et où déjà « la guerre » s'annonce dans son « spectre[3] ». En 1934 aussi, Frick signait de la formule « Vos phalériniens lunulants » sa lettre à Desnos à l'occasion d'« une notule sur *Les Sans-Cou* », donnée

1 Voir, pour un complément, l'entretien avec René de Obaldia du 17 novembre 2013, réalisé par Jean-Jacques Lefrère et Michel Pierssens, dans *Histoires littéraires*, vol. XV, n° 59-60, juillet-décembre 2014, p. 222-234 (p. 225-226).

2 Pour la période de mobilisation et de combat, jusqu'en mai 1940, voir René de Obaldia, *Exobiographie – Mémoires*, Paris, Bernard Grasset, 1993, p. 173-189.

3 Frick, « Quartier phalérinien », *Ingrès*, *op. cit.*, p. 15.

par Frick « à *L'Avant-Scène*[4] ». Le souvenir de l'appartement du Lunain s'arrête sur d'exceptionnelles confitures et, à travers ce produit fait maison, la générosité et l'accueil du lieu[5].

Le statut de « Promoteur » de Frick passe par sa revue, l'introduction à d'autres poètes dont, de manière marquante pour Obaldia, Salmon. Pour Obaldia et les jeunes poètes comme lui, *Le Lunain* garde ses pages ouvertes pour de premières publications, « Sigurd » dans le cas d'Obaldia, en janvier 1938[6]. Quelques mois plus tard, en juillet 1938, sort, avec l'aide de Frick, le bref recueil de poèmes *Humaï*, qui constitue la véritable entrée littéraire d'Obaldia, aux *Feuillets de l'Îlot* de Jean Digot, contributeur du *Lunain*[7]. Frick appartient à ce « réseau amical » qui caractérise le mode opératoire de Digot pour *Les Feuillets*, où un poète à peu près inconnu, tel Obaldia, tel Cadou, est propulsé sur la recommandation d'une relation de Digot[8]. L'aspect matériel d'*Humaï* ne diffère pas non plus du format de la série des *Feuillets*, par sa brièveté, huit pages, et une courte introduction aux poèmes et à leur auteur[9]. Le lien de Frick avec *Les Feuillets* passe aussi par Maurice Fombeure, qu'Obaldia se remémore le mieux des poètes présents au *Lunain*, et qui ira, de recueil en recueil, par *Les Feuillets de l'Îlot* et l'École de Rochefort. Plus

4 Lettre de Frick à Robert Desnos, cachet du 26 décembre 1934. DSNC 1319, BLJD. La lettre est reproduite par Alexandrian avec la date erronnée du 7 septembre 1933 (qui est véritablement la date de DSNC 1318).

5 De ces « confitures » à celles de « Madame Racine », Tisserand suit le fil de la gourmandise pour élever Frick au rang des classiques. Ernest Tisserand, « L'épître à L. de G. F. », *Nymphées*, *op. cit.*, p. 13.

6 René de Obaldia, « Sigurd », *Le Lunain*, 3e année, n° 9, janvier 1938, p. 17. Autre jeune, mais qui n'en est pas à ses débuts, Gisèle Prassinos publie dans *Le Lunain* en 1937 et 1938. Sollicité par *L'Intransigeant* pour un compte rendu de *La sauterelle arthritique*, Frick le compose en vers, où il est question du « style automatique » de Prassinos, « Souveraine des Benjamines », et de son « surréel attalique », allusion à l'antique dynastie attalide. Frick, « Pour une poétesse de quinze ans », rubrique « Les lettres », *L'Intransigeant*, 56e année, n° 20364, 3 août 1935, p. 4. Le poème a été relevé par José Ensch et Rosemarie Kieffer, *À l'écoute de Gisèle Prassinos, une voix grecque*, Sherbrooke, Naaman, 1986, p. 176.

7 René de Obaldia, *Humaï*, Rodez, *Les Feuillets de l'Îlot*, 2e année, n° 14, juillet 1938.

8 Voir Michel Décaudin, « En amont : Jean Digot et *Les Feuillets de l'Îlot* », dans *L'École de Rochefort – Particularisme et exemplarité d'un mouvement poétique (1941-1963) – Actes du colloque d'Angers, 8-10 décembre 1983*, Angers, Presses de l'Université d'Angers, 1984, p. 24-34 (p. 28). *Le Lunain* est inclus, avec *Les Feuillets*, dans un « réseau » informel de revues, plusieurs localisées en province, selon Élodie Bouygues, *Genèse de Jean Follain*, Paris, Classiques Garnier, 2009, p. 126.

9 Michel Décaudin, « En amont: Jean Digot et *Les Feuillets de l'Îlot* », dans *L'École de* Rochefort, *op. cit.*, p. 27.

fondamentalement, c'est Jean Bouhier qui aurait facilité « le relais[10] » entre *Les Feuillets de l'Îlot* et l'École de Rochefort. Frick a communiqué à Bouhier le numéro de novembre 1937 du *Lunain*, inscrivant quelques mots sur l'exemplaire à l'occasion de la sortie du recueil de Bouhier, *Hallucinations*, publié comme *Le Lunain* par Debresse, et dont l'achevé d'imprimé est du 13 décembre 1937. Frick parle, à cette époque, d'une « vérécondieuse sodalité[11] » avec Bouhier, fraternité de la poésie et des revues. Par la suite, Bouhier reçoit régulièrement *Le Lunain* et rencontre Frick en personne le 2 avril 1938, lors d'une matinée poétique au Théâtre de l'Atelier rassemblant des animateurs de revues, dont Bouhier pour *La Part du Feu* et Jean Gacon pour *Le Lunain*[12]. À cet événement organisé par « La Tribune des jeunes » de *Marianne*, Frick, un peu déplacé par son âge mais titulaire d'une revue récente et d'une « très peu scolaire *École* », récite « un de ses poèmes[13] ». *Le Lunain*, à côté d'*Acéphale* ou des *Feuillets inutiles*, était représenté parmi les revues en activité, au Palais du Livre de l'Exposition de 1937[14], d'où *Marianne* date un souffle porteur pour la « Jeune Poésie[15] », que l'approche de la guerre va affaiblir.

Frick écrit encore, en 1938, un poème-préface aux *Fleurs parlantes* d'Henri de Lescoët, qui aura aussi ses liens avec l'École de Rochefort. Riche de plusieurs recueils déjà ainsi que de sa maison d'édition les Îles de Lérins, dans ce sud où il sera actif dans les revues de la Résistance, Lescoët fait versifier Frick sur les « [f]leurs que le poëte », à la « voix » de « zéphyr », « aime à nommer[16] ». Avec cette composition en tête de la plaquette de Lescoët, Frick aurait innové dans le domaine de la « mode », selon Salmon, dont le mot est repris par *L'Intransigeant*, certain que

10 Christian Moncelet, « L'École de Rochefort : Esquisse d'un bilan », dans *Les Angevins de la littérature – Actes du colloque des 14, 15, 16 décembre 1978*, Genève, Droz, 1979, p. 455-470 (p. 458).

11 Frick écrit ces mots sur le numéro de novembre 1937 du *Lunain*. Ils sont reproduits par Christine Chemali, *Jean Bouhier ou « Croire à la vie »*, Angers, Presses de l'Université d'Angers, 1999, p. 30.

12 *Ibid.*, p. 31.

13 « La Jeune Poésie, à l'Atelier », *Marianne*, 6e année, no 286, 13 avril 1938, p. 7.

14 « On expose de la littérature… », *Marianne*, 5e année, no 249, 28 juillet 1937, p. 5.

15 « La Jeune Poésie, à l'Atelier », *Marianne*, *op. cit.*, p. 7.

16 Frick, Avant-poème, dans Henri de Lescoët, *Fleurs parlantes*, Genova, La Bandiera, 1938, n. p. Une dédicace à « Monsieur Henri de Lescoët » sur un exemplaire d'*Ingrès* est rédigée à un proche en poésie, au « dévoué confrère en Apollonie », au « Poète de l'homélitique, aux feux multiples et attractifs ». Voir l'exemplaire en vente à la librairie La Bataille des livres, de Pradinas, en août 2014, sur le site abebooks.fr. Consulté le 12 août 2014.

« [l']avant-poème se portera beaucoup ce printemps » 1939, à la manière de l'« avant-dire » du « symbolisme[17] ». En 1932, quand Frick préface, par un poème déjà, le recueil de René Lacôte paru aux éditions de Demain, *Le Fond des yeux*, il est similairement remarqué et oblige Pierre Guéguen à des précautions de paroles, « une préface – pardon [...] un *Poëme*[18] ».

Dans sa « Préface » à *Humaï*, Frick se concrétise en « Promoteur » d'une poésie à l'« audace » et à la « précipitation » chez un poète de 19 ans dont il retrace la filiation, familiale et littéraire, « son illustre aïeul » et « ses devanciers[19] ». Obaldia, lors de l'entretien, estime avoir travaillé dans la veine de Frick pour ce premier recueil, par un recours à « des termes un peu précieux ». Le poème d'*Humaï*, « Les vagues », dédié à Frick, où le « parhélie », faux soleil, des « cheveux » rime avec « se délie[20] », porte les traces d'une recherche qui s'attache aussi à « la musique verbale[21] » relevée par Frick dans la langue poétique d'Obaldia. Celle-ci va d'une facture symboliste, « Sur la douleur qui se délie », à un ferment humoristique côté sons, « Calme, un cantique lycanthrope[22] ». Côté sens, le « cantique » peut ramener à la poésie, à ce qu'elle contient à la fois de « secret » et de créateur, puisque ce « cantique lycanthrope / Secrète l'horreur du concret[23] », « l'horreur » à répétition des récits de transformation homme-loup.

L'idée de « secréter » des peaux, des poils d'un animal, de les frotter pour obtenir un feutrage, renvoie au seul animal de la strophe, le loup-garou, et à « l'horreur[24] » d'envisager ce semi-humain sous forme de peau. Les éléments de ce tableau ont été fournis, dans la première strophe, avec les « cheveux », « la douleur » et le « sang[25] ». Une autre

---

17 « Une mode nouvelle », rubrique « La vie littéraire », *L'Intransigeant*, 60e année, n° 51719, 13 février 1939, p. 2.

18 Pierre Guéguen, compte rendu du *Fond des yeux*, rubrique « Actualités poétiques », *Les Nouvelles littéraires*, 11e année, n° 514, 20 août 1932, p. 8.

19 Frick, « Préface », dans René de Obaldia, *Humaï*, *op. cit.*, p. 2.

20 René de Obaldia, « Les vagues », *Humaï*, *op. cit.*, p. 5.

21 Frick, « Préface », dans René de Obaldia, *Humaï*, *op. cit.*, p. 2. Frick ajoute l'intérêt qu'il a vu chez Obaldia pour la musique. De ces vers « présentés » par Frick, *Marianne* relève « une sonorité rythmée et savante », « une intensité voulue ». Lucien Trichaud, recension de *Humaï*, rubrique « Tribune des jeunes », *Marianne*, 6e année, n° 315, 2 novembre 1938, p. 12.

22 René de Obaldia, « Les vagues », *Humaï*, *op. cit.*, p. 5.

23 *Idem.*

24 *Idem.*

25 *Idem.*

métamorphose sort des dernières syllabes du mot « [s]ecrète », Crète, lieu relié à la mention de la fille du Roi Agénor, « Europe », dans les vers « Toute la grâce d'une Europe / Résonne sur un nom secret[26] ». C'est en Crète qu'Europe est transportée par Zeus qui s'est donné la forme d'un taureau, dans l'un de ses nombreux déguisements en vue d'accéder à ses victimes[27]. Dans ce poème aux « apparence[s] », apparitions, transformations, à commencer par le mouvement des « vagues », le « concret[28] » est repoussé pour privilégier l'indéfini et, par homonymie, le vague. Encadrant la seconde strophe où « Europe » rime avec « Lycanthrope », un lyrisme passe du *tu* au *je* avec la suggestion d'un amour fini, sinon une séparation, de « [l']ultime éclair de tes cheveux » à « mes larmes », « ma prison[29] ». Il y a plus personnel encore à découvrir au dernier vers du poème, une redite de la dédicace sur un mode ludique. Les sons des « Frigides vagues sur mon front[30] », mis à l'envers, peuvent être condensés en front-vagues-Frig, c'est-à-dire un approximatif Gonzague Frick.

Ce n'est pas dans une réunion poétique ni dans un café littéraire qu'Obaldia croise Frick, mais par le biais de la poésie et d'une marchande de journaux entreprenante. Les métiers de la vie quotidienne parisienne sont révélateurs, ailleurs, pour Obaldia, de l'être social qu'est Frick, à l'entrée du métro, avec les poinçonneuses, auprès desquelles Frick déploie la même courtoisie qu'avec tous. Obaldia retient de Frick son accueil sans compter, l'impact de sa personne plutôt que celui de sa revue ou de son œuvre. De ce point de vue, Frick s'inscrit bien dans la catégorie des « relayeurs », selon l'acception de Décaudin, qui les entend comme « animateurs de revues ou [...] tempéraments chaleureux » « nou[ant] des liens entre les uns et les autres[31] ». Et c'est cette chaleur que fait revivre Obaldia lorsqu'il parle de Frick.

26 *Idem.*

27 L'expression « une Europe », qui fait entendre le continent, lui aussi en instance de transformation, n'est pas développée autrement par le poème.

28 *Idem.*

29 *Idem.*

30 *Idem.*

31 Michel Décaudin, « En amont : Jean Digot et *Les Feuillets de l'Îlot* », dans *L'École de Rochefort*, *op. cit.*, p. 27.

ANNEXE II

Entretien téléphonique avec René de Obaldia du 18 septembre 2012[1]

– [Obaldia] Oui, oui, Allo ?
– *Allo, bonjour, Monsieur de Obaldia ?*
– Oui.

– *Bonjour, Monsieur. [...] Nous vous avons contacté au sujet de Louis de Gonzague Frick.*
– Ah, ben, effectivement, effectivement. [...] Louis de Gonzague Frick, effectivement, personne, personne n'en parle, de nos jours, hein ? Ça reste totalement oublié. Et donc, qu'est-ce que je peux faire pour vous ?

– *Nous savons que vous l'aviez au moins côtoyé pendant les années trente...*
– Oui, bien sûr, bien sûr. Je l'ai côtoyé, j'étais jeune, j'avais, je ne sais pas... Vous allez... Maintenant, je suis, je suis... J'ai quand même 93 ans, en ce moment. Bon, vous savez que je suis né en 1918, alors, je ne sais jamais compter, mais, je l'ai connu très jeune et, si vous voulez, il avait surtout fondé cette revue, *Le Lunain*. Parce que j'habitais non loin et c'est grâce à une marchande de journaux, qui m'a mis en rapport avec lui. Ah, ah, ah ! Ah oui, parce que j'allais... J'étais jeune et j'allais chez cette marchande de journaux parce qu'elle avait une fille très jolie. Et très souvent... Et j'avais écrit un poème à cette jeune personne. Et la libraire, cette... pas la libraire, cette... cette marchande de journaux, qui était charmante dame et illettrée complètement, m'avait dit : Ah, mais il y a un grand monsieur qui vient, qui s'occupe de poésie. Je vous donnerai son adresse, il sera content de vous recevoir. C'est comme ça que j'ai pris connaissance de Monsieur Louis de Gonzague Frick, hein, qui était un monsieur d'une courtoisie très très connue, presque

1 L'heure et le sujet de l'entretien ont été fixés au préalable.

excessive, en ce sens que, par exemple à l'époque,... Vous m'écoutez, là, vous prenez note ? Qu'est-ce que vous faites ?

– *Oui.*

– À l'époque, il y avait dans le métro les poinçonneurs de métro. À l'époque... On poinçonnait... Les poinçonneurs, les poinçonneuses... Et quand il arrivait, toujours habillé impeccablement, et parfois un monocle même, il s'inclinait devant la poinçonneuse de métro, il disait : « Madame la poinçonneuse, je vous présente mes hommages ». C'était étonnant, hein ? Et, voilà, c'était un homme d'une très grande courtoisie. Donc, sa poésie était quelque peu hermétique, c'est un peu du gongorisme, hein, si je peux dire, voyez Gongora, c'est la préciosité un peu, hein ? Voilà. Mais il connaissait... Il avait de jeunes poètes autour de lui, Maurice Fombeure, à l'époque, je me souviens, et quelques autres. Et surtout, pour moi, ce qui a été très important, il m'a fait rencontrer André Salmon, qui a été pour moi merveilleux, qui m'a mis le pied à l'étrier[2]. Et puis, j'étais émerveillé de rencontrer Salmon, qui était l'ami d'Apollinaire, comme vous le savez, d'Apollinaire, de Max Jacob aussi, de Picasso, hein ? Et c'est grâce à Louis de Gonzague Frick que j'ai connu André Salmon, qui a été le premier à me faire dire des textes à la radio, enfin, qui s'est beaucoup..., qui m'a mis le pied à l'étrier. Voilà. Alors, ce cher Louis de Gonzague Frick, quoi vous dire encore ? Donc, il recevait, il recevait volontiers, avec une très grande courtoisie, enfin, je vous l'ai dit. Et puis... Et puis, effectivement, je l'ai perdu de vue, parce qu'il y a eu la guerre. Vous savez, je..., ma mémoire est un peu confuse, également, hein ? J'ai quelques excuses. Bon, mais, je vais vous dire par là que vous êtes tout à fait étonnants de vous occuper de Louis de Gonzague Frick, c'est tout à fait étonnant, hein, et j'en suis ravi, bien sûr. Mais dites-moi, comment il est mort ? Je ne m'en souviens plus. Vous le savez, ça, peut-être ?

– Il est mort en avril 1958. Il avait eu plusieurs problèmes de santé depuis les années trente, et puis les années quarante.

– Oui, déjà, oui, Enfin, c'était ce qu'on appelle un personnage, hein ? C'était un personnage. Et donc, il discutait véhémentement de la poésie. Enfin, c'est vraiment, c'était vraiment un... La poésie était vraiment l'axe maître de sa vie, hein ?

2 Salmon participe au *Lunain* en février 1939. Merci à Jacqueline Gojard de cette information.

– *De quelle manière est-ce que vous pensez qu'il était perçu par les jeunes poètes et écrivains, justement dans les années trente ?*

– Euh, écoutez, c'était à la fois une... Comment... comment dire ça ? C'était pas un grand poète. C'était pas... C'était pas Apollinaire, bien sûr, ce n'était même pas Salmon ou même Max Jacob. Voyez-vous, Salmon et Jacob, on le sait plus très bien mais ils avaient beaucoup d'influence à leur époque... Max Jacob, avec *Le Laboratoire central*, c'était son œuvre... Bon. André Salmon, avec *Prikaz*. Ça faisait date. Il n'y a pas un livre de Louis de Gonzague Frick qui a été reçu, de toute façon. C'était très très à part, très marginal, très marginal. Mais il côtoyait, il connaissait tous ces grands poètes, et puis, je vous dis, il était donc très, très urbain, à l'époque. Et puis, il recevait des jeunes poètes, je pense à Maurice Fombeure, mais il y en a bien d'autres qui ne me viennent pas à l'esprit. Enfin, ça me... Attendez, attendez... Enfin, il y avait des jeunes poètes qui venaient le voir, le visitaient volontiers. Voilà. Mais il n'avait pas vraiment une influence.

– *Est-ce que, par exemple, vous l'auriez entendu, un jour, parler de Robert Desnos ?*

– Non, justement pas, justement pas. Ça ne me vient pas à l'esprit. Peut-être, vous savez, je... Non. Pas de Robert Desnos. Enfin, je ne me souviens pas. Je pense à Maurice Fombeure, mais il y en a d'autres, qui ne me viennent plus à l'esprit, qui étaient assez connus. Fernand Marc, des gens un peu... tout à fait oubliés. Fernand Marc, qui, lui, avait également fondé une revue. Aegerter... Emmanuel Aegerter. Ce sont des noms que personne ne connaît. Voilà ce que je peux vous dire. C'était... Et donc, effectivement, il avait cette revue, *Le Lunain*. Je lui avais présenté mes poèmes en tant que jeune poète. Et très très gentiment, il m'avait publié dans *Le Lunain*. Et puis, par la suite, c'est grâce à lui que ce premier... cette première plaquette que j'ai eue, qui s'appelle *Humaï*, et j'avais dédiée... C'est vous qui l'avez noté dans la lettre que j'ai reçue. Donc vous savez tout ! Et vous me rappelez les choses, d'ailleurs, que j'ai un peu oubliées. Ah, ah, bon ! Et donc, j'ai été très fier de cette petite plaquette, voilà. Et puis ensuite, c'est tout de suite après, je crois, qu'il y a eu la guerre. Je confonds un peu, parfois, les dates. Mais, voilà donc, il a joué ce rôle, pour moi, très bénéfique, et alors que j'aimais. Mais très, très particulier, si vous voulez... C'est un... un personnage. Par exemple, lorsqu'il y a eu la guerre, il y avait un trait. Lorsqu'il y a eu la guerre, c'était la Guerre de Quatorze, tous les Français disaient « les Boches ». Je sais pas si vous savez ça, on les appelait les Boches. Mais lui, jamais. Il disait : « Messieurs les Allemands ». « Messieurs les Allemands », disait-il, n'est-ce pas ? Pas les Boches. « Comment sont habillés Messieurs les Allemands ? » « Essayons de tirer avant Messieurs les Allemands ». Tout à fait particulier, donc, hein ?

– *Qu'est-ce que vous pensez que Le Lunain a pu représenter pour Frick ?*

– Ça a été une chose tout à fait confidentielle, hein, tout à fait confidentielle, c'est pas le *Mercure de France*, vous voyez ce que je veux dire, ni la *NRF*, ni *La Table ronde*, etc. C'était une toute petite revue, qui avait donc le privilège de publier des jeunes auteurs, dont certains ont été, je vous dis… Je ne me rappelle plus d'autres jeunes poètes, je cherche en ce moment, il y en a un qui est… qui a été très connu. Mais donc, c'était confidentiel tout cela et, en même temps, très agréable pour les jeunes poètes que nous étions.

– *Est-ce que vous savez si… parce qu'il avait des problèmes d'argent, pas mal, Frick…*

– Ça, ça m'a échappé complètement…

– *Vous ne savez pas s'il aurait vendu sa bibliothèque pour de l'argent ?*

– J'en avais déjà pas mal à l'époque, je crois, mais je m'en foutais complètement. J'étais jeune, ah, ah, ah ! je vivais d'amour et d'eau fraîche, voilà, et c'était superbe. Alors j'avoue que, ça, je n'ai aucune idée, je n'ai aucune idée. Je ne sais pas du tout d'où venait sa… Comment… Son train de vie, enfin… Il habitait un modeste appartement, rue du Lunain, précisément, rue du Lunain. Et voilà, mais je peux pas vous dire… Il avait une femme agréable, qui faisait du magnétisme, du magnétisme.

– *Est-ce que vous avez assisté à des séances ?*

– Tout simplement… Elle faisait mordre[?] des poissons, et ces poissons devenaient… Elle les desséchait. Ils devenaient complètement secs. Je me souviens des poissons, des petits poissons. Non, c'était un monde un peu bizarre[3].

---

3 La trace d'une réunion occulte organisée par Frick est conservée dans une invitation envoyée en 1933 à Desnos et Youki pour venir rencontrer la voyante russe Evgenia Lopukhina-Kamchatova au Lunain. Voir la lettre de Frick à Robert Desnos, non datée, avec invitation pour le « lundi 29 mai » [1933], sur papier à en-tête de l'École du Génie Civil d'Aubrun. DSNC 1317, BLJD. Également peintre, « Lapoukhina » fait l'objet d'un

– *Est-ce que vous vous souvenez des confitures, qu'elle faisait ?*

– Ah, ça, maintenant que vous me le dites, ça oui.

– *Il y a une lettre qui se trouve au Texas, que vous avez envoyée à Frick en janvier 1940, quand vous étiez mobilisé, où vous parlez des confitures de la Phalérinienne...*

– Ben oui, ben voilà, justement, maintenant que vous me le dites, effectivement, elle faisait d'excellentes confitures. Ça, je l'avais oublié. Voilà. Effectivement, c'était très généreusement... Puisque... Vous savez, c'était des gens généreux, n'est-ce pas ? Et très généreusement, elle m'en a offert, bien sûr. Voilà.

[...]

Mais dites-moi, cette lettre que vous avez date de 1940, vous dites ?

– *Oui, de janvier 1940.*

– Attendez, c'était le moment où la guerre avait commencé ou avant ?

– *Vous dites que vous êtes mobilisé et que vous êtes dans la zone des armées.*

– Voilà. J'étais mobilisé. Vous savez, c'est ce qu'on appelle la drôle de guerre. Vous savez que pendant x temps, il n'y avait pas d'affrontement entre les Allemands et les Français. Et puis, donc j'étais mobilisé. Et puis après, il y a eu la guerre éclair, la guerre foudroyante des Nazis. Et donc, j'étais fait, comme vous le savez peut-être, prisonnier, pendant quatre ans et demi, dans les camps, dans un camp, en Pologne. Mais donc, cette lettre, effectivement, était avant... J'étais mobilisé... C'était avant, donc, avant le cataclysme. Donc, la chère Madame de Gonzague Frick... Comment s'appelait-elle, son prénom ?

– *Charlotte ?*

– Ah, ben, j'me souviens plus. Charlotte, eh bien, voilà. Eh bien, Charlotte, j'étais jeune soldat mobilisé, elle devait m'envoyer des confitures, délicieuses. Voilà.

---

poème de Frick paru dans *L'Homme libre* du 17 août 1933 et repris dans *Ingrès*, où Frick la tient pour « [s]on bon génie » qui lui « prédit [s]on avenir ». Frick, « Hypomnème », *Ingrès*, *op. cit.*, p. 13. Au printemps 1933, une seconde voyante est reliée à Frick, Mme Detey, « extraordinairement pénétrante », qui anticipe dans le champ poético-politique un futur « dictat[orial] » à « un poète basque », avec un choix inquiétant entre Mercadier, Dyssord et Latourrette, parmi les noms cités dans *L'Homme libre*. Voir Lucien Peyrin, rubrique « Les Lettres », *L'Homme libre*, 21e année, n° 6174-6175, 18-19 juin 1933, p. 2.

– Est-ce que vous êtes resté en contact avec Frick même après la guerre ?

– Non, non. Je ne me souviens plus. Justement, j'essaie de me… Après votre lettre, j'essayais de me… Mais je ne pense pas, je ne pense pas. Je ne sais pas ce qui s'est passé. Quatre ans et demi se sont passés, puisque je suis revenu après. Et puis, j'étais dans un état assez… J'étais au Val-de-Grâce, comme grand malade. Je ne me souviens pas, je ne me souviens plus. Je ne sais pas. Justement, la fin m'échappe, de Louis de Gonzague. Ça m'échappe.

– Est-ce qu'il parlait parfois du surréalisme ou de certains surréalistes ?

– Oui, mais… Il avait des… Sur la poésie même, il a dû parler des surréalistes, mais… Ses grands copains, c'était quand même Apollinaire et… Surtout Apollinaire. Il voyait régulièrement Apollinaire. Il lui apportait même une pomme, je ne sais pas, il y a une histoire, je ne sais pas bien.

– Oui, il y a une histoire de pomme, le matin.

– Voilà, vous le savez mieux que moi, c'est ça qui est merveilleux. Eh bien, c'était vraiment Apollinaire. Et donc, Apollinaire, c'était la bande, si je peux dire, qui côtoyait Apollinaire, c'est André Salmon, j'en reviens à André Salmon, qui a eu une influence considérable, et Max Jacob. Il avait une correspondance aussi avec Max Jacob. Max Jacob, qu'on a un peu oublié aussi, mais enfin pas, beaucoup moins quand même que Louis de Gonzague Frick. Voilà, c'était ça, mais je ne me souviens pas du tout qu'on ait parlé du surréalisme. Il a dû en parler, bien sûr. Et, je vous dis, sa poésie… Comment s'appelaient ses poèmes, ses recueils ?

– Par exemple, Sous le Bélier de Mars, qu'il publie pendant la Première Guerre.

– Ah oui… Parce que, c'est assez… Il y avait une préciosité, n'est-ce pas, dans… une grande préciosité dans son vocabulaire, une recherche de mots rares. C'est un peu du gongorisme pour moi. Mais ça me fascinait, je dois dire, et, dans *Humaï*, j'étais un peu influencé par cela. J'ai même, moi, mis des termes un peu précieux, je me souviens. Enfin, j'avais 17 ans, je crois. Voilà.

ANNEXE III

Lettre de René de Obaldia à Frick[1]

Janvier 1940,

Cher Maître,

La Bretagne et sa mélancolie, je l'ai quittée. Me voici maintenant dans la zone des armées, couchant sur de la paille, mangeant de la paille, faisant des rêves de paille. L'Homme primitif se réveille – aucune possibilité d'hygiène – et l'on s'endort aux lueurs des bougies !...

À ces lueurs nécessaires, je songe au temps qui n'est plus, où il était encore permis d'espérer, au temps fertile où je lunulais, où je trouvais des forces dans les conversations du Promoteur – et aussi dans les succulentes confitures de notre chère Phalérinienne !...

Nous, qui avions tant fait crédit à 1939, il semble encore plus fou de confier des projets à cette neuve année. Et pourtant il ne faut pas perdre courage. Laissez-moi donc vous souhaiter, cher Maître, d'abord la santé, ainsi qu'à votre compagne affectionnée, ensuite la tranquillité morale.

C'est avec ces vœux les plus fervents que je termine en vous assurant de ma chaude et respectueuse amitié, que vous voudrez bien partager autour de vous.

R. de Obaldia
21e Bataillon du 41e R.I.
2e compagnie
Secteur Postal 5308[2]

---

1 Harry Ransom Center, Carlton Lake Collection.

2 La lettre, adressée rue du Lunain, est réexpédiée « Chez Mme Prunier », à Auxerre, lieu d'exode de Frick, que *L'Intransigeant* désigne plus plaisamment comme sa « résidence de guerre ». F. R., « Louis de Gonzague-Frick, Désiré Ferry et... Joris-Karl Huysmans », *L'Intransigeant*, *op. cit.*, p. 2. Avant Auxerre, Frick est dans le lieu d'origine de sa femme, à Longueville, d'où il rédige un bulletin « rural » versifié en novembre 1939, avec une

campagne au bétail ignoré des « Deux-Magots », cette « Ruche mondaine de ragots », animalité moins tranquille. Frick, « Improvisations dans la chaumière ou Le communiqué rural », cité par René Chambrillac, « La poésie aux champs ou Le communiqué de Longueville », *Marianne*, 7e année, no 371, 29 novembre 1939, p. [7]. Frick est pour Chambrillac, à cette heure, parmi « les poètes de la garde descendante », en contact avec les amis Paulhan et Noël Sabord, et toujours « visit[é] » par « sa muse ». R. Chambrillac, « La poésie aux champs », *Marianne*, *op. cit.*, p. [7].

ANNEXE IV

Correspondance

La correspondance entre Desnos et Frick est reprise de deux fonds, en extraits pour la Bibliothèque Littéraire Jacques Doucet (DSNC) et dans son intégralité pour le Harry Ransom Center (HRC). Le suivi chronologique a été respecté autant que possible[1]. Les échanges de Frick avec d'autres destinataires sont organisés par correspondant : Valançay, Christian, Tailhade, Roinard, Goll et Salmon[2].

Pour les quelques occasions où cela a été nécessaire, l'orthographe a été rétablie. La ponctuation a été parfois revue. Les mots incertains ont été interprétés entre crochets ou parfois laissés en interrogation.

HRC – SERIES 1, POÈME DE DESNOS À FRICK

Épître supplicative
à monsieur
Louis de Gonzague Frick

Dimanche au soir bien le voulûtes,
Oh Sire courtois et discret
Adorner de votre beau paraphe à volutes
Vos livres que j'adore en secret.
Et, depuis, il n'est au jour minute
Où je ne les contemple en souriant

1 Youki et la Phalérinienne participent aussi de cette correspondance. Les quinze envois de Frick à Desnos transcrits par Sarane Alexandrian à Doucet en 2001 ont été écartés du choix fait ici.

2 Un très vif merci à M. Jacques Fraenkel, Mme Vincenette Pichois, Mme Nadine Albert-Ronsin et Mme Jacqueline Gojard, pour leurs encouragements à la publication. Merci, plus anonymement, au soutien et à l'aide des bibliothécaires, dans les institutions universitaires, municipales ou nationales, en France, au Canada, aux États-Unis, en Belgique.

Car mon orgueil exulte
Des louanges qui sont contenues dedans.

Et dès lors au pays latin ou sur la butte
Il n'est courtisane, d'amour piaffant,
Mais fière et qui beaucoup rebute
Qui oyant moi ne capitule ouissant
Vos phrases d'argent.

Mais las ! l'églantine et la rose
Sont épineuses, sanguinaires !
Vos doux compliments sont églantine et rose
Et je me dois trucider si
Je suis galant garçon et fier poète
(Ce que par mes deux saints patrons, vous êtes)

Je porte, dites-vous
L'amphore sacrée où sont les dictames
En moi-même, mais, de par Saint Robert vainqueur des loups
Je dois la renverser au péril de mon âme
Et m'éventrer afin que jusqu'à vos genoux
Roule un flot amical et de senteur propices.

Epargnez-moi de grâce un aussi dur supplice
Et selon la saison, le muguet blanc, le houx
Le gui, la rose et l'aubépine
Fleuriront votre seuil de gerbes enfantines.
Robert Pierre Desnos
21/07/19

HRC – SERIES 1, LETTRE DE DESNOS À FRICK ACCOMPAGNANT LE POÈME « ÉPÎTRE SUPPLICATIVE »

Paris ce mardi [22 juillet 1919],

Cher Monsieur,

Voici un mets bien indigeste, je compte sur votre franchise. Je perds tout sens critique quand il s'agit de moi.

Cela a plu à quelques personnes et déplu à beaucoup.

~~Soyez donc~~ Faites-moi donc la *faveur* d'être sévère. Cela me sera la meilleure louange. On ne critique que ce qui en vaut la peine.

Sachez que j'ai fait cela à la suite d'une aventure dirai-je tragique ? Une aimable camarade dont je comptais faire plus a déserté ma charmante compagnie pour une citoyenne de Lesbos.

Ce sexe est sans pitié.

Excusez-moi de mon « sans-gêne » et croyez à toute ma sincère amitié

Robert P. Desnos

DSNC 1342, LETTRE DE FRICK À DESNOS, DATÉE DU « 13 AOÛT » [1919], SUR PAPIER À EN-TÊTE DE *LA REVUE SYNCHRONISTE*[3]

[Frick indique qu'il allait mal, début août]

Permettez-moi aussi de vous féliciter pour votre chronique de *Lutetia* que j'ai lue avec un plaisir sans mélange.

[Frick voudrait une visite de Desnos]

DSNC 1343, LETTRE DE FRICK À DESNOS

16 septembre [1919]

Mon cher Ami,

Comme dirait votre saint patron, je suis votre obligé à l'extrême par tous les beaux présents dont vous m'honorez. Merci de nouveau et d'un cœur fidèle. Monsieur Fernand Demeure m'écrit qu'il vient de vous confier la rubrique que vous teniez à *Lutetia*[4]. Je me flatte que vous

---

3 Le papier à lettres suggère l'année 1919.

4 Fernand Demeure lance, en août 1919, la revue *Les Dits modernes*, qui disparaît au bout de trois numéros. La rubrique prévue ne se concrétise pas. Pour des détails, voir Anne Egger, *Robert Desnos*, *op. cit.*, p. 71 ; et Marie-Claire Dumas, *Robert Desnos*, *op. cit.*, p. 639. Frick est alors présent dans *Les Dits modernes*, avec un quatrain au « miracle », « lys chrétien » et « Esprit » de « Notre-Dame-des-Vertus ». Les vers sont repris dans « Le Carnet des lettres et des arts », *Comœdia*, 14e année, no 2513, 13 octobre 1919, p. 3. Ce « Notre-Dame » de Frick convient bien à une revue qui a l'intention de « faire aimer le beau dire et point de controverser sur la solidité des institutions », en contraste criant avec Dada. Ce programme des *Dits modernes* énoncé à son premier numéro est cité par Les Treize, « Les Lettres », *L'Intransigeant*, 40e année, no 14292, 1er septembre 1919, p. 2. La revue fondée par ce camelot du Roi et soldat gazé qu'est Demeure est d'abord projetée sous le titre *Les Nouvelles Lettres françaises*, en mai 1919, puis *Les Pages modernes*, en juin, proche de l'appellation définitive.

brillerez là d'un éclat plus vif encore parce que vous sentirez autour de vous « les bons génies de l'Amitié ».

DSNC 1315, LETTRE DE FRICK À DESNOS, SUR PAPIER À EN-TÊTE DE LA *REVUE DE L'ÉPOQUE*

Paris, le 26 octobre 1919

Cher ami,

Le poëme que vous m'avez adressé n'est pas sans mérite, mais il est trop visiblement inspiré de « L'Émigrant » du bon Guillaume Apollinaire[5].

DSNC 1307, LETTRE DE FRICK À DESNOS, ESTIMÉE AU TOUT DÉBUT NOVEMBRE, SUR PAPIER À EN-TÊTE DE LA *REVUE DE L'ÉPOQUE*

Paris, le [?] 1919

Mon cher ami,

La mort de Laurent Tailhade [...]

Vous étiez l'un de ses fils spirituels et je suis sûr que le grand poëte aurait été heureux de vous connaître.

Si Monsieur de Bonnefon veut bien faire un article, ayez l'obligeance de me le transmettre et je ferai parvenir au *Carnet Critique*.

À bientôt, j'espère. Tous mes compliments pour votre [?] pur quatrain. [...]

DSNC 1299, CARTE-LETTRE DE FRICK À DESNOS, CACHET DU 11 DÉCEMBRE 1919, ADRESSÉE À « MONSIEUR ROBERT DESNOS, HOMME DE LETTRES, 9 RUE DE RIVOLI »

Mercredi soir

Mon cher ami,

Je viens de parler de vous à M. André Salmon. Peut-être pourrait-on publier votre poème dans *La Rose rouge* s'il n'est déjà accepté par *Les Feuilles libres*.

5 Le poème en question est vraisemblablement « L'ode à Coco », pour la date, la forme et quelques ressemblances de mots ou de lieux, dans un enchaînement rapide des strophes.

Je voulais vous dire aussi que Madame Tailhade, 134 rue d'Assas, vous recevra avec plaisir. Elle vous montrera les lettres de *Tailhade collégien*[6].

Je vous attendrai chez moi *vendredi prochain entre 2 et 3 heures*. Il me tarde de vous fêter de nouveau. Votre fidèle et chaleureux

Louis de Gonzague Frick
44 rue Notre-Dame-de-Lorette

HRC – SERIES 2, LETTRE DE DESNOS À FRICK, ESTIMÉE À LA MI-DÉCEMBRE 1919

Paris ce jeudi
Trois fois hélas
Cher monsieur
Le pain quotidien en la volumineuse personne de Jean de Bonnefon me retient impérieusement tous les jours de semaine et même ces jours le matin par suite d'un accident.

À mon *désespoir* je ne pourrai donc vous voir demain.

J'ai pu aller néanmoins aux *Feuilles libres* 2 fois et n'ai trouvé personne. Si le poëme paraissait à *La Rose rouge* j'en serais très content comme d'ailleurs de tout ce que vous aurez la bonté de faire.

Merci mille fois pour l'adresse de Mme Tailhade. Ce me sera un amer plaisir de m'imaginer la jeunesse de celui dont j'ai si longtemps assimilé les rythmes aux rythmes de ma vie.

Merci d'avoir parlé de moi à M. A. Salmon.

J'ai rencontré M. de la Haulte-Chambre qui m'a dit vos louanges.

Je proteste et tiens à ce que l'on sache que le talent dont vous voulez m'honorer est le fruit de votre œuvre propre et que je ne suis moi-même qu'humblement votre élève en Apollon mais de tout votre ami et orgueilleusement

Robert Desnos
9 rue de Rivoli

---

6 Plus tôt dans l'année, Frick a dirigé Christian vers Tailhade, en vue d'une étude. Se reporter à Gilles Picq, *Laurent Tailhade*, *op. cit.*, p. 735.

DSNC 1300, LETTRE DE FRICK À DESNOS, ESTIMÉE À FIN 1919

Jeudi soir

Mon cher ami,

Ne perdons pas de temps avec les *F[euilles] L[ibres]*. En d'autres termes, cela veut dire qu'il conviendrait d'aller voir M. André Salmon que vous trouverez chez lui tous les soirs à 8 heures.

Présentez-vous de ma part dans le beau langage qui est le vôtre et soumettez-lui votre poème en vue de son insertion dans *La Rose rouge*.

Et venez me voir aussitôt que vous aurez un moment de loisir.

À bientôt et avec l'expression de mon plus affectueux enthousiasme.

Louis de Gonzague Frick
44, rue Notre-Dame-de-Lorette
Me. Laurent Tailhade
134, rue d'Assas, se
trouve chez elle vers [?] heures. [...]

DSNC 1301, LETTRE DE FRICK À DESNOS, SUR PAPIER À EN-TÊTE DE LA *REVUE DE L'ÉPOQUE*

Paris, le mercredi 17 [décembre 1919]

Mon cher ami,

M. André Geiger à qui j'ai fait lire votre poème serait heureux de vous recevoir chez lui (hôtel Beaujolais 15, rue de Beaujolais) mercredi 24 décembre de 4h à 6h 1/2.

Voici d'ailleurs la lettre d'invitation de M. Geiger[7].

Je compte vous trouver dans cette maison amie ; je vous y attendrai jusqu'à 5h ½, mais tâchez de venir plus tôt.

Très affectueusement à vous,

---

7 La lettre de Geiger à Desnos, datée du « dimanche soir », 21 déc. 1919, est conservée avec celle de Frick : « Mon cher confrère, [...] Je voudrais bien entendre de vos vers, et connaître davantage, par exemple, cette *Toison d'or* que L. de G. Frick m'a lue, de sa voix si musicale, mais un peu rapide (et puis, il m'est impossible d'absorber une belle chose immédiatement : je n'ai point cette vitesse de sympathie et d'adaptation. [...] Je n'ai pas oublié des vers que vous m'avez lus avant les "vacances", un soir de "Closerie des Lilas", et je sais par là que – comme moi – vous aimez cette ambiance de la vie contemporaine, que je me suis efforcé de saisir dans *L'Amant soldat*. La beauté est partout autour de nous. Mais qui sait la voir ?... [...] »

Louis de Gonzague Frick
44, rue Notre-Dame-de-Lorette IXe
[...]

HRC – SERIES 2, LETTRE DE DESNOS À FRICK

Paris ce jeudi [25 décembre 1919]
Ne croyez pas
Cher monsieur
que j'aie tardé à vous écrire. Je suis allé chez M. Salmon lundi soir. Une dame fort aimable m'a prié de repasser ce matin vers 11h ce que j'ai fait. La même dame m'a reçu et avec beaucoup d'excuses m'a dit que M. S. était en voyage pour *Le Matin*, elle a pris mon adresse. M. Salmon m'écrira pour un *rendez-vous.*

Votre aimable lettre me donnant communication de l'invitation de M. Geiger est arrivée hier après-midi alors que j'étais absent. Je l'ai trouvée en rentrant dîner. Je vous en remercie et vous donne à penser combien j'ai regretté : j'ai écrit aussitôt à M. Geiger pour le remercier et m'excuser.

J'ai passé la soirée d'hier avec M. B[enjamin] Péret à qui vous aviez donné mon adresse. C'est un garçon charmant et nous sommes déjà 2 amis.

Il fait des vers qui prouvent une singulière assimilation de Mallarmé.

À partir du 1er janvier je serai libre à toutes les heures de la journée et pourrai par conséquent vous voir enfin un jour.

Transmettez je vous prie à mon éphémère voisine du « nègre » tous mes remerciements pour ses compliments qui me réjouissent dans l'intimité de mon orgueil et croyez-moi vôtre sincèrement.

HRC – SERIES 1, LETTRE DE DESNOS À FRICK, NON DATÉE, ESTIMÉE JUSTE AVANT LE NOUVEL AN 1920

Paris
Puissé-je être le premier
Cher Monsieur
à vous exprimer des vœux pour l'Amour neuf.
Puissiez-vous être épaphrodite ainsi qu'il sied au poète

du *Calamiste alizé* pour la plus grande joie de ceux
pour qui vous traduisez vos émotions en vers cadencés
et nombreux[8].

Je vous redis mon amitié et ma reconnaissance
que rien ne peut diminuer et vous prie de
transmettre mes vœux à telle *Dame* gracieuse que
je vis en « *Négritre*[9] » en votre compagnie.

Desnos

DSNC 1302, LETTRE DE FRICK À DESNOS

Mercredi 31 décembre [1919],

Mon cher ami,

M. Rivière est venu me surprendre hier. Nous avons dîné chez René-Marie Hermant et nous nous sommes rendus à la Closerie des Lilas avec l'espoir de vous y rencontrer[10]. M. André Geiger était là aussi : laissez-moi vous dire combien j'ai été sensible à vos excellentes pensées de nouvel an qui sont venues égayer mon réveil. À mon tour, je forme les vœux les plus ardents pour vous et les vôtres. 1920 verra, j'en suis sûr, défiler le magnifique cortège de votre poësie vers un arc qui sera celui de la pure gloire.

À bientôt et mon accolade fraternelle au seuil de l'an nouveau.

L. de G. F.

8 Référence est faite à une publication prochaine du *Calamiste*, dont Frick serait le libre concepteur, « épaphrodite ».

9 Le terme reprend celui de la lettre précédente, sans offrir de contexte autre que des habitudes de langage et de caractérisation.

10 Sont évoqués, en ce début de lettre, le poète et fondateur de la revue *Soi-même*, parue sur deux ans jusqu'en février 1919, Joseph Rivière, et le poète-romancier René-Marie Hermant, collaborateur à la revue.

DSNC 1303, LETTRE DE FRICK À DESNOS, SUR PAPIER À EN-TÊTE DE LA *REVUE DE L'ÉPOQUE*

Paris, le 24 Janvier 1920,
Mon cher ami,
Si Malraux vous a recommandé verbalement à M. René-Louis Doyon, directeur de *La Connaissance*, voudriez-vous bien aller voir M. Doyon – qui vous attend. [...]

DSNC 1338, LETTRE DE FRICK À DESNOS, DATÉE « DIMANCHE », ENVOYÉE DU 44, RUE N.-D.-DE-LORETTE

[Frick évoque des « difficultés » rencontrées par Desnos :]
[...] les difficultés où vous vous débattez relativement à votre situation. Je croyais que le Cercle de la Librairie était sûr et que la [?] [?] de M. de Bonnefon vous vaudrait de l'avancement.
Mon écho sur M. B. Péret n'a pu paraître dans *Comœdia*. Veuillez bien le lui dire.
[Frick veut aussi faire un « petit article » sur Desnos pour *Comœdia*]

DSNC 1304, LETTRE DE FRICK À DESNOS[11]

Jeudi 25 mars [1920]
Mon cher ami,
J'attendais votre adresse militaire pour vous écrire, vous remercier de ce « portrait » où votre amitié s'exprime sous une forme de vrai poëte qui me touche infiniment.
Voici le numéro de *La Nouvelle égalité* [...].

DSNC 1305, LETTRE DE FRICK À DESNOS

6 mai [1920]
[...] J'attends d'être débarrassé de ces vilains maux à votre prochaine permission. J'attends *Le Trait d'union* pour parler de vous dans mon

11 Desnos est affecté à son régiment d'infanterie à Chaumont le 16 mars.

Quichotte car je n'ai pas de *nouvelles* de *La Nouvelle égalité*. Le journal aurait-il cessé de paraître ? [...]

HRC – SERIES 1, LETTRE DE DESNOS À FRICK, NON DATÉE, SUR PAPIER À EN-TÊTE DE *LUTETIA*

Paris, mardi

Cher Monsieur,

J'espère bientôt venir à Paris et vous voir. Je ne suis pas trop malheureux grâce à un lieutenant, un aspirant et un capitaine d'une parfaite courtoisie et qui m'évitent bien des tracas.

Avez-vous reçu *La Nouvelle égalité* ? Je ne l'ai pas eue moi-même. Si d'aventure vous connaissez son numéro rue des Martyrs, voulez-vous m'obliger en me le communiquant ?

J'ai hâte de revoir Paris et surtout d'entendre vos amicales paroles.

Votre tout dévoué
et reconnaissant
Robert Desnos
109° R[égiment] [d']Infant[erie]
11e Cie
Chaumont H.M.

HRC – SERIES 1, LETTRE DE DESNOS À FRICK, ESTIMÉE AU PRINTEMPS 1920

Chaumont ce dimanche

Cher Monsieur,

Je reçois aujourd'hui seulement *Don Quichotte* merci mille fois : votre louange m'a réconforté dans les horreurs de l'hôpital où je perdure.

Voici un mois que je subis les soins du service de santé militaire pour oreillons compliqués et c'est pourquoi le numéro de votre journal me parvient si tard.

Néanmoins j'espère arriver à Paris vers le 7 juin pour 20 jours ou un mois et vous trouver en meilleure santé qu'à Pâques dernier.

Excusez le décousu de cette lettre mais il fait de l'orage et j'ai un peu de fièvre.

À bientôt et encore merci

Desnos
Robert
Hôpital mixte, Pavillon Maillot,
Chaumont

DSNC 1306, LETTRE DE FRICK À DESNOS[12]

5 juillet [1920]

Quel vraiment dadaïste vous faites – car [?] m'a appris votre enrôlement pour cinq ans. Le maximum quoi – dans ce corps d'armée.

Et laissez-moi vous féliciter devant l'exactitude des dimensions. Ici c'est le calamiste qui parle et qui s'incline devant votre suprématie ithyphallique[13]. Ici c'est trop peu.

DSNC 1337, CARTE POSTALE DE FRICK À DESNOS, DU 30 AOÛT, ENVOYÉE DE GRANDCAMPS, AVEC L'ADRESSE DU 44 RUE N.-D.-DE-LORETTE

[...] Et je songe à vous, à votre existence militaire que je voudrais bien voir cesser [...]. N'oubliez pas que je suis tout à votre disposition pour insérer vos poèmes et pour toutes autres choses.

Je compte bien vous voir dès les premiers jours de votre prochaine permission.

DSNC 1309, LETTRE DE FRICK À DESNOS

Paris 10 mars 1921

Je déduis de votre lettre que vous n'avez pas reçu le n° de *La Démocratie nouvelle* où M. G. Picard a parlé si gentiment de vous et de moi. [...] [Frick avait adressé le numéro à « MM. Desnos père et fils, 9 rue de Rivoli »]

---

12 La lettre présente des difficultés de déchiffrement.

13 Le « pioupiouesque » Desnos appelle l'« ithyphallique » du même « Cœur supplicié » de Rimbaud.

Je tiens à vous redire que M. G. Picard a fait un superbe éloge de vous où il est question des Argonautes, de Laurent Tailhade, de vos *Prospectus*, etc., etc. [...]

HRC – SERIES 1, CARTE POSTALE DE DESNOS À FRICK, CACHET DU 24 MARS 1921, ADRESSÉE DE BORDEAUX

Constantinople serait-il au Maroc ? J'embarque ce 31 pour Casablanca. J'ai eu l'article, mille mercis. J'écris en hâte à M. Picard. À bientôt plus longuement. Je pense à vous.

Votre ami Desnos

HRC – SERIES 1, LETTRE DE DESNOS À FRICK

Paris samedi [10 mars 1923]

Cher Monsieur

Merci pour votre lettre. Bien entendu je sais votre conscience en face de ce que nous aimons. Quant à M. le Mayr il ne donne pas signe de vie ni de vit. Si cependant il se résout à le faire et que j'accepte de me battre en duel, quoique ce ne soit pas tous les jours mi-carême, je tiendrais essentiellement à votre présence comme témoin ou mieux comme directeur de combat. Mais nous n'en sommes pas là et je suis sans doute ridicule d'en parler.

Les gens de cette espèce reçoivent la fessée mais se gardent bien de le dire.

Votre ami
Robert Desnos

Je vous fixerai rendez-vous un dimanche prochain du mois *d'avril* ou peut-être si vous êtes libre un samedi après-midi.

DSNC 1339, LETTRE DE FRICK À DESNOS

[Frick annonce qu'il se trouvera chez M. Gustave Gasser à Chagny-en-Bourgogne jusqu'au 10 septembre][14]

14 Gustave Gasser fonde *La Bourgogne d'or* en 1903.

Mardi 4 Sept. [1923]

Très cher Poëte,

À la veille de mon départ pour la Bourgogne, je vous envoie ci-joint mon article sur M. Benjamin Péret en vous priant de vouloir bien le communiquer à notre ami commun. [...]

DSNC 1314, LETTRE DE FRICK À DESNOS, ESTIMÉE À DÉBUT 1925, SUR PAPIER À EN-TÊTE DE *COMŒDIA* :

Vendredi

Cher Poète,

J'ai remis à M. Laloy l'exemplaire de *Deuil pour deuil* que vous lui destiniez[15]. C'est M. Laloy qui parlera de votre ouvrage dans *Comœdia*[16].

Soyez satisfait

LGF

DSNC 1341, LETTRE DE FRICK À DESNOS, SUR PAPIER ENCADRÉ DE NOIR

Paris, le 3 mai [1927]

Cher ami,

M. P[ierre] de Massot m'a dit que vous aviez publié un nouveau livre. Si vous voulez bien me l'envoyer, j'en parlerai avec plaisir dans *La Nouvelle revue critique* où vous savez sans doute que je tiens la rubrique de la Poésie[17]. [...]

---

15 La copie de *Deuil pour deuil* qui entre dans la bibliothèque de Frick porte la dédicace : « À Louis de Gonzague Frick, au poète, à l'ami, son ami sûr, Robert Desnos ». L'exemplaire était en vente, lot 185, à ALDE, le 28 mars 2014 (auction.fr). Consulté le 2 août 2014.

16 L'article paraît dans la rubrique « L'écran littéraire », sous la signature de « L'opérateur », avec un portrait de Desnos à multiples facettes par Savil, qui croque aussi Breton, au même endroit, en février. Voir L'opérateur [Louis Laloy], compte rendu de *Deuil pour deuil*, *Comœdia*, 19e année, no 4494, 7 avril 1925, p. 4.

17 Trois éléments se conjuguent pour dater cette lettre de l'année 1927. Frick s'occupe de la poésie à *La Nouvelle revue critique* lorsqu'elle se réinvente à la suite du *Carnet critique* en février 1927, sous la direction de son fondateur, Gaston Ribière-Carcy, et de Fernand Keller. L'ouvrage que publie Desnos en 1927 est *La Liberté ou l'amour !*, dont l'achevé d'imprimer, du 29 avril, précède de quelques jours la lettre. Enfin, la bordure noire du papier à lettres signale le deuil de Frick pour son beau-père, Charles Moré, décédé au mois d'avril.

DSNC 1344, LETTRE DE FRICK À DESNOS, ENVOYÉE DU 44, RUE N.-D.-DE-LORETTE

4 sept.

[Frick dit revenir de Normandie]

J'ai été, en effet, surpris de ne point trouver votre nom dans le dernier numéro de Septembre. Votre collaboration m'était agréable plus qu'une autre, vous le savez. Mais ne pourrais-je « arranger cela » ?

DSNC 1345, LETTRE DE FRICK À DESNOS, SUR PAPIER À EN-TÊTE DE *LA FRANCE MILITAIRE*, JOURNAL QUOTIDIEN, FONDÉ EN 1880, ACCOMPAGNÉE D'UNE COUPURE DE JOURNAL

Ce Vendredi 192_
2 août 1914
À Berlin, À Berlin !

Grand Robert,

Souffrez que je me transforme – pour vous – en l'*Argus de la Presse.* Voici donc une coupure de l'hebdomadaire *Paris-Cité* 5 rue Saulnier, dirigé par une Éminence de l'Imprimerie qui vient de recevoir un hommage de tous les ouvriers de l'E. I. R. P. [Édition et Imprimerie Rapide de la Presse]. Vienne vite le jour où tous les prolétaires formeront une ronde autour du sublime Poète Robert Desnos en récitant ses merveilles.

Mes pensées talismaniques à vous deux,

L. G. F.
1, rue du Lunain
– 14e – [...]

([Coupure de presse, non signée, jointe à la lettre :]

n. 74/776

Nouvelles authentiques invraisemblables et littéraires

Fantaisies surréalistes

Le poète Robert Desnos s'étonne que « la culture du moi puisse amener la moiteur du cul » et se demande si « les Fleurs du Mal ont

modifié les mœurs du phalle » et écrit ce petit poème allitératif et délicatement attristé [...]
[l'article cite des exemples d'autres auteurs, dont Max Jacob, puis finit :]

Tout cela ressemble beaucoup aux productions lyriques des aliénés ; certains y voient du grand art, d'autres tout simplement du gâtisme !)

HRC – SERIES 2, LETTRE DE DESNOS À FRICK, NON DATÉE, AVEC INDICATION AU CRAYON DU 11 AVRIL 1935

19 rue Mazarine

Mon cher ami

Je ne vous ai pas écrit plus tôt faute de temps et de renseignements à vous donner. Je vous signale aujourd'hui que Pierre Lazareff pourrait utilement vous introduire dans le milieu cinéma. Voulez-vous lui mettre un mot 71 rue Lepic XVIII de ma part ? Il a pour vous une grande admiration. D'autre part il pourrait aussi peut-être vous avoir quelque chose dans la correction.

Écrivez-lui car il n'est jamais chez lui.

Par ailleurs je pense à vous et dès que je pourrai vous signaler quelque chose je le ferai avec une joie profonde.

Voulez-vous faire mes amitiés et celles de Youki à votre femme et en garder autant pour vous

Robert Desnos

DSNC 1326, LETTRE DE FRICK À DESNOS, ESTIMÉE AUTOUR DE 1934

Mardi

[...] Pierre Béarn, devenu libraire, rue Monsieur Le Prince. Il achèterait avec un plaisir particulier vos services de presse.

Comme nous en étions convenus, j'ai fait la démarche à *Paris-Soir*, mais je suis sans nouvelles de P[ierre] L[azareff]. « Votre » marchand de tableaux est-il à Paris ? [...]

DSNC 1347, CARTE DE FRICK À DESNOS, NON DATÉE, SUR PAPIER À EN-TÊTE DU « NAVIRE ÉCOLE "NÉRÉIDE" – LE COMMANDANT[18] »

Ami précieux et trupelu

J'ai lu récemment dans *L'Irrintzina* votre éloge[19]. Je viens de lire dans *Marianne* un écho tourné avec apertise pour lequel je vous mande mes chauds remerciements[20].

HRC – SERIES 2, CARTE POSTALE ÉCRITE PAR YOUKI, CACHET DU 15 AOÛT, ADRESSÉE AUX FRICK, RUE DU LUNAIN, AVEC INDICATION, AU CRAYON EN ANGLAIS, DE L'ANNÉE 1936. DESNOS AJOUTE, À LA FIN, LES MOTS « ET AFFECTUEUSEMENT », SUIVIS DE SA SIGNATURE

Locmariaquer

Chers amis, nous nous promenons tous les jours ici sur la place Évariste Frick mais nous n'avons pu en trouver la reproduction. À la place nous vous envoyons la demeure de la douce Zénaïde et vous embrassons tous les deux bien amicalement

Youki et affectueusement

Robert Desnos

DSNC 1322, LETTRE DE FRICK À DESNOS ET YOUKI, CACHET DU 17 AOÛT 1936, AVEC ENVELOPPE ADRESSÉE RUE MAZARINE MAIS RENVOYÉE, « POSTE RESTANTE », À AURAY, MORBIHAN

À Monsieur et Madame Robert Desnos

Chers Amis,

Votre gracieuse carte nous est parvenue pour l'anniversaire de Charlotte la Longuevillaise[21]. C'est vous dire que nous l'avons aussitôt baignée dans le plus pur Calvados !…

---

18 Ce papier à lettres est à relier à Jacques-Louis Aubrun et à son école de Génie civil, qui reçoit les demandes d'admission au navire école Néréide, au début des années 1930.

19 Le mensuel *L'Irrintzina*, lancé en 1932 à Biarritz avec une enquête sur le cinéma à laquelle répond André Breton, « À propos du film parlant », a pour directeur-rédacteur Mercadier.

20 Desnos écrit en 1933-1934 dans *Marianne*.

21 Il s'agit de la Phalérinienne et de sa Normandie d'origine, dont deux vers d'*Oddiaphanies* ont un souvenir : « Aussi me plaît-il d'évoquer Longueville, / Ce nid si pur de ma splendide idylle ». Frick, « Erastome des hygéliaux », *Oddiaphanies*, *op. cit.*, p. 23.

Merci de nous entretenir du cher Évariste Frick, un Breton, celui-là capable de boire le soleil d'un trait. Envoyez-moi la photographie de mon ascendant-philanthrope. Je la joindrai à mon ex[emplaire] de *Corps et Biens* que je relis fréquemment. Tout me plaît dans ce volume les jeux [...] et les vastes poëmes riches des quatre éléments. Il y a là toutes les beautés de l'esprit et des cœurs. Vous serez immortel et les générations à venir feront retentir vos vers à tous les horizons, grand Maître.

Vos enfants très-affectionnés,
Louis de Gonzague Frick
1, rue du Lunain – 14e –

DSNC 1324, POÈME DE FRICK À DESNOS, CACHET DU 22 AOÛT 1936

n. Anthologie
r. Honte au logis – mais avec des Litres, des Roses et du Vin !
f.

Poëte-pérégrin je vous fête à l'évent
Dans mon petit Lunain, inconnu d'Évariste,
Mais visité de Trismégiste,
Je convertis chaque âme triste
À votre culte.
Au vent, au vent –
Que dis-je au fond de l'océan
Les larmes et les crises de dent !
– Prenez les couleurs de la joie
Et vêtez-vous de rutilante soie
Et chantez et ballez et chassez le Huron
Pour plaire à mon Desnos, formidable échanson

Louis de Gonzague Frick

HRC – SERIES 2, LETTRE DE DESNOS À FRICK, NON DATÉE, ESTIMÉE AUTOUR DE 1936

19 rue Mazarine

Mon cher ami

Vos louanges, venant d'un ami tel que vous, ne m'ont pas surpris mais elles m'ont fait une grande joie. Depuis 17 ans vous ne manquez jamais une occasion de me prouver votre affection.

J'espère que votre femme et vous me ferez l'amitié de venir bientôt à la maison que je puisse vous remercier mieux et de vive voix

Robert Desnos

DSNC 1325, LETTRE DE FRICK À DESNOS, CACHET DU 17 NOVEMBRE 1936

Mardi

Mon cher ami,

Ce que vous aviez prévu s'est produit. Témoin la lettre ci-jointe[22]. Faites-moi la grâce d'envoyer un mot à Jean Desrives que votre silence attriste beaucoup[23].

[…] Pour faire rire Madame Desnos

(sur Alain Messiaen[24])

Le dément tout crasseux Alain, mangeur de foin,
Sent plus mauvais encor qu'un vieux cul de sagouin

22 La lettre de Roger Lannes jointe par Frick est adressée à Desnos : « Monsieur, On m'a signalé la lettre que vous avez adressée au *Merle Blanc* et qui a été publiée samedi. Je vous en remercie. Elle met au point un incident possible. J'imagine que ma conduite ne vous a pas étonné. Si un de mes amis s'était livré contre vous à une attaque semblable, je n'aurais pas hésité à agir de la même façon. […] ». L'hebdomadaire satirique du samedi, *Le Merle blanc*, est l'un des journaux d'Eugène Merle. À cette date, Roger Lannes a sa revue *Les Feux de Paris*, avec pour co-directeur Jean Fraysse. Il apparaît dans les numéros de décembre 1935 et février 1936 de la nouvelle *Phalange*.

23 De 15 ans plus jeune que Desnos, Jean Desrives publie, en 1935, chez Debresse, *Bassesse du roc* et contribue au *Lunain*.

24 Le poète Alain Messiaen, frère du compositeur Olivier Messiaen, fait paraître en 1935, *C'était toi, le démon ! Suppliques, tentations, poèmes et prières*. Un an avant ces deux vers de Frick, Jacob, qui correspond avec Alain Messiaen, lui suggère d'approcher Frick avec précaution : « M. de Frick a du goût. Méfie-toi toujours un peu de ses salamalecs. La seule vérité qu'il ait dite sur moi est que je suis un paysan breton. Quelle joie d'être cela. » Lettre de Max Jacob à Alain Messiaen, du 17 novembre 1935, en vente par Artcurial, lot 303, le 9 décembre 2014, sur le site auction.fr. Consulté le 1er décembre 2014.

HRC – SERIES 2, CARTE POSTALE ÉCRITE ET SIGNÉE PAR YOUKI, ADRESSÉE DE BELLE-ÎLE-EN-MER AUX FRICK, RUE DU LUNAIN

Chers amis, nous voici à nouveau dans notre Bretagne, d'où nous vous envoyons nos meilleurs et tendres souvenirs et nos vœux de bonne santé.

Bien à vous deux, vos amis Youki et Robert Desnos

DSNC 1346, LETTRE DE FRICK À DESNOS, NON DATÉE, SUR PAPIER À EN-TÊTE « PUBLICITÉ DES ARMÉES DE TERRE ET DE MER », ENVOYÉE DE LA RUE DU LUNAIN

[Frick, avec sa femme, salue Desnos et Youki]

[...] Avez-vous fait obtenir satisfaction à Christian ? Dans le cas contraire, je suis tout à votre disposition pour renseignements complémentaires. L'éditeur dont je vous ai parlé est installé maintenant rue de l'Université[25]. Nous pourrions trouver de concert avec lui une heureuse formule pour la publication d'un manuscrit qui m'est cher !

Reste la question du Cinéma. Pensez-vous qu'il soit possible à votre ami M. Chenal de m'utiliser ? [...]

DSNC 699, LETTRE DE DESNOS À FRICK, CARBONE DACTYLOGRAPHIÉ[26]

Robert Desnos
19, rue Mazarine
Paris

Paris, le 20 Décembre 1938

Mon cher ami,

Je vous renvoie, avec la présente, les trois cartes de Guillaume Apollinaire que vous avez bien voulu me confier.

D'autre part, Gacon a dû vous faire part des arrangements que nous avons pris quelques amis et moi[27].

Enfin, laissez-moi vous remercier du fond du cœur du livre magnifique que vous avez eu la gentillesse d'apporter chez moi. Vous savez combien

25 René Debresse, 38 rue de l'Université, à Paris.

26 La lettre du 6 décembre 1938 de Frick à Desnos est reproduite par Sarane Alexandrian, « Un grand seigneur de la poésie moderne », *Supérieur inconnu*, *op. cit.*, p. 87-88.

27 On peut supposer un contact entre Desnos et l'entourage de Frick, ici Gacon, pour lui venir en aide dans l'année 1938. Le Fonds Desnos à Doucet compte quelques documents de Gacon, y compris une copie de son poème « Ce soir avec Robert Desnos », que Drouot date de 1952.

j'aime vos poèmes et combien nous nous retrouvons tous les deux sur le plan de la liberté. Et c'est bien la liberté qui a inspiré le « Calamiste Alizé ».

Bien cordialement et affectueusement à vous et votre femme.

N'oubliez pas de me téléphoner à Élysées 2031 si quoi que ce soit ne marche pas.

Monsieur Louis de Gonzague Frick
1, rue du Lunain
Paris

HRC – SERIES 2, LETTRE DE DESNOS À FRICK

30 mai 1939

Mon cher ami

Je reçois votre lettre et je me mets aussitôt en campagne pour vous trouver cela mais donnez-moi les renseignements suivants :

1°) La correction vous irait-elle ? Correction à tête reposée d'ouvrages spéciaux par exemple (luxe, sciences, philosophie ?)

2°) Voulez-vous travailler à domicile ou au contraire *à l'extérieur* ? Cette dernière solution qui vous obligerait à sortir de chez vous me paraît la meilleure pour le physique comme pour le moral.

3°) Un travail de bibliothèque (fiches, catalogues, etc.) vous plairait-il davantage ?

Fixez-moi… mais je n'attends pas pour entrer en campagne. Je vous envoie cette lettre à Châtenay. Si vous êtes parti, elle vous suivra je pense.

Très affectueusement à vous et votre femme

Robert Desnos
tél. de bureau : Ely. 20/31

DSNC 1334, LETTRE DE FRICK À DESNOS, ESTIMÉE AU PLUS TÔT DE 1941, SUR PAPIER À EN-TÊTE DU DOCTEUR HENRY WALTHER

Le 29 janvier 194[?]

Mon cher Ami,

Quel éblouissement lorsque vous êtes apparu, samedi dernier, à la petite galerie. Nous sommes très contents que vous soyez en si belle forme. Toujours rien, rien… Ne pourriez-vous me caser dans un service quelconque (Bureau ou magasin) ? Il y a urgence. Je compte sur ce dernier coup d'épaule et vous remercie mille fois et une de ce que vous ferez. […]

HRC – SERIES 2, CARTE DE DESNOS À FRICK

16 novembre 43

Cher ami

Dès que votre quatrain si amical et si excessif me fut parvenu j'ai cherché, moi aussi, *Fortunes* que je suis sûr de vous avoir envoyé l'an passé. Comme d'autres il s'est perdu sans aucun doute. Mais voilà où commence la difficulté. À la N.R.F. il est épuisé mais ils se préparent à le rééditer, alors comme je ne veux pas vous faire attendre je vais tâcher de m'en procurer un et vous l'adresser.

Ne vous verrai-je pas un jour ? Comment va votre femme ? À vous deux mes franches amitiés

Votre ami Desnos

DSNC 1350, LETTRE DE FRICK À YOUKI, CACHET DU 24 JUILLET 1945

Mardi soir

[…] La Phalérinienne et moi avons appris le retour du Poëte de *La Nuit des Nuits sans Amour*, mais si pleine de beautés inoubliables… Et cette rentrée nous comble de joie. Qu'il se remette à son œuvre, c'est notre souhait très ardent.

[Frick se plaint de sa propre maladie ; il envoie des salutations à Youki et à Desnos]

DSNC 1363, LETTRE DE LA PHALÉRINIENNE À YOUKI, CACHET DU 7 AOÛT 1945 :

Lundi,

Chère Madame et amie,

Nous lisons dans *Paris-Presse* la terrible nouvelle ! Nous pensions que Robert Desnos était avec vous en Bretagne et qu'il y trouvait le rétablissement de ses forces.

Son décès nous fraie le cœur, car vous savez combien mon mari aimait celui qu'il avait connu si jeune et qui était déjà marqué par un talent tout à fait original.

Je ne sais ce qu'il adviendra de nous, mais nous demeurerons inconsolables. [...]

[Évoque *La Nuit des Nuits sans Amour*]

DSNC 1354, LETTRE DE FRICK À YOUKI, CACHET DU 21 OCTOBRE 1946

Minuit !

[Frick évoque la possibilité d'une soirée chez Youki, où elle réunirait des artistes et où Frick réciterait Desnos]

Quand nous invitez-vous, un soir, *à 8h30*, chez vous, avec des artistes de votre société : Je lirai avec joie des poésies de Robert Desnos [...].

DSNC 1357, LETTRE DE FRICK À YOUKI, CACHET DU 6 MAI 1949

[...] [Frick est allé applaudir une troupe, aux Noctules]

Je m'occupe d'un groupe qui publie 2 organes, dont *Quo Vadis* ; il était chaleureusement question du Poète de *Corps et Biens.* Nous allons fonder le cercle « Laurent Tailhade » [...] et j'y parlerai du couple mazarinesque [...].

[...] Au fond, je suis *un raté* ; personne ne voudrait lire mes vers – voire si je payais fort mon anagnoste. [...] J'ai terminé plusieurs ouvrages en vers et en prose [...] mais j'hésite à les publier pour la raison indiquée plus haut. Il faudra que vous me trouviez, pour l'automne prochain, un poste de balayeur, aux Buttes-Chaumont. J'assure qu'il ne restera point une seule feuille morte dans les allées de ce parc que j'ai célébré en *Vibones.* [...]

[Frick se plaint aussi de sa vieillesse]

DSNC 1359, LETTRE DE FRICK À YOUKI, NON DATÉE, AU DOS D'UNE FEUILLE DU « COMITÉ LAURENT TAILHADE »

[Frick se plaint que Youki l'ait oublié]

[...] Pas la moindre nouvelle du livre de Robert Desnos qui, me dit-on, a dû paraître.

[Frick demande si Youki pourrait vendre pour lui une eau-forte de Dufy et un dessin de Marie Laurencin]

[...] D'autre part, j'ai composé un nouveau recueil de vers érotiques. [...]

[Frick confie n'avoir pas d'argent]

DSNC 2341, LETTRE DE FRICK À YOUKI, CACHET DU 1er AVRIL 1952

[Frick se plaint du bellicisme de la France]

Chère amie,

Je suis très fier d'être un bon Velche, d'appartenir à un pays qui a fait mourir Robert Desnos, qui de plus non content de la merveilleuse victoire de Juin 1940, gagnée par le petit [Paul] Reynaud, continue de guerroyer contre je ne sais combien de nations[28]. [...]

HRC – SERIES 4, CARTE D'ANNIVERSAIRE DE YOUKI À FRICK

19 rue Mazarine
15 mars 1955
(Avec un peu de retard)
Vive le 13 mars.
Vive l'anniversaire du poëte.
Avec mes amitiés à vous deux
Youki Desnos
Un ♥ qui ne vous oublie pas.

GETTY RESEARCH INSTITUTE, RESEARCH LIBRARY, LOS ANGELES, ROBERT VALANÇAY CORRESPONDENCE (950057) – LETTRES DE FRICK À ROBERT VALANÇAY

Le fonds comprend une série de 24 lettres et 9 cartes de Frick à Valançay, souvent non datées mais qui couvrent la période 1926-1934. Figure également une lettre à la femme de Valançay, Henriette.

28 Velche désigne, pour les Allemands, l'étranger, en particulier le Français.

LETTRE DE FRICK À VALANÇAY

Jeudi 14 janvier [1926]

Cher Poète,

Je me rappelle fort bien notre rencontre au Salon des Indépendants, sous la merveilleuse égide de M. P[aul]-N[apoléon] Roinard, et je me rappelle aussi avoir dit à notre ami commun : « Priez donc ce charmant et si sympathique poète M. Robert Valançay de venir me voir, je lirai bien volontiers ses poèmes ». J'en ai lu deux et leur vif éclat verbal, leur pur sentiment intérieur m'incitent à vous renouveler mon désir de faire plus ample connaissance avec vous.

Merci pour ce que vous avez bien voulu m'écrire au sujet de mes recueils ; ils sont tous les quatre épuisés et je ne puis hélas ! vous les offrir.

À bientôt j'espère cher Poète, et veuillez me croire votre attentif et tout cordial,

Louis de Gonzague Frick
44, rue Notre-Dame-de-Lorette (9e)

CARTE POSTALE DE FRICK À VALANÇAY, ESTIMÉE À DÉBUT 1926, AU VERSO D'UNE PUBLICITÉ DE *LA GRIFFE*

Samedi

Très cher Ami

J'aurai grand plaisir à vous recevoir lundi dans les bureaux de *La Griffe* et nous nous préparerons de concert à célébrer la *septantième* année de notre dilectissime Poète qui fit un séjour mémorable à Bruxelles où cet adjectif numéral est toujours à la mode.

Courbevoisiennement[29] et aussi parisiennement vôtre

LGF

29 Roinard, né en 1856, vit à Courbevoie.

LETTRE DE FRICK À VALANÇAY, ESTIMÉE À NOVEMBRE 1926

Mercredi soir,

Mon cher Ami,

J'ai beaucoup regretté de vous avoir manqué, hier, à *La Griffe*, mais je me trouvais souffrant et obligé de rentrer.

Permettez que je vous rassure à cet égard ; je vais déjà mieux et espère boire en votre joyeuse compagnie mardi prochain. Nous nous verrons ensuite le dimanche 12 décembre, car je crains de ne pas être libre dimanche prochain.

Je n'ai pas revu André Breton. Il m'a promis de vous écrire mais il ne faut guère compter sur les surréalistes qui ne se dérangent jamais – sauf dans les grandes occasions !

Et merci pour votre épître carminographique, elle m'a prouvé une fois de plus, que l'on pourrait fait état de votre gentille amitié en toute saison – surréalisme mis à part.

Ferveurs à P[aul]-N[apoléon] Roinard et hommages à son épouse. Mes meilleures cordialités à tous les vôtres et voici, l'entéléchie de mon affection[30].

Louis de Gonzague Frick
44, rue N.-D.-de-Lorette
Paris

LETTRE DE FRICK À VALANÇAY, SUR PAPIER ENCADRÉ DE NOIR

13 oct. [1927]

Bien cher Ami,

L'Association des É[crivains] C[ombattants] me convie à déjeuner au Panthéon samedi à midi, 15[31]. C'est au cours de ce repas que me seront données les instructions – car j'ai été choisi comme commissaire.

Je porterai un beau brassard qui vous permettra de m'apercevoir de loin et je me mettrai en 8 pour vous complaire.

Venez donc directement au Panthéon muni de la carte que j'ai eu l'honneur de vous offrir.

---

30 Ici, sa pleine et complète affection.

31 Le 15 octobre 1927 est inaugurée par Doumergue, au Panthéon, une plaque en l'honneur des écrivains morts à la Première Guerre.

Je compte sur vous ; autrement, je manquerais d'éclat. Nous nous verrons à l'issue de la cérémonie.

Amitiés chaleureuses à tous les vôtres.

Grâces vous soient rendues pour votre article qui clôt si élégamment le débat apollinarien.

Votre fervent,
Louis de Gonzague Frick

LETTRE DE FRICK À VALANÇAY, DATÉE DU « 12 SEPTEMBRE », ESTIMÉE ENTRE 1927 ET 1930

Bien cher Ami,

J'ai été très sensible aux cordiales pensées exprimées dans votre lettre d'hier. En ce qui me concerne, je n'ai absolument rien d'intéressant à vous mander. Comme vous avez pu le voir, j'ai interrompu mon courrier et ne me sens guère disposé, quant à présent, à le reprendre. *La Revue méditerranéenne* (de Tunis) m'a offert la critique des livres. J'ai accepté en principe pour faire plaisir à un ami[32]. De toute façon, je n'inaugurerai point cette rubrique avant octobre.

Je tâcherai de passer à *La Griffe* mardi prochain car il me tarde de vous revoir[33]. En cas d'empêchement de ma part, ce serait pour le mardi suivant.

Je demande à lire les poëmes et les proses que vous avez écrits au cours des vacances.

Mille choses aimables à tous les vôtres ; à bientôt et tout chaleureusement le vôtre

Louis de Gonzague Frick
Et notre P[aul]-N[apoléon Roinard]
de Courbevoie !...

---

32 La *Revue méditerranéenne des lettres, des arts, des sciences*, qui débute en mars 1927, a pour chroniqueur littéraire le critique et poète régionaliste Alphonse-Marius Gossez, proche de Philéas Lebesgue, et compte, parmi ses collaborateurs, Lacaze-Duthiers, Ryner, Polti.

33 La lettre précédente, non reproduite, datée « Mercredi », invite Valançay à passer à *La Griffe.*

LETTRE DE FRICK À VALANÇAY, SUR PAPIER À EN-TÊTE DES « LECTURES POUR TOUS – LIBRAIRIE HACHETTE[34] »

Paris, le 29 août 1929

Mon cher Ami,

Les jours s'envolent et je n'ai pas le plaisir de vous voir. Je veux espérer que, la période des vacances passée, nous pourrons reprendre, chaque semaine, nos harmonieux entretiens de naguère.

Je vais publier, le mois prochain, *Poetica*, volume de 150 pages où vous trouverez l'entéléchie de mes écrits lyriques.

Et vous, cher Ami, avez-vous mis quelque recueil au point ? Sachez qu'il me tarde d'avoir votre premier ouvrage. Je retrouverai ma verve des plus beaux jours pour en parler, pour vous fêter.

Mes fervents hommages à Madame Henriette Valançay, mes très bons souvenirs à vos parents, mes dévotions à notre cher Athée P[aul]-N[apoléon] Roinard, et voici pour vous ma cordialité constante et chaleureuse.

Louis de Gonzague Frick
44, rue N.-D.-de-Lorette
(9e)

LETTRE DE FRICK À VALANÇAY, SUR PAPIER À EN-TÊTE DES « LECTURES POUR TOUS – LIBRAIRIE HACHETTE »

Paris, le 18 septembre 1929

Bien cher Ami,

Je vous sais grand gré de votre écho si agréablement tourné. Vous allez recevoir *Poetica* et vous verrez comment je vous y ai traité au seuil (ô dédicace).

Dans la prochaine *Griffe*, je parle avec *enthousiasme* et *précision* de votre poème paru dans *Sagesse.*

J'espère que vous serez content de moi. Que bien vite soit terminée votre période militaire car il me tarde de vous revoir longuement.

À bientôt et toutes mes effusions du cœur et de l'esprit

34 La lettre précédente, datée du « 6 janvier 1929 », non reproduite, souhaite la bonne année et renouvelle le vœu de se revoir.

Louis de Gonzague Frick
44, rue N.-D.-de-Lorette
Paris (9e)

LETTRE DE FRICK À VALANÇAY, ESTIMÉE À L'AUTOMNE 1929, SUR PAPIER À EN-TÊTE DE *LA BOURGOGNE D'OR*

Dimanche,

Très cher Ami,

Votre article a été très apprécié ; je suis heureux de vous le dire. M. Gui Rosey m'écrit à ce propos : « C'est à mon sens l'article le plus intelligent paru sur *Poetica* et, ce qui ne gâte rien, le plus agréable à lire[35] ».

M. Rosey dirigeait *Les Solstices* avec votre serviteur.

Midi a reproduit dans son no d'hier plusieurs de mes dédicaces *en vers* mais je ne vous envoie pas ce no parce que j'y ai été *massacré* typographiquement !

Azur de mon Paris glissez-vous en mes vers
Et que leur pureté sourie à vos yeux pers
etc. etc.

Je vous ai adressé *La Bourgogne d'or* où vos écrits seront accueillis avec joie. Son directeur M. Gustave Gasser est un poète exquis.

Accolade à la chère famille Valançay – dames comprises !

Votre tout acquis
Louis de Gonzague Frick
44 rue N.-D.-de-Lorette

LETTRE DE FRICK À VALANÇAY, NON DATÉE, SUR PAPIER À EN-TÊTE AVEC ADRESSE DE GUI ROSEY (11, RUE CARDINAL MERCIER, PARIS IXe)

Mon cher Ami,

J'ai vu hier M. Léon Deffoux 268, rue des Pyrénées. Entendu pour le disque Apollinaire[36]. Et mon ami Gui Rosey (poète des *Solstices*) dont je vous ai si souvent parlé est également preneur.

---

35 Cette lettre de Frick est postérieure à celle du 18 septembre 1929, où il donnait sa propre appréciation du compte rendu de Valançay.

36 En 1930, une conférence de Valançay sur Apollinaire, « novateur du lyrisme », est accompagnée de l'écoute de sa voix gravée sur disque. Voir Les Treize, « Les Lettres »,

Voulez-vous lui téléphoner un matin et prendre rendez-vous avec lui. Vous vous entendrez comme de vrais poètes que vous êtes tous deux.

J'ai fait aussitôt l'écho sur M. A. Grisoni[37]. Vous le lirez dans la prochaine *Griffe*.

À bientôt et fort mistement vôtre[38]

LGF
Amitiés chaleureuses aux vôtres[39]

CARTE DE FRICK À VALANÇAY, ESTIMÉE À 1929

11 oct.

Très cher Ami,

J'ai fait 350 services de presse[40]. Je manque actuellement d'exemplaires. Excusez-moi auprès de vos, de nos amis. Je serais fort heureux de vous revoir. Merci de vos paroles vivifiantes. En toute fraternité de cœur et d'esprit, votre

Louis de Gonzague Frick
44, rue N.-D.-de-Lorette
Paris

LETTRE DE FRICK À VALANÇAY, SUR PAPIER À EN-TÊTE DU *RIRE – FANTASIO*

Paris, le 31 octobre 1929

Très cher Ami,

Votre bel article a les honneurs d'une reproduction intégrale dans *L'Homme libre* d'aujourd'hui : ci-joint coupure. Il vous appartient d'envoyer vos remerciements choisis à :

L'Intransigeant, 51e année, no 18359, 25 janvier 1930, p. 2.

37 André Grisoni (1886-1975) est maire de la ville de Roinard, Courbevoie, à partir de 1927 et jusqu'à son arrestation en octobre 1944, accusé d'intelligence avec l'ennemi puis condamné.

38 Frick termine son discours au banquet pour Roinard par ce terme, qui signifie « tendrement ». Frick, discours, dans *En souvenir du 15 février 1930*, *op. cit.*, p. 10.

39 Salutations ajoutées par la Phalérinienne.

40 Probablement *Poetica*.

M. Paul Lombard
3, quai aux Fleurs
Paris (4e)

Je vous adresse *Le soir* où il est question de vous dans l'article « Dédicaces ».

Et laissez-moi vous dire combien tout ce que vous faites m'est sensible. Votre page du *Nouveau Journal* est digne d'être lue à feu Phnounochtonios ! (le Grand Esprit).

Votre fraternellement acquis
Louis de Gonzague Frick

Et mes compliments très chaleureux à la chère famille de mon Poète.
P.S. *La Bourgogne d'or* m'a consacré une grande partie de son numéro d'octobre[41].

LETTRE DE FRICK À VALANÇAY, DATÉE « VENDREDI », ESTIMÉE À FIN 1929, SUR PAPIER À EN-TÊTE DE LA BOURGOGNE D'OR

Bien cher Ami,

M. Fernand Kolney, que j'ai vu la semaine dernière à La Rotonde, m'a dit qu'il vous avait remercié de votre bon article. Il ne démarre plus de sa table à fabriquer de la copie ! Les romans se succèdent avec une rapidité citroënique !

---

41 Il s'agit du numéro 37, d'octobre 1929. Frick répond par « un madrigal » à l'hospitalité répétée du couple Gasser, la Bourgogne de la revue ou de leur « fervent enclos ». Frick, « Votre "Vallon"… », cité intégralement par Lucien Peyrin, rubrique « Les Lettres », *L'Homme libre*, 18e année, no 4939, 30 janvier 1930, p. 2. Le poème est repris, sous le titre voué au repos, « Vacunales », avec la date de décembre 1929, dans *Vibones*, et figure comme évocation des séjours de Frick à Chagny, et sous forme de poésie amicale, à côté d'« Intailles », de « P.L.M. » et de quelques vers en appréciation du chien de ses hôtes, « Pouzli, fol gambadeur », occasion de saluer le « vrai dieu des chiens Paul Léautaud ». Frick, « Chien d'aiguail », *Vibones*, *op. cit.*, p. 13. Au mois de septembre 1929, Frick présente une conférence de Lylhète Gasser sur « Le mouvement de la littérature bourguignonne ». L'annonce est faite par Les Treize, « Les Lettres », *L'Intransigeant*, 50e année, no 18235, 23 septembre 1929, p. 2. Frick rédige, en 1953, quelques vers d'introduction à une plaquette de Lhylète Gasser, en lecteur de ses « recueils » aux « aphorismes fiers ». Frick, « Préambule-Souvenir », dans Lylhète Gasser, *Offrande*, Chagny-en-Bourgogne, Cep burgonde, 1953, n. p.

Et merci pour votre rapide écho sur la *B[ourgogne] d'or.* Je pense bien que le directeur, M. Gustave Gasser, a dû vous écrire et vous exprimer sa gratitude. C'est un poète bien fait pour s'entendre admirablement avec vous. Avez-vous lu dans *L'Intransigeant* mon petit poème en néo-bellevillois ? Au 11ᵉ vers il manquait la négation *point.*

Ne semble-t-il point une cornouille[42].

Répondez-moi dans cette langue. Vous m'enchanterez une fois de plus.

Vive la chère famille Valançay et fraternelle accolade à son Poète aimé

Louis de Gonzague Frick
44, rue Notre-Dame-de-Lorette
Paris

LETTRE DE FRICK À VALANÇAY, NON DATÉE, ESTIMÉE À LA FIN 1929-DÉBUT 1930, SUR PAPIER À EN-TÊTE DE LA « FABRIQUE D'IMPERMÉABLES » FLEURY

Cher Seigneur et Ami,

Soyez satisfait. Aussitôt après la lecture de *Demain*, j'ai fait tenir à *La Griffe* une note critique sur le 3ᵉ numéro de cette revue. Je n'ai pas oublié de mentionner le peintre suisse qui a un nom russe, moscovite, si vous préférez : G. Sokoloff[43].

Mais pourquoi faut-il que mon poème soit typographiquement parlant plus pâle qu'un trépassé ? Avez-vous pu le déchiffrer et ne vous a-t-il pas déçu ? J'ai donné hier votre adresse à un gentilhomme catalan de mes amis.

M. Gaston Echerbanet m'a adressé un petit mot pour me féliciter de la dédicace[44]. C'est la dernière ; je n'en ferai plus. L'avenir est trop sombre. Et ce n'est pas le silentiaire Max Jacob qui nous sauvera.

Peut-être Monsieur Gui Rosey, du haut de son colombier hypernaturaliste ! Votre euphuïste attentionné

LGF

42 Le vers d'« Ayeuves » est « Sembloche-t-il une cornouille », cité ainsi par Les Treize, « Les Lettres », *L'Intransigeant*, 50ᵉ année, nº 18302, 29 novembre 1929, p. 4.

43 Gaston Sokoloff est présent dans la revue *Demain.*

44 Non identifié.

LETTRE DE FRICK À VALANÇAY, NON DATÉE, ESTIMÉE À LA FIN 1929-DÉBUT 1930, SUR PAPIER QUADRILLÉ

Mon cher Ami,

Mon extrémisme absolu m'empêche d'accepter tout titre ; n'oubliez pas que je n'ai jamais été que soldat de 2e classe. Et encore je ne me le rappelle pas très bien. Les nuées d'Aristophane ont emporté tout cela.

Mais je vous aiderai de mon mieux comme vous n'en doutez pas. Que mon nom figure seulement où vous l'avez *fort bien placé* lors de notre réunion chez Zimmer[45].

J'ai déjà consulté M. Louis Latourrette ; il accepte.

Je vous ferai connaître la réponse de M. Georges Polti dès qu'elle me sera parvenue.

Quant à Romain Rolland, je ne sais où il réside en ce moment et je n'ignore pas qu'il aime trop son indépendance à tous égards[46].

J'ai hâte de revoir M. Gui Rosey pour qu'il me parle de vous.

Mon objection relativement à la revue *Demain* ne subsiste plus ; les autres numéros que j'ai vus étaient bienvenus typographiquement. Mon poème n'est plus un trépassé[47] ! … Vous lirez ma note dans la prochaine *Griffe*.

Et *mil e tre* fois vôtre

LGF

LETTRE DE FRICK À VALANÇAY

Lundi [3 ou 10 février 1930] 8h

Bien cher Ami,

Voici 29 nouvelles adresses. Envoyez d'urgence les invitations avec la formule finale : « M. Louis de Gonzague Frick prononcera un discours ».

À samedi prochain. Ce sera le plus beau jour de ma vie. Dites-le bien à notre cher Roinard[48].

Ex animo,

LGF

45 Brasserie parisienne, Le Zimmer.

46 Il n'y a, effectivement, pas trace de Rolland au banquet.

47 Voir la lettre précédente.

48 Il s'agit, en toute probabilité, du discours au Banquet anniversaire tenu le samedi 15 février.

LETTRE DE FRICK À VALANÇAY

Mercredi 5h [12 février 1930]

Bien cher Ami,

Je réponds « séance tenante » à votre lettre du 8. D'abord je n'ai pas encore reçu l'avis du Banquet mais peu importe puisque vous m'en avez donné un à *La Griffe*[49].

J'ai fait le possible pour recruter quelques convives parmi mes amis les plus inclytes[50]. Vous verrez samedi si j'ai bien travaillé. Je n'ignore pas toutefois qu'il sied de ne pas trop compter sur la parole des hommes, le distingué secrétaire des « Artisans du Verbe » excepté[51].

Mon discours paraîtra dans *La Griffe* ; je le lirai sur l'épreuve d'imprimerie.

Pour *Le 7e Jour*, envoyez à son directeur : M. Fernand Demeure 5, Bd. Des Italiens, le poëme dont vous me parlez et qui doit porter *un nouveau titre* « Assaut maritime », je crois. Car « Le conculcateur » n'est pas bon[52]. Et n'oubliez pas de modifier ce mot dans les derniers vers. Vous pouvez joindre à cet envoi un petit poëme en allemand en ayant soin de l'accompagner de toutes précisions utiles de façon que M. Demeure puisse le publier avec un petit chapeau explicatif. Et bien entendu recommandez-vous de moi.

À samedi. Je viendrai en jaquette et ne laisserai point le monocle dans son étui…

Medullitus[53],

Louis de Gonzague Frick

Vous pouvez traduire cette lettre en allemand si cela vous amuse.

---

49 C'est le banquet anniversaire de Roinard, en préparation pour le samedi 15 février.

50 Des amis « inclytes » ou illustres.

51 Valançay est secrétaire de l'association.

52 Le poème, dédié à Roinard, perd son titre de « Conculcateur », c'est-à-dire oppresseur, et s'intitule finalement « Assaut marin ». *Le 7e jour, revue artistique et littéraire*, existe déjà dans les années 1920.

53 Du latin « medullitus », du fond du cœur, cordialement.

CARTE DE FRICK À VALANÇAY, NON DATÉE, ESTIMÉE À FIN OCTOBRE 1930

Pour Robert Valançay

Cher Ami,

Nous avons fait toutes les démarches relatives aux obsèques.

Voulez-vous avoir l'obligeance de prévenir le Maire[54].

Nous comptons également sur votre obligeance pour Le Musée de la Parole[55].

Merci et fraternellement à vous

LGF

POÈME DE FRICK À VALANÇAY, AU VERSO D'UN PAPIER À EN-TÊTE DE LA « FABRIQUE D'IMPERMÉABLES » FLEURY[56]

1er janvier 1931

Mon cher Robert, mon Valançay,
Bien haut je le proclame ne sait
Plus qu'un vrai mage de Syrie,
Plus qu'un clerc de Poméranie,
Et quand il parle l'allemand
Il a l'accent, le pur accent,
Cet authentique fils de Lutèce
Devant qui tout Seigneur s'abaisse
Tant son lyrisme est fulgurant
Par le dehors et le dedans.
J'aime aussi son frère et sa femme,
Son frère qui porte avec flamme
Un vêtement noir et ciré
À rendre jalouse Circé,
Sa femme étonnamment vivace
-Oh ! Quel parfum pour cette glace

54 André Grisoni, de Courbevoie.

55 Valançay est chargé d'obtenir le disque de « Fidèle souvenance ».

56 Les dix premiers vers sont réécrits en un « Dizain » envoyé avec la lettre du 25 août 1931, qui correspond à « Onomastique – II », de *Vibones*.

Que je vous offre avec mes vœux
Robert, chèrement, et par pneu !

Louis de Gonzague Frick

LETTRE DE FRICK À VALANÇAY

Par retour du courrier
Le 14 janvier [1931]
Mon très cher Ami

Merci et bravo, brillant courriériste. Envoyez la coupure à M. Gustave Gasser ; il y sera très sensible. Vous m'écrivez que Fernand Marc a entendu dire « que je n'aimais pas ses vers ». Je préfère les vôtres mais ne déteste pas les siens. J'ai dû les commenter oralement quelque soir et souhaiter que ce « jeune Sage » n'apportât pas seulement des éléments d'icasticité dans son lyrisme[57]. J'ai vu son livre aux *Feuillets Inutiles*. Il est un peu tard pour que j'en parle dans ma petite rubrique que je nourris surtout d'actualités brûlantes. Vous y avez votre place toutes et quantes fois qu'il vous plaira de me faire une communication.

Je reçois les ouvrages d'André Breton et de Paul Éluard. J'en rends compte, mais j'ai pris pour principe de ne jamais rien leur demander parce que, tout de même que M. Picasso, ils ne répondent pas aux lettres.

Quand vous viendrez chez moi je vous montrerai *L'Immaculée Conception*. Fixez-moi votre jour, ce sera le mien quoi qu'il arrive !

Entendu pour votre conférence sur Ch[arles]-Th[éophile] Féret ; je retiens une baignoire – de luxe ! – et je vous oïrai de toutes mes ouïes[58].

Ferveurs a ceux qui vous entourent.

Et me voici vôtre, in totum.

Louis de Gonzague Frick

57 Frick joue, comme dans *Ingrès*, sur la participation de Fernand Marc à *Sagesse*. Par « icasticité », Frick regrette une trop forte soumission de sa poésie au vrai.

58 La conférence de Valançay a lieu le 18 février 1931, à la Salle des Amis des Travailleurs Intellectuels, le Studio 28 du 10 rue de Tholozé, dans le cadre de la 15e soirée de gala du Cercle *Demain*, dont Valançay est membre d'honneur. Frick prend la parole, en juin 1928, à un repas à la Villette des amis du poète normand Charles-Théophile Féret, qui est aussi une relation de Roinard. Le Lutécien, rubrique « Petit Courrier littéraire », *Comœdia*, 22e année, n° 5632, 8 juin 1928, p. 2.

P.S. Il n'y a *qu'un* Paul Lombard, celui du *Village en folie* 3bis quai aux Fleurs[59].

CARTE DE FRICK À VALANÇAY, ESTIMÉE À FÉVRIER 1931, AU VERSO DE L'ANNONCE DE LA CONFÉRENCE DE VALANÇAY SUR CHARLES-THÉOPHILE FÉRET

Mardi matin,

Bien cher Ami,

Voici les lignes promises hier soir et que j'écrivis dès ce matin.

Puissent-elles agréer à votre grande âme ?

En fidèle affection

LGF

LETTRE DE FRICK À VALANÇAY, SUR PAPIER À LETTRE À EN-TÊTE DE *LA FORÊT*

11 mars [1931]

Mon cher enchanteur et Ami,

Merci pour l'envoi de *La Dépêche*. L'article était bien placé et votre beau nom illuminait la page. C'est le principal pour moi.

Je viens de subir à Belleville une petite opération (chalazion) et je ne me trouve pas « assez joli garçon » pour me présenter, dimanche, dans la maison de la Poésie où j'aperçois d'ici le sourire magique d'Henriette[60]. Il serait donc préférable de différer cette petite fête dont j'augure excellemment.

J'attends donc qu'il vous plaise de me fixer une autre date (3e décade de mars, par exemple, ou 1re semaine d'avril).

Quelques petits textes de vous (vers ou prose) me consoleront de votre absence. Où est, en effet, l'heureuse époque où il m'était donné de vous voir chaque semaine ?

M. Rosey ne vous oublie pas : il va ouvrir bientôt son cabaret montparnassien.

Maints compliments aux vôtres.

---

59 La nouvelle de Lombard qui donne, en 1930, son titre au recueil paraît d'abord en juin 1922 dans *Les Œuvres libres*.

60 Le souci des apparences chez Frick ressort avec humour lorsqu'il est ici opéré d'un petit kyste à la paupière.

Ex toto ou in totum, à votre choix
Louis de Gonzague Frick
44, rue N.-D.-de-Lorette

LETTRE DE FRICK À VALANÇAY, NON DATÉE, ESTIMÉE À LA FIN MARS 1931, SUR PAPIER À EN-TÊTE DE *LA FORÊT*

Mon cher concitoyen et Ami,

Votre papier à lettres m'éblouit. Il m'en faudrait un stock pour séduire vraiment mes relations mondaines. Oustric, Raoul Péret, René Besnard, Jean Chiappe et M. Gaston Doumergue qui ressemblera toute sa vie à un juge de Paix de Pézenas[61] !

La date du 12 avril est retenue avec ferveur ; j'annule l'invitation au dancing que m'avait adressée le nouveau décoré Charlie Chaplin qui donne dans la théreutique[62] !

La Forêt paraîtra dans la 1re décade d'avril mais ce numéro ne contiendra que la 1re partie de l'enquête. La seconde partie paraîtra dans le numéro d'été.

Je regrette que toutes les réponses n'aient pu être publiées dans un seul fascicule.

Dimanche prochain j'agiterai en votre honneur et pour votre bonheur un rameau. Mieux encore je prierai Ubu la Rose[63] !

Je suis le lièvre le plus et le mieux attaché de votre « Garenne » si poétique.

Louis de Gonzague Frick
44, rue N.-D.-de-Lorette
Paris

Je divise mon cœur en autant de morceaux qu'il y a de membres dans votre honorable famille[64]…

61 Frick se plonge dans l'affaire du moment. Le banquier Albert Oustric est accusé de fraude et, après lui, des personnalités politiques comme Raoul Péret et René Besnard sont également arrêtées. Le Préfet de police Chiappe est nommé dans cette liste avec toute sa réputation autoritaire et le passé de Juge de paix de Doumergue est rappelé pour diminuer le Président, avec encore l'argent, le *pèze*, à trouver dans les lettres de la ville de l'Hérault, Pézenas.

62 La Légion d'honneur, reçue par Chaplin le 27 mars 1931, tient ainsi de la famille de papillons, *thereutis*, suggérée par le terme « théreutique ».

63 Gui Rosey ouvre son cabaret *Ubu*.

64 Frick connaît aussi le frère de Valançay, Georges, présent au banquet anniversaire de Roinard.

LETTRE DE FRICK À VALANÇAY, NON DATÉE, ESTIMÉE À FIN MARS 1931, SUR PAPIER À EN-TÊTE DE *LA FORÊT*

Protocole
~~LA FORÊT~~

Hommages à Mme Valançay, mère
— — — — — — — —, épouse
— — — — à votre belle-sœur

~~42, RUE PASQUIER – PARIS~~
~~TEL. : EUROPE 37-70 A 75~~
44, rue N.-D.-de-Lorette

accolade à votre frère, le mien
aussi puisque je suis le vôtre

Bien cher Ami,

Dimanche prochain 29 c[ouran]t, le R. P. Pinard de la Boullaye donnera la 6e conférence de carême à Notre-Dame. J'ai promis à un ami d'aller entendre le prélat en sa compagnie. Vous allez me croire un fervent de l'homilétique. Rassurez-vous, je ne suis pas encore mûr pour les Oblats qui avaient séduit les défunts Huysmans et Bloy.

Excusez-moi et soyez assez aimable pour me recevoir chez vous le dimanche ou le lundi de Pâques, à votre gré.

Le Cabaret de M. Rosey sera alors sur le point d'ouvrir ses portes. Il se nommera *Ubu* comme le faux roi de Jarry ! Je voudrais vous dire aussi que j'ai rencontré samedi M. Maurice Hamel devant un Pernod. Je lui en ai offert un second comme il sied avec ce personnage popinateur[65] !

Mais chez vous, j'apporterai l'ambroisie, seule substance digne de votre épouse poétique.

Fraternellement à vous d'âme et de lyre

Louis de Gonzague Frick

65 Frick côtoie Maurice Hamel à *Comœdia*.

CARTE DE VISITE DE FRICK À VALANÇAY, NON DATÉE, À BORDURE NOIRE, AVEC SON ADRESSE DE LA RUE N.-D.-DE-LORETTE

Robert le Plérôme,

Il m'est doux de vous savoir en un lieu qui vous duit[66]. J'ai corrigé l'épreuve de votre réponse à la sylvestre enquête[67]. Je pense qu'elle ne saurait tarder à paraître. Je verrai lundi M. Ariste à ce sujet.

Je ne suis plus à *D'Ar*... On comprime les frais et l'on n'imprime plus mes échos.

Ma femme part samedi pour le Calvados. Vers vous, elis plenissimis.

LGF

LETTRE DE FRICK À VALANÇAY, NON DATÉE, ESTIMÉE AUTOUR DE MAI 1931, SUR PAPIER À EN-TÊTE DE *LA FORÊT*

Ami de mon cœur,

Je reçois *La Forêt*. Ils ont réservé votre réponse pour le prochain numéro, mais ils ont omis de l'annoncer. Tranquillisez-vous : votre poème paraîtra en bonne place[68].

Je n'ai pu revoir les épreuves pour les raisons que je vous expliquerai oralement le 6 mai au [?][69].

Et sachez bien que ma pensée se plaît à hanter, plusieurs fois par jour, votre studio si élégamment agencé.

Fraternellement à vous,

LGF

Allez donc chercher [quelque jour ?] *La Forêt* 42, rue Pasquier. Présentez-vous de *ma* part à M. Jean-Paul Ariste[70].

66 Duire, au sens de convenir.

67 Il s'agit encore du poème « Forêt 44° N » pour *La Forêt*.

68 De nouveau « Forêt 44° N », du recueil *Flot et jusant*.

69 Le 6 mai 1931 est inaugurée l'Exposition Coloniale. Une carte ultérieure de Frick confirme qu'il a pu voir les épreuves du poème de Valançay.

70 Jean-Paul Ariste publie, en 1931, *Néolithis, roman néo-moderne*.

LETTRE DE FRICK À VALANÇAY, ESTIMÉE À JUIN 1931, SUR PAPIER À BORDURE NOIRE

Mardi

Mon cher Poète et Ami,

Nous serons chez vous, vers 2h, le dimanche 21 juin ; c'est parfaitement entendu. Merci pour la note. Mettez-moi de côté 2 exemplaires de votre journal : je les ferai parvenir aux intéressés.

Comme « guerdon », je vous propose un n° de la revue *Arts et Métiers graphiques*[71] ou le volume sur *Les Colonies françaises*. Vous me direz ce que vous avez choisi, dimanche prochain.

J'ai vu hier Mme d'Oettingen avec qui je me suis rendu sur la tombe de Germaine Albert-Birot, au cimetière de Montrouge[72].

Il a été beaucoup question de vous avant et pendant le trajet, et je me suis permis de faire l'éloge d'Henriette Valançay que j'aime comme *ma filleule*[73].

Là-dessus je vous adresse mes plus affectueux pensers

Louis de Gonzague Frick
44, rue N.-D.-de-Lorette

Mille choses aimables de ma femme à vous deux.

LETTRE DE FRICK À HENRIETTE VALANÇAY, NON DATÉE, ESTIMÉE À FIN JUIN 1931

Mon excellente Filleule,

Il m'aurait été bien agréable de vous avoir à notre table ce soir. Mais je me console quelque peu de votre absence à l'idée que je vous retrouverai dimanche sous le chêne celtique et roinardesque[74].

Nous passerons la journée ensemble et nous irons, au cours de l'après-midi, faire une visite à celle qui vous réclame ainsi que Douscha, savoir Mme d'Oettingen, alias Roch Grey.

---

71 Lancée en 1927, la revue s'attire de nombreux écrivains, Billy, Éluard…

72 Germaine Albert-Birot, dont la musique accompagne *Les Mamelles de Tirésias*, est disparue le 28 janvier 1931.

73 Il s'agit de l'épouse de Robert Valançay.

74 Au Parc Monceau, le dimanche 28 juin 1931, un chêne est dédié à Roinard. Voir « Potins et nouvelles », *L'Esprit français*, 3e année, n° 61, 10 juillet 1931, p. 219.

Permettez-moi, en attendant, de vous offrir une toile de notre amie. C'est[75]

LETTRE DE FRICK À VALANÇAY[76]

25 Août [1931]

Bien cher Ami,

Je suppose que vous êtes rentré à La Garenne et que vous avez reçu :

La Forêt[77]

(42, rue Pasquier 8e)

où votre poème fait merveille.

Je l'ai montré à M. Gui Rosey et me suis plu à lui en commenter les profondes beautés.

Quelque temps qu'il fasse, je trouve toujours, pour proclamer votre louange, mon humeur des plus beaux réveils.

Vous verra-t-on bientôt ? Si les conjonctures ne sont pas trop défavorables, je publierai, à la saison prochaine, un nouveau recueil[78] et je ne vous célerai point qu'il me sera infiniment doux d'aller le déposer aux pieds de ma filleule. Je remplacerai toutes les dédicaces par une formule plus appropriée à notre époque.

Et vos projets, cher Ami, quels sont-ils ?

Je vis dans l'agréable expectative de vous voir – ou de vous lire.

Et je prends votre main... mieux que la lyre.

Louis de Gonzague Frick

Ma femme vous envoie à tous deux ses très bons souvenirs.

---

75 La lettre, inachevée mais qui semble bien avoir été envoyée, finit sur ce mot.

76 Frick joint à sa lettre son « Dizain ludovicien », devenu « Onomastique – II » dans *Vibones*.

77 Le poème de Valançay paraît dans le dernier numéro double, 3-4, de *La Forêt*, daté 1er mai-15 août 1931.

78 Le recueil en question est *Vibones*.

LETTRE DE FRICK À VALANÇAY, ESTIMÉE À DÉBUT OCTOBRE 1931

Lundi,

Mon cher Ami,

J'ai présenté votre recueil. *La Guiterne* l'éditera[79]. Quant à votre article, il paraîtra dans le 1er numéro de cette revue.

Voyez M. Rudolph Schneider et apportez 2 clichés pour illustrer vos pages denses et lumineuses[80].

Je vous donne rendez-vous vendredi 16 octobre *à 8h30* devant *La Guiterne* 152, Avenue de Wagram (M. Aubrun)[81].

Je compte absolument sur votre présence et sur votre ponctualité. Il y va de vos intérêts, si j'ose dire.

Je vous lirai la présentation révolutionnaire que j'ai écrite pour *La Guiterne.*

Croyez à l'excellence de mes sentiments.

LGF

CARTE DE FRICK À VALANÇAY[82]

4 mai

Mon cher Ami,

Je viens de voir M. Latourrette. Il part demain pour Faremoutiers et sera de retour à Paris le 16 courant[83]. Il sera heureux de vous recevoir à ce moment-là. Sans doute le recueil sera-t-il relié et l'auteur sera ravi de l'admirer entre vos mains amies.

Ne vous dérangez pas dimanche ; je vous verrai mardi à *La Griffe.*

Meilleures pensées à tous les vôtres.

Affectionnément à vous

LGF

79 Il s'agit de *Flot et jusant.*

80 Valançay va pouvoir fournir, à partir de début décembre, le frontispice par Picasso.

81 Un bref mot envoyé un autre jour, non reproduit, indique que le rendez-vous a été reporté au 23 octobre.

82 Dans le classement des archives, l'envoi suivant est une très brève carte, non reproduite, qui accompagne une coupure de presse pour Valançay. Vient alors une carte postale, également non reproduite, datée du « 11 avril » [1933], annonçant une visite des Frick à La Garenne.

83 Faremoutiers, commune de la Seine-et-Marne.

LETTRE DE FRICK À VALANÇAY, SUR PAPIER À EN-TÊTE DE L'ALEXANDRA-HÔTEL

Dimanche 7 Août [1932],

Chers Époux et Amis,

Alors c'était hier le grand jour – et dans l'ombre (propice aux poppysmes[84]) de la plus stricte intimité. Souffrez que tout de suite, en ce jour seigneurial, je lève une coupe d'ambroisie en votre honneur et pour votre béatitude terrestre. Brillante lune de miel, radieux voyage dans la classique Italie ou ailleurs.

Et de même que l'aegénète[85] Guillaume Apollinaire écrivit son superbe poëme « Fiançailles », de même faudra-t-il que Robert Valançay compose un beau poème sur sa nuit de noces. Érotisme officiel, toléré par toutes les religions de la terre mais que le génie de l'Époux lyrique saura rendre irradiant, illécébrant.

Comme l'on dit en latin : « I » et que les rythmes supérieurs fassent la plus parfaite harmonie dans toute votre maison[86].

Louis de Gonzague Frick
44, rue Notre-Dame-de-Lorette

P.S[87]. Ne vendez pas ma lettre à M. Paul Valéry[88] mais placez-la dans votre armoire, entre une chemise de la mariée et un caleçon de l'Époux. Elle maintiendra à jamais entre vous la plus extraordinaire ardeur génésique car c'est « le Calamiste Alizé » qui parle ici !

84 Le terme fait allusion à des sons et des caresses.
85 Frick rédige rapidement le mot, où s'inversent les lettres « g » et « n ».
86 « I » signifie en latin « va », impératif d'*eo*.
87 Post-scriptum inscrit sur une feuille séparée, au verso d'un prospectus de la *NRF*.
88 Paul Valéry a subi, dans les quelques années précédentes, la vente de ses lettres personnelles adressées à Pierre Louÿs et en 1927, celles à Breton.

LETTRE DE FRICK À VALANÇAY, SUR PAPIER À EN-TÊTE DES « AMIS DE 1914[89] »

Paris, le 27 mai 1934

Poète inclyte et Ami apollinien,

Vous m'avez transporté hier par votre allure de jeune Seigneur des lettres et vos propos toujours si fondés. *Oiseau-nitre*, tel est le titre, m'avez-vous dit, de votre nouvelle plaquette. L'on n'en pouvait choisir, créer de plus original, de plus moderne. Vous êtes le chercheur qui trouve juste et beau.

Mais savez-vous que les grammairiens disputent sur le genre du mot nitre. 50 % d'entre eux le déclarent masculin (*nitrum*), l'autre moitié penche pour le féminin.

Faire parler le nitre signifie faire la Guerre. Mais je l'ai faite et vous ne désirez pas la faire.

Par *oiseau-nitre* j'entends un poème d'une extrême violence et je vous proclame notre grand lyrique nitrificateur. C'est Gui Rosey qui vous posera le sacre de ses mains trotskystes en chantant la Quatrième Internationale !

Tout vôtre en nitrification

LGF

GETTY RESEARCH INSTITUTE, YVES POUPARD-LIEUSSOU CORRESPONDENCE, LETTRES DE FRICK À CHRISTIAN

Les lettres de Frick à Christian recueillies dans le fonds s'étalent sur une année, du 12 octobre 1918 au 16 septembre 1919.

CARTE DE FRICK À CHRISTAN, ADRESSÉE À « MONSIEUR H. CHRISTIAN – 7, AVENUE LAUMIÈRE – PARIS 19e », EXPÉDIÉE DE LA DIVISION BLÉRIOT-ROULEURS SUR UNE CARTE DE « CORRESPONDANCE DES ARMÉES DE LA RÉPUBLIQUE »

12 octobre 1918

Monsieur

L'on m'a fait suivre votre lettre mieux que charmante. J'espère que me parviendra également *Les Tablettes* dont vous me parlez.

89 Existe une carte de vœux de nouvel an 1934, non transcrite.

Pourquoi ne collaborez-vous pas au *Carnet critique* dont les lecteurs s'accroissent chaque jour ? Il vous suffirait d'envoyer de ma part un article à M. Ribière-Carcy pour qu'il fût bien accueilli.

J'ai fait connaître votre noble et ferme talent dans cette maison.

Je ne suis pas fort heureux depuis mon lointain exil. Mais peut-être de meilleurs jours refleuriront pour moi avec les roses d'automne !

Votre tout cordial

LGF

LETTRE DE FRICK À CHRISTIAN

Camp d'Avord Lundi 11 nov. [1918]

Cher monsieur,

Vos manuscrits sont en abri sûr. M. Ribière-Carcy est toute discrétion, tout dévouement « confraternel ». Je ne puis que vous réitérer ce que j'ai eu le plaisir de vous écrire au sujet de cette excellente revue. Je serai ravi de vous y voir collaborer prochainement.

J'espère rentrer bientôt à Paris et sans doute me sera-t-il donné de vous y voir.

Sachez-moi, cher Monsieur, votre bien chaleureusement acquis

Louis de Gonzague Frick
2e Cie
Division Blériot-Rouleurs
Centre d'Aviation d'Avord (Cher)

LETTRE DE FRICK À CHRISTIAN, ESTIMÉE FIN 1918-DÉBUT 1919

Vendredi matin

Cher Monsieur,

Comme je regrette d'avoir manqué votre visite. J'étais chez mon voisin le poëte Banville d'Hostel quand vous m'avez fait la grâce de vous présenter 44 rue N.-D.-de-Lorette.

Je repars dimanche soir pour le Camp d'Avord, et je souhaiterais beaucoup vous voir. Vous plairait-il de passer chez moi samedi ou dimanche à 8 heures du soir l'après-midi ? [...]

LETTRE DE FRICK À CHRISTIAN

Camp d'Avord 2 Janvier 1919

Poëte Enchanteur, je vous donne l'accolade lyrique, au seuil de l'an nouveau, et je lève une coupe d'ambroisie en l'honneur de votre gracieuse épouse.

Votre ami zélé,

Louis de Gonzague Frick

LETTRE DE FRICK À CHRISTIAN, SUR PAPIER À EN-TÊTE DU *CARNET CRITIQUE*

Paris, le 18 février 1919

Cher Poëte Ami

Je repart pour Avord avec la tristesse de n'avoir pas eu votre visite pendant ma permission.

Permettez-moi de vous signaler que *Le Carnet critique* contient une note de moi sur votre *André Gide.*

Vous m'aviez demandé si l'un de nos amis pourrait se procurer *Le Bélier de Mars.* M. Camille Bloch, libraire, 146, Bd. St. Germain, en possède un exemplaire en très bon état qu'il serait disposé à céder.

Je vous conseillerais même d'aller voir M. Camille Bloch qui a de très beaux livres. Je lui ai parlé de vous. Il s'intéresse fort à vos écrits, ce qui témoigne de son excellent goût littéraire.

Bien fervemment vôtre,

Louis de Gonzague Frick
U. S. 4
École d'Aviation d'Avord
-Cher-

LETTRE DE FRICK À CHRISTIAN, SUR PAPIER À EN-TÊTE DU « FOYER DU SOLDAT » (Y.M.C.A.)[90]

Le 13 mars [1919]

Cher Poète Ami,

Dès la réception de vos lettres j'ai prié M. Ribière-Carcy de vous adresser le dernier numéro du *Carnet critique* où j'ai eu le très grand plaisir de parler de votre ouvrage sur André Gide. Je suis d'ailleurs [très mécontent ?] que le directeur de cette revue ne vous ait pas fait cet envoi. Je vous recommande à lui comme l'un des rares écrivains qui pourront illustrer *Le Carnet critique.*

J'ai été opéré à *Bourges* d'un chalazion à l'œil gauche. J'irai tout à fait bien dans quelques jours. Laissez-moi vous dire que je me suis procuré à Bourges *La Revue Littéraire et Artistique* où j'ai lu avec une ardente joie, votre article sur *Les Élégies martiales*[91]. Merci de grand cœur des belles pensées que vous m'exprimez dans cette page excellente. S'il ne m'est pas donné de vous voir, du moins vous suivrai-je avec ferveur. *Les Girandes* vont paraître. J'ai communiqué votre adresse à mon éditeur pour qu'il vous les envoie aussitôt. Votre nom honore ce petit recueil. Puisse mon poëme à vous dédié me valoir votre assentiment qui m'est cher comme la beauté elle-même.

Avec mon enthousiasme affectueux

Louis de Gonzague Frick
44 rue Notre-Dame-de-Lorette
Paris (9e)
à partir du 21 mars prochain

LETTRE DE FRICK À CHRISTIAN

Paris 16 7bre [1919]

Cher Ami,

La dernière lettre que j'ai reçue de votre maison style Louisquatorzien était de Monsieur Bagnan[92]. Et je lui ai répondu par retour du courrier. Depuis

90 L'écriture est moins lisible que d'ordinaire, sans doute du fait d'une opération à l'œil.

91 Pour Allard encore, en octobre, Christian rend compte de *L'appartement des jeunes filles* dans *La Revue de l'époque.*

92 Christian illustre la couverture du récit de Louis Bagnan, *Imaïolé* (1919), dans des motifs orientalisants tout en courbes pour cette « histoire d'une fille de brahmin » qui « épouse

lors aucune lettre portant votre cachet ne m'est parvenue. Je ne me suis absenté que pendant quelques jours. Ne croyez pas que je sois demeuré sans m'informer de vous. M. Fabri, directeur de l'*Époque*, m'a fait part de votre belle activité à son égard. Et je reçois aussi *L'Horizon* qui me parle de vous.

Je ne pourrai me rendre libre ce soir. J'attends la visite de M. Henri Dalby, un confrère parfait[93]. Mes meilleurs hommages à Madame Christian, mes vives cordialités à Monsieur Bagnan et voici pour vous, mes empressés et affectueux compliments.

Louis de Gonzague Frick
44 rue Notre-Dame-de-Lorette

HARRY RANSOM CENTER, CARLTON LAKE COLLECTION, LAURENT TAILHADE À LOUIS DE GONZAGUE FRICK

LETTRE DE TAILHADE À FRICK

83, rue de l'Assomption, Paris XVIe
16-10-06

Mille fois merci, cher ami, pour cette merveille au chocolat, arrivée aussi fraîche qu'un matin d'avril, et qui m'a fait comprendre une fois de plus combien la littérature est un art inférieur comparé aux grandes manifestations de l'intelligence humaine, la cuisine, la musique, la pâtisserie et le jardinage. Vous aurez un exemplaire sur Hollande et de *Hutten* et des *Poèmes élégiaques*, mais vous ne les aurez que de ma main[94]. Il ferait beau voir que vous allassiez quérir chez l'éditeur quelque chose que je publie !

Encore une fois merci, et mes plus cordiales amitiés.

Laurent Tailhade

---

l'occidental », comme le présente Renée Dunan, dans ses « Encycliques », *Action*, 1re année, n° 2, mars 1920, p. 6.

93 Le poète Henri Dalby est annoncé, à l'automne 1919, comme collaborateur régulier de *La Revue de l'époque*.

94 Douze exemplaires sur papier de Hollande sont tirés des *Poèmes élégiaques* au Mercure en 1907 et, dans l'ouvrage, est indiqué, « Du même auteur », la traduction par Tailhade, *Épître des hommes obscurs de Ulrich von Hutten*, avec pour éditeur A. Fayard, toujours à l'année 1907. Le discours de Frick au banquet anniversaire pour Roinard compare celui-ci au « Chevalier de Hutten », tous deux dans la « splendeur », ou « réfulgenc[e] ». Frick, discours, dans *En souvenir du 15 février 1930*, *op. cit.*, p. 10.

CARTE DE TAILHADE À FRICK

Combien vous me gâtez, cher ami, et que de friandises ! Votre lettre d'abord, et puis les macarons délicieux dont ma fille et son père se sont littéralement crevés. Je n'ai pas le temps d'écrire à M. Royère qui a bien voulu me demander encore 2 lettres de Hutten. Par malheur, je n'ai plus rien des anciennes épreuves et les plus récentes sont à l'imprimerie depuis le 1er janvier. Je ne sais de quelle façon accommoder cela. Je pense que le mieux est d'attendre. Je vous donnerai quelques fragments de ma préface pour *Hutten* dès que j'aurai fini de l'écrire.

Votre vieil ami.

LAURENT TAILHADE
21-1-07
83, rue de l'Assomption (16e)

LETTRE DE TAILHADE À FRICK, EN DEUX PARTIES

1er avril [1907], *Lundi de Pâques*

Cher ami, une invitation, depuis longtemps acceptée, m'oblige à partir, sur-le-champ, pour Versailles et me prive de causer, quelques moments, avec vous.

Aussi, pourquoi ne pas m'avertir ? Il y a quarante-huit heures, j'aurais pu me dégager encore.

Monsieur Royère n'a pas besoin d'être « présenté ». Qu'il me fasse l'amitié de frapper, un de ces jours, à ma porte. Il est chez lui dans ma maison.

De cœur et d'esprit à vous

Laurent Tailhade

J'ai eu votre pneumatique ce matin à déjeuner, après votre visite et ma sortie : admirable exactitude et jovialité pascale des concierges !

L. T.

Mon cher ami,

Lundi dernier, avant de partir pour Versailles, j'avais déposé chez mon concierge la lettre que voici, car j'espérais et je craignais à la fois que vous reveniez me voir. Encore une fois, je serais tout à fait heureux de connaître effectivement M. Royère, pour lequel j'ai autant d'estime que de sympathie. Je ne partage pas toutes ses opinions littéraires (me reste-t-il encore des opinions littéraires ?) mais ce serait là une occasion merveilleuse pour discourir entre amis de ces arcanes.

Mes deux mains

Laurent Tailhade
Jeudi 4.4.07

LETTRE DE TAILHADE À FRICK

Le 22 oct. 1912, mardi
47, rue du Ranelagh (16e)

Mon cher Poète

Ce malencontreux symposium du Salon d'Automne aura été fécond pour moi en toutes sortes de désagréments[95]. Je ne suis pas encore payé après deux jours révolus. Au point de vue mondain, c'est indécent, au point de vue économique, c'est incommode. Il est d'un usage constant auquel personne jusqu'à présent ne s'était permis de déroger vis-à-vis de moi, aussi bien en France qu'à l'étranger, que le secrétaire du cercle et du théâtre attende le conférencier et lui remette, en descendant de l'estrade, le prix du cachet convenu. Monsieur Allard m'a raconté des histoires vagues, me disant qu'il devait prévenir la trésorière du Salon d'Automne et d'autres balançoires, si j'ose m'exprimer ainsi. La plaisanterie est d'autant plus excellente qu'il est convenu depuis le 20 7bre que je fais cette conférence et que par conséquent il a eu trois semaines franches pour se mettre en règle vis-à-vis de moi. Si je trouve la plaisanterie bonne, je désire aussi qu'elle soit courte, donc voulez-vous dire à Monsieur Allard que si, par le dernier courrier, je n'ai pas reçu ce qui m'est dû, je me verrai dans la nécessité pénible d'aviser le Président du Salon d'Automne de ce qui se passe et de lui réclamer ce qui m'est dû.

95 Tailhade prononce une conférence sur Heine le 19 octobre 1912. Il aurait tenté de se désister en raison de la préparation d'une autre intervention à l'Odéon le 17 octobre et demande pour cela à Frick d'intercéder auprès d'Allard, mais sans succès. Voir Gilles Picq, *Laurent Tailhade*, *op. cit.*, p. 666.

Monsieur Allard est un de vos amis, j'ai tenu à mettre les bons procédés de mon côté et à lui donner toutes facilités pour agir correctement. Prévenez-le donc, si bon vous semble, mais vous conviendrez, cher ami, qu'il a une singulière façon de reconnaître ce que j'ai fait pour lui.

De cœur et d'esprit à vous,

Laurent Tailhade
47, rue du Ranelagh (16e)

HARRY RANSOM CENTER, CARLTON LAKE COLLECTION, PAUL-NAPOLÉON ROINARD À LOUIS DE GONZAGUE FRICK

LETTRE DE ROINARD À FRICK

2 mars 1917,

Bien cher ami,

Selon votre vœu, je vous signale dans le *Mercure* que je viens de recevoir une réponse de Maurevert. Elle reste assez bénigne puisqu'il vous y confectionne un blason de telle sorte : « d'or à l'amphisbène, de sinople ailé d'azur, onglé et lampassé de gueules », avec devise : « Utroque paratus ».

Il me semble que le serpent qui ne peut se mordre la queue qu'en tête-à-tête n'indique aucune méchante morsure.

Moi je vous aurais plutôt fabriqué un blason : de pourpre avec en chef, issants affrontés bélier et taureau d'argent, l'un à dextre, l'autre à senestre et, en abîme, un trèfle de sinople quadrifolié. Devise : « Uter, Utercumque ».

Mais !… Je ne suis guère versé dans la science héraldique et crains bien pour ma composition trop fantaisiste critique ou rire : ignorantia mea utroque parata.

Je vous embrasse de tout cœur en vous baisant sur la joue, ultra et utralibet ; en outre je vide à fond mon outre à votre santé.

P.-N. Roinard
3 rue de Valmy Puteaux Seine

HARRY RANSOM CENTER, CARLTON LAKE COLLECTION, LETTRE D'IVAN GOLL À LOUIS DE GONZAGUE FRICK

LETTRE DE GOLL À FRICK

19, rue Raffet, Paris (XVIe)
1 Mai 1935

C'est bien un Premier Mai que vous deviez lancer la fusée blanche de votre muguet pour incendier notre ville gelée. Aussitôt, toutes les musiques militaires d'Europe se turent : et votre poésie lictorienne scanda votre nouvelle marche vers le passé infini. (L'avenir hélas est barré par les tanks)

Il manque un Saint dans votre nom, ô Gonzague, pour signifier que vous êtes le dernier prêtre de la beauté du verbe et de Paris.

Votre fidèle

Ivan Goll

HARRY RANSOM CENTER, CARLTON LAKE COLLECTION, LETTRES D'ANDRÉ SALMON À LOUIS DE GONZAGUE FRICK

LETTRE DE SALMON À FRICK

8 octobre 1919

Cher Louis de Gonzague Frick,

J'ai reçu *Girandes*. Rentrant au soir, j'ai trouvé le livre sur ma table de travail, comme des fleurs en bouquet composé.

Merci !

Voyons-nous souvent ! D'étranges pudeurs interviennent qui empêchent qu'on se dise ce qui naît naturellement parmi les propos de ceux qu'aucune brutalité de la vie ne sépare.

J'ai relu vos vers. Je les relirai. Ils sont aujourd'hui à la place d'élection et je sais que je reprendrai bientôt

vos vers enveloppés dans du papier cristal.

Bientôt reparaîtra *La Rose rouge*, dont vous devez être[96]. J'y dirai Louis de Gonzague poète à l'occasion de Louis de Gonzague critique.

96 Frick n'a pas participé aux seize numéros de 1919 de *La Rose rouge*, dont la publication ne reprend pas.

J'ai vu Paterne Berrichon. Affaire Rimbaud. Voulez-vous me rendre le service de n'en pas parler ? Le 19, je donne à *Comœdia* un article duquel peut dépendre la réussite de ce que nous désirons tous avec Paterne Berrichon[97].

À bientôt, précieux ami

André Salmon

LETTRE DE SALMON À FRICK, SUR PAPIER À EN-TÊTE DU *MATIN*

Paris, le 7 mai 1920

Mon cher ami,

Je suis fâché de vous avoir manqué l'autre soir ; j'aurais eu plaisir à parler avec vous de tout ce qu'il nous faut, trop souvent, chacun, garder pour soi !

Il va sans dire que si c'est utile je suis prêt à témoigner en votre faveur, joyeux de vous assister.

Voulez-vous passer à la maison mardi matin ? Nous serions seuls à bavarder.

Merci pour tout ce que vous avez dit et fait à *Don Quichotte.*

[À ?] mardi,

André Salmon

97 Au mois d'avril, les droits de publication du poème de Rimbaud « Les mains de Jeanne-Marie » avaient été vendus, par Paterne Berrichon, à la fois à *La Rose rouge* et à *Littérature*, qui a gain de cause. La lettre de Salmon survient au moment d'une dispute sur Rimbaud, avec Fontainas et Hirsch en opposition. Voir, sur ces deux épisodes, Jean-Jacques Lefrère, éd., *Arthur Rimbaud – Correspondance posthume (1912-1920)*, Paris, Fayard, 2014, p. 1005 ; 1046-1047 et 1060-1061. Au mois d'octobre 1918, plusieurs lettres de Berrichon évoquent un article de Salmon dans *Comœdia* à propos du buste de Rimbaud. *Ibid.*, p. 955, 959, 960. Salmon paraît situer en 1919 ces démêlés sur le buste avec Berrichon, dans ses *Souvenirs sans fin*, *op. cit.*, p. 21-22.

LETTRE DE SALMON À FRICK

18 décembre 1920

Mon cher Louis de Gonzague

Les anciens, intimes, fidèles amis de Guillaume Apollinaire se constituent en comité pour travailler au monument de son tombeau. Picasso achève la maquette[98].

Voulez-vous par retour m'écrire que vous êtes avec nous, vous dont j'ai dit dans la *N.R.F.* la fidélité militante[99] ?

Il faut aller vite. Vous serez promptement appelé à siéger parmi des camarades qui vous placent très haut dans leur esprit et dans leurs vœux.

Je suis votre

André Salmon

Nous sommes indépendants du *Souvenir* fondé dans une pensée que nous saluons par M. Paul Dermée[100].

---

98 Frick se joint au « comité d'intimes et d'anciens amis », alors qu'est acquise pour Apollinaire une « concession perpétuelle », que Picasso est chargé d'orner d'un « monument funéraire », finalement réalisé par Serge Férat. Voir Laurence Campa, *Guillaume Apollinaire*, *op. cit.*, p. 777-779. *La Griffe*, par Frick, donne quelques nouvelles du non avancement du projet, comme le rapportent Les Treize, « Les Lettres », *L'Intransigeant*, 51e année, no 18644, 6 novembre 1930, p. 2.

99 Salmon publie sa « Vie de Guillaume Apollinaire », en novembre 1920, dans *La NRF*.

100 Dermée crée « Le Souvenir d'Apollinaire ».

BIBLIOGRAPHIE

RECUEILS DE LOUIS DE GONZAGUE FRICK

GONZAGUE FRICK, Louis de, *Abrupta nubes*, Paris, Éditions Debresse, 1955.
GONZAGUE FRICK, Louis de, *Attente de Trasybule*, Paris, La Presse à Bras de Monteiro, 1953.
GONZAGUE FRICK, Louis de, *Le Calamiste alizé*, Paris, [Simon Kra], 1921.
GONZAGUE FRICK, Louis de, *Enif joyau zénithal*, [Gap], Ophrys, 1959.
GONZAGUE FRICK, Louis de, *Girandes*, Paris, Édition du Carnet critique, 1919.
GONZAGUE FRICK, Louis de, *Ingrès*, Paris, Debresse, 1935.
GONZAGUE FRICK, Louis de, *Oddiaphanies*, Paris, Nouvelles Éditions Debresse, 1956.
GONZAGUE FRICK, Louis de, *Poetica*, Paris, Édition de l'Épi, 1929.
GONZAGUE FRICK, Louis de, *Quantité discrète*, Paris, Aux Éditions du Dauphin, 1946.
GONZAGUE FRICK, Louis de, *Sous le Bélier de Mars – Campagne 1916*, Paris, La Phalange, 1916.
GONZAGUE FRICK, Louis de, *Statures lyriques*, Paris, Caractères, 1955.
GONZAGUE FRICK, Louis de, *Trèfles à quatre feuilles – Campagne 1914-1915*, Paris, La Phalange, 1915.
GONZAGUE FRICK, Louis de, *Vibones*, Paris, Eugène Figuière, 1932.

BIBLIOGRAPHIE SÉLECTIVE

ACQUISTO, Joseph, *French Symbolist Poetry and the Idea of Music*, Aldershot-Burlington, Ashgate, 2006.
ALEXANDRE, Maxime, *Mémoires d'un surréaliste*, Paris, La Jeune Parque, 1968.
ALEXANDRIAN, Sarane, « Un grand seigneur de la poésie moderne – Louis de Gonzague Frick », *Supérieur inconnu*, nº 20, janvier-mars 2001, p. 31-94.

ALLARD, Roger, *Calliope ou Du sublime*, Paris, Émile Hazan, 1928.
ALLARD, Roger, *Les élégies martiales*, frontispice et 29 bois par Raoul Dufy, Paris, Camille Bloch, 1917.
ALLARD, Roger, *Les élégies martiales*, avec un portrait gravé sur bois par Raoul Dufy, Paris, Nrf, 1928.
ALLARD, Roger, *Poésies légères, 1911-1927*, Paris, Gallimard, 1929.
ANQUETIL, Georges, *Satan conduit le bal – Roman pamphlétaire et philosophique des mœurs du temps*, Paris, Les Éditions Georges Anquetil, 1925.
Anthologie des écrivains morts à la guerre, 1914-1918, I, Association des Écrivains Combattants, Amiens, Edgar Malfère, 1924.
Anthologie des poètes de la n.r.f., Paris, Gallimard, 1936.
APOLLINAIRE, Guillaume, *Correspondance avec les artistes, 1903-1918*, éd. Laurence Campa et Peter Read, Paris, Gallimard, 2009.
APOLLINAIRE, Guillaume, *Lettres à Lou*, édition de Michel Décaudin, revue par Laurence Campa, Paris, Gallimard, 2010.
APOLLINAIRE, Guillaume, *Œuvres complètes*, IV, éd. Michel Décaudin, Paris, André Balland et Jacques Lecat, 1966.
APOLLINAIRE, Guillaume, *Œuvres en prose complètes*, II, éd. Pierre Caizergues et Michel Décaudin, Paris, Gallimard, 1991.
APOLLINAIRE, Guillaume, *Œuvres en prose complètes*, III, éd. Pierre Caizergues et Michel Décaudin, Paris, Gallimard, 1993.
APOLLINAIRE, Guillaume, *Œuvres poétiques*, éd. Marcel Adéma et Michel Décaudin, Paris, Gallimard, 1965.
ARAGON, Louis, *Chroniques I – 1918-1932*, éd. Bernard Leuilliot, Paris, Stock, 1998.
ARAGON, Louis, *Lettres à André Breton – 1918-1931*, éd. Lionel Follet, Paris, Gallimard, 2011.
ARAGON, Louis, *Œuvres poétiques complètes*, I, éd. Olivier Barbarant *et al.*, Paris, Gallimard, 2007.
ARAGON, Louis, *Projet d'histoire littéraire contemporaine*, éd. Marc Dachy, Paris, Gallimard, 1994.
AUBRUN, Jacques-Louis, *Érosiade* (2e éd.), préface de Frick, Paris, Quo Vadis, 1950.
AUBRUN, Jacques-Louis, *Séguedilles – Poèmes*, Paris, Éditions de La Guiterne, 1934.
AUBRUN, Jacques-Louis, *Visions d'Italie – Poèmes* (1930), Paris, Pythagore-L. Doudet, 1932.
AUREL, *Les Poètes et nous*, [Nancy], Édition Pierre Didry, 1953.
Aurel par ses amis, Paris, Éditions de la Caravelle-Le livre et l'image, 1928.
« Autour de *Saint André* (fac-similés) », éd. Jacqueline Gojard, *Cahiers Bleus* (Centre Culturel Thibaud de Champagne), nº 21, automne 1981, p. 36-41.

BÉALU, Marcel, et René Guy CADOU, *Correspondance, 1941-1951*, Mortemart, Rougerie, 1979.

BEAUPRÉ, Nicolas, « De quoi la littérature de guerre est-elle la source ? Témoignages et fictions de la Grande Guerre sous le regard de l'historien », *Vingtième siècle – Revue d'histoire*, nº 112, octobre-décembre 2011, p. 41-55.

BEAUPRÉ, Nicolas, *Écrire en guerre, écrire la guerre – France, Allemagne, 1914-1920*, Paris, CNRS Éditions, 2006.

BECKER, Annette, *Guillaume Apollinaire – Une biographie de guerre, 1914-1918-2009*, Paris, Tallandier, 2009.

BEDU, Jean-Jacques, *Francis Carco : au cœur de la bohème*, Monaco, Éditions du Rocher, 2001.

BÉHAR, Henri, *André Breton, le grand indésirable*, Paris, Fayard, 2005.

BERGER, Pierre, « Louis de Gonzague Frick, poète cérémonieux », *Carrefour*, 23 avril 1958, p. 9.

BERGER, Pierre, « Pour un portrait de Max Jacob », *Europe*, 36ᵉ année, nº 348, avril 1958, p. 56-73.

BERGER, Pierre, *Robert Desnos* (1949), Paris, Pierre Seghers (Poètes d'aujourd'hui, 16), 1966.

BERTHET, Jean, « Louis de Gonzague Frick », *Le Cerf-Volant*, nº 192, 2006, p. 59-60.

BILLY, André, « Au temps de la *Closerie* », *Les Œuvres libres*, vol. 244, nº 18, 1947, p. 87-114.

BILLY, André, *Le Pont des Saints-Pères*, Paris, Arthème-Fayard, 1947.

BLOY, Léon, *Journal inédit – I, 1892-1895*, éd. Marianne Malicet, Marie Tichy…, Lausanne, L'Âge d'Homme, 1996.

BLOY, Léon, *Journal inédit – III, 1903-1907*, éd. Marianne Malicet, Marie Tichy…, Lausanne, L'Âge d'Homme, 2007.

BLOY, Léon, *La porte des humbles*, pour faire suite *Au seuil de l'Apocalypse 1915-1917*, Paris, Mercure de France, 1920.

BOHN, Willard, « Selected Apollinaire Letters, 1908-1918 », *French Forum*, vol. 4, nº 2, mai 1979, p. 99-113.

BOLSÉE, Berthe, *Luminaire pour Louis de Gonzague Frick*, avec un « Salut » de Bernard Guillemain et Claude Pichois, Dinant (Belgique), Bourdeaux-Capelle, 1959.

BONMARIAGE, Sylvain, *L'automne des feuilles de vigne*, Paris, L'Édition Littéraire Internationale, 1935.

BONMARIAGE, Sylvain, *Catherine et ses amis*, Gap, Ophrys, [1949].

BOURREAU-STEELE, Anne-Françoise, « Sur un air de cor de chasse d'Éric Satie », *L'étoile de mer*, Cahier Robert Desnos, nº 8, 2004, p. 29-36.

BOUYGUES, Élodie, *Genèse de Jean Follain*, Paris, Classiques Garnier, 2009.

BRETON, André, *Œuvres complètes*, I, éd. Marguerite Bonnet, Paris, Gallimard, 1988.

BREUNIG, LeRoy C., « The Chronology of Apollinaire's *Alcools* », *PMLA*, vol. 67, nº 7, décembre 1952, p. 907-923.

Bureau de recherches surréalistes – Cahier de la permanence, octobre 1924-avril 1925 (Archives du surréalisme I), éd. Paule Thévenin, Paris, Gallimard, 1988.

CAMPA, Laurence, *Guillaume Apollinaire*, Paris, Gallimard, 2013.

CAMPA, Laurence, *Poètes de la Grande Guerre : Expérience combattante et activité poétique*, Paris, Classiques Garnier, 2010.

CARASSUS, Émilien, *Le mythe du dandy*, Paris, Armand Colin, 1971.

CARBONNEL, Marie, « Profession : critique ? Les défis de l'Association syndicale professionnelle de la critique littéraire de la Belle Époque à la fin des années trente », *Le Mouvement social*, nº 214, janvier-mars 2006, p. 93-111.

CARCO, Francis, et Pierre MAC ORLAN, *Les Mystères de la Morgue – Roman*, Paris, La Renaissance du livre, 1918.

Catalogue de la bibliothèque de Guillaume Apollinaire, éd. Gilbert Boudar et Michel Décaudin, Paris, Éditions du CNRS, 1983.

CENDRARS, Blaise, *Blaise Cendrars vous parle…*, éd. Claude Leroy, Paris, Denoël, 2006.

CHABANEIX, Philippe, rubrique « Les poètes et la poésie », *Revue des deux mondes*, juin 1970, p. 697-704.

CHARRON, Pierre, éd., *Les épigrammes du siècle*, Paris, Éditions du siècle, 1924.

CONEM, Francis, compte rendu de *Dédicaces* de Maurice Rat, *Revue des Sciences Humaines*, nouv. série, nº 108, octobre-décembre 1962, p. 659-662.

CONEM, Francis, compte rendu d'« *Europe*, nº 489, janvier 1970 : Commémoration de Henri Hertz », *Revue d'histoire littéraire de la France*, 71e année, nº 3, mai-juin 1971, p. 528-529.

CONEM, Francis, *De l'autre rive – Nouvelle édition de Signaux vers l'autre rive*, Paris, Le Borée, 1968.

CONEM, Francis, « Pour les mémoires défaillantes…, suite et fin », *L'Homme libre*, nº 184, 2005, p. F-G.

COPEAU, Jacques, *Journal 1901-1948 – Première partie : 1901-1915*, éd. Claude Sicard, Paris, Éditions Claire Paulhan, 1999.

CORTI, José, *Souvenirs désordonnés*, Paris, José Corti, 2010.

CROS, Guy-Charles, entretien radiophonique pour l'émission « Le bureau des rêves perdus » d'Étienne Berry, 22 décembre 1955, ina.fr.

DÉCAUDIN, Michel, « En amont : Jean Digot et *Les Feuillets de l'Îlot* », dans *L'École de Rochefort – Particularisme et exemplarité d'un mouvement poétique (1941-1963) – Actes du colloque d'Angers, 8-10 décembre 1983*, Angers, Presses de l'Université d'Angers, 1984, p. 24-34.

DELADOÈS, Julien, *Louis de Gonzague Frick – Poète*, Bruxelles, Librairie des Académies-Edmond Macoir, 1955.

DESNOS, Robert, *Corps et biens*, Paris, Gallimard, 1968.

DESNOS, Robert, *Nouvelles Hébrides et autres textes – 1922-1930*, éd. Marie-Claire Dumas, Paris, Gallimard, 1978.

DORGELÈS, Roland, *Bleu horizon – Pages de la Grande Guerre*, Paris, Albin Michel, 1949.

DORGELÈS, Roland, *D'une guerre à l'autre*, préf. Jean-Pierre Rioux, Paris, Omnibus, 2013.

DORGELÈS, Roland, *Lettre ouverte à un milliardaire*, Paris, Albin Michel, 1967.

DUMAS, Marie-Claire, *Robert Desnos ou l'exploration des limites*, Paris, Klincksieck, 1980.

EGGER, Anne, *Robert Desnos*, Paris, Fayard, 2007.

ÉLUARD, Paul, *Lettres de jeunesse, avec des poèmes inédits*, éd. Jean-Pierre Siméon et Robert D. Vallette, Paris, Seghers, 2011.

ÉLUARD, Paul, *Œuvres complètes*, I, éd. Marcelle Dumas et Lucien Scheler, Paris, Gallimard, 1968.

ÉLUARD, Paul, *Œuvres complètes*, II, éd. Marcelle Dumas et Lucien Scheler, Paris, Gallimard, 1968.

Enquêtes surréalistes – De "Littérature" à "Minotaure", 1919-1933, éd. Georges Sebbag, Paris, Jean-Michel Place, 2004.

En souvenir du 15 février 1930 et du Banquet Anniversaire offert à Paul Napoléon Roinard, Paris, Les « Amis de P. N. Roinard », 1930.

FAYT, René, « André Malraux, Pascal Pia et le monde du livre dans les années vingt », *Histoires littéraires*, vol. 13, n° 52, oct.-nov.-déc. 2012, p. 67-88.

FLORENCE, Jean (pseud. de Jean Blum), *Le Litre et l'Amphore*, préface de Jean Royère, Paris, Albert Messein, 1924.

FLORIAN-PARMENTIER, Ernest, *La littérature et l'époque – Histoire contemporaine des lettres françaises de 1885 à 1914*, Paris, Eugène Figuière, [juin 1914].

FOLLAIN, Jean, *Agendas 1926-1971*, éd. Claire Paulhan, Paris, Seghers, 1993.

FORT, Paul, « Nuits de printemps », *Les nocturnes*, Paris, Eugène Figuière, 1914.

FUMET, Stanislas, *Histoire de Dieu dans ma vie : souvenirs choisis*, Paris, Fayard-Mame, 1978.

GABORY, Georges, *Apollinaire, Max Jacob, Gide, Malraux, & Cie*, Paris, Jean-Michel Place, 1988.

GHIL, René, *Les dates et les œuvres – Symbolisme et poésie scientifique*, Paris, Crès, 1923.

GIDE, André, *Journal 1887-1925*, I, éd. Éric Marty, Paris, Gallimard, 1996.

GODIN, André, « Dialogues anachroniques – Entre Louis de Gonzague et saint Thomas – Entre Vichnu et son papa », *Pan*, 6e année, n° 4, 25 avril-25 mai 1913, p. 272-278.

GROUAS, Charles-André, « Bout de l'An pour un Ami mort – Rotrouenge », *Synthèses*, n° 155, 1959, p. 294-321.

GROUAS, Charles-André, « Louis de Gonzague Frick », *Le Thyrse : Revue d'art et de littérature*, vol. 60, n° 5, 1958, p. 193-195.

HANNA, Martha, *The Mobilization of Intellect – French Scholars and Writers during the Great War*, Cambridge, Harvard University Press, 1996.

HERBIET, Georges, « Une visite à Laurent Tailhade en juillet 1919 », *Mercure de France*, n° 1179, 1er novembre 1961, p. 468-478.

HUBERT, Étienne-Alain, « Au hasard des rues : Breton, Apollinaire, Louis de Gonzague Frick », *Revue d'études apollinariennes*, n° 12, novembre 2012, p. 71-75.

JACOB, Max, *Correspondances, Tome II, Les Amitiés et les Amours – janvier 1934-octobre 1941*, éd. Didier Gompel Netter, Paris, L'Arganier, 2006.

JACOB, Max, *Correspondances, Tome III, Les Amitiés et les Amours – décembre 1941-février 1944*, éd. Didier Gompel Netter, Paris, L'Arganier, 2007.

JACOB, Max, *Les propos et les jours : Lettres 1904-1944*, éd. Annie Marcoux et Didier Gompel-Netter, Saint-Léger-Vauban, Zodiaque, 1989.

JACOB, Max, « 35 lettres à Jean-Richard Bloch » (1re partie), éd. Michel Trebitsch, *Europe*, 62e année, n° 662, juin 1984, p. 122-155.

JACOB, Max, et André SALMON, *Correspondance, 1905-1944*, éd. Jacqueline Gojard, Paris, Gallimard, 2009.

JEANNELLE, Jean-Louis, « Pré-histoires littéraires – Qu'est-ce que l'histoire littéraire des écrivains ? », dans *Les écrivains auteurs de l'histoire littéraire*, éd. Bruno Curatolo, Besançon, Presses Universitaires de Franche-Comté, 2007, p. 13-30.

JOUVE, Pierre Jean, « Les aéroplanes » (1911), *Œuvre*, I, éd. Jean Starobinski, Paris, Mercure de France, 1987, p. 1399-1425.

KLINGSOR, Tristan, « La reine de Trébizonde », *Poèmes de Bohême*, Paris, Mercure de France, 1913, p. 33-35.

KOBER, Marc, « Breton-Tzara : la quadrature du monocle », *Mélusine*, n° 17, 1997, p. 111-132.

KOHN-ÉTIEMBLE, Jeannine, éd., *226 lettres inédites de Jean Paulhan – Contribution à l'étude du mouvement littéraire en France, 1933-1967*, Paris, Klincksieck, 1975.

KOLNEY, Fernand, *Laurent Tailhade, son œuvre – Étude critique*, Paris, Édition du Carnet critique, 1922.

LA JEUNESSE, Ernest, *Les Nuits, les ennuis et les âmes de nos plus notoires contemporains*, Paris, Perrin, 1896.

LANDRE, Jeanne, et Lieutenant G*** Pilote [Francis Carco], *Badigeon, aviateur*, Paris, L'Édition, 1917.

LAURE, Raymond, *L'Éternel poème*, préface de Frick, Moret-sur-Loing, Éditions des vieux moulins, 1946.

LA VAISSIÈRE, Robert de, « Préface », *Anthologie poétique du XXe siècle*, tome 1, Paris, Crès, 1923, p. V-XL.

LA VAISSIÈRE, Robert de, et CAROL-BÉRARD, *Monsieur de Gambais – Essai de réhabilitation*, Paris, Éditions Radol, 1926.

LÉAUTAUD, Paul, *Journal littéraire – II – Juin 1928-Février 1940*, éd. Marie Dormoy, Paris, Mercure de France, 1986.

LÉAUTAUD, Paul, *Journal littéraire – III – Février 1940-Février 1956*, éd. Marie Dormoy, Paris, Mercure de France, 1986.

LEFRÈRE, Jean-Jacques, et Michel PIERSSENS, *Aventures littéraires (Entretiens)*, Paris, Buchet-Chastel, 2012.

LÉON-MARTIN, Louis, *Angèle, dame de coquetterie – Roman*, Paris, Arthème Fayard, 1924.

« Lettres à Max Jacob… », *Cahiers Bleus*, nº 1, été 1975, p. 62-69.

Lettres de Marcel Jouhandeau à Max Jacob, éd. Anne S. Kimball, Genève, Droz, 2002.

LÉVY, Ophir, *Penser l'humain à l'aune de la douleur – Philosophie, histoire, médecine, 1845-1945*, Paris, L'Harmattan, 2009.

LÉVY, Sadia, « Kinah pour la mort de René Ghil », reproduit par Monique R. Balbuena, « A Symbolist Kinah ? Laments and Modernism in the Maghreb », dans *Iggud – Selected Essays in Jewish Studies – Vol. 3 : Languages, Literatures and Arts*, éd. Tamar Alexander *et al.*, Jérusalem, World Union of Jewish Studies, 2007.

LEYMARIE, Michel, *Albert Thibaudet : « l'*outsider *du dedans »*, Villeneuve-d'Ascq, Presses Universitaires du Septentrion, 2006.

LEYMARIE, Michel, « Thibaudet, "poilu de l'arrière" », *Commentaire*, nº 118, été 2007, p. 515-524.

LISTA, Giovanni, « Apollinaire et la conquête de l'air », *La Revue des lettres modernes*, nº 380-384, 1973, p. 115-129.

LOBET, Marcel, « L'amitié d'Apollinaire et de Louis de Gonzague Frick », *Que vlo-ve ?*, nº 5, 1975, p. 5-26.

LOBET, Marcel, « Les amitiés belges de Louis de Gonzague Frick », *Bulletin de l'Académie Royale de Langue et de Littérature Françaises*, Bruxelles, Palais des Académies, tome LII, nº 3-4, 1974, p. 189-238.

LOUET, Guillaume, « *Quo Vadis* (1947-1958) – Un brûlot érudit », *La Revue des revues*, nº 45, printemps 2011, p. 45-69.

« Louis de Gonzague Frick : Lettres à Élise Champagne », éd. Marcel Lobet, *Annales de l'Université de Toulouse-Le Mirail*, tome II, *Littératures*, 12, 1975, 2, p. 99-119.

« Louis de Gonzague Frick – Un gentilhomme à *La Tour de Feu* », éd. Pierre Boujut, *La Tour de Feu – Revue internationaliste de création poétique*, nº 129, 1976, p. 4-16.

MAC ORLAN, Pierre, *Le Mémorial du petit jour – Mémoires*, Paris, Gallimard, 1955.
MAC ORLAN, Pierre, *Poésies documentaires complètes*, Paris, Gallimard, 1982.
MAC ORLAN, Pierre, *Les Poissons morts*, Paris, Librairie Payot, 1917.
MALARA, Joséphine, « Quand Apollinaire (re)croise l'écolier limousin de Rabelais », *Revue d'histoire littéraire de la France*, 113e année, nº 2, avril 2013, p. 325-340.
Manifeste de l'École du Lunain, signé par Frick, M. Richard, R. Lannes, J. Gacon et J. Le Louët, tract, octobre 1935.
MASSON, Georges-Armand, *Paul Fort – Son œuvre*, Paris, Édition du Carnet Critique, 1922.
MATISSE, Henri, et André ROUVEYRE, *Correspondance*, éd. Hanne Finsen, Paris, Flammarion, 2001.
MAUREVERT, Georges, *L'Art, le Boulevard et la Vie*, Nice-Paris, N. Chini-H. Floury, 1911.
MERCADIER, Henry, *Cartes postales pour les amis*, Poitiers, L'action intellectuelle, 1934.
MONTESQUIOU, Robert de, *Les Chauves-Souris : clairs-obscurs*, Paris, G. Richard, 1907.
NYSE, Berthe de, *André Godin – Sa vie et son Œuvre*, Paris, Édition du Carnet critique, 1918.
NYSE, Berthe de, *Des jardins d'amour aux jardins funéraires*, Paris, Tanit, 1919.
NYSE, Berthe de, *Les Litanies de la Chair*, Saint-Raphaël, Les Tablettes, 1922.
OBALDIA, René de, entretien du 17 novembre 2013 avec Jean-Jacques Lefrère et Michel Pierssens, dans *Histoires littéraires*, vol. XV, nº 59-60, juillet-décembre 2014, p. 222-234.
OBALDIA, René de, *Humaï*, Rodez : *Les Feuillets de l'Îlot*, 2e année, nº 14, juillet 1938, préface de Frick.
PALACIO, Jean de, *La Décadence : le mot et la chose*, Paris, Les Belles Lettres, 2011.
PAULHAN, Jean, *Choix de lettres, I – 1917-1936, La littérature est une fête*, éd. Dominique Aury, Jean-Claude Zylberstein et Bernard Leuilliot, Paris, Gallimard, 1986.
PAULHAN, Jean, *Œuvres complètes – I – Récits*, éd. Bernard Baillaud, Paris, Gallimard, 2006.
PAULHAN, Jean, *Œuvres complètes – II – L'Art de la contradiction*, éd. Bernard Baillaud, Paris, Gallimard, 2006.
PELLERIN, Jean, *Le bouquet inutile*, éd. Francis Carco, Paris, Nrf, 1923.
PELLERIN, Jean, « *Le Copiste indiscret* – Extraits », dans *Jean Pellerin, 1885-1921 – Actes du Colloque du Centenaire et Pastiches poétiques*, éd. Jean Serroy, Grenoble, Les Cahiers de l'Alpe-Recherches et Travaux, 1985, p. 99-125.
PELLERIN, Jean, *En Allant…*, Paris, Ollendorff, 1911.

PÉRET, Benjamin, *Œuvres complètes*, VII, Paris, José Corti, 1995.

PFISTER, Gérard, *Étude sur Pierre de Massot (1900-1969)*, Thèse de 3e cycle, Université de Paris IV-Sorbonne, 1975.

PIA, Pascal, *Les Livres de l'Enfer – Bibliographie critique des ouvrages érotiques dans leurs différentes éditions du XVIe siècle à nos jours – Tome I, A à L*, Paris, C. Coulet et A. Faure, 1978.

PICQ, Gilles, *Laurent Tailhade ou De la provocation considérée comme un art de vivre*, Paris, Maisonneuve et Larose, 2001.

Pierre Albert-Birot, laboratoire de modernité – Colloque de Cerisy, septembre 1995, éd. Madeleine Renouard, Paris, Jean-Michel Place, 1997.

Les poètes contre la guerre – Anthologie de la poésie française 1914-1919, Genève, Éditions du Sablier, 1920.

POMIER, Jean, *À cause d'Alger*, Toulouse, Privat, 1966.

RAGACHE, Claude-Catherine, *Roland Dorgelès, combattant, journaliste, écrivain*, Paris, Economica, 2015.

REVERDY, Pierre, *Main d'œuvre, 1913-1949*, Paris, Gallimard, 2011.

REVERDY, Pierre, *Œuvres complètes*, I, éd. Étienne-Alain Hubert, Paris, Flammarion, 2010.

RHEIMS, Maurice, *Dictionnaire des mots sauvages des écrivains des 19e et 20e siècles*, Paris, Larousse, 1989.

RHODES, S[olomon] A., « A Militant "Musicist" : Jean Royère », dans « Candles for Isis, II », *The Sewanee Review*, vol. 41, n° 3, juillet-septembre 1933, p. 286-287.

ROINARD, Paul-Napoléon, *Les Miroirs*, Paris, La Phalange, 1908.

ROINARD, Paul-Napoléon, *La Mort du rêve*, Paris, Mercure de France, 1902.

Roland Dorgelès – De Montmartre à l'Académie Goncourt, éd. Françoise Bertrand Py *et al.*, Paris, Bibliothèque nationale, 1978.

ROMAINS, Jules, *Amitiés et rencontres*, Paris, Flammarion, 1970.

ROSTAND, Edmond, *Le Cantique de l'aile*, Paris, Librairie Charpentier et Fasquelle, 1922.

ROTHWELL, Andrew, « The "Querelle du poème en prose" : Pierre Reverdy's Polemical Portraits of Max Jacob, 1915-1925 », *Nottingham French Studies*, vol. 31, n° 1, 1992, p. 51-66.

ROYÈRE, Jean, *Poésies – Eurythmies – Sœur de Narcisse nue – Par la lumière peints... – Quiétude*, Amiens, Librairie Edgar Malfère, 1924.

ROYNETTE, Odile, *Les mots des tranchées – L'invention d'une langue de guerre, 1914-1919*, Paris, Armand Colin, 2010.

SABATIER, Robert, *Histoire de la poésie française – La poésie du vingtième siècle, 1- Tradition et évolution*, Paris, Albin Michel, 1982.

SAGAERT, Martine, *Paul Léautaud – Biographie*, [Bègles], Le Castor Astral, 2006.

SAILLET, Maurice, *Billets doux de Justin Saget*, Paris, Mercure de France, 1952.
SALMON, André, *Archives du Club des Onze*, Paris, G. & A. Mornay, 1923.
SALMON, André, *Montparnasse*, Paris, Éditions André Bonne, 1950.
SALMON, André, *Odeur de poésie*, Marseille, Robert Laffont, 1944.
SALMON, André, *Poèmes – Âmes en peine et corps sans âme – Les clefs ardentes – Le douloureux trésor*, Paris, Vers et Prose, 1905.
SALMON, André, *Souvenirs sans fin, 1903-1940*, Paris, Gallimard, 2004.
SANOUILLET, Michel, *Dada à Paris*, Paris, CNRS, 2005.
SAPIRO, Gisèle, *La guerre des écrivains, 1940-1953*, Paris, Fayard, 1999.
SAPIRO, Gisèle, *La responsabilité de l'écrivain – Littérature, droit et morale en France (XIX*e*-XXI*e* siècle)*, Paris, Seuil, 2011.
SEBBAG, Georges, *Le point sublime – André Breton, Arthur Rimbaud, Nelly Kaplan*, Paris, Jean-Michel Place, 1997.
SILVE, Edith, « Louis de Gonzague Frick, poète, grand "Calamiste alizé" », rubrique « L'actualité autour de Léautaud », *Cahiers Paul Léautaud*, 17e année, nº 33, janvier-juin 2003, p. 47-52.
SOMVILLE, Léon, *Devanciers du surréalisme – Les groupes d'avant-garde et le mouvement poétique 1912-1925*, Genève, Droz, 1971.
SOUPAULT, Philippe, *Littérature et le reste – 1919-1931*, éd. Lydie Lachenal, Paris, Gallimard, 2006.
STEELE, Stephen, « D'une guerre à l'autre, d'un vers à l'autre, d'Allard à Aragon », *Neophilologus*, vol. 99, nº 2, 2015, p. 209-220.
STEELE, Stephen, « Une nuit dans l'estaminet : Roger Allard auprès des soldats britanniques de Jean-Émile Laboureur », *French Studies Bulletin*, vol. 35, nº 133, hiver 2014, p. 107-110.
SYLVIUS, Jehan, et Pierre de RUYNES, *La Papesse du Diable* (1931), Paris, Terrain Vague, 1958.
TAILHADE, Laurent, *Les « commérages » de Tybalt*, Paris, Crès, 1914, p. 91.
TAILHADE, Laurent, *Fête nationale et autres poèmes*, Paris, Bernard Grasset, 2013.
TAILHADE, Laurent, *Les livres et les hommes (1916-1917)*, Paris-Zürich, Crès, 1917.
TALMARD, André, « Les manuscrits de Thibaudet », *Bulletin de la Société des amis des arts et des sciences de Tournus*, tome LXXXV, 1986, p. 132-134.
TEPPE, Julien, « Coruscant », *Vie et langage*, nº 240, mars 1972, p. 163-170.
TEPPE, Julien, « Gongorisme », *Vie et langage*, nº 131, février 1963, p. 67-71.
THIBAUDET, Albert, « La caverne des ombres », *Bulletin de la Société des amis des arts et des sciences de Tournus*, tome LXXXV, 1986, p. 135-137.
THIBAUDET, Albert, *Panurge à la guerre*, Paris, Gallimard, 1940.
THIBAUDET, Albert, « Le roman de la destinée » (1920), *Réflexions sur la littérature*, éd. Antoine Compagnon et Christophe Pradeau, Paris, Gallimard, 2007.
TISSERAND, Ernest, *Nymphées ou Jusqu'au rire*, Dolhain, Éditions Compléments, 1987.

TISSERAND, Ernest, *Un week-end au cabanon ou L'enlèvement du poète Louis de Gonzague-Frick*, Paris, Denoël, 1938.

TOURSKY, Alexandre, « Profils perdus », *Les Cahiers du Sud*, vol. 56, n° 373-374, septembre-novembre 1963, p. 84-89.

TRÉBULLE-CASTAGNIER, Clémentine, *Dans le clos de l'azur – Poèmes*, prologue de Frick, Paris, Albert Messein, 1942.

VALANÇAY, Robert, *Flot et jusant*, Paris, La Guiterne, [1932].

VALANÇAY, Robert, *Mots desserre-freins*, avec six eaux-fortes originales de Matta, Paris, Georges Visat, 1972.

VALANÇAY, Robert, *L'oiseau-nitre*, Paris, Éditions Sagesse – Aux nourritures terrestres, [1934].

« Valery Larbaud-Jean Royère. Correspondance I (1908-1918) », éd. Gil Charbonnier, *Cahier Valery Larbaud*, n° 48, 2012, p. 13-144.

« Valery Larbaud-Jean Royère. Correspondance II (1921-1927) », éd. Delphine Viellard, *Cahier Valery Larbaud*, n° 49, 2013, p. 11-199.

VAN BEVER, A. D., et Paul LÉAUTAUD, *Poètes d'Aujourd'hui – Morceaux choisis*, vol. 2, Paris, Mercure de France, 1918.

VIELÉ-GRIFFIN, Francis, *Poèmes et poésies*, Paris, Mercure de France, 1907.

VIELÉ-GRIFFIN, Francis, *Voix d'Ionie*, Paris, Mercure de France, 1914.

Vingt-cinq ans de littérature française – Tableau de la vie littéraire de 1895-1920, II, éd. Eugène Montfort, Paris, Librairie de France, 1920.

VIRIAT, Francesco, « Orphée phonographe : le rêve du disque poétique », dans *La voix sous le texte*, Actes du colloque d'Angers, 4 et 5 mai 2000, éd. Claude Jamain, Angers, Presses de l'Université d'Angers, 2002, p. 51-60.

WILD, Roger, « Souvenirs de Montparnasse », *Revue des deux mondes*, 15 février 1964, p. 521-535.

WOHL, Robert, « The Bards of Aviation : Flight and French Culture, 1909-1939 », *Michigan Quarterly Review*, vol. 29, n° 3, juin 1990, p. 303-327.

REVUES ET JOURNAUX CITÉS

Action – Cahiers de philosophie et d'art
Action française (L')
Aérophile (L')
Air France revue
Alliance littéraire (L')
Ambulance (L')
America Brasileira
Ami du lettré (L')
Année poétique (L')
Annuaire des gens de lettres
Annuaire général des lettres
Annuaire international des lettres et des arts
Aquadémie : Montparnasse et Montmartre (L')
Art libre (L')
Art moderne – Revue critique des arts et de la littérature (L')
Attaque (L')
Auvergne littéraire et artistique (L')
Aux écoutes

Bec et ongles – Satirique hebdomadaire
Bon plaisir – Cahier mensuel de littérature (Le)
Books Abroad
Bourgogne d'or (La)
Brise (La)
Bulletin de l'Association des journalistes parisiens
Bulletin de l'Association générale des mutilés de la guerre
Bulletin des Amis de 1914
Bulletin des écrivains
Bulletin municipal officiel de la Ville de Paris

Cahiers d'aujourd'hui (Les)
Cahiers du journal des poètes (Les)
Cahiers idéalistes français (Les)
C.A.P.
Caravane (La)
Carnet critique (Le)
Ciné-Magazine
Comœdia
Connaissance (La)
Constitutionnel (Le)
Cornet (Le)
Cri de Guerre (Le)
Critique indépendante (La)
Cyrano

Démocratie nouvelle (La)
Divan (Le)
XIXe *siècle (Le)*
Domaine – Revue mensuelle littéraire et artistique des Agents de l'Enregistrement des Domaines (Le)

Écho d'Alger (L')
Écho de Paris (L')
Écouen-nouvelles
Écrits français (Les)
Egoist (The)
Élan (L')
Ère nouvelle – Organe de l'entente des gauches (L')
Esprit français (L')
Est républicain (L')
Européen (L')
Europe nouvelle (L')

Femme de France (La)
Figaro (Le)
Floréal
Forge – Revue d'art et de littérature (La)

France active (La)
France & Monde
France judiciaire (La)
France mutilée – Bulletin de l'Union Fédérale des Associations françaises de Blessés, Mutilés, Réformés, Anciens Combattants de la Grande Guerre et de leurs Veuves, Orphelins et Ascendants (La)
French Review (The)

Gaulois (Le)
Gazette de Paris (La)
Gazette du bon ton : art, mode & frivolités
Gil Blas
Grande Guerre (La)
Griffe (La)
Grimace (La)
Guerre aérienne illustrée (La)
Guiterne (La)

Heure qui sonne (L')
Homme enchaîné (L')
Homme libre (L')
Humanité (L')

Instant – Revue franco-catalane (L')
Interlude lunanien
Intransigeant (L')
Irish Review (The)
Isis

Jeune Belgique (La)
Journal des débats politiques et littéraires
Journal des mutilés et des réformés
Journal du droit international
Journal Officiel de la République française

Lanterne (La)
Littérature
London Mercury (The)
Looping (Le)
Lumière – Revue artistique et littéraire
Lunain (Le)
Lunain Bajocasse (Le)

Machine moderne – Journal mensuel (La)
Maîtres de la Plume (Les)
Marges (Les)
Marianne
Matin (Le)
Mercure de France
Monde artiste (Le)
Monde illustré (Le)
Muse française (La)

New France – An Illustrated Monthly Magazine of Franco-American Relations (The)
Nord-Sud
Normandie – Revue régionale illustrée mensuelle
Normannia
Nouveau Spectateur (Le)
Nouvelle Revue française (La)
Nouvelles littéraires (Les)

Œil de Paris (L')
Œuvre (L')
Ouest-Éclair

Pal (Le)
Pan
Panorama
Paris-Journal
Paris-Soir
Pensée française (La)
Petit journal (Le)
Petit Parisien (Le)
Phalange (La)
Poilu du 6-9 (Le)
Politique et les lettres (La)
Populaire (Le)
Potins de Paris (Les)
Pour vous – L'Hebdomadaire du cinéma
Presse (La)
Primaires (Les)
Progrès spirite (Le)
Proue (La)

Quinzaine critique des livres et des revues (La)
Quotidien de Montmartre (Le)
Quo Vadis

INDEX DES NOMS

TABLE DES MATIÈRES

Achevé d'imprimer par Corlet Numérique,
à Condé-sur-Noireau (Calvados). N° d'impression : 139211
Imprimé en France